MANESSE BIBLIOTHEK DER WELTLITERATUR

GIROLAMO SAVONAROLA

O Florenz! O Rom! O Italien!
Predigten, Schriften, Briefe

Aus dem Lateinischen und Italienischen
übersetzt und mit einem Nachwort
von Jacques Laager

Mit drei farbigen Bildtafeln

MANESSE VERLAG
ZÜRICH

Einleitung

Girolamo Savonarola wurde am 21. September 1452, am Festtag des Evangelisten Matthäus, in Ferrara geboren. Das Geschlecht der Savonarola stammte aus Padua, an dessen Universität Michele Savonarola, der Großvater von Girolamo, Medizin doziert hatte, bis ihn Niccolò III. d' Este, der Markgraf von Ferrara, im Jahre 1440 als Arzt an seinen Hof rief. Michele, der wissenschaftliches Denken mit tiefer Frömmigkeit verband, muß auf die Erziehung seines Enkels weit größeren Einfluß ausgeübt haben als dessen Vater Niccolò, der Geldwechsler war, und Mutter Elena aus dem Geschlecht der mantovanischen Bonacossi.

Von den ersten zwanzig Lebensjahren Girolamos wissen wir nur wenig. Der Großvater, der neben einigen medizinischen Werken auch solche moraltheologischen Inhalts – z. B. ein «Confessionale» *(Beichtbuch) – verfaßt hatte, wird ihn schon früh zum Studium aristotelisch-thomistischer Philosophie, besonders aber zur Lektüre der Heiligen Schrift geführt haben. Gewiß war es sein und der Eltern Ziel, ihn Arzt werden zu lassen, und so studierte Savonarola zunächst die Freien Künste* (artes liberales) *und Philosophie als Vorstufen zum Medizinstudium. Zur humanistischen Ausbildung gehörte insbesondere eine Vertiefung in antike Philosophie und Dichtung, doch ist es für Savonarola bezeichnend, daß er* dem «neuheidnisch» orientierten humanistischen Bildungsideal bald den Rücken kehrte. So bekennt er im vierten Buch seines «Apologeticus» über den Wert der Dichtkunst: «In der Tat, auch wir besuchten die Schulen der Poeten und die unersprießlichen Wälder der Metren und hielten unsere Hand der Rute hin, aber Gottes Liebe öffnete uns die Augen, so daß wir diese Wälder verließen, um die süßen Früchte der Obstgärten der Kirche zu kosten.»

Es war dies eine Haltung, die zwar in keiner Weise zur Folge hatte, daß Savonarola etwa grundsätzlich Bildung und Dichtung abgelehnt hätte, sind uns doch mehrere Gedichte aus seiner Feder erhalten geblieben. – Aber der moralische Niedergang der Welt (ruina mundi), der sich im vielfach neuheidnisch ausgeprägten Denken und Lebensgefühl der Renaissance äußerte, und vor allem der Zerfall der Kirche (ruina ecclesiae), das heißt die dekadenten Zustände im Welt- und Ordensklerus und besonders in der römischen Kurie, ließen im jugendlichen Savonarola den Gedanken an die Notwendigkeit einer Erneuerung (renovatio/reformatio) von Kirche und Gesellschaft aufkommen. – Wie und wann sein Entschluß, die «Welt» zu verlassen heranreifte, entzieht sich unserer Kenntnis. Der in Faenza in der dortigen Augustinerkirche von einem Prediger vernommene Befehl Gottes an Abraham (Gen 12, 1): «egredere de terra tua, verlasse dein Land, deine Verwandtschaft und das Haus deines Vaters und gehe in ein Land, das ich dir zeigen werde», muß die Entscheidung Savonarolas beschleunigt haben. Ohne zuvor jemandem ein Wort gesagt zu haben, verließ er am 24. April 1475, am Fest des heiligen Georgs, des Patrons von Ferrara, das väterliche Haus, wanderte zu Fuß nach Bologna und bat im dortigen Dominikanerkloster um Aufnahme.

Über die sieben ersten Klosterjahre – zunächst in San Domenico in Bologna, anschließend in S. Maria degli Angeli in Ferrara – fehlen zuverlässige Nachrichten. Es ist auch nicht mit Gewißheit bekannt, warum Savonarola im Jahre 1482 nach Florenz in das Kloster S. Marco versetzt wurde, wo er das Amt eines lector übernehmen sollte. In einer Allegorie hat er später erzählt, wie er in jungen Jahren den sicheren Hafen (d. h. das Kloster) verließ, um auf dem hohen Meer (d. h. in der «Welt») zu fischen, und wie es ihn immer weiter hinausgezogen habe, bis er den Hafen nicht mehr wahrnahm (19. Predigt über Aggäus). – Ausführliche Niederschriften von Predigten aus den Jahren 1482 bis 1493 besitzen wir nicht, wohl aber gelegentliche, bald kurze, stichwortartige, bald umfangreichere lateinische Vorbereitungsnotizen oder Zusammenfassungen gehaltener Predigten, die sich in einigen in Florenz und Mailand befindlichen codices erhalten haben. Von den frühesten Predigten in Florenz – bei den Benediktinerinnen der Murate («Zugemauerten»), in Orsanmichele und in S. Lorenzo, der Pfarrkirche der Medici, sind nicht einmal Notizen erhalten geblieben. Gerade in der zuletzt genannten Kirche war Savonarola wenig Erfolg beschieden, erwartete man doch von einem Prediger eine rhetorische, den humanistischen Ansprüchen der Zeit entsprechende Glanzleistung, deren Grundlage Zitate aus antiken oder frühhumanistischen Schriftstellern bildeten, während Savonarola von Anfang an – für seine Zeit ein Novum – die Heilige Schrift ins Zentrum seiner Predigt stellte. Zu seinem anfänglichen Mißerfolg trug auch sein *fremder Akzent bei, seine schlecht entwickelte Stimme und unbeholfene Gestik.*

Eine Erleuchtung im florentinischen Kloster S. Giorgio muß für Savonarola entscheidend gewesen sein. Fünfzehn Jahre später – während der ersten Prozeßphase im April 1498 – bekannte er: «Als ich – vor etwa fünfzehn Jahren – zum ersten Mal in Florenz war, befand ich mich einmal mit Fra Tomaso Strada im Kloster S. Giorgio. Während er sich mit einer seiner Schwestern, die dort Nonne war, unterhielt, gedachte ich, in der Kirche eine Predigt vorzubereiten. Als ich darüber nachdachte, kamen mir viele Gründe – es waren etwa sieben – in den Sinn, die mir zeigten, daß der Kirche bald eine Züchtigung (flagello) *bevorstehe. Und von diesem Augenblick an begann ich, über vieles ähnlicher Art nachzudenken und unter diesem Gesichtspunkt durchging ich oft die Schriften. Und als ich dann nach San Gimignano kam, um dort zu predigen, begann ich darüber zu predigen, und in den zwei Jahren, da ich dort die Predigten hielt, legte ich diese Schlußfolgerungen vor: Die Kirche müsse gezüchtigt* (flagellata) *und erneuert* (rinovata) *werden und zwar bald* (presto). *Zu diesem Schluß kam ich nicht infolge Erleuchtung* (rivelazione), *sondern auf Grund der Schriften. Und so sprach ich und in dieser Weise predigte ich auch in Brescia und an vielen andern Orten der Lombardei.»*

Von den hier erwähnten Fastenpredigten in San Gimignano aus den Jahren 1485 und 1486 haben sich etwas ausführlichere Notizen erhalten, von denen besonders eine aufschlußreich ist: «Vieles folgern wir vermutend (coniecturamus) *aus Schriftstellen und aus Vergangenem. Die Erinnerung an das Vergangene und die Einsicht in die Ge-*

genwart erlaubt, das Künftige vorauszusehen. Somit folgere ich, daß die Axt an die Wurzel gelegt ist (Lk 3,9) ... Ihr sollt wissen, daß ich dies nicht als Prophet sage, sondern aus den Schriften [auf Grund von Vermutung] schließe, daß nämlich der Kirche eine große Züchtigung bevorsteht ...» Die Stelle ist deshalb von Bedeutung, weil Savonarola in späteren Jahren – wohl auf Grund von Erlebnissen, über die er sich nicht explizit äußert – mehr und mehr von göttlicher Inspiration sprechen wird.

Die Hintergründe, weswegen Savonarola im Jahr 1488 als magister studiorum *für ein Jahr nach Bologna und anschließend nach Ferrara versetzt wurde, sind nicht bekannt. Daß Lorenzo de' Medici bei dieser Versetzung mit im Spiel war, dürfte jedoch unwahrscheinlich sein, da die Spannungen zwischen ihm und Savonarola erst aus der Zeit nach dessen Rückkehr (1490) nach Florenz stammen.*

Die zwei folgenden Jahre verbringt Savonarola teils in Ferrara, teils in lombardischen Städten. Bekannt ist lediglich ein längerer Predigtaufenthalt in Brescia. – Auf dem Weg nach Genua, wo er 1490 die Fastenpredigten halten sollte, schrieb Savonarola von Pavia aus einen Brief an seine Mutter, der über seine Tätigkeit und das Verhältnis der Gläubigen zu ihm Auskunft erteilt, vor allem aber auch darüber, warum er es vorziehe, nicht in Ferrara zu wirken.

Auf Wunsch des Humanisten Giovanni Pico della Mirandola, dem Freund von Lorenzo de' Medici und von Ficino, dem Leiter der florentinischen Platonischen Akademie, bat Lorenzo den Ordensgeneral der Dominikaner, Savonarola wieder nach Florenz zu versetzen. Giovanni Pico, dem Savonarola sehr zugetan war, kannte diesen vielleicht schon von Ferrara her, sicher aber seit der anläßlich des Ordenskapitels in Reggio (1482) abgehaltenen Disputationen.

Mit der Rückkehr Savonarolas nach S. Marco (im April oder Mai 1490) beginnt dessen eigentliche reformerische Tätigkeit – zunächst innerhalb des Klosters S. Marco, das er zur ursprünglichen strengen Observanz, vor allem zum Einhalten der vom Ordensgründer Dominikus vorgeschriebenen Armut, zurückführt. Was allerdings erst nach zähem Kampf gelingen sollte, galt es doch zunächst, S. Marco mit päpstlicher Zustimmung aus der lombardischen Kongregation auszugliedern (1493).

Nach seinem eigenen Zeugnis («Abriß der Offenbarungen») begann Savonarola am 1. August 1490 in S. Marco über die Apokalypse zu predigen: «Während ich jenes ganze Jahr in Florenz predigte, brachte ich dem Volk unaufhörlich drei Dinge vor: erstens, die Kirche habe sich in dieser Zeit zu erneuern; zweitens, vor dieser Erneuerung werde Gott eine große Drangsal über Italien kommen lassen; drittens, diese Dinge würden sich sehr bald ereignen.»

Die neue Art seiner an der Bibel orientierten Verkündigung, die – wie Zeitgenossen berichten – auf schematische Unterteilungen, Klärung spitzfindiger theologischer und philosophischer Fragen und auf humanistische Rhetorik verzichtete, hatte in S. Marco einen großen Andrang von Laien und Brüdern zur Folge.

Die nächsten Jahre – 1491 und 1492 – zeigen ein zunehmend gespanntes Verhältnis gegenüber Lorenzo de' Medici. Savonarola, der im Juli 1491 Prior von S. Marco geworden war und die trotz Beibehaltung republikanischer Formen tyrannische Herrschaft der Medici längst durchschaut hatte, weigerte sich, bei Lorenzo einen «Antrittsbesuch» abzustatten – mochte auch das Kloster von dessen Großvater Cosimo erneuert worden sein und sozusagen als «Hofkloster» der Medici gelten. Die Spannung hielt unvermindert bis zum Tode Lorenzos (8. April 1492) an. Daß Savonarola – von Lorenzo gerufen – am Bett des Sterbenden erschien, ist belegbare Tatsache, wogegen erst eine spätere Zeit die medicifeindliche Legende aufgebracht haben dürfte, er habe Lorenzo die Absolution verweigert.

Abgesehen davon, daß Savonarola in diesen Jahren drei Traktate verbreiten ließ – «Über das Witwenleben», «Über die Demut» und «Über die Empfehlung des innerlichen Gebets» –, hielt er während der Fastenzeit 1491 jene denkwürdige Schreckenspredigt («terrifica praedicatio», *«Abriß der Offenbarungen»), zu der wenige lateinische Notizen erhalten blieben, und sprach – während der Fastenzeit des darauffolgenden Jahres – von seiner Vision der zwei Kreuze, ferner kommentierte er in der letzten Adventspredigt 1492 seine Vision von dem über Italien drohenden Schwert (*«ecce gladius Domini»).

Aus dem selben Jahr stammt ein Ereignis, das für den Prior von S. Marco die größten Folgen haben sollte: Nach dem Tod von Innozenz VIII. kam im August 1492 Alexander VI. aus dem spanischen Geschlecht der Borja auf den Stuhl Petri – «der simonistische Schacher um die höchste Würde, den der verschlagene, unzweifelhaft begabte Borja mit schrankenloser Schamlosigkeit betrieb, führte zum Erfolg», wie Hans Kühner in seinem «Papstlexikon» bemerkt.

Vom Niedergang der Welt

Die drei Werke «Vom Niedergang der Welt» («De ruina mundi», *aus dem Jahre 1473), «Vom Niedergang der Kirche»* («De ruina ecclesiae», *1475) und «Über die Verachtung der Welt»* («De contemptu mundi») *vermitteln einen Einblick in Savonarolas Gedanken zu Welt und Kirche kurz vor seinem Entschluß, in den Dominikanerorden einzutreten.*

Fürwahr, es ist doch so, und also glaub' ich
O Lenker dieser Welt, daß unbegrenzt
die Führung dein; nicht könnt' ich etwa
es anders glauben, denn aus Erfahrung seh' ich's ja.
Bisweilen könnt' wie frischer Schnee der Glaube
    schwinden,
seh ich, wie's mit der Welt so elend geht,
wie ganz verschwunden und erloschen
ist jede Tugend, jede gute Sitte!
Ich finde kein lebendig Licht, nicht einen,
der seiner Laster sich wohl schämte,
dich nicht verneint und sagt, du würdest träumen.

Doch glaub' ich, hoher König, daß du säumst,
zu strafen schwer die großen Sünder:
vielleicht auch nah ist, und du ihn erwartest,
der letzte Tag, der schaudern macht die Hölle.
Doch ewig kehrt zu uns die Tugend nimmer!
Hier ehrt man nur, wer Gottes Feind ist,
und Cato[1] geht am Bettelstab.

Das Zepter floh in des Piraten Hand,
zu Boden stürzt Sankt Peter,
wo Unzucht, Raub und Überfluß zu Haus'.
Warum der Himmel nicht zuschanden wird, ich
weiß es nicht.

Siehst du denn nicht den Satyr und den Narr,
wie stolz er ist – ein wahrer Strom von Lastern –,
so daß mein Herz vor großem Unmut sich
verzehrt?
O weh, so schau ihn an, den Lüstling und den
Kuppler,
– mit Purpur zwar bekleidet – ihn, den Gaukler,
dem folgt das Volk, und den die blinde Welt
bestaunt!
Daß nicht der Zorn dich längst ergreift,
daß jenes Schwein in Wollust sich erfreut,
dein hehres Lob mißbraucht,
daß Schmeichler und Schmarotzer ihm zu
Diensten,
dieweil die deinen sind von Land zu Land
verwiesen?

O glücklich jetzt, der lebt vom Raub,
vom Blut des andern sich ernährt,
beraubt die Witwen, gar die Waisen, die in
Windeln noch,
zugrund zu richten Arme sich bemüht!
Wahrhaftig edel und erwählt die Seele dessen,
der mehr erwirbt durch List und durch Gewalt,

der Christus und den Himmel nur verachtet,
der ständig denkt, den Nächsten zu verderben!
Denn diesen einzig ehrt die Welt,
dem voll die Bücher und die Schränke sind von Raub,
der weiß, aus jedem Übel zu gewinnen!

So sehr von allen Lastern ist die Welt erdrückt,
daß sie allein die Bürde abzuwerfen nicht vermag.
Zu Boden stürzet Rom, ihr Haupt,
um nie zu kehren je zu seinem hohen Amt.
O Brutus und Fabricius[2], welch ein Schmerz für euch,
wenn ihr vom zweiten, großen Sturz erfahrt!
Es reichen Catilina[3] nicht,
nicht Sulla, Marius, Cäsar oder Nero,
denn Mann und Frau, ein jeder müht sich hier,
ihm irgendwelchen Schaden zu bereiten.
Der Ehrfurcht und der Keuschheit Zeiten sind vorbei.

Die Tugend bettelt und erhebt die Flügel nie;
Der Pöbel schreit, es lacht das blinde Volk,
und Weisheitsliebe nennt sich heut' der Wucher;
dem guten Werk ein jeder kehrt den Rücken,
den graden Weg geht heute keiner,
so sehr, daß all die Kraft, die mich bewegt, erlahmt.
Nur eine einz'ge Hoffnung noch
hält mich zurück und läßt mich nimmer gehn,
zu wissen, daß in jener andern Welt,

sich wohl wird zeigen, welche Seele edel war,
und wer die Flügel hob zu schön'rem Stile.

O Lied, so sei doch klug,
daß nie auf Purpurfarbe du dich stützest!
So flieh Paläste, Hallen auch,
und sag nur wen'gen, was du denkst,
denn allen Leuten wirst du sonst verhaßt!

Vom Niedergang der Kirche

Das nach der Überlieferung 1475 auf italienisch geschriebene Gedicht dürfte Savonarola unmittelbar vor seinem Wegzug von zu Hause verfaßt haben. Mit seiner indirekten und von Symbolik stark geprägten Ausdrucksweise stellt «De ruina ecclesiae» *wohl das schwierigste aller Werke Savonarolas dar, das er – zu welcher Zeit, ist unbekannt – mit etwa achtzig Glossen versehen hat.*[4]

«O keusche Jungfrau, mag ich auch unwürdig sein,
gehör ich doch zur Schar des ew'gen Bräutigams!
Drum schmerzt mich sehr, daß jene alte Zeit,
der Liebe und des süßen Leids so voll,
nunmehr verschwunden ist, und keiner mehr zu wissen scheint,
zu wagen nicht, sie neu zum Leben zu erwecken!
Die alte Stimme voller Glut,
sie kennt den Griechen nicht und nicht den Römer!
Das Licht der ersten Jahre

zurückgekehrt ist himmelwärts zusammen mit
der Herrin
und zeigt sich – weh uns – nimmermehr!

Verschwunden, ach, die Gemmen, Diamanten,
der Lampen Licht und all die herrlichen Saphire!
O großes Elend, Tränen und o Seufzer,
wo sind die weißen Kleider, wo die süßen Lieder,
wo sind nunmehr die Hörner und die heil'gen
Augen,
die goldnen Gürtel und die hehren Streiter,
– die drei und vier und fünf – erhab'nen Sinnes,
die großen Flügel, Adler auch und Löwe?
Kaum daß die Kohle
noch brennt im Text, der voll von Glut!
So zeigt mir doch, ich bitt euch, eure Klage!»

So sprach zur alten, frommen Mutter ich,
von großem Wunsch erfüllt, zu weinen ohne
Unterlaß.
Und sie, die nie ein Maß zu setzen scheint den
Tränen,
gesenkten Blickes und mit keuschem Sinn,
die Hand mir nahm und weinend mich
zur Höhle führt, zu ihrer armen Stätte.
Und hier sprach sie: «Als ich
den Stolz in Rom den Einzug nehmen sah,
der schreitet frech durch Blumen und durch Gras,
da zog ich hierhin mich zurück,
wo ich in Weinen führ mein Leben.»

Sie sprach darauf: «Schau, Sohn, wie grausam
nur –»
Und zeigt die Brust, daß Steine hätten weinen
mögen!
Nicht Hyazinthen sah ich dort, nicht Chrysoprase,
auch nicht ein reines Glas – welch jammervoller
Anblick!
«O Sulla und o Marius, wo sind denn eure
Schwerter?
Was steht nicht auf», sprach sie, «der grause Nero?
Die Erde und die Luft, der Himmel
nach Rache schreit um sein gerechtes Blut!»
Versiegt sah ich die Milch
und tausendfach die Brust geschunden,
wie anders als der früh're, heil'ge Anblick!

Und arm, die Glieder unbedeckt, so schreitet sie,
mit aufgelöstem Haar und Bändern, die zerrissen.
Sie findet keine süße Kost und wendet sich
vor Hunger, ach, zur alten Eichel!
Es sticht sie der Skorpion, die Schlange sie verletzt,
der Heuschreck' Schwarm greift selbst zu ihrer
Wurzel!
Und also sie zu Boden stürzt
mit Kron' und ihrer Hände Werk,
von Hunden arg gelästert
und um die Feste auch betrogen!
Dem einen fehlt's am Können, dem andern am
Begreifen!

So weint, ihr vierundzwanzig greisen Häupter,
vier Wesen ihr, Posaunen in der heil'gen Siebenzahl!
Und weine auch, mein Seelenhirt voll Eifer,
und wein' erlesenes Blut der Zeugen,
lebend'ge Steine, im Himmel hoch und göttlich,
und ihr, Planeten, und ihr, Sterne, weint!
Hat je die Kunde wohl erreicht
den hohen Ort, wo Glück euch allen ist beschieden,
so glaub' ich wohl – wenn es zu sagen ist erlaubt –,
daß schwer euch schmerzt ein solcher Schaden:
am Boden liegt der Tempel und der keusche Bau!

Da sprach ich: «Herrin, wenn es euch beliebt:
mit euch zu weinen, meiner Seele sei genug!
Doch welche Macht hat euch der Herrschaft so beraubt?
Wer euren Frieden frech zerstört?»
Mit Seufzen gab sie Antwort mir: «Die trugerfüllte,
stolze Hure, Babylon!»
Und ich: «O Herrin, weh, bei Gott,
wer könnte jene stolzen Flügel brechen?»
Und sie: «Des Menschen Zunge
vermag das nicht, noch ist's erlaubt, noch sollen Waffen drohen,
doch weine du und schweig, dies scheint das Beste wohl!»

O Lied, ich will des Skorpions Stich nicht achten,
doch nimm dir nicht die Müh',
denn wirst du nicht verstanden,
so mag das besser sein! Mit «quia» gebe dich zufrieden,
und daß notwendig sei, daß also es geschehe!

Über die Verachtung der Welt

Savonarolas Gedanken sind insofern im Vergleich mit der traditionellen «Deceptus mundi»*-Literatur herausragend, als sie – wenn auch nur indirekt ausgesprochen – autobiographische Züge enthalten. Savonarola vergleicht seine Lage mit der des Volkes Israel, als Gott es aus Ägypten, dem «Land der Knechtschaft» und des Götzendienstes, hinausführte. Auch Savonarolas Exodus wird von Gefahren bedroht. – Die lateinisch abgefaßte Abhandlung* «De deceptu mundi» *fand sich unter den in seinem Zimmer zurückgelassenen Schriften, auf die Savonarola im Brief an den Vater nach seiner heimlichen Flucht aus Ferrara (24. April 1475) hingewiesen hat. Sie schließt mit einem langen Zitat aus dem Danklied von Moses für die Errettung vor dem pharaonischen Heer und dem* «Nunc dimittis» *des greisen Simeon, nachdem es ihm vergönnt worden war, den künftigen Erlöser Israels zu sehen.*

Was tun wir? Was bleiben wir hier, meine Seele, und mühen uns vergeblich ab? Schau doch, wie Unwissende und Ungebildete, Männer und einfache Frauen, aufbrechen und den Himmel an sich reißen!

Wir aber versinken, o Schmerz, mit unserem ganzen Wissen in die Hölle, und unser Herz verliert sich in Überlegungen! Sagen wir uns nämlich, wir seien Weise, so sind wir Toren geworden. Siehe, wie einfache Männer und Frauen uns mehr mit ihrem Beispiel als mit Worten lehren, menschliche Dinge zu verachten und allein Christus zu folgen. Wir Toren aber folgen Wertlosem und Irdischem und lehren dabei andere mit unserem Wort, solches zu fliehen, und während wir von ewiger Tugend sprechen, jagen wir hinfälligem Glück nach. – Kinder und junge Leute fliehen vor der Welt und deren Begierde, wohlwissend, daß alles Irdische vergänglich ist. Wir aber folgen diesem so sehr, daß wir alle Epikureer[5] und Schweine geworden zu sein scheinen! Nach außen hin disputieren wir nämlich über die Tugenden – und innerlich geben wir wie die Kyniker[6] zu, daß die körperliche Lust das höchste Gut sei.

Weh wir Armen! Was tun wir? Was zögern wir? Warum sind wir so säumig? Siehst du denn nicht, wie die Welt voller Schmutz, Ruchlosigkeit und Unrecht ist? Siehst du denn nicht die Blindheit und den verstockten Geist der Menschen? Siehst du denn nicht, daß alle Staaten und Städte offensichtlich voll von Raub und Raubgesindel sind? Worauf wartest du noch, Seele? So erhebe dich denn, schäme dich nicht, von Kindern und Frauen zu lernen und ihren Spuren zu folgen! Erhebe dich, sag' ich, und fliehe, weh, – wie diese Kinder – das grausame Land, flieh die habsüchtige Küste![7] Flieh das Land von Sodom und Gomorrah, flieh Ägypten und den Pharao, flieh das gemeine und hochmütige Volk, die gierige Jugend, das wollüstige Alter, die um Gunst schmeichelnde Armut! Hier loben alle die Laster, die Tugend verspotten sie. Wenn einer sich den freien Künsten und der Philosophie widmet, ist er ein Phantast; lebt er keusch und maßvoll, gilt er als unvernünftig, ist er fromm, nennt man ihn ungerecht, will er gerecht sein, so hält man ihn für grausam. Wenn er von den Großtaten Gottes überzeugt ist und Glauben hat, gilt er für geistlos. Setzt er seine Hoffnung allein auf Christus, halten ihn alle zum Gespött. Zeigt er Nächstenliebe, hält man ihn für einen Weichling. Beraubt aber einer Witwen und Waisen, gilt er als klug. Jener wird als Weiser betrachtet, der danach verlangt, möglichst viel Gold anzuhäufen, und jener wird geachtet, der sich scharfsinnig Spitzbübereien ausdenken kann. Als nicht männlich gilt, wer aus seinem verfluchten Herzen die schimpflichsten, grausamen und furchtbaren Gotteslästerungen auszurotten weiß, wer seinen Nächsten nicht umbringt und nicht Aufruhr und Streit erzeugt. – Seufzend und weinend klagen die unterdrückten Armen, und – weh! – sie finden kein Gehör; Witwen und Waisen schreien laut auf, und niemand kümmert sich um sie. In jeder Hinsicht werden sie von Not erdrückt, doch lassen sich die harten Herzen nicht durch Mitleid bewegen. Man trachtet mit aller nur möglichen Mühe, den Besitz des Nächsten heimlich zu rauben, und Ahnungslose zu finden, die dereinst den Besitz den Nachkommen überlassen werden.

Alles ist voller Ruchlosigkeit, Wucher und Gaunereien, alles voller schimpflicher und unsagbarer Gotteslästerungen, voller Hurerei, Ehebruch, Sodomie und Schmutz, voller Mord und Mißgunst. Alles ist erfüllt von Ehrgeiz, Stolz, Heuchelei, Falschheit, von Frevel und Unrecht. Mit einem Wort: hier sind Tugenden Laster und Laster Tugenden. Was braucht es mehr der Worte? Es gibt keinen, der Gutes täte, keinen einzigen!

Verderbenbringender Regen, Erdbeben, Hagel und Stürme rufen die Menschen zur Buße auf, und sie überhören es. Überschwemmende Flüsse rufen zur Buße auf, und man will es nicht hören. Es rufen Krankheiten und plötzliches Fieber, und man überhört es. Teuerung ruft die Leute zur Buße, und sie überhören es. Es ruft sie die ruchlose Schar der Teukrer[8] zur Buße, aber sie wollen es nicht hören. Die fromme Stimme der Prediger und Diener Gottes ruft sie, doch überhören sie diese. Und schließlich ruft sie alle ihre eigene innere Unruhe und das Gewissen, und sie wollen davon nichts hören.

O ihr Blinden, beurteilt euch nun selbst! Urteilt selbst, ob nicht das Ende der Zeiten da ist! Was zögerst du also, Seele? Erhebe dich und eile herbei, fliehe Ägypten und den Pharao, denn sein Herz ist gegen Gott verhärtet! Wir wollen mit Israel dem Herrn singen[9]: Ruhmvoll hat er sich verherrlicht, Pferd und Reiter[10] hat er ins Meer geworfen! Meine

Stärke und mein Ruhm ist der Herr, und er ist mir zum Heil geworden! Er ist mein Gott und ihn will ich verherrlichen, er ist der Gott meines Vaters, und ihn will ich preisen. Der Herr ist wie ein Krieger, allmächtig ist sein Name! Die Wagen Pharaos und dessen Heer warf er ins Meer; seine auserwählten Fürsten ertranken im Roten Meer, die Abgründe deckten sie zu, sie fuhren hinab in die Tiefe wie ein Stein. Deine Rechte, Herr, ist in deiner Stärke verherrlicht worden, deine Rechte schlug den Feind, und in der Fülle deines Ruhms hast du meine Gegner vernichtet. Ausgesandt hast du die Glut deines Zorns, und sie hat sie wie Stroh verzehrt. Im Hauch deines Zornes sammelten sich die Wasser, es blieb stehen die fließende Woge, und es sammelten sich die Abgründe mitten auf dem Meer. Da sprach der Feind: Ich will sie verfolgen und ergreifen, ihre Rüstungen als Beute verteilen; ich werde mein Schwert aus der Scheide ziehen, und töten wird sie meine Hand! – Da wehte dein Hauch, und zugedeckt hat sie das Meer! Und sie versanken wie Blei in den tobenden Wassermassen! Wer ist unter den Starken dir ähnlich, Herr? Wer ist dir ähnlich, der du verherrlicht bist in Heiligkeit, du Furchterregender und des Lobes Würdiger, der du Wunderbares vollbringst? Ausgestreckt hast du deine Hand, und die Erde hat sie verschlungen. Lenker warst du in deinem Land für das Volk, das du erwählt hast, und in Stärke hast du es geführt zu deiner heiligen Wohnstätte. Hinaufgezogen sind die Völker und sind in Zorn entbrannt, Schmerzen ergriffen die Fürsten von Edom, und sie gerieten in Verwirrung. Schrecken stürze auf sie und Furcht in der Stärke deines Arms! Mögen sie sich wie ein Stein nicht bewegen können, bis dein Volk hinüberzieht, das Volk[11], das du dir zum Besitz auserwählt hast – du wirst es hinführen und auf dem Berg deiner Verheißung pflanzen, an deiner sicheren Wohnstatt, die du, Herr, bereitet hast als dein Heiligtum, und das deine Hände gegründet haben. Der Herr wird regieren in Ewigkeit und allezeit!

So sei es denn! Nun entläßt du deinen Diener[12], Herr, gemäß deinen Worten in Frieden, denn gesehen haben meine Augen das Heil, das du bereitet hast vor dem Angesicht aller Völker, ein Licht zur Erleuchtung der Heiden und zum Ruhm deines Volkes Israel! – Ehre sei dem Vater und dem Sohn und dem Heiligen Geist, aus dem alle Gnaden strömen.

Brief an den Vater nach dem Eintritt ins Kloster 25.4.1475

Honorande pater mi[13], ich zweifle nicht daran, daß ihr über mein Weggehen recht großen Schmerz empfindet, und dies um so mehr, als ich heimlich von euch fortgegangen bin, doch möchte ich, daß ihr durch diesen Brief meine Gesinnung und meinen Willen versteht, damit ihr euch tröstet und einseht, daß ich mich nicht so knabenhaft betragen habe, wie einige glauben. Und zunächst wünsche ich von euch als einem wahren Mann und Verächter von allem Hinfälligen, daß ihr eher der Wahrheit als den leidenschaftlichen Gefühlen folgt, wie es die schwachen Frauen tun, und daß ihr gemäß dem Gebot der Vernunft beurteilt, ob ich die Welt fliehen und diesem meinem Vorhaben folgen mußte. Der Grund, der mich bewegt, in ein Kloster einzutreten, ist vor allem dieser: zunächst das große Elend der Welt, die Bosheit der Menschen, die Schändungen, die Ehebrüche, die Räubereien, der Stolz, der Götzendienst und die rohen Gotteslästerungen, denn unsere Zeit ist zu einer solchen [Stufe von Verruchtheit] gekommen, daß sich niemand mehr findet, der recht handelt, weshalb ich mehrmals am Tag unter Tränen diesen Vers zu rezitieren pflegte: *heu, fuge crudeles terras, fuge litus avarum.*[14] Und dies, weil ich die große Bosheit der geblendeten Völker Italiens nicht ertragen konnte, um so mehr als ich sah, wie die Tugenden völlig erloschen waren und die Laster in Ehren standen. Das war das größte Leiden, das ich auf dieser Welt wohl haben konnte. Aus diesem Grund bat ich jeden Tag *messer*[15] Jesus Christus, er möchte mich doch aus diesem Schmutz herausziehen. Und so verrichtete ich ständig in größter Andacht ein kleines Gebet zu Gott und sprach: *notam fac mihi viam, in qua ambulem, quia ad te levavi animam meam.*[16] Jetzt hat ihn mir Gott, da es ihm in seiner großen Barmherzigkeit also gefallen, gezeigt, und ich habe ihn betreten, mag ich auch so großer Gnade unwürdig sein. So gebt mir denn Antwort: Ist es nicht ein Zeichen einer großen Tugend eines Menschen, wenn er den Schmutz und die Bosheit dieser Welt flieht, weil er wie ein Vernunftbegabter und nicht wie ein Tier unter Schweinen leben möchte? Und wäre es nicht eine große Undankbarkeit von mir gewesen, Gott gebeten zu haben, mir den rechten Weg zu zeigen, auf dem ich wandeln sollte, ihn dann aber nicht anzunehmen, nachdem er ihn mir zeigen wollte? Weh mir, mein Jesus, weit eher möchte ich tausendmal den Tod erleiden, als daß ich mich in solcher Weise dir gegenüber undankbar erwiese. So habt ihr denn, *dulcissime pater*[17], eher *messer* Jesus zu danken, als zu weinen. Er hat euch einen Sohn gegeben und hat ihn euch dann bis zu seinen zweiundzwanzig Jahren wohl behütet. Und nicht allein dies, sondern er wollte ihn zu seinem Ritter machen. Weh mir, haltet ihr es denn nicht für eine große Gnade, einen Sohn zu haben, der Ritter von Jesus Christus ist? – *Sed, ut breviter loquar*[18]: entweder liebt ihr mich, oder nicht. Ich weiß wohl, daß ihr nicht sagen würdet, ihr liebtet mich nicht. Wenn ihr mich aber liebt, und da es so ist, daß ich zwei Teile habe, das heißt, die Seele und den Leib, so liebt ihr entweder mehr den Leib oder die Seele. Ihr könnt nicht sagen: den Leib, denn ihr würdet mich nicht lieben, wenn ihr den geringeren Teil von mir liebtet. Wenn ihr also die Seele mehr liebt, warum sucht ihr denn nicht auch, was der Seele Wohl ist? Denn, gewiß, ihr solltet frohlocken und ob diesem Triumph ein großes Fest feiern. Ich weiß aber wohl, es kann nicht anders geschehen, als daß das Fleisch etwas Schmerz empfinde, doch ist dieses mit Hilfe der Vernunft zu zügeln, *praesertim* geschehe dies von seiten weiser und großherziger Menschen, wie ihr es seid. Glaubt ihr nicht, es sei für mich ein großer Schmerz gewesen, mich von euch zu trennen? Gewiß, ich wünsche, ihr möchtet mir glauben, daß ich, seit ich geboren wurde, nie ein größeres Leid oder eine größere Betrübnis des Geistes gehabt habe, als da ich sah, wie ich mein eigenes Blut verließ und zu unbekannten Leuten ging, um Christus das Opfer meines Leibes zu bringen und meinen eigenen Willen in die Hände solcher zu verkaufen, die ich nie gekannt. Wenn ich dann aber erwäge, daß Gott mich ruft und daß er es nicht verschmähte, sich unter uns Würmern zum Knecht zu machen, könnte ich nie so kühn sein, daß ich mich nicht seiner süßen Stimme zuneigte [, die da spricht]: *venite ad me omnes, qui laboratis et onerati estis, et ego reficiam vos; tollite iugum super vos etc.*[19] Da ich aber weiß, daß ihr darüber klagt, daß ich auf so heimliche Weise fortgegangen und gleichsam von euch geflohen bin, so mögt ihr wissen, daß mein Schmerz so groß war und so groß das Leid, das ich in meinem Herzen fühlte, da ich mich von euch trennen wollte, daß mir, hätte ich es euch kundgetan, das Herz wahrhaftig geborsten wäre, bevor ich mich von euch getrennt hätte, und meine Gedanken hätten mein Tun verhindert. Wundert euch deshalb nicht, wenn ich es euch nicht gesagt habe. Allerdings habe ich gewisse Schriftstükke zurückgelassen, die hinter den Büchern am Fenster sind, die euch Kunde über mein Handeln geben können. Ich bitte euch also, mein lieber Vater, eurem Weinen ein Ende zu setzen, um mir nicht noch mehr Traurigkeit und Schmerz, als ich es ohnehin schon habe, zu bereiten, nicht etwa wegen des Schmerzes über das, was ich getan habe, denn ich würde dies gewiß nicht widerrufen, selbst wenn ich glaubte, dadurch größer zu werden als Cäsar – sondern nur deshalb, weil auch ich – wie ihr – von Fleisch bin, und die Sinnlichkeit der Vernunft widerstreitet. Deswegen habe ich einen grausamen Kampf zu führen, damit der Teufel mich nicht heimtückisch überfalle, und dies um so mehr, als ich mit euch fühle. Schnell werden diese Tage vorüber sein, in denen das Leid noch frisch ist, und darauf hoffe ich, daß ihr und ich in dieser Welt durch die Gnade und dann in der andern Welt durch die Herrlichkeit Gottes getröstet werden. – Mir bleibt nun nichts anderes, als daß ich euch bitte, als Gatte meiner Mutter Trost zu spenden, die ich, zusammen mit euch, bitte, daß ihr mir euren Segen gebt, und ich werde immer inbrünstig für eure Seelen beten.

Ex Bononia, die XXV Aprilis 1475.

Ich empfehle euch alle meine Brüder und Schwestern, besonders empfehle ich euch aber Alberto[20], daß ihr ihn studieren laßt, denn es wäre für euch später eine große Belastung und eine große Sünde, wenn ihr ihn seine Zeit verlieren ließet.

Hieronymus Savonarola filius vester.

Brief an die Mutter zum Tod ihres Bruders 5.12.1485

Im Frühjahr 1485 war Savonarolas Vater Niccolò gestorben und hatte seiner Familie nichts als Schulden hinterlassen. Als ein halbes Jahr später auch der Bruder der Mutter verschied, fühlte sich diese, die nicht in der Lage war, ihre zwei Töchter zu verheiraten, von Gott verlassen. Savonarolas Brief sollte in dieser Situation alles andere als ein Beileidsschreiben in der Tradition der «epistulae consolatoriae» *werden.*

Verehrungswürdigste und geliebteste Mutter, der Friede und der Trost Gottes sei mit euch! Als ich durch euren Brief die Nachricht vom Tod unseres Onkels Borso, eures Bruders, erfuhr, begann ich in meinem Herzen darüber nachzudenken, wie es um die Vorsehung Gottes unserem Haus gegenüber bestellt ist. Denn je mehr ich ihn für dieses bitte und gebeten habe, um so mehr hat er es jeden Tag geschlagen. Gewiß danke ich aber dem weisesten und gütigsten Schöpfer und Erlöser unserer Seelen, der an uns weit besser handelt, als wir zu verlangen und auszudenken wüßten und könnten. Ich sehe, daß meine Gebete mehr und viel besser erhört werden, als ich wünschte. Da ich nämlich für das Heil eurer Seelen betete, sehe ich nun, wie es euch näher kommt. Je mehr aber unsere Seelen an irdische Dinge gebunden sind, um so weiter entfernt ist sie ihrem ewigen Ziel. Durch solche Ereignisse zeigt euch Gott also in klarer Weise, daß die menschlichen Hoffnungen blind und falsch sind, um euren Sinn zum Himmlischen erheben zu können.

Euer Schöpfer schlägt euch häufig, um euch zu wecken. Damit ihr euch aus dem Schlaf erhebt, in dem ihr euch nun schon seit geraumer Zeit befindet, wenn ihr das gegenwärtige Leben mehr liebt als das künftige. – Meine Mutter, das sind sehr mächtige Stimmen vom Himmel her, die nun wie Pfeile in eurem Herzen haften und euch laut dazu aufrufen, euch von der Zuneigung zu den irdischen und hinfälligen Dingen zu befreien, und die euch zur Liebe Jesu Christi einladen. Glaubt mir, meine Mutter und ihr alle, meine geliebten Schwestern und Brüder, der gütigste Jesus, unser gnädiger Erlöser, geht euch nach und ruft euch zu: «Kommt in mein Reich, laßt diese Welt, die voller Bosheit und Verderben ist!» Und da ihr schlaft, so schlägt er euch, um euch zu wecken, wie einer, der um euer Heil besorgt ist. So öffnet denn die Augen und seid nicht undankbar und überlegt, ob vom Anfang der Welt bis zu ihrem Ende je ein Diener Gottes ohne Versuchung, Verfolgung und Drangsal gelebt hat. Gott geißelt seine Kinder, damit sie ihre Hoffnung nicht auf die Welt setzen. Er schneidet jede Verflechtung und Verwurzelung, jedes Vertrauen [in irdische Dinge] ab, damit die Menschen, wenn sie sich von der Welt verlassen sehen und keine andere Zuflucht haben, sich in seine Arme werfen. O gütiger Gott, o unermeßliche Barmherzigkeit und unendliche Liebe! Er geht uns nach, als hätte er uns wahrhaftig nötig. Ach, so sagt mir doch, ich bitte euch, welcher Reiche, welcher in der Welt Ruhmvolle, dem diese verderbte Zeit zulacht, welcher Mensch, der von der Welt erhöht und gepriesen worden ist, handelt in unsern Tagen gut? Wer dient Gott mit ganzem Herzen? Wißt ihr denn nicht, daß Jesus nicht lügen kann? Nun sagt er aber, es sei sehr schwer und beinahe unmöglich, daß der Reiche sich retten kann, und die Armen im Geiste hat er selig gepriesen. Wißt ihr nicht, wie es in der Welt zu- und hergeht? Wenn ihr eure Hoffnung auf sie setzt, so schaut doch, wie sie euch behandelt, schaut, wie sie in ihrem Sturz auch euch zu Fall bringt! Wer aber auf Gott hofft, wird nicht verlassen bleiben, weil er nichts von dieser Welt, sondern das ewige Leben sucht, zu dem man nur unter vielen Drangsalen gelangt. Es ist nicht nötig, daß wir dazu eine weitere Begründung geben: Unsere Toten lehren uns, was das Anhäufen von Reichtum, ein Leben in Prunk, schöne Kleidung, Ehren, Ruhm und die gegenwärtigen Freuden wert sind, da man sie ja nur für kurze Zeit besitzt.

Ein junger Mann, von gutem Aussehen, frisch und gesund, ist am Mittwoch in Santa Liberata, hier in Florenz, zur Verwunderung aller plötzlich tot zusammengebrochen. Und vorgestern ist eine junge Sängerin, die wegen ihres wunderbaren Gesangs und ihrer sanften Stimme, die alle großen Sänger übertraf, die höchste Wonne von ganz Florenz war, zum großen Leid aller vornehmen Bürger bei ihrer Niederkunft unter großer Angst gestorben und erlitt so Strafe für ihre Sünde. Es wäre mit ihr wohl nicht so weit gekommen, wäre sie nur dem Weg gefolgt, den ich ihr einst zeigen wollte! Was nützen ihr nun alle Vergnügungen? Wo sind die Melodien geblieben? Wo sind die köstlichen Speisen?

Seht ihr nicht, daß alles wie ein Windhauch vorübergeht? Daher ist es nötig, Gott, der uns ruft, zu antworten und unser Herz in ihm zur Ruhe zu legen. Suchen wir ihn, lieben wir ihn, folgen wir ihm, und so wird uns das, was zum gegenwärtigen Leben nötig ist, nicht mangeln! Tun wir, was wir von uns aus tun können, und anvertrauen wir uns ihm, und er wird uns nicht verlassen, denn er spricht: *«Non te deseram neque derelinquam.»*[21]

Wenn ihr sagt: «Es ist eine Schande, arm zu sein!», so antworte ich euch, daß sich niemand schämen sollte, Christus und der Jungfrau Maria ähnlich zu sein. Wo ist der Glaube? Wenn wir wahrhaft glauben, daß die Herrlichkeit, die Gott denen verspricht, die ihn lieben, unermeßlich, unaussprechlich und ewig ist, und daß die Strafen der Hölle schrecklich sind, was haben wir dann zu tun, wenn wir doch an einen dieser zwei Orte gelangen müssen? Warum suchen wir nicht, die Hölle zu fliehen und ins Paradies zu kommen? Denn hier kann man nicht lange bleiben, die Zeit des anderen Lebens aber hat kein Ende. Was nützt es also, sich hier vergebens abzumühen? Was hilft es, etwas eine Stunde zu besitzen, dafür aber auf ewig gepeinigt zu werden? Besser ist es daher, geduldig die Drangsale, die nur für kurze Zeit dauern, zu ertragen, und dafür ewige Freude, Frieden und einen Triumph ohne Ende zu erlangen.

Erinnert euch der frühen Märtyrer! Wo sind jetzt ihre Leiden, ihre Qualen, ihre großen Drangsale, die doch viel größer als die euren waren? All dies ist jetzt vorbei, und sie leben nunmehr in der Herrlichkeit und werden sich ihrer ewig erfreuen. Die Tyrannen aber, die sie geschlagen haben, erleiden ewige Qual und haben keine Hoffnung, je erlöst zu werden.

Meine geliebte Mutter, wenn wir mit dem Innersten unseres Herzens überlegten und tief darüber nachdächten und ohne zu zweifeln glaubten, daß wir Pilger auf Erden und entweder zum Himmel oder zur Hölle unterwegs sind, dann würden wir der Welt keine Achtung schenken, weder ihren Reichtümern, noch ihren Vergnügungen oder ihren Drangsalen. Heute aber sind die Menschen blind geworden und denken nicht an dieses, sondern nur daran, Häuser zu errichten an einem Ort, wo sie jedoch nichts wahrhaft besitzen können. O törichte, blinde und erbärmliche Sterbliche, die ihr eine so große Verheißung von Gott habt, wenn ihr seine Gebote haltet, und – solltet ihr sie nicht halten – eine solche Pein! Und doch wißt ihr aus Erfahrung, daß man nicht lange auf dieser Welt wohnen kann, und doch denkt ihr an alles andere als an dieses! O unglaubliche Blindheit, wie elend ist doch unsere Lage, da wir an nichts anderes als an das Gegenwärtige denken, während der Glaube und die Liebe zu nichts geworden sind und jede Tugend erloschen ist. Der lebendige Glaube ist aber über nichts anderes als über die Sünde betrübt, weint über nichts anderes als über die Beleidigung Gottes. Der feste Glaube fürchtet nicht die Drangsale, er gerät wegen des Todes nicht in Verwirrung. Das war die Kraft, welche die frühen Märtyrer selbst in den Qualen heiter sein ließ. Aber weil wir heutzutage keinen Glauben mehr haben, suchen wir diese Welt und kümmern uns nicht um das andere Leben. Wenn wir daher unseres Besitzes, unserer Verwandten und Freunde beraubt werden, so betrüben wir uns weit mehr, als wenn wir wegen der Sünden der Gnade Gottes beraubt sind. Vom rechtschaffenen Leben spricht zwar jeder gut, ein jeder lobt und preist die Tugenden, aber nur wenige folgen ihnen nach. Nun, was werdet ihr dazu sagen?

Schaut, ich habe lange Zeit gebraucht, um meinen Mund für solche Worte euch gegenüber zu öffnen, um Mitarbeiter Gottes zu sein, der euch zu sich ruft. Von diesem Zeitpunkt an will ich beginnen, euch anzuspornen und einzuladen zur Liebe Jesu Christi. Gebt euch ihm ganz, nehmt in euren Drangsalen Zuflucht zu ihm und dankt ihm für alles, besonders dafür, daß er euch für würdig befunden hat, euch zu sich zu rufen. Achtet nicht mehr auf die Dinge dieser Welt [und verhaltet euch so,] als gäbe es sie nicht, sondern bemüht euch allein darum, euer Gewissen zu läutern und bereitet euch auf den Tod vor. Und sollte euch etwas widerfahren, das euch nicht gefällt, so empfehlt euch ihm in großer Geduld, damit euer Gewissen auf diese Weise nicht verletzt bleibe. Wenn ihr dieses rein bewahrt, so glaubt mir, werden euch die Drangsale wenig oder gar nicht betrüben.

Macht euch weiter keine Sorgen um eure Töchter. Kümmert euch darum, daß sie gut sind – nicht gemäß der Güte, welche die Welt lobt, sondern gemäß jener, die Gott gefällt, das heißt: sie seien fromm, sollen sich dem Gebet widmen, dem Fasten, den heiligen Predigten, wie Bräute Christi, und ihr sollt gewiß sein, daß Gott auch ohne euch sich um sie sorgen und sie zu einem besseren Ziel führen wird, als sie sich im entferntesten vorstellen können. Wenn sie auch nicht im Kloster sind, vermögen sie Gott auch in dieser Welt zu dienen und Bräute Jesu zu sein. – Ich bitte euch also, meine Schwestern und geistlichen Töchter, Beatrice und Chiara, euch ganz dem Gebet hinzugeben und alle Eitelkeiten zu lassen, und zwar nicht nur im Verhalten, sondern auch in der Gesinnung. Weiht euch der Einsamkeit, den heiligen Lesungen und den Gebeten. Kümmert euch nicht um irgendwelche Gesellschaft, auch nicht darum, zu sehen und selbst gesehen zu werden. Betrachtet Jesus Christus, sein Leiden und sein Leben Schritt für Schritt. Haltet euch nicht unter Menschen auf, vielmehr sei euer Herz beständig bei Jesus Christus. Er wird euch mehr trösten, als ihr euch denken könnt. Wenn ihr euch ihm mit reinem Gewissen nähert, werdet ihr himmlische Freuden empfinden und diese Welt verachten, werdet alle andern Frauen für eitel und unselig erachten. O, welche Wonnen werden von reinen Gewissen und besonders von den jungfräulichen Bräuten Christi, die er so zärtlich liebt, im Gebet gewonnen! Bleibt also in der Liebe Christi zusammen mit eurer Mutter vereint, dient ihm in Armut und zweifelt nicht daran, daß er sein Auge auf euch ruhen läßt. Auch wird euch nicht scheinen, als wollte er es euch schlechter machen als den andern, denn wüßtet ihr eure Zeit zu erkennen, [so sähet ihr,] daß er euch besser behandelt hat. – Der heilige Paulus – vielmehr der Geist durch seinen Mund – sagt, daß, wer heiratet, keine Sünde begeht, aber Drangsal erleiden wird, wie ihr es am Beispiel eurer Mutter ersehen könnt; wer aber nicht heirate, handle besser. Und jene Jungfrau, die, an Geist und Leib heilig, Gott dient, wird glückseliger. Wenn ihr euch also bemüht, heilig zu leben und euch der Frömmigkeit zu weihen, werdet ihr, wenn ihr die Süßigkeit Jesu einmal kostet, alle weltlichen Freuden verspotten.

Ich konnte für euch nicht das schreiben lassen, was ihr nach meinem Wunsch haben solltet, denn ich mußte dem Schreiber viele andere Dinge zum Schreiben geben, die dringender waren, so daß also die euren sich verzögert haben; ich werde mir aber Mühe geben, daß sie geschrieben werden.

Doch will ich nun, meine Mutter, zu euch zurückkehren und will euch bitten, daß ihr nunmehr die Welt vergessen sollt, und genau das ist es, was ich euch in jenem Brief sagen wollte, als ich schrieb, ihr solltet denken, ich sei gestorben. Ich wünschte nämlich, daß ihr so sehr in Jesus verliebt seid, daß ihr euch um eure Kinder nicht mehr kümmert, als unbedingt nötig. Ich wünschte, euer Glaube wäre so groß, daß ihr sie ohne Tränen sterben oder das Martyrium erleiden sehen könntet, wie das jene heilige Hebräerin[22] tat, vor deren Augen ihre sieben heiligen Söhne getötet oder gemartert wurden, und die nicht weinte, sondern sie vielmehr zum Tode ermutigte. – Und in ähnlicher Weise handelte – im Neuen Bund – die heilige Felicitas[23].

Ich habe das nicht gesagt, weil ich euch keinen Trost geben wollte – dies würde gegen die Liebe verstoßen –, wohl aber, um euer Leid zu verringern, damit ihr, sollte ich sterben, nicht solchen Schmerz habt.

Es belästigt mich nicht, wenn ihr mir oft schreibt, mag es mir auch nicht möglich sein, ebensooft zu schreiben, vor allem nicht so lange Briefe, wie es dieser ist. Fünfmal bin ich zu ihm zurückgekehrt, bis ich ihn – weil ich beschäftigt war – beenden konnte. Schreibt in Gottes Namen trotzdem häufig, und ich werde mir Mühe geben, euch – ob kurz oder lang – zu antworten.

Von unserem Onkel will ich nichts weiter sagen, als daß ich für dessen Seele Messen lesen werde. – Bestärkt unsere Brüder darin, daß sie rechtschaffen leben und darauf beharren. – Sagt auch unserer Tante, madonna Margareta, von mir, daß ich betrübt bin über den Schicksalsschlag, der sie getroffen hat. Aber wenn sie sich Gott überläßt und sie ihr Leben in Liebe auf ihn ausrichtet, wird sie Trost finden, andernfalls wird sie in dieser Welt nichts anderem als Kummer begegnen.

Der Friede und die Liebe Gottes sei immer mit euch! – Aus Florenz, am 5. Dezember 1485. Euer Sohn, Bruder Hieronymus Savonarola.

Brief an die Mutter aus Pavia
25. 1. 1490

Nach der Beendigung seines Amtes als Magister im Dominikanerkloster von Bologna verbrachte Savonarola zunächst einige Zeit im Kloster Santa Maria degli Angeli in Ferrara, um sich dann in Norditalien dem Predigen zu widmen. Mit Sicherheit wissen wir nur von einem Aufenthalt in Brescia. Im Januar 1490 machte er sich auf den Weg nach Genua, um dort die Fastenpredigten zu halten. Von Pavia aus schrieb er seiner Mutter.

Jesus, Maria. Verehrungswürdigste Mutter, der Friede Christi sei mit euch! Ich weiß, daß ihr euch darüber wundert, daß ich euch schon seit vielen Tagen nicht geschrieben habe. Das habe ich aber nicht getan, weil ich euch etwa vergessen hätte, vielmehr deshalb, weil ich Boten benötige, doch ist mir in dieser Zeit kein einziger begegnet, der von Brescia nach

Ferrara gegangen wäre, außer daß nach dem Weihnachtsfest einer der unsrigen dorthin ging, doch war ich während dieser Zeit so sehr beschäftigt, daß ich völlig vergessen habe, euch zu schreiben, was mich nachher sehr betrübt hat. Als darauf Fra Giacomo aus Pisa, der Prior in unserem Kloster Santa Maria degli Angeli gewesen war vor jenem, der es jetzt ist, zu uns gestoßen war, berichtete er mir von euch und sagte mir, wie es euch schmerzt, daß ich nicht schreibe. Ich hatte aber keine Boten zur Verfügung und so antwortete ich ihm, der Weg von Brescia nach Ferrara liege etwas abseits, und man könne deshalb keine zuverlässigen Boten haben. Er sagte mir, wenn ich auf dem Weg nach Genua in Pavia wäre, hätte ich dort jeden Tag Boten zur Verfügung und ich solle euch doch aus Pavia schreiben. Da ich nun aus Gehorsam nach Genua geschickt worden bin, um dort die Fastenpredigten zu halten, und ich jetzt Pavia erreicht habe, will ich euch schreiben, wie ich es mir vorgenommen hatte, und euch mitteilen, daß es mir gutgeht, daß ich, was den Geist betrifft, zufrieden, und, was den Leib betrifft, gesund bin, wenn auch vom Weg müde, und noch ein weiter Weg bis Genua vor mir liegt. Ich weiß nicht, was ich euch sonst noch mitteilen sollte, außer daß ich von euch gewiß keinen Brief erhalten habe, seitdem ich euch gesehen habe, soweit ich mich erinnere, noch irgendwelche Nachrichten über euer Befinden, abgesehen vom erwähnten Bruder Giacomo. Ich kann mir aber gut vorstellen, daß ihr in Sorge seid, weshalb ich auch – soweit ich dies in meiner Schwachheit vermag – ständig für euch zu Gott bete. Ich weiß nicht, was ich für euch tun könnte, denn ich, der einst frei war, habe mich zum Knecht gemacht aus Liebe zu Jesus, der aus Liebe zu mir sich zum Menschen gemacht und die Gestalt eines Knechts angenommen hat, um mich zu befreien. Und so suche ich in allem den Ruhm der Freiheit der Kinder Gottes. Daher trachte ich danach, soweit es in meiner Macht liegt, ihm zu dienen und mich durch keine irdische und fleischliche Zuneigung den Mühen zu entziehen. Und so arbeite ich aus Liebe zu ihm gern in seinem Weinberg in verschiedenen Städten, um nicht nur meine Seele zu retten, sondern auch die anderer. Ich müßte auch in großer Furcht vor dem Gericht sein, wenn ich nicht in dieser Weise handelte. Denn wenn er mir das Talent gegeben hat, dann muß ich es in der Weise verwenden, die ihm gefällt.

Es darf euch also, geliebteste Mutter, nicht bedrücken, wenn ich mich von euch entferne und von Stadt zu Stadt ziehe, denn all dies tue ich für das Heil vieler Seelen, indem ich predige, ermahne, Beichte höre, Lesungen halte und Rat erteile, und ich gehe nie von einem Ort zum andern außer zu diesem Zweck, wozu mich meine Oberen immer wieder beauftragen.

Ihr sollt euch deshalb eher trösten, daß Gott euch für würdig befunden hat, eines eurer Kinder zu erwählen und es für eine so wichtige Aufgabe zu verwenden. Hielte ich mich aber dauernd in Ferrara auf, so könnt ihr glauben, daß ich wohl kaum so viele Früchte brächte wie auswärts, denn kein Ordensmann – oder nur ganz wenige – bringt je Früchte eines heiligen Lebens in seiner eigenen Heimat, weswegen auch die Heilige Schrift ständig dazu aufruft, aus der Heimat fortzugehen, da man jemandem aus dem eigenen Land nie soviel Glauben schenkt – sei es beim Predigen oder beim Erteilen von Ratschlägen – wie einem Fremden. Daher sagt auch unser Erlöser, daß kein Prophet im eigenen Land anerkannt wird, weswegen auch er in seiner Heimat nicht anerkannt wurde. – Nachdem Gott mich von meinen Sünden weg zu einem so wichtigen Amt berufen wollte – wofür ich ihm unzählige Male danke – so seid damit zufrieden, daß ich außerhalb meiner Heimat im Weinberg Christi bin, wo ich weiß, ja, es geradezu mit den Händen greifen kann und auch die Erfahrung habe, daß ich unvergleichlich mehr Frucht bringe sowohl für mein als auch anderer Leute Seelenheil, als ich dies in Ferrara tun könnte. Würde ich mich nämlich dort aufhalten und möchte ich dort tun, was ich in andern Städten tue, so weiß ich, daß mir genau dies gesagt würde, was Christus von seinen Landsleuten gesagt wurde. Wenn er nämlich predigte, pflegten diese zu sagen: «Ist das nicht der Zimmermann, der Sohn eines Zimmermanns und der Sohn Marias?»[24] Und sie wollten ihn nicht einmal anhören. In gleicher Weise würde man auch von mir sagen: «Ist das nicht jener

Magister Hieronymus, der diese und jene Sünde beging und der wie einer von uns war? Nun, wir wissen genug, wer der ist!» und sie würden meinen Worten nicht andächtig zuhören. Daher ist mir in Ferrara schon oft von einigen, die sahen, wie ich zur Ausübung meines Amtes von Stadt zu Stadt zog, gesagt worden, unsere Brüder hätten wohl Mangel an Leuten – so, als ob sie sprechen wollten: «Wenn sie für so wichtige Belange *dich* beanspruchen, der du von geringem Wert bist, dann haben sie gewiß großen Mangel an Leuten!» Aber außerhalb meiner Heimat sind mir solche Worte nie gesagt worden, vielmehr weinen Männer und Frauen, wenn ich mich von ihnen wieder trennen will, und sie schätzen meine Worte sehr. – Ich schreibe dies nicht deswegen, weil ich menschliches Lob suche, noch etwa, weil ich mich am Lob freue, aber um euch zu zeigen, welche Absicht hinter diesem meinem Fernbleiben von der Heimat steckt, damit ihr erkennt, daß ich gern hier verweile, weiß ich doch, daß ich auf diese Weise etwas tue, das Gott angenehmer und für mich und die Seelen meiner Nächsten heilsamer ist. Diese Dinge ziehe ich so sehr allen Schätzen der Welt vor, daß ich sie im Vergleich zu meinem Gewinn wie Dreck erachte. Daher sollt ihr euch, verehrteste Mutter, nicht darüber betrüben, denn je wohlgefälliger ich mich gegenüber Gott zeigen werde, um so mehr werden meine Gebete für euch bei ihm zählen. Und glaubt doch nicht, ihr wäret wegen der Drangsale von ihm verlassen worden, sondern glaubt eher, daß *ihr* ihn verlassen habt, er aber euch nicht verlassen hat! Denn durch diese Trübsale zwingt er euch, eure Zuflucht bei ihm zu nehmen. Vielleicht will er auf diesem Weg euch zusammen mit euren Kindern retten und meine Gebete erhören, in denen ich nicht darum bitte, daß er euch Besitz gebe, sondern seine Gnade, und daß er euch zum ewigen Leben auf dem Weg führe, der *ihm* gefällt.

Ich glaubte, ich würde wohl nur wenige Worte schreiben, aber die Liebe ließ die Feder dahineilen, und ich habe euch mein Herz mehr geöffnet, als ich es zu tun gedacht hatte. So sollt ihr schließlich wissen, daß mein Herz entschlossener ist als je, Seele und Leib, das ganze Wissen, das mir Gott gegeben, und alle Gnade aufs Spiel zu setzen aus Liebe zu Gott und zum Heil meines Nächsten. Und da ich dies in meiner Heimat nicht kann, so will ich es auswärts tun. Daher bitte ich euch, meinen Lauf nicht hindern zu wollen, wobei ihr gewiß sein könnt, daß, wenn ich euch irgendwie helfen kann, ich dies tun werde, und wenn es nötig ist, wird es mir nicht schwerfallen, nach Ferrara zu kommen. Sollte dies aber nicht nötig sein, würde ich es für mich als schwere Sünde erachten, wegen geringfügiger Sache das Werk Gottes, das er mir anvertraut, im Stich zu lassen. Ich möchte euch dazu ermutigen, in allem Geduld zu üben und unsere Schwestern zu trösten, die wissen sollen, daß Gott für sie besser vorgesorgt hat, als sie glauben. Wäre er mit ihnen vielleicht anders umgegangen, indem er ihnen Besitztum und Ehren gegeben und sie verheiratet hätte, wären sie in vielerlei schwere Sünden gefallen, die sie gar nicht kennen, und sie wären mehr in die Welt verstrickt, als sie es jetzt sind. Ich wünschte, sie öffneten die Augen und erkennten die Gnade, die ihnen Gott erwiesen hat. Ihm sollen sie sich mit ganzem Herzen empfehlen, denn nie verläßt er den, der auf ihn vertraut.

Bestärkt unsere Brüder und die ganze übrige Verwandtschaft darin, rechtschaffen zu leben. – Heute will ich, nachdem ich gegessen habe, den Weg nach Genua einschlagen. Bittet Gott, daß er mich gesund dorthin führe und daß er mich bei jenem Volk reiche Frucht bringen lasse. – Empfehlt mich unserem Onkel und unserer Tante, unsern Vettern und Kusinen. Gott sei mit seiner Gnade mit euch und um der Liebe unseres Herrn Jesus Christus willen behüte er euch vor Bösem. Amen.

Geschrieben in Pavia, in Eile, am Tag der Bekehrung des Apostels Paulus, 1490.

Euer Sohn, Bruder Hieronymus Savonarola.

Über die Demut

Die Abhandlung, die 1492 gedruckt erschien, und die später der Humanist Girolamo Benivieni ins Lateinische übersetzt hat, verfaßte Savonarola für eine uns nicht bekannte Oberin eines Frauenklosters. Im Geleitbrief bezeichnet er die Demut (umiltà) *als das «Fundament des geistlichen Bauwerks» und die Liebe* (carità) *als dessen «Vollendung». Ohne die Liebe, die alle Teile des Gebäudes zusammenhält, würde dieses einstürzen und sogar das Fundament zerstören. Wie Demut beschaffen sein sollte, zeigt sich indirekt am Verhalten des überheblichen Menschen. Mit psychologischem Scharfsinn entwickelt Savonarola das Bild des egoistischen Stolzes und weist darauf hin, daß selbst frommes Verhalten und gute Werke von persönlicher Ruhmsucht bestimmt sein können. Keine Tugend ist daher schwerer zu erlangen als echte Demut.*

Die Demut ist eine Tugend, die den Geist zügelt, damit er nicht in ungeordneter Weise nach hervorragenden Dingen strebt. Diese Tugend ist deswegen notwendig, weil alle Menschen – ich möchte gar sagen: alle Geschöpfe, die Verstand und Vernunft haben – mehr als alle andern nach der eigenen Vortrefflichkeit verlangen, da diese einen sehr großen Anreiz und einen starken Ansporn in sich birgt, Begehrlichkeiten auf sich zu ziehen. Aus diesem Grund geschieht es, daß der Mensch in zu ungeordneter Weise [die eigene Vortrefflichkeit] erlangen will, und daher ist die Demut notwendig. Sie zeigt, von wem und wie jene Vortrefflichkeit gesucht werden soll.

Es zeigt die Demut, daß man eigenen Ruhm und eigene Ehre nicht mehr erstreben soll als jene Gottes.

Sie zeigt, daß man nach dem Ruhm Gottes keinen andern Ruhm und keine Vortrefflichkeit suche als die ewige Seligkeit.

Sie zeigt, daß man nach der ewigen Seligkeit keine andere Vortrefflichkeit verlangen soll als die der inneren Vervollkommnung und der Vollendung aller Tugenden.

Sie zeigt, daß solche Vortrefflichkeiten nicht von der eigenen Tugend erhofft werden sollen und auch nicht von eigenen Verdiensten, sondern allein von der Barmherzigkeit des allmächtigen Gottes.

Sie zeigt, daß der Mensch keine Vortrefflichkeiten oder Erweisungen von Lob von seiten der Menschen suchen, sondern vielmehr sie fliehen soll, denn diese sind eitel; nichtsdestoweniger durchdringen sie das Herz, heben es in die Höhe und lassen es dann in großem Sturz niederfallen.

Sie zeigt, daß der Mensch innerhalb der Grenzen zu bleiben hat, die ihm Gott gesetzt hat, und daß er mit all dem zufrieden sein soll, was ihm gefällt. Und falls er arm ist, suche er nicht, reich zu werden, denn Reichtümer führen nicht zum Himmel, vielmehr sind sie auf dem Weg dorthin hinderlich. Und wenn einer weder weltliche noch kirchliche Würden hat, suche er nicht, solche zu erlangen, vielmehr fliehe er davor, denn nicht der Rang, sondern ein gutes Leben macht den Menschen wohlgefällig vor Gott. – Ist sein Wert nicht bekannt, suche er nicht zu erreichen, daß er bekannt werde, denn ein Schatz, um den man weiß, bringt große Gefahr mit sich. Und sollte sein Wert trotzdem bekannt werden, so führe er ihn auf Gott zurück, und er strebe weder durch Worte noch durch Taten danach, daß man von ihm noch mehr erfahre, oder daß diejenigen von ihm Kunde erhalten, die ihn nicht kennen.

Die Demut zeigt, daß der Mensch sich darüber betrüben soll, wenn er sich loben hört – vor allem wegen Tugenden, die er gar nicht besitzt – oder wenn er spürt, daß er unverdientermaßen in der Meinung der Leute gut dasteht. Er soll – allerdings ohne zu sündigen – bestrebt sein, diesen Ruf zu mindern, oder noch besser, diesem gerecht zu werden oder mit tugendhaften Taten zu übertreffen.

Sie zeigt, daß der Mensch allen Geboten Gottes gehorchen und sich diesen unterwerfen soll. Auch wachse er jeden Tag zu größerer Vollendung heran im Gehorsam und in der Liebe zu Gott, und außer diesem suche er nichts anderes, sondern sei mit *der* Stellung zufrieden, in die ihn Gott gestellt hat.

Schließlich zeigt die Demut, daß man Äußerlichkeiten keine Beachtung schenken soll, vielmehr daß die Seele in Unterwerfung und Furcht vor Gott bleibe, ihm in allen Widerwärtigkeiten danke und sich im Wohlergehen nicht überhebe. – Somit zügelt die Demut den Geist, damit er sich nicht aufblähe und übermütig sei im Verlangen nach Vortrefflichkeit und menschlichem Lob, sondern innerhalb der Grenzen bleibe, die ihm Gott gesetzt hat, und nicht weiser sein wolle als er.

Da jedoch, wie wir gesagt haben, das Verlangen nach eigener Vortrefflichkeit einen sehr starken Antrieb für den menschlichen Geist darstellt, ist es mit großer Mühe verbunden, diese Tugend in vollkommener Weise zu erlangen, denn es ist eine sehr schwierige Sache, einen Feind zu besiegen, wenn dieser sehr mächtig ist. Nun aber ist dieser unser Feind nicht nur sehr stark, sondern auch äußerst scharfsinnig und vermag von jeder Seite her einzudringen, denn er ist auch verschlagen, beharrlich und todbringend …

Im Folgenden schildert Savonarola, wie der Feind listig versucht, selbst gute Absichten und Werke mit offenem oder geheimem Verlangen nach Ruhm und Eigenlob zu vermengen, so daß oft «aus der Demut der Stolz geboren wird».

Der Feind ist beharrlich, denn er läßt den Menschen bis ins höchste Alter nicht los. Alle andern Laster lassen den Menschen bisweilen in Ruhe, dieses aber nie. Die Habsucht beherrscht nicht in dieser Weise das Herz eines Menschen, auch nicht immer, denn der Mensch ist in seiner Jugend für gewöhnlich freigebig. Auch das Laster des Fleisches läßt nach, sei es aus Scham oder infolge des Alters. Dieses jedoch scheint dann noch zu wachsen, wenn alle andern Laster bereits erloschen sind, auch beginnt es sozusagen in der Kindheit und verfolgt uns ständig bis zum letzten Augenblick unseres Lebens: bald läßt es uns mit eitlen und verworfenen Handlungen prahlen, bald mit Reichtum, Schönheit, bald mit weltlicher Höflichkeit, mit Kleiderputz und schönem Reden, Auftreten und Betrachten, bald mit manch sündhaftem Verhalten wie Tanzen, Spielen und eitlem Singen – bald aber auch mit Tugend! Und wenn der Mensch glaubt, jedes Laster überwunden zu haben, entdeckt er, wie dieses – nach dem Verschwinden der andern – noch lebendiger und stärker als je besteht. Es ist dieses der größte Todfeind, denn es bringt der Seele tödliche Wunden bei. Es macht den Menschen ungehorsam gegenüber seinen Oberen, hart gegen die unter ihm Stehenden, unsanft, unfreundlich und unansprechbar gegenüber den Gleichrangigen. Es macht ihn zu jemandem, mit dem man keinen gemeinschaftlichen Umgang haben kann, der sich in Taten und Worten immer überlegen zeigen will und jeweils den ersten Rang beansprucht. Es macht den Menschen auch habsüchtig, so daß er glaubt, mit Reichtum einige Vortrefflichkeit zeigen zu können. Es macht ihn zügellos im Reden, so daß er stolz und mit lauter Stimme spricht. Ein solcher kann es nicht über sich bringen, seinen Gefährten zuzuhören, denn ihm scheint, er selber spreche besser. Er besitzt Leichtigkeit im Reden und Promptheit im Erwidern, ist begierig zu zeigen, daß er alles versteht und alle belehren will. Dieser Feind macht den Menschen ungeduldig, schmähsüchtig, zum Verächter der andern, streitsüchtig, unversöhnlich, rachsüchtig, halsstarrig, anmaßend, überheblich, unfähig, einen Rat anzunehmen, gehässig und begierig, allen Ansichten sein eigenes Urteil vorzuziehen. Und wenn er spricht, hört er sich selbst zu und achtet nicht darauf, ob die Zuhörer Freude haben, ihn anzuhören, oder ob sie ihn loben. – Vernimmt er das Wort Gottes, so sucht er darin nach hohen und seltsamen Inhalten, da ihm scheint, daß die einfachen und die Moral betreffenden für die unter ihm Stehenden bestimmt sind. Wenn ihm solches gesagt wird und es ihm nicht gefällt, spottet er über den, der es anhört und ausspricht, und er verachtet es in seinem Herzen. Gelangweilt hört er zu, wendet die Augen bald dahin, bald dorthin, kann nicht ruhig stehenbleiben, spuckt aus und bewegt Hände und alle Glieder. Er will auch herausfinden, warum einer diesen und jenen Punkt erwähnt hat, er widerspricht ihm gern und tadelt ihn in seinem Herzen. Und wenn dieser dann weggegangen ist, will er zeigen, daß er alles verstanden hat, wirft vor den andern Fragen auf und oft tadelt er in versteckter Weise den Prediger, indem er vorgibt, ihn loben zu wollen, aber unter diesem Deckmantel erwähnt er manche Mängel [des Predigers], und bei alledem denkt er gar nicht an das, was ihn selbst betrifft, noch an das, was sein Heil angehen könnte ...

Auf diese und unendlich viele andere Arten, die sich weder ausdenken noch beschreiben lassen, versucht dieses Laster von uns Besitz zu ergreifen. Und deswegen ist es sehr schwer, die Tugend der Demut zu erlangen. Aber was für den Menschen schwierig und unmöglich ist, ist für Gott möglich und leicht. Deswegen soll sich der Mensch nicht ängstigen und glauben, diese Tugend nicht erwerben zu können, denn was er selbst nicht vermag, wird Gott durch seine Gnade bewirken.

Der folgende Abschnitt bringt eine Anzahl von Regeln, die sich auf das Erlangen dieser oder anderer Tugenden beziehen. Zu diesen oder zu guten Werken gelangt man jedoch nicht durch eigenen Fleiß (industria), *sondern allein durch Gottes Gnade* (grazia) *und Barmherzigkeit* (misericordia). *Der Mensch versuche, sich in die Tugend der Demut geradezu zu verlieben, sehne sie unter Gebeten und Tränen herbei und glaube, daß Gott ihn erhören werde. Vor allem meditiere er über die Menschwerdung und das Leiden Christi, lese das Leben der Heiligen und bedenke, wie sehr der Hochmut* (superbia) *Gott mißfalle. – Vorbild in allem bleibt aber Christus selbst.*

Eine solche Demut zeigte der Welt unser Erlöser. Er, der große Werke vollbracht hatte, nahm Niedrigstes auf sich, das heißt, den Tadel der Juden und die Schmach des Kreuzes.

Gegen Ende des Traktats erläutert Savonarola die klassisch gewordenen «zwölf Stufen der Demut» aus der Regel des heiligen Benedikt (7. Kapitel) und wendet sich dann direkt an die Oberin:

Für diesmal werde ich den zweiten Teil, den über die Liebe *(carità),* lassen ... Wenn ich dann höre, daß ihr in dieser Demut einige Fortschritte erzielt habt – selbst wenn ihr nicht ganz zu deren Vollkommenheit gelangen solltet – wird es mir größtes Gefallen bereiten, euch darüber eine kurze Abhandlung zu schreiben. Ihr werdet inzwischen Gott jeden Tag für mich Sünder bitten, daß er mir die Gnade verleihe, im Wirken zur Vervollkommnung dieser Tugend zu gelangen, so wie er mich zur Vollendung dieser kleinen Abhandlung hat kommen lassen, und daß er mir auch die Gnade gebe, daß ich – zu seiner Zeit – über die Liebe schreiben kann zum Lob und zum Preis unseres ewigen Erlösers, des demütigen Lammes Jesus Christus, der mit dem Vater und dem Heiligen Geist ein einziger, wahrer, allmächtiger Gott ist, dem für alle Ewigkeit Ehre und Herrschaft gehört. Amen. Die Barmherzigkeit, die Gnade, die Demut und der Friede Gottes sei immer mit euch. Amen.

Zur Verteidigung und Empfehlung des inneren Gebets

Savonarola hat sich mehrmals schriftlich zur Bedeutung des Gebets geäußert; so verfaßte er einen «Sermon über das Gebet», eine Darlegung über das «Ave Maria» *und eine über das Herrengebet. Die folgenden Auszüge stammen aus der Abhandlung, die vermutlich 1492 unter dem Titel* «Trattato in defensione e commendazione dell' orazione mentale» *erschienen ist. Er verteidigt darin den Vorrang des inneren Gebets gegenüber dem mündlichen Gebet* (orazione vocale), *das nicht nur von Ordensleuten, sondern auch von Laien zu pflegen sei.*

Veranlaßt durch eine verdorbene Gewohnheit des christlichen Volkes, das ohne geistige Gesinnung ganz dem äußerlichen Kult ergeben ist, sind einige der Ansicht, die Verehrung Gottes bestehe aus nichts anderem als aus dem Singen von Psalmen und dem Hersagen von Worten, und da sie nie die Erfahrung geistiger Dinge gemacht haben, können sie sich nicht vorstellen, daß andere Gebete als mündliche verrichtet werden können. Und weil die Gewohnheit eine zweite Natur ist, werden sie folglich veranlaßt zu glauben, das Gebet dürfe nicht ein inneres, sondern müsse ein mündliches sein.

Wenn auch einige meinen, man könne still ein inneres Gebet verrichten, so sagen sie trotzdem, dies komme Mönchen und Ordensleuten zu, nicht aber Laien, wobei folgender Grund sie [zu dieser Behauptung] veranlaßt: da Laien mit weltlichen Dingen zu tun hätten, die das Herz vom inneren Gebet wegzögen, so sagen sie, daß sie ein solches aus diesem Grund nicht erstreben sollten, entweder weil sie nicht würdig seien, dieses anzuwenden, oder weil es ihnen unmöglich sei, es zu erlangen ... Sie sagen auch, das innere Beten sei ein Beten der Engel. Da nun aber die Stellung der Engel von der des Menschen verschieden sei, müsse auch dessen Gebet von anderer Art sein. Folglich solle der Mensch den Dienst der Engel, der darin bestehe, mit dem Geist zu beten, nicht für sich beanspruchen ... Sie weisen uns an, unsern Erlöser nachzuahmen, der – wie man an vielen Stellen des Evangeliums liest – laut zu beten pflegte, so daß jeder ihn hörte, und der uns im Evangelium lehrt, laut zu beten, indem er sagt:

«Wenn ihr betet, dann sprecht nicht viel»[25] – wie wenn er sagte: «Sprecht und verrichtet euer mündliches Gebet, aber braucht nicht viele Worte, wie es die Heiden tun», wobei er ihnen zusätzliche Angaben gebe und sie das *Pater noster* sprechen lehre ... Sie bringen auch vor, daß wir der Lehre der Heiligen Schrift folgen sollten ... Fast an unzähligen Stellen lehre sie uns *laut* zu beten, besonders bei den Psalmen. Folglich müsse man, sagen sie, eher mündlich als innerlich beten ... Sie erklären denn auch, ein solches Gebet sei sehr gefährlich, denn der Dämon vermenge sich mit den Vorstellungen dessen, der auf diese Art bete, und lasse sie viele falsche Dinge sehen; viele seien dadurch schon zu großen Irrtümern und auch zu manchem lächerlichen Verhalten verleitet worden, wie etwa dazu, daß man den Kopf seitwärts hängen lassen und bedeckt bleiben solle, wenn das *corpus Domini* emporgehalten werde, ferner zum Ausstoßen von Schreien, zum Seufzen und zu vielen andern heuchlerischen Handlungen. Deswegen, sagen sie, pflege man nicht das innere Gebet ... Schließlich erklären sie, daß beim inneren Gebet Äußerungen des Wohlgefallens und Tränen und Seufzer vorkämen, die oft zu Gefallsucht verleiten würden, und daher solle man all dies zusammen mit dem inneren Gebet meiden, damit man nicht in solche Sünden falle. – Derartige und ähnliche nichtige Gründe führen die an, die glauben und sagen, man dürfe das innere Gebet nicht pflegen.

Den Argumenten der Gegner des inneren Gebets antwortet Savonarola u. a. wie folgt:

Das mündliche Gebet *ohne* das innere Gebet ist kein Gebet! Denn gemäß den ehrwürdigen Theologen ist das Gebet eine innere und geistige Tätigkeit einer Tugend, die man *latria* oder *religione* nennt, durch die der Mensch die Gott geschuldete Anbetung und Ehre diesem zunächst geistig und dann auch körperlich erweist. Mündlich beten und dabei das innere Beten ausschließen wollen, ist daher nichts anderes, als überhaupt nicht beten wollen ... Im mündlichen Gebet soll sich der Betende bemühen, seinen Sinn auf Gott zu richten und mit ihm wie mit einer anwesenden Person zu sprechen, denn Gott ist überall, an jedem Ort, in jedem menschlichen Geist und vor allem wohnt er durch die Gnade in den Seelen der Gerechten. Man braucht ihn daher weder im Himmel noch auf Erden zu suchen, sondern im eigenen Herzen. So tat auch der Prophet, der sprach: *«audiam, quid loquatur in me Dominus Deus»*[26], er sagte: Ich will hören, was Gott, der Herr, *in mir* spricht.

Merke dir daher, daß es im mündlichen Gebet drei Möglichkeiten von Aufmerksamkeit gibt: Die *erste* richtet sich auf die Worte selbst – wie es einige Skrupulanten tun, die darauf achtgeben, daß sie die Worte deutlich aussprechen und die darauf bedacht sind, kein einziges Teilchen ihres Gebetes auszulassen, und gerade deshalb lenken sie ihren Geist weg von Gott und schweifen fortwährend ab. Die *zweite*

Möglichkeit der Aufmerksamkeit richtet sich auf den Sinn der Worte, und obwohl diese Aufmerksamkeit besser als die erste sein mag, so ist sie trotzdem nicht ganz lobenswert, da sie infolge der Verschiedenheit der Bedeutungen der Worte, die im mündlichen Gebet gesprochen werden, den Geist auf viele Dinge sich zerstreuen läßt. Und ein solches Beten ist eher Studieren als Beten! Die *dritte* Möglichkeit besteht darin, sich ganz Gott zu widmen, dem der Mensch sein Begehren kundgibt, auf den er mit der ganzen Zuneigung seines Herzens ausgerichtet ist und den er um Dinge bittet, die sich auf sein Heil beziehen. Und mag er auch die Worte verbunden mit der Einsicht in deren Sinn sprechen wollen, so ist sein Herz nichtsdestoweniger fest auf Gott ausgerichtet, er schweift weder zu den einzelnen Worten, noch zu deren Bedeutung ab und erhebt den Geist über sich hinaus. Und *diese* Art von Aufmerksamkeit ist die beste, und bisweilen erhebt sie die Seele so hoch, daß sie alle menschlichen Dinge und sich selbst vergißt. Diese Aufmerksamkeit können sogar die Unwissenden besitzen, die nicht verstehen, was sie sagen, die aber die Worte der Psalmen und der andern Gebete mit Ehrfurcht gegenüber Gott aussprechen, mit dem sie im Geist vereint sind. Und obwohl sie nicht verstehen, haben sie bisweilen mehr Wohlgefallen und Tröstung am Psalmengesang der Kirche, als es die Gelehrten haben, und zwar nicht infolge der Worte, die sie nicht verstehen, wohl aber infolge des Einswerdens ihres

Geistes mit Gott. Und aus diesem Grund kann man auch ohne Worte den Geist zu Gott erheben und sein Gebet verrichten ...

Es ist nicht notwendig, daß das innere Gebet mit dem mündlichen vereinigt ist. *Zunächst*, weil dieses, wie wir bereits gesagt haben, ein Akt und ein inneres Wirken jener Tugend ist, die *latria* genannt wird, *zweitens*, weil das innere Gebet ohne das mündliche bestehen kann, so wie die menschliche Seele ohne den Leib. *Drittens*, weil Gott des Lautes nicht bedarf, wenn man eine Bitte an ihn richtet, es genügt ihm der Wunsch des Geistes ...

Das innere Gebet ist besser als das mündliche, *erstens*, weil es die Seele mehr mit Gott verbindet, *zweitens*, weil die Stimme wie der Leib, und das innere Gebet wie die Seele, und die Seele kostbarer als der Leib ist, *drittens*, weil das mündliche Gebet ohne das innere nichts wert ist, wie wir bereits gesagt haben, denn sein ganzes Verdienst und seine ganze Kraft geht aus dem inneren Gebet hervor. Und deswegen soll der Mensch danach trachten, mehr mit dem Geist als mit der Stimme zu beten ...

Als die Samaritanerin[27] unsern Erlöser fragte, ob der ewige Vater eher in Jerusalem angebetet werden solle als auf dem Berg, wo die Samaritaner ihn anzubeten pflegten, antwortete er: «Frau, glaube mir, es wird die Stunde kommen, da ihr den Vater weder auf diesem Berg noch in Jerusalem anbeten werdet. Es kommt aber die Zeit – und sie ist jetzt da – da die wahren Anbeter den Vater im Geist und in der

Wahrheit anbeten werden, denn nach solchen Anbetern verlangt der Vater. Da Gott Geist ist, muß, wer ihn anbetet, im Geist und in Wahrheit anbeten.» – Durch solche Worte wird klar ersichtlich, daß Gott von uns die innere Verehrung – ohne viel äußere Zeremonien – verlangt. Und das war der Brauch in der frühen Kirche, als die Christen so sehr dem Geist ergeben waren, daß sie nicht mehr an irdische Dinge dachten. Auch benötigten sie weder Gesänge noch Orgeln, um ihren Geist zu erheben. Später aber, als der Eifer nachließ, begann man Zeremonien einzuführen, und die äußere Verehrung fand allmählich Verbreitung, wobei sie von heiligen Menschen als Medizin für die Seelen verordnet wurden. Diese handelten, wie es der Arzt tut, der die Medizin nicht den Gesunden, sondern den Kranken verabreicht. Je schwerer aber die Krankheit wird, um so mehr Medizin gibt er. Und so tat der Heilige Geist: je mehr er sah, wie die Krankheit im Geist des christlichen Volkes zunahm, um so mehr ließ er die Zeremonien der Kirche sich vermehren, damit es, dadurch gefesselt, auf eine gewisse Art an den göttlichen Dingen Freude habe – obwohl jetzt, da jeglicher Geist schwindet, die Zeremonien den Menschen wenig oder fast nichts nützen, wie die Medizin nicht mehr hilft, wenn dem Kranken die Kraft der Natur fehlt. Deshalb sind diejenigen, die nur das mündliche Gebet verrichten wollen und das innere Gebet verdammen, wie die Kranken, die immer Medizin einnehmen, aber nicht gesund werden wollen …

Wenn unser Erlöser sagte: *«oportet semper orare et non deficere»*[28], und die Schrift an verschiedenen Stellen vom Gebet spricht, so werden nicht nur die Mönche und die Ordensleute, sondern alle Menschen der Welt angesprochen. Da nun das wahre Gebet das innere, und das mündliche aber ohne dieses nichts wert ist – wie wir oben bewiesen haben – folgt daraus, daß das wahre Beten nicht nur den Mönchen und Ordensleuten zukommt, sondern auch jedem einzelnen Christen. Und wenn die Laien mit ihren äußeren Angelegenheiten beschäftigt sind, so folgt daraus nicht, daß sie zu bestimmten Zeiten ihren Sinn nicht wieder auf Gott richten und sowohl mündlich als auch innerlich beten sollten und könnten. All dies wird in einem Bild ersichtlich: Weil es zwei Arten von Lebensführung in der Kirche gibt, das heißt die aktive und die kontemplative, die im Neuen Testament durch Martha und Maria und im Alten Testament durch Lea und Rahel[29] dargestellt sind, muß man bedenken, daß sich das aktive Leben nicht gänzlich vom kontemplativen trennen läßt, so gut wie Martha und Maria und Lea und Rahel miteinander wohnten und lebten und Schwestern waren. Und wenn die Laien sich so sehr in irdische Dinge einlassen, daß sie den Geist nicht zu Gott erheben können, so ist dies wegen ihrer Habsucht und ihres Ehrgeizes der Fall, und nicht, weil sie dies nicht sollten und nicht wahrhaft beten könnten, wenn auch *sie* Gott das Ihre geben möchten, von dem sie in diesem Streben unterstützt würden, falls sie nicht alle ganz in den Sünden und in der Liebe zur Welt versunken wären. Und ich frage mich, ob nicht diejenigen darin verwickelt sind, die erklären, sie hätten nicht das innere Gebet zu pflegen, und die das vielleicht zu ihrer Entschuldigung anführen …

[Ferner ist darauf hinzuweisen,] daß unser Erlöser – wie man im Evangelium liest – sich oft absonderte, um allein zu beten, wie er auch vor seiner Passion bei seinem Gebet im Garten nicht wollte, daß einige seiner Jünger anwesend wären. Man kann wohl annehmen, daß solche Gebete eher innere als mündliche Gebete waren, war doch Christus vollkommen und sprach er doch mit seinem ewigen Vater, der auf den Geist und nicht auf die Worte schaut … Wer also Liebe, Reinheit, ein gutes Gewissen und ungeheuchelten Glauben erlangen, mehren und bewahren will, muß – soweit er kann – die Beschäftigung mit den weltlichen Dingen lassen und sich dem wahren Gebet hingeben. Je mehr er sich damit abgeben wird, um so mehr wird er sich von der Liebe zu den irdischen Dingen entfernen und sich der Liebe zu Christus nähern … Ich ermahne euch deswegen, meine Kinder, ich sage euch, Männer und Frauen, Auserwählte Gottes, euch in den Dingen des Geistes zu üben und nicht auf die Worte jener animalisch gesinnten Menschen zu achten, von denen der Apostel Paulus sagt: *«animalis homo non percipit ea, quae sunt spiritus Dei; stultitia enim est illi et non potest intelligere»*[30], das heißt: der animalische Mensch, der außer den Dingen des Sinnes nichts begreift, kann den Geist Gottes nicht kosten, ganz im Gegenteil, wenn er davon sprechen hört, spottet er darüber und hält es für etwas Törichtes, denn da er das innere Auge nicht besitzt, erkennt er nicht, was innerlich ist. So gebt euch denn dem inneren Gebet hin und unterstützt es bisweilen mit dem mündlichen Gebet, je nachdem wie der Heilige Geist eure Seelen dazu bewegen wird. Und betet auch für mich, der ich zu eurem Heil und zu eurem Trost euch diese kleine Abhandlung an Stelle einer Predigt gewidmet habe, damit ihr keinem Irrtum verfallt …

Einleitung

Das Jahr 1494 steht im Zeichen des Zuges von Karl VIII. nach Italien, der die Ansprüche der französischen Krone auf das Königreich Neapel geltend machte, und des dadurch verursachten politischen Umschwungs in Florenz. Die Ankündigung Savonarolas, «einer, der Cyrus gleiche, werde die Alpen überschreiten» («Abriß der Offenbarungen»), bewahrheitete sich im Spätsommer 1494, als Karl in das Piemont einfiel und nach einem einmonatigen Aufenthalt in Asti gegen die Romagna vorrückte. – Am 21. September hatte Savonarola, der auf Karl große Hoffnungen setzte – u. a. stand er für die Initiative zur Einberufung eines Konzils gegen den simonistischen Alexander VI., die Züchtigung des verkommenen Klerus und einen Kreuzzug gegen die Türken ein – seine Predigten über die Genesis wiederaufgenommen und mit der Zitierung des Verses «ecce ego adducam aquas diluvii super terram, *siehe, ich will die Wasser einer Flut über die Erde kommen lassen» (Gen 6,17) unter seinen Zuhörern Schrecken verbreitet. Eine Angst, die sich zur Panik steigerte, als einen Monat später die Kunde vom* sacco *(der Plünderung) des toskanischen Fivizzano (29. Oktober) in Florenz eintraf. – Die Tatsache, daß Piero de' Medici ohne vorherige Beratung mit dem Magistrat bei einem Treffen mit Karl diesem Livorno, Pisa und drei toskanische Festungen überlassen hatte, rief in Florenz Empörung hervor, und so blieb ihm nach seiner Rückkehr nichts anderes übrig, als die Stadt fluchtartig zu verlassen (9. November). – Eine Gesandtschaft, zu der auch Savonarola zählte, vermochte den König von feindseligen Handlungen gegen Florenz abzuhalten, und so zog dieser am 17. November als friedlicher Triumphator in die Stadt am Arno ein. Karl verzichtete auf eine Wiedereinsetzung von Piero de' Medici, verpflichtete sich auf eine spätere Rückgabe der ihm überlassenen Städte, zog aber erst nach einer erneuten Intervention Savonarolas ab (28. November).*

Nach der Flucht von Piero begann man über eine Neugestaltung des florentinischen Staatswesens zu beratschlagen, das seit sechzig Jahren unter dem tyrannischen Regime der Medici gestanden hatte. – In seinem Anfang November begonnenen Predigtzyklus nahm Savonarola laufend zur geplanten politischen Umgestaltung Stellung. Ihm ist es vornehmlich zu verdanken, daß blutige Rache an den in der Stadt verbliebenen Anhängern der Medici ausblieb.

Die Thematik der wenigen Kapitel des Buches des Propheten Aggäus (Haggai) *– Rückkehr des Volkes Israel aus der babylonischen Gefangenschaft und Wiederaufbau des von Nebukadnezar zerstörten Tempels in Jerusalem – war für Florenz aktuell: Auch Florenz stand nach der Flucht von Piero de' Medici an einem Neuanfang. Es galt, wieder ein republikanisches Staatswesen aufzubauen. Savonarolas Hauptanliegen waren u.a. das Zustandekommen einer Versöhnung, einer* pace universale, *der Kampf gegen das Aufkommen neuer Parteien und die Verhinderung jeder Möglichkeit zu einer neuen Tyrannis. Seine Ratschläge, nach venezianischem Vorbild einen Großen Rat zu schaffen, strenge Gesetze gegen die Hauptlaster von Florenz – Sodomie und das mit Gotteslästerungen verbundene Spielen – zu erlassen, sowie zur Bildung einer Appellationsmöglichkeit gegen Verurteilungen durch die Gerichtsbehörde, wurden Ende Dezember 1494 und Anfang 1495 weitgehend verwirklicht. – Daneben enthalten die Predigten über Aggäus Anschuldigungen gegen die Lauen* (tiepidi) *im Klerus und deren «drei Hauptsünden» Stolz* (superbia), *Habsucht* (avarizia) *und Unzucht* (lussuria), *Aufrufe zu Buße und Verzicht auf Überflüssiges zugunsten der Armen sowie autobiographische Aussagen. Der Zyklus der Aggäus-Predigten enthält die wichtigsten Ideen Savonarolas zur moralischen und politischen Reform des florentinischen Staates und ist grundlegend für das Verständnis der Savonarola verbleibenden vier Jahre bis zu seiner Hinrichtung am 23. Mai 1498. – Alle Predigtzyklen erhielten ihren Namen erst in Ausgaben, die nach dem Tod Savonarolas erschienen. Sie enthalten auch*

Predigten, die sich nicht direkt auf einen Text des betreffenden Propheten beziehen. – Textquelle ist die venezianische Ausgabe von 1544.

Aus der 1. Predigt
Allerheiligen, 1. 11. 1494

Unser Ziel ist das Paradies und die Schau Gottes

Geliebteste in Christus Jesus, da der Mensch von Gott in diese Welt zwischen zwei Enden gesetzt worden ist, deren eines dem andern entgegengesetzt ist, das heißt zwischen dem Paradies und der Hölle, und da sich im Paradies alles Gute und in der Hölle alles Böse befindet, sollte der Mensch dadurch, daß er das Auge seines Geistes erhebt, mit allem Eifer darum besorgt sein, mit allen seinen guten Werken stets den Weg zum Paradies gehen zu wollen, wo er sich alles Gute erhoffen kann, statt mit bösem Handeln die Hölle zu erstreben, wo er alles Böse zu erwarten hat. Und da nun die Mitte an der Natur beider Extreme teilhat, so sieht man viele – die einen mehr und die andern weniger – sich mit ihren guten oder schlechten Werken dem einen dieser Extreme nähern, das heißt dem Paradies oder der Hölle. Da man aber – wehe! – sieht, wie der größere Teil der Menschen eher zur Hölle neigt, statt nach dem Paradies zu streben, wie sehr muß man da die törichte menschliche Kreatur beklagen, die, zwischen dem

Guten und dem Bösen gestellt und geschaffen, in Freiheit wählen zu können, welches von beiden sie begehrt, weit mehr ihr eigenes Verderben sucht als ihr ewiges Glück und um nur wenig Eitelkeit dieser Welt willen sich selbst betrügt. Weil sich aber der Mensch dem Zentrum der Erde, wo die Hölle liegt, näher befindet als dem Himmel, wo die Seligen weilen, läßt er sich infolge seiner geringen Achtsamkeit leichter zu jener, das heißt zur Hölle, hinführen – gleichsam als möchte er eher am näheren Ende teilhaben als am Himmel, der entfernter liegt. O, wieviel größer ist die Zahl der Verdammten als die der Gerechten – *multi enim sunt vocati, pauci vero electi*[31] – wie unser Herr im heiligen Evangelium sagt. Merkt euch: je einfacher und weniger materiell ein Geschöpf ist, um so mehr strebt es empor zum Himmel und zu den geistigen Dingen, und je mehr Materie es besitzt, um so mehr strebt es zum Zentrum [der Erde]. – Von den Engeln, die einfacherer und geistiger Natur sind, waren jene, die im Himmel blieben, in weitaus größerer Zahl als jene, die in die Tiefe stürzen wollten. Die Menschen machen das Gegenteil: da sie irdischer sind, suchen sie die Erde, und damit mehrheitlich die Verdammung, und so werden die meisten zur Hölle fahren, denn weit zahlreicher sind bei ihnen die Sünden als die Verdienste und guten Werke. Aber infolge der so großen Barmherzigkeit Gottes wird sich ein Teil der Menschheit dennoch retten können. Und man braucht sich über die geringe Anzahl der Geretteten nicht zu wundern; denn in Anbetracht der Tatsache, daß der Mensch so tief gesunken ist, stellt es wahrhaftig eine große Sache dar, daß Gott ihn zu solchem Ruhm erhebt. Man sieht nur wenige, die Buße tun, und wenn sie diese tun, so ist sie meistens von geringem Wert, und oft handelt es sich sogar nicht um wahre Buße, sondern vielfach um erheuchelte. Deswegen muß jeder, der seine Seligkeit zu erlangen sucht, sich anstrengen, in diesem Leben wahre Buße zu tun, und so will ich nicht aufhören zu rufen: *Agite poenitentiam!* Tut Buße, und so wird sich euch das Himmelreich nähern! Jeden habe ich aufgerufen, in die Arche einzusteigen, und in den vorangehenden Predigten habe ich die Zeichen genannt, die jene tragen, die wahre Buße getan haben. Das *erste* Zeichen ist die Freude und das Frohlocken des Geistes. Den *wahren* Büßer sieht man immer in allem heiter und geduldig. Das *zweite* Zeichen ist die Erleuchtung, denn er erkennt, daß die Einfachheit und das Leben Christi und seiner wahren Christen das höchste Glück darstellt. Auch ist der wahre Büßer im Besitz eines so großen Lichts, daß er erkennt, wie die ganze Welt und all ihre Freuden Eitelkeit sind. Das *dritte* Zeichen ist die Lobpreisung, denn in ihm zeigt sich immer Gottes Lob, und sein Sprechen handelt stets von göttlichen Dingen zum Lob und Preis Gottes. Das *vierte* Zeichen ist der Umgang mit Guten. Du siehst den wahren Büßer nicht mehr in schlechter Gesellschaft noch mit weltlichen Leuten verkehren, sondern mit bescheidenen, besonnenen und frommen.

Auf denn, Geliebteste, wißt, daß wir die Arche gebaut, und daß viele Büßende und Gute sie betreten haben. Denen, die eingestiegen sind, wollte ich heute morgen einige Belehrungen geben, doch scheint mir dies noch nicht gestattet zu sein – ich werde dir den Grund noch nennen.

Zuerst wende ich mich an dich, mein allmächtiger Herr! Ich bekenne meine Unwissenheit; wahrhaftig, Herr, du hast mich besiegt, und ich bleibe verstört vor deinem Angesicht! Wohl glaubte ich, Herr, du seiest im höchsten Maße gut und deine Barmherzigkeit sei ohne Grenzen. Aber meine Vorstellung ging nicht so weit, wie deine Barmherzigkeit wirklich reicht. Ich sah, wie die Sünden vieler so groß und schwer waren, wie fest die Verstocktheit ihres Herzens, so daß ich mir vorstellte, sie könnten vor dir, mein Herr, keinerlei Barmherzigkeit mehr finden, sondern sie hätten allein noch ihre Strafe zu erwarten. Und mir schien, wir hätten uns nur noch um die zu kümmern, die sich bekehrt hatten und in die Arche des rechten Lebens eingestiegen waren. Ihnen wollte ich jene Belehrungen geben, die für ihre Erhaltung notwendig wären, und ich stellte mir vor, es müßte die Erde sich für diese Bösen und Verstockten gleichsam öffnen und sie verschlingen, und sie hätten von dir keine Barmherzigkeit mehr zu erwarten. Doch wurde mir gesagt: «Warte, sprich noch einmal mit ihnen und rufe die zur Buße, die voller Rost und Sünden sind!» Und deswegen, mein Herr, habe ich gesagt, du hättest mich besiegt, und meine

Vorstellung hätte nicht so weit gereicht. – Daher, meine Geliebtesten, werde ich diesen Morgen nicht predigen, sondern wir werden miteinander sprechen und jeden zur Buße rufen, falls er zur Umkehr gewillt ist.

Aufruf zur Busse

O Sünder, o Verstockte, o Laue, alle, die bis zuletzt zögern, Reue zu empfinden, *agite poenitentiam,* tut Buße, tut sie *jetzt,* verschiebt sie nicht mehr, denn noch wartet der Herr auf euch und ruft euch! Hört auf meine Worte – nicht als wären sie von mir, sondern von Gott gekommen. Ich kann nichts anderes tun als zu sagen: *Agite poenitentiam!* Seht doch, wie gütig und barmherzig Gott ist, und wie er euch in die Arche führen und retten möchte! So kommt, Sünder, kommt, da Gott euch ruft! Ich empfinde für euch großen Schmerz und habe großes Mitleid mit euch. Kommt an diesem Fest Allerheiligen, das heute gefeiert wird und das, wenn ich es in Betracht ziehe, meinen Schmerz nur noch vergrößert; denn wenn ich an die Wonne und Seligkeit denke, in der sie sich am heutigen Fest befinden, und damit euer Elend vergleiche, worin *ihr* weilt, so kann ich nicht anders, als von Herzen und aus Liebe klagen. Ihre Seligkeit und Zufriedenheit ist so groß, daß man sie sich nicht vorstellen, sie nicht schildern kann. Sie erfreuen sich des Genusses jenes so großen Guts, *quod oculus non vidit, nec auris audivit, nec in cor hominis ascendit*[32], wie Paulus sprach, als er in den dritten Himmel entrückt wurde. Hier unten sehen wir die Dinge Gottes *tamquam per speculum in aenigmate, et excelsa Dei ut possumus, balbutiendo resonamus*[33]. So bedenkt denn, sag' ich, ihr Sünder, die Wonne, die Freude und das ewige Gut, deren ihr durch euren so verkehrten Lebenswandel wissentlich verlustig geht! – Wir wollen uns darüber genau unterhalten, zunächst aber etwas ruhen.[34]

Die Naturphilosophen sagen, daß von den Objekten unserer Sinne die einen diesen eigentümlich sind, andere ihnen [mit andern Sinnen] gemeinsam und wieder andere ihnen *per accidens*[35] zukommen. Das Licht ist das dem Auge eigentümliche Objekt; die Farbe ist nicht nur das dem Auge allein eigentümliche Objekt, denn da sie auch Quantität besitzt, ist sie [zusammen mit dem Auge] auch dem Tastsinn gemein; bei den körperlichen Dingen, die sich von Ort zu Ort bewegen, diese Bewegung aber nicht von sich aus haben, erfolgt es *per accidens*, daß sie von andern bewegt oder auch nicht bewegt werden. Wenn ich daher das Licht der Seligen betrachte, das gerade an ihrem heutigen Fest so strahlend und hell leuchtet, muß ich mir sagen: O, wieviel größer ist doch das Licht Gottes, ein unzugängliches und grenzenloses Licht! Und wenn ich dann die Menge jener seligen Geister betrachte und mir überlege, wie groß ihre Zahl ist – denn ihrer sind mehr als alle andern geschaffenen Dinge – so sehe ich, wie groß die Macht und Weisheit Gottes ist. Wenn ich zudem den Frieden und die Ruhe der Seligen und im Vergleich dazu die Ruhelosigkeit der Himmel und deren Bewegung in Betracht ziehe, und wenn ich bedenke, daß jede Bewegung zum Stillstand käme, wenn ihre Bewegung ein Ende nähme, und wenn ich dann sehe, wie hier unten in unserer Welt alles unbeständig und ruhelos ist, dann rufe ich laut: O, wie groß sind Frieden und Ruhe der Seligen! Ihr törichten Menschen, die ihr durch euer Sündigen einen solchen Frieden und eine solche Ruhe verlieren wollt! *Agite poenitentiam,* tut Buße, kehrt zu Gott zurück, und ihr werdet alle Ruhe finden; bereut eure Verirrungen, beichtet, nehmt euch fest vor, nicht mehr zu sündigen und empfangt jenes heilige Sakrament, das auch euch zu Seligen machen wird. – Schau' ich jene an, die sich bekehrt haben und sich auf dem Weg eines guten christlichen Lebens befinden, die beichten und oft zur Kommunion gehen, so zeigt sich in ihnen gleichsam etwas Göttliches, eine Bescheidenheit, eine geistige Wonne, und sie haben ein Gesicht, das sich gleichsam zur Schönheit eines Engels gewandelt hat. Und umgekehrt, betrachte doch das Gesicht dieser bösen und verstockten Verruchten und ganz besonders mancher Ordensleute, wenn sie zügellos ihren Lastern frönen, so werden sie dir wie Dämonen und schlimmer vorkommen als solche, die in der Welt leben. Und trotzdem empfangen diese Ordensleute Tag für Tag das Sakrament! Schau, wie groß die Ungleichheit der Wirkung ist, die unter ihnen besteht: Den Guten mildert dieses Sakrament das Herz und bewirkt in ihnen jede Art von Bescheidenheit, das Gegenteil davon stellt man aber bei den Bösen fest. Und deshalb sagte ich mir bei meiner Betrachtung: wenn dieses Sakrament, bei dem man glaubt, was man nicht sieht, soviel Wonne dem verleiht, der es in würdiger Verfassung empfängt, um wieviel größer muß dann die Freude jener seligen Geister sein, die es *facie ad faciem*, von Angesicht zu Angesicht sehen, sich seiner erfreuen und es genießen. O menschliches Herz, warum zergehst du nicht, schmelzest du nicht dahin bei so großer Süße und Liebe? – Doch ruhe nun ein wenig, und laßt uns dann etwas genauer betrachten, wie groß die Wonne der Heiligen sein muß!

O Herr, was habe ich vernommen, das mir die Kenntnis von etwas anderem bringt? Ich sehe, wie die Märtyrer vergangener Zeiten mitten in ihren Martern heiter, fröhlich und zufrieden bleiben aus Liebe zu Christus, dem Gekreuzigten, ja sogar nach solcher Pein verlangen, oft auch ohne daß sie dazu gezwungen und getrieben wurden. Ich sehe, wie von diesem Gekreuzigten die Herzen der Menschen verändert worden sind – ganz entgegen ihrer natürlichen Neigung, vor körperlichen Heimsuchungen, Schmähungen und Beleidigungen zu fliehen – und wie diese Märtyrer solches suchen und ihm entgegengehen. Ich sehe, wie die törichteste und schrecklichste Sache, die es damals gab, das heißt: das Kreuz[36], den Märtyrern solche Ruhe und Zufriedenheit verlieh. Deswegen kam mir nun der Gedanke und die Erkenntnis: Einen um wieviel größeren

Trost gibt ihnen am heutigen Fest die Glorie, in deren Besitz wir sie sehen, weil sie aus Liebe zu ihrem Herrn zu leiden gewillt waren. Man kann sich diese gar nicht so groß vorstellen, daß sie nicht noch größer sein könnte, *quia est illud, quod oculus non vidit, nec auris audivit, nec in cor hominis ascendit,* so groß ist der Lohn, den Christus denen bereitet hat, die ihn lieben und ihm folgen, daß kein menschliches Herz es sich ausdenken kann.

Die andere Tröstung, die in dieser Welt jene haben, die Gott mit all ihrer Inbrunst lieben, ist die *Heilige Schrift,* in der alle göttlichen Schätze verborgen sind, sowie all das, was das menschliche Herz sättigen kann. Ich bezeuge vor Gott und sage es in Wahrheit: Ich wollte wohl lieber, die Heilige Schrift vor mir, an welchem Ort auch immer verborgen und eingeschlossen sein, als daß mir alle Reiche der Welt zum Besitz gegeben wären!

O, wieviel süßer wird es doch sein, das Buch der Bücher, das heißt *Gott selbst,* zu schauen, in dem man jedes Ding schaut! Wenn ich solches überlege, ist mein Schmerz noch größer, *tristitia implevit cor meum*[37]. *Erstens,* weil ich nicht dort bin, wo so große Freude herrscht; *zweitens,* weil ich nicht würdig bin, dort zu sein; *drittens,* weil ich sehe, daß es noch viel Zeit braucht, um dorthin gelangen zu können; *viertens,* weil es in der Zwischenzeit viele Gefahren gibt, die verhindern möchten, daß man das Ziel erreicht; *fünftens,* weil ich unsere Zeit voller Widerwärtigkeit und böser Menschen und die Welt voller Drangsal sehe, was die Seele des Menschen sehr betrübt. Und *schließlich*, wenn ich dich, Herr, sehe, und bedenke, wie gut und voller Wohlwollen du bist – weh, wenn ich dich, ein solches Reich, ein solches Gut und zugleich das Leben verlöre, wie wäre mir dann? Das ist es, was mein Herz und meine Seele betrübt! Und daher bin ich an diesem Morgen von Allerheiligen voller Schmerz und Trauer und vermag nicht von ihrem Leben und ihrem Lobpreis zu sprechen, sondern nur von unsern Klagen. – Doch höre weiter.

Super flumina Babylonis illic sedimus, flevimus.[38] Wenn die Israeliten wehklagten und sich ihrer babylonischen Gefangenschaft erinnerten, sprachen sie: «An den Flüssen Babylons, da saßen wir und wehklagten.» Und sie gedachten ihrer Heimat, aus der sie verschleppt worden waren, und deswegen wehklagten und weinten sie und sprachen: *applicavimus organa salicibus,* das heißt, wir widmen uns nicht mehr Gesängen und Klängen, vielmehr haben wir unsere Instrumente an den Weiden aufgehängt und sitzen immerzu weinend an den Flüssen Babyloniens. – O Florenz, setze dich an die Flüsse deiner Sünden, laß Ströme der Tränen fließen, um sie abzuwaschen, erinnere dich deiner himmlischen Heimat, woher deine Seele stammt! Trachte, durch Buße in jene Heimat zurückzukehren, wie es die Israeliten taten! Nicht singen, nur weinen kann man *in terra aliena*[39], das heißt in dir selbst, der du dich durch deine Sünden Gott entfremdet und entfernt hast. – Als die Welt in Blüte stand, da weinte man nicht, doch nun braucht es Ströme von Tränen, denn schon ist jedes geistige Gut verdorrt. Jetzt kommen die Drangsale, und da ist es notwendig, Leben und Vorhaben zu ändern. Die Drangsale, die du in Vorbereitung siehst, sollten dich doch dazu bringen, deinen Lebenswandel zu ändern! Weißt du denn nicht, was man von jenen frühen Philosophen sagt, *quod propter admirari coeperunt philosophari*[40]? Sie waren voller Staunen über die Dinge des Weltalls und suchten nach den Gründen solcher Erscheinungen. So betrachte auch du die Drangsale, die man vorbereitet sieht, und suche nach ihrer Ursache, und du wirst finden, daß es die Sünden sind. Wenn du verwundert bist, so kommt dies aus Unwissenheit – so geh und suche nach der Ursache! Ich sage dir: Du wirst sehen, daß die Sünden und die Ruchlosigkeiten der heutigen Welt diese Drangsale hervorbringen und bewirken. Suche, sag' ich! *Omnes homines natura scire desiderant*[41], jedermann will das *«warum»* kennen, ganz besonders, wenn er etwas Ungewohntes sieht, so wie es jene Philosophen taten, wenn sie sahen, daß sich der Mond und die Sonne verfinsterten, und die durch Nachforschen auch den Grund fanden. So wirst auch du handeln, wenn du bedenkst, daß Gott diese Welt geschaffen hat und sich um sie, besonders aber um den Menschen, sorgt. Da jedoch – wie ersichtlich – so viele Sünden begangen werden, Gott aber gerecht ist, wirst du sehen, daß er diese wird bestrafen wollen, und wirst erkennen, daß *Gott* diese Drangsale schickt, daß *Gott* der Anführer dieser Heere ist, und daß *er* sie lenkt. Und wenn du klug bist und willst, daß Gott dir in diesen Bedrängnissen hilft, so wirst du daher Buße für deine Sünden tun. Und da ich dir schon vor langer Zeit gesagt habe, die Drangsale würden kommen, und Gott würde sie senden, um seine Kirche von so vielen Übeln zu reinigen, so solltest du jetzt, da du deren Wirkung siehst, glauben! Ich sage dir: Diese Drangsale existieren nicht ohne Grund, *nihil in terra sine causa fit, et de terra non egredietur dolor*[42], von der Erde allein kann kein Schmerz ausgehen. Schlage sie, soviel du willst, sie fühlt es nicht, und es entsteht ihr kein Schmerz, denn sie hat keine Empfindung, noch gibt es in ihr einen Grund zum Schmerz. Doch wenn der Sünder leidet, so hat der Schmerz seinen Ursprung in den Sünden, denn er verdient es, mit der Strafe des Schmerzes bestraft zu werden. Deine Ruchlosigkeiten also, o Italien, o Rom, o Florenz, deine Gottlosigkeit, deine Hurerei, dein Wucher, deine Grausamkeit, deine Frevelhaftigkeit lassen diese Drangsale entstehen! Das ist der Grund – und wenn du die Ursache dieses Übels gefunden hast, dann suche nach dem Heilmittel! Entferne die Sünde, die der Grund zu diesem Übel ist, und du wirst geheilt sein, *quia remota causa removetur effectus*[43]. Beseitige die Sünden, und die Drangsale werden dir keinen Schaden zufügen! Und falls du das nicht tust, so wird dir, glaub es mir, nichts anderes helfen. Du betrügst dich, Italien und Florenz, wenn du nicht an das glaubst, was ich dir sage. Nichts anderes kann dir helfen, es sei denn die Buße.

Mach, was du willst – ohne diese wird alles umsonst sein – du wirst es sehen!

O Reiche, o Arme, tut Buße! Ihr Reichen, gebt Almosen den Armen, *peccata tua elemosinis redime*[44]; o ihr, die ihr Gott fürchtet, führt ein gutes Leben und habt keine Furcht vor den Drangsalen, denn Gott wird euch in ihnen reichlich genug Trost verleihen. Die Buße ist das einzige Heilmittel, und wenn ihr nur wahre Buße tut, werdet ihr einen großen Teil der Drangsale abwenden. Andrerseits ist aber auch deine Undankbarkeit, Florenz, Ursache deiner Drangsale. *Ingratitudo extinguit fontem divinae pietatis*[45], undankbares Florenz, und doch hat Gott gesprochen, aber du hast nicht auf ihn hören wollen. Wenn die Türken vernommen hätten, was du vernommen, so wären sie zur Buße über ihre Sünden gelangt! Ich habe so sehr gerufen, so sehr geschrien, daß ich nicht mehr weiß, was ich sagen soll.

Die Engel sprechen miteinander nicht durch Laute, sondern auf andere, geistige Weise; sie verstehen sich gegenseitig, drücken ihre Gedanken aus und verständigen sich ohne Stimme und Sprache. Nicht so beim Menschen, der seinen Gedanken mit Sprache und Stimme ausdrückt. Ich spreche zu dir, Florenz, und tue nichts anderes, als mit lauter Stimme zu rufen: Tue Buße! Und trotzdem: Bei vielen nützt es nur wenig, und wenn es auch bei einigen Frucht bringt, so ist es der Herr, und nicht ich, der es in seiner Barmherzigkeit getan hat, *qui plantat et qui rigat, parum facit, sed Deus incrementum dat*[46]. O Florenz, der Herr hat auf manche Art zu dir gesprochen, und hätte mich Gott nicht erleuchtet, so wärest auch du trotz vieler Predigten nicht erleuchtet worden, und du bist mehr als irgendein anderer Ort ganz besonders erleuchtet worden! Erinnerst du dich nicht, Florenz, wie du – viele Jahre sind es nicht her – mit Gott und dem Glauben standest? Warst du nicht in vielem sozusagen häretisch? Weißt du nicht, daß *er* dich den Glauben gleichsam mit Händen greifen ließ? Du verweiltest bei äußeren Zeremonien und kamst dir gar heilig vor, doch Gott hat dir gezeigt, wie sehr du irrtest, und daß jene Zeremonien gar nichts galten ohne die Reinheit des Herzens, und wie das christliche Leben aus anderem besteht als aus Zeremonien. Und sogar die grenzenlose Wohltat, dich aus der Finsternis der Unwissenheit gerissen zu haben, schien Gott nicht genug, sondern er wollte dir auch seine Geheimnisse offenbaren und ließ dir die künftigen Ereignisse lange zuvor voraussagen. Du weißt, daß dir große Drangsale angekündigt worden sind – noch mehrere Jahre, bevor man Gerüchte vernahm oder auch nur eine Ahnung hatte von den Kriegen, die von Menschen jenseits der Alpen[47] vorbereitet wurden und jetzt offenbar werden. Du weißt auch, daß ich zu dir sprach: *«ecce gladius Domini super terram, cito et velociter.»*[48] Nicht ich, sondern Gott ließ es dir voraussagen, und siehe, nun ist es eingetreten und naht! Du weißt, als ich dir sagte: *haec dicit Dominus*[49] – da hast du es nicht geglaubt, jetzt bist du allerdings gezwungen, es zu glauben, weil du es siehst. Und erinnerst du dich nicht, Florenz, als ich – es sind nun mehrere Jahre seither – die von Gott gekommenen Worte sagte: *ego Dominus loquor in zelo sancto meo, quod venient dies, in quibus evaginabo ensem super te; convertimini, antequam compleatur furor meus, nam superveniet tribulatio, et voles pacem et non invenies*[50], das heißt, Gott sagte jedem: «Ich spreche zu euch in meinem heiligen Eifer; siehe, es kommen Tage, da werde ich mein Schwert gegen dich ziehen; bekehrt euch, bevor sich mein Zorn erfüllt, denn es wird die Drangsal über euch kommen – und du wirst Frieden wollen und ihn nicht finden.» Und so habe ich dir, Florenz, noch viele andere Dinge gesagt, als ich sprach: *haec dicit Dominus: agite poenitentiam,* tut Buße, denn es gibt kein anderes Heilmittel! Ich konnte dir nicht deutlicher sagen, daß dies das letzte Heilmittel ist, aber wer die Ohren verschlossen hatte, konnte oder wollte nicht hören. Und da siehst du nun, wie die Drangsal über viele kommt, die sich nicht bessern wollten. Siehe, siehe, es kommt der Tag des Herrn, doch möchtest du ihn wohl anders haben! Ersehne nicht den Tag des Herrn, denn es steht geschrieben: *vae desiderantibus diem Domini!*[51], wehe dem, der den Tag des Herrn herbeisehnt, *ad quid eum vobis?* Wozu, glaubst du, soll er dir nützen? Du täuschst dich! *Dies Domini tenebrae et non lux,* das heißt, der Tag des Herrn ist Finsternis und nicht Licht, wie du dir vorstellst. O, wie viele werden getäuscht sein! *Agite poenitentiam,* tut Buße und trachtet nach nichts anderem, denn nichts anderes als das kann euch helfen. So glaubt doch diesem *frate,* daß alles andere eitel ist!

Du wirst mir vielleicht erwidern: *Padre,* als du diese Worte sagtest, betrachtete ich sie nicht als etwas, das von Gott kam. Und ich antworte dir, du hättest sie gar sehr als solche betrachten und beurteilen sollen, denn man sollte sich um Gottes Worte nicht so wenig kümmern, wie du es getan hast. Du weißt doch, daß geschrieben steht: *prophetias nolite spernere*[52], Prophezeiungen sollten nicht geringgeachtet werden, man prüfe sie vielmehr zunächst und nehme davon, was daran gut ist.

Wenn ich dir gesagt habe: Tue Buße, denn es kommt das Schwert über dich – was verlierst du, wenn du diesen Rat ausführst? Nichts, im Gegenteil! Wenn du deine Sünden tilgst, kannst du daraus nur Nutzen ziehen. Du wirst daher keine Entschuldigung für deine Undankbarkeit haben, wenn du die Wohltat, daß du ermahnt worden bist, der Gefahr zu entfliehen, nicht erkennen wolltest. Du weißt, daß ich dir gesagt habe: Es wird die Zeit kommen, da du nicht wirst wirken können, auch wenn du es gern wolltest. – Und solltest du gesagt haben: Ich fürchtete, du hättest dich getäuscht!, so will ich dir antworten, daß ich dir alle diese Einwände ausgeräumt habe; auch bewies ich dir mit gewichtigen Gründen, daß hier keine Täuschung vorliegen kann. – Und du sagst, es habe auch Leute gegeben, die das Gegenteil erklärt hätten. Du weißt, wie ich dir bewies, daß dich diese Lauen betrogen, und ich sagte dir, es wäre für dich von größerem Vorteil, diese Dinge zu glauben als nicht zu glauben, und daß es dir Nutzen brächte, daran geglaubt zu haben, wenn du einmal die Dinge kommen sähest, und daß du sonst nicht bereit wärest. Und du weißt, wie ich dir sagte, Gott werde dir Mut und Verstand nehmen, und ihr würdet wie Trunkene erscheinen und würdet euch nicht zu helfen wissen.

O Florenz, welch große Dinge hat dir Gott verkündigen lassen, und wie glücklich wärest du, wenn du sie geglaubt hättest! Außerdem und drittens: erinnerst du dich nicht, wie oft ich dir gesagt habe, Gott wolle seine Kirche und sein christliches Volk erneuern, und dies mit dem Schwert und bald, und daß Gott diese Regierungen nicht gefielen? Da siehst du nun, wie alles der Reihe nach kommt, und ich sage dir, daß dir von all dem, was ich dir *in verbo Domini*[53] verkündet habe, auch nicht ein Jota verlorengehen wird. Du weißt, wieviel Widerspruch ich begegnete, als ich die Erneuerung der Kirche ankündigte, und daß ich nie schweigen wollte, obwohl man sich mir oft widersetzte. Und mochte ich mir auch deswegen viele Feinde verschafft haben, so bin ich nichtsdestoweniger fest und standhaft geblieben und so bleibe ich auch – ich konnte und kann gar nicht anders, da ich meiner Sache sicher und sogar mehr als sicher war. Und da sagtest du – vielmehr waren es die Lauen – ich würde fliehen, ich aber habe dir gesagt, ich wollte bei dieser Wahrheit verharren und – falls nötig – dafür sogar das Leben einsetzen aus Liebe zu Christus. Du weißt auch, wie du – zur Zeit, da ich verkündete: *ecce gladius Domini super terram, cito et velociter* – über mich spottetest und mich für einfältig erklärtest. Und sagte ich dir sogar *citissime et velocissime,* würdest du, selbst wenn es sich zeigte, daß die Dinge geschehen, dasselbe sagen, so sehr bist du verstockt und verdorben. Ich sage dir aber: *haec dicit Dominus: convertimini ad me in toto corde vestro, in ieiunio, fletu et planctu*[54], bekehrt euch zum Herrn, der noch wartet auf euch, tut wahre und ungeheuchelte Buße – nicht aus Menschenfurcht, sondern aus ganzem Herzen, aus Liebe zu Gott, der euch wohl noch verzeihen und euch für eure Sünden Barmherzigkeit erweisen kann, andernfalls kündige ich euch an, daß er euch an Seele, Leib und Leben bestrafen wird. – Nun ruhe etwas aus; darauf wollen wir mit dem Rest weiterfahren.

Ich habe euch erklärt, daß wir heute morgen die Belehrungen beiseite lassen wollen, die ich denen zu erteilen gedachte, die [in die Arche] eingestiegen sind, und daß es allein nötig sei, die Sünder zur Buße zu rufen und die Sünden zu beweinen. Andernfalls – solltet ihr dies nicht tun – weiß ich nicht, ob der Herr uns nicht der Möglichkeit berauben wird, euch noch etwas Neues sagen zu können. So laßt uns zunächst schauen, ob ihr diese Buße tun werdet. Ihr solltet nunmehr erkennen, daß ich zu eurem Besten zu euch rede, wie ein Vater zu seinen Söhnen, und ihr solltet doch sehen, daß Gott *mich* euch in dieser Drangsal zum Vater gegeben hat, um euch den Weg zu zeigen, euch in bezug auf eure Vergehen zu bessern, damit ihr beim Herrn Verzeihung verdient. O Väter, o Mütter, o Söhne und Töchter, *agite poenitentiam,* bessert euch, tut Buße, und Gott wird euch Barmherzigkeit erweisen. Obwohl ich dessen nicht würdig bin, so seht ihr doch, wie mich der Herr euch zum Vater und zur Mutter gegeben hat, um euch in dieser Zeit der Tränen zu stärken, und damit dies so sei, werfe ich mich auf die Knie vor Gott, eurem wahren Vater und eurer Mutter, der allein euch helfen und das Heil geben kann, und ich sage, daß *er* es ist, der alles wirkt und geschaffen hat, und daß wir – wenn auch unwürdigerweise – seine Werkzeuge sind, und er allein alles Gute wirkt. Daß ich bei euch wirklich die Stelle des Vaters einnehme, könnt ihr daran erkennen, daß ein Vater für den Sohn Schätze anhäuft und ihm Anteil gibt an allem, was er besitzt – und so habe ich dir gegenüber, Florenz, getan. All das, was ich studiert habe und womit ich mich Zeit meines Lebens abgemüht habe, sei es die Wahrheit des Glaubens, sei es ein guter christlicher Lebenswandel, all das habe ich in dir ausgebreitet wie ein guter Vater in seinen Söhnen, und zudem wurdest du durch Gottes Willen dank mir der Geheimnisse Gottes über die Zukunft teilhaftig. Andrerseits habe ich für alle meine Mühen, die ich für dich aufgewendet habe, je irgend etwas verlangt? Und ich begehre auch jetzt nichts. Wir sind zufrieden mit dem Brot allein, das uns Gott zu unserem Unterhalt gibt, und ich käme auch ohne dieses aus, wenn es mir möglich wäre. Ich weiß, du wirst mich am heutigen Tag als Narren bezeichnen – *omnia in insipientia mea dico*[55], wie Paulus es sagt. Der Eifer, den ich, Florenz, um dich habe, läßt mich sprechen, was ich sage. Ich wünschte, der Herr würde die Arche noch nicht schließen, und daß ihr dank eines eurem Heil dienenden Wandels in sie einstieget! O Florenz, bin ich nicht auch wie dein Hirte? *Nam pastor bonus ponit animam suam pro ovibus suis*[56], der gute Hirte setzt Leben und Ehre und alles, was er hat, für das Heil seiner Schafe ein. Und ich habe mich – zu deinem Heil, und weil Gott es so wollte – aus Liebe zu dir der Schmach, dem Gespött und dem Gerede vieler ausgesetzt, und nie habe ich dich verlassen! Und so bin ich hier für dich und nicht für mich, auch nicht zu eigenem Vorteil, sondern weil Gott es so gewollt. Einen geringen und untauglichen Menschen hat er sich zu diesem Amt genommen, um zu zeigen, daß *er* es ist, der wirkt und nicht ein *fraticello*[57]. Selbst wenn ich es wollte, könnte ich dich nicht im Stich lassen und vor so vielen Verfolgungen, so vielen Mühen fliehen.

Absit hoc a me![58] Gefalle es Gott, daß ich nie um seiner Wahrheit willen vor Verfolgungen fliehe! Im Gegenteil, ich habe immer Gott, den Herrn, für unsere Verfolger gebeten, daß er sie erleuchte, denn sie sind blind. – Bin ich für dich, Florenz, nicht auch wie eine Mutter zu ihrem kleinen Kind, ich, der ich so viele Schmerzen und solchen Kummer erlitten habe und immer noch erleide, um dich zu gebären und zu Christus zu führen? Ich war auch wie deine Amme, indem ich dich aufzog und dir zu deinem Wohl und Heil riet. O Florenz, wo ist meine und meiner Oberen Ehre? Die Ehre und die Krone eines Vaters ist der gute Lebenswandel seiner Kinder. Würdest du doch, Florenz, wenigstens recht handeln! *Das* wünschte ich von dir, meine Tochter, und *das* wäre meine und deine Krone, und nichts anderes. Wenigstens hättest du dann Mitleid mit mir, der ich um dich und um dein Heil so sehr betrübt bin. Was will ich denn von dir, Florenz, außer daß du gerettet seist und recht handelst – und sonst nichts anderes? – Es wurde mir von andern Städten gesagt, daß sie ganz anders geworden wären als du, wenn ich ihnen gesagt und getan, was ich bei dir gesagt und getan habe. Deshalb bitte ich euch alle, nun nicht mehr verstockt zu sein, sondern bekehrt euch zum Herrn und tut Buße, und dies bald, denn ich sage euch das nicht ohne Grund, *convertimini ad Dominum, Deum nostrum, quia benignus et misericors est*[59], meine Kinder, erweist euch selbst Erbarmen und bereut eure Sünden, und Gott wird auch euch Barmherzigkeit erweisen – diese Buße ist das allein wahre und alleinige Heilmittel und kein anderes! So überlegt denn wohl, was das für euch bedeutet, *poenitentiam agite, appropinquat regnum coelorum*[60]. Seht, Geliebteste, wie groß die Güte Gottes ist, den ihr mit euren Sünden so sehr und während so langer Zeit gekränkt habt – und dennoch, seht doch, wie sehr er auf euch gewartet hat und noch immer wartet, damit ihr

Buße tut, und er euch nicht zu bestrafen braucht. So wartet nicht länger, bekehrt euch *jetzt,* tut Buße und zögert nicht mehr! Da ich aber bis dahin nur im allgemeinen zu euch allen gesprochen habe und sehe, daß es nichts nützt, muß nun etwas mehr auf das einzelne eingegangen werden. Ich habe euch gesagt, es sei Gottes Wille gewesen, daß ich bei euch die Stelle eines Vaters einnehmen sollte, und deswegen werde ich jetzt zu euch als zu meinen Kindern mehr im einzelnen sprechen – und all dies zu eurer Besserung und eurem Heil!

O Priester, hört meine Worte, o Geistliche und Prälaten der Kirche Gottes, laßt die Pfründen, die ihr von Rechts wegen nicht haben sollt, laßt euren Pomp, euer Gepränge, eure Bankette und Essen, die ihr mit solchem Aufwand veranstaltet, laßt, sage ich euch, eure Konkubinen und Lustknaben, denn es ist Zeit, Buße zu tun, da die großen Drangsale kommen. Lest eure Messen mit Andacht, denn sonst – solltet ihr auf das, was Gott verlangt, nicht achten wollen – werdet ihr noch sowohl Pfründen wie Leben verlieren!

O Mönche, laßt das Überflüssige an Gewändern, silbernen Geräten und eure so fetten Abteien und Pfründen! Gebt euch der Einfachheit hin und arbeitet mit euren Händen, wie es die frühen Mönche, eure Väter und Vorgänger taten, denn sonst – solltet ihr es nicht freiwillig tun wollen – wird die Zeit kommen, da ihr es gezwungenermaßen tun werdet!

O Nonnen, laßt auch ihr all euren Überfluß, laßt

eure Simonien[61], wenn ihr solche aufnehmt, die in euren Klöstern leben wollen, laßt all die Zurüstungen und den Pomp, wenn eure Nonnen sich weihen; laßt die figurierten Gesänge[62], weint, sag' ich, eher über Mängel und Verirrungen, denn ich sage euch: Die Zeit zum Weinen kommt viel eher als die Zeit zum Singen und zum Festefeiern, denn Gott wird euch bestrafen, wenn ihr euer Leben und eure Sitten nicht ändert. Solltet ihr es nicht tun, so wundert euch dann nicht, wenn die Vernichtung kommt, und alles einstürzt!

O meine Brüder, *euch* sage ich: Laßt euren Überfluß, eure Bilder und eure Grillen! Macht eure Kutten nicht so weit und stellt sie aus gröberem Stoff her! Merkt ihr denn nicht, daß ihr damit den Armen das Almosen nehmt? O Brüder, o meine Söhne, es ist nötig, offen zu reden, damit niemand sage: «Ich wußte es nicht» – und sich somit entschuldigen kann. Ich bin gezwungen, so zu sprechen, und *vae mihi, si non evangelizavero*[63], weh mir, wenn ich es nicht so sagte! Ich verkündige euch: wenn ihr die Stimme Gottes nicht hören wollt, wird er euch bestrafen.

O Kaufleute, laßt euren Wucher, gebt zurück, was ihr unrecht erworben und was andern gehört, sonst werdet ihr alles verlieren! Ihr, die ihr Überflüssiges habt, gebt es den Armen, denn es gehört euch nicht; bringt es der Bruderschaft von San Martino, damit man es verschämten Armen verteile, die oft vor Hunger sterben, während euch vom Überflüssigen noch viel bleibt. So gebt es denn, sag' ich, jenen *buoni uomini* von San Martino, bringt es dorthin – nicht mir und auch nicht meinen Brüdern, denn es obliegt nicht uns, die Almosen unter den Armen zu verteilen. – Ihr Armen, geht zu ihnen, denn *sie* verteilen die Almosen der Stadt, und so wird man euch helfen können. – Ich sage euch, wer Überflüssiges besitzt, gebe es den Armen, und darüber hinaus sage ich euch, daß es an der Zeit ist, noch mehr als nur das Überflüssige zu geben.

O Priester, ich muß zu euch zurückkehren – ich spreche von den schlechten, den guten erweise ich immer Ehrfurcht – laßt, sag' ich, jenes unsagbare Übel[64], laßt jenes verfluchte Übel, das den Zorn Gottes über euch so sehr herabgerufen hat, denn wehe, wehe euch! O ihr Wollüstigen, zieht das Büßerhemd an, tut Buße – ihr habt sie nötig!

Ihr, die ihr eure Häuser voller Eitelkeiten habt, voller schamloser Figuren und Dinge, voller verruchter Bücher wie den *Morgante*[65] und andere Dichtungen gegen den Glauben, bringt sie her zu uns, damit wir sie Gott als Opfer dem Feuer übergeben. – Und ihr, Mütter, die ihr eure Töchter mit soviel Eitelkeiten *(vanità)*, Überflüssigem und Haarschmuck ausstattet, bringt alles hierher zu uns, um sie dem Feuer zu übergeben, damit, wenn der Zorn Gottes kommt, er nicht solche Dinge in euren Häusern finde – und also gebiete ich euch, in diesem Fall gewissermaßen als euer Vater. Nur wenn ihr in diesen Dingen so handelt, wie ich euch gesagt, werdet ihr in der Lage sein, den Zorn Gottes zu besänftigen, andernfalls möchte ich euch nicht schlechte Nachricht bringen müssen. – Wohlan, noch vier Worte, und dann geht nach Hause!

Vox dicentis: clama![66] Es sagt da eine Stimme: Rufe! O Italien, *propter peccata tua venient tibi adversa*[67]. Ihr alle, Städte Italiens, gekommen ist die Zeit der Strafe für eure Sünden! O Italien, wegen deiner Wollust, deines Stolzes, deiner Ehrsucht, wegen deiner Räubereien und Erpressungen werden viele Widerwärtigkeiten, viele Heimsuchungen über dich kommen.

Vox dicentis: clama! Eine Stimme, die sagt: Rufe! Florenz, Florenz, Florenz! Wegen deiner Sünden, deiner Grausamkeit, deines Geizes, deiner Unzucht und deines Ehrgeizes werden auch über dich viele Widerwärtigkeiten und Ängste kommen

Vox dicentis: clama! Und was rufst du? O Klerus, Klerus, Klerus! *Propter te orta est haec tempestas,* wegen dir ist dieser Sturm gekommen, du bist der Hauptgrund dieser Übel, wegen deines schlechten Tuns kommt dieser Sturm, deiner Sünden wegen sind viele Drangsale schon bereit. Weh, sag' ich, weh allen, welche die Tonsur tragen werden!

Vox dicentis: clama! Eine Stimme, die fernerhin sagt: Rufe! Und was soll ich denn rufen? *Clama, ne cesses, annuntia populo huic scelera eorum*[68], rufe, spricht sie, zögere nicht, verkündige diesem Volk seine Sünden, verkündige allen Völkern Italiens, daß wegen ihrer Frevelhaftigkeiten, ihrer Gotteslästerung und ihrer Bosheit die Drangsale kommen. *Poenitentiam agite,* tut Buße, siehe, schon hat in Italien die Drangsal begonnen, die ich so viele Jahre zuvor dir verkündet! –

Was sagst du nun, du Lauer, der du unsere Worte so sehr verlacht und verspottet hast? O ihr Lauen, so beweint doch wenigstens jetzt eure Sünden und erkennt euren Irrtum! Aber vielleicht ist die Zeit für dich schon vorbei, o Klerus, der du ja die Ursache all dieser Übel bist! Ein jeder erkenne sich selbst und sage: Meine Sünden sind die Ursache dieser Drangsale!

O Sünder, eure Ruchlosigkeit, eure Vergehen haben diese Trübsale gerufen und kommen lassen! Daher denke jeder über sich selbst nach; tut Buße, denn ein anderes Heilmittel habt ihr nicht. So oft habe ich es gesagt, so oft es ausgerufen, so oft über dich, Florenz, geweint, daß es dir doch wohl genügen sollte! *Orate per me il Signore, ut Deus consoletur me!*[69] – O Florenz, ich wollte heute morgen zu dir und zu jedem im besonderen sprechen – offen, denn ich kann nicht anders –, und noch ruft die Stimme: *vox dicentis: clama!* Die Stimme eines, der sagt: Rufe! Und wen soll ich noch rufen? Ich habe jeden zur Buße gerufen. *Clama Dominum, Deum tuum,* rufe und schreie zum Herrn, deinem Gott!

Ich wende mich zu dir, mein Herr, der du aus Liebe zu uns und für unsere Sünden gestorben bist: *parce, Domine, populo tuo*[70], vergib, vergib, Herr, diesem deinem Volk, vergib, Herr, dem Volk von Florenz, das dir gehören will – o Herr, *ne des hereditatem tuam in obprobrium,* gib, Herr, dein Erbe und deine Kinder nicht diesen Drangsalen preis! Wenn du mich, Herr, ihnen zum Vater gegeben hast, empfehle ich dir meine Söhne, meine Töchter und meine Mütter, ich empfehle dir dieses Volk!

Wir feiern heute das Fest Allerheiligen. Ich bitte euch, glorreiche Heilige, bei diesem eurem Fest, daß ihr für dieses Volk euer Gebet zum Herrn richtet. Und du, Herr, der du uns heute an diesem heiligen Tag mit deiner Sanftmut gespeist hast – *cibasti nos vino compunctionis in festo omnium sanctorum*[71] –, ich bitte dich, *per viscera misericordiae tuae*[72], gib diesem Volk eine wahre Erkenntnis deiner selbst und eine wahre Reue über seine Sünden – bei den Verdiensten deines Leidens und den Verdiensten deiner allerseligsten Mutter, ihren Bitten und derer aller Heiligen, der Cherubim und Seraphim, aller Chöre der Engel und seligen Geister. – Nimm ihnen diese Drangsal und laß mich eher zum Lügner werden – wenn nur deine Ehre gewahrt bleibt – mein Herr, *qui es benedictus in saecula saeculorum. Amen.*[73]

Aus der 2. Predigt Allerseelen, 2.11.1494

Wer ist ein Christ?

Wenden wir uns an jene, die sich bekehrt haben! Kommt, kommt zur Türe der Arche, tretet in sie ein auf dem Weg der Buße und der guten Werke. Trete ein in die Arche, wenn du ein Christ bist! *Christianus* bedeutet *unctus,* das heißt, gesalbt mit dem Öl des Heiligen Geistes. Nehmen wir folgendes Beispiel:

Nimm ein Holzgefäß voller Öl; stellen wir es hinter der Türe der Arche auf, so wie man es hinter der Türe der Kirchen zu tun pflegt, wo man ein Gefäß mit Weihwasser aufstellt – doch sei *dieses* Gefäß von Holz, das Öl enthält und es nach außen durchsikkern läßt. Dieses Gefäß stellt deine Seele dar, die voller Öl des Heiligen Geistes sein soll und sich nach außen mit guten Werken und mit Liebe zu deinem Nächsten ergieße. Wenn du ein *wahrer* Christ bist, wird das Öl, womit du vom Heiligen Geist gesalbt bist, deine Seele durchdringen und mit jedem guten Werk nach außen fließen. Wenn du das nicht tust, bist du kein Christ, und ich werde zu dir sprechen, wie man zum heiligen Hieronymus sprach, als er erklärte: *«Christianus sum.»* *«Mentiris»* wurde ihm geantwortet, *«Ciceronianus es!»*[74]

So sage auch ich dir, du schlechter Mensch, der du sagst: «Ich bin ein Christ», *«mentiris, usurarius es!»*[75] Du lügst, wenn du nicht vom Öl des Heiligen Geistes gesalbt bist, dann bist du ein Wucherer, ein Geizhals, du bist ein Wollüstiger, ein Stolzer und ein Mißgünstiger! Wie kannst du auch sagen «Ich bin ein Christ»? Wo ist der Heilige Geist in dir? Dein Gefäß, deine Seele, läßt nicht das Öl des Heiligen Geistes ausfließen, sondern weit eher das Wasser der Sünden. Wenn man aus dem Gefäß und dem Holz deiner Seele die Werke des Heiligen Geistes fließen sieht, dann werde ich sagen, daß du ein Christ bist – andernfalls betrügst du dich selbst. Und diese Werke, wie es Fasten und ähnliche sind, wollen aus diesem Öl des Heiligen Geistes bestehen und hervorgehen und nicht aus äußeren Zeremonien, andernfalls sind sie umsonst. – Schau, ich will es dir erklären: *Deus et natura nihil agunt frustra*[76], die Philosophen sagen, daß Gott und die Natur nichts vergeblich tun. Als *vergeblich* bezeichnet man jene Sache, die nicht ihr Ziel erreicht, wozu sie geschaffen und bestellt wurde. Zum Beispiel: Ein Baum ist geschaffen, um Frucht zu bringen. Aber wenn du siehst, daß ein Baum seinen Zweck nicht erfüllen kann und keine Frucht bringt, fällst du ihn, da er ja unnütz ist, bringt er doch keine Frucht hervor. In gleicher Weise: wenn deine Seele dir von Gott gegeben worden ist, um hundertfache Frucht zu bringen und um dich mit Hilfe der Gnade des Heiligen Geistes ins Paradies zu führen, und du tust dies nicht, so hast du deine Seele umsonst und vergeblich erhalten …

Wenn du nicht wahre Buße tust, durchdringt das Öl der Gnade des Heiligen Geistes deine Seele nicht, sondern bleibt an der Oberfläche, und deswegen sagt dir und denen, die dir gleichen, der Herr: *adhuc modicum lumen in vobis est.*[77] – Dein Leben soll ganz geistig werden, und du mußt wahre Buße tun, damit dieses Öl und die Gnade des Heiligen Geistes in deine Seele dringe und aus ihr ausfließe, und diese muß in dir verwurzelt sein durch Fasten, Gebet und Abtötung des Fleisches. Du selber aber sei geduldig, und so erlangst du ein geistiges Leben, das in der Teilnahme am göttlichen Sein und am Licht der heiligen Dreieinigkeit besteht. Auf diese Weise wirst du ganz in Christus, den Gekreuzigten, verwandelt, wie Paulus sagte: *nos autem transformamur a claritate in claritatem conducti a Spiritu Sancto*[78] – und je mehr du dich so Gott, seiner Macht und Stärke näherst, um so mehr wirst du in den Drangsalen und Verlockungen der Welt stark und kräftig werden, und nichts – was es auch sei – kann dich mehr von Gott trennen, wie es Paulus auch von sich selbst sagte: *quis nos separabit a caritate Christi? Angustia, an fames, an gladius?*[79], das heißt, nichts, weder Hunger noch Schwert, noch irgend etwas anderes, wird mich je von der Liebe und Güte Christi trennen können. – Bist du in dieser Weise in Christus gefestigt, wird keine Verfolgung, keine Bedrängnis und keine Drangsal dir schaden oder dich besiegen können.

Florenz, ein durchlöchertes Gefäss

O Florenz, Florenz, dein Gefäß ist ganz durchlöchert und kann die Gnade des Öls des Heiligen Geistes nicht zurückhalten. O Florenz, ich sage dir, du ruhst nicht mehr in dir, sondern bist außer dir! Du hast dich selbst verlassen und bist hinausgegangen zu Wucher, Raub und Geiz, zu Wollust, Unterdrückung der Armen, zu Spielen und andern Vergehen. – Und du, Frau, du hast dich selbst verlassen, bist hinausgegangen zu deinen Eitelkeiten, zu Überflüssigem und viel Unzucht. – Und Gott wird zulassen, daß du dich noch mehr von dir entfernst, als du es schon bist, denn dein Gefäß, Florenz, ist durchlöchert und hält die Gnade Gottes und des Heiligen Geistes nicht mehr zurück.

Da gibt es solche, die sich lediglich auf die Buße beschränken möchten, aber das geschieht nicht hauptsächlich aus Liebe zu Gott, sondern aus Furcht vor den Menschen. – O Florenz, der Herr sagt mir: *noli me exorare pro populo isto!*[80], das heißt, bitte mich nicht weiter für dieses Volk, *quia non exaudiam te,* denn ich werde dich nicht erhören, sehe ich doch, wie es sich nicht in Wahrheit der Buße zuwendet. – Nun willst du allerdings diese irdenen Gefäße verstopfen und verschließen, doch wird die Flut kommen, wird sie zerbrechen und zu Boden werfen. Laß deshalb, Florenz, diese alten, irdenen Gefäße, die voll von Irdischem sind, und mach dir ein neues Gefäß und fülle es mit der Buße des heiligen Öls und der Liebe Gottes und des Heiligen Geistes.

O ihr Lauen, die ihr dieses Volk mit euren falschen Ansichten vernichtet und verdorben habt, es nicht an die Wahrheit glauben und es nicht rechtzeitig Buße über seine Sünde tun ließet! Vielmehr habt ihr dieses Volk zum Gegenteil dessen, was ihm not tut, überredet! O du Lauer, dein Gefäß ist zwar bemalt und sieht infolge dieser Bemalung schön aus, ist aber im Innern nicht so, wie es von außen scheint. O du Lauer, in der Flut, die der Herr bereitet hat, wird dein Gefäß zugrunde gehen – und du mit ihm! Du hast nicht recht verstanden, worin das geistige Leben besteht, und da du es selber nicht weißt, konntest du es daher andern nicht beibringen. Dein

Gefäß ist ganz durchlöchert, und der Holzwurm des Neides und der Habsucht hat es ganz wurmstichig und löcherig gemacht, und das Öl des Heiligen Geistes vermochte nicht drinnen zu bleiben. Ganz im Gegenteil, o Lauer, du bist hinausgegangen zu den Zeremonien und allem rein Äußerlichen und hast das wahre geistige Leben, das innerlich stattfindet, die wahre Verehrung Gottes und den christlichen Lebenswandel verlassen.

Dein Gefäß hat tausend Löcher und tausend Öffnungen, woraus alle Übel heraustreten. Ohne irgendwelchen berechtigten Grund sprichst du von deinem Nächsten und deinem Bruder immer schlecht; aus deinen Augen, aus all deinen Sinnen, deinem mutvollen und begehrlichen Seelenteil treten Sünden in großer Zahl hervor. Du Lauer, darin besteht nicht das geistliche Leben des Christen, das du selbst befolgen und andere lehren solltest! – Darum muß man sich von diesen ihren Zeremonien, den irdischen Dingen und von aller Liebe zu den Geschöpfen abkehren und *adhaerere Creatori*[81]; wer in Gottes Nähe steht, hat nichts zu fürchten.

Gegen den Gräberpomp in den Kirchen

Weh, wie viele Herren und Herrscher dieser Welt sind in der Hölle, obwohl sie hier prachtvolle und mit solchem Prunk verzierte Gräber zurückgelassen haben! Die Reichen haben den Reichtum im Leben *und* im Tod gewünscht und geliebt – im Leben, indem sie diesen besaßen, im Tod dadurch, daß sie in reichen Gräbern begraben sein und nur in Kirchen und an reichen und stolzen Orten verwesen wollten. Du aber, Christ, laß dich in der Erde bestatten, *quia terra es, pulvis et cinis et in cinerem reverteris*[82]. Abgesehen von heiligen Männern und Frauen sollte niemand in einer Kirche bestattet werden. Aber noch schlimmer handeln die großen Herren, die sich unter den Altären bestatten lassen, auf denen täglich das Sakrament dargebracht wird. O ihr Reichen, ihr Herren der Welt, die ihr auf dieser Welt solchen Pomp und solche Vornehmheit haben wolltet! Die Heiligen und Diener Christi hingegen wollten von euren Reichtümern und Eitelkeiten nichts wissen. Wo sind nun die Drangsale, die Armut, die Marter, die Qualen und Leiden der Heiligen? Allesamt sind sie vergangen, diese aber erfreuen sich in Ewigkeit seligster Ruhe und größter Glorie – ihr aber seid für ewig in der Qual und im Feuer der Hölle!

Die Hauptsünden von Florenz

Groß ist jene Sünde dieser Stadt – ich spreche von der Sünde der Stadt Sodom – derentwegen Gott dich, Florenz, nicht sehen will. Das Volk und besonders der Klerus sind voll von ihr – und wenn du dich nicht vorsiehst, dann wird dich Gott, o Florenz, Florenz, in Gefahr bringen.

Die andere Sünde ist die der Gotteslästerung und die des Spielens. Sieh dich vor, Florenz, und auferlege denen schwere Strafen, die diesen Sünden verfallen sind, andernfalls weh, weh dir, wenn du es nicht tust! Tue Buße, wende dich Gott zu, nimm Zuflucht bei Gott und empfehle dich Gott, *qui est benedictus in saecula saeculorum. Amen.*

Aus der 3. Predigt
3. II. 1494

Beispiele wahrer Busse und Aufruf an alle Stände zur Umkehr

Ich will dir sagen, was mir Gott eingegeben hat: Gott möchte dir Barmherzigkeit erweisen, denn es gibt [hier] einige, die Zeichen von Reue gezeigt haben, mag es auch viele andere geben, die das Gegenteil tun und das, was wir sagen, zum Gespött halten und den Worten Gottes widersprechen ... Für jetzt wende ich mich an euch, die ihr etwas Buße getan habt, und ich will euch darin bestärken, vom Guten zum Besseren fortzufahren und wahre Buße zu tun. Ich sage euch: wenn ihr alle, die ihr hier seid, wahre Buße tut, verbunden mit dem Vorsatz, nicht mehr zu sündigen und in Zukunft ein gutes Leben zu führen, so werdet ihr, sag' ich euch, den Zorn Gottes besänftigen, der sich gegen die Sünder richtet, oder ihr werdet wenigstens eure Seelen retten. Aber denen, die sich noch nicht bekehren wollten, diesen sage ich noch einmal: *hoc dicit Dominus,* es sagt der Herr: *convertimini ad me in toto corde vestro,* das heißt, bekehrt euch zu mir mit eurem ganzen Herzen und tut wahre Buße, wenn ihr Barmherzigkeit finden wollt, denn ich sage euch: Ihr habt kein anderes Mittel als dieses. Vertraut auf nichts anderes denn auf Reue, sonst werdet ihr selbst betrogen sein.

Erinnert euch, wie Jerusalem mehrmals infolge Buße errettet wurde, und so auch jedesmal das Volk Israel, wenn es in wahrer Buße Zuflucht zu Gott nahm. – Erinnere dich des Holophernes[83], der Gott nicht gehorchen, sondern das Volk Gottes verhöhnen wollte, schließlich aber infolge der Gebete und der Buße der Judith ein schlimmes Ende fand, und jene Stadt und jenes Volk errettet wurde. – Erinnere dich Ninives, das, wenn ihm auch von Gott seine Vernichtung verkündet worden war, nichtsdestoweniger infolge seiner Reue, die sein König und das ganze Volk zeigte, errettet wurde. So viele Male habe ich es dir gesagt: Tue Buße, denn es gibt kein anderes Heilmittel. Ich sage es dir und wiederhole es nochmals und werde es dir immer wiederholen, daß dies das einzige und alleinige Mittel ist und daß es kein anderes gibt, das dich retten kann. Nun handle *du!*

Ambulate, dum lucem habetis (ne tenebrae vos comprehendant)[84], wandelt bei Licht, solange es euch noch leuchtet, wartet nicht, bis das Dunkel euch überfällt, denn ihr werdet dann nicht mehr Zeit haben, Buße zu tun. Mach, was ich dir sage, solange es hell ist, denn es kommt die Zeit, da du nicht mehr sehen kannst. Wenn Finsternis und Nacht angebrochen sind, sieht man das Licht nicht mehr. Was ich dir gesagt habe, ist das einzige und alleinige Heilmittel, *qui habet aures audiendi, audiat,* wer Ohren hat zu hören, höre! Deswegen sag' ich dir: Tue Buße!

O Priester, ich spreche noch einmal zu euch, denn ich muß es jedem einzelnen sagen: Tut Buße! *Ihr* seid es, die als erste Buße tun und den Weg den andern weisen solltet, und doch seid ihr jene, die ganz das Gegenteil tun, auch wollt ihr nicht aus Liebe zu Gott das Überflüssige hergeben. Daher verkündige ich euch, daß ihr alles verlieren werdet – zusammen mit eurer Seele! So sagt denn den Mönchen und allen andern Ordensleuten, daß sie aus Liebe zu Gott, und zwar freiwillig, das Überflüssige lassen sollen, denn sonst kommt die Zeit, da ihr es gezwungenermaßen verlieren werdet. Und sagt diesen Lauen, daß sie wohl geistig scheinen wollen, es aber nicht sind!

O ihr Lauen, *propter vos venit magna pars huius tempestatis,* wegen euch, sag' ich, und infolge eurer Schuld entsteht ein großer Teil dieser Drangsale! Tut wahre und nicht erheuchelte Buße, denn ihr wähnt euch heilig und sagt: *quia dives sum – et nescis, quia pauper es, miser et miserabilis et caecus et nudus*[85], o Lauer, der du sagst: «Ich bin reich an Güte» – und du siehst nicht, daß du arm bist, elend, erbärmlich, blind und nackt! Tue Buße, sag' ich, denn sie tut dir not. Jeder einzelne tue Buße, denn ich verkündige allen, daß es kein anderes Heilmittel gibt.

O Italien, tue Buße! Wenn ich ganz Italien und dessen Städte betrachte, so sehe ich nur Finsternis, sehe nur Sturm, sehe nur Drangsale. – O ihr Lauen, ihr Ordensleute, *propter vos orta est haec tempestas* – vor allem *euretwegen* und infolge *eurer Schuld* kommen diese Stürme, tut Buße, sonst werdet ihr die ersten sein, dies zu erfahren. – O Bürger, tue Buße, übe Gerechtigkeit, laß deine Bosheiten, laß die Unterdrükkungen! – O Kaufmann, gib das ungerecht Erworbene zurück, und zwar gleich! Gib das Überflüssige den Armen, denn es gehört nicht dir! – O ihr verruchten Sodomiten, laßt jenes unsagbare und verbrecherische Laster, sonst werdet ihr euch einmal dieses *frate* erinnern, der zu eurem Wohl gesprochen hat – und ihr habt nicht gewollt! – Du Wucherer, laß ab vom Wucher, und du, Ungeduldiger, laß dein böses Reden, laß das gotteslästerliche Fluchen, denn die Flüche werden auf dein eigenes Haupt fallen! – Ihr Frauen, laßt eure Eitelkeiten, eure überflüssigen Dinge, und ihr, Ehemänner und deren Väter, zwingt sie, davon abzukommen, denn das sind alles verfluchte Dinge – und das ist der Fluch, der eure Häuser zugrunde richtet!

O Italien, o Florenz, tue Buße, *quia propter peccata tua venient tibi adversa* – deiner Sünden wegen, sag' ich, bereiten sich große Trübsale vor. Tue Buße, sag' ich, damit Gott mit dir Erbarmen habe. – Ihr, ihr habt viele Bücher zu Hause, die ihr nicht besitzen solltet, weil sich in ihnen viele unanständige Dinge geschrieben finden. Verbrenne solche Bücher[86], denn sie gehören nicht zu Christen! Wenn du ein Christ sein willst, mußt du vom Heiligen Geist, nicht von heidnischen und unanständigen Dingen gesalbt sein. In dir muß sich das übernatürliche Licht der Gnade Gottes finden; daran wird man erkennen, ob du ein wahrer Christ bist, wenn du Dinge besitzt, die dich über den Glauben und die Gnade des Heiligen Geistes erleuchten. – Die Philosophen suchten die Dinge, über die sie Überlegungen anstellen wollten, allein mittels natürlichem Licht zu ergründen. Zum wahren Christen hingegen gehört es, danach zu streben, sich mit dem übernatürlichen Licht und der Gnade Gottes zu erfüllen. – Es gibt einige andere Bücher, die an und für sich gut und nützlich sind, weil sie die Moral zum Inhalt haben; das Wissen und die Lehren, die in ihnen enthalten sind, lehne ich nicht ab. Du nennst Seneca, Aristoteles und Philon[87] – meinetwegen, sie sind gut, aber sie tragen zur christlichen Religion, die vom übernatürlichen Licht lebt, nichts bei. Ich sage dir: Es gibt auf der Welt viele Bücher deren Tilgung und Ausrottung für unsern Glauben und für die christliche Religion einen großen Nutzen brächten, wenn sie auch für manche anderen Sachen nützlich zu sein scheinen. Als es noch nicht so viele Bücher und so viele natürliche[88] Begründungen und Dispute gab, nahm der Glaube mehr zu, als er es seither getan hat – er tat seither eher das Gegenteil, sieht man doch, wie die Inbrunst und Lebendigkeit des Glaubens und der christlichen Religion nachgelassen haben und sich mehr zu Zeremonien und zu anderem umgewandelt haben … Allein *dieses* Gute haben die Lehren der Weisen dieser Welt – wie es Aristoteles und Platon sind – bewirkt, daß sie einen viele Vernunftbeweise gelehrt haben, damit man sich gegen die Häretiker zu verteidigen weiß – und das ist wahr, daß die Lehren vieler weiser Philosophen dazu gut waren, und doch haben es diese Philosophen nicht vermocht, von sich aus den Weg und die Art und Weise des *ben viver cristiano*[89] zu finden. – Der heilige Thomas sagt im ersten Teil [seiner *«Summa Theologica»*], daß alle Vernunftgründe der Philosophen im Glauben wenig Gewicht haben, und der heilige Augustin sagt, daß die Kirche sich anfangs ohne diese Wissenschaft verteidigt hat. Folglich, willst du ein Christ sein, so gib dich mit der christlichen Wissenschaft ab – und nicht mit der weltlichen …

Aus der 6. Predigt
23. II. 1494

Nochmaliger Aufruf an alle Stände, in die Arche einzusteigen

Vox dicentis: clama. Wohlan, rufe! Am *ersten Tag* sollen die *Reichen* und die *Großen* und *Mächtigen* gerufen werden. Ihr, die ihr in so großen Vergnügungen, in solchem Prunk und so großen Reichtümern lebt, ihr Herren Italiens: Laßt doch von widerrechtlichen Unterschlagungen, Unterdrückung der Armen und reichem Überfluß ab und kommt in die Arche, um Buße zu tun für eure Sünden! Das sind die Idumäer, *onus Duma, idest silentium,* die stumm verharren und dich nicht hören wollen. Kommt, sage ich diesen Tauben und Stummen, denn der Herr will die Arche schließen. – Das sind jene, die zur Hochzeit des Herrn oder zum Festmahl im Evangelium geladen waren.[90] Da sagte der eine: *villam emi,* ich habe ein Haus gekauft und will hingehen, es zu besichtigen; ich kann deshalb nicht kommen. – Der andere sagte: *uxorem duxi,* ich habe eine Frau genommen. Und wieder ein anderer: *emi iuga boum*[91], ich habe ein Ochsengespann gekauft, ich muß es erproben und kann nicht kommen.

O Italien, das du sprichst: *o custos, quid de nocte?*[92] Und das du aus Neugierde und aus keinem andern Grund fragst: wie wird es mit diesen Drangsalen stehen? Ich sage dir: Du wirst sie zu spüren bekommen! Kurz, keiner von diesen will kommen! Sie haben mehr die Welt im Sinn als Gott und mit allem Fleiß suchen sie das Irdische, und es scheint, daß sie sich nicht um ihre Seele kümmern.

Wohlan, rufe zum *zweiten* Tag *die Armen,* die in ihrer Armut keine Geduld haben, immer in Ängsten sind und gar nicht recht handeln. Ihnen habe ich gesagt: Ihr sollt in der Furcht Gottes leben und so werdet ihr Hilfe finden, denn nie versäumt es Gott, dem Armen beizustehen, wenn er recht lebt und sich ihm anvertraut, noch liest man, Gott habe je einen seiner Diener und Freunde Hungers sterben lassen – im Gegenteil, er hat ihnen in ihrer äußersten Not immer geholfen, sogar auf wunderbare Art und Weise. Ich verkündige euch, schlechte Arme, die ihr sagt, ihr wäret in harter Bedrängnis: wenn ihr euch nicht zu rechtem Handeln bekehrt, werdet ihr die Hölle hier auf Erden und später auch dort, im andern Leben, haben! – Und so haben wir bei all diesen Armen, mag auch der eine oder andere zum rechten Wandel zurückgekehrt sein, in jeder Weise wenig Erfolg gehabt.

Gehen wir zum *dritten* Tag, und rufe die *Lauen* auf, damit sie sich bekehren. O ihr Lauen, laßt ab von euren Zeremonien, die euer Ziel sind, laßt euren Neid, euren Haß, den ihr eurem Bruder entgegenbringt, und sagt nicht von einem, der recht handelt: «Er ist ein Dummkopf und ein Narr!» Bekennt eure Sünde und sprecht: *peccavimus,* wir haben gesündigt – und glaubt dem, den Gott schickt zu verkünden: Es wird die Zeit kommen, da werdet ihr es sehen und fühlen, aber auch dann werdet ihr euch nicht bekehren! So laßt denn eure Heucheleien und eure üblen Betrügereien, *quia qui dolose agit, non intrabit in conspectu Dei*[93]. Kommt zur Buße! – Aber auch diese wollen nicht hören!

Gehen wir zum *vierten* Tag. Rufe die *Bürger* herbei, die zwar mit Worten beteuern, [den Staat] gut lenken und regieren zu wollen, und trotzdem, in Wirklichkeit tun sie nichts! O ihr ehrgeizigen Bürger, ihr Klugen und Weisen der Welt, man muß mit der Weisheit Gottes regieren! Strebt nach dem öffentlichen Wohl, nicht nach eurem eigenen Nutzen, wenn ihr gute Bürger sein wollt. – Einige sagen, aus Eifer für Gott Gerechtigkeit üben zu wollen[94] – und trotzdem, zum größeren Teil geschieht es aus Haß und Rache! Handelt recht, wie es eure Aufgabe ist, das heißt, vor allem zu Ehren Gottes, dann aus Eifer für die Heimat und das gemeinsame Wohl, und entledigt euch jeder eigenen Neigung, wenn ihr recht handeln wollt. – Und ich weiß nicht, wie viele von diesen wir gewinnen konnten.

Am *fünften* Tag rufe die *Gelehrten, Poeten* und *Doktoren* jeder Wissenschaft! *Onus Duma ad me clamat,* kommt und tut Buße für euren Stolz und für eure Eitelkeit, sonst werdet ihr unter dieser Last betrogen bleiben, ohne daß ihr euch dessen gewahr werdet: *qui seductus est, noluit intelligere, ut bene ageret.*[95]

Geh zum *sechsten* Tag und rufe alle *Plebejer*, Menschen niedriger Herkunft jeden Berufes und jeder Art, herbei. Kommt alle, denn der Herr ruft euch, er will die Arche schließen! – Vielleicht wird der eine oder andere von diesen kommen, mag es auch unter ihnen solche geben, die zwar nicht in der Tat, wohl aber in ihrer Absicht und und in ihrem Willen schlecht handeln.

Am *siebten* und letzten Tag rufe den *Klerus* und die *Priester* herbei! *O sacerdotes, venite ad arcam!*[96] Was hältst du davon? Jene rechtschaffenen, die kommen wollten, sind bereits gekommen, die andern, *qui astiterunt viae non bonae*[97], werden sich nicht rühren. O Klerus, Klerus, *propter te orta est haec tempestas!*[98]

Ergo claudamus arca, schließen wir also die Arche, da ein jeder gerufen worden ist, und keiner sich wird entschuldigen können, es nicht gehört zu haben.

Inclusit eum Dominus de foris[99], der Herr hat sie von außen her verschlossen, diese Arche, wo die Guten eingetreten sind und die, welche gewillt sind, Gott gemäß zu leben …

Im Anschluß an den Text dieser Predigt findet sich die Bemerkung des Herausgebers: «Nimm noch zur Kenntnis, daß der Prediger, nachdem er die Predigt an dieser Stelle beendigt, noch folgende Worte gesprochen hat:»

Ich will euch ein Geheimnis offenbaren, das ich bis jetzt nicht verraten wollte, da ich nicht solche Gewißheit hatte, wie ich sie seit zehn Stunden habe: Ich glaube, jeder von euch hat den Grafen Giovanni della Mirandola[100] gekannt, der hier in Florenz lebte und vor wenigen Tagen gestorben ist. Ich sage euch: Seine Seele ist – dank der Gebete der Brüder und auch einiger von ihm in diesem Leben gewirkter guter Werke und auch dank der Gebete anderer – im Purgatorium. *Orate pro eo!*[101] Er zögerte, wenn es ihm auch eingegeben worden war, in den Orden zu kommen – und deswegen ist er im Purgatorium.

Aus der 7. Predigt
30.11.1494

Das rechtschaffene Leben besteht nicht in äusseren Dingen

Schenkt alle euer Herz Gott, denn dies ist das größte Geschenk und das größte Opfer, das ihr ihm darbringen könnt. Meine Söhne, ihr sollt wissen, das rechtschaffene Leben, das Gott gefällt, besteht nicht in äußeren Dingen, sondern in der Kenntnis Gottes und darin, daß man ihn mit ganzem Herzen liebt und mit großer Zuneigung ihm zustrebt, und das geschieht nicht ohne das ständige Gebet[102], und das wiederum kann nicht geschehen, ohne daß du dich der Einfachheit weihst. Ich sage nicht, es sei an sich schlecht, Besitz und Würde zu haben, aber wer sie zu erlangen sucht, gerät in Versuchung, die oftmals Sturz und Verdammnis dessen ist, der solches zu erlangen sucht, wie geschrieben steht: *qui divitias quaerunt, incidunt in tentationem et in laqueum diaboli.*[103] So widmet euch denn, meine Söhne und Töchter, der Einfachheit und laßt ab von den überflüssigen Dingen, vom Pomp und den Eitelkeiten – ich sage euch: Sie sind Schlingen des Teufels, die euch so umgarnen, daß ihr es gar nicht wahrnehmt, und sachte, sachte und nach und nach ziehen sie euch schließlich ins Haus des Teufels. – Laßt ab von so viel Besitz, gebt ihn den Armen! Und vor allem spreche ich zu euch, Priester: Beginnt, ein wenig einfach zu leben und seid die ersten, damit anzufangen, um den andern den Weg zu weisen und ein gutes Beispiel zu geben!

O Klerus, Klerus, *propter te orta est haec tempestas,* deinetwegen ist dieses Unheil ausgebrochen! Ihr sollt wissen, all diese Gebete, zu denen ich euch so sehr aufgefordert habe, sind verrichtet worden, um den Drangsalen entfliehen zu können, die man zur Zeit über Italien hereinbrechen sieht. Bitten wir Gott, daß diese sich eher in Pest als in Krieg verwandeln. Aber ich hoffe auf Gott, daß er uns davon befreit, wenn nicht ganz, so doch zum Teil, falls ihr das tut, was Gottes Wille ist.

O Bürger, widmet euch dem rechtschaffenen Leben, widmet euch der Einfachheit, sonst wird euch Gott zürnen, wenn ihr undankbar seid und die Wohltat nicht erkennt, die euch Gott erwiesen hat. – Und ihr, Frauen, euch kündige ich an: wenn ihr nicht euren Pomp, euren Überfluß und eure Eitelkeit laßt und nicht in Einfachheit lebt, werdet ihr wie Hunde sterben, wenn einmal die Pest kommt; ergebt euch denn, sag' ich, der Einfachheit und schämt euch nicht, einfacher gekleidet einherzugehen als ihr es tut, denn das ist für euch keinerlei Schande, wenn ihr es richtig betrachtet, sondern eher eine Ehre und ein Nutzen. Und ihr, Frauen aus wohlhabenderen Kreisen, die ihr zu den ersten und vornehmsten gehört, beginnt damit, den andern dieses gute Beispiel zu geben, und so werdet ihr Ursache dafür sein, daß euch viele andere nachfolgen und ein rechtschaffenes Leben führen, und ihr werdet euch dadurch bei Gott verdient machen. Schaut, unser Psalm sagt es: *custodiens parvulos Dominus*[104], das heißt, der Herr wacht über die Kleinen – diese Kleinen und Geringen sind die, welche sich demütigen und erniedrigen und in ihrem Äußern einfach einhergehen …

Kollekte für die Armen

Am nächstfolgenden Sonntag sollen zwei Kollekten stattfinden, die eine für die Armen, die zur Stadt gehören, die andere für jene, die außerhalb wohnen. Auch soll man an jenem Vormittag eine feierliche Messe zu Ehren der Jungfrau abhalten, und ein jeder gebe seine Gabe gemäß seinem Stand und seinen Möglichkeiten. Die Priester seien als erste dazu aufgefordert, dann alle andern – wenn ihr den Drangsalen und der Pest entfliehen wollt. Und falls ihr so handelt und aus Liebe den Armen helft, wird eure Stadt reich und wohlhabend sein. – Das andere, worum ihr euch kümmern sollt, geschehe am Fest der Empfängnis der Jungfrau, welches der darauffolgende Tag ist. Es soll zu ihren Ehren eine feierliche Prozession abgehalten werden, damit sie für die Stadt in allem, was ihr not tut, Fürbitte einlege. – Ferner rufe ich die Bürger und die Verantwortlichen auf, daß man diesmal aus Liebe zu den Armen das Geld, das ihr für das *Studio*[105] auszugeben pflegt, für die Unterstützung der Armen verwende, denn dies ist zur Zeit notwendiger und der Nächstenliebe gemäßer als jenes. Und sollte euch das nicht genügen, so nehme man auch noch die kirchlichen Gefäße dazu, um den Armen zu helfen, und die [Konstitution] *Paulina* soll in diesem Fall nicht im Weg stehen, denn die Nächstenliebe bricht jedes Gesetz![106] Zudem soll man die Werkstätten wieder offenhalten, und jeder, ganz besonders die Armen, sollen die Arbeit wiederaufnehmen und sich dank ihrer ernähren können.

Wenn ihr also handelt, werdet ihr mit dem letzten Vers unseres Psalmes sagen können: *placebo Domino in regione vivorum,* ich werde dem Herrn im Land der Lebenden gefallen, *hoc est in vita aeterna*[107], wo der Herr der Herren wohnt, *qui est benedictus in saecula saeculorum. Amen.*

Aus der 8. Predigt
7. 12. 1494

Nimm Zuflucht bei Gott, nicht bei den Astrologen!

Die Heiden nahmen bei jeder Gelegenheit Zuflucht zu Opfern. Betrachte heutzutage unsere Christen – ich spreche auch von den ersten unter ihnen: Sie nehmen Zuflucht bei Astrologen[108], und du siehst nicht, daß sie sich dem Gebet oder irgendeiner andern Form der Gottesverehrung zuwenden und dort ihre Zuflucht suchen. Daher stellt man fest, wie heute die großen Herren oder jene, welche die andern regieren, fast alle voller Laster und Ruchlosigkeit sind, denn sie sind blind für die Dinge eines rechtschaffenen Wandels, und sie haben in dieser Beziehung sogar das natürliche Licht des Intellekts verloren, und deshalb stürzen und fallen sie so leicht in jedes Laster. Ich spreche nicht nur von den Laien; man sieht auch, wie Prälaten und Priester sich in ihren Angelegenheiten durch den Stand der Gestirne und durch nichtige Dinge voller Irrtümer leiten lassen – wobei man vielmehr von teuflischen Dingen sprechen kann, denn solche Leute tun das Gegenteil von dem, was Gott durch seinen Propheten sagt: *ego sum, qui facio omnia*[109], das heißt, *ich* bin der, welcher alles tut, ich habe den Himmel und die Erde erschaffen, alle Geschöpfe sind mein und gehorchen mir – gleichsam als sagte er: Nimm in deinen Nöten Zuflucht bei mir, o Mensch, nicht bei den Astrologen, nicht bei den Zauberformeln, nicht bei falschen, nichtigen und teuflischen Dingen; die Geschöpfe sind meine Werkzeuge – so nimm Zuflucht nicht bei ihnen, komm zu mir, denn ich bedarf keines Helfers, und auch ohne sie kann ich tun, was ich will!

Und so sage ich dir, Florenz: Erneuere deinen Geist, denn es scheint, daß du ihn verloren hast; nimm in allem Zuflucht bei Gott, und habe keine Angst vor Heeren, auch nicht vor einem Cyrus[110], der gegen Babylon und Jerusalem zieht, das heißt gegen die Kirche, um zu vernichten, was schlecht gebaut ist, damit es neu erstehe. O Florenz, verbanne aus dir jeden Aberglauben und *a signis coeli noli metuere*[111], wie die Schrift sagt, das heißt, geht nicht hinter den Zeichen am Himmel her! *Cantate Domino canticum novum*[112], singt dem Herrn ein neues Lied, erneuert euer Leben mit guten Sitten, beschränkt euch auf die Verehrung Gottes, verjagt die Zauberer, allen Aberglauben und die Wahrsager, das heißt die, welche von ihren schlechten Werken nicht ablassen wollen, sonst würdet ihr in kurzer Zeit zu euren ersten Tagen[113] zurückkehren. Erneuert euch denn und *cantate Domino canticum novum, quia mirabilia fecit,* singt dem Herrn ein neues Lied, denn er hat euch gegenüber wunderbare Dinge getan, auch wenn ihr von außen her seine Macht nicht seht ...

Für eine Rückkehr zu den Ursprüngen des Evangeliums und für eine neue Regierungsform

Der alte Bund war voller Zeremonien, aber als der neue gekommen war, sind diese Dinge und Zeremonien verschwunden und jene schweren Bürden aufgehoben worden, denn es kam Christus und er erneuerte alles und führte alle jene Vorschriften auf *eine* zurück, das heißt auf die Hingabe und die Liebe zu Gott und den Nächsten – und da, wo *jener* Bund zeitliche Güter versprach, da verspricht der neue allein geistige.

Christus hat seine Kirche auf der Armut gegründet, nicht auf Reichtum und zeitlichen Gütern, doch heute scheint alles anders zu sein, denn man strebt nur nach Reichtum und noch Schlimmerem. Auch scheint es, daß dem Gesetz des Evangeliums Christi später viele Verordnungen hinzugefügt worden sind, die weit schlimmer als jene der Juden sind, die das Gesetz des Moses erweitert und mit Auslegungen versehen hatten – und so sind wir auf diese Weise vom neuen zum alten Bund zurückgekehrt. Es ist daher nötig, nun das Gegenteil zu tun und zum neuen zurückzukehren! *Recedant igitur vetera et nova sint omnia*[114]*; cantate Domino canticum novum.* So laßt uns jetzt neue Gesänge singen, wie es Christus tun ließ, denn in jenem alten Bund gab es viel Gepränge an Gesängen, an Posaunen und Tabernakeln und noch andern Prunk, den der Glaube an Christus zum großen Teil zum Verschwinden gebracht hat, doch scheint es, daß in unserer Zeit neue Arten von Musik und Gesängen entstanden sind. Als zur Zeit Christi oder wenig später die Heiden zur Taufe und zum Gesetz Christi kamen, verschwanden die Dichtungen, doch nun sind sie unter Christen – mehr als je zuvor – zu neuem Leben erweckt worden, und es scheint, als wären wir in den früheren Zustand des Heidentums zurückgekehrt. – Schau doch, wie es mit unserer Kirche steht! Folglich muß sie erneuert werden! *Cantate igitur canticum novum,* laßt uns einen neuen Gesang singen, und alles Alte verschwinde, was der heiligen Kirche so schädlich ist! Wie ihr wißt, ist es viele Jahre her und ist viel Zeit vergangen, seitdem gesagt wurde, die Kirche müßte sich erneuern, und Gott wolle sie erneuern. Und da wurde einem am Anfang die neue Erleuchtung zuteil, man hätte also zu glauben, und dies hätte so zu geschehen, und du weißt, welcher Widerspruch aber dieser Erleuchtung von seiten fast aller erwuchs, und wie viele Gegner fortfuhren und noch immer fortfahren, dagegen Widerspruch zu erheben – und trotzdem vermochten sie nie, dieses Licht zu löschen, ganz im Gegenteil, es nimmt ständig zu. Und so haben die Dinge nach und nach begonnen, sich zu erneuern, und viele kamen zur Einsicht, ein anderes Leben zu führen als sie es bis dahin getan hatten. – Wenn nun trotz solchem Widerspruch und in so langer Zeit das Licht nicht erloschen ist, vielmehr immer heller erstrahlt, so kannst du daran erkennen, daß dieses Licht von einem höheren Licht ausgeht, das jenes andere hervorruft und erstrahlen läßt, einem Licht, das du nicht siehst.

Cantemus ergo canticum novum Domino nostro, qui mirabilia fecit – so laßt uns singen und mit unserem Herrn frohlocken, der wunderbare Dinge tut, und ein jeder bereite sich zu einem neuen Leben vor und verbanne alles, was in seinem früheren Leben befleckt war.

O Florenz, nun wende ich mich an dich! Wenn du dich erneuern willst, du neue Stadt[115], wenn du wirklich neu sein und zu einer Veränderung kommen willst, so mußt du neue Sitten und eine neue Art zu leben annehmen. Willst du bestehenbleiben und regieren können, mußt du einen neuen Gesang anstimmen und dich auf die Suche machen, eine neue Regierungsform zu finden.

Das erste, was du vor allem andern zu tun hast, ist folgendes: Gib dir ein Gesetz, damit in Zukunft niemand mehr sich zum Haupt deines Staatswesens erheben kann, sonst bist du auf Sand gegründet! Auch hast du dafür zu sorgen, daß sich niemand zu einem solchen machen kann, vor dem die andern sich wie vor einem Oberen zu verneigen haben – das Ansehen bestehe vielmehr allein in der Tugend. Falls du das tust, wird alles gutgehen, und ich will dir das Mittel dazu zeigen, wenn ihr aber nicht handelt, wie ich euch sage, legt ihr euren Grund auf Sand. Man muß seine Zuflucht bei Gott nehmen! Es gibt solche, die Gott nicht fürchten, und trotzdem nehmen sie ihre Zuflucht bei Gott. *Cantate igitur canticum novum* – macht euch ein neues Leben! Erneuert euch zuerst innerlich, wenn ihr euch äußerlich richtig erneuern wollt! Und wollt ihr gute Gesetze schaffen, so bringt euch selbst in Übereinstimmung mit dem Gesetz Gottes, denn alle guten Gesetze hängen vom ewigen Gesetz ab – und nur in dessen Befolgung kann man die Gnade des Heiligen Geistes zu erlangen suchen.

So mußt du denn, Florenz, von Gott erleuchtet sein, von einem andern Licht als vom natürlichen, denn das natürliche[116] Licht genügt nicht, um das christliche Volk zu lenken und zu regieren, denn ohne die Gnade und das Licht von Gott wärest du nicht ohne Sünde, du würdest blind, und, wenn Gott dir das Tor seiner Gnade verschlösse, stürztest du in noch größeren Abgrund als zuvor. So entferne denn von dir die menschliche Weisheit, die Astrologie und jede erheuchelte und aufgeblähte Klugheit, die voller Stolz ist. Erneuert euch mit der Hilfe Gottes, unseres Herrn, *qui mirabilia fecit,* der Wunderbares vollbracht hat. Florenz, der Herr vollbringt an dir wunderbare Dinge, und du erkennst es nicht!

Ich habe dir, Florenz, in letzter Zeit mehrmals gesagt: mag auch Gott insgesamt eine große Heimsuchung vorbereitet haben, so liebt er dich andrerseits um nichts weniger und ist dir geneigt, und man kann deshalb sagen, daß sich an dir das Wort bewahrheitet hat: *misericordia et veritas obviaverunt sibi*[117], das heißt, Barmherzigkeit und Gerechtigkeit sind sich in der Stadt Florenz begegnet. Die Heimsuchung kam von der einen Seite, und die Barmherzigkeit trat ihr von der andern Seite entgegen, *et iustitia et pax osculatae sunt*[118], und haben sich umarmt. Gott wollte dir die Gerechtigkeit zeigen und dir andrerseits Barmherzigkeit erweisen und dich retten, so wie unser Psalm fortfährt und sagt: *salvavit sibi dextera eius et bracchium sanctum eius*[119], das heißt, mit der *Rechten* ist die Barmherzigkeit und mit dem *Arm* die Macht zu verstehen – die Macht hat er an den Bösen gezeigt, die Barmherzigkeit an den Guten.

Florenz, Gott hat dich in diesem Unglück errettet[120], aber merke dir wohl, daß er sagt: *salvavit sibi,* das heißt, der Herr hat dich *für sich* errettet – er sagt nicht *für dich,* damit du verstehst, daß sich niemand erhöhen und sagen soll: «Florenz gehört mir.» Es gehört dem Herrn, und sollte jemand gegenteilig handeln, wird ihn der Herr ausschließen. – So fürchtet denn Gott, erniedrigt euch vor ihm, empfehlt euch ihm und unternehmt nichts – vor allem nichts von Bedeutung – für die Stadt, ohne daß ihr zuvor betet, zur Beichte geht und euch reinigt, sonst – wenn ihr euch Gott gegenüber nicht so verhaltet, wie ich euch sage – wird weit größeres Unheil über euch kommen, denn jetzt habt ihr keine Entschuldigung mehr! Lebt in Eintracht mit Gott, sag' ich euch von neuem, wenn ihr den Staat gut lenken und regieren wollt, und tut Buße! Und sollte einer bis jetzt das Fasten dieses Advents noch nicht eingehalten haben, so beginne er wenigstens jetzt damit.

Es ist notwendig, Florenz, daß du zur Gottesverehrung zurückkehrst, denn die Staaten wahrer Christen sollen durch das Gebet und durch richtigen Lebenswandel regiert werden, und nicht wahr ist, was Narren und Böse sagen: daß der Staat nicht mit *paternostri*[121] regiert werde. Dies ist ein Ausspruch von Tyrannen und nicht von wahren Fürsten! Tyranneien werden zwar auf solche Weise regiert, doch dauern diese kurz. – So lebt denn als Christen und kommt zu den Predigten, wo der rechte christliche Wandel erlernt werden kann. Wer aber das Wort Gottes nicht hören will, beleidigt zunächst Gott, zweitens erregt er Ärgernis beim Volk. Geht daher zu den Predigten, um zu lernen, und ihr werdet euch besser gemäß dem Willen Gottes zu regieren wissen. Die Vornehmen sollten die ersten sein, den andern, den Geringeren, ein gutes Beispiel zu geben. Und wenn ihr auf diese Weise in der Gottesfurcht gegründet seid, wird er euch die Gnade verleihen, für diese eure neue Regierung eine gute Form zu finden, damit keiner sein Haupt erheben könne – etwa eine Regierungsform, wie sie die Venezianer haben, oder eine bessere, die euch Gott eingeben wird. Damit euch Gott dazu erleuchte, fordere ich euch alle für drei Tage zu Gebet und Fasten auf; dann sollt ihr in euren Ratsversammlungen zusammenkommen, um eine gute Form für eure Regierung zu finden …

Christus als der Massstab von allem

Die Schrift sagt allgemein: *omnis homo mendax*[122], das heißt, jeder Mensch ist ein Lügner! Es war deshalb notwendig, daß ein Mensch käme, der kein Lügner wäre und nicht irren könnte, sondern der Maßstab wäre, von dem alle andern zu lernen hätten. Und das ist unser Erlöser gewesen, der uns als Mensch ohne jeden Fehl ein Leben der Einfachheit und aller Tugenden gelehrt und jeden, der unter seinem Gesetz leben will, zurückgekauft hat. Und solltest du einwenden, dieser Christus sei Maßstab allein für geistige Belange, so ist darauf zu antworten, daß er es auch in bezug auf jeden und jede Sache ist – so, wie die Schrift sagt: *scriptum erat in femore eius: rex regum et dominus dominantium ergo omnium.*[123] Er hat, während er in diesem sterblichen Leben weilte, drei Dinge beachtet, sie gelehrt und seine Jünger befolgen lassen, das heißt, die Einfachheit *(simplicità),* die Demut *(umiltà)* und die Liebe *(carità),* und wenn er, als König der Könige, diese eingehalten hat, wollte er dadurch allen, die herrschen und andere regieren, zeigen, daß sie es so halten sollten, und mit diesen drei Dingen haben er und seine Jünger die ganze Welt überwunden.

Nimm denn, Florenz, diese Art und Weise des Handelns und diesen Maßstab an, um zu wissen, wie du dich regieren sollst ... sofern du nicht nur in der äußeren Form, sondern auch tatsächlich erneuert sein willst, das heißt, beachte und halte diese drei Dinge ein: Demut, Liebe und Einfachheit, die Christus immer gelehrt und verkündet hat, um zu zeigen, daß in diesen drei Dingen die ganze Macht des Regierens besteht. Was das erste, das heißt, die *Demut* betrifft, weißt du, daß geschrieben steht: *qui se humiliat, exaltabitur*[124], das heißt, wer sich erniedrigt, wird erhöht werden. Merke dir, Florenz, daß du in deiner Regierung und Lenkung die Guten und jeden, der diese Tugend der Demut besitzt, erhöhen sollst. Die Stolzen und Bösen hingegen verdienen es nicht, erhöht zu werden. Die Demütigen und die, welche aus Demut vor der Übernahme eines Amtes fliehen, *diese* sollst du zur Teilnahme am Regieren zu bringen versuchen, wenn du siehst, daß sie für deine Zwecke geeignet sind, *diese* laß auch wider ihren Willen in deine Regierung kommen, denn wenn solche Leute regieren, werden sie von Gott immer mehr erleuchtet in dem, was sie zu tun haben; sie verjagen die Laster, sind ohne Leidenschaft, führen gerecht aus, was die Gerechtigkeit verlangt, und daraus ergibt sich Eintracht für den Staat. – Und was das zweite, die Liebe, betrifft: Wer diese Tugend besitzt und mit dem Regieren betraut worden ist, bemüht sich, sein Volk mit Wohlwollen zu behandeln, wobei er, soweit es ihm möglich ist, die Steuern und Gebühren und alles andere, was das Volk belasten könnte, vermindert. – Und was schließlich die Einfachheit angeht, so mußt du, Florenz, falls du regieren willst, etwas einfacher und ohne solchen Prunk leben und gute Gesetze erlassen, damit man ohne solchen Überfluß lebe, wie du ihn bis dahin gehabt hast. Aus dieser Einfachheit folgt, daß die Stadt, falls sie ihr Leben sparsamer gestaltet, reicher und begüterter wird und in Kriegszeiten mehr ausgeben und sich besser helfen und verteidigen kann. Auf diese Art und mit solchen Tugenden verhält sich die Stadt und das Volk ruhig und friedlich, und es ist nicht etwa so, daß das Volk – wie viele Dummköpfe behaupten – sich mit Festen fröhlich erhalten will. Wisse, daß dies in Tyranneien wahr ist, nicht aber in freien und auf bürgerlicher Macht beruhenden Städten. Christus ist das Formalprinzip aller Regierungen gewesen, und seine Vorschriften sind allen wohlbekannt, nämlich Einfachheit, Liebe und Demut. Und deswegen sagt unser Psalm: *notum fecit Dominus salutare suum*[125], der Herr hat sein Heil bekanntgemacht und seine Gerechtigkeit hat er allen Völkern offenbart.

Als seine Jünger einmal darüber stritten, wer unter ihnen der größte sein sollte, da antwortete er ihnen: *principes gentium dominantur eorum, non sic inter vos*[126], das heißt, von dieser Art ist nicht der christliche Wandel, laßt ihn den Heiden, die Gott nicht kennen. Die wahren christlichen Fürsten haben die Diener der andern zu sein und sollen an nichts anderes denken als an das Wohl ihres Volkes und dessen Leben in Frieden, denn sie sind die Verwalter Gottes und seiner Gerechtigkeit. Du wirst jedoch immer sehen, daß die guten Bürger stets davor fliehen, ein Amt zu übernehmen, und deswegen habe ich dir gesagt, daß du solche Leute, die davor fliehen, in deine Regierung wählen und sie sozusagen mit Gewalt am Staat teilnehmen lassen sollst. – Wenn du, Florenz, also handelst, wird man mit dem Volk sagen können: *recordatus est misericordiae suae et veritatis suae domui Israel.*[127] Und wahrhaftig, schon bewahrheitet sich an dir, daß sich der Herr deiner, Florenz, erinnert und dir die größte Barmherzigkeit erwiesen hat. – So fahre denn damit fort und du wirst – wie wir gesagt haben – sowohl der Form wie auch der Sache nach erneuert werden. Und aus dieser deiner Erneuerung wird sich alles andere Zusätzliche ergeben, das für jede gut geregelte und neugestaltete Stadt erforderlich ist.

Aus der 9. Predigt
8. 12. 1494

Der unter dem Titel «Prediche sopra Aggeo» *edierte Zyklus beginnt erst in der neunten Predigt mit der Interpretation bzw. allegorischen Deutung der Rückkehr der verbannten Israeliten und des Wiederaufbaus des Tempels. – Zum «Wiederaufbau» von Florenz gehört die Erneuerung der Regierungsform.*

Nach welchen Grundsätzen Florenz sich erneuern soll

Wieviel Kraft die Gewohnheit hat, Geliebteste in Christus Jesus, sieht und erkennt man sehr gut, denn oft überwindet und besiegt diese die Wahrheit. Wenn man deshalb eine neue Gewohnheit an Stelle der alten Gepflogenheit einführen will, kann dies nicht in einem Zug geschehen, vielmehr ist es nötig, ganz sachte vorzugehen. Indessen, wenn wir mit unserem Predigen die Absicht haben, eine neue Gewohnheit einzuführen und die [Notwendigkeit einer] Erneuerung aufzuzeigen, die durch eine entgegengesetzte Gewohnheit zu erfolgen hat, werden wir nur behutsam und nach und nach vorzugehen haben.

Wenn du, Florenz, deine alte Gepflogenheit aufgeben und dich erneuern willst, mußt du die Art und Weise deiner Erneuerung und deiner neuen Regierung überdenken. Deshalb habe ich dir in der vorangehenden Predigt gesagt, daß du vorzugehen hast, wie es bei den natürlichen Dingen der Fall ist, die zuerst die *Form*[128], dann die *Materie* und schließlich die *Akzidentien* in Betracht ziehen. Auf diese Weise verfahren alle natürlichen Triebkräfte, wenn sie die sich aus ihnen ergebenden Wirkungen zum gebührenden Ziel führen wollen. Deswegen habe ich dir, Florenz, gesagt, daß du bei der Gestaltung deiner neuen Regierungsform von dieser zunächst eine gute Vorstellung gewinnen sollst. Gott wird sie dir gewähren, wenn du jede Art von Aberglauben von dir weist und dich allein der wahren Gottesverehrung widmest. – Ferner habe ich dir gesagt, du solltest – was die *Materie* betrifft – unsern Erlöser nachahmen, der die Regel und Norm des rechten Wandels für die ganze Welt gewesen ist und alles mit *Demut, Einfachheit und Liebe* getan und ausgeführt hat – und das war die *materia*, womit er die ganze Welt überwunden hat.

So mußt auch du es tun, Florenz, und dich mittels dieser drei Tugenden erneuern. Deswegen sagte ich dir mit dem Psalm, den ich dir damals ausgelegt habe: *cantate Domino canticum novum,* erneuert euch und singt ein neues Lied, schafft ein neues Leben in eurer Stadt, und falls ihr so handelt, habe ich dir gesagt, daß Gott euch gute Hirten und für eure Regierung gute Bürger gewähren wird. Zu solchem Tun und zur Erneuerung der gesamten Gemeinschaft im allgemeinen hat euch unser Noah genug ermuntert …

Aggäus und sein Wirken für den Wiederaufbau des Tempels als Vorbild für Florenz

Der Titel unseres Psalmes lautet: *Alleluja; pro reversione Aggaei et Zachariae.*[129] Gemäß dem heiligen Augustinus sind die Titel der Psalmen gleichsam Schlüssel zu ihnen, die den Sinn von dem eröffnen, was sie sagen wollen. – Als David diesen Psalm schuf, waren Aggäus und Zacharias noch nicht geboren, aber nichtsdestoweniger sah er im Geist die Rückkehr von Aggäus und Zacharias nach Jerusalem, um den Tempel zu der Zeit wiederzuerbauen, da sie aus der babylonischen Gefangenschaft zurückkehren sollten. Und deswegen singt David in diesem Psalm: *beatus vir,* als ob er sagte: O Bürger von Jerusalem, Aggäus und Zacharias, die ihr kommt, um den Tempel wiederzuerbauen, selig werdet ihr sein vor Gott, die ihr den Herrn fürchtet und auf seinen Wegen wandelt! – So spreche ich auch zu euch: Selig werdet ihr sein, wenn ihr den Herrn fürchtet und auf seinen Wegen wandelt, um eure neue Regierung wiederzuerrichten, aber ihr müßt *wahre* Bürger eurer Stadt sein, wie Aggäus und Zacharias, die wahre und gute Bürger von Jerusalem waren.

Aggäus bedeutet *«festinus»*[130] und *Zacharias «memorans Dominum».* Man muß um das gemeinsame Wohl bemüht sein und sich immer der Wohltaten Gottes erinnern und ihm dafür danken – so soll sich der gute und wahre Bürger, der seine Stadt liebt, verhalten. *Bürger* bedeutet *«freier Mann seiner Stadt»* und heißt nicht *Sklave*! – *Qui facit peccatum, servus est peccati*[131], wer sündigt, heißt Sklave seiner Sünde, und deshalb ist er nicht frei und auch kein wahrer Bürger, und: *servus non manet in domo domini in aeternum,* der Sklave wird nicht immer im Hause des Herrn weilen, wohl aber der Sohn. – So bemühe dich denn, ein wahrer Sohn und wahrer Bürger zu sein und kein Sklave, wenn du für immer im Hause des Herrn bleiben willst. Wer Sklave ist, ist nicht frei, er ist Sklave der Sache, die er liebt, wie sich dies beim Geizigen zeigt, der das Geld liebt und gleichsam dessen Sklave und nicht dessen Herr ist. – *Servi Domino,* diene deinem Schöpfer, *cui servire regnare est*[132], und dann wirst du wahrhaft frei sein und ein wahrer Bürger deiner Stadt heißen. – Bist du im Zustand einer Todsünde, so bist du nicht frei und auch kein wahrer Bürger, sondern Sklave jener Sünde. Befreie dich also von der Sünde, und du wirst Aggäus und Zacharias und ein guter Bürger deiner Stadt sein, und als wahrer Sohn des Herrn wirst du ewig in seinem Hause bleiben.

Empfange diese zwei Belehrungen: *Erstens,* habe immer Gottesfurcht, *beatus vir, qui timet Dominum,* und *zweitens,* habe Mitleid deinem Nächsten gegenüber und wandle auf dem Weg des Herrn und *in mandatis eius volet nimis*[133] – auf diese Weise wirst du ein guter Bürger deiner Stadt sein. Die erste Belehrung wird dich glückselig – *beatus vir, qui timet Dominum* – die zweite fröhlich machen, *iucundus homo, qui miseretur et commodat*[134].

Aus der 10. Predigt
10.12.1494

Die Sünde und ihre Folgen

Wenn ich, Geliebteste in Christus Jesus, jene Worte unseres Erlösers bedenke, der da gesagt hat: *qui facit peccatum, servus est peccati* – als ich, sag' ich, diese Schriftstelle überlegte, begann ich in meinem Geist zu zweifeln, und ich sagte mir: Wenn doch die Sünde ein vorübergehender Akt ist, – *quia peccatum est dictum vel factum contra legem aeternam*[135] – und sozusagen in einem Augenblick verschwindet, wie kann dann dieses vorübergehende Geschehen den Menschen so schnell zum Sklaven der Sünde machen? Und da kam mir in den Sinn, daß man die Sünde auf zwei verschiedene Weisen betrachten kann: *Erstens,* inwieweit sie – als vorübergehender Akt – an und für sich eine Sünde ist, *zweitens* in bezug auf die Wirkung, die dieses Geschehen nach sich zieht. – *Zunächst* stellt man fest, daß die einmal vollbrachte Sünde einen Makel in der Seele hinterläßt, die vordem rein und ungetrübt war, dann aber infolge der Sünde befleckt wird; *zweitens* zieht sie sich die Strafe ewiger Verdammnis zu, deren sie sich durch ihr Vergehen schuldig macht. *Drittens* hinterläßt sie im Intellekt und im Affekt eine Neigung, mehr zu den Geschöpfen als zum Schöpfer, denn die Sünde ist nichts anderes als eine Abwendung von Gott und eine Hinwendung zum geschaffenen Ding, und der Sünder fühlt sich gezwungen, seine Liebe eher dem Geschöpf und der Welt als Gott zuzuwenden, *quia ubi est thesaurus tuus, ibi et cor tuum erit*[136]. Und die Sünde hat die Wirkung, *quod destruit naturam*[137], das heißt, sie zerstört und verdirbt die Natur des Menschen, denn von Natur aus neigt die Seele dazu, Gott zu lieben und sich mit ihrem Affekt ihm als ihrem Ursprung und Schöpfer zuzuwenden, aber die Sünde verdirbt ihm diese seine Natur und bringt ihn dazu, die Welt und das Geschöpf mehr zu lieben als Gott.

Außerdem zieht die Sünde eine andere Sünde nach sich und macht den Menschen geneigter für künftige Sünden: daher sagen unsere Gelehrten, *quod singula vitare possumus, sed non omnia*[138]. Und da Paulus diese Neigung sah oder fühlte, sagte er: *non quod volo, id ago, sed quod nolo, id facio*[139], und an einer andern Stelle: *invenio legem in membris meis repugnantem legi mentis meae et captivum me ducentem in servitutem peccati*[140], das heißt, Paulus sagte: was ich nicht möchte, das tue ich, und ich tue nicht das, was ich will, und gegen meinen Willen werde ich in die Knechtschaft der Sünde geführt. – Wer sündigt, ist also der Sklave der Sünde, und wenn er dadurch der Gnade Gottes verlustig geht, verliert er auch seine Freiheit und wird auf diese Weise Sklave der Sünde, von der er sich nicht trennen kann, es sei denn durch die Gnade Gottes und wenn ihm Gott die Hand reicht und die Hilfe gewährt, sich wieder aufzurichten. Nun, bezüglich[141] – «Warum hast du das gesagt, Frate? Und warum hast du von der Sünde erklärt, daß sie den Menschen zum Sklaven werden läßt?» – Ich sage es bezüglich euch selbst und bezüglich euch als Bürger, denn *Bürger* bedeutet *«freier Mensch in seiner Stadt»*, wie wir dies in der vorangehenden Predigt lang genug dargestellt haben ... Der *wahre* christliche Bürger soll ohne Sünde sein, und es genügt nicht, zu sagen: «Ich bin florentinischer Bürger», denn etwas anderes ist ein *christlicher* Bürger und etwas anderes ein *heidnischer* Bürger. Wenn du Florentiner bist, mußt du Christ sein – und deswegen mußt du ohne Sünde sein! Eine andere Sache ist es, ein Stein der Kirche, und wieder eine andere, ein Stein deines Hauses zu sein. Die Steine der Kirche sind der Verehrung Gottes geweiht, aber nicht die deines Hauses. Und in gleicher Weise, wer ein Christ ist, ist Christus geweiht, und muß deswegen ohne Todsünde sein. – So sorge denn dafür, ein christlicher und nicht ein heidnischer Bürger zu sein, und erst dann wirst du dich einen wahren Bürger deiner Stadt nennen können. Und mit diesem wahren Bürger wollen wir heute morgen sprechen. Wenn du jedoch gesündigt hast, gehe zur Beichte[142] und sei wieder ein wahrer, christlicher Bürger. Dann werde ich dir sagen, welch anderen Bedingungen ein guter Bürger zu erfüllen hat.

Florenz braucht einen Arzt

O Florenz, ich kann dir nicht sagen – – O Florenz, wenn ich dir alles sagen könnte – – Ich habe einen Kranken gesehen, der vom Kopf bis zu den Füßen voller Wunden war, und da ist ein Arzt mit vielerlei

Salben gekommen, um ihn zu heilen, und er begann beim Kopf und fährt nun nach und nach damit fort.

O Florenz, ich kann nicht alles sagen – – O Florenz, dieser Kranke ist das florentinische Volk, zunächst geistig krank, dann im Bereich der politischen Ordnung, krank in allem andern. Der Arzt ist der Erlöser, der gekommen ist, um dich zu heilen. O Florenz, glaube mir, daß der Arzt gekommen ist, daß er nun ganz sachte und nach und nach verschiedene Glieder zu heilen beginnt. Laut ruft er aus: «O Florenz, nicht alles läßt sich auf einmal tun!» – Gebe dich einstweilen damit zufrieden zu wissen, daß der Arzt gekommen ist, um dich zu behandeln, und wenn du tust, was ich dir sage, und was für dich gut ist, dann will ich dir eine gute Nachricht verkündigen, tust du es aber nicht, so sollst du sie nicht haben! Gott hat begonnen, dir davon Kenntnis zu geben, aber nicht von allem. Ich will dir eine gute Nachricht verkündigen, wenn du tust, was ich dir sagen werde, und glaube daran wie an das Evangelium!

Das *erste,* was ich dir sagen will, bezieht sich auf das geistige Wohl, das heißt, ein jeder erneuere sein eigenes Gewissen – und die Häupter und Vornehmen sollen damit beginnen! Auch gebe man überall bekannt, daß jeder auf das nächste Weihnachtsfest hin zur Beichte und Kommunion gehe, wie er das an Ostern tue ... *Zweitens:* Jeder sei bereit, sich um das gemeinsame, und nicht nur um das eigene Wohl zu kümmern ... Und ich will der Stadt diese gute

Nachricht verkündigen: Florenz wird ruhmreicher, begüterter und mächtiger werden, als es je gewesen ist! *Zunächst* einmal ruhmreicher was Gott[143] und die Menschen betrifft. Du, Florenz, wirst das Modell für ganz Italien werden, und hier wird die Erneuerung beginnen und sich von hier aus überallhin verbreiten, denn dieses Florenz ist der Nabel Italiens, und eure Ratschläge werden alles umgestalten durch das Licht und die Gnade, die euch von Gott werden gegeben werden. – *Zweitens:* Florenz wird unzählbare Reichtümer besitzen, und Gott wird euch alles vermehren. – *Drittens:* Du wirst deinen Herrschaftsbereich ausdehnen und auf diese Weise zeitliche und geistliche Macht besitzen, und ihr werdet einen solchen Segen an Überfluß haben, daß ihr sagen werdet: «Wir wollen nicht mehr davon!» – Aber wenn ihr nicht tut, was ich euch gesagt habe, werdet ihr dies nicht besitzen. Andrerseits sollt ihr wissen, daß ihr immer schlechte Menschen unter euch haben werdet, denn ganz im allgemeinen gibt es immer Gutes und Schlechtes, und gerade darin besteht die Vervollkommnung der Kirche, daß die Guten gegen die Schlechten zu kämpfen haben, und gäbe es diese nicht, wäre die Vervollkommnung der Guten nicht ersichtlich. Sei dir dessen wohlbewußt: Es gibt bei euch solche, die eine schlechte Sinnesart haben und nicht wohlgesinnt sind, aber Gott wird sie zuschanden machen und bestrafen. – So fürchtet euch denn vor nichts, empfehlt euch Gott und sagt über niemand Böses. Volk von Florenz, laß den Arzt sachte und nach und nach wirken! … Sei standhaft, denn Christus wird für uns sein. Obliegt dem Gebet, denn so werden wir in allem von Gott erleuchtet werden, und Gott selbst wird die Schlechten entlarven.[144] Seid bestrebt, eurer Regierung eine gute Gestalt zu geben, und erachtet es nicht für unmöglich, diese zu finden. Gott wird die Erleuchtung geben, und *non est impossibile apud Deum omne verbum*[145], und die Erfahrung der Umstände, deren Geschehen du mitangesehen hast, sollte dir die Kraft geben, alles zu glauben. Gottes Dinge gehen sachte und nach und nach vor sich, vor allem aus Rücksicht auf die Schwachen und die Kleinmütigen. Zweifelt nicht daran, sag' ich euch, daß wir eine Stadt Gottes und nicht nur eine Stadt Florenz machen wollen!

Aus der 11. Predigt
12. 12. 1494

Im Zusammenhang mit der Erwähnung des übermütigen Königs Baltassare (Belsazar) spricht Savonarola von den drei Hauptsünden, den tre peccati capitali: *Habgier, Unzucht und Stolz.*

Der Unglaube der Stolzen

Merke dir, daß drei Sünden ganz besonders Todsünden sind, die es zu fliehen gilt, das heißt: die Habgier *(avarizia),* die Unzucht *(lussuria)* und der Stolz *(superbia)*[146]. Die *erste* bezieht sich auf äußere Dinge, das heißt auf Besitztum und Geld, die *zweite* auf das Fleisch, die *dritte* auf den Geist, und alle diese drei Laster bringen die Gesinnung des Menschen in hohem Grad in Verwirrung ... Die Liebe zum Fleisch ist als etwas dem Menschen Angeborenes von großem Ungestüm; die Habsucht, die sich auf Dinge erstreckt, die außerhalb vom Menschen liegen, haftet weniger tief im Menschen ... Die Sünde des Fleisches und das Verlangen nach den außerhalb des Menschen befindlichen Dingen besitzen nicht eine solche Heftigkeit wie der Stolz, denn diese liegen nicht im Geist und auch nicht im edelsten Teil des Menschen, der die Seele ist – sein wichtigster und vortrefflichster Teil – die auch ohne den Leib bestehen kann ...

Hüte dich vor diesem Stolz, wenn du ein guter Bürger sein willst! Tritt hier nicht ein, denn wenn du dich hier fallen läßt, wirst du in ein Labyrinth kommen – und dann weh dir! – Eine hervorragende gesellschaftliche Stellung macht den Menschen in hohem Maße Gott ähnlich, denn wenn er eine solche innehat, ist ihm, als könnte er wie ein Gott auf Erden schalten und walten. Der Stolze glaubt immer weniger als die andern, da ihm scheint, er wisse mehr als irgendein anderer. Du wirst sehen, daß die, welche in hoher Stellung sind, wenig Glauben haben, und von dieser Art ist der größte Teil jener Weisen der Welt, der Lauen und der Heuchler, auch wirst du finden, daß solche sich nie oder nur selten bekehren, denn sie sind vom Stolz derart geblendet, daß sie außer sich selbst nie etwas anderem glauben, und daher gleichen sie den in ihrem Stolz geblendeten und halsstarrigen Teufeln; weder die Heimsuchungen des Hungers noch des Krieges oder der Pest können sie bekehren. Hüte dich davor, Bürger, diesen Stolz zu betreten, andernfalls würdest du ein schlechter Bürger deiner Stadt werden! – Der stolze König Baltassare[147] steht für den schlechten Bürger, der hochmütig wird und infolge seines Stolzes allen andern überlegen sein möchte. Diese Stolzen sind Gott sehr verhaßt, und deswegen sagt die Schrift: *superbis Deus resistit*[148], das heißt, Gott widersteht den Stolzen, er tritt ihnen entgegen und wirft sie zu Boden, so, wie du siehst, daß er es hier diesem stolzen König gegenüber getan hat. – Die erste Eigenschaft des schlechten Bürgers besteht darin, stolz zu sein, und infolge dieses Stolzes wird er so blind, daß ihn dieser zu einem schlechten Ende bringt. Ich sage dir, Bürger, tilge diesen Stolz, und alles wird für dich gut werden, andernfalls wirst du in größte Abgründe stürzen …

Aus der 13. Predigt
14. 12. 1494

Nach einem Exkurs über die seit der Antike bestehende Diskussion über die verschiedenen Regierungsformen, die sich je nach Land, Klima und Charakter der Menschen unterscheiden, kommt Savonarola zum Schluß, daß sich – ganz besonders für Florenz – eine Herrschaft der Mehrheit als vorteilhaft erweist.

Ermahnungen und Vorschläge zur neuen Regierungsform

… daher sind die heiligen Lehrer der Ansicht, daß dort, wo es scheint, daß der Charakter der Menschen einen [einzelnen] Herrscher nicht erträgt, die Regierung einer Mehrheit besser sei als die eines einzelnen, und man kann sagen, daß dies ganz besonders für die Stadt Florenz zuträglich ist, wo die Natur der Menschen voller Ungestüm und geistiger Regsamkeit ist. Nun aber ist es nötig, eine Regierung der Mehrheit in einer gut geregelten Form zu wählen, andernfalls werdet ihr immer uneins und geteilt sein, und in wenigen Jahren trennen sich die Menschen und bilden Gruppierungen, und eine Partei verjagt die andere und macht sie dadurch der Stadt gegenüber rebellisch. Es ist deshalb nötig, jener Regierungsform, die ihr zu wählen habt, genau eure Achtung zu schenken, wie es die Worte, die wir unserer Predigt vorangestellt haben, sagen: *erudimini, qui iudicatis terram, et servite Domino in timore*[149], das heißt, laßt euch belehren, die ihr das Land richtet, und dient dem Herrn in großer Furcht, wie wir denn auch heute morgen diesen Gegenstand behandeln wollen.

O Florenz, ich kann dir gar nicht alles sagen, was ich in mir fühle, da du zur Zeit gar nicht bereit bist, es zu ertragen – o, wenn ich dir doch alles sagen könnte! Du sähest, wie ich vergleichbar einem neuen Gefäß voller Most bin, das aber verschlossen ist, voller Most, der gärt, aber nirgends hinauskann.

Viele Geheimnisse sind darin verschlossen, die nicht hinauskönnen, vor allem deshalb, weil du sie nicht glauben würdest!

O Florenz, wenn du bis dahin nicht glauben wolltest, dann glaube wenigstens jetzt, und falls du geglaubt hast, so glaube heute morgen mehr denn je, und schau *nicht mich* an, den armen Bettelmönch, das untaugliche Menschlein voller Sünden! *Gott* hat gewollt, daß du meine Untauglichkeit siehst und erfährst, damit du um so mehr zur Einsicht kommst und bedenkst, daß *er* es ist, nicht ich, der alles wirkt und *qui incerta et occulta manifestavit mihi*[150]. Du weißt: als ich dir in den vergangenen Jahren predigte, und es schien, alles wäre ruhig und Florenz selbst in vollem Frieden, da habe ich dir angekündigt, es würden viel Böses und große Drangsale kommen – und du wolltest es nicht glauben, denn es gab keine Anzeichen dafür. Nun aber hast du es gesehen, und siehst, daß sie begonnen haben, du siehst den Anfang von dem, was ich dir gesagt hatte, und du kannst es nicht leugnen!

Daher solltest du jetzt um so mehr glauben, was ich dir sagen werde, da du gesehen hast, wie sich zu bewahrheiten beginnt, was dir früher gesagt wurde. Und wenn ich dir damals Böses ankündigte und du es nun gesehen hast, so mußt du jetzt, da ich dir Gutes sage, dieses glauben, denn ein Prophet wird nicht immer nur der sein, der etwas Schlimmes ankündet. – So höre denn, sag' ich, Florenz, was ich dir heute morgen sage, vernimm, was Gott mir eingegeben hat. In dem, was ich dir sage, setze ich mein Vertrauen allein auf Christus – und du, führe es aus, denn es wird dir zugute kommen. Mache, sag' ich dir, vor allem jene zwei Dinge, von denen ich dir gegenüber bereits einmal gesprochen habe, und das heißt: Ein jeder soll zur Beichte gehen und von Sünden gereinigt sein, und kümmert euch alle um das gemeinsame Wohl der Stadt! Und wenn ihr dies tut, wird eure Stadt ruhmreich sein, denn auf diese Weise wird sie sowohl geistig wie zeitlich, das heißt in ihrem eigenen Volk, erneuert sein, und von dir wird die Erneuerung von ganz Italien ausgehen. Und Florenz wird reicher und mächtiger werden, als es je war, und wird seinen Herrschaftsbereich auf viele Orte ausdehnen. – Solltest du aber nicht tun, was ich dir sage, wird Gott jene aussuchen, von denen ich dir gesagt habe, daß sie deine Zwietracht sehen wollen, und das wird deine endgültige Zerstörung sein. Wenn du tust, was ich dir gesagt habe – nun: da ist das Feuer und da ist das Wasser – jetzt handle *du!* Ich habe es dir bereits ein andermal gesagt, und so wisse und behalte es ganz fest, daß Gott seine Kirche erneuern will, und zweifle nicht im geringsten daran, daß er sie erneuern will, und zwar mit dem Schwert der Drangsale und dies bald – ebenso bezweifle nicht, daß die Türken und Heiden sich taufen lassen sollen, und halte für gewiß, daß *dies* die Zeit ist, da sie zur Taufe zu kommen haben. Dies ist die *fünfte Periode* der Kirche, und es sind viele hier, die sie erleben werden. Dieses Geheimnis habe ich dir, Florenz, vor allem gesagt, damit du mutiger seist und deine Flügel ausbreitest zur Erneuerung der andern Völker, und glücklich, wer bei alledem zugegen sein wird. Trenne dich denn, Florenz, vom Alten, und erneuere dich in allem gemäß Gott. Öffne, Florenz, deine Ohren und gib acht auf das, was ich dir sage: Ich wollte heute morgen als töricht erachtet werden, da Gott es so gewollt hat. So wisse denn heute morgen, Florenz, daß sich hier in dieser Kirche mehr Engel befinden als Menschen. Und da ist [auch] die göttliche Majestät, vor der ich mich verneige und spreche: «O göttliche Majestät, ich flehe dich an und bitte dich, daß heute morgen der Anfang zur Erneuerung der Kirche sei. Öffne, Herr, das Herz dieses Volkes, damit sie die Dinge verstehen, die in mir sind, und die du mir eröffnet und gezeigt hast. O Engel, die ihr hier anwesend seid, bringt eure Gebete der göttlichen Majestät dar und bittet sie, daß sie diese erhöre. *Deus misereatur nobis et benedicat nobis, illuminet vultum suum super nos et misereatur nostri, ut cognoscamus in terra viam tuam, in omnibus gestibus salutare tuum*[151], Herr, habe Erbarmen mit uns, gib uns deinen heiligen Segen und mach, daß wir die Erneuerung deiner Kirche sehen.

O Florenz, heute ist der dritte Sonntag im Advent, an dem die Kirche im Introitus der Messe also spricht: *gaudete in Domino, iterum dico, gaudete*[152], das heißt, freut euch, freut euch alle im Herrn! Daher singt alle diese Worte und bittet den Herrn, damit dieser Tag der Beginn eurer Erneuerung sei, auf daß ihr wieder singen könnt: *ecce quam bonum et quam iucundum habitare fratres in unum.*[153] Und, zurückkehrend zu den Worten, die für den Anfang unserer Predigt gewählt worden sind, sage ich euch: *erudimini, qui iudicatis terram,* lernt, sag' ich, ihr, die ihr das Land richtet, lernt, wie ihr leben und euch und die andern erneuern sollt!

Da gibt es bei vielen ein Sprichwort – mag es auch lästerlich sein – daß sich die Staaten nicht mit Gebet und nicht mit *paternostri* regieren ließen. Und so will ich euch die Behauptung beweisen, daß jede Regierung und jede Herrschaft um so stärker und mächtiger ist, je geistiger, und um so schwächer und hinfälliger, je weniger geistig sie ist.

Gemäß den Philosophen werden zwei *Potenzen* angenommen, eine *aktive,* welche Gott ist, und eine andere, eine *passive,* welche die erste Materie ist.[154] Alle andern Dinge befinden sich in der Mitte zwischen diesen beiden Extremen.

Die körperlichen Dinge bestehen, insofern sie wirken und infolge ihrer Form, die *Geist*[155] genannt wird. Diese Bezeichnung wurde zunächst dem Wind, dann der Luft und schließlich den *Formen* gegeben. Deswegen heißt es, die Körper hätten – was ihre Form betrifft – an etwas Geistigem teil. Und dank dieser wirken sie, insofern sie aber nur Körper sind, das heißt *passive Potenz,* können sie nicht wirken, wohl aber erleiden ... Je geistiger sie nun sind, um so mehr wirken sie.

Die letzte Aussage gilt besonders von den Engeln, die – infolge ihrer Gottesnähe – reine Geister und deswegen in ihrem Wirken mächtiger sind. Auf den Staat übertragen bedeutet dies: Je geistiger dieser ist, um so mächtiger und besser ist er, steht Gott näher und hat somit an Geist und Göttlichem mehr teil.

Die Gottheit verbreitet ihr Licht, das man Gnade nennt, und breitet es in der Seele aus, die bereit ist, es zu empfangen, und macht sie so Gottes teilhaftig. Daraus folgt: Eine Herrschaft, die auf der Gnade Gottes gründet, wird geistiger sein als jene, die nur auf dem natürlichen Licht gründet und von diesem gelenkt wird; folglich wird sie auch mächtiger und beständiger sein. Also trifft dieses dein Sprichwort, die Staaten ließen sich nicht mit Gebeten und *paternostri* regieren, nicht zu, vielmehr ist ganz das Gegenteil richtig, daß sie sich weit besser mit dem Geist als mit andern, menschlichen Dingen, lenken lassen. Ein Beispiel hast du an unserem Erlöser, der sein Reich in der Gnade begründet hat. Schau, wie mächtig es von Anfang an war, und wie jene Armen, einfach und barfuß, allein mit der Gnade, die ihnen Christus verlieh, die Macht der Welt mit der Schwäche und die Weisheit der Welt mit der Torheit des Kreuzes besiegt haben. – Du siehst also, wie die Kraft des Geistes und des geistigen Seins mehr vermag als irgend etwas anderes. Betrachte und lies auch alle alten Erzählungen, wie die Menschen um so mehr erreichten und siegreich waren, je mehr sie in der Gnade standen. Betrachte Moses, betrachte Josua, betrachte Gideon[156] und die andern, von denen die Schrift und die alten Erzählungen voll sind! – Damit ist dir durch die Beweiskraft der Natur und der Eigentümlichkeit des Geistes sowie des infolge Natur oder Gnade bestehenden geistigen Seins bewiesen, welche Wirkungen diese [die Gnade] hervorbringt ... Nun siehst du also, daß dein Sprichwort falsch ist, hast du doch gesagt, die Staaten sollten nicht durch Gebete und rechten Wandel regiert werden. Wenn du daher, Florenz, willst, daß deine Regierung fest und stark sei und lange daure, mußt du zu Gott und dem rechten Wandel zurückkehren, andernfalls wirst du zugrunde gehen. *Servite ergo Domino in timore.*[157] Und zuerst mußt du, wie ich dir schon mehrmals gesagt habe, mit wahrer Reue über das Vergangene und mit dem festen Vorsatz, nicht zur Todsünde zurückzukehren, zur Beichte gehen und dich dem gemeinsamen Wohl deiner Stadt widmen. Wenn du das tust, kann ich dir fest versprechen, daß deine Herrschaft überaus glücklich sein wird. Und ich sage nicht, du sollest nur einmal im Jahr zur Beichte und zur Kommunion gehen, sondern mehrmals, und gewöhne auch deine Kinder an diese Beichten und an die Einfachheit und nicht an den Pomp und an die Eitelkeit.

Ferner ist notwendig, daß die ehrwürdige *Signoria* anordne, man solle alle jene Dinge, die der Gottesfurcht widersprechen, aus der Stadt entfernen, und daß der Klerus gut sei, denn die Priester sollen der

Spiegel für das Volk sein, worin ein jeder den rechten Wandel erblicke und ihn daraus erlerne. Daher sollen die schlechten Priester und die schlechten Ordensleute ausgeschlossen werden.[158] Ich sage nicht, ihr hättet dies von euch aus zu tun und hättet sie ihrer Pfründen zu berauben, aber zusammen mit der Autorität des Papstes mögt ihr dahin wirken, daß der Klerus und die Ordensleute eurer Stadt gut seien. Sie sollten ihren Besitz nicht so sehr vergrößern, sondern ihn Gott zuliebe den Armen geben, auf ihren Überfluß verzichten und so das Paradies erwerben. Es ist also notwendig, sag' ich, daß der Klerus gut sei, und daß alles sich erneuere.

Ebenso ist es nötig, daß die *Signoria* ein Gesetz erlasse gegen das verfluchte Laster der Sodomie. Du weißt ja, daß Florenz deswegen in ganz Italien verrufen ist. Vielleicht entsteht dieser üble Ruf deshalb, weil du von diesem Laster so viel sprichst und schwatzest, so daß es möglicherweise in Wirklichkeit nicht so groß ist, wie davon die Rede ist. Mach dagegen ein Gesetz, sag' ich, das ohne Erbarmen sei, das heißt, daß solche Leute gesteinigt und verbrannt werden![159]

Außerdem soll man diese Dichtungen, Spiele, Tavernen und die üblen Kleidersitten der Frauen verbieten, und so werde alles, was dem Heil der Seele schädlich ist, beseitigt. Ein jeder lebe für Gott und nicht für die Welt, und alle zusammen in Einfachheit und Liebe, damit wir alle singen können: *ecce quam bonum et quam iucundum est habitare fratres in unum.*

Apprehendite disciplinam etc.[160], lernt rechten Lebenswandel, nachdem ihr Gott gemäß gereinigt worden seid. – Das sei unsere *erste* Schlußfolgerung, die *zweite:* Widmet euch dem Gesamtwohl! O Bürger, wenn ihr euch zusammenschließt und in guter Gesinnung auf das Gemeinwohl achtet, wird jeder auf diese Weise mehr zeitliche und geistige Güter haben, als wenn er allein sich dem eigenen Wohl widmete. So kümmert euch, sag' ich, um das Allgemeinwohl eurer Stadt, und sollte einer sein Haupt erheben wollen, werde er all seiner Güter beraubt!

Die Philosophen nehmen an und erklären, es gebe im Universum zwei Güter. Das erste benennen sie *ab extra*[161], das andere *ab intra.* Als Gut *ab extra* bezeichnen sie das, *ad quod omnia convertuntur,* das heißt, das Gut, auf das hin sich alles richtet und wendet. Als Gut *ab intra* betrachten sie die Ordnung im Universum, das in sich selbst so sehr geordnet ist, daß man ihm nichts hinzufügen und es auch um nichts vermindern kann. Es ist wie eine Harmonie, die mit sich ganz übereinstimmt, und diese Ordnung ist mit sich selbst fest verbunden, und die oberen Dinge haben eine wunderbare Neigung zu den unteren, und umgekehrt, die unteren zu den oberen …

Diese im Universum bestehende Ordnung, in der alles verknüpft ist, und das eine vom andern abhängt, ist Vorbild für die kirchliche Hierarchie und weist darauf hin, daß auch im Staat das Gemeinwohl, also das Ganze, vor dem individuellen Wohl Vorrang hat.

O Florenz, lerne das Ganze bewahren und kümmere dich mehr um das Gemeinwohl als um das Einzelwohl. Und dem, der eher auf das Gemeinwohl als auf sein eigenes achtet, wird Gott die zeitlichen, geistigen und ewigen Güter verleihen. Und der, dessen Liebe richtig und nicht verkehrt ist, wird das Gemeinwohl immer mehr lieben als das eigene, wie sich auch die Liebe der Geschöpfe untereinander verhält, die ihnen von Gott eingegeben wurde, nämlich ihren eigenen Urgrund und das Allgemeine mehr zu lieben als sich selbst. Und wenn du das nicht tust, dann sei überzeugt, daß deine Liebe weder richtig noch geordnet ist. Wenn du, Bürger, ein rechter Bürger sein willst, so suche keine besondere Stellung noch Ämter, falls sie dir nicht gegeben werden. Und werden sie dir gegeben, übe sie für das öffentliche und allgemeine Wohl aus und nicht für dich. Richtet eure Liebe, sag' ich, auf Gott aus, der das höchste Gut ist, und kehrt eure Liebe nicht von Gott ab hin zu eitlen Dingen. Tut dies zunächst aus Liebe zu Gott, dann, um nicht die Ordnung zu zerstören, die verlangt, daß ihr Gott mehr liebt als euch selbst und das Gemeinwohl mehr als das eigene. Und Gott wird alles Gute über euch ausbreiten und euch von seinem Licht geben, damit ihr eure Stadt und euch selbst gut zu regieren versteht. Zusätzlich wird euch die gute Ordnung in der Stadt auch das verleihen, daß ein jeder euch lieben wird, wenn ihr recht vorgeht, wie es eure Pflicht ist, und ihr werdet nicht nur innerhalb der Stadt geliebt sein, sondern auch außerhalb ihrer wird man die guten Bürger lieben, und diese werden überall einen guten Ruf haben. Und wenn dann die Stadt in dieser Weise gut und voller Liebe ist, wird sie Gott auch an Reichtümern überfließen lassen, und die Bürger werden dieser teilhaftig werden können, wenn sie von ihr beansprucht und als dazu berechtigt erachtet werden, und wer davon noch reich wird, wird den Armen beistehen und helfen können. – Dies ist die Beschaffenheit einer guten Regierung, wenn du willst, daß sie dauert und Bestand hat und Gott gefallen soll.

In einer gut geordneten Stadt ist es zudem notwendig, daß die, welche regieren, dafür sorgen, daß die Steuern, die man in der Stadt und im übrigen Herrschaftsgebiet zahlt, gerecht angesetzt sind und sich nach dem Besitz richten – und dies geschehe nicht nach Willkür, wie es einige Male vorgekommen ist – damit die Menschen sich für das allgemeine Wohl einsetzen können. Und sie sollen ferner dafür Sorgen tragen, daß jene Steuern, die man dem Besitz auferlegt, nicht höher sind als die Einnahmen aus solchen Gütern. In ähnlicher Weise sollen die Gebühren das richtige Maß haben, damit sowohl der Staat wie der einzelne auf ihre Rechnung kommen. Und es ist tatsächlich vonnöten, [in dieser Beziehung] jede Tyrannei und jedes falsche Vorgehen zu beseitigen. – Es ist auch angebracht, die Aussteuern auf ein erträgliches Maß herabzusetzen, sieht man doch, wie oftmals Häuser und Familien verarmen, wenn die Aussteuern allzu hoch sind. So sollten zum Beispiel die größeren Aussteuern der Bürger fünfhundert Dukaten nicht überschreiten und diejenigen der Handwerker nicht ungefähr dreihundert – wie es wohl dem am besten scheinen mag, dessen Sache es ist, solche Dinge festzusetzen. Auch sollte niemand deswegen die [Beträge für] Aussteuern aus dem *Monte*[162] mißbrauchen und diesen dadurch schädigen, denn solche sind Gemeingut, da ja jeder daran teilhat.

Vor allem sollt ihr darauf achten, daß sich niemand zum Haupt des Staates oder zum überragenden Beherrscher in der Stadt mache. Solche sind Leute, die der Gnade Gottes und seiner besonderen Vorsehung beraubt sind, und es sind ganz allgemein Menschen, die sehr schlecht, ohne Einsicht und ohne Glauben sind, vielmehr lenken und regieren sie all ihre Angelegenheiten mit Hilfe der Astrologie, was nicht nur der Heiligen Schrift zuwiderläuft, sondern auch der Naturphilosophie, kann man doch die Zufälligkeiten der Zukunft nicht kennen, noch die vielen Besonderheiten, die sich ereignen können. Außerdem haben solche Menschen mit niemandem wahre Freundschaft und sie trauen keinem. Die wahre und frohe Freundschaft ist aber für die menschliche Gesellschaft notwendig und sie hält die Tugenden aufrecht, aber solche Leute [wie die Tyrannen] haben keinerlei Tugend, noch gehen sie eine wahre Freundschaft ein. Sie hassen immer die Guten und diejenigen, die ihnen in ihren Sitten nicht gleichen, und haben vor ihnen Angst, auch können sie keine gerechten Menschen in ihrer Umgebung haben, denn Gerechtigkeit macht die Menschen großmütig, und solche wollen sie nicht um sich haben. Mit ihnen verkehren nur ganz schlechte und böse Menschen, und sie sagen: «Du wirst mich schützen, ich werde dich schützen», und oft trauen sie selbst ihren Nächsten nicht, bisweilen gar weder ihrer Frau noch ihren Kindern. Die ständige Angst läßt sie keine aufrichtige Freude haben, nicht einmal über ihre angenehmen Begebenheiten. Und – in der Tat – ihre Herrschaft kann nicht lange dauern, denn das ganze Volk – selbst wenn es das nicht zeigt – haßt ihre Tyrannis. Man sagt, ein Volk unter einem Tyrannen sei wie ein eingedämmtes und mit Gewalt zurückgehaltenes Wasser: findet es eine kleine Öffnung, um herauszutreten, bricht es mit aller Zerstörungswut ungestüm hervor. Aber selbst dies [das Vorkommen einer Tyrannis] will die göttliche Gerechtigkeit, denn solche Tyrannen sind den Völkern ihrer Sünden wegen gegeben, wie auch die Schrift sagt: *dabo tibi regem in furore meo*[163], und wenn die Bestrafung ausgeführt worden ist – denn ewig kann sie nicht dauern, da Gott Barmherzigkeit übt – dann wird der Tyrann verjagt, und das ganze Volk erhebt sich gegen ihn. Und deshalb, wenn Gott Barmherzigkeit erweisen will, verbannt er den Tyrannen. – So sorgt denn dafür, daß solche Leute in eurer Stadt nicht ihr Haupt erheben, und kümmert euch um das Gemeinwohl!

Wie dies zu tun ist, will ich euch sagen gemäß dem, was mir Gott eingeben wird. Ich habe euch in diesen vergangenen Tagen gesagt, daß, wenn die wirkende Kraft der Natur etwas schaffen will, sich deren Überlegung ganz auf die Form jener Sache ausrichtet. Deswegen habe ich euch gesagt, ihr solltet eine gute Form für eure neue Regierung wählen, damit vor allem keiner sich zum Haupt des Staates machen kann, falls ihr in Freiheit leben wollt. Die Form, die ihr bereits entworfen habt, kann nicht Bestand haben, wenn ihr sie nicht neu und besser regelt. Ich glaube, es gibt keine bessere Regierungsform als die der Venezianer[164], und ihr solltet an ihnen ein Beispiel nehmen, wobei ihr freilich einiges zu streichen habt, was ungeeignet ist und nicht unserem Bedürfnis dient, wie das Amt des Dogen. Ich glaube auch, daß es gut wäre – um jeden zu ermutigen, sich tugendhaft zu zeigen – wenn die Handwerker in irgendwelcher Art bei der Vergebung von Ämtern berücksichtigt und so ermuntert würden, sich gut zu benehmen, um zu Ehren zu kommen. Und so dürfte es auch nicht unangebracht sein, wenn die höheren Ämter auf Grund einer Wahl und die niedrigen Ämter durch das Los vergeben würden. – Abgesehen davon ist es nötig – wie ich dir bereits einmal gesagt habe – ein Gesetz gegen das Laster der Sodomie und gegen ruchlose Personen zu erlassen und jedes Laster aus der Stadt zu verbannen.

Wohlan, sag' ich, wählt zunächst eine gute Regierungsform und, was die andern Umstände betrifft, so werden wir noch darauf zu sprechen kommen, und ihr werdet euch um das kümmern, was sich als notwendig erweisen wird. Was ich dir bis jetzt gesagt habe, widerspricht nicht dem, was ihr bereits geplant habt. Ich ermuntere euch, so rasch als nur möglich zu handeln! So hat es mir Gott eingegeben. Die ehrwürdige *Signoria* wird eifrig darum besorgt sein, daß euch eure Krone nicht genommen werde. Wenn ihr guten Willens all dies tut, was ich euch gesagt habe, verspreche ich euch *ex parte Dei*[165] die Vergebung von allen euren Sünden und große Herrlichkeit im Paradies! – Du aber, Bürger des vorigen Staates, wessen möchtest du sicher sein? Siehe, du wirst diese Sicherheit haben: Die Regierungsform, die man für eine andere Lebensart wählt, *diese* wird dir Sicherheit geben, sowie die Tatsache, daß die Stadt gemäß Gottes Willen regiert wird – sofern du mit den andern zusammen in Frieden leben willst. *Recedant vetera, et nova sint omnia*[166], alles erneuere sich, und die Regierungsform, die man wählen wird, wird jedem Sicherheit schenken, denn jedem wird gegeben werden, was sein ist und was ihm gebührt. Daher braucht sich niemand zu fürchten. Die ganze Stadt wird einem jeden gehören, und es ist doch besser, alles als nur einen Teil zu haben!

Wohlan, heute beginne man damit, heute sei der Anfang des rechten Lebens! Und das allererste, was ihr zu tun habt, sei ein *allgemeiner Friede* unter allen Bürgern. Alles Vergangene sei verziehen und getilgt – und das sage und befehle ich euch im Namen Gottes. Verzeiht jedem, sag' ich euch, und bedenkt, daß das, was von den andern getan worden ist, jeder getan hätte, wenn er dazu beauftragt worden wäre. Wenn ihr das tut, was ich euch gesagt habe, werdet ihr – die eine und die andere Partei – sicher sein, und sollte dies nicht also werden, so packt mich und tut mir alles Böse an, das ihr nur wollt! Wenn ihr, alle Bürger miteinander, diesen Frieden schließt und einig seid, dann könnt ihr mir glauben: wenn sie von dieser Einheit gehört haben, werden euch alle eure Feinde fürchten, und ihr werdet auf diese Weise sicherer und stärker werden als sie!

Nun, wenn man diesen allgemeinen Frieden unter allen Bürgern – sowohl des alten wie des neuen Staates – zustande bringen will, muß man zunächst seine Zuflucht bei Gott nehmen, von dem jede Gnade und Gabe kommt. Deshalb soll man allerorts während drei Tagen hintereinander Gebete verrichten, damit Gott das Herz eines jeden dazu bewege, diesen Frieden bereitwillig zu schließen. – Damit ihr imstande seid, eine gute Form für eure Regierung zu wählen, könnt ihr in der Zwischenzeit, um euch besser darüber zu beraten, folgendermaßen vorgehen: Ihr habt in eurer Stadt sechzehn Bannerträger – so pflegt ihr sie zu nennen – die alle Bürger unter sich haben und die ganze Stadt umfassen. Es sollen sich nun die Bürger versammeln, und zwar jeder bei seinem Banner, und miteinander untersuchen, welche Verfassungsform ihnen die beste scheine, um sie für eure Regierung zu wählen. Und jedes Banner wähle die Form, der seine Bürger nach Beratung zugestimmt haben, und so werden es sechzehn Verfassungsformen sein. Darauf mögen besagte Bannerträger sich versammeln und von all diesen Formen die vier auswählen, die ihnen die besten und die dauerhaftesten zu sein scheinen, und diese vor die ehrwürdige *Signoria* bringen. Und wenn dann hier, im Ratssaal, die Messe des Heiligen Geistes gefeiert worden ist, mögen sie von diesen vier vorgeschlagenen eine auswählen, und ihr sollt ganz gewiß sein, daß die Regierungsform, die auf diese Weise gewählt wurde, von Gott ist. Auch glaube ich – wie ich schon vorhin gesagt habe – daß die Regierungsform der Venezianer sehr gut ist, und ihr möget euch nicht dafür schämen, von andern zu lernen, denn die Regierungsform, die jene haben, wurde ihnen von Gott gegeben, und nachdem sie diese angenommen haben, gab es bei ihnen nie Zwietracht unter den Bürgern. Und wisse auch dies, Florenz, daß sich Gott zu deinem Arzt gemacht und bestimmt hat, wenn du das beachten willst, was ich dir gesagt habe. Und habe keine Angst vor deinen Feinden, denn du wirst immer mächtiger als diese sein, und verteidigen wird dich Gott, *qui est benedictus in saecula saeculorum. Amen.*

Aus der 14. Predigt
15. 12. 1494

Als nach der Rückkehr aus der babylonischen Gefangenschaft das Volk Israel beim Wiederaufbau des Tempels auf Schwierigkeiten stieß, erklärte es, die Zeit dazu sei noch nicht gekommen. Da wurde von Gott der Prophet Aggäus berufen, um das Volk zur Fortsetzung des begonnenen Baus anzuspornen. – Auch Savonarola versucht anhand einer Deutung der vier apokalyptischen Pferde zu zeigen, daß man am Ende einer Epoche stehe, und daß für Florenz und die Kirche die Zeit der Erneuerung beginne.

Es ist nötig, in die neue Epoche einzutreten

So glaube denn, Florenz, daß es – wie ich dir gesagt habe – Zeit ist, daß die Kirche und deine Stadt sich erneuern, und wenn du einen Teil der [prophezeiten] Ereignisse hast kommen sehen, so sollst du um so mehr an den Rest glauben. So glaube, sag' ich, daß es auch Zeit ist, daß das Volk der Heiden, das heißt die Ungläubigen, sich erneuert, und dies besonders zu unseren Lebzeiten, und viele sind hier anwesend, die dies erleben werden. – Zunächst aber haben *wir* uns zu erneuern, und die Mittel dazu sind bereits in Vorbereitung. Und wenn du mir nicht glauben willst, daß dies wahr ist, so will ich dir das beweisen mit der Heiligen Schrift und den Prophezeiungen des heiligen Johannes[167], wenn du mich zuvor etwas ruhen läßt, und dann wirst du sehen, daß das Ende der vierten Epoche der Kirche und der Anfang der fünften gekommen ist.

Der heilige Johannes erzählt in der Apokalypse, er habe vier Pferde gesehen, ein weißes, ein rotes, ein schwarzes und ein fahles. Diese bedeuten und sind *vier Epochen* der Kirche Christi. Die *erste,* das heißt das *weiße* Pferd, war die Epoche der *Apostel,* die in allem ganz weiß, rein und einfach waren. Das *rote* Pferd ist die Epoche der *Märtyrer* gewesen, die ganz voller Blut war. Das *schwarze* war die Zeit der *Häretiker,* in dieser Weise dargestellt wegen ihrer ganz finstern, schwarzen und außerhalb jeden Lichts der Wahrheit stehenden Häresien. Das *fahle,* das heißt das weder schwarze noch weiße Pferd, bezeichnet die Epoche der *Lauen,* in welcher wir uns lange Zeit befunden haben und in der wir immer noch sind, doch stehen wir an deren Ende. «Fahl» bedeutet: ohne weiße und schwarze Farbe, das heißt den Zustand der Lauen, die weder zuviel Böses noch zuviel Gutes zeigen, und die allein auf Grund von Zeremonien und Äußerlichkeiten sich gut vorkommen, wo es aber nichtsdestoweniger an lebendigem Licht und Geist mangelt. In dieser *vierten* Epoche nun, das heißt in der der Lauen und der falschen Brüder, befinden wir uns, und zwar an deren Ende. – Der heilige Johannes fährt fort und sagt an dieser Stelle, daß auf dem fahlen Pferd der Tod saß und die Hölle ihm folgte. Der Tod bedeutet die Sünde, denn diese führt zum ewigen Tod, und die Hölle, die ihm folgt, sagt aus, daß in dieser vierten Epoche eine sehr große

Zahl von Christen, Heiden und Ungläubigen der Sünde und dem schlechten Wandel folgen. – Nun schau einmal, ob dies nicht unsere Zeit ist, in der wir uns befinden, und ob man nicht sagen kann, daß wir an deren Ende stehen und es Zeit ist, sich vorzubereiten! Über diese vierte Epoche sprechend sagt dann der heilige Johannes, daß der vierte Engel[168] seine Posaune blies, und daß sich darauf der dritte Teil der Sonne, des Mondes und der Sterne verfinsterte. Der dritte Teil bedeutet hier die Bösen, die durch ihre Sünden verfinstert sind ... Die *Sonne* bezeichnet die *höheren Prälaten*, die einen jeden erleuchten sollten, so wie es auch die Sonne tut. Der *Mond*, das sind die andern, die *niederen Prälaten*, die ebenfalls verfinstert sind, und die *Sterne* stehen für die *übrigen sündigen Christen*, die durch ihre Sünde verfinstert sind. Und fortfahrend sagt er, daß beim Klang der Posaune dieses vierten Engels sich auch der Tag und die Nacht verfinsterten. Und dies besagt – was den Tag betrifft – die verfinsterten Weisen dieser Welt, und – was die Nacht betrifft – die ohne jedes Licht sich befindenden Unwissenden.

Schau, ob es dir nicht vorkommt, als wären wir heute in dieser Finsternis, in diesem Dunkel. Glaubst du, der Zustand solcher Lauheit solle immer dauern? Sieh, wie es keinen Geist, keine Güte, keine Liebe mehr zwischen den Menschen gibt! Und trotzdem: Es ist nötig, daß diese vierte Epoche ein Ende nehme, daß die Kirche sich erneuere, daß die *fünfte* Epoche beginne, die Bekehrung der Ungläubigen stattfinde und die Christen da stehen, wo sie mit dem Antichrist zu kämpfen haben. Und falls du behauptest, die heutigen Christen seien gut, dann sag mir doch: wo sieht man in ihnen das Licht der Gnade? Wo ist die Einfachheit, die unmittelbar zur Folge hat, daß man ein guter Christ ist? Außerdem: wo gibt es Verfolgung? Und doch sagt die Schrift: *omnes, qui pie vivere volunt, persecutionem patientur.*[169] Und wir sehen doch ganz das Gegenteil: wer zu den Häuptern der Christen gehört und die, welche in hoher Stellung sind, leben in Freuden und Vergnügen, *ergo non pie vivunt; praeterea, in via Dei non progredi est retrogradi*[170]. Heute aber sieht man nicht, daß unter einer so großen Zahl von Christen jemand in Geist und Heiligkeit zur Vollkommenheit käme – folglich sind es nicht wahre Christen. Und wenn du sie nicht in der Güte wachsen siehst, so versagen sie folglich und lenken ihre Schritte zurück. Deshalb kann man begreifen, daß wir uns am Ende [dieser Epoche] befinden. Zudem: je mehr man unter *guten* Christen zum Sakrament geht, um so mehr nimmt bei solchen Menschen, die es häufig empfangen, der fromme Wandel zu. Aber wir sehen das Gegenteil! – O ihr Laien, ihr Priester und Ordensleute, die ihr doch [in dieser Beziehung] in der Mehrheit seid: gerade diejenigen, die es am meisten empfangen, zeigen keinerlei frommen Wandel! Man sieht folglich, daß wir am Ende stehen.

Es ist also nötig, sich zu erneuern und einzutreten in die neue Epoche. Noch auf andere Weise und durch ein anderes Zeichen will ich dir darlegen, daß wir am Ende stehen: wenn etwas seinem Ende nahe ist, und man auf das andere wartet, kannst du sehen, wie das Ende sich mit dem Anfang verbindet. O Florenz, du siehst schon den Anfang des neuen Lichts, das Gott diesen Zeiten schickt: Das ist das Zeichen eines neuen Anfangs!

Die Kirche der Frühzeit als Vorbild für die Reform

Gott hatte Salomon den Tempel in Jerusalem bauen lassen, damit man ihn dort anbete und ihm göttliche Verehrung darbringe. Aber nachdem der Tempel wegen der Sünden jener Stadt von Nabuchodonossor zerstört worden war, wollte Gott, daß er wieder errichtet würde, nachdem die Schlechten des Volkes in Babylonien gestorben waren, und deshalb trug er dem Propheten Aggäus auf, Zorobabel und andere anzuspornen, ihn wiederaufzubauen.[171]

So verhält es sich mit der Kirche Christi, die von ihren Aposteln auf der Armut, der Einfachheit, der Einheit und dem Frieden gegründet wurde – und du siehst, wie sie heute sozusagen zerstört ist, so, wie dies mit dem Tempel in Jerusalem geschehen war. Und daher will sie Gott erneuern und wiederaufbauen, und er will, daß sich auch Florenz erneuere, von wo die Erneuerung vieler anderer Orte ausgehen soll. – Jene Kirche der Frühzeit war ganz geeint in einem einzigen Willen und *erat eis cor unum et anima una*[172]. Und deswegen war für sie nichts schwierig, und nichts war so groß und so schwer, daß sie es nicht durch ihre Einheit, Barmherzigkeit und Liebe erlangt hätten. Dann aber schwand jener Eifer und jene Armut, und die Kirche kam zu Macht und zu zeitlichen Gütern, und *tunc est factum regnum Darii*[173], wie hier der Text des Propheten Aggäus sagt, daß nämlich Darius zu regieren begonnen hatte, das heißt, die Kirche begann Macht zu haben, nämlich zeitliche Güter, jedoch erst, nachdem der Anfang vorüber war und das zweite Jahr der Herrschaft begonnen hatte. Das *«zweite [Jahr]»* bedeutet und bezeichnet die Zwietracht – denn das *erste* ist die Eintracht – und als man zum zweiten kam, da trennte man sich vom ersten. Und nachdem auf diese Weise die Herrschaft gekommen war, begann die Kirche bald, sich von jener Einheit, in der sie sich zunächst befunden hatte, zu trennen, Armut und Nächstenliebe aufzugeben und dem Besitz anzuhangen. So entstand die Spaltung, und zwar *in secundo anno Darii*[174] – und ein jeder machte sich auf und lief dem Besitz nach, und die Kirche trennte sich von jener Armut und Einheit, in der sie sich anfänglich befunden hatte. *«Im ersten Jahr der Herrschaft des Darius»* bedeutet: Am Anfang der Kirche ging es ihrer Herrschaft gut, aber als sie zum zweiten Jahr gekommen war – das heißt, getrennt vom ersten und von der Einheit ihrer Herrschaft – da erging es ihr schlecht, und sie ist jetzt wie der zerstörte und verlassene Tempel. Darum ist es nötig, sie wiederaufzubauen und zu erneuern, so wie an dieser Stelle Aggäus von der Erneuerung des Tempels spricht, die *in sexto mense,* das heißt im sechsten Monat stattfand. Und weil *«der sechste»* die Mühe bis zum *«siebten»* der Ruhe bedeutet, heißt das: nachdem die Kirche begonnen hatte, in ihrem Eifer und in ihrer Liebe nachzulassen, blieb nichts anderes als Schweiß und Mühe übrig, und in ihr ist jetzt nicht mehr jene Süße, die in der frühen Kirche war.

Aus der 16. Predigt
17. oder 18.12.1494

Wahrheit, Gewohnheit und die sieben Todsünden – eine Allegorie

Als ich über eure Verhältnisse nachdachte und die vielen Schwierigkeiten erwog, die euch dabei begegnen, da kamen mir zwei Frauen entgegen, die eine von Natur aus schön, doch einfach gekleidet, ohne Schmuck und ohne Begleitung. Die andere war herausgeputzt, geschmückt und begleitet von sieben andern Frauen. Und als ich fragte, wer diese zwei Frauen seien, antwortete die erste und sagte, sie sei die Wahrheit *(la verità),* die andere, sie sei die Gewohnheit *(la consuetudine).* Ich schaute sie an und sagte mir: Was wollen diese Frauen? Die Wahrheit hat große Kraft und verteidigt sich immer selbst. Mag auch die Gewohnheit stark sein, so ist die Wahrheit nichtsdestoweniger stärker: *labium veritatis firmum erit in perpetuum.*[175] Wenn die Wahrheit sich nackt zeigt –

wie dies Christus und seine Apostel taten, die immer die reine und nackte Wahrheit verkündeten – hat sie größere Kraft als irgend etwas anderes.

Da ich nun wissen und erfahren wollte, wer diese sieben Frauen seien, welche die Gewohnheit begleiteten, erfuhr und lernte ich kennen, diese seien die *sieben Todsünden,* das heißt der Stolz, die Habsucht, die Unzucht, der Zorn, die Schlemmerei, der Neid und die Trägheit.[176] Wenn wir diese Hauptlaster aus eurer Stadt ausrotten und in ihr den tugendhaften Wandel einführen wollen, so dürften diese damit nicht einverstanden sein. Und so hörte ich ihrem Gespräch zu und da vernehme ich, wie die *superbia* als erste zu ihren Gefährtinnen sagt: «Weh mir, wenn man hier predigt, man solle eine solche Regierungsform wählen, daß keiner mehr sich zum Haupt der Stadt machen könne, dann habe ich meine Herrschaft verloren! Wer sich zum Haupt macht und groß wird, fällt in Hochmut, und so machen es mit ihm zusammen viele andere – und dann regiere *ich* und kann unter diesen Stolzen herrschen. – Ähnlich spricht die Habsucht: «Führt man hier gute Gesetze ein, so daß man nicht mehr rauben kann, was andern gehört, werde ich hier keinen Platz mehr haben!» – Und in gleicher Weise sagt die Unzucht: «Wenn infolge der Predigten, die man hier hält, die gesittete Lebensweise eingeführt werden sollte, und vor allem, wenn strenge und harte Gesetze gegen jenes Laster geschaffen werden, bin ich verloren!» – Dasselbe sagt die Schlemmerei: «Falls man der Sitte folgt, die dieser da vorschlägt, und die Tavernen geschlossen werden, muß ich aus diesem Land ausziehen und werde hier keinen Platz mehr haben!» Und in der Tat – um euch nicht länger lästig zu fallen – beschwerten sich in ähnlicher Weise der Zorn und der Neid und alle andern obengenannten Laster.

Als nun eine solche Unterredung unter diesen sieben Frauen stattgefunden hatte, sagte eine jede von ihnen: «Was tun? Was werden wir tun, um gegen diese Wahrheit zu kämpfen, die man gegen uns predigt?» Da erhob sich die *superbia* und sprach als Anführerin aller andern Laster: «Ich will euch sagen, wie wir vorzugehen haben! Wenn wir gegen diese Wahrheit kämpfen wollen, müssen wir uns in entgegengesetzter Weise kleiden, damit uns die Wahrheit nicht erkennt. Wir wollen die Kleidung der Wahrheit anziehen und uns unter dieser verstecken, doch haben wir mit freundlichen Worten vorzugehen und unsere Beweggründe in angenehmer Weise vorzutragen. Ich, der Stolz, werde mich zeigen, als wäre ich die Demut; die Habsucht zeige sich als Freigebigkeit, die Unzucht als Keuschheit, der Zorn als Sanftmut – und so sei es mit jeder einzelnen: Jede zeige und bedecke sich mit der [ihrem Charakter] entgegengesetzten Kleidung. – Und also taten sie und zogen entgegengesetzte Kleidung an. Und ihre erheuchelte Gewohnheit begann im Namen all ihrer Begleiterinnen zu sprechen und sagte: «Was du da predigst, ist die Wahrheit, man kann sie nicht leugnen, und es wäre gut, wenn man hier eine Neugestaltung der Lebensweise einführen könnte, wie du sie offenbar wünschst. Aber überlege dir gut, was du tust! Es ist eine schwierige Sache, und man wird sie nie durchführen können. Die Stadt ist an eine solche Regierungsform nicht gewohnt, und die Gewohnheit war dem lange entgegengesetzt – das würde heißen, die Bürger zu etwas Neuem und Ungewohntem zu zwingen, doch werden sich diese leichter nach ihrer Gewohnheit aufführen als nach dieser deiner neuen Sitte!»

Und so bestätigten alle Gefährtinnen der Gewohnheit, daß das, was sie gesagt hatte, richtig sei. – Nachdem nun die Wahrheit solche Rede vernommen hatte, erhob sie sich also und sprach: «Ich kenne euch alle genau, auch wenn ihr unter anderer Kleidung steckt! Die Wahrheit hat einen scharfen Blick, der alles durchdringt», und daher fügte sie hinzu und sprach: «Wer mit der Wahrheit kämpfen will, muß die Maske ablegen. Eure Beweggründe lassen sich mit einem einzigen Wort zu Boden werfen. Sagt mir doch: Gebt ihr zu und bekennt ihr, daß das, was wir darlegen und predigen, gut ist? Folglich, falls es gut ist, frage ich euch: Was hat mehr Kraft, das Gute oder das Böse? Ihr werdet sagen, das Gute habe mehr Kraft, und ihr könnt dies nicht leugnen. Noch einmal sage ich euch: Wenn das, was ich verkünde, gut ist, so ist das Gegenteil, das Gewohnheit war, schlecht gewesen! Ebenso: Wenn ein einziges jenes Schlechte bewirken konnte, um wieviel mehr werden viele das Gute tun können, da doch das Gute mehr Kraft als das Böse hat.» …

Aus der 19. Predigt
21. 12. 1494

«Allein auf hoher See» – Autobiographisches

Da ging ein Jüngling von zu Hause weg und gelangte zu einem Hafen am Meer, und wie er so dahinging und ins Wasser des Meeres schaute, da sah er einige kleine Fische, und es kam ihm die Lust zu fischen. Und so begann er ein wenig mit der Angel zu fischen und einige Fische zu fangen. Da nun sein Verlangen zu fischen wuchs, gab ihm einer eine kleine Barke, damit er weiter auf das Meer hinausfahren und größere Fische fangen könne. Schließlich brachte der Herr der Barke den Jüngling auf das hohe Meer; dieser aber fuhr fort zu fischen, und als er dann doch zum Hafen zurückkehren wollte, da schaute er weit in die Runde, doch ließ sich kein Hafen mehr sehen. Nun begann der Jüngling sich laut über seinen Herrn zu beklagen, der ihn so weit auf das hohe Meer geführt hatte, daß sich kein Hafen mehr blicken ließ, in den er hätte zurückkehren können.

O Florenz, der Jüngling, der auf das hohe Meer hinausfuhr und sich beklagt, keinen Hafen mehr zu sehen, ist hier! Mir ist gesagt worden: «Komm, *egredere de terra tua*[177], geh aus deinem Haus und deinem Land und verlasse alles.» – Und er wurde zum Hafen am Meer geführt, das heißt, in den Orden, welcher der wahre und sichere Hafen ist für den, der sein Heil sucht. So kam ich denn zu diesem Hafen, damals, im Alter von dreiundzwanzig Jahren. Es waren zwei Dinge, die ich vor allen andern liebte, und die mich zu diesem Hafen führten, die Freiheit und der Friede. Und um Freiheit zu haben wollte ich nie eine Frau, und um Frieden zu haben, floh ich aus der Welt und gelangte in diesen Hafen des Ordenslebens, wo ich die Freiheit fand. Und hier tat ich alles, was ich wollte, denn ich wollte nichts anderes, verlangte nicht nach anderem, als all das zu tun, was mir gesagt und befohlen würde. Und um meines größeren Friedens wegen hätte ich auch nicht Priester werden wollen. Da ich aber den Willen hatte, immer zu tun, was mir gesagt wurde – denn ich hielt dafür, darin bestehe meine Freiheit und mein Frieden – wurde ich zum Priestertum geführt. Und so schaute ich, als ich diesen glücklichen Hafen erreicht hatte, auf die Wasser des Meeres dieser Welt und sah, wie viele Fische in den Wassern der Welt umherschwammen, und als mir die Lust gekommen war zu fischen, begann ich einige kleine Fische mit der Angel zu fangen, das heißt, mit Hilfe der Predigt einige Seelen in den Hafen und auf den Weg des Heils zu ziehen. Und weil mir dies gefiel, setzte mich der Herr in ein Schiff und führte mich hin, damit ich auf hoher See fische, und sachte und nach und nach hat er mich, wie ihr seht, hierhergeführt, so daß ich nun, auf diese hohe See gekommen, keinen Hafen mehr sehe, um dahin zurückzukehren und meinen Frieden wiederfinden zu können. *Un-*

dique sunt angustiae[178], die Bedrängnisse kommen von überall, und was ich zu tun habe, das sehe ich nicht.

Vorn auf diesem großen Meer sehe ich gewaltigen Aufruhr und Sturm und erkenne, wie große Drangsal sich vor meinen Augen vorbereitet. Nach rückwärts erblicke ich keinen Hafen, und zusätzlich treibt mich der Gegenwind weit davon weg, und der Herr scheint nicht zu wollen, daß man dahin zurückkehrt. Von rechts her sehe ich die Erwählten Gottes, die um Hilfe bitten, damit sie vorwärtskommen, und ihretwegen und um ihnen zu helfen, befinde ich mich in solcher Not. Links sind die Dämonen und die schlechten Menschen, deren Anhänger und Diener, die immerfort gegen uns wüten und uns belästigen. Oben erblicke ich das ewige Leben und die große Sehnsucht und Hoffnung, es zu erreichen, aber die Länge der Zeitspanne, um dorthin zu gelangen, die ist es, welche die Seele bedrückt! Und unten sehe ich die Hölle, vor der ich mich so sehr fürchten muß, und die mich erschreckt, denn ich bin ein Mensch und kann in Sünde fallen, wenn Gott nicht seine Hand über mich hielte.

O Herr, wohin hast du mich geführt? Und so will ich wie Jeremias sprechen: *seduxisti me, Domine, et seductus sum*[179], Herr, du hast mich irregeleitet, und nun finde ich mich irregeführt. *Fortior me fuisti et invaluisti*[180], du bist stärker als ich gewesen und hast mehr als ich vermocht. Um dir deine Fische fangen zu wollen – das heißt, damit sie ganz dir gehören –, befinde ich mich nun auf diesem hohen Meer und sehe keinen Hafen, um zu meinem Frieden zurückzukehren. *Vae mihi, mater mea,* weh mir, meine Mutter, *quae me genuisti virum rixae et virum discordiae in universa terra*[181], warum hast du mich geboren und zu einem Mann des Streites und der Zwietracht auf der ganzen Welt gemacht?

Ich sehe, wie überall Krieg und Zwietracht über mich kommt, *miseremini mei, miseremini mei, saltem vos, amici mei*[182], wenigstens ihr, meine Freunde, o Auserwählte Gottes, um die ich mich Tag und Nacht sorge, habt wenigstens ihr Erbarmen mit mir! *Fulcite me floribus*[183], wie das Lied Salomons sagt, bringt Blumen und Früchte, *quia amore langueo,* aus Liebe zu euch liege ich danieder – die *«Blumen»* seien die Beginnenden, die *«Früchte»* sollen die Vollkommenen bringen! Handelt recht, und ich verlange nichts anderes von euch, außer daß ihr Gott gefallt und eure Seele rettet. – Nun laß mich in solchem Sturm etwas ruhen!

Schaut, wo sich unsere Barke befindet, und doch sieht man nicht, wohin sie der Herr führen will! – In dieser Not habe ich mit ihm einen Disput gehalten und ich will euch einen Teil davon berichten. Da ich [vom Herrn] ermuntert worden war, im Gespräch fortzufahren, sagte ich: «Ach, Herr, führe mich doch in deinen Hafen und zu meinem Frieden zurück!» Und er antwortete: «Umzukehren ist nicht möglich; siehst du denn nicht, wie der Gegenwind dich [aufs offene Meer] treibt?» Und ich sagte: «Weil *du*, Herr, es nicht willst! Und dennoch, du bist gerecht. Sag mir, ob ich mit dir etwas disputieren darf, mag ich auch Staub und Asche sein, und du der Herr des Alls. Sag mir, ob ich, dieweil ich für dich fische, auf diesem Meer der Welt noch weitergehen soll. Warum eher hier als anderswo? Ich bin, wie du weißt, in Ferrara und nicht in Florenz geboren und aufgewachsen!» Da antwortete der Herr und sprach: «Erinnerst du dich nicht, von jenem Menschen gelesen zu haben, der von Jerusalem nach Jericho hinabstieg und auf dem Weg von Räubern überfallen und verletzt wurde, und wie dort einige seiner Landsleute vorbeigingen und keiner unter ihnen ihn aufhob, um ihn zu pflegen, und wie allein ein Samaritaner, ein Ausländer und Fremder, ihn aufhob, um ihn zu pflegen und zu heilen? Weißt du denn noch nicht, daß geschrieben steht, *quod nemo propheta est acceptus in patria sua*[184]? Deshalb bist du, ein Fremder, gezwungen, hier, außerhalb deiner Heimat, zu predigen!» Ich antwortete dem Herrn in Ehrfurcht und sprach: «Herr, ich bin dadurch noch nicht zufriedengestellt! Ich bin damit zufrieden, insofern ich in üblicher Weise zu predigen habe, um die Laster zu tadeln und die Tugend zu fördern – hier in Florenz, oder wo es dir gefällt! Aber, was habe ich zu tun mit dem *Staat* von Florenz, so daß ich darüber zu predigen habe?» Da sagte der Herr: «*Veni mecum!*»[185] Und ich folgte ihm, und er führte mich in die Werkstatt eines Malers und sagte diesem: «Ich möchte, daß du mir eine Figur von Holz oder Stein machst!» Der Maler sprach: «Ich bin kein Bildhauer, meine Kunst ist allein das Malen.» Darauf führte mich der Herr in die Werkstatt eines Bildhauers und sagte ihm: «Male mir hier ein Bild!» Und der Bildhauer gab zur Antwort: «Das Malen ist nicht meine Kunst!» Schließlich brachte mich der Herr in die Werkstatt eines Goldschmieds und sagte ihm, er wünsche, daß er ihm eine Darstellung mache, die in Relief gestaltet und bemalt sei. Und der Goldschmied erklärte, er sei imstande, dies auszuführen. – Da fügte der Herr hinzu und sagte mir: «Weißt du nicht, daß einige Handwerkskünste nur einfacher Art sind, das heißt, daß sie nur *eine* Sache auszuführen wissen, einige aber vermischter Art, die mehrere Dinge zusammen ausführen können, wie der Goldschmied, der zu malen *und* zu bildhauern versteht? So mußt auch du handeln», sagte mir der Herr, «das Predigen, dem du dich widmest, ist eine geistige Angelegenheit; es ist jedoch auch nötig – selbst wenn man sich hauptsächlich mit dem Geistigen befaßt –, all das zu festigen, was dieses bewahrt und erhält, und auch die Dinge, womit sich der Geist lenkt. Und so verhält es sich hier; wenn man eine geistige Stadt errichten will, die in Rechtschaffenheit lebe, muß man ihr ein Fundament legen und einen gesicherten Raum verschaffen, damit sich hier der Geist und die gute Gesinnung erhalten und diese nicht von verruchten Menschen beseitigt und entfernt werden. Du weißt, daß dieses ganze Universum geschaffen worden ist, um darin die Auserwählten Gottes leben zu lassen und sie auf diese Weise zu bewahren, und daß diese ganze Welt ihretwegen und zu ihrem Wohl eingerichtet wurde. Und so muß man in

Florenz vorgehen, wenn man will, daß es gut werde. Mach ihm eine Verfassung, die ihm die gute Gesinnung erhalte, wenn es wirklich gut sein will.» – Da antwortete ich dem Herrn und sagte: «Ich bin dazu nicht das geeignete Werkzeug! Ich wollte, Herr, es gefiele dir, ein anderes, geeigneteres und besseres Werkzeug zu wählen als mich.» Und er gab zur Antwort: «Weißt du nicht, *quod Deus elegit infirma huius mundi, ut confundat fortia*[186], daß Gott das Niedrige und Schwache wählt, um das Starke und Kraftvolle zu demütigen und zu besiegen? Und er will nicht, daß man das Lob dem Werkzeug gebe, sondern ihm. *Du* wirst nur Werkzeug sein, *ich* der Meister, der den Bau errichten wird. Um welches Werkzeug es sich handelt – ob es ein edles oder unedles sei – darum kümmere ich mich nicht, die Kraft, die muß von mir kommen», sagte der Herr, «und nicht vom Werkzeug, und ich will nicht, daß das Werkzeug sage: ‹*Ich* habe es gemacht, *ich* habe gesagt.›» – Da war ich widerlegt und sprach: «Herr, da bin ich, bereit, deinen Willen zu erfüllen; doch möchte ich wissen – wenn es dir beliebt [, mir dies zu sagen] – welche Belohnung für das jenseitige Leben daraus folgen wird!» Der Herr erwiderte: «*Quod oculus non vidit nec auris audivit,* das heißt, die Belohnung des ewigen Lebens ist so groß, daß weder Auge noch Ohr, noch ein menschliches Herz es hier erfassen oder verstehen kann.» Ich sagte noch: «Und was wird in dieser Welt die Folge davon sein?» Der Herr sprach: «*Non est maior servus domino suo*[187], der Knecht steht nicht höher als sein Herr. Du hast doch gelesen, wie man mich nach den Predigten, die ich dem jüdischen Volk gehalten habe, gekreuzigt hat! So wird es auch dir geschehen, und nicht anders!» – «O Herr», sprach ich dann, «*da mihi hoc martirium,* gewähre mir, daß ich sterbe für dich, wie du für mich gestorben bist – schon sehe ich, wie das Messer für mich gewetzt wird!» – «Warte nur noch ein wenig», sagte der Herr, «bis die Dinge geschehen sind, die zu geschehen haben, und dann zeige jene Tapferkeit, die dir Gott gewähren wird!»

Aus der 23. Predigt
28. 12. 1494

Die Vorstellung einer hierarchischen Ordnung im Universum und in der Vermittlung der göttlichen Gnaden, die zugleich eine wechselseitige Verknüpfung des Oberen mit dem Unteren darstellt, gehört zu den von Savonarola aus der spekulativen Mystik übernommenen theologischen Grundideen. – Die folgenden Erläuterungen stehen in der von der Scholastik übernommenen Tradition der mystischen Schrift «Über die himmlische Hierarchie», die dem Apostelschüler Dionysios von Athen, einem Mitglied des Areopaggerichtshofes, zugeschrieben wurde und die über Jahrhunderte hinweg Theologie, Mystik und Kunst bestimmt hat. Ihre Autorschaft wurde erstmals im 15. Jahrhundert in Frage gestellt; heute gilt das Werk als eine Schöpfung eines neuplatonisch beeinflußten, anonymen Autors aus dem frühen 6. Jahrhundert.

Die himmlische Hierarchie als Vorbild für die irdische Regierung

In der himmlischen Stadt gibt es die *Hierarchie der Engel*, und es befinden sich dort auch die Seligen, und jedes Geschöpf, dem Gott hier seinen Platz zugewiesen hat, bleibt innerhalb der [ihm gesetzten] Grenzen, jedes verharrt in der ihm eigenen Bestimmung, und ein jeder hat an dem für ihn zugewiesenen übernatürlichen Licht teil, und sie unterscheiden sich gemäß dem Mehr oder Weniger an Gnade und Herrlichkeit. Sie schauen nicht alle das Wesen Gottes auf die eine und selbe Weise und keiner sucht eine größere Schau zu erlangen als dies im Bereich seiner Möglichkeit und Fähigkeit liegt, auch verlangt keiner über das von der göttlichen Weisheit bestimmte Maß hinaus mehr [an Seligkeit]. Und so verharrt alles in Eintracht, und es sind alle glückselig. Über allen steht Gott, die Fülle der Reinheit und Glückseligkeit, voller Glanz und Feuer, und er ist es, der seine Engel erleuchtet und entflammt, wobei die höher gestellten Engel die unter ihnen stehenden erleuchten, und so besitzt diese himmlische Stadt eine wunderbare Ordnung und stellt eine wunderbare Lenkung dieses ganzen Universums dar, und all dies vor allem aus der Liebe zu den Erwählten Gottes.

O, wenn doch die Menschen nur bedächten, wie groß ihre Würde ist, und wie sehr Gott sie umsorgt! Wolltest du doch in deiner Stadt eine Regierung bilden, die dieser himmlischen gliche, wie wärest du, Florenz, glücklich!

Es gibt im Himmel *drei Hierarchien.* Die *erste* steht in unmittelbarer Gegenwart Gottes, *sicuti in valvis sanctissimae Trinitatis*[188], und schaut in Gott und in der göttlichen Wesenheit alle Dinge, die in dieser Welt zu geschehen haben. – Die *zweite* besitzt ihre Schau infolge der Erleuchtung durch die erste, und die *dritte* schaut die Dinge in den ihnen eigentümlichen Ursachen und ganz besonders infolge der Erleuchtung durch die über ihr stehenden Hierarchien und führt aus, was die zweite Hierarchie ihr aufgetragen hat.

Um zur *ersten* Hierarchie zurückzukehren – denn jede Hierarchie zählt *drei Chöre* –, so schaut diese erste Hierarchie, die aus *Throne, Cherubim und Seraphim* besteht, in der göttlichen Wesenheit die endliche Bestimmung [von allem Geschaffenen], denn diese ist das, [was bei jeder Handlung] zuallererst zu berücksichtigen ist. – Die *Throne (troni),* die über jede Zugehörigkeit zu Irdischem erhaben, voller Licht und fähig sind, jede Erleuchtung zu empfangen, können in der göttlichen Wesenheit alles ergründen, was zu geschehen hat. – Die *Cherubim (cherubini)* schauen, auf welche Weise sich alles bis zu seinem Ziel zu regeln hat. Und schließlich, da es ja notwendig ist, dazu zu kommen, daß man das Ziel liebt und große Sehnsucht danach hat, es zu erreichen – so kommt diese Aufgabe den *Seraphim (serafini)* zu, die sich und die andern anfeuern, vor der göttlichen Wesenheit um das Erreichen dieses Ziels zu beten. – Nachdem wir nun von der ersten Hierarchie gehört haben, wenden wir uns zur *zweiten,* wo es *drei weitere*

Chöre gibt, und zwar zunächst die *Herrschaften (dominazioni),* die von jeder Knechtschaft frei sind und streng auf die Ausführung [des Aufgetragenen] bedacht sind, doch werden sie nicht auf diese Welt hinab entsandt, sondern stehen immer zusammen mit den vorhin erwähnten Chören vor Gott, weshalb geschrieben steht: *mille milia assistebant ei.*[189] Und diese *Herrschaften* geben ihre Befehle den andern, unter ihnen stehenden, damit sie diese ausführen. Diese Ausführung besteht zunächst darin, das Böse auszuschließen, und dies kommt den *Kräften (virtù)* zu, welche die Dämonen und die andern Bösen unterdrücken, die das Gute verhindern wollen. – Darauf folgen die *Mächte (potestà)*, die jedes einzelne Gute anordnen, damit man zum geliebten und ersehnten Ziele gelangt. – Und da man dann bis zu den Einzelheiten hinuntergelangen muß, so kommt diese Aufgabe der *dritten* Hierarchie zu, die aus *drei weiteren Chören* besteht. Den *ersten* Chor bilden die *Fürstentümer (principati)*, welche die Anführer und Häupter der Provinzen sind, und jede Provinz hat ihr eigenes Haupt, das über sie wacht. – Sie haben unter sich die *Erzengel (arcangeli)*, und diese wiederum die *Engel (angeli)*, und diese sind es, die in die Welt gesandt werden gemäß den Geheimnissen, die auszuführen sind, und gemäß der Anweisung und dem Willen Gottes, je nach Zeit und Stunde.

Das ist die Ordnung der himmlischen Regierung, und auf solche Weise lenken Gott und seine Engel das ganze Universum. Scheint dir nun dies nicht eine herrliche Ordnung zu sein? Wenn ich könnte, möchte ich bewirken, daß die Regierung deiner Stadt der Gottes gliche! Was siehst du daran Schlechtes? – Nichts! – Was kämpfst du also dagegen an?

Nun, merke dir: In dieser Weise und Ordnung wird Gott seine Kirche erneuern – und zwar mit dem Schwert und den Drangsalen, und ich sage dir, große Dinge haben zu geschehen! Die erste Hierarchie hat dieses Ziel Gottes geschaut – daß er nämlich seine Kirche erneuern will – und hat es den *Herrschaften* und der zweiten Hierarchie bekanntgemacht, und die *Kräfte* haben die Gewalt gehabt, die bösen Geister in Schach zu halten, damit sie den Auserwählten Gottes nicht schaden, sowie die Gewalt, sie auf das Gute hin anzuordnen. Auch die dritte Hierarchie hat die Bewegung ergriffen, und das *Fürstentum*, das über deiner Provinz steht, ist in deine Stadt gekommen und hat das erwogen, was zu diesem Zweck vonnöten war, und so wurden die *Erzengel* zu den Oberen und die *Engel* zu den andern gesandt, damit sie das Schlechte aus dem Weg schaffen und man dann das Gute einführe, um die Kirche zu erneuern.

O Florenz, erinnere dich dessen, was ich dir oftmals gesagt, nämlich *dich* zuerst zu erneuern! Die erste Voraussetzung war, daß du Gott fürchtest und sein Gesetz befolgst, damit du von ihm das Licht der Gnade erlangst – und glücklich wärest du, wenn du es tätest, denn dann ginge alles gut vonstatten. Aber die Habsucht und die Gier nach Würden und Überlegenheit, nach denen du trachtest, lassen dich dieses

Licht nicht haben, noch erlauben sie, daß ihr mit den Engeln, die euch dazu anregen und zum Guten aufrufen, einträchtig seid. Aber wenn du einmal dieses Licht hast, von dem ich spreche, wirst du dich nicht mehr um Würden oder Besitz kümmern. Deshalb habe ich dir zunächst dieses Fundament gelegt: Fürchte Gott und suche das Licht seiner Gnade! Und ich habe dir gesagt, daß kein Bürger danach streben soll, der erste und den andern gegenüber höhergestellt zu sein, vielmehr solle ein jeder in seinem Rang und in den ihm gesetzten Grenzen verharren, wie – ich habe es dir eben gesagt – die Engel und die Seligen im Paradies jeder innerhalb der Grenze, die ihm Gott gesetzt hat, bleiben und nichts darüber hinaus verlangen. Auf diesem Weg wärest du eine wohlgeordnete Stadt wie es die himmlische ist. Und deswegen habe ich euch immer dazu aufgerufen, das Gemeinwohl und nicht das eigene Wohl zu lieben und in Nächstenliebe vereint zu sein. Zu diesem Zweck habe ich euch ermahnt, einen allgemeinen Frieden zu schließen und dafür zu sorgen, daß keiner das Verlangen habe, sich zum Haupt der Stadt zu machen oder über den andern stehen zu wollen. Du aber willst das nicht glauben und sagst, die Stadt und der Staat würden sich nicht mit *paternostri* und Gebeten regieren lassen. Du täuschst dich gewaltig und wirst dich schließlich betrogen fühlen!

Es sind die Tyrannen, die sich nicht mit Gebeten und auch nicht mit Rechttun lenken lassen wollen, aber der Staat des Volkes Gottes ist immer mit Gebeten und gutem Wandel regiert worden. So wirst du im Alten Testament finden, daß das Volk Gottes – solange es gut war und recht lebte – sich immer mit Hilfe des göttlichen Lichts, der Propheten und der von Gott erleuchteten heiligen Männer regierte, und deshalb mußte der König immer das Buch *Deuteronomium*[190], welches das Gesetz Gottes enthält, zur Hand und in seiner Nähe haben. – O Florenz, Gott sorgt für dich, wenn du recht zu leben gewillt bist, und wird dir – wenn du willst – nach dem Vorbild der ersten Hierarchie – der Throne, Cherubim und Seraphim – erleuchtete und gelehrte Männer geben, die voller Begeisterung sind, dich nach dem Willen Gottes regieren zu können, sowie gute Prälaten und Priester. Und deswegen solltest du vor allem darum besorgt sein, daß es in deiner Stadt einen heiligen und guten Gottesdienst gibt, und daß alles Überflüssige und die figurierten Gesänge, die voller Schlüpfrigkeiten sind, abgeschafft werden, daß alles in Einfachheit und Andacht geschehe, daß du heilige Priester und Ordensleute hast und diejenigen entläßt, die nicht auf dem Wege Gottes wandeln. Und daher sollen wir Gott bitten, daß er uns die Pest und die Drangsale sende, die er zu schicken hat, damit solche schlechten und lauen Menschen beseitigt werden …

Christus, König von Florenz

Nun fährt unser Psalm[191] fort und sagt: *ego autem constitutus sum rex ab eo super Sion montem sanctum eius.* Es spricht hier Christus in diesem Psalm und er sagt:

«Ich bin von meinem Vater als König über den heiligen Berg von Zion eingesetzt worden.» Christus ist Herr und König des Alls, wie er auch selbst sagt: *omnis potestas est data mihi in coelo et in terra.*[192] Empfehle dich ihm, Florenz!

Ich sehe, du möchtest, daß jemand dein Oberhaupt sei. Es ist wahr, *quod in omni genere est dare unum primum*[193], das als Regel und Maß gelte für alle andern. Unter den Farben ist die weiße die erste, unter dem Warmen ist es das Feuer, unter dem Leuchtenden die Sonne und unter den Dingen, die Vermögen in sich haben, ist das größte Vermögen das Gottes – er ist die größte Güte, die man finden mag, und je mehr sich etwas dem höchsten Gut nähert, desto besser und vollendeter ist es. Und weil die Regierung Gottes sich auf einen einzigen beschränkt, das heißt auf ihn allein, ist sie die vollendetste. Daher, wenn eine Regierung nach diesem Bild sich auf *ein* Haupt beschränkt, das freilich gut zu sein hat, dann kann man eine solche Regierung gut und vollendet nennen. Es kann nicht geleugnet werden, daß jene Regierungen, die sich auf ein einziges Haupt beschränken, die besten sind, doch ist es notwendig, daß jenes Haupt vollkommen sei. Wenn du den Menschen in Hinsicht auf den Leib betrachtest, so beziehen sich alle seine Teile auf das Herz als das vollkommenste Organ, und wenn du ihn hinsichtlich der Seele betrachtest, beziehen sich alle ihre Teile auf die Vernunft als deren vollkommenster Teil.

Wohlan, Florenz, was möchtest du? Welches

Haupt, welchen König kann man dir geben, damit du Ruhe hast? Ich habe dir schon früher gesagt, daß es nicht für jeden Ort, für jedes Land das beste ist, wenn *ein* Haupt allein regiert. Auch der heilige Thomas sagt es, daß in Italien die Fürsten zu Tyrannen werden, weil hier Vitalität und Talent im Überfluß vorhanden sind, was sich in den Ländern jenseits der Berge nicht so verhält.

Nun, Florenz, Gott will dich zufriedenstellen und dir ein Haupt und einen König geben, der dich regiere. Und dieser ist Christus! Schau, wie unser Psalm es sagt: *ego autem constitutus sum rex.* Der Herr will dich regieren, Florenz, wenn du nur willst! Aber laß dich von ihm lenken und handle nicht, wie es die Juden taten, die von Samuel einen König verlangten, und Gott gab ihm zur Antwort: «Gib ihnen einen König, da sie von mir, der ich sie lenkte und regierte, nichts wissen wollen, und sie nicht dich, sondern mich geringgeschätzt haben!» Du jedoch, Florenz, handle nicht wie sie; nimm Christus als deinen König, stelle dich unter sein Gesetz und lenke dich nach diesem. Mach, daß du zu dem Zion wirst, von dem hier der Psalm spricht. *Zion* bedeutet *«specula»*[194]. Mach, daß du in der Höhe des Göttlichen weilst, um darüber nachzusinnen und es zu betrachten, mach, daß Christus dein Haupt werde und er derjenige sei, der dir die [Möglichkeit der] Reform zum heiligmäßigen Leben gebe. Die Reform, die dir gepredigt wurde, ist nichts anderes als die Einheit, das heißt die Liebe zu Gott und die Liebe zu deinem

Nächsten, und das ist nichts anderes als das Gebot Christi: *hoc est mandatum meum, ut diligatis invicem.*[195] Daher habe ich dir gesagt, diesen allgemeinen Frieden zu schließen, und wenn du tust, was ich dir gesagt habe, wirst du eine ruhmreiche Stadt sein, und Christus, als dein Haupt, wird alles bestellen, und du wirst das Vorbild in ganz Italien und auch außerhalb Italiens sein.

Nachdem Savonarola bekanntgegeben hat, er werde sich infolge Erschöpfung für einige Tage zurückziehen, kommt er am Schluß der Predigt nochmals auf den von ihm geforderten allgemeinen Frieden zu sprechen.

Jetzt ist unser Schiff – wie ich euch sagte – auf dem Meer und wendet sich zum Hafen, das heißt zum Frieden, den Florenz nach seinen Drangsalen erlangen soll. – Ihr, frühere und jetzige *Signori*[196], bemüht euch alle zusammen darum, daß dieser allgemeine Friede zustande komme, und daß es gute Gesetze gebe, um eurer Regierung Dauer und Festigkeit zu verleihen. Und das erste Gesetz verordne, daß niemand sich mehr «weiß» oder «grau»[197] nenne, sondern alle zusammen vereint ein und dasselbe Volk bilden. – In den Städten sind solche Parteiungen und Absonderungen nicht gut. Auferlegt jedem eine Strafe, der in dieser Weise von «Weißen» oder «Grauen» spricht. Tut dies, denn dies ist eine Sache von großer Wichtigkeit, die sonst eines Tages zu eurem Sturz und eurer Vernichtung führen könnte, und wieder einmal würdet ihr in eurer Stadt die guelfischen und gibellinischen Parteien[198], wie ihr sie schon früher hattet, zum Leben erwecken – und ihr wißt ja, welche Folge diese hatten. Macht, was ich euch gesagt habe, und habt keine Angst, wenn ihr es tut. Wahrhaftig, tut es, sag' ich, und seid davon auf mein Gewissen hin überzeugt, daß es gut ausgehen wird. Eure Feinde werden die sein, die ihr euch selbst dazu machen werdet. Wenn ihr aber nicht tut, [was ich euch sage,] werdet ihr euch so viele Feinde schaffen, daß ihr diese Gegnerschaft nicht mehr nach eurem Gutdünken werdet beseitigen können. Das sage ich euch aus gewichtigen Gründen und von Gott also inspiriert. Schafft diese guten Gesetze, und ihr werdet keine Feinde mehr haben. Ich spräche nicht mit solcher Entschiedenheit zu dir, wenn ich nicht den tiefen Grund dessen, was ich dir sage, erfahren hätte. Schließe Frieden, und zwar von Herzen, und neige für diesmal mehr zu Barmherzigkeit als zu Gerechtigkeit.

O Florenz, du hattest große Barmherzigkeit nötig, und Gott hat sie dir gewährt! Sei daher nicht undankbar! *Superexaltat misericordia iudicium.*[199] Tust du das, was ich dir sage, dann wirst du, Florenz, wahrhaftig in größtem Frieden leben, andernfalls wird das Gegenteil eintreten. Merke dir das wohl, und alles gereiche zum Lob Christi, *qui vivit et regnat in saecula saeculorum. Amen.*

1495

Einleitung

Savonarola hatte zwar erreicht, daß nach der Flucht des Piero de' Medici an dessen Anhängern nicht Rache genommen wurde, er konnte aber nicht verhindern, daß sich in Florenz neue Gruppierungen bildeten. Seinen eigenen Anhängern – Fratesken *genannt und von Gegnern mit der Bezeichnung* Piagnoni *(Wimmerer) verspottet – standen gegenüber: die* Arrabiati *(Erzürnten), die ein aristokratisches (aber nicht mediceisches) Regime befürworteten, die* Bigi *(Grauen), die zu den Medici hielten, die Masse der* Tiepidi *(Laue), vornehmlich unter dem Welt- und Ordensklerus, die zwar keine feste Gruppierung bildeten, aber zu den erbittertsten Feinden Savonarolas gehörten, schließlich die* Compagnacci *(Kumpanen), vornehmlich jüngere Leute aus begüterten Kreisen, die gegen die Sittenreformen rebellierten und vor Attentaten nicht zurückschreckten.*

Nach dem vorläufigen Abschluß der Verfassungsreform stand Florenz zunächst unter dem Eindruck der Fortsetzung des Zuges von Karl VIII. nach Rom und Neapel. Mochte auch Alexander VI. beim Nahen des Königs in die Engelsburg geflohen sein, und obwohl über ein Dutzend Kardinäle sich für Reformen aussprachen: der erste Romaufenthalt von Karl endete mit einem Kompromiß, der Savonarola nur enttäuschen konnte. Von Reform war kaum mehr die Rede, und die Initiative zur Einberufung eines Konzils verlief im Sande.

Kaum war Karl triumphierend in Neapel eingezogen, drohte ihm der Rückzug abgeschnitten zu werden. Am 31. März 1495 war es in Venedig zur Gründung der «Heiligen Liga» zwischen Papst, Mailand, Venedig, dem Kaiser und dem spanischen König gekommen – angeblich zum Schutz der Christenheit gegen die Ungläubigen, in Wirklichkeit aber, um die Franzosen aus Italien zu vertreiben.

Wieder herrschte in Florenz Angst vor dem Heranrücken des königlichen Heeres, und wieder war es Savonarola, der als Gesandter der Stadt bei einem Treffen in Poggibonsi (17. Juni 1495) Karl dazu bewegen konnte, von einem Zug gegen Florenz abzusehen. Mit knapper Not vermochte sich der König in piemontesisches Gebiet durchzuschlagen.

Für Savonarola und seine engsten Mitarbeiter folgten nach den Bestrebungen zu politischer Erneuerung solche zu einer Reform der Sitten, das heißt zu einer Rückkehr zur simplicitas *(Einfachheit und Einfalt), wie sie sich für das Leben von Christen geziemte. Dabei lag die Reform der «Kinder», das heißt der Jugendlichen zwischen zehn und zwanzig Jahren, vor allem in den Händen von Fra Domenico da Pescia, einem der treuesten Mitbrüder Savonarolas, der allerdings in Organisation und Vorgehen in manchem die Grenzen des psychologisch Tragbaren überschritten haben dürfte und dadurch neben Bewunderern auch neue erbitterte Feinde schuf.*

Der Kampf gegen Savonarola erfolgte in direkter Weise in Florenz durch politische Intrigen, Flugschriften und Anfeindungen von seiten von Kanzelrednern – namentlich

Franziskanern und Augustinern – und in indirekter Weise in Rom durch Übermittlung ungenauer oder bewußt verfälschter Predigttexte. Daß es jedoch nicht nur religiöse Gründe waren, die den Papst zum Einschreiten gegen Savonarola veranlaßten, sondern eine Verbindung von Kirchenpolitik mit der Machtpolitik italienischer Herrscherhäuser – allen voran die Medici und Lodovico Sforza (il Moro) in Mailand – ist unbestritten.

Der offene Kampf von seiten des Papstes beginnt mit dem Breve vom 21. Juli 1495, dessen gekürzte Fassung lautet: «Geliebter Sohn, Gruß und apostolischen Segen! Wir haben vernommen, daß du unter den übrigen Arbeitern im Weinberg des Herrn sehr große Arbeit leistest, worüber wir große Freude haben und Gott dafür danken ... Da uns neulich berichtet wurde, du habest in öffentlichen Predigten erklärt, daß du das, was du als Künftiges anzeigst, nicht von dir aus oder auf Grund menschlicher Weisheit, sondern infolge göttlicher Offenbarung gesagt hast ... wünschen wir, mit dir darüber zu sprechen ... Wir fordern dich deswegen kraft des heiligen Gehorsams auf, so rasch als möglich zu uns zu kommen ...»

Die Antwort Savonarolas vom 31. Juli scheint Alexander VI. vorläufig befriedigt zu haben: Er sei zur Zeit verhindert, nach Rom zu gehen, einerseits wegen seiner angeschlagenen Gesundheit, andrerseits wegen der Gefahr, die ihm außerhalb des Klosters drohe. Doch vergißt Savonarola nicht, darauf hinzuweisen, daß man – nach kirchlicher Tradition – eher der Absicht als den Worten eines Oberen zu gehorchen habe.

Die zwei nächsten Breven – bedingt durch erneute Ver-

leumdungen – schlagen einen ganz andern Ton an. Am 9. September 1495 ist nicht mehr die Rede von einem «geliebten Sohn», sondern von einem «gewissen Savonarola (quendam Savonarolam)*», der in seinem Wahnsinn* (insania) *so weit fortgeschritten sei, daß er das Volk glauben machen wolle, er sei von Gott gesandt und spreche mit Gott, ohne dies durch Wunder zu bekräftigen. Er habe sich deswegen dem Generalvikar der lombardischen Kongregation zu unterwerfen und sich jeder öffentlichen oder privaten Predigt zu enthalten. – In einem langen Antwortbrief widerlegt Savonarola die Anschuldigungen Punkt für Punkt und erklärt, das ganze Volk von Florenz sei Zeuge, daß er die ihm zur Last gelegten Äußerungen nicht getan habe. – Das letzte Breve dieses Jahres (16. Oktober) schlägt wieder etwas mildere Töne an, beharrt aber auf dem Predigtverbot und dem Erscheinen in Rom.*

Der Kampf Savonarolas für Reformen spiegelt sich in seinem Traktat «Über die Einfalt (de simplicitate) *des christlichen Lebens», das im Frühjahr 1496 im Druck erscheinen wird, während die Schrift «Abriß der Offenbarungen»* («Compendio di rivelazioni») *eine Apologie gegen die Angriffe auf seine prophetischen Äußerungen darstellt. – Zwei Predigtzyklen begleiten die Ereignisse des Jahres: Die Predigten über die Psalmen und die über Hiob, die – als Fastenpredigten – den Psalmenzyklus unterbrechen. – Unter diesen ragen heraus: die Predigt vom 13. Januar 1495 über die «Zehn Gründe zur Kirchenreform», die vom 5. Juli über «Italien und die Kirche als verwüsteter Garten» sowie die Predigt vom 11. Oktober über die Grenzen des Gehorsams. Am Fest Mariä Verkündigung (24. März) sprach Savonarola in allegorischer Weise über seine «Gesandtschaft zu Maria», die seine Gegner gleich ins Lächerliche gezogen haben, und über die er im «Abriß der Offenbarungen» berichtet.*

Im Dezember erfolgen in Florenz zwei Akte symbolischer Bedeutung. Zwei Bronzestatuen – beide von Donatello – aus mediceischem Besitz kommen in und vor den Palazzo della Signoria zu stehen: der jugendliche David mit dem Kopf Goliaths zu seinen Füßen (heute im Museo Nazionale del Bargello) und Judith (das Original heute im Innern des Palastes), der es gelungen war, durch eine List den gegnerischen Feldherrn Holophernes zu ermorden – beides Symbole für die nach dem Sturz der Medici wiedergewonnene Freiheit.

Die Erstausgabe der von Lorenzo Violi mitgeschriebenen «Prediche sopra i Salmi» *erschien im Jahre 1515 in Bologna. Wie bei den andern einheitlich betitelten Predigtzyklen enthält auch dieser, neunundzwanzig Predigten umfassende, Zyklus nur zu einem Teil Predigten, deren Inhalt sich auf den Titel der Sammlung beziehen. Die Psalmenpredigten erstreckten sich über den Zeitraum vom Januar bis Oktober 1495 und wurden von Savonarola zweimal unterbrochen, das erste Mal, um während der Fastenzeit den Zyklus über Hiob einzuschieben, das zweite Mal infolge gesundheitlicher Gründe.*

Aus der 3. Predigt
13. 1. 1495

Es dürfte sich um die erste Predigt Savonarolas handeln, die gleich auch gedruckt erschien und zwar unter dem Titel «Predigt über die Erneuerung der Kirche». Sie kam unter Papst Paul IV. auf den Index – mit dem Zusatz «donec emendata prodeat» *(bis sie in verbesserter Form erscheint).*

Die zehn Gründe für die Kirchenreform

Beginnen wir mit der Aufzählung der Gründe, die ich dir schon vor etlichen Jahren angeführt habe, und die dir [die Notwendigkeit] der Erneuerung der Kirche darlegen und beweisen. Einige dieser

Gründe sind nur wahrscheinlich, so daß man ihnen widersprechen, andere so offensichtlich, daß man ihnen nicht widersprechen kann, weil sie in der Heiligen Schrift begründet sind. Diejenigen, die ich dir nennen werde, sind alle offensichtlich und alle in der Heiligen Schrift begründet.

Der erste Grund ist *propter pollutionem praelatorum*[200]. Wenn du ein Haupt siehst, das gesund ist, so sag' ich dir, daß es auch dem Leib wohl ergeht. Steht es aber böse um das Haupt – wehe dann dem Leib! Wenn daher Gott zuläßt, daß sich im Haupt der Regierung Ehrgeiz, Unzucht und andere Laster einfinden, so glaube, daß die Geißel Gottes nahe ist. – Ich will es dir beweisen: Geh und lies das letzte Kapitel über Zedekia im vierten Buch der Könige, wo es heißt: *Dominus irascebatur contra Ierusalem*[201], ebenso im Buch der Könige, wo es heißt, Gott habe zugelassen, daß David sündige, um das Volk bestrafen zu können. Dasselbe liest man von Manasse. – Wenn du daher siehst, daß Gott zuläßt, daß die Häupter der Kirche voller Frevelhaftigkeit und Simonie sind, so sage dir, daß die Geißel für das Volk nahe ist. Ich sage nicht, daß dies bei den Häuptern der Kirche so sei, sondern ich sage lediglich: «wenn du es sehen wirst».

Der *zweite* Grund besteht *propter absumptionem*[202] der Guten und Gerechten. Jedesmal, wenn Gott die Heiligen und die Guten entfernt, so sage dir, daß die Geißel nahe ist. Das läßt sich beweisen: als Gott die Sintflut schicken wollte, entfernte er Noah und seine Familie. Ebenso entfernte er Lot aus Sodom, als er es durch Feuer vernichten wollte. – Schau doch, wieviel Menschen es heute gibt, die man gerecht und gut nennen könnte! Und deshalb sage dir, daß die Geißel nahe ist, daß der Zorn Gottes erregt und das Schwert gezückt ist!

Der *dritte* Grund ist *propter exclusionem iustorum*[203]. Wenn du siehst, daß ein Herr oder ein Regierungshaupt die Guten und Gerechten nicht in ihrer Nähe haben wollen, sondern sie davonjagen, da sie es nicht ertragen, daß man ihnen die Wahrheit sagt, dann sage dir, daß die Geißel Gottes nahe ist.

Der *vierte* Grund ist *propter desiderium iustorum*[204]. Wenn du siehst, daß alle Menschen, die ein gutes Leben führen, die Geißel herbeisehnen und herbeirufen, so glaube, daß sie in kurzer Zeit kommen muß. – Schau, ob es dir nicht scheint, daß jedermann heute die Geißel herbeiruft? Und glaube mir, Florenz, deine Bestrafung wäre bereits eingetroffen, wenn es nicht die Bitten und Gebete der Guten gegeben hätte – glaube mir, du wärest jetzt ein Garten.[205]

Der *fünfte* Grund ist *propter obstinationem peccatorum*[206]. Wenn die Sünder verstockt sind und sich nicht zu Gott bekehren wollen, wenn sie diejenigen nicht achten und schätzen, die sie zu einem guten Leben rufen, sondern immer schlimmer werden und in ihren Lastern verstockt sind, sage dir, daß Gott zürnt. – Dieser und die zwei vorangehenden Gründe lassen sich durch das beweisen, was Gott Jerusalem zugefügt hat, als er ihnen so viele Propheten und heilige Männer gesandt hatte, um jenes Volk zu bekehren – doch dieses verharrte in seiner Verstocktheit und verjagte und steinigte die Propheten, so daß damals alle Guten die Geißel Gottes glaubten herbeirufen zu müssen. – Auch dem Pharao wurden Wunderzeichen in großer Zahl gegeben, doch verharrte er stets in seiner Verstocktheit. – Daher, Florenz, erwarte die Geißel, weißt du doch, wie lange dir gesagt worden ist, du sollest dich bekehren – und dennoch bliebst du immer verstockt. – Und du, Rom, Rom! Auch dir wurde es gesagt, aber auch du verharrtest in Verstocktheit – so erwarte denn den Zorn Gottes!

Der *sechste* Grund ist *propter multitudinem peccatorum*[207]. Wegen des Hochmuts Davids wurde die Pest gesandt.[208] Schau, ob Rom nicht voller Stolz, Unzucht, Habsucht und Simonie ist! Ob sich in ihm die Sünden nicht stets mehren – und daher sage dir, daß die Geißel nahe ist und nahe auch die Erneuerung der Kirche.

Der *siebte* Grund ist *propter exclusionem virtutum primarum, scilicet caritatis et fidei*[209]. Zur Zeit der frühen Kirche lebte man ganz im Glauben und in der Liebe. Schau einmal, wieviel es davon in der Welt noch gibt! Und du, Florenz, willst dich nur deinem Ehrgeiz ergeben, und ein jeder will sich erhöhen. Glaube, du hast kein anderes Heilmittel als die Buße, denn die Geißel Gottes ist nahe!

Der *achte* Grund ist *propter negationem credendorum*[210]. Schau, scheint es heute nicht, man habe jeden Glauben verloren, und jeder sage gleichsam:

«Was wird es danach geben?» – Wenn du solches siehst, dann sage dir, daß die Geißel nahe ist.

Der *neunte* Grund ist *propter perditum cultum divinum*[211]. Geh, schau einmal, was in den Kirchen Gottes geschieht, und mit welcher Andacht man dort verweilt! Und dennoch ist der Gottesdienst heute untergegangen. Du wirst sagen: «O, es gibt doch so viele Ordensleute, so viele Prälaten, mehr denn je, so daß es weniger sein könnten!» – O Klerus, Klerus, *propter te orta est haec tempestas, du* bist die Ursache von all diesem Übel! Und heutzutage kommt sich ein jeder glücklich vor, einen Priester im Hause zu haben, und ich sage dir, es wird die Zeit kommen, und zwar bald, da man sagen wird: «Glücklich das Haus, das keinen Kleriker hat!»

Der *zehnte* Grund ist *propter universalem opinionem*[212]. Schau, es scheint, daß ein jeder von der Geißel und den Drangsalen kündet und sie erwartet, und jedem kommt es vor, als wäre es eine gerechte Sache, wenn die Bestrafung von so viel Bosheit kommen sollte. – Der Abt *Giochino*[213] und viele andere predigen und verkünden, daß die Geißel in *dieser* Zeit kommen müsse.

Das sind also die Gründe, weswegen ich dir von der Erneuerung der Kirche gepredigt habe!

Im Zusammenhang mit der Ankündigung der Drangsale und der Erneuerung der Kirche erwähnt Savonarola zwei Visionen, die ihm im Lauf des Jahres 1492 zuteil geworden waren.

Zwei Visionen

Ich sah in einer Vision ein schwarzes Kreuz über dem babylonischen Rom, und auf diesem Kreuz war geschrieben: *«ira Domini»*[214]. Und darüber regnete es Schwerter, Dolche, Lanzen und jede Art von Waffen, auch Hagel und Steine in einem Sturm und seltsame und gewaltige Blitze bei völlig dunklem und finsterem Himmel.

Und ich sah ein anderes Kreuz, das war von Gold, und es reichte vom Himmel bis auf die Erde über Jerusalem, auf diesem war geschrieben: *«misericordia Dei»*[215], und da war heiteres, hellstes und klares Wetter. Daher, wegen dieser Vision, sage ich dir, daß sich die Kirche Gottes – und zwar bald – zu erneuern hat, denn Gott ist erzürnt, und daß hernach die Ungläubigen sich bekehren sollen, und das wird bald geschehen.

Eine andere Vision: Ich sah ein Schwert, das drohend über Italien schwebte, und ich sah Engel kommen, die in einer Hand das rote Kreuz[216] und in der andern viele weiße Stolen hielten. Und diese Engel reichten jedem, der es wollte, das Kreuz zum Küssen und in gleicher Weise reichten sie ihnen auch die weißen Gewänder. Und da gab es solche, die nahmen diese Stolen in Empfang, doch gab es andere, die sie nicht haben wollten, und wieder andere, die sie nicht nur nicht wollten, sondern auch noch die andern darin bestärkten, sie nicht anzunehmen. – Als darauf diese Engel weggegangen waren, kehrten noch mehr Engel zurück, mit Kelchen in den Händen, die bis zum Rand voll guten und süßen Weines waren, aber auf ihrem Grund lag bitterste Hefe. Und diese Engel reichten den Kelch einem jeden, und jene, welche die Stolen angenommen hatten, tranken den Wein, der oben süß war, und genossen ihn. Den andern aber gaben sie die so bittere Hefe, weil sie keine Stolen hatten. Sie aber würden sie am liebsten nicht genommen haben und sie wanden sich vor Ekel, doch mußten sie diese trinken. – Da sah ich auf einmal, wie jenes Schwert, das über Italien drohte, die Spitze nach abwärts wandte und wie ein schweres Unwetter und Unheil auf diese einschlug und alle züchtigte. Aber diejenigen, welche die weißen Stolen angenommen hatten, spürten diese Geißel weniger, und sie tranken den süßen Wein, der im Kelch war. Jene andern aber tranken gezwungen die so bittere Hefe und baten in der Drangsal jene, welche die Stolen trugen, und sprachen: «Gib mir etwas von deiner Stola, damit ich diese bittere Hefe nicht zu trinken brauche!», doch erhielten sie zur Antwort: «Dazu ist jetzt nicht mehr Zeit!» – Deshalb sage ich dir, daß die Erneuerung kommen wird, und zwar bald.

Ich will dir die Vision erklären: Das drohende Schwert – ich muß es dir nun sagen, Florenz – es ist das Schwert des Königs[217] von Frankreich, und es ist daran, sich ganz Italien zu zeigen. – Die Engel mit dem roten Kreuz, den weißen Stolen und dem Kelch, das sind die Prediger, die dir dieses Unheil ankündigen – und sie reichen dir das rote Kreuz, das heißt, das Erdulden des Martyriums, zum Küssen, und [geben dir die Kraft], eine solche Züchtigung zu ertragen, wie sie bei der Erneuerung der Kirche zu geschehen hat. – Die Stola bedeutet, man solle sein Gewissen reinigen und von jedem Laster säubern, damit sie rein und weiß sei. – Der bis zum Rand mit gutem Wein gefüllte Kelch bezeichnet das Leiden, von dem ein jeder trinken muß. Aber jene, welche die Stolen empfangen und ihr Gewissen gereinigt haben, diese werden den süßen Wein trinken, das heißt, sie werden von einer solchen Züchtigung, die durch den süßen Wein im oberen Teil des Kelches bezeichnet wird, nur wenig zu spüren bekommen, das heißt, sie werden die ersten sein, die gezüchtigt werden, doch wird dies für sie süß sein, denn sie werden es geduldig ertragen und, sollten sie sterben, so gehen sie ein ins ewige Leben. – Die andern aber werden die bitterste Hefe gezwungenermaßen trinken, und sie wird ihnen so bitter erscheinen, wie sie es gewiß auch zu sein hat. – Das Schwert aber hat seine Spitze noch nicht nach unten gesenkt, aber es hat sich ganz Italien gezeigt, denn noch immer erwartet euch Gott zur Buße.

Bekehre dich, Florenz, denn es gibt kein anderes Heilmittel außer der Buße! Kleidet euch mit der weißen Stola, solange ihr noch Zeit habt, und wartet nicht länger, denn später werdet ihr keine Gelegenheit zur Buße mehr haben …

Erinnere dich jenes Lazarussonntags[218] – es sind seitdem schon drei Jahre vergangen –, damals, als der

Blitz oben in die Kuppel einschlug – erinnere dich an das, was ich dir an jenem Morgen gesagt habe: daß ich in jener Nacht nicht hatte zur Ruhe kommen können und in dieser das Evangelium von Lazarus habe vornehmen wollen, um darüber zu predigen, und wie es mir aber nicht möglich wurde, dieses in meiner Vorstellung zu erfassen.

Und du weißt, wie damals dieses Wort aus meinem Munde kam: *ecce gladius Domini super terram, cito et velociter!* Und so predigte ich dir an jenem Morgen und sagte dir, der Zorn Gottes sei erregt und das Schwert gezückt und bereit. – Und so sage ich es dir von neuem – und, wahrhaftig, du solltest es glauben!

Aus der 5. Predigt
18. 1. 1495

Hauptthema dieser Predigt bildet eine systematische Darlegung des rechten Wandels eines Christen, dessen Wurzel und Fundament im übernatürlichen Licht (lume sopranaturale) *und in der göttlichen Gnade* (grazia di Dio) *liegen. Zu deren Erhaltung dient vor allem das Gebet.*

Notwendigkeit und Nutzen des Gebets und der Einfachheit

Nichts ist besser, um Fortschritte zu erzielen, als das Gebet. Wer also im christlichen Leben wachsen will, verharre oft im Gebet, doch muß man an dieses im Geist, das heißt in Liebe und Wahrheit, herantreten, das heißt, du mußt wahrhaft glauben, Gott werde dich – entsprechend dem, was für dich besser sein wird – erhören. Dieses Gebet bringt dich Gott näher, und je mehr eine Wirkung sich ihrer Ursache nähert, desto vollendeter wird sie. Wenn also der Mensch sich durch das Gebet Gott nähert, der sein Ursprung ist, wird er um so vollkommener, *ergo orandum est sine intermissione*[219]. Im Gebet werden alle Tugenden geweckt, das heißt Glaube, Hoffnung und Liebe. Und deshalb verharrten die Menschen der frühen Kirche immer im Gebet, und in gleicher Weise waren die Heiligen und die Orden auf dem Gebet gegründet, so daß dies, das heißt das Verharren im Gebet, das vornehmliche Streben des Christen sein soll. Daher stört der Teufel ein solches Verhalten weit mehr als irgendein anderes, daher hat der Dämon auch begonnen, das innere Gebet zu beseitigen, das die Seele in einem Zustand der Erhebung und Betrachtung erhält, und figurierte Gesänge und Orgeln einzuführen, die nur die Sinne ergötzen und keinerlei Frucht bringen …

Um sich dem Gebet richtig hinzugeben, muß man ein Leben in Einfachheit führen: *zunächst* einmal einfach in seinem Innern, das heißt, einfach im Geist, nichts erstreben wollen außer was Gottes ist, und den Geist nicht mit Gerede und Tun des Mitmenschen, sondern ihn nur mit deinen eigenen Angelegenheiten, die nicht sündhaft seien, und denen Gottes beschäftigen lassen. Ferner: einfach im Willen sein, das heißt, nicht nach etwas verlangen, das wider das Gebot Gottes sei; einfach auch in der Erinnerung, das heißt, dich an nichts als an Gottes Dinge erinnern; einfach in den Sinnen, das heißt, nicht hören, sehen, kosten, riechen oder berühren außer was nicht gegen den Willen und die Gebote Gottes verstößt. – *Zweitens* muß man auch nach außen hin einfach sein, das heißt, sich einfach kleiden und ausstatten. Und ebenso in deinem täglichen Leben: Lebe einfach in Essen und Trinken, das heißt, mit wenig Fleisch zur Zeit, da man davon essen kann, von andern Speisen verwende nur wenige und nimm davon wenig auf einmal, und dies alles in Einfachheit – keine ausgesuchten und erlesenen Speisen. – Zerstreue dich nicht mit so vielen Dingen, denn es gibt nichts auf der Welt, was das Gebet mehr hindert als die Zerstreuung der Welt. Alles kommt davon, daß man nicht in einfacher Weise leben, sondern all die verschiedenen Dinge dieser Welt, die den Menschen vom Gebet ablenken, haben und besitzen will.

Sage mir, was heißt das, wenn du im Gebet verweilst und deinen Sinn nicht fest auf Gott gerichtet halten kannst, sondern deine Gedanken bei so vielen und so verschiedenen Dingen hast? Das kommt von nichts anderem als von der Tatsache, daß du nicht auf einfache Art leben willst, sondern nach einer Menge verschiedener Dinge verlangst, die dann deine Gedanken beschäftigen und nicht gestatten, daß du dich dem Gebet widmest.

Das Leben Christi diene als Beispiel größter Einfachheit. Einer solchen widerspricht aber jeder

Luxus in der Kleidung von Laien und Klerus, aber auch aller Pomp im Kult. – Der Christ erinnere sich seines Versprechens im Taufgelöbnis: *abrenuntio Satanae et omnibus pompis eius* – ich widersage dem Satan und all seinem Pomp.

O Christ, gebrauche keinen Pomp, denn er ist vom Teufel, sondern lebe auf einfache Art, denn am Tage des Gerichts wird dir von deinen Taufzeugen das in Erinnerung gerufen werden, dem du widersagt hattest. Desgleichen sagt der heilige Paulus den Frauen: *non feratis aurum nec margaritas nec vestes pretiosas nec crines tortos*[220]. Darin besteht das Leben nach Art einer christlichen Frau, und er sagte dies nicht etwa zu den Klosterfrauen, denn er wußte, daß diese weder kostbare Steine noch Gold haben würden, er sagte es auch nicht zu Bäuerinnen, die solches nicht zu tragen pflegen. Folglich spricht er zu den großen Damen und zu dir, Bürgersfrau: Tragt kein Gold und keine kostbaren Steine und Kleider, auch keine gekräuselten Haare, sondern geht einfach einher! Und wenn dies den Frauen nicht erlaubt ist, dann ist noch weniger den Männern gestattet, weiblichen Schmuck zu tragen, und noch weniger den Ordensleuten, den Prälaten der Kirche, den Mönchen oder Bettelbrüdern, sonst leben sie nicht als Christen und werden über alles Gott Rechenschaft abzulegen haben. Und es wäre nichts als gut, wenn die kostbaren überflüssigen Dinge der Klöster verkauft und deren Ertrag den Armen gegeben würde. – Du wirst sagen: «O, sie sind doch zu Ehren Gottes hier aufgestellt!» –

Ich sage dir, daß ich nie im Evangelium gefunden habe, daß wir geheißen werden, in der Kirche Gold- und Silberkreuze oder andere kostbare Dinge zu besitzen, wohl steht aber im Evangelium: *sitivi et non dedisti mihi bibere, famelicus eram et non dedisti mihi manducare*[221] – solches befiehlt uns das Evangelium des Gerichtes!

Bürger, mach folgendes: Schaffe dir eine Verordnung, daß man solche wertvollen Dinge des Kultes verkaufen und [deren Erlös] den Armen geben kann. Mach dir eine solche Verordnung, und jene, die diese Dinge herstellen ließen, seien damit einverstanden, so daß daraus kein Ärgernis entstehe. Und du wirst sehen, daß ich der erste sein will, der mit dem Hammer auf die Kelche und Kreuze meines Klosters einschlägt – sind es doch für uns überflüssige Dinge – und von deren Erlös wollen wir den Armen zu essen geben! – Der heilige Gregor gab aus Liebe zu Gott den silbernen Tabernakel, worin das *corpus Domini* aufbewahrt war, für die Armen her und legte das *corpus Domini* in ein Körbchen aus Weidengeflecht.

Wenn du dafür sorgst, daß diese Einfachheit in deiner Stadt Eingang findet, wirst du den Ehrgeiz beseitigen, der dich am Gebet und am Empfang der göttlichen Gnade hindert, und wenn ihr die Einfachheit besitzt, werdet ihr auch die Gnade haben. Und das ist die feste Schlußfolgerung aller Lehrer: daß wir mir gutem Gewissen das Überflüssige nicht behalten dürfen, sondern gehalten sind, es aus Liebe zu

Gott herzugeben. Und daher sage ich dir: Wenn du nicht mir glauben willst, so glaube dem Evangelium, *quod pauci sunt electi*[222] – und die Habsucht wird eine große Ursache der Verdammung sein.

Aus der 18. Predigt
4.6.1495

Unter dem Datum des 3. Juni 1495 schreibt der Florentiner Luca Landucci in seinem «Diario»: *«Am 3. Juni versammelten sich die gonfaloni in den Kirchen, und es wurden wegen des Kommens des Königs viele Beratungen abgehalten …», und zwei Tage später heißt es: «Am 5. Juni ließ man die Tafel von Unserer Lieben Frau von Impruneta kommen, und es wurde ihr große Ehre erwiesen.» – Am Tage zuvor hatte Savonarola in seiner Predigt die Überführung dieses Gnadenbildes mit der Überführung der Bundeslade nach Jerusalem verglichen (2 Sam (2 Kön),6). Savonarola benützt die Gelegenheit, um – wieder einmal – auf richtig verstandene Heiligenverehrung hinzuweisen und diese theologisch zu begründen.*

Zur Prozession mit dem Gnadenbild von Impruneta

Diejenigen, die auf Gott vertrauen, glauben, daß er allein [ihre Zuflucht] ist, und setzen ihr Vertrauen in kein Geschöpf, und wenn einer sagt: «Ich habe Vertrauen in den und den Heiligen», so heißt das, insofern jener Heilige in Beziehung zu Gott steht, da sonst sein Vertrauen nichtig wäre, denn Gott allein ist gut, und im Vergleich zu ihm ist nichts anderes gut.

Außerdem: Wir sagten, es genüge nicht nur, Vertrauen in den Arzt zu haben, sondern es sei auch nötig, die Medizin für seine Gesundheit zu nehmen ... Nun sollt ihr wissen, daß sich auf dieser Welt kein einziges Blatt ohne den Willen Gottes bewegt, und daß alles – was Ursache und Anordnung des Lenkens betrifft – durch die Vorsehung Gottes regiert wird, denn er allein ist der, welcher weiß, vermag und will. Und diese allgemeine Lenkung betrifft jedes noch so kleine Ding, denn sein Geist ist so groß, daß er sich auf alles, auch auf das Kleinste, erstreckt. Wenn wir aber die *Durchführung* der Lenkung erwägen, so werden wir sagen, daß man dafür die Geschöpfe berücksichtigen muß, denn Gott bestimmt in seiner Vorsehung und Güte, daß es die Geschöpfe sind, welche die Lenkung auszuführen haben, und so läßt er die unteren Dinge durch die oberen und die Engel lenken, die Körper durch die Geister und die groben Dinge durch die feineren[223]. Daher vermögen auch die Heiligen viel bei Gott und haben bei ihm die Aufgabe inne, die Dinge hier unten auszuführen. Und je näher etwas Gott ist, um so mehr vermag es und kann sich auf mehr Dinge erstrecken, und daher hat die Jungfrau Maria, die höher und näher bei Gott ist, eine allgemeinere Lenkung über diese Welt inne und vermag mehr Gnaden bei Gott zu erlangen, als irgendein anderer Heiliger. Aus diesem Grund haben wir in unsern Drangsalen stets zu ihr unsere Zuflucht genommen. Daher wollen wir heute morgen zu euch über die Prozession sprechen, die für die Jungfrau abgehalten werden soll, damit die [uns bestimmten] Gnaden uns rascher zukommen und uns weniger Drangsal trifft. Und mögen auch diese Gnaden fest, unabänderlich und bestimmt sein, so werden sie dennoch durch diese Vermittlung rascher kommen und wir werden eine geringere Drangsal haben. *Sacrificate sacrificium iustitiae et sperate in Domino.*[224] – Ich habe euch gesagt, wenn jeder zur Beichte ginge und in den Herzen von euch allen ein wahrer Frieden zustande käme, dann hätte ich Vertrauen in Gott – und stünde auch die ganze Welt vor den Mauern –, daß er mir den Mut gäbe, alle zu besiegen und zu vertreiben, denn also verspricht es Gott dem, der bei ihm weilt, mit ihm verbunden ist und ihm vertraut, wie im Psalm geschrieben steht: *super aspidem et basiliscum ambulabis et conculcabis leonem et draconem; quoniam in me speravit, liberabo eum, protegam eum, quoniam cognovit nomen meum; clamabit ad me et ego exaudiam eum, cum ipso sum in tribulatione, eripio eum et glorificabo eum; longitudine dierum replebo eum et ostendam illi salutare meum.*[225] – Gott ist es, der also verspricht, und so muß es denn auch geschehen, *quia Deus se ipsum negare non potest*[226]. Schließt daher alle Frieden und zweifelt nicht daran, daß wir jeden besiegen werden …

Und so will ich dir heute morgen die Schriftstelle über die Überführung der Lade des Moses darlegen – damals, als David sie von Gabaa nach Jerusalem bringen ließ – und dies aus Anlaß der Prozession für die Jungfrau, die wir morgen bei der Überführung ihres Bildes aus Pruneta[227] durchführen wollen …

Es folgt der biblische Bericht über die Gestalt der Bundeslade, anschließend ihre allegorische Deutung: Sie bezeichnet Christus, die Kirche und die Jungfrau. – Savonarola schließt mit der Bemerkung: «Dieses [Gnaden-]Bild wird unsere Lade sein, welche die Jungfrau bezeichnet.»

Aus der 23. Predigt
24.6.1495

Zum Fest Johannes des Täufers, des Patrons von Florenz

Das heutige Evangelium[228] erzählt, Geliebteste in Christus Jesus: Als die Zeit, da sie gebären sollte, sich erfüllt hatte, da gebar Elisabeth einen Sohn, und als ihre Verwandten und Nachbarn dies vernahmen, nämlich daß Gott ihr die Gnade erwiesen hatte, gebären zu können – denn bis zu dieser Zeit war sie unfruchtbar geblieben und war vorgerückt in ihrem Alter –, da freuten sie sich und empfingen mit ihr darüber Trost. Und als die acht Tage nach der Geburt vorüber waren, da kamen sie, um das Kind zu beschneiden. Und sie wollten ihn Zacharias nennen, denn so war es Sitte, den Namen des Vaters zu geben. Da sagte Elisabeth: *nequaquam, sed vocabitur Iohannes.*[229] Darüber wunderten sie sich und sprachen: «Es gibt niemanden aus deiner Verwandtschaft, der den Namen Johannes hätte, warum willst du ihn also Johannes nennen?» Da winkten sie Zacharias, der stumm war, [und fragten ihn,] welchen Namen er nach seinem Willen haben solle, und da schrieb er: *Iohannes est nomen suum.* Darüber entstand bei all seinen Nachbarn und im ganzen Gebirge von Judäa große Verwunderung. Da öffnete sich der Mund des Zacharias, und er sprach: *benedictus Dominus Deus Israel, quia visitavit et fecit redemptionem plebis suae etc.*[230] – Das ist das heilige Evangelium, über das wir – aus Rücksicht auf die Krankheit, die wir hatten – nur wenige Worte sagen werden. Ich hatte großen Zweifel, ob ich heute morgen die Kanzel besteigen sollte oder nicht, und gedachte, einen andern zu schicken, schließlich sagte ich mir aber: «Wohlan, ich will vor ihnen erscheinen und nur wenige Worte sprechen und ihnen sagen, daß sie Gott für mich bitten sollen.» Meine Erkrankung ist nur eine geringfügige Angelegenheit, und ginge es nicht um das Predigen, würde ich mich nicht darum kümmern, doch möchte ich durch mein Predigen das Übel nicht noch vermehren, denn man darf Gott nicht versuchen. Und so werde ich nur wenige Worte sagen.

Zunächst: wollte ich vom Leben des heiligen Johannes, eures Patrons, sprechen, so könnte ich dies nicht in genügender Weise tun, denn er besaß von Gott so viele Gaben, daß es einem Menschen fast unmöglich ist, diese zu schildern. *Zunächst einmal* wurde dem Zacharias vom Engel *ante conceptionem*[231] verkündet, er werde einen Sohn erhalten. *Zweitens,* er wurde im Leib der Mutter geheiligt. *Drittens,* er frohlockte in ihrem Leib, als die Jungfrau Maria die heilige Elisabeth besuchen kam.[232] *Viertens:* Bei seiner Geburt wurde der Mund des Zacharias vom Heiligen Geist geöffnet und er sprach: *Benedictus Dominus Deus Israel etc.* – Sein Leben war wunderbar, denn, obwohl er keine Wunder wirkte, war es dennoch äußerst bewundernswert, und unser Erlöser sagte von ihm: *inter natos mulierum non surrexit maior Ioanne Baptista*[233], unter den von Frauen Geborenen gibt es keinen größeren als er – und er sagte dies *in masculino genere*[234], um dadurch die Jungfrau Maria auszuschließen, die größer als jener war, aber nach ihr war der heilige Johannes der Täufer der größte unter allen andern – weder Moses, noch Elias, noch die andern Propheten waren größer als der heilige Johannes, weswegen Christus von ihm sprach: *hic est propheta et plus quam propheta.*[235] Und obwohl solches über den heiligen Johannes gesagt worden ist, so zeigt sich dies dann trotzdem nicht in den Schriften, da man doch von vielen andern Heiligen größere Taten als von ihm liest. Und deswegen ist darüber ein Streit und eine Auseinandersetzung unter den heiligen Lehrern der Kirche entstanden, die jetzt noch ungelöst ist. So sagt der heilige Augustinus: «Es ist wahr, daß niemand größer war als der heilige Johannes der Täufer, aber wohl gab es ihm ebenbürtige, wie es Elias war, der von Gott erwählt wurde *et missus a Deo*[236] – wie der heilige Johannes.» Außerdem sagt Augustinus, daß diese Größe des Täufers sich in bezug auf die Gnade verstehe, aber in bezug auf ihre Aufgabe seien die Apostel größer als er, denn sie hatten den Auftrag, die Welt zu erneuern, was dem Johannes nicht aufgetragen wurde. – Doch lassen wir diese Streitfrage beiseite, denn wir werden die Wahrheit gewiß erfahren, wenn wir einmal im Paradies sind! Die Heiligen Gottes hatten ein solches Leben, daß sie an und für sich von ihrer Kindheit an sehr bemerkenswert sind und daher keine Disputation nötig haben.

Die Predigt schließt mit einer Angleichung des biblischen Geschehens an die Verhältnisse in Florenz, ein typisches Beispiel dafür, wie weit die allegorische Interpretation eines Textes reichen konnte.

So will ich denn, Florenz, heute morgen eine auf dich bezogene Anwendung dieses Evangeliums vorlegen. Ich sage es dir, damit du nicht etwa glaubst, ich würde dies [nur in allgemeingültiger] sinnbildlicher Ausdrucksweise sagen.

Cum esset Elisabeth impletum tempus pariendi etc.[237] Wenn einer einen gesunden Kopf hat, sind auch alle seine andern Glieder gesund. So gibt Gott einem Volk – wenn er es züchtigen will – ein schlechtes Haupt. Und wenn er es dann befreien will, da er es genug gezüchtigt hat, nimmt er ihm das schlechte

Haupt und die schlechte Regierung. – Und nun: *Elisabeth est impletum tempus pariendi:* Deine Geburt, Florenz, war im göttlichen Geist erdacht, das heißt, Gott hatte sich vorgenommen, dir eine auf dem Recht des Volkes gegründete Lebensweise[238] zu geben, und jetzt ist der Zeitpunkt der Geburt gekommen, und er hat dir die Freiheit geschenkt. – *Elisabeth* bedeutet *iuramentum Domini mei*[239]: Der Herr hat angeordnet und geschworen, dir die Gnaden zu verleihen, die wir dir genannt haben.

Cognati et vicini audierunt[240]: Deine Verwandten und deine Nachbarn haben sich über dein Wohl gefreut – ich spreche nicht von den Nachbarn, die dir Böses getan haben, sondern ich meine: Die Nachbarn und die Verwandten, das heißt, deine Freunde und jene, die dir gutgesinnt sind und welche die Gerechtigkeit lieben, diese haben sich über deine [wiedergefundene] Freiheit gefreut.

Et natus est puer[241], das heißt, du hast die Freiheit erhalten. – Das Evangelium übergeht – als etwas Bekanntes –, daß das Kind eingewickelt wurde. Denn wenn es geboren worden ist, muß man das Kind einwickeln und fest zuschnüren, um den Gliedern nicht zu schaden – ihr wißt das besser als ich, Mütter! – Deine Binden waren die Reform, die Schaffung einer Möglichkeit der Berufung[242] und die guten Gesetze – und hättest du diese nicht geschaffen, hättest du dem Kind die Glieder nicht gut zurecht gelegt, und diese hätten einen Schaden erlitten, wolltest du doch handeln, wie man früher tat, nämlich diejenigen vertreiben, die du als deine Feinde betrachtetest, und hernach hättest du begonnen, darüber nachzusinnen, daß du der größte sein solltest, woraus sich bei dir ein großer Bürgerkrieg ergeben hätte – und einer hätte den andern verjagt, und wieder wäre bei dir ein anderer aufgekommen, der sich hätte groß machen wollen, und so wärest du in einen großen Bürgerkrieg geraten. Und du weißt: In Italien herrscht zur Zeit große Verwirrung – und da wäre ein großer Greif gekommen und hätte dir die Freiheit geraubt!

Nun aber bist du in Binden eingewickelt und du mußt zunächst deine Glieder stärken und hernach wirst du beginnen, Wams und Strümpfe anzuziehen, und das wird sein, wenn du einmal die Flügel ausbreiten und das erlangen wirst, was du nie gehabt hast, und im Besitz deiner Gnaden sein wirst. Aber zunächst mußt du die Glieder stärken, das heißt, du mußt dich nach dem Willen Gottes richten und diesen auf Grund der größten Gnade erkennen, die du besitzen kannst, das heißt, das rechte Leben – und hernach werden die Gnaden kommen, und du wirst nicht wissen, woher.

Post dies octo[243]: als die acht Tage vorüber waren, brachten sie das Kind, um es beschneiden zu lassen. *Acht Tage,* das sind *sieben und einer; sieben,* das sind die Todsünden, die du am *achten Tag* zu beschneiden, das heißt, mit der Buße zu beseitigen hast. – Jene sagten: «Gehen wir, um ihn beschneiden zu lassen!» – das sind die Prediger, die erklären: «Beseitige jenes sodomitische Laster! Und du, Mann, laß den Ehrgeiz, und du, Frau, laß die Eitelkeiten und den Pomp!» – Du möchtest nicht beschnitten sein, das heißt, du möchtest die Laster nicht fahrenlassen und weinst wie ein Kind. Aber du wirst es gezwungenerweise tun! Schau, da ist das Messer, das dich beschneidet, das heißt: nur aus Angst hat sich ein großer Teil von euch zum rechten Leben bewegen lassen!

Et volebant ei imponere nomen patris Zachariae.[244] Solange das Kind noch kein Erkenntnisvermögen besitzt, nennt es jeden «Vater», weil es den eigenen Vater nicht erkennt. Du, Florenz, bist nun im Besitz von so viel Erkenntnis und hast so viele Zeichen gesehen, daß du erkennen solltest, *wer* dein Vater ist! – Zachäus wollte nicht, daß der Name des Vaters genannt werde, und so nenne *du* nicht den Namen des Vaters[245], spende das Lob nicht dem *padre*, sondern Gott allein für alles, was du empfangen hast, denn Gott allein hat alles getan, und weder der *padre* noch andere.

Et vocabitur Iohannes, was bedeutet *plenus gratiae*[246]. Florenz, dir ist eine große Gnade geschenkt worden; so sage ihm nun Dank, denn *er* ist es gewesen, der dich durch sein Erbarmen begnadigt hat, und kein Mensch dieser Welt, auch nicht der *padre.* Erstatte daher allein ihm Dank, *quia non fecit taliter omni nationi*[247], wie er es dir getan hat. Diesen Namen «Johannes» hat dir der Herr gegeben, das heißt, durch seine Gnade hat er dir jede Gunst verliehen.

Et admirati sunt omnes.[248] Es wird die Zeit kommen, da ein jeder staunen und vor dir zittern wird, und man wird sagen: «Gott hat sie von allem [Schlechten] befreit und hat ihnen jegliche Gnade gegeben» – und wir werden dann singen: *benedictus Dominus Deus Israel*[249] und werden Gott für jede Gnade, die er uns erwiesen hat, danken.

Aus der 24. Predigt
5.7.1495

Anschließend an den eingangs der Predigt zitierten Vers aus dem Propheten Joel (1,4: «was die Raupe übriggelassen, fraß die Heuschrecke») schildert Savonarola in allegorischer Deutung der Schriftstelle, wer die Schuld an der Verwüstung in Italien und in der Kirche trägt.

Italien und die Kirche – ein verwüsteter Garten

Habt ihr gesehen, daß es mit Italien drunter und drüber geht, habt ihr in euren Tagen je etwas Ähnliches gesehen …?

Joel spricht: «Ich hatte einen schönen Garten, und es wuchs in ihm Kohl. Da kam die *Raupe*[250] und fraß die Blätter, dann die *Heuschrecke* und fraß, was die Raupe übriggelassen hatte, darauf kam die *Larve* und fraß, was die Heuschrecke übriggelassen hatte, schließlich der *Mehltau* und der *Rost*, der ihn bis zur Wurzel zerstörte und alles verdarb.» – Was soll nun mit diesem Garten geschehen? *Facite iudicium!*[251] Soll man beseitigen, was noch vorhanden, ihn kräftig durchpflügen und neues Gemüse ansäen? Sprecht euer Urteil!

Der Garten stellt die gesamte Kirche dar, der grüne Kohl bezeichnet die Gläubigen, deren Glauben grün und lebendig ist. Recht oft wird in der Schrift [das Wort] *«Grünheit»* verwendet, um damit den Glauben zu bezeichnen, wie er zur Zeit der Apostel bestand.

Die *Raupe*, die das Grün wegfraß, das waren die *Tyrannen*, welche die Märtyrer umbrachten und alle grünen Zweige der Kirche zum Verschwinden brachten.

Es kam dann die *Heuschrecke*, das heißt die *cavaletta*[252] und der *grillo*, der Sprünge macht. Das waren die *Häretiker*, Arius[253] und Sabellius und die andern, die, hierhin und dorthin springend, [ihre Irrlehre] verkündeten und der Kirche so viel Schlimmes zufügten. Hernach wurden sie ausgerottet, und die Kirche kam an die Macht und begann, mit dem [Aufkommen von] Besitz ehrsüchtig und unzüchtig zu leben – und da kam die *Larve*, die den Strunk abfraß; das sind die *Prälaten*, die alles verzehrt und weggenommen haben. – Und trotzdem waren noch einige Blätter vorhanden, denn immer bleibt in der Kirche noch irgend etwas Gutes übrig. Aber nun erschien der *Rost*, das heißt die *Lauheit,* die alles verdorben hat. – Was soll man folglich tun? *Facite iudicium!* Man muß diesen Garten zerstören und neues

Gemüse ansäen, das gut gedeihe. – Wäre die Kirche ganz in einem solchen Zustand, würde der Glaube in kurzer Zeit dahinschwinden. Die Kirche ist daher verloren, wenn Gott ihr nicht hilft. So übt Recht! Man muß den Garten völlig umgraben!

Doch kommen wir nun zum Einzelnen: Der Garten, das sind die *Prälaten.* Die *Raupe*, das sind der *Besitz* und die *Pfründen*, die allein jemanden bedeutend zu machen verstanden – und darin schien [für viele] das ganze Glück der Welt zu liegen, und wenn einer sagte: «Er hat alles für diesen Vorteil getan» – so schien dies das ganze Glück zu sein. Daher gaben sie sich nicht mehr mit dem Predigen ab, und die Raupe nahm ihnen die Schrift und die Verkündigung weg, der die Priester sonst zu obliegen pflegten.

Es kam darauf die *Heuschrecke*, die Sprünge machen kann. Das war der *Besitz*, der sie von ihren Pfründen zum Hof springen und sich mit Pomp und kostbaren Gewändern beschäftigen läßt, deren Schleppe auf den Straßen bisweilen soviel Staub aufwirbeln läßt, daß man nicht vorbeigehen kann. Und jene Kelche, jene Paramente und all die Verzierungen für die Kirche, die man früher [zu Ehren Gottes] schuf, das haben sie alles auf sich selbst bezogen. – Und trotzdem war ihnen noch etwas an guter Gesittung geblieben. *Jetzt* aber schämen sie sich nicht, sich Konkubinen zu halten und für diese aufzukommen – und das ist die *Larve*, die den Strunk gefressen hat, die *Gefräßigkeit* und die *Unzucht*, die alles verdorben haben.

Dennoch war noch etwas an gutem Vorsatz geblieben – doch jetzt ist der *Rost* gekommen, das heißt ihre *Verstockung*, sie sind unverbesserlich und sie würden dir die Zähne essen, sobald du ihnen etwas sagst. – Was soll man tun? *Facite iudicium!* Man muß diesen Garten aufheben!

Und nun wollen wir von den *Ordensleuten* sprechen – das geht jetzt uns an! Die Ordensleute besaßen in der frühen Kirche noch ihr Grün, denn sie verharrten immer im Gebet und in der Einsamkeit, und dies war [möglich], weil sie nur wenige Dinge zu erledigen hatten, und das kam wiederum davon, daß sie nur wenig besaßen. Und siehe, da kam die *Raupe*, das heißt der *Teufel*, und unter dem Vorwand einer guten Tat begann er die Ordensleute dazu zu verführen, schöne Kirchen zu errichten, schöne Zeremonien zu veranstalten und sich figurierten Gesängen zu widmen – und den ganzen Tag heißt es «singe, singe, singe!», und an Geist ist nichts mehr da! Und so haben die Nonnen den ganzen Tag nur Orgeln und nochmals Orgeln im Sinn – und sonst nichts anderes! – Auf diese Weise hat die Raupe das Grün der Gebete und des Geistes beseitigt.

Und trotzdem war noch etwas an Lesung heiliger Texte geblieben. Doch da kam die *Heuschrecke*, das heißt die *Philosophie*, und sie ließ die Ordensleute von der Heiligen Schrift hinüberspringen zur Weisheit der Philosophen, so daß man jetzt von der Schrift keine Ahnung mehr hat. – Dennoch blieb in der Kirche etwas von Einfachheit – aber da kam die

Larve, und man kümmerte sich um keine Einfachheit mehr, sondern die Ordensleute widmeten sich nur noch den Zeremonien und allen Überflüssigkeiten, und die Nonnen ihren *bambini*[254] und Lappalien – und doch gab es noch einen Rest von guter Gesinnung. Da kam der *Rost der Lauheit,* so daß sie von Besserung nichts mehr wissen wollen und unverbesserlich geworden sind. *Facite iudicium!* – Man muß diesen Garten aufheben, ihn umgraben und neues Gemüse ansäen.

Sprechen wir jetzt vom Leben der *Laien.* Die Grünheit des Gartens sind eure Kinder, zur Zeit, da sie noch klein und unberührt sind. Die *Raupe* beginnt jedoch ihr Grün zu fressen, wenn ihr sie mit euren Geldbeutelchen und dadurch, daß ihr sie so reich geputzt einhergehen laßt, zur Unzucht verführt, dadurch, daß ihr euren Töchtern Brusteinsätze aus Seide machen laßt und ihnen solchen Pomp verschafft, daß die Raupe ihre Grünheit frißt, das heißt ihre Jungfräulichkeit. Und daher habe ich dir mehrmals gesagt, du sollest Gesetze erlassen, daß weder Knaben noch Mädchen Seide oder Scharlach tragen, und ich habe dir gesagt, du sollest ihnen die Haare schneiden!

Hernach kommt die *Heuschrecke,* die springen kann. Dies ist dein *Stolz,* wenn du deinen Sohn in den Rat bringen und in ein Amt springen lassen willst. Und auf diese Weise frißt und vertilgt die Heuschrecke die Wohltat vernünftigen Denkens. Die Folge davon ist, daß dieser [dein Sohn] im Prunk leben will, und der eine verlangt diesen und der andere einen andern Diener, und jene [deine Tochter] will eine Dienerin haben, und so will ein jeder und eine jede seinen Diener und ihre Dienerin. Und das ist die *Larve*, die durch deren Pomp und Stolz den Strunk frißt.

Aus der Tatsache, daß sie in solchem Pomp leben wollen, folgt, daß sie auf die Dauer nicht bestehen können, und da verlegen sie sich aufs Geldverdienen, und siehe, schon ist der *Rost der Habsucht* gekommen, und infolge dieser gehen sie schlimme Vereinbarungen ein. – Was soll man also mit diesem Garten machen? Man muß ihn ganz umgraben und anderes Gemüse setzen!

Expergiscimini ergo, ebrii[255], wacht also auf, ihr Betrunkenen, denn jetzt ist nicht mehr Zeit für solchen Ehrgeiz, denn Gott will alles niederwerfen! Der allmächtige Gott hat beschlossen, auf allen Stufen der Kirche die Lenkung zu ändern. Bei den *Priestern* will er die Lenkung ändern und will, daß sie ihre so reichen Pfründen aufgeben, und wenn sie diese nicht aus Liebe hergeben wollen, dann werden sie sie gezwungenermaßen zu lassen haben. – Bei den *Brüdern*[256] will er die Lenkung ändern und will, daß sie zu ihrer ursprünglichen Einfachheit und Armut zurückkehren. – Bei den *Laien* will er die Lenkung ändern und so will er die Regierungen Italiens ändern!

Glücklich bist du, Florenz, daß du diese bereits geändert hast! Und zwar nicht nur geändert, sondern gemäß Gottes Willen gestaltet hast. Weißt du nicht, wie ich dir immer wieder sagte, Gott verlange es also?

Tritt vor, du, der du sagst, man könne unter einer solchen Regierung nicht leben! Welche Regierung möchtest du denn? Welche ist deine Regierung? Ich will dir zeigen, daß deine vergangene Regierung ein Monstrum war, eine monströse Regierung: Sie hatte den Kopf eines Löwen, Schultern und Arme eines Bären, und der restliche Teil des Leibes war der eines Hundes … Der Kopf des Löwen bedeutet den Stolz, da der Löwe unter den Tieren der erste sein will; die Arme des Bären, das waren die Hände, um den Besitz an sich zu reißen … und der hintere Teil, welcher der eines Hundes war, das waren die Höflinge, die überall herumkläfften und sagten: «Ich will dieses und jenes haben!»

Gegen den Schluß der Predigt fordert Savonarola mit Nachdruck – vielleicht angeregt durch die Stelle bei Joel 3,3: «Knaben verkauften sie um Dirnen und Mädchen um Wein» – nochmals strenge Strafen gegen Sodomiten und ruft dann die Florentiner auf, den Bau eines großen Saals (im Palazzo della Signoria) für den neu ernannten Rat (Consiglio Grande) *zu beschleunigen.*

Ihr Herren Acht[257] – ist keiner von ihnen bei der Predigt anwesend? Ich möchte es erleben, wie ihr ein schönes Feuer für diese Sodomiten macht – zwei oder drei, dort auf der *piazza* – ob es sich nun um solche männlichen oder weiblichen Geschlechts handelt, denn es gibt auch Frauen, die sich diesem verruchten Laster hingeben. Bringt, sag' ich, ein solches Opfer Gott dar, das ihm zum lieblichen Wohlgeruch gereichen wird! – Ferner: noch immer spielt man in den Häusern – geht mit Strafen dagegen vor!

Es ist nötig, *Signori,* daß ihr die Glieder dieses Kindes fest bindet[258] und daß ihr ausführt, was noch fehlt. Laßt diesen Ratssaal bauen, damit niemand mehr versuche, [die neue Regierungsform] zu schädigen. Schickt die Baumeister von *Santa Reparata*[259] hin, um dort zu arbeiten, denn *dieses* Werk ist notwendiger als jenes …

Aus der 27. Predigt
11. 10. 1495

Bereits in seinem Antwortschreiben auf das päpstliche Breve vom 21. Juli hatte Savonarola auf Feinde inner- und außerhalb von Florenz hingewiesen, die ihm nach dem Leben trachten würden. Auf den im zweiten Breve erhobenen Vorwurf, er verbreite häretische Lehren, hatte er in seinem Schreiben Alexander VI. geantwortet, man habe ihm absichtlich falsche Informationen zukommen lassen.

Über die Fehlinformation des Papstes

Weißt du, was diese getan[260] haben? Sie haben eine Versammlung abgehalten. Ich habe von diesen deinen Dingen auf so vielen Wegen Kenntnis, daß du dich nur so wundern würdest, wenn ich sie dir sagte! *Inierunt consilium cum Herodianis.*[261] Sie haben sich mit deinen Feinden beraten und haben in dieser Versammlung gesprochen, wie es die Pharisäer von Christus taten, als sie ihm die Frage vorlegten, ob es erlaubt sei oder nicht, dem Kaiser die Steuer zu zahlen, und sie sagten dabei: «Wir werden den Fuchs fangen!» Aber Christus antwortete in seiner Weisheit auf eine solche Weise, daß er weder gegen den Kaiser noch gegen sich selber sprach.[262]

Folgendes haben diese Leute erklärt: «Wir wollen dem Heiligen Vater so viel Schlimmes über ihn berichten, daß wir ihn von hier werden vertreiben lassen, und sollte er nicht gehen wollen, werden wir ihn des Ungehorsams bezichtigen, und auf diese Weise ist er auf jeden Fall unser Gefangener!» ... Du weißt wohl, daß wir dem Heiligen Vater gehorchen werden, und ich und meine Brüder werden eher sterben als eine Sünde begehen wollen ... Der heilige Thomas erklärt, daß man gemäß dem *Sinn*, nicht gemäß den Worten der Oberen zu gehorchen habe, und er sagt: wenn das Lager der Feinde vor einer Stadt wäre, und man eine Verordnung erlassen hätte, man dürfe das Tor nicht öffnen, und wenn dann zufällig ein Bürger auf der Flucht vor dem Feind zum Tor gekommen wäre, dann – sagt Thomas – müßte man dieses ihm öffnen. Denn man hat nicht auf den Wortlaut, sondern auf die Gesinnung des Gesetzes zu achten. – Und so sage ich dir, daß auch wir der *Gesinnung* nach gehorchen werden. Außerdem:

Weißt du nicht, daß die Klausel *«si ita est»*[263] in den Verfügungen und Bullen sich von selbst versteht? Man muß also dem Heiligen Vater zurückschreiben und ihm sagen, daß er schlecht informiert ist.[264] – Willst du [das Schreiben] sehen, mögen sich in ihm auch offensichtlich zehn Lügen befinden, wenn unter anderem behauptet wird, ich würde an neuen Formen von Häresie Gefallen finden? Ich habe es hier immer wieder gesagt, daß ich nicht wüßte, irgend etwas Falsches gegen den Glauben oder gegen die Kirche gesagt zu haben; sollte dies aber doch zutreffen, so bin ich immer einverstanden, wenn ich darin von der Kirche und vom Papst berichtigt werde – und dies nicht nur von seiten des apostolischen Stuhls, sondern eines jeden von euch. – *Ferner* erklären sie, ich hätte mich Gott gleichgesetzt und gesagt, wenn ich lüge, würde auch Gott lügen. Du weißt, daß ich die Worte: «Wenn Gott lügt, lüge auch ich» nur gesagt habe, wenn ich dir etwas im Namen Gottes mitteilte – und solches ist nicht ungebührlich. – *Drittens* haben sie gesagt, ich hätte schlecht vom Papst gesprochen. Mein Volk, du bist mein Zeuge und hast mich gehört, sofern ich je Ähnliches gesagt oder den Papst bezüglich irgendeiner schlimmen Sache persönlich genannt habe. – «O, aber du hast von den Kardinälen und den Prälaten gesprochen!» – Sage mir, hast du je gehört, daß ich jemanden mit Namen genannt hätte? Ich habe stets ganz allgemein gesprochen, und du kannst nicht behaupten, ich hätte jemanden im besonderen genannt. Ich habe hauptsächlich deshalb davon gesprochen, damit ihr eure Söhne nicht zu Prälaten macht und mit ihnen zusammen ins Haus des Teufels kommt! – Bereits ein andermal – als ich in Bologna weilte – wurde gesagt, ich hätte den Papst genannt; trotzdem traf es nicht zu!

Kurz und gut: Wisse, daß wir bereit sind, der heiligen Kirche zu gehorchen, und daß ich, wenn der Papst einmal richtig informiert sein wird und uns dazu auffordert, gehen werde, wohin er es verlangt.

Die Überlieferung der siebenundvierzig Predigten des Hiob-Zyklus, die Savonarola während der Fastenzeit vom 1. März bis zum 24. April 1495 hielt, ist ungeklärt. So stellt sich u. a. die Frage, ob die in der Umgangssprache gehaltenen Predigten wirklich – wie dies in der Einleitung zu der 1554 in Venedig erschienenen Erstausgabe behauptet wird – zunächst lateinisch aufgezeichnet, später aber wieder in die Umgangssprache rückübersetzt worden sind.

AUS DER 2. PREDIGT
4.3.1495

HIOB, VORBILD DERER, DIE IN BEDRÄNGNIS SIND

Quaecumque scripta sunt, ad nostram doctrinam scripta sunt, ut per consolationem Scripturarum spem habeamus.[265] Alles, was in der Schrift überliefert worden ist, ist von Gott zur Ermutigung und zum Trost seiner Auserwählten vollbracht und bestimmt worden. Durch die Beispiele, die in ihr enthalten sind, ermahnt uns die Schrift stets zur Geduld, und das wollen wir während dieser Fastenzeit tun: Die Erwählten Gottes aufrichten und trösten und sie belehren, wie sie sich in Drangsalen zu trösten haben, denn es naht die Sintflut. Und weil unter andern Beispielen bedrängter Menschen, die Geduld gezeigt haben und die uns die Schrift vorlegt, sich Hiob befindet, haben wir uns für diese Fastenzeit vorgenommen, euch das Buch Hiob auszulegen, und ich habe ihn deswegen vorgezogen, weil er das Haupt der Bedrängten und sich Geduldenden ist, und er wird es sein, der uns lehren wird, wie man in der Drangsal Geduld üben soll. – Wir werden sehen, wie eine Flut von Bedrängnissen sich über ihn ergossen hat, und wie auf eine gewisse Weise die Schleusen des Himmels über ihm geöffnet wurden.[266] Und so wollen wir diesem Buch das entnehmen, was unserer Absicht, die Auserwählten zu ermutigen, förderlich ist, und wie es uns Gott eingeben wird, werden wir nicht nur dem wörtlichen, sondern auch dem moralischen Sinn nach eine Deutung vorlegen, wobei wir alle Versuchungen in Betracht ziehen wollen, die ihm von Gott geschickt wurden.

Die *erste* Versuchung, welche die Seele des Menschen in ihrem verstandesmäßigen Bereich trifft, tritt dann auf, wenn der Mensch rechtschaffen handelt, und trotzdem Böses und Drangsal in großer Zahl über ihn kommen. Weil der Mensch nun ein vernunftbegabtes Wesen ist, überlegt er mit seinem Verstand hin und her und sieht sich nicht in der Lage, die Ursachen zu finden, weshalb ihn dieses Unglück trifft, obwohl er doch rechtschaffen handelte. Und so kommt er in seiner Überlegung in Versuchung, glaubt er doch, daß auf dieser Welt und im Bereich des Materiellen *dem* Gutes widerfahren sollte, der selber Gutes tut, [und da dies nicht zutrifft,] ist er erstaunt. Er täuscht sich aber, denn wenn einer über etwas richtig Betrachtungen anstellen und von einer Sache auf die andere Schlüsse ziehen will, ist es nötig, daß unter diesen Dingen eine gewisse Ähnlichkeit und Übereinstimmung besteht. Weil aber hier unten die materiellen Dinge, die wir wahrnehmen, von den geistigen so weit entfernt sind, daß sie untereinander sozusagen keine Ähnlichkeit haben, kann der Mensch die überirdischen und geistigen Dinge Gottes nur schlecht vermittels der körperlichen kennen. Daher haben wir nur wenig Kenntnis von den Engeln, die geistiger Natur sind, und noch viel weniger von Gott, der reiner Akt[267] ist. Da wir aber zur Kenntnis Gottes nur mittels dieser körperlichen Dinge – und auch so nur im geringen Maß – gelangen können, sind viele dem Irrtum verfallen, und der eine hat Gott als das und der andere als jenes bezeichnet, und so sind sie zu tausend Irrtümern gekommen. Und da nun viele hingehen und die Gerechtigkeit Gottes mit der der Menschen vergleichen und dieser gleichsetzen, geraten sie in einen sehr schweren Irrtum, denn es besteht kein Verhältnis zwischen Gott und dem Menschen, *quia finiti ad finitum nulla est proportio*[268]. Weil aber der Mensch einen solchen Vergleich herstellt, betrügt er sich, und wenn er dann sieht, daß die Guten erniedrigt und die Schlechten erhöht werden, schmerzt es ihn, weil er die Ursache nicht kennt, und er beginnt unsicher zu werden, weil er nicht weiß, daß die Gerechtigkeit Gottes anders beschaffen ist als die der Menschen, und so kommt er in diese erste Versuchung. Und da die Menschen nicht sagen können, daß Gott ungerecht sei, so erklären sie in ihrem Zweifel, daß Gott wohl keine Vorsorge für die Welt und die menschlichen Angelegenheiten habe. Und da auch dies nicht geziemend erscheint, daß Gott, der die Welt und den Menschen geschaffen, sich nicht um ihn kümmere und sorge, nehmen sie Zuflucht zur Behauptung, die so große Erhabenheit Gottes würde geschmälert, wenn er sich um so niedrige Dinge zu kümmern hätte. Doch ist diese ihre Überlegung nicht richtig, denn je vollendeter ein Ding ist, um so mehr vermag es Vorsorge zu tragen und um so mehr erfaßt und durchdringt es jede kleinste Einzelheit. Da nun der Intellekt Gottes über jede Vollendung vollkommen und unbegrenzt ist, behaupten wir, daß Gott für alles Vorsorge trägt, und daß sich kein Blatt ohne seinen Willen wendet … Daher wollen wir während dieser Fastenzeit euch die Gestalt von Hiob vorlegen, der euch zeigen wird, daß Gott für die Menschen und deren Anliegen Vorsorge trägt, und daß er die Drangsale zum Wohl der Menschen schickt, und ihr werdet sehen, daß dieses Buch Hiob im wesentlichen nichts anderes enthält als den Beweis, daß Gott für die Menschen – und besonders für die Erwählten – vorsorgt und die Drangsale auch den Guten schickt, um sie zu prüfen und besser zu machen. Und dann werdet ihr noch besser erkennen können, daß diese Drangsal, von der ich euch gesagt habe, daß Gott sie Italien und seiner Kirche schicke, seinen Auserwählten zum Nutzen gereicht …

Aus der 5. Predigt
7.3.1495
Du bist nur der Verwalter deines Besitztums

Lernt von Hiob in eurem Unglück, und wenn ihr etwas betrübt seid, so haltet euch doch stets an die Geradheit der Vernunft, dankt Gott und erweist ihm als der Ursache von allem die geschuldete Verehrung, wie Hiob tat, als er sprach: «Nackt kam ich zur Welt und nackt werde ich aus ihr scheiden», gleichsam, als wollte er Gott sagen: «Was du an mir getan hast und tust, ist wohl getan: *nudus egressus sum.*»[269] – Wenn der Gerechte fühlt, daß Traurigkeit und Schmerz nahen, hilft er sich mit vielen Dingen und vor allem mit dem Glauben und nimmt Zuflucht zu der Grundlage des Glaubens, die darin besteht, daß man seine Hoffnung auf jene ewigen Dinge setzt, die man nicht sieht, und daß man nur geringe Bedeutung den irdischen beimißt, die bald vergehen. Daher schätzt er sie gering und pflegt die Einfachheit, wie dies Hiob tat … Wer daher zu dieser Tugend der Einfachheit gelangt und seine Liebe den himmlischen und geistigen Dingen zuwendet, verachtet diese niedrigen und irdischen und betrachtet sie, wie wenn sie schon vorbei wären, weil er einsieht, daß er sie fahren lassen muß. Und deswegen sagt Hiob an dieser Stelle: «Nackt kam ich zur Welt und nackt, ohne all diese Dinge, werde ich wieder aus ihr gehen.» – Andrerseits bedenkt der Gerechte die Kürze des gegenwärtigen Lebens und die Dauer jenes andern.

O Bürger, der du deine Ehren und Würden so hoch achtest, wisse, daß du sie bald verlieren wirst … Als rechtschaffener Mensch betrübte sich Hiob nicht über den Verlust äußerlicher Dinge und sprach: *Dominus dedit, Dominus abstulit.*[270] Der Herr hatte sie ihm gegeben und er hat sie ihm wieder genommen – [er sprach,] als hätte er sagen wollen: «Sie gehörten nicht mir, der Besitzer war *er*, und ich war nur der Verwalter, und daher konnte er sie nach seinem Gutdünken wieder nehmen.» – Wenn du, o Mensch, bedächtest, daß du in diesem Leben Diener bist und Verwalter des Besitzes, den du hast, daß dieser nicht dir gehört, und daß ihn Gott dir gegeben hat, damit du ihn gut verwaltest, würde es dich nicht verdrießen, ihn zu verlieren und aufzugeben …

Aus der 21. Predigt
23. 3. 1495

Innere und äussere Gottesverehrung

Die Gottesverehrung, die Unterwerfung unter Gott als seiner Ursache, ist dem Menschen naturgegeben, und das Streben und Verlangen, dieser Ursache, nämlich Gott, unterstellt zu sein, bedeutet nichts anderes, als Gott lieben, ihm Ehrfurcht erweisen und ihn ehren. Und von daher kam es, daß die Menschen überall immer irgendwelchen Kult gesucht haben, durch welchen sie zu ihrer Vollkommenheit gelangen könnten. Da aber diese Verehrung vor allem auf dem verstandesmäßigen Teil des Menschen beruht, und man dabei verlangt, der empfindungsmäßige Teil sei dem Verstand unterworfen und habe die Dinge gemäß diesem zu benützen, haben die Menschen immer nach irgendeiner Verehrung Gottes gesucht. Weil jedoch der Verstand der Menschen verschieden ist – der eine ist größer, der andere kleiner, der eine hat mehr, der andere weniger natürliches Licht – hat es auf der Welt auch verschiedene Kulte gegeben. Aber was die Frage betrifft, welcher Kult den Menschen zu seiner Vollkommenheit geführt habe und welcher der wahre Kult sei, muß man zugeben, daß der von allen vollkommenste der christliche Kult sei, denn es findet sich kein besseres und kein vollkommeneres Leben als das christliche, das aus der Verehrung Gottes hervorgeht, zu welcher der Mensch von Natur aus neigt. Daraus kann man schließen, daß die Gottesverehrung der Christen der wahre Kult ist, und daß dieser allein den Menschen zu seiner Vollkommenheit geführt hat und immer noch führt. – Wir haben nun zu untersuchen, welche Dinge es in dieser Gottesverehrung und im Leben eines Christen sind, die den Menschen am ehesten zu seiner Vollkommenheit führen.

Die Gottesverehrung des Christen ist *innerlich* und *äußerlich*, aber der äußere Kult ist auf den inneren hin ausgerichtet, wie der Leib auf die Seele und der Stoff auf die Form hin angeordnet sind. So ist der äußere Kult zum Nutzen der inneren Gottesverehrung geschaffen worden, nämlich um ihn zu unterstützen und vollkommener zu machen. Und deswegen soll der Mensch in den Gebeten, die zum äußeren Kult gehören, so lange fortfahren als diese der inneren Gottesverehrung dienlich sind, aber nicht darüber hinaus, gemäß dem, was der heilige Thomas sagt. Und solltest du einmal merken, daß diese äußeren Gebete dir die innere Gottesverehrung nehmen oder ihr hinderlich sind, dann mußt du auf deren Verwendung verzichten und sie unterlassen und allein bei der Erhebung des Geistes und der inneren Verehrung verharren. Deswegen heißt es auch, daß die figurierten Gesänge in der Kirche eher schädlich als nützlich sind, denn dort soll man beten und Gott mit Geist und Verstand betrachten. Die figurierten Gesänge jedoch tun nichts anderes, als daß sie den äußeren Sinn und das Ohr ergötzen. Daher kann man lesen, der heilige Athanasius habe nicht gewollt, daß man bei den üblichen kirchlichen Gesängen die Stimmen zu sehr vernehme und habe verlangt, daß man diese kaum [über das normale Maß hinaus] erhebe.

Die innere Verehrung ist demnach, wie ich dir gesagt habe, die wichtigste. Willst du daher zur Vollkommenheit gelangen, so halte an dieser Verehrung – was deinen Verstand und deinen Willen betrifft, der auf die Liebe zu Gott und auf das Wohlwollen dem Nächsten gegenüber hin gerichtet ist – fest. Wohlwollen und Liebe sind die Lehrmeisterin, die dich alles lehrt. Sorge denn dafür, daß du diese, nämlich die Liebe zu Gott und zum Nächsten, vor allen andern Dingen immer in dir hast. Wende dich daher jeden Tag, wenn du dich morgens von deinem Lager erhebst, zuallererst in Liebe und Hingabe an den Herrn und sage: «Mein Herr, ich nehme mir vor und habe den festen Vorsatz, dich immer zu lieben und in nichts je gegen deinen Willen zu handeln.» Dann richte alle deine Handlungen auf die Ehre und den Ruhm Gottes aus und halte mit jedem Frieden, wie der Apostel sagt: *cum omnibus pacem habete.*[271] Liebe deinen Nächsten wie dich selbst – auch sollst du nicht nur die Freunde, sondern auch die Feinde lieben, denn alle sind ein Bild Gottes. Gib immer Raum dem Zorn[272], hege weder Haß noch Groll gegen irgendjemanden, suche auch nie, dich zu rächen, sondern überlaß dies Gott, denn es steht geschrieben: *mihi vindictam et ego retribuam ei*[273], überlasse also die Rache Gott, und *er* wird dir vergelten, *et congregabis carbones super eum, idest opera caritatis*[274], und wenn du Gott für ihn bittest, wird er sich zur Buße bekehren oder wird zuschanden werden. – Verrichte zudem oft ein Gebet und halte dir Gott immer gegenwärtig, als wärst du mit ihm von Angesicht zu Angesicht. Und solltest du nicht so viel Licht haben, daß du dies aus eigenem Vermögen zu tun weißt, so stelle dich vor ein Kruzifix hin oder bringe dir jenes Bild vor Augen und sprich mit ihm, rufe alle Wohltaten in Erinnerung, die er dir getan hat, und danke ihm dafür wie sehr du nur kannst. – Mach das jeden

Tag und zu jeder Stunde, da du Gelegenheit hast, es zu tun, vor allem an Festtagen, die zu diesem Zweck geschaffen worden sind, das heißt, um Gott an solchen Tagen zu ehren und sich seiner zu erinnern. Bedenke, wie groß seine Güte ist, und wieviel Wohltaten er allen Geschöpfen – und dir im besonderen – erwiesen hat, und daß er geruht hat, Fleisch anzunehmen und zu deinem Heil sterben zu wollen. Bedenke auch daß *er* dich geschaffen hat – und dies unter Christen, wo du für dich Erlösung erlangen kannst, wenn du dazu nur willens bist …

Was nun den äußeren Kult betrifft, haben wir in der Kirche Christi zwei Sakramente, die unter allen andern ganz besonders für eine christliche Lebensführung nützlich sind; das eine ist die Beichte, das andere die Kommunion. Sorge dafür, daß du dich ihnen zuwendest, empfange sie nicht leichtsinnig, sondern überlegt und gut vorbereitet, und denke genau an das, was du tust … Und wenn du die Kommunion nicht real empfangen kannst, so empfange sie während der Messe, die du hörst, wenigstens geistig zusammen mit dem Priester, wenn er diese liest und selber kommuniziert, und bete dafür, daß der Herr dir dann die Gnade gebe, als hättest du selber die Kommunion empfangen. Und bisweilen wird es dir mehr helfen und nützen als dem Priester, der gerade die Messe liest …

Aus der 22. Predigt
24.3.1495

In der von Thomas von Aquin stark beeinflußten Predigt, die Savonarola am Vortag des Festes Mariä Verkündigung – das im florentinischen Kalender den Jahresbeginn bezeichnete – zu Ehren Mariens hielt, kommt er zunächst auf den menschlichen Intellekt zu sprechen, dessen Erkenntnisobjekte in erster Linie aus irdischen Dingen bestehen. Infolge dieser Beschränktheit besteht die Gefahr, daß er bei der Betrachtung überirdischer Dinge diesen Eigenschaften zuspricht, die ihnen nicht zukommen – etwa wenn man Engeln göttliche Eigenschaften zuordnet, oder – wie es Origenes tat – behauptet, Gottes Güte sei so groß, daß er am Ende aller Zeiten auch die Dämonen erlösen werde. – Die Gefahr des Übertreibens und des Mißbrauchs besteht auch in der Marienverehrung. Zunächst nimmt Savonarola aber Stellung gegen den möglicherweise erhobenen Vorwurf, er predige nur selten über die Jungfrau.

Zum Fest Mariä Verkündigung

Da du mir wohl sagen und mich fragen könntest, warum ich über die Jungfrau, die doch soviel als nur möglich gelobt werden sollte, nur so selten predige, so frage ich zunächst dich: Warum hat der Heilige Geist in den Schriften sie nur so wenige Male erwähnt? Und aus welchem Grund haben jene frühen Heiligen nicht – oder nur wenig – über sie gepredigt? – Solltest du nun etwa sagen, die Menschen würden sie heutzutage mehr verehren als jene frühen Heiligen und unsere ehrwürdigen Väter, so kann dies in keiner Weise weder behauptet noch geglaubt werden. Und trotzdem stellen wir fest, daß die Apostel, die sie so sehr liebten und verehrten, über sie nicht oder nur wenig geschrieben haben. Sag mir: Warum ist dies so gewesen? Was wollen wir dazu sagen?

Die Apostel haben deswegen nicht über die Jungfrau geschrieben, weil unser Heil vom Glauben an Christus abhängt, und da sie alle auf dieses eine Ziel ausgerichtet waren, verkündeten sie nichts anderes als Christus. Und außerdem: wegen des großen Lichts, das sie von Gott empfangen hatten, waren sie stets mit ihm und nicht mit den Geschöpfen beschäftigt, und sie brauchten daher nicht diesen Köder[275], um die Leute zum Glauben anzuspornen, mochten sie auch nichtsdestoweniger ihr immer größte Liebe und Ehrerbietung entgegenbringen. – Ferner: hätten die Apostel über das Lob der Jungfrau, über ihre tiefe Demut, ihre unendliche Liebe und ihre andern unermeßlichen Tugenden geschrieben, so hätten die Leute wohl immer eher das Evangelium der Jungfrau als das von Christus gelesen und sie wie Gott betrachtet und gehalten.

Die Verehrung der Jungfrau ist bei den Leuten sehr groß. Du siehst es daran, daß sogar die schlechten Menschen mehr Angst und Entsetzen haben, die Jungfrau zu lästern als jeder andere. – Die Apostel waren also bestrebt, Christus zu preisen und zu verherrlichen und zu beweisen, daß er allein Gott und der zur Erlösung der Welt gekommene Messias sei, und sonst niemand anders. Wie du feststellen konntest, habe ich seit vielen Jahren mich stets bemüht, über die Schrift zu predigen, und da diese nur wenig von der Jungfrau spricht, brauchte ich nicht oft von ihr zu reden ... Daher sollst du darüber nicht erstaunt sein. – Ich muß dir allerdings sagen: Eine große Verirrung ist in diesen Zeiten auf Erden aufgekommen, denn gar oft entdeckt man – bald an diesem, bald an einem andern Ort – irgendwelche neue Andacht zur Jungfrau, und die Menschen haben daraus aus Habsucht ein Geschäft[276] gemacht. Die Jungfrau hat das nicht nötig, und daher sollte man sich der Sache genau annehmen, denn solche Dinge gereichen bisweilen dem katholischen Glauben zu großem Schaden, da sie eher dem Geld als der Andacht dienlich sind. Gott und die Jungfrau wollen dies nicht und benötigen diese unsere Lügen nicht, um gepriesen oder verehrt zu werden, wie ja auch die Schrift sagt: *numquid Deus indiget vestro mendacio?*[277] – In unserer Zeit gehen die Leute an solche Orte recht oft mehr aus Gründen des Nutzens und des materiellen Vorteils und eher von ihrer Eigenliebe als von Andacht getrieben. – Wie ich dir sagte, habe ich nicht viel über die Jungfrau gepredigt, da ich dazu in den Schriften, die ich dir auslegte und verkündete, keinen Anlaß fand. Ich wollte dir vor allem über den Glauben, dessen du am meisten bedarfst, predigen, und ich habe dir diesen mit vielen Gründen bewiesen.

Der Rest der Predigt stellt eine Lobrede auf Maria in Form einer allegorischen Deutung von Salomons Thron dar (1(3) Kön 10,18ff.): In ihrer Demut ist Maria unter den Geschöpfen die höchste Form der Weisheit und, da Salomons Thron als Allegorie Marias erscheint, wird sie selbst zum «Sitz der Weisheit» (sedes sapientiae).

Alle Tugenden und alles Gute, das sie besaß, erachtete sie nicht als eigenen Verdienst, sondern als etwas, das von der Barmherzigkeit Gottes kam. Und darin besteht die wahre Weisheit: Die Wahrheit zu erkennen und zu wissen, daß der Mensch von sich aus kein einziges Gut besitzt, sondern daß alles Geschenk und Gnade Gottes ist …

Abriss der Offenbarungen

Es waren apologetische Gründe, die Savonarola veranlaßten, im Sommer 1495 einen «Abriß der Offenbarungen» («Compendio di rivelazione») *zu verfassen. Wenn schon früher seine ihm zuteil gewordenen Offenbarungen kritisiert wurden, so war dies nach seiner Predigt über die «Gesandtschaft zu Maria» (1. April 1495) noch weit mehr der Fall. Wie Savonarola in der Einleitung erklärt, waren seine Worte unvollständig wiedergegeben, verdreht oder bewußt verfälscht worden. In seinem Antwortbrief an Alexander VI. auf dessen erstes Breve wies Savonarola auf das baldige Erscheinen eines Buches hin, das ihm über Inhalt und Charakter seiner Offenbarungen Auskunft geben werde.*

Der ersten Ausgabe in der Volkssprache – Mitte August 1495 – folgte eine lateinische Version im Oktober desselben Jahres. Zwei Jahre später sah sich Savonarola infolge erneuter Angriffe gezwungen, eine streng scholastisch ausgerichtete, lateinisch abgefaßte Schrift «Über die Wahrheit der Prophetie» («De veritate prophetica») *herauszugeben.*

Art und Weise der prophetischen Offenbarung

Wenn ich auch schon lange durch göttliche Eingebung auf viele Weisen zukünftige Dinge vorausgesagt habe, so beachtete ich doch die Vorschrift unseres Erlösers Jesus Christus, der sagte: *nolite sanctum dare canibus nec mittatis margaritas vestras ante porcos, ne forte conculcent eas pedibus et conversi dirumpant vos.*[278] Ich habe immer nur mit Zurückhaltung darüber gesprochen und mich nicht mehr darüber ausgelassen, als ich es für das Heil der Menschen notwendig erachtete, so daß ich daraus nur wenig Schlußfolgerungen gezogen habe, auch wenn es meinerseits viele Beweisführungen, Ermutigungen und Überzeugungsversuche gegeben haben mag, um den Glauben daran zu erwecken. Dabei habe ich die Art und die Zahl der Visionen und auch viele andere Offenbarungen immer geheimgehalten. Ich habe nie davon gesprochen, wenn mir nicht eingegeben worden war, ich sollte sie verkünden, wenn es mir nicht für das Heil der Menschen notwendig schien, und diese nicht bereit waren, daran glauben zu können. – Jetzt aber habe ich mich – durch Not gezwungen – daran gemacht, die die Zukunft betreffenden Aussagen, die ich öffentlich verkündet habe, niederzuschreiben, und zwar vor allem die wichtigsten und die von größerer Bedeutung. Denn viele, die sich die Mühe gegeben haben aufzuschreiben, was ich gerade predigte, haben die Wahrheit nicht im vollen Umfang aufnehmen können, sondern nur lückenhaft und auch noch mit vielen Fehlern, da sie nicht in der Lage waren, mit der Feder so schnell zu laufen, wie ich mit der Zunge. Auch haben einige andere – entweder infolge Mißverständnis oder aus Bosheit – im Volk Dinge verbreitet, die ich nicht gesagt habe, oder sie haben das, was ich sagte, verkürzt und bisweilen auch entstellt.

Ich werde mir also die Mühe geben, alles, was ich in der Öffentlichkeit über künftige Dinge verkündet habe, kurz zusammenzufassen, wobei ich die Art und Weise, wie ich [die Eingebungen] erhalten habe, weglasse, wie auch die Beweisstellen aus der Heiligen Schrift, die ich ihnen beigegeben hatte. Allerdings werde ich jene *Vision von der Oktav des Festes Mariä Verkündigung* in vollem Umfang aufschreiben, weil sie von vielen unvollständig aufgezeichnet und an verschiedene Orte verschickt worden ist. Und der Grund, der mich vor allem angespornt hat, zur Ehre Gottes die Feder zu ergreifen, war der, daß die von ihm geoffenbarten Dinge nicht ins Lächerliche gezogen würden, vor allem, weil ich mir sagen mußte, daß meine Worte auf solche Weise unkorrekt und voller Fehler gedruckt und überall verbreitet würden. Damit sie nun in keiner Weise verdorben und verzerrt werden können, habe ich sie sowohl in Latein als auch in der Umgangssprache veröffentlicht, denn so werden sie jedem zugänglicher sein. – Ich bitte nun alle, Männer und Frauen, die diese lesen werden, daß sie, wenn sie hören, ich hätte in der vergangenen Zeit bis auf den heutigen Tag, da dieses kleine Buch abgefaßt worden ist, andere Dinge vorausgesagt, als die in diesem Buch aufgeschriebenen, diesen keinen Glauben schenken, denn unsere «Freunde», die Lauen und Weisen dieser Welt, haben mir sowohl innerhalb wie außerhalb von Florenz – außerhalb noch mehr als innerhalb – viele falsche Dinge zugeschrieben. Ich weiß freilich, daß man auch das hier Aufgeschriebene auf verschiedene Weise interpretieren wird – gemäß dem, was im zwölften Kapitel Daniel steht: *plurimi pertransibunt et multiplex est scientia idest opini*[279], und daß viele es auch verspotten werden. Trotzdem glaube ich, daß jeder, der dies mit der Einfalt des Herzens liest, von der Wahrheit Erleuchtung erlangen und auch manche gute Frucht davontragen wird, denn es steht geschrieben: *cum simplicibus sermocinatio eius*[280] und *abscondidisti haec a sapientibus et prudentibus et revelasti ea parvulis.*

Aber bevor ich beginne, die Dinge zu erzählen, die ich zu sagen habe, scheint es mir für deren Verständnis nötig zu sein, kurz die Art und Weise der prophetischen Offenbarungen zu erklären, damit ein jeder verstehe, *wie* die Propheten das von Gott erfahren, was sie den Menschen verkünden. Denn, wie im neunten Kapitel des ersten Buches der Könige geschrieben steht: *qui propheta dicitur hodie, vocabatur olim videns.*[281] Als Prophet im besonderen Sinne wird der bezeichnet, der Dinge sieht, die weit entfernt von der natürlichen Erkenntnis eines jeden Geschöpfes liegen, mag auch der Prophet mittels des prophetischen Lichts viele Dinge erfahren, die von der menschlichen Kenntnis nicht so sehr entfernt sind, denn jenes Licht kann sich auf alles, auf menschliche wie auf göttliche Dinge, erstrecken. – Weit entfernt aber von der natürlichen Erkenntnis eines jeden Geschöpfes liegen die von Zufälligkeiten abhängigen zukünftigen Dinge, vor allem jene, die den freien Willen zum Ausgangspunkt haben und die an und für sich nicht erkannt werden können, weder von den Menschen noch von irgendeinem andern Geschöpf, weil sie außer der Ewigkeit, die jede Zeit umfaßt, nicht gegenwärtig sind. Sie können in ihren Ursachen von keinem mit Intellekt versehenen Geschöpf erfaßt werden, denn da die Ursachen solche Dinge sowohl hervorbringen als auch nicht hervorbringen können, vermag der geschaffene Intellekt nicht zu erkennen, in welche Richtung diese Ursachen sich neigen werden. Deswegen sind alle Wahrsagekünste, an deren Spitze die die Zukunft deutende Astrologie steht, von den heiligen Schriften und den kirchlichen Verordnungen verdammt worden, denn es ist Eigenschaft der göttlichen Weisheit, die vom Zufall bedingten künftigen Dinge zu kennen, da alles Vergangene, Gegenwärtige und Zukünftige vor ihr gegenwärtig erscheint, wie geschrieben steht: *omnia sunt nuda et aperta oculis eius.*[282] Die zufallsbedingten künftigen Dinge können demnach von keinem natürlichen Licht erkannt werden, sondern allein Gott kennt sie in der Ewigkeit seines Lichts, und von ihm allein erfahren sie jene, die er für solche Offenbarungen für würdig erklärt …

Bisweilen gibt er dem Intellekt des Propheten das, was jener zu verkünden hat, ohne jede bildliche Vorstellung ein – auf diese Weise verlieh er dem Salomon die Weisheit, und auf diese Weise prophezeite der Prophet David. – Manchmal bildet er in der Einbildungskraft des Propheten verschiedene Gestalten und bildhafte Vorstellungen, die das andeuten, was er zu erkennen und zu verkünden hat. Und durch das vorhin erwähnte Licht versteht er die ganze Bedeutung der Visionen, andernfalls könnte man ihn nicht Prophet nennen. Daher steht im zehnten Kapitel bei Daniel geschrieben: *intelligentia opus est in visione.*[283] – Oftmals fühlt er bei solchen Visionen, wie in seinem Innern verschiedene Worte von verschiedenen Personen, die sich seinem Geist darbieten, gesprochen werden, und kraft des erwähnten Lichtes weiß er, daß diese Worte durch Vermittlung von Engeln von Gott ausgehen. – Manchmal bietet Gott den äußeren Sinnen, vor allem den Augen, sinnbildliche Zeichen von dem, was zu offenbaren ist, wie man im fünften Kapitel bei Daniel von der Hand liest, die vor den Augen Balthasars an die Wand schrieb: *mene, tekel, phares*[284], welche Worte der Prophet mit seinen äußeren Augen sah und mit dem innern Licht deutete. – Man muß beachten, daß Gott diese äußeren wie auch die im Einbildungsvermögen auftretenden Erscheinungen mit Hilfe der Engel erzeugt, wie es der heilige Dionysius im Buch «Über die himmlische Hierarchie»[285] sagt, denn alles, was von Gott kommt, erfolgt nach ganz bestimmter Ordnung, gemäß jenem Wort des Apostels: *quae a Deo sunt, ordinata sunt*[286], und die Ordnung seiner Weisheit besteht darin, die untersten Dinge durch die mittleren und die mittleren durch die obersten zu lenken. Da nun die Engel in der Mitte zwischen Gott und den Menschen stehen, kommen die prophetischen Erleuchtungen Gottes durch Vermittlung der Engelsgeister, die nicht nur innerlich erleuchten und in der Vorstellungskraft verschiedene Erscheinungen hervorrufen, sondern auch innerlich zu den Propheten sprechen, denen sie bisweilen auch äußerlich in menschlicher Gestalt erscheinen, künftige Dinge verkünden und mancherlei auszuführen beauftragen. Und mit Hilfe des erwähnten Lichtes erkennen die Propheten deutlich, daß es sich um Engelserscheinungen handelt, und daß das, was sie sprechen, wahr ist und von der göttlichen Weisheit ausgeht.

Auf diese drei Arten haben wir die Kenntnis von künftigen Dingen empfangen und erfahren, die einen auf die, die andern auf andere Weise. Mochte ich sie auch auf irgendeine dieser Arten erhalten haben, so gewann ich doch stets mit Hilfe des erwähnten Lichts die Gewißheit von der Wahrheit [des mir Mitgeteilten].

Da nun der allmächtige Gott sah, daß die Sünden Italiens zunahmen – besonders bei den kirchlichen und weltlichen Häuptern – und er sie nicht mehr zu ertragen gedachte, beschloß er, seine Kirche durch eine große Heimsuchung zu läutern. Und weil, wie beim Propheten Amos steht, *non faciet Dominus Deus verbum, nisi revelaverit secretum suum ad servos suos prophetas*[287], wollte er, daß diese Drangsal zum Heil seiner Erwählten in Italien vorausverkündet würde, damit sie sich vorbereiten könnten, diese zu ertragen. Da nun Florenz mitten in Italien liegt – wie das Herz in der Mitte des Leibes – hat er geruht, diese

Stadt zu erwählen, damit in ihr solche Dinge vorausverkündigt würden und durch sie deren Kunde sich auf die andern Orte verbreite, wie wir ja aus Erfahrung feststellen können, daß es gegenwärtig so geschehen ist.

Unter andern seiner Diener erwählte Gott auch mich Unwürdigen und Unnützen zu dieser Aufgabe und ließ mich im Auftrag meiner Oberen im Jahr 1489 nach Florenz kommen, und in diesem Jahr begann ich – am ersten August, einem Sonntag – in unserem San Marco öffentlich die Apokalypse auszulegen.[288] Und während ich jenes ganze Jahr in Florenz predigte, brachte ich dem Volk unaufhörlich *drei Dinge* vor: *erstens,* die Kirche habe sich in diesen Zeiten zu erneuern; *zweitens,* vor dieser Erneuerung würde Gott eine große Drangsal über Italien kommen lassen; *drittens,* diese Dinge würden sich bald ereignen. Und ich bemühte mich, diese drei Schlußfolgerungen immer mit Wahrscheinlichkeitsgründen zu beweisen, mit Bildern aus den heiligen Schriften und andern Gleichnissen oder Parabeln, die auf dem gründeten, was man in damaliger Zeit in der Kirche wahrnehmen konnte, wobei ich den Leuten nicht erklärte, daß ich von diesen Dingen auch auf anderem Weg als nur mittels der Vernunftgründe Kenntnis hätte, denn sie schienen mir damals noch nicht bereit zu sein, solches glauben zu können. – Als ich dann in den folgenden Jahren mit Predigen fortfuhr und bei den Menschen eine größere innere Bereitschaft zum Glauben wahrnehmen konnte, ließ ich bisweilen eine [empfangene] Vision durchblicken, wobei ich allerdings nicht sagte, daß es eine Vision sei, sondern ich legte sie nach Art einer Parabel vor. Da ich dann großem Widerspruch und Hohn bei den Menschen jeden Alters begegnete, nahm ich mir in meinem Kleinmut oft vor, von andern Dingen als diesen zu predigen, konnte es jedoch nicht tun, denn alles, was ich sonst las und studierte, wurde mir zum Überdruß, und wenn ich darüber predigen wollte, so hatte ich daran so sehr Mißfallen, daß ich mir selbst zum Überdruß wurde. Und ich erinnere mich, wie ich zur Zeit, da ich zum ersten Mal während der Fastenzeit – es war im Jahr 1490[289] – in Florenz in Santa Reparata predigte, beschloß, die Predigt zum zweiten Sonntag, der gerade von diesem Thema handelte, und die ich bereits verfaßt hatte, beiseite zu lassen und nicht mehr über solche Dinge predigen zu wollen. Gott ist mir dafür Zeuge, daß ich den ganzen Samstag und die ganze Nacht bis zum Sonntag morgen wach blieb und mich nichts anderem widmen konnte, so sehr war mir jeder Ausweg versperrt und jedes andere Wissen, abgesehen von jenem, genommen. Und ich fühlte, wie mir am Morgen, als ich vom langen Wachsein völlig ermüdet war, gesagt wurde: «Du Tor, siehst du nicht, daß es Gottes Wille ist, daß du in dieser Weise predigst?» Und so hielt ich an jenem Morgen eine schreckenerregende Predigt.

Im Jahre 1491 hatte Savonarola mit der Interpretation der Genesis begonnen, war allerdings nur langsam verangekom-

men. In der Fastenzeit 1494 gelangte er bis zum Bericht über den Abschluß des Baus der Arche Noah (Gen 6,16). Genau an dieser Stelle setzte er den Zyklus im Herbst 1494 fort:

Als ich im September – am Tag des heiligen Apostels Matthäus – wieder zu predigen begann und den Text an der Stelle vorlegte, wo ich ihn das letzte Mal unterbrochen hatte, das heißt beim Vers *ecce ego adducam aquas diluvii super terram etc.,* und zwar zu einer Zeit, da man schon allgemein wußte, daß der König von Frankreich mit seinen Leuten in Italien eingefallen war, da bekannten bei diesen Worten der *Genesis* viele voller Bestürzung, die Lesung der *Genesis* sei durch verborgene Fügung Gottes in dieser Reihenfolge gelenkt worden. Einer von diesen war der Graf Giovanni [Pico] della Mirandola, ein Mann, der in unserer ungewöhnlichen Zeit mit großer Gelehrsamkeit und Begabung auffiel und der mir später gesagt hat, bei diesen Worten sei er in große Erregung geraten, und seine Haare hätten sich gesträubt …

Die Vision von der Hand mit dem gezückten Schwert und von den zwei Kreuzen

Im Jahre 1492, in der Nacht vor meiner letzten Predigt, die ich in jenem Advent in Santa Reparata hielt, sah ich am Himmel eine Hand mit einem Schwert, und darüber stand: *gladius Domini super terram, cito et velociter,* und über der Hand stand geschrieben: *vera et iusta sunt iudicia Domini.*[290] Und es schien, der Arm dieser Hand ginge aus drei Antlitzen hervor, die sich innerhalb *eines* Lichtes befanden. Von diesen sprach das erste: «Die Gottlosigkeit in meinem Heiligtum schreit von der Erde zu mir»; das zweite antwortete: «Mit der Rute will ich ihre Gottlosigkeit heimsuchen und mit Schlägen ihre Sünden»[291]; das dritte sprach: «Meine Barmherzigkeit will ich nicht von ihm nehmen, noch will ich ihm in meiner Wahrheit Schaden zufügen, und ich will mich des Armen und Mittellosen erbarmen»[292]. Das erste sprach nochmals und sagte: «Vergessen hat mein Volk meine Gebote an unzähligen Tagen»[293], und das zweite antwortete: «Ich will sie zermalmen und zerschlagen und mich ihrer nicht erbarmen»[294], worauf das dritte sprach: «Gedenken will ich derer, die nach meinen Geboten leben»[295]. Und dann kam von den drei Antlitzen zusammen eine mächtige Stimme über die ganze Welt und sprach: «Hört, all ihr Bewohner der Erde, dies spricht der Herr: Ich, der Herr, spreche in meinem heiligen Eifer: Siehe, es kommen Tage, da ziehe ich mein Schwert über euch aus der Scheide[296]. So bekehrt euch zu mir, bevor mein Zorn sich erfüllt.[297] Denn dann, wenn die Not über euch kommt, werdet ihr Frieden suchen, und er wird nicht kommen.»[298] – Nachdem diese Worte gesprochen worden waren, schien mir, ich sähe die ganze Welt vor mir, und weißgekleidete Engel würden vom Himmel auf die Erde herniedersteigen, alle mit einer großen Zahl weißer Gewänder über ihren Schultern und roten Kreuzen in den Händen. Und diese durchstreiften die Welt und boten einem jeden ein weißes Kleid und ein Kreuz an. Einige nahmen diese an und kleideten sich damit; andere wollten sie nicht annehmen, wenn sie auch die übrigen, die sie empfingen, nicht daran hinderten, und wieder andere wollten sie weder annehmen, noch gestatten, daß andere sie empfingen. Und diese waren die Lauen und die Weisen dieser Welt. Sie spotteten ihrer und bemühten sich, sie des Gegenteils zu überzeugen. – Darauf kehrte die Hand das Schwert zur Erde, und gleich schien es, als fülle sich die ganze Luft mit Wolken, und als regne es Schwerter und Hagel, begleitet von großem Donner, Pfeilen und Feuerflammen. Und auf der Erde entstand Krieg, Pest, Hungersnot und große Drangsal, und ich sah, wie die Engel mitten durch die Völker gingen und denen, die ein weißes Kleid hatten und ein Kreuz in den Händen hielten, von einem klaren Wein zu trinken gaben. Und diese tranken davon und sprachen: «Wie süß sind unserem Mund deine Worte, Herr!»[299] – Die Hefe, die sich am Grund des Kelches befand, gaben sie andern zu trinken, doch wollten diese nicht trinken, und es schien, als möchten sie sich zur Buße bekehren, doch vermochten sie es nicht und sprachen: «Warum vergißest du unser, Herr?»[300], und sie versuchten die Augen zu Gott zu erheben und zu ihm zu blicken, waren aber, von ihrer Drangsal beschwert, dazu nicht imstande. Sie waren wie betrunken, und es schien, als springe ihnen das Herz aus der Brust, und es ging auf die Suche nach den Lüsten dieser Welt, fand sie aber nicht. Sie aber gingen, wie von Sinnen, ohne Herz einher. – Und nach diesem hörte ich von jenen drei Antlitzen her eine gewaltige Stimme, die sprach: «Hört denn das Wort des Herrn: Deswegen wartete ich auf euch, damit ich mich eurer erbarme.[301] Kommt also zu mir, denn ich bin gütig und barmherzig[302] und gewähre Barmherzigkeit allen, die mich anrufen.[303] Weigert ihr euch aber, so wende ich meine Augen für immer von euch ab.»[304] Und die Stimme wandte sich hernach an die Gerechten und sprach: «Ihr aber, Gerechte, freut euch und frohlockt[305], denn wenn mein kurzer Zorn vorüber ist[306], will ich die Hörner der Sünder zerbrechen, und erheben werde ich die Hörner der Gerechten.»[307] – Und gleich entschwand alles, und mir wurde gesagt: «Mein Sohn, wenn die Sünder Augen hätten, sähen sie gewiß, wie schwer und hart diese Pest und wie scharf dieses Schwert ist.» Und unter der harten Pest und dem scharfen Schwert waren die Regierung der schlechten Prälaten und die Prediger der Philosophie gemeint, die weder selbst ins Himmelreich kommen, noch die andern in dieses gelangen lassen. Und damit sollte gezeigt werden, daß es der Kirche derart schlecht ergehe, daß der Krieg von seiten dieser Leute für sie noch schlimmer sei als alle den Leib betreffenden Drangsale, die ihr widerfahren könnten. Und daher wurde mir gesagt, ich solle die Menschen aufmuntern, Gott zu bitten, er möge seine Furcht auf die Erde schicken und die Liebe und die Erinnerung an die Wohltaten des Leidens des Gottessohnes in den Herzen der Menschen erneuern und gute Hirten und Prediger senden, die ihre Herde und nicht sich selbst weiden. – Darauf sagte ich, wiederum von Gott erleuchtet, daß einer, der dem Cyrus gliche, die Berge überschreiten würde …

Diesen Dingen schenkten sie keinen Glauben, selbst als deren Erfüllung nahe bevorstand, und ich ihnen erklärte, menschliche Weisheit würde sie irreführen. Einzelnes, wovon ich nicht in der Öffentlichkeit sprach, um nicht Ärgernis zu erregen, will ich beiseite lassen. Ich sagte sie aber einigen meiner Vertrauten, etwa den [von Gott] bestimmten Zeitpunkt des Todes von Innozenz VIII.[308] und von Lorenzo de' Medici sowie die Umwälzung im florentinischen Staatswesen, von der ich sagte, sie würde stattfinden, wenn der König von Frankreich in Pisa wäre …

Als ich mit den Predigten fortfuhr, verkündete ich, die Florentiner hätten noch über große Wasser zu fahren und weitere Drangsale zu erwarten, und in Italien, besonders aber in Rom, würde es drunter und drüber gehen, wobei ich allerdings nie bekanntgab, wann und wie dies geschehen sollte, und wer dies bewirken würde. Ich sagte auch, die Prälaten der Kirche und die Häupter Italiens hätten kein anderes Heilmittel als die Buße; diese allein sei das einzige Mittel, und es würde ihnen nichts nützen, viel Geld, Krieger und feste Plätze zu haben …

Ich erklärte auch, ein einziger Scherer[309] würde ganz Italien nicht scheren können, sondern es würden noch andere kommen – und so wird es ohne Zweifel auch geschehen. – Zudem sagte ich noch viele andere Dinge voraus, die nicht anderer Art als die vorausgehenden waren, nur daß ich bisweilen andere Worte brauchte – außer daß ich zudem die Bekehrung der Ungläubigen, das heißt der Türken und der Mauren, voraussagte, die in unserer Zeit stattfinden sollte, wobei ich erklärte, *sunt multi de hic stantibus, qui haec videbunt*[310]. Und darüber hatte ich schon vor langer Zeit eine Erleuchtung erhalten: Als ich nämlich 1492 in San Lorenzo in Florenz die Fastenpredigten hielt, sah ich in der Nacht von Karfreitag zwei Kreuze. Das eine war schwarz und mitten in Rom, es berührte mit seinem Ende den Himmel und breitete seine Arme über die ganze Erde aus. Auf ihm waren die Worte geschrieben: *crux irae Dei.*[311] Ich hatte es kaum erblickt, als ich sah, wie der Himmel sich verfinsterte, Wolken durch die Luft zogen, Winde, Blitze, Pfeile, Hagel, Feuer und Schwerter hereinbrachen und eine große Menge Leute umbrachten, so daß nur wenige auf Erden übrigblieben. – Darauf folgte überaus klares und heiteres Wetter, und ich sah ein anderes Kreuz, von gleicher Größe wie das erste, jedoch von Gold, und das über Jerusalem stand. Es war so strahlend, daß es die ganze Welt erleuchtete, sie zum Blühen brachte und mit Freude erfüllte. Auf ihm war geschrieben: *crux misericordiae Dei.*[312] Und ich sah, wie alle Geschlechter der

Menschen und Frauen aus allen Teilen der Welt herbeikamen, um es zu verehren und zu umarmen.

In diesem gleichen Zusammenhang hatte ich noch viele andere Visionen, die noch weit deutlicher waren. Sowohl bezüglich anderer von mir vorausgesagter Dinge, wie auch besonders über die Erneuerung der Kirche und der kommenden Drangsal bin ich durch viele Visionen und zu verschiedenen Zeiten empfangene untrügliche Erleuchtungen bestärkt worden. – Ich sagte auch, die Stadt Florenz müsse sich erneuern, dies sei der Wille Gottes, und also habe man zu handeln. Tue man dies, so würde Florenz noch ruhmvoller, mächtiger und reicher, als es je gewesen. Und daß dies wirklich der Wille Gottes war, haben die Folgen gezeigt. Denn obwohl es großen Widerspruch gab, und es jedem schien, dies sei [herkömmlichem Vorgehen] fremd, kam die Reform der Stadt zustande, was nach Ansicht aller Menschen als unmöglich erachtet worden war. – Dieser Widerstand bewirkte allerdings eine Verzögerung des allgemeinen Friedens und den zeitweiligen Verlust der verheißenen Gnadengaben. Das war dann die Ursache dafür, daß so viele Gebete verrichtet wurden, die schließlich zu diesem allgemeinen Frieden und zur «Berufung der sechs Bohnen» führen sollten, zu der ich um der größeren Sicherheit der Bürger und der Festigkeit der Stadt Florenz willen ermahnt hatte. Und da nun die Hoffnung wieder wuchs, ließ ich viele Gebete verrichten, um die von Gott den Florentinern verheißenen Gnadenerweise wieder zu erhalten, wie sich dann in der Predigt am Tag der Oktav des Festes Mariä Verkündigung zeigen sollte, die wir im Folgenden in der Form, wie sie gehalten wurde, aufgezeichnet haben.

In einer langen – in der «Edizione nazionale» *sich über neunzig Seiten erstreckenden – Beschreibung erstattet Savonarola Bericht über seine «Gesandtschaft» ins Paradies, wobei jede erwähnte Einzelheit (Paradiesmauern, Paradieswiese, Blumen, Vögel usw.) von ihm oder seinem Begleiter, dem heiligen Joseph, eine allegorische Deutung erfährt. Wenn auch einem ganz andern Zweck dienend, so steht diese Schilderung einer Jenseitsreise trotzdem in der Tradition von Dantes «Göttlicher Komödie». Am Thron Marias angelangt, bittet Savonarola für das Anliegen der Florentiner, und Maria legt seine Bitte der Dreifaltigkeit vor:*

Und siehe, da kam von den drei Antlitzen, welche die Heilige Dreifaltigkeit darstellten, eine Stimme, die sich an Maria wandte und sprach: *fiat sicut vis,* es geschehe wie du willst!

Dabei erhält Savonarola noch folgende, in die Einzelheiten gehende Antwort:

«Fiorentia, du von Gott, dem Herrn Jesus Christus, meinem Sohn, und von mir geliebte, halte am Glauben fest, pflege das Gebet und stärke dich mit Geduld, damit du bei Gott ewiges Heil und bei den Menschen Ruhm erlangst.

Du [d.h. Savonarola] wirst nun hingehen und meinem geliebten Volk die Antwort überbringen, wirst ihm sagen, daß es freilich wahr ist, daß sie Sünder sind und daß sie ihrer Frevel wegen alles Schlimme verdienen, vor allem wegen der Untreue vieler, die nicht an das glauben wollen, was du ihnen seit so vielen Jahren vorausgesagt hast, obwohl ihnen mein Sohn schon so viele Zeichen gegeben hat, so daß sie sich nicht mehr entschuldigen können, wenn sie nicht glauben. Und wenn auch der Glaube ein Geschenk Gottes ist, so hätten sie von ihm trotzdem soviel Licht gehabt, daß sie allem hätten Glauben schenken sollen – falls sie nicht böse gewesen wären, nicht eine solche Gesinnung gehabt hätten und auf geradem Weg zu Gott gegangen wären. So tadle sie und sage ihnen, sie sollten sich dem Glauben gegenüber nicht weiterhin starrsinnig verhalten, denn Gott könnte ihnen zürnen. Trotzdem, wegen der vielen Gebete, die von den Seligen im Himmel und den Gerechten auf Erden verrichtet worden sind, hat mir Gott alle Macht gegeben. Wohlan: Alle von Gott verheißenen Gnadengaben werden zurückerstattet, das heißt, die Stadt Florenz wird ruhmvoller, mächtiger und reicher als je sein …

Mein Sohn, du hast nun schon so viele Jahre die Erneuerung der Kirche gepredigt, die ohne Zweifel geschehen wird, und zwar bald. Und du hast durch Eingebung des Heiligen Geistes die Bekehrung aller Ungläubigen, das heißt der Türken und der Mauren und der andern Ungläubigen, vorausgesagt, die ebenfalls bald geschehen soll, so daß viele gegenwärtig auf der Welt lebende Sterbliche sie erleben werden. – Die Erneuerung und Erweiterung der Kirche wird allerdings nicht ohne schwere Drangsal und ohne Schwert vor sich gehen können, wie du es ihnen vorausgesagt hast, vor allem in Italien, das wegen des Prunks, des Stolzes und anderer unzähliger und unnennbarer Sünden seiner Häupter Ursache all dieser Übel ist. – Daher soll es dich nicht kränken, wenn deine Stadt Florenz und deine Söhne einige Drangsal erleiden werden, denn unter den gezüchtigten Städten wird sie die am wenigsten gezüchtigte sein ...»

Am Schluß seines «Compendio» *bekennt Savonarola:*

Ich weiß, daß viele ungeistige und in solchen Dingen unerfahrene Menschen mich verspotten und sagen werden, solches sei auf Grund menschlicher Erfindung geschaffen und zusammengestellt worden und sei weit mehr poetische Fiktion als Vision und Prophezeiung. Solche Leute sollen hingehen und die Propheten lesen, vor allem Ezechiel, Daniel und Zacharias, und sie werden bei ihnen Ähnliches vorfinden, das vom Heiligen Geist bewirkt worden ist, und das sie selbst aufgeschrieben haben, ohne jedoch das Geheimnis zu deuten, sondern indem sie diese Aufgabe den heiligen Lehrern überließen ...

Von der Einfalt des christlichen Lebens

Dem bereits im Jahre 1495 verfaßten und im Sommer 1496 herausgegebenen Traktat «Von der Einfalt des christlichen Lebens» («De simplicitate vitae christianae») *folgte noch im Herbst desselben Jahres eine Übersetzung in die Umgangssprache durch Savonarolas Freund, den Humanisten Girolamo Benivieni. – Eine handschriftliche Kopie des als Autograph erhaltenen Textes hatte Savonarola bereits im Januar 1496 Ercole d' Este, dem Herzog von Ferrara, zukommen lassen.*

Die Wahrheit und Einfalt Christi

Gepriesen sei Gott und der Vater unseres Herrn Jesus Christus, der die Finsternis unseres Geistes erhellt und uns den Weg seiner Wahrheit gezeigt und uns verliehen hat, für diese Schmach und Verfolgung zu erleiden. Nichts ist nämlich vortrefflicher, als für den Namen Jesu Schmach zu erleiden! Und obwohl der Weg der Wahrheit, auf dem er uns zur himmlischen Seligkeit führt, in der Heiligen Schrift durch den Heiligen Geist auf wunderbare Weise beschrieben und durch das Blut Christi und unzähliger Märtyrer bestärkt und durch die Lehre der Heiligen Römischen Kirche und so hervorragender Lehrer in völlig ausreichender Weise erklärt worden ist, scheint diese Kenntnis in unseren Tagen trotzdem infolge von Nachlässigkeit oder Verachtung in Vergessenheit geraten zu sein; da die Menschen die Finsternis mehr lieben als das Licht, oder infolge von

Bosheit, die den Geist des Menschen blind macht, oder auch von Lauheit, die das Verständnis der Schriften verdirbt oder schließlich wegen der Gewohnheit, ohne irgendwelchen Genuß [die Schriften] zu lesen, was den Intellekt vernebelt. – Da wir aber die Wahrheit und die Einfalt Christi verkünden, sind nun manche wie aus schwerem Schlaf erwacht und haben sich diesen angeschlossen. Andere wiederum, welche die Gewohnheit ihrer Zeremonien, die sie ohne Läuterung des Herzens nach der Sitte der Juden vollziehen, nicht aufgeben wollten, haben die Einfalt Christi verachtet und bekämpfen uns nun ohne Unterlaß, laufen von Haus zu Haus und versuchen die Einfältigen mit allen Mitteln zu verderben. Und noch andere wollen die Wahrheit nicht hören, die ihren verdorbenen, aller Welt bekannten Sitten entgegensteht, und verfolgen uns nicht nur mit der Zunge, sondern auch mit dem Schwert.

Da nun viele gerufen, aber nur wenige auserwählt[313] und viele die Feinde der Wahrheit, jedoch nur wenige deren Freunde sind, und ich mir bewußt bin, daß es überall sehr viele Verunglimpfer der Wahrheit und der Einfalt Christi, jedoch nur wenige Verteidiger gibt, wollte ich euch das, was ich öffentlich über die Wahrheit und die Einfalt Christi gepredigt habe, schriftlich in einem kurzen Abriß übermitteln, damit euer Geist im Krieg gegen so viele verdorbene und beharrliche Gegner nicht erlahme. – Da nämlich laue und verruchte Menschen es nicht wagen, die nackte und reine Wahrheit, die wir euch verkündet haben, offen zu bekämpfen, weil die Kraft der Wahrheit so stark ist, daß sogar deren Todfeinde sich schämen würden, gegen sie offen den Kampf zu führen, versuchen sie, sowohl hier – in Florenz – als auch anderswo unsere Worte schlechtzumachen, ihnen einen falschen Sinn zu geben und ihnen nach Belieben etwas hinzuzufügen oder auch etwas davon wegzunehmen, so daß sie auf diese Weise nicht als Gegner der Wahrheit, sondern einer falschen und verkehrten Lehre erscheinen.

Damit ihr nun imstande seid, ihren so harten Nacken zu beugen und die Wahrheit, die ihr von uns oder von andern, die mich gehört haben, vernommen habt, in Erinnerung zu behalten und zu verteidigen, habe ich dieses kleine Buch über die Einfalt[314] des christlichen Lebens erscheinen lassen. Ich will versuchen, darin eher mit natürlicher Vernunft, als mit der Antwort der heiligen Schriften vorzugehen, einerseits wegen der Ungläubigen und der Weisen dieser Welt – das heißt wegen der Philosophen, Redner, Poeten und der übrigen, die aufgeblasenen Geistes sind –, die das christliche Leben als Aberglauben und dessen Einfalt als Dummheit betrachten. Andrerseits wegen der Situation unseres so unglücklichen Zeitalters, in dem der Glaube so sehr geschwächt worden ist, und das übernatürliche Licht in den Menschen so sehr ausgelöscht worden zu sein scheint, daß ich kaum noch in der Lage bin, zu unterscheiden, ob die, welche bekennen, fest zu glauben, eher veranlaßt durch eine gewisse Ansicht, in der sie gleichsam von Kindheit an aufgezogen worden sind, oder infolge eines übernatürlichen Glaubenslichts, das, was zum christlichen Glauben gehört, als wahr bekräftigen …

Denkt nach über den Herrn in Rechtschaffenheit und sucht ihn in der Einfalt des Herzens, denn er läßt sich von denen finden, die ihn nicht versuchen, und er zeigt sich denen, die auf ihn vertrauen.[315] Die Grundlage unseres Heiles besteht darin, daß wir Gott erkennen und über ihn in Rechtschaffenheit denken. Aber wie die belegte Zunge eines Fieberkranken in keiner Weise in der Lage ist, über den Wein ein sicheres Urteil zu geben, so kann auch die geistige Verfassung eines Sünders über Gott nicht in richtiger Weise denken. Daher ermahnt uns die ungeschaffene Weisheit am Anfang ihrer Rede richtig, wenn sie spricht: denkt von Gott in Rechtschaffenheit.

Da es nun nicht genügt, über Gott in Rechtschaffenheit zu denken, wenn man ihn nicht auch mit den Schritten einer einfältigen und aufrichtigen Liebe sucht, so wird richtigerweise hinzugefügt: und sucht ihn in der Einfalt des Herzens. Weil aber die Liebe durchaus nicht im Herzen verborgen bleiben kann, sondern wie das Feuer in einer Wolke einen Ausgang sucht und so lange geräuschvoll hin- und herschießt, bis es unter Krachen aus der Wolke herausbricht, so bemüht sich die Liebe zu Gott, sich in Werken zu äußern, und hört nicht auf sich abzumühen, bis ihr Werk vollendet ist. – Wer also glaubt,

Gott ohne Werke finden zu können, versucht ihn wahrhaftig und verzehrt sich in törichter Mühe, sagt doch [die Weisheit]: finden läßt er sich von denen, die ihn nicht versuchen ... Weil einer nun sagen könnte, es genüge, vor Gott die Einfalt des Herzens zu haben, auch wenn die Einfalt des Werkes und der äußeren Dinge fehlt, fügt sie hinzu: finden läßt er sich von denen, die ihn nicht versuchen. Unser Erlöser scheint nämlich aus diesem Grunde gesagt zu haben: es ist schwer, daß ein Reicher in den Himmel kommen kann[316], denn schwer ist es, Reichtum zu besitzen und diesen nicht zu lieben. Daher sagt auch der Weise vom Reichen: Selig der Reiche, der ohne Fehler befunden wurde und der nicht dem Gold nachgeht und seine Hoffnung nicht auf Geldschätze gesetzt hat. Wo ist ein solcher, daß wir ihn loben? Wunderbares tat er nämlich in seinem Leben![317] – Aber auch ohne jede andere Begründung lehrt uns die Gefahr vollends, wie schwer es ist, zeitlichen Reichtum zu besitzen und diesen nicht zu lieben und durch ihn in keiner Weise in die Fesseln der Sünde verstrickt zu werden, sehen wir doch, wie nur wenige, ja sogar nur sehr wenige Reiche an der Geradheit eines christlichen Lebens festhalten. Und da man die Worte unseres Erlösers, unseres Gottes, immer in geistiger Weise und genauer Art zu erwägen hat, ist zu bemerken, daß es möglich ist, in Verbindung mit zeitlichem Reichtum sowohl die innere wie die äußere Einfalt des Herzens zu besitzen. Als Beispiele haben wir Abraham, Isaak, Jakob und die heiligen Patriarchen. Weder im Alten noch im Neuen Testament wirst du einen Heiligen finden können, der – wie reich er auch gewesen sein mag – seinem Stand gemäß sowohl äußerlich wie innerlich nicht die Einfalt des Lebens bewahrt hätte.

Da nun der Herr nicht gesagt hat, es sei schwer, daß nur ein geiziger, stolzer oder ausschweifender Reicher ins Himmelreich komme, sondern ganz einfach gesagt hat, es sei schwer, daß ein Reicher überhaupt in das Himmelreich komme, so ist es offensichtlich, daß seine Worte über jeden Reichen verstanden werden können, damit wir wissen, es sei schwer, daß auch ein guter und recht lebender Reicher in das Himmelreich komme.

Wer kann als Christ bezeichnet werden?

Als Christen, die dieses Namens wahrhaft würdig sind, erachten wir jene, die – was den Verstand betrifft – fest und ohne Zweifel glauben, daß Christus, der Gekreuzigte, wahrer Gott und wahrer Mensch ist, Sohn Gottes und der Jungfrau Maria, und daß Vater, Sohn und Heiliger Geist ein Gott in drei real verschiedenen Personen sind, und die alles andere glauben, was die Heilige Schrift und die heilige römische Kirche zu glauben verkündet. – Was den *Willen* betrifft, liebt [ein Christ] Gott und unsern Herrn Jesus Christus über alles andere und seinen Nächsten wie sich selbst, wobei er alle Gebote des Gesetzes hält, die von diesem doppelten Liebesgebot abhängen. – Was die *Empfindung* angeht, bemüht er sich den Drang seines begehrenden und seines mutvollen Seelenteils sowie alle Sinne der Vernunft zu unterwerfen und unter keinen Umständen dem Verlangen des Fleisches nachzugeben. – In bezug auf die *übrigen Empfindungen* des Leibes trachtet er danach, alles mit Maß zu tun, so daß der ganze Leib der Seele unterworfen wird, und in jeder seiner Äußerungen nichts geschieht, was dem Blick irgendeines Menschen Anstoß geben könnte. – Was *die äußeren Güter* betrifft, verhält er sich wie ein Kranker, der nur soviel Medizin zu sich nimmt, wie er für seine Gesundheit als notwendig erachtet. Er benützt nämlich den Reichtum, die Ehre und die übrigen den Leib betreffenden Güter nur, insofern diese für das zeitliche oder das geistige Leben notwendig sind, jedoch nie zu Stolz, Fleischeslust und Habgier. – Was die *Gottesverehrung* angeht, verzichtet er auf jeden abergläubischen und überflüssigen Kult und verehrt den allmächtigen Gott innerlich durch Glauben, Hoffnung und Liebe, äußerlich aber in der Art und Weise wie Christus, die Apostel, die heiligen Väter und die heilige römische Kirche es bis jetzt angeordnet haben und auch in Zukunft anordnen werden. – Schließlich hat er bei alledem in seinem Herzen den Vorsatz, darin zu beharren, so fest gefaßt, daß er es eher tausendmal vorzöge zu sterben, als von dieser Lebensführung abzuweichen.

Einen solchen Menschen nennen wir also einen Christen und sagen von ihm, er führe ein christliches Leben.

Weil die Menschen die äußere Einfachheit vor allem in der Kleidung nicht zu beachten pflegen, wollen wir zunächst von dieser sprechen, weil wir dann später über andere Dinge um so leichter werden urteilen können. Man darf aber nicht glauben, es könne für jeden Stand im einzelnen aus der Schrift eine besondere Regel herausgezogen werden, was Form, Farbe, Wert oder auch Unwert der Kleider betrifft, etwa in der Weise, wie unsere heiligen Väter solche Regeln den Mönchen gegeben haben, doch wird jedermann aus dem, was wir hier sagen, leicht erkennen können, was seinem Stand geziemt.

Dieses Maß wollen wir den Worten der Apostelfürsten Petrus und Paulus entnehmen. Petrus sagt nämlich in seinem ersten Brief: «Die Frauen seien ihren Männern untertan, damit auf diese Weise – falls einige dem Wort nicht glauben – sie durch den Wandel ihrer Frauen ohne Wort gewonnen werden, wenn sie euren durch Gottesfurcht geheiligten Wandel betrachten. Ihr Schmuck sei nicht äußerlich – bestehend aus Haarflechten, Goldgehängen und Anziehen kostbarer Gewänder – sondern innerlich, nämlich der verborgene Mensch des Herzens, ausgezeichnet mit der Unvergänglichkeit eines ruhigen und besonnenen Geistes, der vor Gott reich ist.»[318] – Auch Paulus sagt in seinem ersten Brief an Timotheus: «Die Frauen sollen eine mit Schamgefühl und Besonnenheit verbundene Haltung zeigen, sollen sich nicht schmücken mit Haargeflecht, mit Gold,

Perlen oder kostbarer Kleidung, sondern sollen – wie es sich für Frauen geziemt – durch gute Werke ihre Frömmigkeit bekennen.»[319]

Zu diesen Worten muß zunächst bemerkt werden, daß die Schrift an dieser Stelle nicht zu armen Frauen spricht, denn es wäre ja töricht zu sagen, solche hätten sich nicht mit Gold, Perlen oder kostbaren Kleidern zu schmücken. Sie spricht auch nicht zu Nonnen, die es damals noch gar nicht gab, vor allem auch, weil Petrus sagt, sie hätten ihren Männern untertan zu sein. Daraus wird ersichtlich, daß er zu Verheirateten spricht.

Zweitens ist zu bemerken: da die Frauen von Natur aus mehr dazu neigen, sich zu schmücken, als die Männer, so ist es nicht so schimpflich, wenn sie sich schmücken, als wenn Männer dies tun. Wir stellen nämlich fest, wie Männer, die ihr Haar pflegen und sich mit weiblichem Putz schmücken, allgemein von allen getadelt werden. Daher hat einer einmal gesagt: *Sint procul a nobis iuvenes ut femina compti.*[320]

Wenn also die Schrift den reichen christlichen Frauen vorschreibt, daß sie in Kleidung und Schmuck eine solche Einfachheit zeigen mögen, daß sie weder Gold noch Perlen oder kostbare Kleidung tragen, sondern sich mit Schamgefühl und Besonnenheit schmücken sollen, wie es sich für Frauen geziemt, die ihre Frömmigkeit durch gute Werke bekennen, um wieviel mehr wird man dies Männern sagen und vorschreiben müssen!

Drittens: Wenn wir auch als kostbare Kleider ganz

allgemein die bezeichnen, die aus Gold und Seide bestehen, so ist eine solche kostbare Aufmachung trotzdem nach dem verschiedenen Rang der [gesellschaftlichen] Würde zu betrachten und zu bemessen, denn dem einen ist etwas kostbar, was einem andern weniger wertvoll erscheint.

Viertens: Es ist nötig, eine solche Beurteilung jenem sozusagen natürlichen Instinkt zu entnehmen, der die Menschen veranlaßt zu glauben, jeder Heilige lebe einfach, und jeder, der nicht einfach lebe, sei kein Heiliger ... Und deswegen muß man in jedem Stande jene Kleider als kostbar betrachten und verbieten, die den Menschen den Eindruck von Heiligkeit nehmen könnten.

Fünftens: Jeder Christ – insofern er [wirklich] ein Christ ist – legt das Bekenntnis zu Heiligkeit und geistiger Lebensführung ab, die ohne Einfalt des Herzens und Einfachheit im Äußeren nicht bestehen kann, wie aus oben Gesagtem ersichtlich ist.

Um nach diesen Bemerkungen nun zu Einzelheiten zu kommen, will ich mich wegen der Schwäche des Fleisches und der tief eingewurzelten Gewohnheit menschlich äußern, indem ich allen lediglich einen Rat, aber nicht eine Vorschrift gebe, wie man, wenn man ein christliches und geistiges Leben führen will, in der Kleidung, im Wohnen und andern äußerlichen Dingen die einem entsprechende Einfalt bewahren kann.

Beginnend also bei den Frauen sage ich zunächst, daß christliche Frauen, die ein frommes Leben mittels guter Werke versprochen haben, gemäß der Vorschrift des Herrn und dem Taufgelübde in keiner Weise sich mit Gold oder Perlen, kostbarer Kleidung oder auf irgendeine andere Art schmücken dürfen, die dem Prunk und der Unzüchtigkeit dient.

Zweitens gebe ich den Rat, nicht die Vorschrift, daß Königinnen und ihre Töchter oder Schwiegertöchter, sowie die Herzoginnen und die Frauen von Fürsten nur äußerst selten und aus einem vernünftigen Grund – und auch dann nur verbunden mit großem Maßhalten – sehr kostbare Kleider, das heißt solche mit Gold und Silber, tragen sollen, aber nicht solche mit wertvollen Steinen, die nur dem Vorzeigen von Reichtum und dem weltlichen Ruhm dienen.

Drittens will ich folgenden Rat geben: Frauen von so großer Würde können seidene Kleider verwenden, ohne daß dies ihre Verpflichtung zu christlicher Einfachheit schmälert, selbst wenn diese – aus Gründen ihrer Würde – mit etwas Gold und Silber durchwirkt sein sollten, obschon wir der Ansicht sind, es wäre besser, wenn sie wegen des guten Beispiels öfter wollene Kleidung trügen, wenn auch trotzdem nicht geringwertige, sondern, wie gesagt, ihrer Würde entsprechend kostbare, damit es nicht aussehe, als wolle man sich einen gewissen Anschein von Heiligkeit geben.

Viertens: Adlige Frauen, deren Männer keine fürstliche Würde innehaben, sollten keine seidenen, sondern nur wollene Kleidung tragen, etwa in der

Weise, daß deren kostbarere von karminroter Farbe sein können, aber doch mit seidenen Ärmeln, wie es Brauch ist – es sei denn, es wären Frauen irgendwelcher Adliger, die zwar nicht die Stellung eines Fürsten, wohl aber infolge Adel und Reichtum einen hohen Rang innehaben. Diese Frauen könnten zuweilen – freilich selten – seidene Gewänder verwenden. Trotzdem sollen aber alle im allgemeinen Kleider tragen, die weniger kostbar sind als solche von karminroter Farbe, vor allem die etwas älteren, die schon das dreißigste oder fünfunddreißigste Jahr überschritten haben. Solche sollten sich nämlich in schwarzes Tuch oder solchem von einer andern ehrbaren Farbe kleiden.

Die Frauen der Handwerker und der andern, die nicht als Adlige bezeichnet werden, sollen sich gemäß der allgemein herrschenden Gewohnheit nicht in Karminrot kleiden, sondern mit anderem, geringwertigerem Stoff, der – je nach ihrem Stand – bald mehr, bald weniger kostbar ist. – Die Frauen der einfachen Diener und der niederen Handwerker, die sich in der Stadt aufhalten, sollen grobes und wohlfeiles Tuch tragen, ebenso auch gewisse ärmliche Frauen und solche niederen Standes, wie etwa Mägde oder dergleichen.

Da die Nonnen aber das Gelübde der Armut ablegen, haben sie – falls sie ihr Gelübde wirklich einhalten wollen – Kleider aus billigem Tuch zu tragen, denn sie sollen Armut und Einfalt jeglicher Art nicht nur im Geist haben, sondern auch nach außen zeigen. Und damit sie nicht gezwungen sind, täglich um Almosen zu betteln oder ihr Kloster zu verlassen, sollen sie ihre Kleider, wenn diese alt werden, häufig ausbessern und tragen, solange sie noch brauchbar sind …

Sollte nun eine Frau sagen: «Auch ich werde noch immer eine Christin sein und das Gelübde des christlichen Glaubens auch unter kostbaren Gewändern verbergen!» dann antworten wir darauf: da es zwei Vorschriften der Liebe gibt, das heißt eine gegenüber Gott und eine gegenüber den Nächsten, ist es, wie der Apostel sagt, notwendig, nicht nur vor Gott, sondern auch vor den Menschen einen guten Wandel zu führen, zumal der Herr sagt: «Wehe jenem Menschen, durch den Ärgernis kommt!» Ein Ärgernis ist nämlich ein Wort oder eine Tat, die fehl am Platz ist und einem andern die Gelegenheit zum Anstoß[321] gibt. – Es genügt also nicht, das Gelübde christlichen Lebens im Herzen zu haben, wenn wir durch eine Tat dem Nächsten zum Ärgernis gereichen und ihm durch unser schlechtes Beispiel Gelegenheit zu seinem Fall geben, vor allem, weil besonders junge Mädchen durch Beispiele solcher Art in große Gefahr kommen zu fallen. Der Herr sagt aber: «Wenn einer einem dieser Kleinen, die an mich glauben, zum Ärgernis wird, dann wäre es für ihn besser, es würde ihm ein Mühlstein an den Hals gelegt und er würde in der Tiefe des Meeres versenkt.»[322]

Wenn also die Frauen diese Einfalt ausüben sollen, um wieviel mehr dann die Männer gemäß dem, was wir unter dem zweiten Punkt gesagt haben. Und die Männer mögen deswegen die Einfalt von den Frauen lernen, weil sie doch selbst gemäß der für jeden Stand gegebenen Regel in ihrer Kleidung einfacher und vollkommener als ihre Frauen sein sollen. Und wenn schon Laien auf solche Bescheidenheit und Einfachheit achten sollen, um wieviel mehr dann die Mönche, und wenn die Mönche, um wieviel mehr die Angehörigen der Bettelorden!

Was wir aber über die Kleidung gesagt haben, gilt auch von den Häusern und allem andern, und zwar gemäß der für jeden Stand gegebenen Regel ... Die Christen sollen demnach in der Weise Häuser bauen, Kleider und alles übrige Äußerliche besitzen und so einfache Speisen verwenden, daß sie die wahre Bezeichnung eines Christen nicht verlieren ...

Auf welche Art – je nach Stand – Überflüssiges als solches erkannt und abgeworfen werden soll, ist Thema des vierten Buches, worin Savonarola mit Nachdruck verlangt, Aufwendungen für Überflüssiges den Armen zukommen zu lassen. Das gilt ganz besonders für den im Luxus lebenden Welt- und Ordensklerus.

Was die Kleriker und Prälaten der Kirche betrifft, die sich einer noch größeren Einfachheit als die Laien befleißigen sollten, und die verpflichtet sind, die Armen zu speisen, über diese, glaube ich, wäre es besser zu weinen, als irgend etwas zu sagen! Wieviel Überflüssiges sie heute haben, das sie ausgeben, wie es ihnen gefällt, weiß alle Welt. Mit welchem Gesicht werden solche dereinst vor dem so schrecklichen Gericht Christi erscheinen können? – Aber was sollen wir auch von den Ordensleuten sagen, sowohl von Mönchen wie von Bettelbrüdern, die überall nicht Klöster, sondern Paläste bauen und kostbare Kleider aus teurem Stoff und feinem *rascia*[323] tragen – das Eitelste, was man nur vorweisen kann! –, währenddem sie doch nach ihrer Regel nur einfache Kleider haben sollten! Bei Festlichkeiten freuen sie sich, am Altar mit Gold, Silber und Seide gekleidet zu stehen, und obwohl sie das Gelübde der Armut abgelegt haben, fliehen sie diese wie eine Löwin oder eine Bärin, denen man die Jungen geraubt hat. Sie wollen zwar Arme sein, aber solche feinerer Art, gehen auf die Suche nach Almosen für die Bedürftigen und geben diese dann für Prunk und Überfluß aus! Wenn diese gemäß dem, was wir weiter oben gesagt haben, einfach leben möchten, wieviel Überflüssiges fänden wir dann in ihren Häusern! Zunächst einmal wäre es für sie gar nicht nötig, so viel Almosen zu sammeln, um dann das für die Armen bestimmte Gut mit solcher Habgier für sich zu beanspruchen! Ferner könnte viel bereits Erworbenes den Armen gespendet werden, da es überflüssig ist.

Über die Nonnen aber gäbe es so viel und so Gewichtiges zu schreiben, daß das Papier dazu nicht ausreichte! Denn sie besitzen heutzutage viel Überflüssiges sowohl alle zusammen wie auch jede einzeln. Wollen sie doch Kutten und alle andern Kleider zweifach und dreifach haben, dazu ihre goldenen[324] Büchelchen, ihre [Jesus-]Knaben aus Gips oder Holz, das heißt, ihre Idole, die sie mit Gold, Silber und Perlen kleiden, und obwohl die Armen kein Brot haben, womit sie sich ernähren könnten, haben sie mit ihnen kein Mitleid.

Aber heutzutage entschuldigen sich viele mit den Worten: «All das tun wir zur Ehre Gottes, denn wenn wir Kirchen und Paramente in hohen Ehren halten, ehren wir dadurch Gott.» So sagt mir doch: All das viele, das sich in euren schön ausgeschmückten Zellen findet, was hat das mit der Ehre Gottes zu tun? Wie sollen feine und teure Kleider Gott ehren? Schmückt sich die christliche Religion nicht mit Armut? Wird einer nicht als besserer Christ erachtet, je mehr er an der Armut Freude hat, und wird dadurch für Gott nicht größere Ehre erworben? Und nochmals: Sagt mir, wie könnt ihr es ertragen, daß die Armen, von denen es heute eine so große Menge gibt, in solchem Elend durch Hunger und Kälte umkommen, während ihr ihnen bequem helfen könntet? Habt ihr doch Kelche, Paramente, goldene Kreuze und silberne Gefäße im Überfluß – warum werden diese nicht eingeschmolzen und wird deren Ertrag nicht den Armen gespendet? Die Sakramente lieben gewiß kein Gold und haben es auch nicht nötig! Unsere Väter hatten Kelche aus Holz – aber diese hölzernen Kelche hatten damals Priester aus Gold – jetzt aber haben goldene Kelche Priester aus Holz!

Was verkünden wir denn vergeblich, daß ein Ambrosius, Augustinus, Gregor, Exuperius, Nikolaus und Martin und andere unzählbare heilige Päpste und Äbte dieses und Ähnliches getan haben, wenn wir solches nicht in die Tat umsetzen? Sagt nicht der Apostel: Der Tempel Gottes ist heilig – und der seid ihr![325] Die Armen Christi sind folglich der Tempel Christi! Scheint es euch also gut, Silber und Gold in Kästen zu bewahren, marmorne Tempel auszuschmücken, aber zuzulassen, daß die Tempel Gottes vor Hunger umkommen, daß heiratsfähige Mädchen infolge Not sich prostituieren, und daß noch viel anderes Schlimmes geschieht? – Es findet sich an keiner Stelle, daß Christus uns vorgeschrieben hätte, wir sollten Kelche und Paramente aus Gold herstellen und herrliche Tempel errichten, wohl aber, daß wir die Armen speisen sollen. Und ihr – wie die Schriftgelehrten und Pharisäer – ihr setzt das Gebot Gottes euren Überlieferungen zuliebe hintan! – Jakobus sprach: Das ist die reine und unbefleckte Religion: die Waisen und Witwen in ihrer Not besuchen und sich von dieser Welt unberührt zu bewahren![326] Und er sagt nicht, die reine und unbefleckte Religion bestehe darin, goldene Kelche und Paramente herstellen zu lassen und zu besitzen. Hätten wir keine Armen, lobte ich es wahrhaftig, daß solches zur Ehre Gottes hergestellt wird, oder daß es, einmal geschaffen, auch bewahrt wird. Aber weil alles Materielle wegen der Menschen geschaffen wurde, müssen wir – wenn Not ist – diese Kelche zertrümmern und den Ertrag daraus den Armen spenden und nur das zurückbehalten, was zum Feiern der Messen notwendig ist. – Von Exuperius, dem Bischof von Toulouse, liest man, er habe Kelche und Paramente, ja sogar den Tabernakel für den Leib Christi für die Armen hergegeben und den Leib Christi hernach in einem geflochtenen Körbchen und dessen Blut in einem gläsernen Gefäß dargebracht.

Doch sagen da gewisse Leute, Moses habe den Tabernakel[327] des Herrn mit einem großen Aufwand an Gold, Silber und kostbaren Steinen, und Salomon in ähnlicher Weise den Tempel errichtet. Darauf antworten wir: erstens, daß dies alles ihnen als Bild zuteil wurde; zweitens, daß es zur Zeit des Moses nicht nötig war, etwas für die Armen zu spenden, weil sie [die Israeliten] sich in der Wüste von Manna ernährten und ihre Kleider und Schuhe während der so langen Zeit [der Wanderung] sich nicht abnützten, wie man im Buch Deuteronomium lesen kann.[328] Und zur Zeit Salomons gab es einen solchen Überfluß an Gold, daß Silber für nichts galt, wie im dritten Buch der Könige zu lesen ist.[329]

Aber weh mir! Warum mühe ich mich vergeblich ab? Warum bringe ich alle Welt und ganz besonders die Kleriker und die lauen Ordensleute gegen mich auf? Sich vergeblich anzustrengen und dabei nichts anderes als Haß zu ernten ist doch ein Zeichen äußersten Wahnsinns! Und doch verurteile ich niemanden im besonderen, noch gehe ich auf Einzelnes ein. – Euch aber, meine Brüder, rufe ich zugleich mit mir selbst auf, daß wir endlich die Augen des Geistes öffnen und unsere Gefahr sehen!

Betrachten wir, Brüder, all das sorgfältig, was wir oben gesagt haben, und das, was wir heutzutage tun und einhalten, werden wir ganz deutlich erkennen, daß wir vom Weg abgewichen sind, und daß wir von den ersten Christen, den ersten Priestern, Klerikern und Mönchen weit entfernt sind. Würde doch unser Leben dem ihrigen gegenüber nur als verschieden befunden werden – und nicht als dazu gegensätzlich! Erwachen wir endlich aus diesem schweren Schlaf, denn es ist Zeit, sich zu erheben.[330] Der Tag ist schon weit vorgerückt, und es naht die Nacht. Werfen wir also die Werke der Finsternis ab und legen wir an die Waffen des Lichts, damit wir am Tag so ehrbar wandeln, daß uns die Nacht nicht ergreift, in welcher niemand mehr wird wirken können, sondern Gott jedem einzelnen seine Werke vergelten wird.

Die Einfachheit, die den Menschen lehrt, sich auf das Notwendige zu beschränken, läßt ihn auch erkennen, daß seine Seligkeit nicht im Genuß von Geschaffenem bestehen kann; diese besteht allein «in der Schau und im Genuß Gottes».

Worin die Seligkeit des Menschen besteht

Es ist gesagt worden, daß unser Intellekt in der Betrachtung der Einzeldinge keine Ruhe findet, und daß sich auch der Wille an geschaffenen Gütern nicht sättigen kann. Das letzte Ziel des Menschen ist also ein allgemein Wahres und Gutes, und das ist Gott. Folglich besteht die Glückseligkeit des Menschen allein in der Schau und im Genuß Gottes.

Außerdem verlangt der Mensch in natürlicher Weise danach, Wissen zu erlangen, gemäß dem Ausspruch: Alle Menschen streben von Natur aus nach Wissen.[331] Wir glauben aber, erst dann zu wissen, wenn wir die Ursache [einer Erscheinung] kennen. Jeder, der eine Wirkung wahrgenommen hat, neigt daher von Natur aus zum Verlangen, deren Ursache kennenzulernen. Abgesehen von Gott hat nun alles seine Ursache. Was auch immer daher der Mensch außer Gott erkannt hat, das wird er entweder vollkommen oder unvollkommen erkennen. Wenn er es unvollkommen erkennt, wird sein Verlangen nicht ruhen, bis es zu vollendeter Erkenntnis gelangt ist, denn jede Unvollkommenheit verlangt nach ihrer Vollendung. Und da die Glückseligkeit des Menschen in der Vollendung und Ruhe seines Verlangens besteht, wird daraus ersichtlich, daß der Mensch durch eine solche unvollkommene Erkenntnis nicht selig werden kann.

Wenn er aber die Geschöpfe vollkommen erkannt hat – sei es ein einzelnes oder auch alle – wird er gewiß einsehen, daß sie von irgendeiner Ursache abhängen. Da nun aber der Mensch nach Erkenntnis einer Wirkung seiner Natur nach die Ursache zu erkennen wünscht, ist es offensichtlich, daß sein Verlangen keine Ruhe finden wird, sondern er wird versuchen, sich alle Mühe zu geben, um zur Erkenntnis der Ursache zu gelangen und dies um so heftiger, je hervorragendere Wirkungen Gottes er sehen wird, denn eine natürliche Bewegung ist um so heftiger und ungestümer, je mehr sie sich ihrem Ziel nähert.

So kommt denn das Verlangen des Menschen allein durch die Schau und den Genuß Gottes zur Ruhe, und in dieser besteht seine Seligkeit. Deswegen hat Augustinus vortrefflich gesagt: *fecisti nos, Domine, ad te, et inquietum est cor nostrum, donec requiescat in te,* Herr, du hast uns auf dich hin geschaffen, und unruhig ist unser Herz, bis es ruht in dir.[332]

1496

Einleitung

Bedeutende religiöse Ereignisse prägen die ersten drei Monate des Jahres 1496. Die Signoria hatte mehrmals, jedoch ohne Erfolg, versucht, von Alexander VI. einen Widerruf des über Savonarola verhängten Predigtverbots zu erwirken. Als der Papst schließlich die Erlaubnis zur Wiederaufnahme der Predigttätigkeit Kardinal Caraffa, einem der wenigen Beschützer Savonarolas in Rom, und dem florentinischen Gesandten Becchi mündlich bestätigte, war ihm die Signoria zuvorgekommen und hatte den Frate kurz vor Beginn der Fastenzeit aufgefordert, die Predigten wiederaufzunehmen, was am 17. Februar geschah. Tags zuvor hatte eine große Prozession der «Kinder» des Frate stattgefunden, die – wie Landucci im «Diario» *schreibt – «statt Torheiten zu begehen, Steine zu werfen und Reisighaufen anzuzünden» unter Gesängen und Gebeten durch die Straßen zogen. – Eine ähnliche Prozession wurde am Palmsonntag, 27. März, abgehalten, wobei der Erlös des Almosens dem eben gegründeten Monte di Pietà zufließen sollte.*

Im Oktober drohte Florenz erneut Krieg, diesmal von seiten des Kaisers, dessen Aufforderung, der Liga beizutreten, Florenz abgelehnt hatte. Auf die Bitte der Liga-Staaten – besonders Mailands – hin, überschritt Maximilian I. mit einem Heer die Alpen, fuhr von Genua aus auf venezia-

nischen Schiffen nach La Spezia, um dann auf dem Landweg Pisa zu erreichen, das mit Florenz im Krieg stand. Ziel des Unternehmens war die Einnahme von Livorno, womit Florenz ein entscheidender Schlag versetzt worden wäre.

Wie so oft in Notlagen, hatte die Signoria verordnet, das Gnadenbild aus Impruneta nach Florenz zu holen (Savonarola spricht in der Predigt vom 28. Oktober von den Vorbereitungen zur Prozession, die das Gnadenbild an der Porta S. Frediano abholen sollte). Hatte schon die bei der Ankunft des Bildes eingetroffene Nachricht, in Livorno seien Schiffe aus Marseille mit Korn und militärischer Hilfe eingetroffen, große Freude ausgelöst, so sprach man in Florenz von einem Wunder, als Mitte November ein Sturm die vor Livorno liegende kaiserliche Flotte derart in Mitleidenschaft zog, daß der Kaiser auf eine Fortführung des Unternehmens verzichtete und Italien verließ.

Drei Versuche des Papstes, Savonarola entweder zu verurteilen, zum Schweigen zu bringen oder in die Isolation zu treiben, schlugen fehl: Eine eingesetzte Theologenkommission, welche die Aussagen Savonarolas zu untersuchen hatte, kam zu keinem Schluß; den von einem Abgesandten der Kurie dem Frate in Aussicht gestellten «roten Hut», das heißt das Kardinalat, lehnte Savonarola vor dem ganzen Volk in einer Predigt ab, und das im Breve vom 7. November bekanntgegebene Vorhaben, die Kongregation von S. Marco in einer neuzuschaffenden tuskisch-römischen Kongregation aufgehen zu lassen, lehnte Savonarola in einer Verteidigungsschrift («Apologeticum fratrum S. Marci»*) u. a. mit dem Hinweis darauf ab, daß in einer solchen Angelegenheit alle Brüder zu befragen seien.*

In den im Jahre 1496 gehaltenen Predigten (über Amos, über Ruth und Micha und über Ezechiel) wurde neben der wiederholten Behandlung bekannter Themen (weltliche und religiöse Erziehung der Kinder, zentrale Stellung der Heiligen Schrift in der Verkündigung, Zustände im Klerus und insbesondere der unter ihm bestehende Neid) die Frage aufgeworfen, wie weit die Verpflichtung zum Gehorsam gegenüber den kirchlichen Oberen reiche (1. und 8. Predigt über Amos). – Zu den innigsten, auch mystische Töne anschlagenden Predigten Savonarolas gehört die 24. Predigt über Amos, welche die Begegnung Jesu mit der Samaritanerin (Joh 4) zum Inhalt hat, und zu den drohendsten die über Rom, das den entfachten Brand nicht mehr werde löschen können (21. Predigt über Amos).

Bedeutung und Umfang eines Traktates nimmt die Predigt von Allerseelen über die Kunst, gut zu sterben («Arte del ben morire»*) ein, die – mit Holzschnitten bebildert – gleich publiziert wurde und in der «Ars moriendi»-Literatur des 15. und 16. Jahrhunderts einen bedeutenden Platz einnehmen sollte. In diesem Kontext wurde sie vom Herausgeber der vorliegenden Auswahl bereits früher veröffentlicht (vgl. «Ars moriendi. Die Kunst, gut zu leben und gut zu sterben. Texte von Cicero bis Luther. Herausgegeben, eingeleitet und übersetzt von Jacques Laager. Mit 11 Kupferstichen von Meister E. S.» Manesse Verlag, Zürich 1996, S. 231–288).*

Nach langem, durch zwei päpstliche Breven (9. September und 16. Oktober 1495) bedingtem Schweigen erscheint Savonarola, von der Signoria dazu gedrängt, erneut – wie er sich selbst ausdrückt – «auf dem Schlachtfeld» und besteigt am 17. Februar 1496, einem Aschermittwoch, wieder die Kanzel des Doms.

Für den Zyklus der Fastenpredigten, den Lorenzo Violi nachgeschrieben hat, hatte sich Savonarola zwei der sogenannten «kleinen Propheten» ausgewählt: Der eine, Amos, hatte im 8. Jahrhundert im Nordreich Israel besonders gegen den heidnisch beeinflußten und mit dem Tempel in Jerusalem konkurrierenden Kult in Bethel und den Luxus der herrschenden Schichten gepredigt. Der andere, Zacharias, war – wie schon Aggäus – nach der Rückkehr des Volkes Israel aus der babylonischen Gefangenschaft für den Wiederaufbau des Tempels eingetreten.

AUS DER I. PREDIGT
ASCHERMITTWOCH, 17. 2. 1496

RECHTFERTIGUNG DES LANGEN SCHWEIGENS

Pax vobis, ego sum, nolite timere![333] Diesen Gruß gibt euch heute morgen unser Herr, Geliebte Gottes, unseres Herrn, um euch zu trösten in den Drangsalen und Schwierigkeiten, die ihr von seiten dieser schlimmen Diener Satans erfahren habt. Und deswegen sagt er: Friede sei mit euch!

Zweifelt nicht, habt keine Angst, denn ich bin von euch nicht fortgegangen, vielmehr bin ich stets mit euch. – Aber damit ihr wißt, von welchem Frieden er spricht, so merkt euch, daß er an einer andern Stelle sagt: *non veni pacem mittere in terram, sed gladium*[334], das heißt, ich bin nicht gekommen, um Frieden auf die Erde zu bringen, sondern das Schwert. – Also ist der Friede, den er euch bringt, der Friede Gottes, der andere aber, den er durch sein Kommen der Erde nicht bringen wollte, ist jener der Welt, und daher sagt er an einer andern Stelle: *pacem meam do vobis, pacem relinquo vobis, non quomodo mundus dat, ego do vobis*[335], das heißt, ich gebe euch meinen Frieden, ich lasse euch meinen Frieden, nicht wie die Welt ihn gibt, gebe ich ihn euch. – Denn der Friede Christi ist im Herzen drin, und äußere Drangsal kann ihn nicht zerstören. Daher sind auch die Erwählten Gottes im Krieg immer unverzagt und heiter und stets begierig zu kämpfen, um jene Krone des Lebens gewinnen zu können, die Gott seinen Geliebten versprochen hat.

So stehen wir denn hier, Geliebte in Jesus, hier auf dem Schlachtfeld, begleitet von einer großen Schar Engel, um mit den Teufeln und den verruchten Menschen zu kämpfen und den Sieg zu erringen ... Freut euch daher, ihr Guten, und kämpft mannhaft, denn je mehr ihr die Bosheit wachsen seht, desto mehr sollt ihr wissen, daß eure Erlösung naht. Denn da Gott die Bösen züchtigen und seine Kirche erneuern will, so wird sich der Sack um so rascher füllen[336] und die Drangsal sich nähern, je mehr die Bosheit der Schlechten wächst. Und je mehr die Güte und Rechtschaffenheit der Redlichen zunimmt, um so rascher wird der Samen zur Reife gelangen, der sich für diese Erneuerung bereit hält.

Und wenn ihr nun sagt: «Was hat das zu bedeuten, Frate, daß du dich so lange ausgeruht hast und nicht auf das Schlachtfeld gekommen bist, um deinen Soldaten zu helfen?» Meine Kinder, ich habe mich nicht ausgeruht, vielmehr komme ich von einem Schlachtfeld, und ich habe eine Festung verteidigt, und wäre diese zu Boden gestürzt, wäret vielleicht auch ihr alle zerschmettert worden. Aber mit der Gnade Gottes und der Hilfe eurer Gebete haben wir sie halten können, und ihr seid nicht umgekommen, denn die Barmherzigkeit Gottes hat euch ohne meinen Beistand durch seine Engel geholfen. Und wenn ich auch nach Beendigung unseres Kampfes ein wenig gezögert habe zu kommen, so ist das nicht ohne Grund gewesen. – Daher werden wir uns heute morgen zuerst an euch alle wenden und vom Grund unseres Zögerns sprechen, dann werde ich für mich und darauf für euch mich an Gott wenden, das heißt, in eurem Namen, und hernach wollen wir seine Antwort vernehmen; schließlich wollen wir noch ein Wort zu den Schlechten und Ungläubigen sagen.

Dixi: custodiam vias meas.[337] «Wohlan, Frate, so sag uns doch den Grund, der dich mehr als gebührend zögern ließ, zu kommen und deine Gefolgschaft aufzusuchen. Hast du etwa Angst gehabt, getötet zu werden?» – Meine Kinder, nein, gewiß nicht, denn hätte ich Angst gehabt, so wäre ich auch jetzt nicht gekommen, denn ich laufe gegenwärtig größere Gefahr als vordem. – «Hast du also Gewissensskrupel gehabt zu predigen?» – Nein, warum denn? – «O, wir hören, es sei eine Exkommunikation gekommen, und es sei dir befohlen worden, nicht zu predigen!» – Hast du sie gelesen, diese Exkommunikation? Wer hat sie geschickt? – Aber nehmen wir an, es sei so – erinnerst du dich nicht, wie ich dir gesagt habe, daß sie keine Geltung hätte, selbst wenn sie käme, und daß sie diesen Schlechten, die voller Lügen sind, nichts nützen würde, und wie ich dir dies mit einem Gleichnis darlegte? Es wird mich nicht reuen, dir dieses zu wiederholen, denn viele haben ein kurzes Gedächtnis und behalten das Gute nicht so in Erinnerung, wie die Schlechten das Böse in ihrem Sinn bewahren!

Ein Bürger hatte einst einen herrlichen Weinberg, der dank der Arbeit und dem Fleiß eines seiner Söhne großen Ertrag brachte. Einige diebische Kerle, die in der Nähe wohnten, hatten großes Verlangen danach, diesen zu plündern und zu verwüsten. Da sie jedoch durch den Sohn jenes Bürgers daran gehindert wurden, gingen sie miteinander zu Rat und sprachen: «Sein Vater kann wegen des langen Weges und seiner Geschäfte nicht kommen, um nach seinem Sohn und dem Weinberg zu schauen. Schreiben wir ihm also Schlechtes über seinen Sohn und sagen wir, daß er ein Fresser und Säufer ist, den ganzen Tag mit Dirnen und Schurken verbringt und das ganze väterliche Gut und den Weinberg aufbraucht. Und abgesehen vom Schreiben wollen wir ihm verschiedene Boten schicken, die das Aussehen von ehrbaren Leuten haben und ihm alles bestätigen sollen, was wir ihm geschrieben haben, und die ihn überreden sollen, daß er ihm gebiete, nicht mehr in jenem Weinberg zu verweilen, daß er ihn zu sich rufe und schwer bestrafe.» Und also taten sie. – Als der Vater nun all die Zeugen sah, schenkte er ihnen Glauben und rief voller Zorn den Sohn zu sich, wobei er ihm schrieb, wie er von all dem Bösen, das er tue, gehört habe. – Da aber der Sohn sah, daß sein Fortgehen die Zerstörung des Weinbergs zur Folge hätte, reiste er nicht ab und gehorchte seinem Vater nicht, schrieb ihm aber und ließ ihm sagen, er sei von jenen irregeführt worden, die den Weinberg verwüsten wollten. – Sag mir, Bürger: Scheint dir, dieser Sohn habe gut oder schlecht getan, er habe den Willen des Vaters erfüllt oder ihm zuwider gehandelt? Wenn du nicht ein Dummkopf bist, wirst du gewiß antworten, er habe sehr klug getan, und sei nicht gegen, sondern gemäß dem Willen des Vaters vorgegangen.

Gerüchte über Exkommunikation – einem fehlinformierten Oberen gegenüber ist man nicht zum Gehorsam verpflichtet

Sag mir: Wenn du ein Geschäft in Brügge hättest und dieses würde von einem deiner Gehilfen gut geführt und da schrieben dir deine Rivalen aus Neid Schlechtes über ihn, du aber – veranlaßt durch ihre Briefe – riefest ihn zurück und schriebest ihm, was du über ihn vernommen, er aber würde zurückkehren und das Geschäft zugrunde gehen lassen – gerietest du da nicht in Zorn über ihn und würdest sagen: «Du Narr, hast du denn nicht gesehen, in welcher Weise ich dir geschrieben hatte? Gewiß hättest du unter keinen Umständen zurückkehren dürfen!»

Sag mir noch etwas anderes: Wenn ein König einem seiner Untertanen befohlen hätte, er solle unter dem Befehl einer seiner Barone gegen seine Feinde ziehen, und dieser Untertan wäre nun schon daran, die Feinde zu schlagen und einen großen Sieg davonzutragen, doch da würde nun der Baron – sei es, weil er schlecht unterrichtet wäre, sei es aus einem andern Grund – dem Untertan des Königs befehlen, sich zurückzuziehen, so daß durch diesen Rückzug die Feinde Sieger würden. Und wenn nun der Untertan nicht gehorchen wollte, wohlwissend, daß sein Sieg dem König sehr willkommen, hingegen der Befehl des Barons dem Befehl des Königs entgegengesetzt wäre – schiene es dir nicht, jener Untertan hätte klug gehandelt, und dem Baron müßte – sofern er redlich und dem König ergeben wäre – dieser Ungehorsam wegen des erlangten Sieges willkommen sein?

Jedesmal nun, wenn man ausdrücklich erkennen könnte, daß die Befehle der Oberen gegen die Gebote Gottes und besonders das Gebot der Liebe verstoßen – so darf in einem solchen Fall niemand gehorchen, denn es steht geschrieben: *oportet magis obedire Deo quam hominibus*[338], das heißt, man muß Gott mehr gehorchen als den Menschen. – Sollte es aber einmal nicht ganz klar, sondern zweifelhaft sein, daß der Befehl des Oberen dem göttlichen Gebot widerspreche, so möchte ich in diesem Fall glauben, daß man dem Urteil des Oberen folgen sollte. Da wir nun alle von Gott das Gebot der brüderlichen Liebe erhalten haben, ein jeder solle sich um das Heil seines Nächsten sorgen, und der Weise im Ecclesiasticus sagt *mandavit illis unicuique de proximo suo*[339] – und sollte ich nun einmal ausdrücklich sehen, daß mein Weggehen aus einer Stadt zum geistigen und leiblichen Niedergang des Volkes führte, so würde ich keinem unter den Sterblichen gehorchen, der mir den Befehl gäbe, wegzugehen. Sei es nun, weil der Befehl gegen das göttliche Gebot wäre, oder weil ich annehmen würde, dies könne nicht die Absicht meines Oberen sein, da ich wohl wüßte, daß man mehr der Absicht des Gesetzes als dessen Worten zu gehorchen habe.

O du, der du so viele Lügen nach Rom schreibst, was wirst du jetzt schreiben? Ich weiß genau, was du schreiben wirst! – «Was denn, Frate?» – Du wirst schreiben, ich hätte gesagt, man habe dem Papst nicht zu gehorchen, und daß *ich* ihm nicht gehorchen wolle. Doch das sage ich nicht! Schreibe so, wie ich es gesagt habe, und du wirst sehen, daß es dir nichts bringen wird.

Wenn der Herr des Weinbergs hier wäre und sähe, welche Frucht er bringt, würde er sich in keiner Weise um das kümmern, was du schreibst, vor allem, wenn er über deine Verhältnisse Bescheid wüßte!

O Bürger, wüßtest du, wer diejenigen sind, die nach Rom schreiben, und was das für Tollheiten sind, die sie schreiben, wie sehr würdest du da lachen und dich wundern, daß man ihnen je Glauben schenken konnte. Doch sind sie dem, der ihnen glaubt, nicht bekannt, und wären sie bekannt, behandelte man sie als Narren.

Gewissenserforschung

Der Grund, weswegen ich gezögert habe, auf das Schlachtfeld zurückzukommen, war also weder die Angst noch ein Gewissensskrupel. – «Was war es denn, Frate? Du hältst uns zu lange hin!» – So werde ich es euch jetzt sagen, wenn ihr mir geduldig zuhören wollt. *Dixi: custodiam vias meas* – Du willst also erfahren, warum ich so lange gezögert habe? Wohlan, ich will es dir sagen! Ich habe mir in meinem Herzen gesagt und gedacht: bevor ich gehe, will ich auf meine Wege achten und gut auf sie schauen, damit ich in meinem Sprechen nicht fehlgehe. Und weißt du, was ich gemacht habe? Ich habe mich daran gemacht, alle meine Wege zu untersuchen und zu schauen, ob sie von Schlamm sauber und vor Räubern sicher seien. Und da ich sah, wie ich mit meiner Rede alle Welt gegen mich aufgebracht habe, wollte ich genau untersuchen, ob dies irrtümlicherweise geschehen sei, daß meine Rede diese Wege beschritten hätte und daraus schmutzig und ungezügelt hervorgegangen wäre. – «Was willst du damit sagen, Frate?» – Folgendes: Das Sprechen der Zunge kommt über vier *Wege,* die sich in uns selbst befinden, zustande. Der *erste* ist der Weg des *Intellekts,* der *zweite* der des *Willens,* der *dritte* ist der Weg des *begehrenden* und der *vierte* der des *mutvollen* [Teils der Seele]. Alle diese vier Wege müssen demnach sauber sein, wenn du willst, daß das Wort daraus ohne Makel hervorgehe. So hat zum Beispiel der Intellekt rein von Irrtümern zu sein, der Wille rein von ungeordneten Begierden, von Hochmut, Ruhmsucht und Geiz; das Begehrende sei rein vom Schmutz der Lüsternheit und der Vergnügungen des Fleisches, das Mutvolle von Zorn und von Haßgefühlen …

Da ich nun von so vielen Seiten so großen Widerspruch gegen ein Menschlein sah, das nicht drei Denare wert ist, sagte ich mir in meinem Herzen: vielleicht, vielleicht hast du nicht gut auf deine Wege geschaut und ist deine Zunge deswegen fehlgegangen, und ich habe sie untersucht, einen nach dem andern.

Zuerst bin ich zum Weg meines Intellekts gegangen und habe nachgeforscht, ob ich wohl in der Grammatik, in der Logik oder in der Philosophie einen Fehler begangen hätte. Da mir aber dies eine überflüssige Sorge zu sein schien, sagte ich mir: Ich will mich um einen solchen Irrtum nicht kümmern, denn er schadet dem Heil ohnehin nicht, und wenn wir einmal im Paradies sind, wird man diesen Irrtum besser erkennen. Aber ich sagte mir: Du mußt untersuchen, ob du etwa im Glauben geirrt hast! Und gewiß habe ich in dieser Beziehung den Weg ganz rein und sauber vorgefunden, denn ich habe gesehen, daß ich immer all das geglaubt habe und auch jetzt glaube, was die heilige römische Kirche glaubt, und ich habe mich ihr stets unterstellt und unterstelle mich ihr auch jetzt. – Ich untersuchte dann, ob ich mich vielleicht in den Dingen geirrt hätte, die ich vorausgesagt hatte, und auch darin fand ich keinen Irrtum, denn ich habe in Wort und Schrift nur gerade das vorausgesagt, was mir von dem gesagt worden war, der sich nicht täuschen kann, und nachdem ich es geschrieben hatte, wog ich das Buch mit der untrüglichen Waage [der Wahrheit], und war es nach ihrem Maß, so ließ ich es erscheinen. – Und in den Angelegenheiten einer guten Lebensführung fand ich nicht, daß ich in irgendwelcher Beziehung irgendeinen Irrtum vorgetragen hätte.

Hernach bin ich dem *zweiten* Weg nachgegangen, dem des Willens, um zu sehen, ob es auf ihm irgendwelchen Makel von Hochmut, Ruhmsucht und Habgier gäbe, das heißt, ob ich etwa zu irgendeinem dieser Zwecke gepredigt hätte, und ich habe gefunden, daß ich – auch dies aus Gnade des Herrn – nur zu seiner Ehre und zum Heil der Seelen predige, und wäre dies nicht der Fall, so hielte ich mich lieber – da mich der große Widerspruch und die Schwierigkeit dazu drängten – in irgendwelcher Einsamkeit auf.

Ich ging dann hin, den *dritten* Weg zu untersuchen. Ich fand jedoch keinerlei ungeordnetes Begehren auf ihm, das mich etwa gereizt hätte, ungeordnet zu sprechen, zumal da die Anstrengung des Predigens den Leib sehr schwächt und dem Begehrlichen sehr entgegensteht, und dies infolge der ständigen Betrachtung und der Anstrengung des Geistes.

Auch dem *vierten* Weg bin ich nachgegangen und da habe ich dank Gott weder Zorn noch Haß gegen meine Gegner gefunden, und das sage ich nicht etwa, um mich zu erhöhen, sondern der Wahrheit wegen, denn ich fühle gegen sie nicht den kleinsten Beweggrund, weder zu Zorn noch zu Haß, doch bitte ich Gott innig darum, daß er sie zum Licht der Wahrheit führe.

Nachdem ich also alle diese vier Wege sauber vorgefunden hatte, *dixi: custodiam vias meas.* Ich habe mir vorgenommen, auch weiterhin gut über sie wachen zu lassen, nicht nur, damit sie stets von Todsünden rein bleiben, vielmehr will ich mich – soweit es mir in meiner Hinfälligkeit möglich ist und mir die göttliche Gnade hilft – darum bemühen, daß sie auch von lässigen Sünden rein und sauber seien, damit ich an diesem so hehren Platz *non delinquam in lingua mea*[340], bedenkend, daß dieser Ort Christi ist und er zusammen mit einer reinen Zunge auch ein reines Herz verlangt ...

Nachdem ich nun beschlossen hatte, wieder zu predigen, und da ich wußte, daß in der Liebe zu Gott und zum Nächsten die ganze Stärke der Zunge liegt, und daß es das Gebet ist, das ihr ihre ganze Kraft verleiht, da gürtete ich mich fest zum Gebet und bat den Herrn, er möge mir das Herz mit seiner Liebe und der brüderlichen Liebe entzünden. Und er, der die Wünsche der Gerechten erhört, begann mich zu bewaffnen und mich ganz mit Eifer zu entflammen, *et sic concaluit cor meum intra me*[341], es begann mein Herz in meinem Innern sich mächtig zu erwärmen, und erwärmt machte es sich daran, über die heiligen Schriften nachzusinnen, und ich bat Gott, er möchte mir ins Herz all das legen, was zu seiner Ehre und zum Heil seiner Erwählten wäre, und so hoffe ich und habe festes Vertrauen, daß *in meditatione mea exardescet ignis,* das heißt, daß durch meine Betrachtung, die euch durch die Gnade Gottes gepredigt wird, das Feuer der Liebe sich in euren Herzen entzünde – und das Feuer des Neides und des Zornes im Geiste der Schlechten. Und so bin ich gekommen, um ein Feuer zu entzünden und eine Trennung zwischen Guten und Schlechten zu machen, und ich hoffe auf Gott, das Feuer der Guten werde das Feuer der Schlechten zum Erlöschen bringen.

Nun habe ich euch den Grund genannt, weshalb ich so lange gezögert habe, wieder auf das Schlachtfeld zu kommen, und warum ich jetzt gekommen bin …

Im Folgenden wiederholt Savonarola den Wortlaut seines Gebetes, das er vor seiner Rückkehr auf die Kanzel an Gott gerichtet hat und das zugleich ein autobiographisches Bekenntnis darstellt. – Der Gebetstext geht ohne deutlich erkennbaren Abschluß in ein Streitgespräch mit Satan und in den restlichen Teil der Predigt über, enthält ein Bekenntnis Savonarolas zu der ihm von Gott auferlegten Aufgabe und gibt Einblick in seine spekulative Betrachtungsweise.

Ich sprach: Herr, ich bekenne, daß du gerecht, gut und allmächtig und mein Gott bist, der mich aus nichts erschaffen hat, mich, der ich Staub und Asche bin, und trotzdem will ich mit Vertrauen zu dir sprechen, der du für mich gekreuzigt worden bist! Verzeihe mir, wenn ich in meinen Worten zu überheblich und allzu vertraut bin. – Du Herr, der du alles gut machst, du hast mich getäuscht und hast an mir den größten Verrat begangen, der je an einem Menschen dieser Welt verübt worden ist. Denn obwohl ich dich schon seit langer Zeit gebeten hatte, mir die Gnade zu gewähren, daß ich nicht verpflichtet wäre, andere zu lenken, hast du ganz im Gegenteil gehandelt und hast mich nach und nach an diesen Ort gezogen, ohne daß ich dessen gewahr wurde. In höchstem Maße erfreute ich mich des Friedens, und du hast mich mit deinem Köder hervorgelockt, wie man den kleinen Vogel in die Schlinge zieht. Hätte ich die Schlinge gesehen, wäre ich vielleicht nicht da, wo ich jetzt bin. Aber ich habe getan wie die Fliege, die zum Licht strebt, wenn sie die Lampe angezündet sieht, und die, nicht wissend, daß diese brennt, hinfliegt und sich die Flügel versengt. Du warst es, der mir sein Licht gezeigt hat, in dem ich mich ergötzte, und da mir gesagt wurde, es wäre gut, dieses Licht zum Heil der Seelen [auch andern] zu zeigen, bin ich ins Feuer geraten und habe mir die Flügel der Betrachtung verbrannt.

Ich habe ein großes Meer betreten und ich verlange mit großer Sehnsucht nach dem Hafen, schaue überall umher und sehe keinen Weg, um dorthin zurückkehren zu können. O mein süßer Hafen[342], werde ich dich nie wiederfinden? O mein Herz, wie konntest du dich auch aus einem so süßen Hafen wegbringen lassen? O meine Seele, schau, wohin du geführt worden bist! Gewiß, wir sind mitten auf einem tiefen Meer, und die Winde kommen aus allen Richtungen.

Herr, ich will zu dir sprechen, wie Jeremias sprach: *seduxisti me, Domine, et seductus sum, fortior me fuisti et invaluisti, factus sum in derisum tota die, omnes subsannant me, quia olim loquor vociferans iniquitatem et vastitatem clamito, et factus est mihi sermo Domini in opprobrium et in derisum tota die*[343], das heißt, Herr, du hast mich betrogen und nun bin ich betrogen, du bist stärker gewesen als ich und warst mir überlegen; ich bin den ganzen Tag zum Gespött geworden, jedermann spottet meiner, denn schon lange Zeit schreie ich gegen die Ruchlosigkeit und ich sage Drangsal und Verwüstung voraus, und das Sprechen über den Herrn wurde mir den ganzen Tag zur Schande und zum Gespött, und der eine spricht gut und der andere schlecht, und wegen mir scheint die Welt geteilt zu sein! – Deswegen will ich nochmals mit dem Propheten Jeremias sprechen: *vae mihi, mater mea, quae me genuisti virum rixae, virum discordiae in universa terra*[344], weh mir, Mutter, warum hast du mich als Mann des Streites geboren, als Mann der Zwietracht auf der ganzen Welt? – Ich möchte zum Hafen zurückkehren und finde den Weg nicht, ich möchte mich ausruhen, und finde dafür keinen Platz; ich möchte mich still verhalten und nicht sprechen und ich kann es nicht, denn das Wort Gottes ist in meinem Herzen wie ein Feuer, das mir im Innern Mark und Bein verbrennt, wenn ich es nicht nach außen lasse. – Wohlan denn, Herr, da du willst, daß ich auf so tiefem Meer fahre, so geschehe dein Wille, aber gib mir nur die eine Gnade: *notum fac mihi, Domine, finem meum*[345], laß mich, Herr, mein Ziel erkennen! Du wirst wohl sagen: «Ich habe es dir kundgetan und dir gezeigt, daß dein Ziel nicht in Reichtümern, Ehren und andern zeitlichen Gütern besteht, sondern allein in der Schau meines Seins, wie du es wirkungsvoll diesem Volk zu beweisen verstandest.» – Nein, Herr, ich sage dies nicht so, denn auf diese Weise erkennen das auch die Philosophen und Theologen, die schlecht leben, sondern ich möchte dies auf andere Weise als auf dem Weg der Vernunft erkennen, das heißt, ich wünschte, es sei mir durch deine Gnade und dein lebendiges Licht für immer im Sinn fest eingeprägt, damit ich mit dem Apostel froh sagen kann: *id, quod in praesenti momentaneum est et leve tribulationis nostrae, supra modum in sublimitate aeternum gloriae pondus operatur in nobis, non contemplantibus nobis, quae videntur, sed quae non videntur; quae enim videntur, temporalia sunt, quae autem non videntur, aeterna.*[346] Mache, mein Herr, daß ich immer mit der festen Hoffnung, dich zu erlangen, an den Tod denke. Denn wie der Habsüchtige weder auf dem Meer noch auf dem Land Gefahren fürchtet, weil er in ständigen Gedanken und in der Hoffnung auf einen Schatz verharrt, und wie die, welche verliebt sind, weder die Gefahren der Nacht noch irgendeine Schande fürchten, wegen der Liebe, die sie ständig fühlen, so werde auch ich keine Angst vor den Gefahren des Meeres dieser Welt haben, wenn du mir Kunde gibst von deiner Güte und der Glorie, die deinen Erwählten bereitet ist, und dem Ziel dieses gegenwärtigen Lebens. Vielmehr werde ich herrschen und mitten in allen Drangsalen fröhlich verharren. – *Itaque notum fac mihi, Domine, finem meum et numerum dierum meorum, quis est,* laß mich, Herr, aus dieser Erkenntnis die Zahl meiner Tage wissen, nicht jene, die nicht ist, sondern jene, die *ist*[347]. Die Zahl der Tage dieses Lebens *ist* nicht, weil die Tage, die vorüber sind, nicht sind, und diejenigen, die noch kommen sollen, sind ebenfalls nicht. Es bleibt folglich allein der gegenwärtige Tag, der ein einziger ist, und *«eins»* macht keine Anzahl aus, und deswegen *ist* die Zahl der Tage des gegenwärtigen Lebens nicht. – Außerdem: Von diesem einen Tag ist ein Teil bereits vergangen, und dieser *ist* folglich *nicht*; ein anderer Teil soll noch kommen, und auch dieser *ist nicht.* Von diesem Tag bleibt also nur ein einziger gegenwärtiger Augenblick, der aber – wie diese Philosophen sagen – nicht ein Teil der Zeit ist, sondern ein einziges Unteilbares. Wenn wir also von der Zahl der gegenwärtigen Tage nichts haben außer dem einen Unteilbaren, so ist dies gewiß eine Zahl, die nicht *ist.* Laß mich also, Herr, die Zahl meiner Tage erkennen, die *ist*, das heißt die Zahl der *ewigen* Tage immerwährenden Glücks, damit dessen Größe und Dauer mir immer fest vor den Augen stehe, denn die Zahl seiner Tage geht nicht vorüber, vielmehr sind sie alle beieinander und dauern *in saecula saeculorum.* Wenn du das tust, Herr, wird es mir keine Sorge bereiten, in der Kürze dieser Zeit für dich jede Drangsal zu erleiden, wenn ich hernach jene ewige Seligkeit erlangen kann.

Laß mich, Herr, nicht nur in der Drangsal, sondern auch zu Zeiten irdischen Glücks, erkennen, *ut sciam, quid desit mihi*[348], damit ich weiß, daß jedes irdische Glück eitel ist, denn immer fehlen uns in dieser Welt viele Güter und unter ihnen immer das größte, welches das ewige Glück ist.

Ferner, gemäß einem andern Wortsinn [interpretiert]: *notum fac mihi, Domine, finem meum et numerum dierum meorum, quis est, ut sciam, quid desit mihi.* Laß mich, Herr, mein Ende erkennen und verstehen, nicht auf Grund von Überlegungen der Vernunft, sondern auf Grund der Gegenwart deines Lichts, daß dieses mein gegenwärtiges Leben ein Ende hat und dieses Ende ungewiß ist, und laß mich erkennen, welches die Zahl meiner Tage ist, sowohl deren Beschaffenheit als auch deren Menge. Laß mich auch sehen, daß das, was noch kommen wird, nur von kurzer Dauer sein kann und voller Betrübnis und Unruhe des gegenwärtigen Lebens, damit ich wisse und sorgfältig bedenke, was ich in dieser kurzen Zeit, die mir noch verbleibt, für dich und für das Heil meiner Seele zu tun habe, denn ich weiß, daß ich unvollkommen bin und mir noch viele gute Werke zu tun bleiben, die ich noch nicht getan habe, die ich aber mit um so größerer Sorgfalt auszuführen gedenke, je mehr ich das Sein und die Beschaffenheit und Menge der gegenwärtigen Zeit kenne. Denn wenn ich auch noch lange zu leben hätte, so kann ich trotzdem nicht immer in diesem Leben verharren. *Ecce mensurabiles posuisti dies meos*[349], meine Tage sind meßbar und begrenzt, deine Ewigkeit aber ohne Grenzen, *et finiti ad infinitum nulla est proportio*[350] – und deshalb sind sie nichts. *Et substantia mea tamquam nihilum ante te*[351], mein Wesen und mein Sein sind wie nichts vor deinen Augen, denn du bist derjenige, der *ist,* und ich bin derjenige der nicht ist.

Dein Sein und dein Wesen sind ein und dasselbe, aber unser Wesen ist an sich nicht, und das Sein ist gemäß den Philosophen in der Begriffsbestimmung der *geschaffenen* Dinge nicht enthalten. Und deswegen ist alles, was du vor dir erschaffen hast, nicht aus sich selbst, sondern nur infolge Teilnahme an deinem Sein, und je mehr die geschaffenen Dinge dir näher sind, um so mehr *sind* sie. – Verleihe mir denn, Herr, diese Kenntnis und mache, daß sie immer fest vor meinen Augen stehe, und dann werde ich dieses gefährliche Meer nicht fürchten, werde auch nicht fürchten Schwert oder Lanze, große Herren oder irgend etwas anderes.

So bin ich denn, Herr, zufrieden mit dieser Täuschung, denn sie ist voller Süße und Barmherzigkeit, da du mich durch deine Liebe gleichsam zur Zielscheibe des Pfeils machen[352] und mich in Drangsal und Leid dir angleichen wolltest. Mein Herr, wenn ich an dies denke, fühle ich, wie mein Herz jubelt, und ich fürchte keinerlei Widerspruch mehr!

Wohlan, wo bist du, Satan? Tritt vor, sporne deinen Geist an, wecke deine Kräfte, wende alle deine Mittel an, laß alle deine Gefährten auf mich los, denn ich fürchte nichts! Wer keine Angst hat zu sterben, wovor sollte er sich sonst fürchten? – «O, mein Bruder, höre einmal.» – Ich bin nicht *«dein»*, noch will ich dein sein! – «Wohlan denn, *frate, fratacciο*[353], willst du, daß ich dir einen guten Rat gebe? So berühre nicht, wo es schmerzt, falls du in Frieden leben willst!» – Ich will weder deine Ratschläge noch deinen Frieden, denn *dein* Friede ist ohne Friede, und dein Krieg bricht nicht meinen Frieden. Du weißt wohl, wenn ich an die Höfe ginge, den großen Herren schmeichelte und nicht an die Habsucht der Brüder und Priester rührte, würde ich nicht solchen Aufruhr erfahren. – Als ich einmal an einem bestimmten Ort gegen die Habsucht predigte und – weil es vonnöten war – auf diese häufig zurückkam, sagten mir gewisse Brüder: «Hast du nichts anderes zu predigen als das? Laß uns in Ruhe und predige den Sündern!» – Und ich rief: «*omnis, qui male agit, odit lucem et non venit ad lucem, ut non arguantur opera eius.*[354] Wer in der Wahrheit wandelt, hat keine Angst vor der Wahrheit; wenn ihr habsüchtig seid, so bessert euch, wenn ihr es nicht seid, so spreche ich ja nicht zu euch.» – «O Bruder, du rührst an alle Lebenslagen der Menschen, und deswegen werden alle gegen dich sein. Glaube mir, sie werden dir viel Böses tun können, wenn du dich nicht ruhig verhältst, und ebensoviel Gutes, wenn du ruhig bist, ganz besonders die großen Herren!» – Du sprichst wahr – wenn Gott ihnen die Gewalt gäbe, könnten sie mir viel Böses tun, aber auch viel zeitlich Gutes. *Verumtamen universa vanitas est omnis homo vivens.*[355] Deswegen erachte ich sie für nichts, denn jeder lebende Mensch ist nichts als Eitelkeit. Allein Gott ist derjenige – wie ich dir gesagt habe – der *ist*, der die Gewalt und das Wissen besitzt, er allein ist glückselig und wahrhaft unsterblich, und er wohnt, wie der Apostel sagt, in unvergänglichem Licht, das ein

Mensch nie sieht noch sehen kann, und alles Geschaffene, das Unsichtbare wie das Sichtbare, ist Nichtigkeit, denn entließe es Gott aus der Kraft seiner Hand, so kehrte alles zum Nichts zurück. Und weil der Mensch an allem Geschaffenen der Welt teilhat, das heißt sein Sein an den leblosen Dingen, sein Leben an den Pflanzen, sein Fühlen an den Lebewesen, sein Verstehen an den Engeln – deswegen hat er auch teil an der Nichtigkeit eines jeden Geschaffenen, und daher ist gut gesagt worden, daß jeder Mensch lauter Eitelkeit sei. – «O Bruder, scheint dir denn, jener bedeutende, weise und mächtige Bürger sei nichts als Eitelkeit?» – O du Narr und du Tor! Herren, Könige, Kaiser und Papst – sie sind alle Eitelkeit, und alle Menschen sind in dieser Beziehung gleich! – «Und dennoch leben sie eine Zeitlang und tun während ihres Lebens Großes.» – Du sprichst die Wahrheit, *verumtamen in imagine pertransit homo.*[356] Wie aus dem Spiegel das Bild des Menschen herausleuchtet, so spiegelt sich in der Welt das Bild Gottes. Die Welt ist der Spiegel, und der Mensch ist das Bild Gottes, das in der Welt wie in einem Spiegel ist. Das Bild des Menschen im Spiegel ist ein vergängliches Ding, denn sobald der Mensch sich vom Spiegel entfernt, findet sich in diesem nicht mehr das Bild seines Gesichts. Wenn Gott uns sein Gesicht von uns abwendet, das heißt, seine lebenswirkende Kraft dem Menschen entzieht, dann verschwindet der Mensch aus dieser Welt wie das Bild aus dem Spiegel. Und deswegen habe ich vor niemandem

Angst – gleich welcher Würde er auch sein mag, denn ich fürchte nicht das Bild, wohl aber den, dessen Bild er ist. Wäre hier ein Löwe vor einem Spiegel, so hätte ich keine Angst vor dem Bild des Löwen im Spiegel, wohl aber vor dem Löwen selbst. – Der Mensch vergeht und Gott bleibt, und deswegen sind die Gedanken des Menschen nichtig…

Aus der 3. Predigt
19.2.1496

Die «Kinder des Frate» (fanciulli del frate) *waren in den einzelnen Stadtquartieren in Gruppen* (compagnie) *zusammengeschlossen und pflegten im Dom auf erhöhten, für sie eigens in der Nähe der Kanzel eingerichteten Plätzen der Predigt beizuwohnen. – Im folgenden Abschnitt wendet sich Savonarola zunächst direkt an die Kinder.*

Zur religiösen und weltlichen Erziehung der Kinder

Kommt hierher, meine Kinder; wenn diese da[357] mich nicht hören wollen, dann hört ihr mich an, damit ihr dann zu denjenigen gehört, welche die Wohltaten von Florenz zu genießen haben. – Das Evangelium verkündet heute morgen, die Pharisäer hätten gesagt, es sei im Gesetz geschrieben, man solle den Freund lieben, aber den Feind hassen.[358] Es stimmte zwar nicht, daß dies im Gesetz stand, aber sie hatten das in ihren Interpretationen so aufgezeichnet. – Meine Kinder, ihr sollt euren König und die Jungfrau, eure Königin, lieben und fürchten. Lernt gut, was zum Glauben gehört, zunächst, daß euer Gott der Vater, Sohn und Heiliger Geist ist, und daß es nicht drei Götter gibt, sondern nur einen Gott, daß euer Erlöser Gott und Mensch ist, Sohn Gottes und der Jungfrau Maria. Wißt, daß sich im Paradies die Engel und die Seelen der Heiligen befinden, die zusammen mit Christus triumphieren, im Paradies, wohin auch ihr hingehen werdet, wenn ihr den Willen Gottes tut. Und da ihr diesen Glauben habt, so liebt einander, denn das ist das Gebot des Herrn. Laßt den Haß fahren und folgt nicht auf dem Weg eurer Väter, die ihren eingewurzelten Haß nicht aufgeben wollen.

Kommt her, Bürger! Ihr sagt: «Was haben wir zu tun?» – Ihr habt das zu tun, was ich diesen Kindern gesagt habe! Liebt einander, hört auf das, was das Evangelium sagt: Haßt nicht eure Feinde, sondern liebt sie! Wenn ihr eure Freunde liebt, so tun dies auch die Türken; tut jedoch euren Feinden Gutes und lehrt das, ihr Väter, euren Kindern!

Du, meine Stadt, laß den Haß fahren, schließe Frieden, schließe Frieden! Du hast ihn nicht in Wahrheit geschlossen, sondern du hast äußerlich ein Pflaster aufgelegt – und deshalb, solltest du dich nicht anders verhalten, muß deine Wunde tödlich werden. Laß den Ehrgeiz fahren und verharre in Demut und du wirst Frieden haben.

Schaut, die Dinge der Natur verharren in Frieden, denn jedes bleibt an seinem Platz – die Erde, die Luft, das Wasser und das Feuer, jedes an seiner Stelle, und so verharrt alles in Frieden. *Dein* Platz ist zunächst derjenige der Demut, denn du bist Erde, und die Erde strebt zum Zentrum. Sei also bestrebt, unten zu bleiben, und falls dich etwa jener Rat auf irgendwelchen höheren Platz stellen sollte, so sei zufrieden und strebe nicht noch höher und erweise deiner Stadt jene Wohltat, die deinem Wissen und Können entspringt, doch suche nicht, eine hohe Stellung zu erreichen.

Es gibt solche, die tun Gutes aus Heuchelei, um Ansehen zu erlangen und zu den «Bohnen» zu kommen. Achtet darauf, daß ihr nicht Gutes tut, um sagen zu können: «Ich werde Beifall finden und werde die ‹schwarzen Bohnen› haben!»

Das Evangelium sagt heute Morgen: *nesciat sinistra, quod faciat dextera tua*[359], und das bedeutet: Tut nichts Gutes aus Ruhmsucht! Wenn du das tust, was ich dir sage, wird dich Gott in die Ehrenstellung berufen, die du verdienst. Andernfalls wirst du stürzen wie Luzifer und du wirst ein schlechtes Ende nehmen – du selbst und auch derjenige, der dir folgen wird …

Nach einer Aufforderung an die Kinder, insbesondere die Sodomiten, die sich an sie heranmachen, zurechtzuweisen und allenfalls bei der Behörde anzuzeigen, wendet sich Savonarola der weltlichen Erziehung der Kinder zu.[360]

Und ihr, Väter, laßt eure Kinder Grammatik lernen, und als Schullehrer halte man sich gute Männer, die züchtig sind, keine Spieler sind, Glauben haben und die nicht mit den Dichtern hernach alles verderben! Sorgt dafür, daß es in den Schulen weder Schlupfwinkel noch Ecken gibt, und daß in ihnen nichts Schlechtes geschieht! – Es wäre auch zu wünschen, daß man in den Schulen nicht schlechte Dichter liest, wie es etwa Ovid mit seiner *«Ars amandi»* ist, oder Tibull, Catull und ähnliche, auch nicht Terenz, wo er von jenen *meretriculae* spricht![361] Lest den heiligen Hieronymus und den heiligen Augustinus und andere Bücher von Kirchenleuten, oder den Tullius[362], Vergil, auch einiges aus der Heiligen Schrift. Und da, wo ihr, ihr Lehrer, in euren Poesien auf Juppiter, Pluto usw. stoßt, sagt ihnen: «Meine Kinder, das sind Fabeln!» und zeigt ihnen, daß nur Gott es ist, der die Welt lenkt. – Wenn ihr auf diese Art lebt, wird Gott mit euch sein, meine Kinder, und so auch mit euch andern, andernfalls wird euch geschehen, wie es Damaskus geschah[363] …

Aus der 4. Predigt
20.2.1496

Zu Beginn der Predigt erwähnt Savonarola nochmals die symbolische Arche und deutet das Betreten dieser als «mit dem Körper in der Welt sein, aber durch die Gnade außerhalb von dieser weilen». Das schließt jedoch nicht aus, daß man in der Arche Stürmen ausgesetzt sein wird. – Unter denen, die in der Flut untergehen werden, sind u. a. solche, die gegen die brüderliche Liebe verstoßen, was vor allem bei vielen Klerikern der Fall ist.

Eigenschaften der guten und Sünden der schlechten Kleriker

Heute morgen wollen wir von den Prälaten und vom Klerus sprechen ... Kommt her, schaut, wohin [zu welchen Betrachtungen] ich euch hinführen will. – Der Himmel ist allen andern Elementen gegenüber fremd und deswegen bezeichnet er *die* Prälaten, die allen irdischen Dingen gegenüber fremd sein sollten, weswegen geschrieben steht: *coeli enarrant gloriam Dei*[364], das heißt, die Prälaten sind jene, die auf Erden den Ruhm Gottes zu verkünden haben; folglich müssen sie wie der Himmel sein.

Die Himmel sind *erstens* von allem Irdischen rein, *zweitens* haben sie in sich keine Gegensätze. So dürfen die Prälaten, welche die Seelen zu leiten, Männer und Frauen zu lenken und ihnen den Weg zum Heil zu zeigen haben, ihr Gefühl nicht auf die Dinge dieser Welt richten und sollen in sich selbst keine Gegensätze aufweisen, sondern müssen alle Sinne in der Weise abgetötet haben, daß sich in ihnen keinerlei Gegensätzlichkeit zur Vernunft findet. – *Drittens* ist der Himmel unverwüstlich, was bedeutet, daß die Priester so beschaffen sein müssen, daß sie sich durch die Menschen, durch Geld oder Drohungen nicht bestechen lassen, sondern stets unerschütterlich bleiben und in der Wahrheit wandeln. *Viertens* ist der Himmel voller Licht, und das bedeutet, daß der Prälat vom Licht der Tugend erfüllt sei, und wie die verschiedenen Sterne den Himmel schmücken und zieren, so sei der Priester durch verschiedene Tugenden geschmückt. *Fünftens* ist der Himmel von größter Unterwürfigkeit und dreht sich gemäß dem ihm von oben her gegebenem Einfluß und der ihm von einer höheren Intelligenz verliehenen Bewegung. So sollen die Prälaten dem Einfluß von oben streng gehorchen und die Gebote Gottes beobachten. *Sechstens:* Der Himmel wirkt mit seiner Kraft auf das unter ihm Liegende. In gleicher Weise sollen die oberen Prälaten auf die unter ihnen Stehenden, die zu regieren haben, einwirken. *Siebtens* ist der Himmel hoch über allen Elementen, und so sollen die Prälaten immer in erhabener Höhe in der Kontemplation Gottes verharren. *Schließlich* ruht der Himmel nie, sondern dreht sich ununterbrochen Tag und Nacht. So sollen die guten Prälaten immer eifrig sein, dürfen nicht schlafen und sich nie von der Lenkung ihrer Herde ausruhen, sondern haben sie ständig zu hüten, damit sie nicht in die Hände des Wolfs, das heißt des Teufels, gerät.

So sollten die heutigen Prälaten beschaffen sein – und der Kirche Gottes ginge es gut! Aber wenn sie nicht nur nicht «Himmel», sondern «Erde» sind, das heißt verwickelt in Irdischem und in Lastern – so mache dir einmal Gedanken darüber, wie die Sache verläuft! – Was drei Sünden betrifft, ist bei ihnen eine Bekehrung möglich, was aber die vierte Sünde angeht, so spricht Gott: «Ich werde sie nicht zur Bekehrung führen.» Ich spreche freilich allgemein von den schlechten Priestern und nehme die guten davon aus. – Aber bevor wir von ihren drei Sünden sprechen, wollen wir den Namen Gaza erklären, der *robusta Domini*[365] bedeutet. Diese Prälaten heißen «Starke des Herrn», weil sie die Kraft und die Stärke haben sollten, für den Herrn sterben zu wollen.

Die erste Sünde der schlechten Priester und Prälaten besteht nun darin, daß sie überheblich sind, sich darauf verlegen, ihre Pfründen zu verwalten und dabei nicht wissen, was sie tun; sie sind «Erde» und sollten doch «Himmel» sein. Nun stelle dir einmal vor: Wenn die Erde sich vornähme, den Himmel regieren zu wollen – wie ginge dies wohl aus? – Ihre zweite Sünde ist die der Simonie, da sie die Pfründen verkaufen und kaufen. – Ihre dritte Sünde besteht darin, daß sie nichts anderes tun, als unablässig Pfründen an sich zu reißen und aufzuhäufen. – Immerhin könnte sie der Herr in bezug auf diese wohl noch zur Bekehrung bringen. Aber was die vierte Sünde betrifft, die gegen die brüderliche Liebe verstößt, von dieser sagt der Herr: Ich werde euch davon nicht bekehren. – Diese Sünde ist das schlechte Beispiel ihrer Lebensführung, womit sie bei ihrem Nächsten großen Anstoß erregen. Sie sündigen ganz offen, ein jeder sieht, wie sie sich dem Spielen ergeben und sich Konkubinen halten. Solches richtet sich gegen das Seelenheil des Nächsten, und was diese Sünde betrifft, die gegen die brüderliche Liebe verstößt, wird Gott sie sich nicht bekehren lassen, da sie voller Verruchtheit sind: *eo, quod transtulerint captivitatem perfectam.*[366] Und es hat ihnen nicht genügt, sich selbst durch ihre Sünden vom Teufel ergreifen und in Gefangenschaft führen zu lassen, sondern sie haben mit ihrem schlechten Beispiel diese Gefangenschaft allgemein gemacht, denn der Teufel hat heute begonnen, jeden zu ergreifen – die Priester, die Brüder und die Weltleute, die Großen und die Kleinen, und so ist die Gefangenschaft durch den Teufel vollständig geworden, *ut concluderet eam in Idumaea*[367]. *«Idumaea»* bedeutet *«irdisch»,* weil dieses Beispiel alle Menschen verführt, sich den irdischen Dingen hinzugeben und die göttlichen zu verlassen. Und deswegen sagt Gott: Ich werde sie nicht zur Bekehrung führen *et mittam ignem in murum Gazae*[368], Gott wird Feuer in die Mauern von Gaza – das man auch «Rom» nennen kann – schleudern. Gott wird euch das Feuer der Drangsal und das Feuer der Hölle senden. *Et disperdam habitatores de Azoto*[369], die Bewohner von Azoto werden zerstreut werden. *«Azoto»* bedeutet *«Feuersbrunst»*, und das bezeichnet die Habsucht, die eine ständige Feuersbrunst in der Seele derer darstellt, die sich nie sättigen können, wie auch das Feuer sich nie sättigt, *qui numquam dicit: sufficit*[370]. Lege so viel Holz wie du nur willst auf das Feuer – es wird nie sagen: genug!, sondern wird alles verzehren. Und jene Leute werden von diesem Feuer zersprengt werden, denn man wird ihnen den

Besitz wegnehmen *et tenentem sceptrum in Ascalone*[371]. *«Askalon»* wird gedeutet als *«ignis infamis»*, und das bezeichnet das Feuer der Dirnen, das sie verrufen macht – und das ist die Sünde, die ihnen jede Ehre und jeden guten Ruf nimmt. – Es spricht also der Herr: Wer den Hirtenstab trägt, den werde ich von der Erde nehmen und ihn in die Hölle senden, *et convertam manum meam super Acharon*[372], das gedeutet wird als *«sterilitas»* und die Kleriker und deren Diener bezeichnet, die an Tugend unfruchtbar sind und die mit ihnen zusammen bestraft werden. – «Ich werde, o unfruchtbarer Klerus, meine Hand, das heißt meine Macht, gegen dich wenden», spricht der Herr, «und werde dir das Haupt zerschmettern» – *et peribunt reliqui Philistinorum*[373]; *«Filistini»* das bedeutet *«duplex ruina»* – und wahrhaftig, ihr Sturz ist doppelt, denn zunächst verursachen sie ihren eigenen Sturz, indem sie in die Sünde fallen, und zweitens den Sturz ihres Nächsten durch ihr schlechtes Beispiel. Von all diesen wird kein Rest übrigbleiben, sagt der Herr, denn alle werden dahinschwinden, der eine wird an der Pest sterben, der andere im Krieg und wieder ein anderer vor Hunger, so daß also nicht ein einziger von tausend sich bekehren wird, denn deren Sünde mißfällt Gott zu sehr, und deswegen wird er sie nicht zur Bekehrung kommen lassen.

Das Glück des vollkommenen und das Elend des schlechten Ordensmannes

Das religiöse christliche Leben soll ganz auf Reinheit ausgerichtet sein. Was nun die äußeren Dinge betrifft, so ist der rechtschaffene Ordensmann, der in einem Kloster seine Profeß abgelegt hat, bestrebt, von allem Irdischen geläutert zu sein, und er verzichtet sowohl der Gesinnung als auch seinem Verhalten nach auf Eigentum und legt das Gelübde der Armut ab. – Die rechtschaffenen Weltleute hingegen verzichten – was die tatsächliche Verwendung betrifft – nicht auf den Besitz, obwohl sie der Gesinnung nach auf ihn verzichten, mögen sie auch infolge dieses Besitzes ihr Herz nicht auf vollkommene Weise rein halten können. – *Ferner* soll der Ordensmann nach der Reinheit des Fleisches streben, und zwar in der Weise, daß er danach trachtet, von jedem Verlangen rein und dem Geist und dem Leib nach vollkommen keusch zu sein, sowie den Leib so gezüchtigt zu haben, daß er keinerlei Regung seiner Sinne verspürt. – *Drittens* ist er bestrebt, von jedem Hochmut frei zu sein, Demut zu haben und Gehorsam zu üben und jeden Stolz mit Füßen zu treten.

Und so behaupte ich, daß der vollkommene Ordensmann, das heißt einer, der im Kloster seine Profeß abgelegt und zu diesem Ziel gelangt ist, der beste Mensch der Welt und in dieser glücklich ist. Ich kann es dir beweisen, denn es läßt sich keine vollkommenere Läuterung als diese finden, zumal wenn sie durch das Gelübde gefestigt ist. Und wenn *du* das Glück in äußere Dinge, wie Reichtum, Ehren, Ruhm oder Macht setzt, so flieht der gute Ordensmann davor und kümmert sich nicht darum, vielmehr verachtet er jede Ehre dieser Welt mit großer Freude. Und das ist ein Beweis dafür, daß er ein größeres Glück und einen größeren Reichtum besitzt als es diejenigen der Welt darstellen. Denn wenn ein jeder von Natur aus jene Dinge erstrebt, die ihn glücklich und zufrieden machen, und du siehst, daß der gute Ordensmann nach den Dingen nicht verlangt, in denen ihr das Glück sucht, so ist das folglich ein Zeichen dafür, daß er größeren Trost besitzt als denjenigen, den einige Reichtümer oder Ehren dieser Welt verleihen können. Andrerseits ist er frei von allen Sorgen dieser Welt. Wir Ordensleute sorgen uns nicht um Brot und Wein, nicht um Haus, Dach und Kinder. Wenn Krieg oder Pest kommen, kann der gute Bruder überallhin gehen. Wenn *du* dein Glück in die Güter des Leibes setzt, so besitzt dafür der gute Ordensmann einen solch großen Trost des Geistigen, daß er sich nicht um die Vergnügungen des Leibes zu kümmern hat, vielmehr flieht er sie und verharrt stets in Zufriedenheit. – Und wenn du das Glück in den Gütern der Seele suchst, so hat der vollkommene Ordensmann davon so viele im Gebet und in der Betrachtung Gottes, daß er in diesem Leben glücklich und stets fröhlich ist, und mag auch von außen kommen, was will, er beunruhigt sich nie – und das ist ein Zeichen dafür, daß er im Herzen etwas hat, das ihn fröhlich erhält.

Ganz im Gegensatz dazu verhält sich der schlechte Ordensmann. Er ist immer in Unruhe, weil er keinen Trost, den diese Welt verleiht, besitzen kann, denn das Ordenskleid untersagt ihm diesen. Will er sich nämlich den Freuden der Welt hingeben, so zeigt man überall mit den Fingern auf ihn, und sobald man ihn sieht, heißt es: «Siehst du jenen üblen Kerl von Bruder? Er ist ein Verruchter!» – und das Kleid gereicht ihm zu höchster Schande. *Item,* ist einer ein schlechter Bruder und gehört er womöglich noch der Observanz[374] an, so begegnet ihm immer etwas, das er nicht will, denn er verlangt stets nach dem, was er nicht haben kann, und sein Oberer vertritt sozusagen immer Ansichten, die ihm zuwider sind, weil Gott es so will. Und wenn er an einen Ort zu gehen wünscht, scheint ihm, es sei ihm bestimmt an einen andern Ort hinzugehen, und weil das, was er wünscht, der Vernunft widerspricht, kommt es ihm immer ungelegen. – Geht er zur *vita larga*[375] über, findet er trotzdem keinerlei Trost, da ihn sein Gewissen ständig quält. Und so kommt es, daß der schlechte Bruder ständig geplagt ist.

Unser Text sagt nun: *super tribus sceleribus Tyri et super quattuor convertam eum.*[376] Der Name *«Tyrus»* wird als *«angustia»* gedeutet. Solche, wie wir sie vorhin erwähnt haben, das heißt Betrübte, leben in Tyrus. Die schlechten Brüder, sag' ich, und auch die schlechten Nonnen sind immer voller Betrübnisse, möchten stets dahin und dorthin gehen und sind nie ruhig.

Super tribus sceleribus Tyri, wegen dreier Sünden, sagt Gott, würde ich euch noch bekehren lassen, aber wegen der vierten, werde ich euch nicht zur Bekehrung kommen lassen. Die *erste* Sünde besteht darin, daß sie das erste Gelübde, das der Armut, nicht halten. Alle streben ständig danach, Paläste zu errichten, und es gibt sogar Brüder, die eigenes Geld besitzen, was ihnen nicht gestattet ist. – Auch die Nonnen wollen eine Kutte für den Winter und eine andere für den Sommer, sowie viel anderes Überflüssiges.

Die *zweite* Sünde besteht darin, daß sie das zweite Gelübde, das heißt das der Keuschheit, nicht halten, gibt es doch viele, die einen zügellosen Wandel führen. Wenn jemand es weiß, dann weißt *du* es![377] Ich will aber darüber nicht zuviel sagen, denn ich schäme mich, darüber zu sprechen. Und zu dieser Sünde kommt noch die Sünde der Gefräßigkeit, denn sie wollen nicht, daß ihnen irgend etwas abgeht. Und während dieser Fasnachtstage verbringen die Nonnen ihre Zeit mit Schlemmen, und eure Frauen halten sich den ganzen Tag in den Klöstern der Nonnen auf, um Bankette zu veranstalten, Süßigkeiten und Brezeln zu bereiten und tausendfachem Klatsch zu frönen, was nicht in Ordnung ist!

Die *dritte* Sünde besteht darin, daß sie die Vorschrift des Gehorsams nicht achten, vielmehr streiten sie und empören sie sich den ganzen Tag über etwas und wollen nicht gehorsam leben.

Das sind die drei Übertretungen der Brüder und

Nonnen. Was diese betrifft, sagt Gott, möchte ich euch wohl noch zur Bekehrung kommen lassen – aber begeht nicht die *vierte* Sünde, denn diese werde ich euch nicht verzeihen. Und das ist der Neid um die einem Bruder zuteil gewordene Gnade. Es gibt deren viele unter den Brüdern und Nonnen, die einen derart schrecklichen Neid hegen, und manchmal steht ein Kloster von Nonnen oder Brüdern gegen ein anderes[378], oder ein Orden gegen einen andern Orden, wenn sie sehen, daß dem andern mehr Erfolg beschieden ist. Sie haben einen solchen Neid, daß sie nicht ein Kloster neben dem andern dulden können, und so auch nicht einen Bruder neben dem andern Bruder. Und der eine sucht den Ruf des andern anzuschwärzen; bringt einer Frucht in der Sorge um die Seelen, versucht der andere, diese zu verderben, denn so groß ist die Gier nach eigenem Ruhm, daß sie versucht, den Ruhm Gottes zugrunde zu richten, und dafür den eigenen aufrechtzuerhalten.

Dieser Neid um die einem Bruder gewährte Gnade ist eine Sünde wider den Heiligen Geist, denn sie steht den Gaben des Heiligen Geistes entgegen, durch welche in den Menschen die Gnade zunimmt. – Freut euch also über jeden und seid nicht verwirrt wegen der Gnade, die irgendeinem gewährt wird, denn der Herr sagt: *super quattuor non convertam eum, eo quod concluserit captivitatem perfectam in Idumaea.*[379]

Der Teufel hat heutzutage jeden gefangengenommen, Brüder und Nonnen, Knaben und Mädchen, die in Klöstern von Mönchen oder Nonnen aufgezogen werden, die dahin wirken, daß sie an dieser oder jener Ansicht festhalten sollen. Hütet euch, ihr Knaben und Mädchen, gebt euch nicht solchen Parteilichkeiten hin, sondern sagt ihnen: «Ich gehöre Christus und ich gehöre nicht diesem mehr als einem andern.» Sie versuchen auch, die Leute zu überreden und sagen ihnen: «Wir wollen nicht, daß ihr in eine andere Kirche geht als in diese.» Und so haben sie die Menschen in eine idumäische Gefangenschaft geführt, das heißt in eine irdische, weil sie ihre ganze Leidenschaft dem Irdischen und der Parteilichkeit zuwenden und nicht Gott.

Im Paradies gibt es Franzosen, Italiener, Ungarn, Deutsche und Angehörige eines jeden Volkes, und alle sind in der einen Liebe vereint und sind Brüder in Christus, und deshalb ist diese Sünde[380] Gott so verhaßt, und daher sagt er: *mittam ignem in murum Tyri et devorabit aedes eius*[381], ich werde das Feuer der Pest auf diejenigen schleudern, die diese Sünde begehen, und es wird sie verzehren, so daß kaum einer ihm entkommen wird. – Wenn ihr nämlich dieser Sünde folgt, werdet ihr nie zufrieden sein, aber wenn ihr euer Gelübde der Armut, der Keuschheit und des Gehorsams [im Geiste] neu ablegt, euch selbst erneuert, eure Laster fahrenlaßt und euch Christus anschließt, wird er euch Wohlergehen in dieser und Herrlichkeit in der andern schenken, *ad quam ille vos perducat, qui est benedictus in saecula saeculorum. Amen.*[382]

Aus der 5. Predigt
21. 2. 1496

Anmassung und Verzweiflung als Sünden wider den Heiligen Geist

Ich habe in einem Buch gelesen, es habe einmal zwei Jünglinge gegeben, einer war gut, der andere schlecht – merkt euch dieses Beispiel, meine Kinder! Als nun der gute sah, wie sein schlechter Gefährte viele Sünden beging, sagte er zu ihm mehrmals: «Tu das nicht, denn Gott wird dich bestrafen!» Da sprach der schlechte: «Ich bin jung und will mich jetzt vergnügen! Gott wird mir Barmherzigkeit schenken.» – Da geschah es, daß er krank wurde, und sein guter Gefährte ging hin, ihn zu besuchen und sprach: «Geh zur Beichte, denn du hast in so vielen Sünden gelebt, daß es jetzt Zeit ist, sie zu lassen, und nimm dir vor, anders zu leben, wenn dir Gott die Gnade schenkt, wieder gesund zu werden». Der schlechte aber gab zur Antwort: «Mir geht es nur wenig schlecht, ich werde bald gesund sein und will jetzt nicht beichten!» – Und so ging der gute hinweg, da er nicht in der Lage war, seinen Gefährten zum Beichten zu veranlassen. – Der Teufel aber, der diesen Jüngling die Sünde der Anmaßung gelehrt und ihm beigebracht hatte, sich zu sehr auf die Barmherzigkeit Gottes zu verlassen, lehrte ihn hernach auch die Sünde der Verzweiflung. – Als sich sein Zustand verschlimmerte, kehrte sein Gefährte zu ihm zurück, tröstete ihn und bat ihn, zu beichten. Doch dieser sagte: «Ich fühle, daß ich sterben muß, und ich bin nun soweit, daß ich nicht mehr rechtzeitig Reue empfinden kann und mir Gott jetzt wohl nicht mehr verzeihen wird». Da bat ihn sein Gefährte trotzdem, er solle beichten, und legte ihm dar, wie groß die Barmherzigkeit Gottes sei. Da nun aber jener in seiner Verzweiflung beharrte, wollte er davon nichts wissen. – Und so ging der Gefährte fort, und als er abends zu Hause war und schlafen gegangen war, da erschien ihm im Traum sein kranker Gefährte, und ihm war, als sähe er, wie unser Erlöser Jesus Christus ihm sein Blut zeigte und sagte: «Ich habe dieses Blut für dich vergossen, ach, komm doch zur Buße!» Und ihm schien, als antwortete ihm jener Schlechte stets mit den gleichen Worten: «Du würdest mir doch nicht verzeihen!» Und nachdem ihn der Erlöser reichlich darum gebeten hatte, war ihm, als legte dieser seine Hand in die Wunde seiner Seite und lasse einen Strahl seines Blutes daraus hervorgehen und spritze ihm davon ins Gesicht mit den Worten: «Das wird am Tage des Gerichts dir zur Beschämung gereichen!» Und ihm war, als blähe sich dieser wie ein Frosch auf und sterbe. – Als der gute Jüngling am Morgen aufstand und sich des Traumes, den er getan hatte, erinnerte, ging er hin, um nach seinem Gefährten zu sehen, und er fand ihn tot – gestorben zur Stunde, da er von ihm geträumt hatte.

Ich habe euch dieses Beispiel erzählt, damit ihr euch vor diesen zwei Sünden zu hüten wißt, das heißt vor der Anmaßung und vor der Verzweiflung, die Sünden wider den Heiligen Geist und als solche unverzeihlich sind – nicht weil sie überhaupt nicht vergeben werden könnten, aber weil sie jenes vertreiben, das die Seele zur Buße erweckt, und deswegen bekehren sich jene, die solche Sünden auf sich laden, nur schwer oder selten, denn wer diesen eine Zeitlang folgt, kehrt selten um – und deswegen nennt man diese Sünden unverzeihlich.

Aus der 6. Predigt
22. 2. 1496

Der Teufel und seine List

Wer hat den Teufel erschaffen? Er wurde von Gott als das allerschönste Geschöpf erschaffen, und noch jetzt hat der Teufel eine Gestalt, die ihrer Natur nach sehr schön ist, und sähest du ihn ohne Sünde, würdest du sagen, daß er von hervorragender Schönheit sei. Er besitzt auch ein sehr großes Wissen von allen natürlichen Dingen, und er kennt die Astrologie besser als du das *Ave Maria.* – Nach seiner Erschaffung war er im Besitz der Gnade Gottes, durch die er selig geworden wäre, wenn er gewollt hätte. Aber da stellte sich ihm eine Vorstellung ein und er sagte sich: «Wäre ich – wie Gott – durch eigenes Vermögen glückselig, so wäre es etwas Herrliches, die Glückseligkeit nicht andern verdanken zu müssen.» Und es erschien ihm als etwas Niedriges und Unterwürfiges zu sein, die Gnade einem andern zu verdanken. Da sagte er sich: «Könnte ich das haben, *ero similis Altissimo.*»[383] Und diese Vorstellung war in ihm so mächtig, daß er sich von der Gnade Gottes trennte, und so verblieb er ohne Gnade. Und trotzdem hat der Teufel seit damals und bis auf den heutigen Tag jenes Verlangen nach der Vollkommenheit der göttlichen Ehre nicht aufgegeben. Was ist die Folge davon? Die Folge ist: Weil *er* die Glückseligkeit nicht besitzt, möchte er nicht, daß andere sie haben. Und was folgt daraus? Es folgt, daß er jedem gegenüber, der diese sucht und auf dem Weg ist, sie zu erlangen, Neid empfindet. Was folgt daraus? Es folgt, daß aus diesem Neid ein Haß entsteht, den er gegen alle Auserwählten Gottes zeigt, die ins Paradies kommen sollen. Was folgt aus diesem Haß? Es folgt eine große Verfolgung der Auserwählten Gottes, mag er auch wissen, daß die Freunde und Auserwählten Gottes dadurch nicht verlorengehen können, sondern daß eine solche Verfolgung ihnen zu größerem Ruhm und zu einer herrlicheren Krone gereicht. Und was folgt aus dieser Verfolgung? Es folgt der Kampf gegen die Wahrheit. Auf jede nur mögliche Art versucht er, die Werke Gottes, dessen Freunde und Wahrheit zu Boden zu werfen. – Nun aber sind die Lauen Söhne und Werk des Teufels und deswegen dem Teufel gleich. Hör einmal zu, ich will es dir zeigen – sei es nun, wer es will, Priester, Brüder oder Nonnen.

Es gibt einige, die bisweilen ebenfalls in der Gnade Gottes standen. Aber der Teufel, der sehr klug ist, beginnt – um sie zugrunde zu richten – sie vom Gebet wegzulocken, und da sie sich nicht mittels der Sünde davon abhalten lassen, überredet sie der Teufel unter Vorspiegelung einer guten Tat und der Nächstenliebe etwa zu folgendem und sagt ihnen: «Es ist doch auch eine gute Tat, Kranke aufzusuchen und den einen oder andern besuchen zu gehen» – und unter diesem Vorwand der Liebe nimmt er ihnen das Gebet weg. Und der Teufel weiß, daß dieser, dadurch daß ihm das Gebet entzogen wird, die Kraft des Geistes verliert. Und das geschieht ganz besonders bei den Predigern! – Wenn einer auf diese Weise überall herumgeht, fängt er an gelobt zu werden, und der Teufel beginnt, ihm sein Lob vor Augen zu halten, und sagt ihm: «Schau, welch großes Lob du erntest!» Und jener beginnt, daran Freude zu haben, sich selber Achtung zu schenken und am Lob Gefallen zu finden. Daraus entsteht dann das Verlangen, als einzigartiger zu gelten und unter den Gelobten der erste zu sein. Und wiederum folgt daraus: Sieht er, wie ein anderer gelobt wird, so scheint ihm dieser etwas wegzunehmen, was ihm gehört, und er beginnt, ihn zu beneiden, und da er weder einen ihm Gleichgestellten noch einen ihm Überlegenen neben sich haben will, fängt er an zu glauben, daß ein Gut, das einem andern zukommt, ihm zum Schaden gereicht, und so entsteht der Neid. Und wenn ihm dann gesagt wird: «Was hältst du von diesem?», antwortet er: «Ich halte viel von ihm – aber er ist ein einfacher, ein braver Mann, aber –», und nie spricht er ohne dieses «aber». – Darauf gelangen diese Lauen vom Neid zum Haß und zu einer solchen Raserei, daß sie in alle Häuser gehen und überall der Zunge freien Lauf lassen, und schließlich beginnen sie, die Wahrheit zu bekämpfen und von allen Seiten Verfolgungen gegen diesen Bruder auszulösen. – «Nun, warum hast du das vorgebracht, Frate?» – Schau einmal unsern Text an und du wirst sehen, ob das, was wir von diesen Leuten gesagt haben – nämlich, daß sie Söhne des Teufels sind – angebracht ist. – Doch laß mich zunächst etwas ruhen, dann will ich es dir gleich sagen.

Super tribus sceleribus Moab[384] – *«Moab»*, haben wir gesagt, bedeutet *«ex patre»* und bezeichnet diese Lauen, die dem Teufel gleich und gewissermaßen von ihm gezeugt worden sind. Zu ihnen ist gesagt worden: *vos ex patre diabolo estis et opera patris vestri vultis facere; ille homicida erat ab initio et in veritate non stetit; cum loquitur mendacium, ex propriis loquitur, quia mendax est et pater eius.*[385]

Nun schau einmal, ob diese Lauen nicht die Söhne des Teufels sind! «Ich will dich, du Lauer», sagt Gott, «was drei Sünden betrifft zur Bekehrung bringen. *Erstens:* Du besitzt Stolz und Ruhmsucht. Laß sie sein! *Zweitens:* Du hast Neid und Haß. Laß auch diese fahren! *Drittens:* Du sprichst böse über deinen Bruder und sündigst mit der Zunge. Zügle sie – denn ich werde dich in diesen drei Sünden zur Bekehrung führen. Aber was die *vierte* Sünde betrifft, werde ich dich nicht bekehren lassen, denn dadurch, daß du die

Wahrheit verfolgst und sie arglistig bekämpfst, verstockt bist, dich anmaßest, durch äußere Werke ins Paradies zu gelangen, und deinen Bruder um die Gnade beneidest, hast du viele Sünden wider den Heiligen Geist begangen! Und deswegen – sagt der Herr – werde ich dich nicht bekehren lassen.»

Aus der 12. Predigt
28. 2. 1496

Die «fetten Kühe von Samaria»: die Dirnen in Rom

Die Lust, die den Lebewesen zur Erhaltung ihrer Art gegeben wurde, ist eine äußerst heftige Sache, und da diese im Körperlichen wirkt, zieht sie alle Sinne auf körperliche Dinge. So wundere dich denn nicht, wenn die Wollüstigen keinen Glauben haben, wenn sie all ihr natürliches Urteil verlieren und jede Tätigkeit der Vernunft beflecken ... Gegen solche Wollüstige spricht nun Amos das Wort: *audite verbum hoc, o vaccae pingues*[386] – und gegen diese wollen wir heute morgen predigen, ich meine: ganz besonders gegen die Dirnen.

Ich sagte dir gestern, *Samaria* sei eine Bezeichnung sowohl für ein Land wie auch für dessen Hauptstadt, und ich legte dir dies im Hinblick auf Italien und Rom aus. Dabei spreche ich nicht von ehrbaren Frauen, sondern nur von denen, die [solche Dirnen] sind. Gibt es denn etwa keine in Italien und in Rom? Tausend sind zu wenig in Rom, zehntausend sind wenig, zwölftausend sind wenig, vierzehntausend sind wenig in Rom! So hört denn diese Worte, ihr Kühe von Samaria … Kann es denn sein, daß ihr euch nicht schämt, nicht nur Konkubinen, sondern Konkubinen von Priestern und Klosterbrüdern zu sein, und daß ihr sogar in aller Öffentlichkeit also handelt? Kann es denn sein, daß ihr euch, o Kühe von Samaria, nicht schämt? … Aber was soll ich sagen, daß auch Lüstlinge und Knaben zu Kühen geworden sind und wie Kühe sich gebärden? Was würdest du sagen, wenn die Stiere *in agendo et patiendo*[387] wie Kühe wären? Du verstehst mich wohl, du weißt, daß es diese gibt – beginne nur mit Rom und geh hin, wohin du nur willst! Ich schäme mich, es dir zu sagen …

Vom Umgang mit den Sakramenten

Religio est virtus, per quam exhibemus debitum cultum Deo tamquam universali principio et omnium creatori, Religion nennt man die Fähigkeit, mit Hilfe derer wir Gott als dem allgemeinen Ursprung und dem Lenker aller Dinge die geschuldete Ehre erweisen. Daher heißt diese Fähigkeit *latria,* und diese erweist man Gott allein. Aber dieser Kult und diese Religion besteht auf zwei verschiedene Weisen: der eine ist *innerlich,* der andere *äußerlich.* Der innere Kult erfolgt durch den Glauben, und auf andere Weise kann es keine wahre Gottesverehrung geben, denn Ziel und Mittel einer jeden Sache haben in richtigem Verhältnis zu stehen, und da das Ziel des Menschen das ewige Leben ist, das heißt also ein übernatürliches Ziel ist, so muß auch das Mittel dazu, das heißt die Religion, übernatürlich sein.

Der andere Kult, der äußere, der auf den inneren hin ausgerichtet ist, besteht aus den zeremoniellen Handlungen der Kirche, und einige dieser Zeremonien *conferunt gratiam ex opere operato*, wie dies bei den Sakramenten der Fall ist, die aus eigener Wirksamkeit die Gnade vermitteln, während einige andere Zeremonien *conferunt gratiam ex opere operantis,* das heißt auf Grund der Andacht dessen, der sie vollzieht …

Nach der Aufzählung einiger sakramentaler Handlungen und deren Unterschiede kommt Savonarola wieder auf die sogenannten Sakramentalien zu sprechen.

Die Zeremonien, die wir an zweiter Stelle genannt haben, wie zum Beispiel Weihwasser-Nehmen, Vesper- und Messe-Feiern, Niederknien und Ähnliches, verleihen keine Gnade außer auf Grund der Andacht dessen, der diese ausführt. – Einige Sakramente kann man – wenn man sie *einmal* empfangen hat – nicht wiederholen, wie etwa die Taufe, und deshalb kann ein Priester ein Kind nicht taufen, wenn es schon einmal getauft worden ist, sondern muß die andern Zeremonien an ihm vollziehen und darf nicht sagen *ego te baptizo in nomine Patris et Filii et Spiritus Sancti. Amen.* – Auch die Firmung kann nicht wiederholt werden, wenn man sie einmal empfangen hat, noch die Priesterweihe, andernfalls würdest du eine schwere Sünde begehen. – Gewisse Sakramente sind so, daß sie zwar wiederholt, aber trotzdem nicht häufig empfangen werden können, wie etwa das Sakrament der Eheschließung, denn man kann ja nicht jeden Tag eine Frau nehmen. Wenn diese aber gestorben ist, kann man eine andere heiraten. – In ähnlicher Weise kann man auch die Letzte Ölung nicht häufig empfangen, wenn auch wiederholen. – Die Beichte und die Kommunion hingegen lassen sich sowohl wiederholen als auch häufig empfangen. Unter den Sakramenten ist folglich keines nützlicher, um die Gnade zu erhalten und zu vermehren, als die Beichte und das Altarsakrament, vor allem deshalb, weil dieses Christus *real* enthält, und aus diesem Grund ist dieses Sakrament das würdigste aller Sakramente. Darum sind alle andern auf dieses eine als dem, das deren Haupt und Ursprung enthält, ausgerichtet. Und daß die Sakramente die Gnade verleihen, kann man gewissermaßen durch die Vernunft beweisen. Die Philosophen haben von den Auswirkungen her deren Ursachen untersucht. Wir sehen nun, wie derjenige, der das Altarsakrament mit Andacht und in gebührender Weise häufig empfängt, in der Folge davon ein gutes Leben führt, und viele Menschen sind durch den häufigen Empfang dieses Sakraments Heilige geworden. – Wir sehen aber auch das Gegenteil: Wer es ohne Andacht, und ohne die erforderlichen Bedingungen zu berücksichtigen empfängt, wird lau, fällt von Sünde zu Sünde und wird unverbesserlich. Genau wie der Einfluß des gleichen Klimas Ursache zu Vollendung oder Unvollkommenheit ist, so ist das gleiche Sakrament, je nach der Art, wie man es empfängt, Ursache der Vollkommenheit oder Unvollkommenheit des Menschen. – Nimm eine Pflanze und setze sie in gute Erde, dazu genieße sie den Einfluß der Sonne – du wirst sehen, daß dieser Umstand und die Sonne sie wachsen und blühen läßt. Dieselbe Pflanze hingegen, aus jener Erde ausgerissen und derselben Sonne ausgesetzt, wird vertrocknen. Und genau so läßt das gleiche Sakrament, das einem Menschen erteilt wird, der in guter Erde wächst, diesen vom Guten zum Besseren voranschreiten, wenn er aber außerhalb der Gnade steht, so läßt es ihn vom Schlechten zum noch Schlechteren gelangen, und er wird – wie wir das täglich sehen können – unverbesserlich. Das zeigt ausdrücklich, daß es in jenem Sakrament etwas Göttliches und nicht Menschliches gibt, das diese Wirkung zeigt, eine Wirkung, die *nur* Menschliches nicht hervorbringen könnte. – Ich will damit in der Tat folgendes sagen: Die Menschen widmen sich heutzutage aus Brauch und äußerem Kult den Sakramenten, nicht aus lebendigem Glauben und innerer Verehrung – und je mehr man einer solchen Gepflogenheit folgt, um so schlimmer wird es, denn die Menschen werden – wie ich dir gesagt habe – schlechter, und um so mehr wird man Gott daher zum Zorn gegen uns reizen. Das läßt sich mit vielen Stellen der Schrift beweisen, doch soll jetzt diese eine genügen: *venite ad Bethel.* Der Herr spricht: «Siehe, eure Sünden und eure Freveltaten haben meinen Zorn erregt. Ihr glaubt, mich dadurch besänftigen zu können, daß ihr zur Messe geht, Orgeln und Paramente stiftet und andere Zeremonien durchführt – aber ihr werdet damit nichts ausrichten! Deswegen sagt der Herr spöttischerweise: *venite ad Bethel* – welcher Name gedeutet wird als *«domus Dei»*, das heißt, *«Haus Gottes»* – kommt in mein Haus und opfert mir mit euren Zeremonien. – Führen wir den obenstehenden Text ganz an: *venite ad Bethel et impie agite, ad Galgalam et multiplicate praevaricationem*[388], kommt, Vorsteher der Kirche, kommt, Priester, Brüder und Weltgeistliche. Ein jeder soll kommen, kommt Sänger – ich meine jene, die vorher recht viel trinken und dann zur Messe singen –, kommt alle, wir wollen mit Orgeln, reichen Stoffbehängen und Zeremonien ein schönes Fest bereiten – aber all dies ist nichts wert ohne das, was im Innern ist! *Ad Galgalam et multiplicate praevaricationem! – «Galgala»* wird gedeutet als *collis circumcisionis.*[389] Der gute Priester muß beschnitten sein – beschnitten von jeder Lust und rein von jedem Laster. Ihr aber geht hin und lest die Messe ohne jede Andacht und erledigt sie schnell vor den Augen von irgend jemandem. Nachts geht ihr zur Konkubine – und, noch schlimmer, mit den Knaben –, und am Morgen darauf geht ihr zum Sakrament!

O Rom, o Italien, was soll ich sagen? Wieviel werden wohl an diesen Ostern in unwürdiger Weise zum Sakrament gehen? Ihr habt den Zorn Gottes gegen euch hervorgerufen und tut dies noch immer …

Die äußere Erfüllung einer vorgeschriebenen Pflicht genügt nicht. Österliche Beichte und Kommunion sollen einen Gesinnungswechsel zur Folge haben.

Da gehen diese Leute hin, rühmen sich des Guten, das sie getan haben, und sagen: «Ich danke Gott, daß er mir diese Gnade verliehen hat, und daß ich an diesen Ostern zur Beichte gegangen bin.» *So* darfst du nicht sprechen, sondern achte darauf, ob du *gut* gebeichtet hast, und daß du nicht mehr in die Sünde zurückfällst. Schau, ob du bereit bist, für Christus zu sterben, schau, ob du Wuchergeld und fremdes Eigentum zurückerstattet hast, ob du dich der Einfachheit gewidmet und das Übeflüssige weggegeben hast! Achte darauf, wie du lebst, andernfalls wird es dir nichts nützen, an der Vigil des heiligen Sebastian, des heiligen Martin und des heiligen Augustinus gefastet zu haben, um vor der Pest zu entkommen …

Der Regen von oben: Die Heilige Schrift predigen – und nicht Logik, Aristoteles und Poeten!

Ego quoque prohibui a vobis imbrem, cum adhuc tres menses superessent usque ad messem[390], ich habe den Regen versagt, spricht der Herr. Betrachtet doch die Dinge der Natur! Wenn ihr sähet, daß Gott, der Herr, den Einfluß der natürlichen Ursachen und des Himmels zu sich zurückzöge, daß er den Regen oder die Sonne wegnähme, und daß die Erde nicht Frucht bringen könnte, und wenn ihr sähet, daß kein Gras wüchse, dann würdet ihr sagen, daß Gott mit euch schwer erzürnt sei. Und so ist es in der Kirche – wenn ihr seht, daß Gott die Ursachen, die das Gute bewirken, wegnimmt, werdet ihr da nicht sagen, daß er erzürnt ist? – «Gewiß, Padre!» Und noch mehr: wenn er nicht nur die guten Ursachen beseitigt, sondern an deren Stelle schlechte setzt [, was werdet ihr dann sagen?]. Und so ist es heute in der Kirche Gottes geschehen: weggenommen wurden die Regengüsse, die in der Erde der Kirche Frucht hervorbringen ließen. Die Regengüsse sind die guten Prediger, von denen die Wasser herniederfallen sollen. Wenn ihr also seht, daß die Erde keine Frucht bringt, so sagt ihr, daß sie zugrunde gerichtet ist – in gleicher Weise, wenn ihr seht, daß die Kirche keine Frucht bringt, dann sagt ihr, daß sie verdorben ist.

Achte auf die Dinge der Natur: *omne simile generat sibi simile; sol et homo generant hominem*[391], der Mensch erzeugt einen Menschen, die Schwalbe eine Schwalbe, der Ölbaum bringt den Ölbaum hervor, der Schneider einen Schneider, der Logiker den Logiker, der Poet den Poeten – ein jedes bringt ein anderes, ihm Gleiches, hervor. So verhält es sich auch im Übernatürlichen. Gott schafft ihm Ähnliches, und die Kirche schafft ihr Ähnliches. Wenn wir folglich sehen, daß man sich in der Kirche nicht mehr der

Heiligen Schrift widmet, wenn die Prälaten und ihre Häupter nichts anderes mehr kennen als die Dinge dieser Welt, so ist das ein Zeichen dafür, daß sie den Regen von oben nicht mehr hat, und daß Gott erzürnt ist.

Du siehst, daß man sich heute auf den Kanzeln nichts anderem mehr widmet als Poesien, philosophischen Fragen, der Rhetorik und Bagatellen, und wenn in dieser Weise ein jeder solche, die ihm gleich sind, hervorbringt, so folgt daraus notwendigerweise, daß das Volk seinen Häuptern gleich geformt ist, und deswegen siehst du, daß heutzutage bei den Menschen keinerlei gute innere Verfassung erzeugt wird, sondern nur äußere Zeremonien von seiten lauer Häupter der Kirchen und der Menschen. Gott hat den Regen entzogen und hat die Apostel, den heiligen Augustinus und die andern Heiligen weggenommen. Heute *predigen* wir nicht auf den Kanzeln, wir beschäftigen uns – um die Wahrheit zu sagen – mit nichts anderem als mit Logik, Aristoteles und Dichtern – und deswegen erzeugen wir nur Logiker, Aristoteliker und Poeten und bringen ein Volk hervor, das uns gleich ist. Und daher sagt Gott: «Ich habe euch ‹Stumpfheit der Zähne›[392] gegeben», bedeuten doch die Zähne auch die Guten und Erwählten Gottes, denn sie sind weiß und stehen einer neben dem andern. So sind auch die Auserwählten weiß und von reinem Gewissen und stehen in Liebe vereint zusammen. Diese Guten sind eine Zeitlang bestürzt gewesen und sagten, wenn sie von nichts anderem als von weltlichem Wissen predigen hörten: «Wir möchten etwas an Auslegung der Heiligen Schrift und der Evangelien!» – Ich selber will meinen Fehler eingestehen, auch ich war in diesem Irrtum befangen, aber dann wurde mir gezeigt, daß man auf diese Weise keine Frucht bringt, und daß es sich nicht um guten Regen handelt. Und da nun die gute Speise für die Seele ausblieb, blieb auch der Regen für die Kirche aus. Der Regen des Himmels besteht dann, wenn er von oben kommt, das heißt, wenn Gott seine Erleuchtungen schickt, die in diesen Zeiten in der Kirche zu bestehen aufgehört haben ...

Et plui super unam civitatem et super alteram non plui; pars una compluta est, et pars, super quam non plui, aruit.[393] – Höre, Florenz, was der Herr spricht: «Ich ließ auf eine Stadt regnen.» Scheint dir das wenig zu sein, Florenz, daß Gott auf dich regnen ließ? «Und außerdem», sagt der Herr, «ließ ich den Regen auf den einen Teil der Stadt fallen und auf den andern ließ ich nicht regnen, und dieser verdorrte.» – Du siehst wohl, Florenz, ob dies wahr ist. *Et venerunt duae et tres civitates ad unam civitatem, ut biberent aquam, et non sunt satiatae.*[394] Florenz, es fiel der Glaube wie Regen auf dich herab, und du weißt, daß du in dieser Beziehung blind warst. Auf dich fiel der Regen der Heiligen Schrift, das heißt die Fülle deren Auslegung, sowohl des Alten wie des Neuen Testaments und auch der Dinge, die kommen sollten. Schau nur auf die Frucht, die daraus hervorgegangen ist, ob es nicht auf sie geregnet hat! Das ist ein Beweis dafür, daß der Regen vom Himmel gekommen ist. Schau doch, ob eine solche Frucht in einer andern Stadt hervorgebracht wurde, und du wirst sehen, daß es über den andern nicht geregnet hat – das scheint mir die große Sache zu sein! Aber der Regen fiel nicht auf die ganze Stadt. Schau, der Teil, der den Regen bekam, hat Frucht gebracht; der andere Teil wollte nicht kommen[395] und hat keinen Regen gehabt und deswegen keine Frucht getragen!

Es sind auch andere Städte gekommen, das heißt, sie haben hierher geschrieben, um von diesem Regen zu erhalten. Daß dies so ist, weiß ich – ich habe ihnen geschrieben, will dir aber noch nicht sagen, wer sie sind, es genüge dir, daß es wahr ist! Und sie haben das Heil von hier gesucht, und doch haben sie nicht mit ihren Ohren gehört, wie du, Florenz, gehört hast. Ihr sollt bei Gott für die beten, die gekommen sind, um von diesen Wassern zu trinken. Gott beginnt, von hier den Samen zu nehmen, und er sät ihn überall aus. Denn er wird dann jene Pflanzen ausreißen, die den Regen nicht empfangen wollten und keine Frucht getragen haben. *Et non rediistis ad me, dicit Dominus*[396], ihr seid nicht zu mir zurückgekehrt, sagt der Herr, trotz all der Dinge, die ich euch getan. So kehre denn ein jeder zurück, damit er bei seinem Kommen euch als Pflanzen finde, die Frucht gebracht haben, und er euch in dieser Welt und im andern Leben bewahre, er, *qui est benedictus in saecula saeculorum. Amen.*

Aus der 13. Predigt
29. 2. 1496

Ich spreche zu dir, wie der Heilige Geist mich gelehrt hat

Et si non credideritis, quia ego sum, moriemini in peccato vestro[397], wenn ihr Schlechten nicht glauben werdet, daß Christus Gott ist und daß er derjenige ist, der alle diese Drangsale verursacht, die euch vorausverkündet wurden, und daß er es ist, der Italien bestrafen will, werdet ihr in eurer Sünde sterben, denn ihr werdet euch infolge eures Unglaubens und eurer Treulosigkeit nicht zur Buße bekehren.

Multa habeo de vobis loqui et iudicare[398], o Rom, o Italien, ich habe euch viel zu sagen, und davon habe ich euch auch schon viel von seiten Gottes gesagt. Ihr wollt es auch jetzt nicht glauben, aber wenn ihr nicht glauben, euch nicht bekehren und eure Ruchlosigkeit nicht aufgeben wollt, muß ich euch richten. Und so sage ich euch, daß ihr kein Mittel [zu eurer Rettung] habt und der Verdammnis anheimfallen werdet. Ich habe es euch im Namen Gottes gesagt, *et qui misit me, verax est, et ego, quae audivi ab eo, haec loquor in mundo*[399], derjenige, der dies sagt, ist wahrhaftig und kann sich nicht irren, und ich habe euch das gesagt, was ich gehört, und habe nicht von mir aus gesprochen und auch kein einziges Wort hinzugefügt. Ihr glaubt es nicht, *sed cum exaltaveritis Filium hominis, tunc cognoscetis, quia ego sum et a me ipso facio nihil*[400]. Wenn man einmal die Guten verfolgen und von der

Erde erhöhen wird, das heißt, wenn die irdisch gesinnten Menschen sie verfolgen werden in der Überzeugung, ihnen Schlechtes zu tun – wobei sie allerdings Gutes tun werden, denn dieses wird ihnen zu ihrer Krone verhelfen – dann werdet ihr erkennen, daß ich die Wahrheit gesagt und dies nicht von mir aus gefunden habe, sondern daß es von Gott stammt. *Et sicut docuit me pater, haec loquor*[401], ich spreche zu dir, wie mich der Heilige Geist gelehrt hat. – Macht, was ihr wollt, Italien, Rom und ihr Schlechten – ihr werdet dieses Licht nicht auslöschen können! Ihr kämpft nicht gegen mich, sondern kämpft gegen Gott. *Et qui misit me, mecum est, et non relinquit me solum.*[402] Die Kraft des Herrn ist in seinem Werk mit uns, und man wird sie nicht zum Erlöschen bringen, sondern sie wird sich in Florenz und außerhalb Florenz verbreiten. Freut euch denn, ihr Guten, wir müssen siegen und wir werden auf jeden Fall siegen, sollte uns auch alle Welt widersprechen. Zweifelt nicht daran, denn der Herr ist mit uns! …

«O Bruder, du sprichst heute morgen recht kühn – und dennoch, du bist ja kein Narr! Warum spricht du also in der Weise? Du setztest dich an die Stelle Christi, und was jener von sich gesagt hat, sagst du von dir selbst!» – Ich spreche so kühn auf Grund des guten Fundamentes, das wir, wie ich überzeugt bin, haben, und ich weiß, daß keine menschliche Macht dieses zerstören kann, denn er ist derjenige, der in mir spricht, wie geschrieben steht: *non enim vos estis, qui loquimini, sed spiritus Patris vestri loquitur in vobis.*[403] So mag denn gegen dieses Wort auftreten, wer will, es mögen Könige kommen, Kaiser, Fürsten und große Herren – ich sage dir, daß wir auf jeden Fall siegen werden, und sollte dies nicht so geschehen, so laßt mich sterben, wie ihr nur wollt. – Ich bin noch nicht geflohen, ich bin immer noch hier, und wir werden auch weiterhin mitten in den Kriegerscharen verharren. Wir haben vor nichts Angst, wenn der Herr mit uns ist. Hätte unsere Sache nicht ihr Fundament in Gott, wäre ich jetzt nicht hier, oder ich hätte Reißaus genommen. Aber ich habe vor nichts Angst, den *er* ist es, der die Kette der Hunde und der Löwen in der Hand hält, und sie können nur so viel ausrichten, wie er will.

Aus der 14. Predigt
1. 3. 1496

Den im Evangelium erwähnten Heuchlern entsprechen die lauen und schlechten kirchlichen Oberen

Das heilige Evangelium von heute morgen[404] berichtet, Geliebteste in Jesus Christus, daß unser Erlöser die Heuchelei und die schlechte Lebensführung der Schriftgelehrten und Pharisäer völlig bloßlegt und seine Jünger ermahnt, nicht gemäß ihren Werken zu handeln, und er sagt: *super cathedram Moysi sederunt scribae et pharisaei; omnia, quaecumque dixerunt vobis, servate et facite, secundum vero opera eorum nolite facere*[405], das heißt, die Schriftgelehrten und Pharisäer haben auf dem Stuhl des Moses Platz genommen und lehren das Volk und verkünden das Gesetz; tut, was sie euch sagen und befolgt es, aber handelt nicht nach ihren Werken, denn diese sind schlecht! *Dicunt enim et non faciunt,* sie sprechen von viel Gutem und tun davon überhaupt nichts, so daß ihr nicht wie sie handeln sollt, die schwere Lasten auf die Schultern der Menschen legen, sie selbst aber wollen nicht einmal mit ihrem Finger daran rühren. Es sind Heuchler, und sollten sie einmal Gutes tun oder ein äußerliches Werk verrichten, so tun sie alles, um von den Menschen gelobt zu werden: *omnia opera sua faciunt, ut videantur ab hominibus.*[406] Und sie verbreitern und verlängern die Quasten ihrer Gewänder und wollen an Gastmählern und Mahlzeiten die ersten Plätze innehaben, wollen die ersten Kanzeln und Lehrstühle in den Synagogen und schätzen es, wenn man sie auf den Plätzen grüßt und ihnen Ehre erweist *et vocari ab hominibus rabbi*[407], [das heißt,] sie wollen auch «Lehrer» genannt werden. «Ihr aber, meine Jünger», spricht der Erlöser, «wollt nicht wie diese sein, *vos autem nolite vocari rabbi,* wollt nicht *rabbi* genannt werden, *unus enim est magister vester, omnes autem vos fratres estis*[408], *einer* ist euer Meister, ihr aber habt alle Brüder zu sein, und sucht nicht, daß einer größer als der andere sei, und wollt auch niemanden auf Erden «Vater» nennen, denn *einer* ist euer Vater, der im Himmel ist, und *einer* ist euer Meister, welcher Christus ist, und wer unter euch der größere ist, sei Diener und Knecht der andern. *Qui autem se exaltaverit, humiliabitur, et qui se humiliaverit, exaltabitur*[409], wer sich erhöht, wird erniedrigt, und wer sich erniedrigt, wird erhöht werden. So sucht denn nicht eure Erhebung, sondern seid demütig, sucht die Ehre Gottes, und *er* wird euch erhöhen. – Soweit das wörtlich wiedergegebene Evangelium.

Freilich, es ist ein großes Elend, wenn dem Jünger gesagt wird: «Tue gemäß den Worten deines Meisters, aber hüte dich davor, nach dem Beispiel seiner Werke zu handeln!» Ihm muß es sein, als erginge es ihm schlecht und als wäre er hintergangen, denn Jünger lernen weit mehr, wenn sie bisweilen auf die Werke statt auf die Worte des Meisters achten. Erwäge doch, was das heißt, wenn sich der Jünger vor den Werken des Meisters hüten muß!

Wohlan, wie wollen wir heute morgen dieses Evangelium auslegen? Jesus, mein Herr, wie würdest *du* es auslegen? Du hast es gesprochen gegen die Schriftgelehrten und Pharisäer, die in jener Zeit für heilig und besser als die andern erachtet wurden! – O Herr, magst du auch Gott sein, mag auch alles, was du tust, gut getan sein und magst du auch nicht irren können, so will ich trotzdem – es möge mir erlaubt sein – mit dir etwas disputieren. Du bist in diese Welt gekommen, nicht nur, um uns zu erlösen und uns zurückzukaufen, sondern auch, um uns mit einem jeden deiner Werke ein Beispiel für das Leben zu geben. Welches Beispiel gibst du uns heute morgen? Du tadelst diejenigen, die als gut galten, du stellst sie bloß – sollen auch wir nun so handeln? Diese Schriftgelehrten und Pharisäer galten als die besten Männer, die es dort gab, und du unterweist uns, man solle nicht die Werke tun, die sie vollbringen. Du nimmst ihnen den guten Ruf weg – und das scheint doch nichts Schickliches zu sein! Außerdem waren diejenigen, die heilig schienen, alte Leute. Nun scheint es doch nicht statthaft zu sein, die Alten, und besonders die Priester und Prälaten, die den Anschein haben, klug zu sein, zu tadeln. Ebenso schien es doch, daß du sie nicht hättest tadeln sollen, um die Verkündigung nicht zu verhindern und um sie dir nicht zu Feinden zu machen. Schau doch, welch große Verfolgung du hernach gegen dich hervorgerufen hast, weil du ihren Lebenswandel bloßlegtest! Diese Verfolgung hättest du nicht erlitten, wenn du deren Fehler nicht aufgedeckt hättest! – Da antwortet mir aber der Herr und spricht: *omnia, quae fiunt, ordinantur ad finem, quia sapientis est ordinare,* alles, was geschieht, stellt sich auf ein Ziel hin ein, und wer weise ist, ordnet die Dinge immer so, daß sie auf ihr Ziel hin ausgerichtet sind, und wenn die Dinge nicht geeignet sind, um zu jenem Ziel zu führen, kümmert er sich nicht um sie, sondern läßt sie fahren. So ist zum Beispiel das mündliche Gebet darauf ausgerichtet, den Geist des Menschen zu wecken und ihn zu Gott, seinem Ziel, zu führen. Wenn du dich also dem mündlichen Gebet hingibst und du die Worte deines Gebetes sprichst, um dich zu ermuntern, dich Gott zu ergeben, und wenn du dann siehst, daß dein

Geist mit Gott vereint ist, und das mündliche Gebet dir den Geist ermüdet und ihn ablenkt von deiner Hingabe an Gott, dann mußt du das mündliche Gebet lassen, weil du an jenem von dir erwünschten Ziel angelangt bist und du jenes Gebet nicht mehr benötigst. Nun ist aber das Ziel der Erlösung durch unsern Heiland Jesus Christus die Ehre Gottes und das Heil unserer Seelen. Der Ruf der Menschen ist auf das Heil der Menschen hin ausgerichtet, und wenn daher dieser Ruf dem Heil der Nächsten nicht mehr dient, vielmehr ihnen sogar schadet, soll man sich um diesen nicht mehr kümmern und ihm keine Achtung mehr schenken. – Wenn folglich der [scheinbar gute] Ruf der Heuchler den Seelen einen noch größeren Schaden zufügt, als es ihre offene Ruchlosigkeit täte, sollen wir uns um ihren Ruf nicht kümmern, vielmehr ihre Laster öffentlich bekanntmachen, und deswegen siehst du, wie unser Erlöser an dieser Stelle die Fehler der Schriftgelehrten und Pharisäer öffentlich aufdeckt, weil sie Zerstörer der inneren Verehrung Gottes und des Heils der Seelen waren.

Wenn wir daher gegen die schlechten Priester, Hirten und Prediger reden, die ihrer äußeren Erscheinung nach gute Sitten haben, in ihrem Innern aber schlecht und Ursache zum Verderben der Seelen sind, so werden wir nichts Ungebührliches tun. Übrigens beleidigen wir niemanden, wenn wir die Wahrheit sagen, dies ganz allgemein tun und niemanden beim Namen nennen, denn eine allgemein ausgesprochene Wahrheit nimmt niemandem den Ruf.

Insofern wir erklärt haben, es scheine nicht erlaubt, die Alten zu tadeln, so wollen wir sagen, daß diese da nicht alt an Weisheit und Güte sind, so daß man ihnen Ehrfurcht zu erweisen hätte, *immo sunt pueri centum annorum*[410], es sind vielmehr Kinder, was den Geist betrifft, und Alte an Jahren und schlechter Lebensführung. Ebenso wird die Frucht der Predigt nicht verunmöglicht, denn diese Frucht ist das Heil der Seelen und das Verkünden der Wahrheit. *Wir* predigen die Wahrheit, und *sie* handeln gegen das Heil der Seelen. Desgleichen: Sollten wir einmal Verfolgung zu erleiden haben wegen dieser Verkündigung der Wahrheit, so kümmern wir uns nicht darum, sondern sind wir bereit, das Leben für die Ehre Gottes und für die Wahrheit aufs Spiel zu setzen.

Und daher wollen wir gemäß dem Vorbild, das uns unser Erlöser in diesem heiligen Evangelium gegeben hat, dieses gegen die Lauen und die schlechten Prälaten auslegen, denn ihr äußerer Schein von gutem Ruf bewirkt genau das Gegenteil von dem, wozu der Ruf der Prälaten, der Oberen und Ordensleute bestimmt ist. *Dieser* Ruf gereicht den Seelen zum Verderben, und deshalb müssen wir ihre Mängel bloßlegen, damit die Schafe nicht mehr von Wölfen in Gestalt von Hirten gehütet werden, *qui intrinsecus sunt lupi rapaces*[411]. Doch wenn ich dir alle ihre Fehler aufdeckte, würdest du wohl alle Welt in völliger Unordnung sehen, *sed nondum hora*[412].

Super cathedram Moysi sederunt scribae et pharisaei.[413] Jene Leute des Alten Testaments saßen auf dem Stuhl des Moses, unsere Prälaten und Ordensleute sind nicht mehr auf dem Stuhl Christi, das heißt auf dem Kreuz, das sie nicht tragen wollen. – Von diesen schlechten Ordensleuten gibt es zwei Arten: Zur einen Art gehören die, welche zügellos sind und zur *vita larga* übergehen, sowie die Prälaten, die ihre Sünden in aller Öffentlichkeit begehen. Diese sitzen nicht auf dem Stuhl des Moses. Jene Schriftgelehrten und Pharisäer des Alten Testaments saßen wenigstens – mochten sie auch im Innern verdorben sein – auf dem Stuhl [des Moses] und erschienen nach außen nicht schlecht, die unsrigen hingegen – ich spreche nur von den schlechten – *sedent super cathedram pestilentiae*[414], und sind von jeder Art von Laster verpestet und verseucht. Deswegen soll man nicht nur ihre Werke nicht tun, sondern nicht einmal nach ihren Worten handeln, denn sie handeln schlecht und sprechen noch schlechter. – Von jenen Schriftgelehrten und Pharisäern sagte unser Erlöser zu seinen Jüngern: «Tut, was sie sagen, *secundum vero opera eorum nolite facere*[415], aber gemäß ihren Worten sollt ihr nicht handeln.» Über unsere läßt sich allerdings solches nicht sagen! Jene hatten von außen gesehen den Anschein der Heiligkeit, wenn sie auch in ihrem Innern besudelt waren, aber *diese* erscheinen weder innen noch außen gut. – Das ist die *eine* Art der schlechten Ordensleute.

Zur *andern* Art gehören unsere *lauen* Freunde, die

von außen gut erscheinen wollen, in ihrem Innern sind sie aber voller Neid, Ehrsucht und Stolz, und von *diesen* sagen wir nun, daß sie den Schriftgelehrten und Pharisäern gleichen. *Omnia, quaecumque dixerunt vobis, servate et facite*[416], befolgt und tut alles, was sie euch sagen, freilich, alles Gute, sollten sie euch gegenüber jedoch von Bösem sprechen, dann tut es nicht, *secundum vero opera eorum nolite facere.* Tut nicht Werke, die den ihrigen gleichen und die voller Todsünden sind – so sollt ihr nicht sein! Sie sind auch voller Neid – so sollt ihr nicht sein! *Alligant onera gravia et importabilia et imponunt in humeros hominum, ipsi autem digito suo nolunt movere*[417], diese Lauen auferlegen Männern und Frauen schwere Lasten und sagen: «Fastet!» – sie aber essen Fleisch und leckere Dinge und wollen von alledem, was sie andern befehlen, nichts tun. *Omnia vero opera sua faciunt, ut videantur ab hominibus,* alle von außen gesehen guten Werke, die sie tun, tun sie nur, um den Menschen, nicht aber Gott zu gefallen, und sie sind voller Ruhmsucht. *Et dilatant phylacteria,* sie haben Blätter, auf denen Gebets- und Evangelientexte geschrieben sind, und sagen den albernen Weibern: «Tragt dies mit euch und ihr werdet ins Paradies kommen!» – und so betrügen sie diese einfältigen Seelen, die, wenn sie das glauben, sich um die innere Gottesverehrung nicht kümmern. – *Et magnificant fimbrias,* sie machen die Fransen ihrer Kleider breit. Die Pharisäer trugen bestimmte Kleidungsstücke mit vier Ecken und Fransen, die bis zu den Füßen reichten[418], und sie hatten an ihnen Dornen angebracht, die ihre Beine berührten, und sie sagten, sie würden dies tun, um sich der Gebote zu erinnern. Diese Quasten machten sie nun breiter und länger, um heiliger zu erscheinen. Ähnliches kann man von den Lauen unserer Zeit sagen, die Darstellungen, Kruzifixe und Bilder in großer Zahl in ihren Zellen halten, um heiliger zu erscheinen, und so bedienen sie sich ähnlicher Äußerlichkeiten, um den Menschen gegenüber gut zu erscheinen. – *Amant primos accubitus in coenis*[419], sie lieben es, eingeladen zu werden und bei Gastmählern den Ehrenplatz einzunehmen, sei es infolge der Sünde ihres Hochmuts oder der Sünde der Gefräßigkeit. *Primas cathedras in synagogis,* sie wollen die ersten Plätze in der Stadt, um zu predigen und die ersten Ehrenränge, die es dort gibt. *Et salutationes in foro et vocari ab hominibus rabbi,* sie wollen auch geehrt sein, und daß man vor ihnen auf den Plätzen den Hut zieht, und daß sie «Meister» genannt werden, und infolge ihres Hochmuts und ihrer Ruhmsucht verlangen sie nach allen Ehrenbezeugungen. *Vos autem nolite vocari rabbi,* ihr aber, wollt nicht danach trachten, euch «Lehrer» nennen zu lassen. Sucht keine Ehrentitel, sondern allein die Ehre Christi, und wenn ihr zu irgendeinem guten Werk von Gott auserwählt worden seid, das euch Lob einbringt, so flieht dieses Lob – denn *wir* wirken nichts, sondern es ist *Gott,* der in uns alles wirkt. Wir sind nur Werkzeuge, und dem Werkzeug hat man kein Lob zu spenden, sondern dem Meister. Allein Gott ist der Meister von allem, wir haben nicht Meister zu sein, sondern wir sind alle Brüder. *Et patrem nolite vocare vobis super terram*[420], nennt niemanden «Vater», was heißen will, ihr sollt nicht nach der Art eurer Väter handeln in etwas, das gegen Gottes Ehre wäre. Freilich will der Herr, daß wir unsern Vater und unsere Mutter ehren und ihnen in allem gehorchen, das nicht gegen Gott ist. Sollte dies aber einmal gegen seine Ehre sein, dann sollt ihr euren irdischen Vätern nicht gehorchen, sondern allein eurem himmlischen Vater. *Unus est enim pater vester, qui in coelis est,* einen einzigen Vater habt ihr und zwar den, der im Himmel ist, *et magister vester unus est, Christus,* und *einen* Meister allein habt ihr, welcher Christus ist. Geht nicht hin, um Ruhm oder Ehrenbezeichnungen zu suchen, und wollt euch nicht erhöhen, sondern bleibt demütig, und der Größte unter euch demütige sich und suche der Geringste zu sein und den andern zu dienen und zu helfen, denn *qui se exaltaverit, humiliabitur, et qui se humiliaverit, exaltabitur*[421], wer sich erhöhen will, wird erniedrigt, und wer sich erniedrigt, wird von Gott erhöht und im Paradies glorreich werden …

Das Haus der Kirche Christi ist eingestürzt

Bevor Savonarola zur allegorischen Erläuterung des fünften Kapitels bei Amos übergeht, in welchem die Rede vom Sturz des Hauses Israel ist, weist er nochmals darauf hin, daß der Prophet sein Wissen auf Grund einer Offenbarung Gottes besitzt, daß aber der Astrologe infolge der freien Willens-

entscheidungen der Menschen nicht imstande sein kann, Zukünftiges im voraus zu wissen.

Der Mensch ist folglich immer frei, mag nun der Himmel sein, wie er will. Daher sagt Ptolemäus: *sapiens dominabitur astris.*[422] Und deswegen können die Astrologen die Dinge, die sich in der Zukunft ereignen werden und aus einem freien Willensakt hervorgehen, nicht wissen – nur Gott kennt sie und derjenige, dem er sie offenbart. Und da wir sehen, daß die Propheten Ereignisse viele Jahre zuvor voraussagen, und daß dann genau das, was sie verkündeten, eintritt, ist daraus ersichtlich, daß diese Dinge sich weder durch Zufall noch infolge glücklicher oder unglücklicher Schicksalsfügung ereignen, sondern von Gott vorgesehen worden sind …

Wohlan, sprechen wir nun, wie hier unser Prophet spricht: *domus Israel cecidit.*[423] Das Haus der Kirche Christi ist eingestürzt. Die Kirche ist wie ein Haus, und seine Fundamente sind Christus, die heiligen Apostel und Märtyrer, auf welchen diese Kirche gegründet ist. Aber diese Fundamente sind im Himmel und sie haben ihr Dach auf Erden. Wer im Glauben festen Grund haben will, mache die Fundamente seines Hauses im Himmel, *wir* aber haben die Fundamente für unsere Häuser auf Erden gelegt und wollen, daß sich das Dach im Himmel befinde. Das geht nicht gut, und es ist auch kein Glaube da! Dieses unser Haus ist eingestürzt, und die Fundamente sind vom Dach getrennt. Der wahre Glaube ist sozusagen erloschen, und dies besonders bei den Häuptern, von denen einige ihn gleichsam verleugnet haben, während andere darin [die Möglichkeit] zu tausend Zweifeln und Disputationen finden. Wieder andere haben zwar den Glauben, jedoch ohne feste Gestalt, das heißt ohne Werke. Daher sind die Mauern dieses Hauses eingestürzt und liegen am Boden, denn es ist kein Mörtel mehr da, der die Steine zusammenhielte, das heißt, es ist keine Liebe mehr vorhanden, welche die Herzen der Menschen vereinen würde. Und da sich nun alles infolge Mangel an Liebe und Mitgefühl aufgelöst hat, ist die Mauer des Glaubens eingestürzt: *domus igitur Israel cecidit,* das Haus Israel – das heißt Rom – ist in die Sünden gestürzt. *Et non adiciet, ut resurgat*[424], und es wird sich nicht zur Buße erheben, weil es wegen seiner verstockten Bosheit und wegen der großen Menge Sünden, die in ihm sind, verworfen ist.

Virgo Israel proiecta est in terram suam; non est, qui suscitet eam[425], Israel, die Jungfrau, ist zu Boden geworfen worden, und es ist keiner da, der sie wieder aufleben ließe und wieder aufhöbe. Die römische Kirche ist in der Vergangenheit immer jungfräulich gewesen, und sie ist auch jetzt noch – wenn wir von der Römischen Kirche an und für sich reden wollen – im Glauben jungfräulich, doch verstehen wir in der Gegenwart unter «Rom» die Schlechten in Rom, die in ihrem schlechten Lebenswandel verstockt sind und keinen Glauben haben. *Dieses* Rom also, das heißt diese Schlechten, hat den Glauben verloren. Rom hat Hurerei getrieben und liegt nun hingeworfen *in terram suam*[426], das heißt im Land des Teufels und in den Sünden, und es ist kein Rechtschaffener da, der es zu neuem Leben erweckte und aufhöbe, damit es die Ehre Gottes wiederhabe, die nun am Boden liegt, und keiner, der für diese zu sterben bereit wäre. Und daher *haec dicit Dominus*, es sagt Gott, der Herr, im Hinblick auf die so zahlreichen Sünden, durch die der Glaube der Kirche ganz verdorben ist, folgende Worte: *urbs, de qua egrediebantur mille, relinquentur in ea centum, et de qua egrediebantur centum, relinquentur in ea decem in domo Israel*[427], das heißt, ich werde eine so große Pest senden, einen solchen Krieg, eine solche Bedrängnis und Hungersnot und ein so großes Heer von allen Teilen der Erde, daß von jenem Haus und jener Stadt, aus der tausend auszuziehen pflegten, noch hundert verbleiben, und von jener, aus der hundert auszogen, noch zehn verbleiben werden. So spricht unsere Text an dieser Stelle.

Ich kann hier keine bestimmte Anzahl nennen, weil ich sie nicht kenne. Trotzdem sage ich folgendes: Die Drangsal wird so groß sein, und es werden daran so viele sterben, daß vielleicht von zehn nicht einer übrigbleiben wird – glaube wenigstens, daß sich die Anzahl stark verkleinern wird! Doch vorläufig wollen wir diesen Text auf mystische Weise auslegen: Die Zahl *zehn* bezeichnet jene, welche die zehn Gebote einhalten; *hundert* deutet auf jene hin, welche die Vollkommenheit [in der Erfüllung] der

Gebote und im Glauben besitzen, und von diesen finden sich nicht viele, und das sind – was ihren größten Teil betrifft – diejenigen, die übrigbleiben werden. – Nun, was werden wir in dieser Pestzeit tun, von der man die Vorzeichen wahrzunehmen beginnt? Jeder wird an Flucht denken, ich aber sage euch, daß es nichts nützen wird zu fliehen …

Die einzige Rettung besteht darin, den Weg Christi zu gehen, und dies ist der Weg des Kreuzes:

Quaerite me et vivetis.[428] Wenn der Herr auf dem einen Weg geht, wir aber auf einem andern, werden wir ihn nie finden. Wir müssen ihn auf dem Weg suchen, den *er* gegangen ist, und auf keinem andern. – «Was soll man also tun?» – Auf dem Weg Christi gehen! – «Welches ist sein Weg?» – Der Weg des Kreuzes! – «Müssen wir also den Weg des Kreuzes gehen? O *padre,* wir gehen doch in die Kirchen und zu den Ablässen; wir glauben, das sollte genügen!» – Nein, meine Kinder, das ist nicht der Weg! Hört, was der Herr sagt: *nolite quaerere Bethel*[429], sucht nicht Bethel auf, das gedeutet wird als *domus Dei*, das heißt, Haus Gottes. Nicht so viele Kirchen, nein, sagt Gott, – dies genügt nicht, vielmehr sucht *mich*, denn die Kirchen ohne mich sind nichts wert, *quaerite me et vivetis,* sucht mich und ihr werdet leben!

Nun denn, gehen wir alle den Herrn suchen! Empfinden wir Schmerz über unsere Sünden, kehren wir zurück zu Beichte und Kommunion, lassen wir das Überflüssige fahren – das ist der Weg Christi. Kehren wir zurück zur Einfachheit. *Er* hat den Weg der Armut beschritten, gehen auch wir auf diesem Weg. Gehen wir nicht auf dem Weg des Reichtums, denn auch Christus ist nicht auf ihm gegangen. – O ihr Priester der Kirche, hört, wie der Herr euch ruft! *Quaerite me,* sucht mich, wandelt auf meinem Weg! Laßt die Pfründen, die ihr nicht haben dürft, sucht nicht Bethel auf, sucht nicht Kirchen auf – kommt und sucht mich, laßt euren Überfluß. Ihr Mönche und Nonnen, *quaerite me,* sucht mich, kehrt zur ursprünglichen Armut zurück. *Nolite quaerere Bethel,* beschäftigt euch nicht den ganzen Tag damit, schöne Kirchen und Klöster zu bauen. Kehrt, kehrt zu mir zurück, damit ihr dann den Frieden habt. Lungert nicht den ganzen Tag herum! Kommt zu mir – ein jeder töte sich selbst ab, und niemand suche Ruhm für sich selbst. Sucht nicht, hohe Stellungen zu erlangen, wenn man euch nicht dazu ruft. Sucht mich, sage ich, geht den Weg des Kreuzes, den ich gegangen bin. Ertragt Schmähungen und Verunglimpfungen, ertragt die Drangsale, umarmt dieses Kreuz! Laßt es, nach Bethel zu gehen, laßt eure Idole fahren! – Und ihr, Nonnen, verzichtet auf eure *bambini*[430], die eure Idole sind, kommt und sucht *mich.* – Ihr Ordensmänner, laßt euer Bethel, verzichtet – sagt der Herr – auf so viele Altäre, so viel Schmuck!

Der Herr will nicht so viele äußere Zeremonien ohne innere Verehrung, denn im Innnern ist dasjenige, worauf der Herr schaut. Sucht ihn also in eurem Herzen. *Et in Galgalam nolite intrare*[431], betretet nicht Galgala, das gedeutet wird als *collis circumcisionis,* Hügel der Beschneidung und der Reinigung. Dieser Hügel ist der Altar – haltet also nicht soviele Messen und Gottesdienste ab, wenn ihr nicht vorher ein geläutertes und reines Herz habt. O Priester, geht nicht hin, um die Messe zu lesen, wenn ihr nicht zuerst in eurem Herzen dazu bereit seid, denn ich sage euch, all dies wird euch nichts nützen, wenn ihr nicht Christus in eurem Herzen sucht, vielmehr, falls ihr hingeht, um in der Sünde die Messe zu lesen, so werdet ihr euer Herz immer mehr verhärten. Sucht daher zuerst den Herrn, und dann werden euch diese Messen und Gottesdienste zum Nutzen gereichen.

Et in Bersabee non transibitis[432], geht nicht hinüber nach Bersabee, das gedeutet wird als *puteus iuramenti* und die Heilige Schrift bezeichnet. Das heißt, seid nicht neugierig darauf, von jenen berühmten Stellen und Streitpunkten der Heiligen Schrift Kenntnis zu erlangen, wie ihr es in der Philosophie macht! Habt nichts zu tun mit *diesem* Brunnen, sondern gewinnt daraus nur das, was zum Heil der Seelen gereicht. Vertraut euch nicht [in abergläubischer Weise] dieser Schrift an, das heißt, gewissen Gebeten und Evangelienstellen, von denen die Lauen sagen: «Trage das auf dir und du wirst ins Paradies kommen!», sondern sucht den Herrn, *er* ist derjenige, der euch ins Paradies führen wird, und keine andere Schrift, so daß ihr nach solchen Dingen nicht ohne den

Herrn suchen sollt! Und warum verlangst du dies, Herr? *Quia Galgala captiva ducetur et Bethel erit inutilis*[433], die Leute von Galgala, das heißt diejenigen, die ihr Vertrauen auf solche Messen, Gottesdienste und Zeremonien ohne innere Gottesverehrung setzen, werden in Gefangenschaft geführt werden, und Bethel wird nutzlos sein, das heißt, all die vielen Kirchen und Altäre werden keinen Nutzen bringen, und eure Idole werden euch nichts helfen. *Quaerite Dominum et vivetis*[434], sucht den Herrn und ihr werdet leben, denn ich sage euch, daß ihr kein andres Heil als Gott habt.

O ihr Schlechten in Rom, ihr werdet in die Gefangenschaft ziehen, Rom, du wirst zum Pferdestall werden! Nimm also deine Zuflucht beim Herrn, falls du Hilfe suchst, *ne forte comburatur ut ignis domus Ioseph*[435], damit nicht etwa das Haus Joseph verbrannt werde. *Joseph* wird gedeutet als *augumentum*[436], was die Kirche bezeichnet, welche die Menschen im rechten Lebenswandel fördern sollte – aber sie kümmert sich nicht darum. Und deswegen sagt er [der Prophet], daß sie verbrannt werden, und er sagt *vielleicht,* als wollte er sprechen: «Solltet ihr rechtschaffen handeln, würde dies nicht geschehen.» Brennen wird also das Haus Joseph *et non erit, qui extinguat Bethel*[437], und es wird niemanden geben, der das Feuer, das in diesem Haus Gottes und in euren Idolen brennen wird, löschte. – Vertraue nicht darauf, Rom, sagen zu können: *templum Domini, templum Domini est*[438], denn das wird dir nichts nützen. Glaube mir, *quod non erit, qui extinguat Bethel,* keiner wird dasein, der Bethel löschte! Und daher hast du, o Rom, o Florenz, o Italien, keine Abhilfe, wenn du nicht bei Christus Zuflucht nimmst. Suche Hilfe bei ihm, der deine einzige Zuflucht ist, er, *qui est benedictus in saecula saeculorum. Amen.*

Aus der 15. Predigt
2.3.1496

Warum verlangt der Mensch mehr nach Körperlichem als nach Geistigem?

Wenn ich euch die Frage stellte, welches die schönsten, ergötzlichsten und vollkommensten Dinge seien, ob die körperlichen oder die geistigen, würdet ihr gewiß antworten, daß die geistigen die schönsten, ergötzlichsten und vollkommensten Dinge seien, und daß es zwischen diesen beiden keinen Vergleich geben könne. – Sähest du daher einen Engel, erschiene er dir so schön, und du würdest dich in so großer Liebe zu ihm hingezogen fühlen, daß du alle Dinge dieser Welt nur noch hassen würdest. Wenn das nun so ist, was soll es dann bedeuten, daß die körperlichen Dinge von den Menschen mehr geliebt und gesucht werden als die geistigen? Darauf lautet die Antwort: Weil wir von den körperlichen Dingen größere Kenntnis besitzen, lieben wir diese mehr. Die Liebe überträgt und erstreckt sich nicht auf etwas, das unbekannt ist. Und wenn uns etwas – im irdischen Bereich – nicht bekannt ist, sagen wir, daß dies bisweilen infolge eines Mangels an sinnlicher Wahrnehmung der Fall sei. So sagen wir zum Beispiel vom Auge: wenn einer etwas und all seine Eigenschaften nicht gut sieht, so komme dies von einem Sehfehler, das heißt von einem Augenleiden her. Manchmal ist die zu große Entfernung zwischen Auge und dem betreffenden Gegenstand Ursache davon.

Ähnliches können wir von den geistigen Dingen sagen. Wegen des zu großen Abstands zwischen uns und Gott, der von uns unendlich weit entfernt ist, sind wir nicht in der Lage, Gott und die über uns bestehenden geistigen Dinge zu erkennen. – Ebenso: weil wir infolge der zu großen Beschäftigung mit irdischen Dingen schwache Augen und deswegen wenig Licht für die geistigen Dinge haben, wirst du nie einen Philosophen finden, der von Gott eine vollkommene Kenntnis besäße, denn diese hatten ihren ganzen Geist und Verstand auf Ruhm und Ehre [von seiten] der Welt ausgerichtet. Daher bilden die irdischen Dinge eine Schwäche für die geistigen Augen. – Desgleichen: da der Mensch von Natur aus wenig Licht besitzt, um Gott und die geistigen Dinge zu verstehen, ist ein anderes Licht als das natürliche notwendig, das heißt ein übernatürliches Licht der Gnade, um Gott gut erkennen zu können, und es braucht dazu nicht wenig Licht dieser Gnade! Als daher der Prophet David den Herrn um eine Gnade bitten wollte, bat er ihn um Licht und sprach: *illumina oculos meos, ne umquam obdormiam in morte, ne quando dicat inimicus meus: praevalui adversus eum*[439], Herr erleuchte meine Augen, das heißt, erleuchte mir den Verstand, daß ich nicht im Tode schlafe, das heißt, daß ich nicht in der Sünde bleibe, und der Feind, das heißt der Teufel, sich nicht rühmen könne, mich besiegt und von deinem Willen entfernt zu haben. – Wie David, der Gott um das Geschenk des Lichtes bat, sprach auch der Blinde im Evangelium: *Domine, fac, ut videam*[440], Herr, mach, daß ich sehe, das ist es, was ich will! So sprach auch der heilige Augustinus zum Herrn: *Domine, noverim te, noverim me!*[441], das heißt, Herr, gib mir Licht, damit ich dich erkenne, und so werde ich auch mich kennen. Also ist dieses Geschenk und diese Gnade eine große Sache für den Menschen, denn dadurch erkennt er die Dinge Gottes. – «Nun, Frate, mit welcher Absicht hast du davon gesprochen?» – Hör einmal zu, ich will es dir sagen.

Wie das Evangelium hier[442] erzählt, rief unser Erlöser seine Jünger, die wenig Licht hatten, zu sich und sagte ihnen seinen Tod und seine Auferstehung voraus. Aber die Jünger, die wenig Licht besaßen, glaubten, er müsse auferstehen, um dann in dieser Welt die zeitliche Regierung zu führen. Und deswegen schickten zwei von ihnen, Jakobus und Johannes, ihre Mutter zum Erlöser, die ihn darum bat, daß ihre Söhne die Ersten im Reich Christi wären, wenn er auferstanden wäre, und sie sprach: *dic, ut hi duo filii mei sedeant unus ad dexteram tuam et alius ad sinistram in regno tuo*[443], das heißt, daß von diesen meinen zwei Söhnen in deinem Reich der eine zu deiner Rechten, der andere zu deiner Linken sitze, wenn du auferstanden bist. – Diese Mutter war von ihren Söhnen, die an ein weltliches Reich dachten, veranlaßt worden, so zu sprechen, weil sie – was geistige Dinge betraf – wenig Licht besaßen.

In gleicher Weise handeln auch meine Florentiner, denen zwar geistige und zeitliche Güter, zuvor aber Drangsale versprochen worden sind. Da sie aber nicht an die Drangsale denken und sich – weil sie wenig Licht haben – nicht um die geistigen Dinge kümmern, suchen und verlangen sie nichts anderes als Zeitliches. Ich habe euch gesagt, daß diese Gnadenerweise den Guten versprochen worden sind. Ihr wollt noch nicht Gerechtigkeit üben, noch etwas Gutes tun. Deshalb sage ich euch, daß ihr zuerst Drangsale haben werdet, und die Schlechten umkommen werden, hernach erhalten die Guten die Gnadenerweise. – Und wie ich dir gestern morgen gesagt habe, werden viele Leute sterben – die Zahl vermag ich noch nicht genau anzugeben, aber was ich gestern gesagt habe, betraf mehr die andern in Italien als euch, denn von den Eurigen werden viele übrigbleiben und besonders gute.

Ihr verlangt also nach zeitlichen Gütern und um die geistigen kümmert ihr euch nicht! Daher antwortet der Herr: *nescitis, quid petatis*[444], ihr wißt nicht, worum ihr bittet – will ich euch doch vor allem die geistigen Güter geben, ihr aber begehrt zuerst die zeitlichen. *Potestis bibere calicem, quem ego bibiturus sum?*[445], könnt ihr den Kelch der Drangsale trinken, den ich zu trinken habe? Das heißt, die Drangsale, die ich meinen Geliebten zukommen lasse, *nam quos amo, corrigo et castigo*[446]. Da antworteten die Jünger: *possumus,* ja, wir können das. – So sprecht auch ihr zum Zeitpunkt, da man die Drangsale noch nicht sieht. – «Doch, Padre, wir sind bereit, diese zu ertragen!» – Aber wenn sie sich dann nähern, wollt ihr von allem nichts mehr wissen. *Sed calicem quidem meum bibetis*[447], sagt der Herr seinen Jüngern, ihr werdet auf jeden Fall diesen Kelch trinken, ihr werdet Drangsale haben! – Ebenso spreche ich zu euch: Wenn ihr schlecht seid, werdet ihr dieses Kreuz mit dem Kyrenäer Simon[448] tragen, wenn gut, dann mit Christus. Und daher bereite sich ein jeder auf die Drangsale vor, denn jeder wird davon haben, aber Gnaden zu verleihen – *non est meum dare vobis*[449]. Ihr Schlechten, ihr habt sie nicht zu erlangen, auch ihr Ehrgeizigen nicht, und so wird es kommen, daß ihr sie nicht besitzen werdet, sondern nur diejenigen, *quibus est paratum a Patre meo,* das heißt, die Rechtschaffenen, denen dieses Gut von Gott versprochen worden ist. – Und da nun diese Worte den Schlechten nicht gefallen, haben sie sich empört, wie es auch die Jünger taten, zu denen der Herr sprach: «Ihr seid nicht auserwählt, um zu herrschen wie die Fürsten über ihre Untertanen, *non ita erit inter vos*[450], es soll unter euch nicht so sein, sondern derjenige, der größer sein will, wird der Diener der andern sein, *et qui volet esse primus, sit vester servus*[451], und wer der Erste sein will, sei euer Diener. Ich will aber, daß ihr nach meinem Beispiel in Demut lebt, denn ich bin – spricht der Herr – in diese Welt gekommen, nicht um bedient zu werden, sondern um andern zu dienen, *et dare animam meam redemptionem pro multis*[452], und ich wollte mein Leben hingeben, um die andern loszukaufen. Ich will, daß auch ihr so seid und daß ihr aus Liebe zu mir zu allem bereit seid … »

Aus der 18. Predigt

5.3.1496

Die Lauen haben mit ihren Zeremonien ihre eigene Ehre im Sinn

Odi et proieci festivitates vestras et non capiam odorem coetuum vestrorum.[453] – Ich habe dir schon manch anderes Mal gesagt, daß die äußere Verehrung Gottes auf die innere, und daß die ganze Ordnung dieses Universums auf Gott ausgerichtet ist, um ihn, den Schöpfer, zu preisen, damit die Menschen in Demut und Liebe leben. Die Zeremonien der Kirche sind auf die Sakramente hin ausgerichtet, die Sakramente auf den Menschen, und der Mensch auf das rechtschaffene und glückselige Leben hin, dieses auf die Vollendung des Universums, und letzteres wiederum auf Gott hin. Und so ist alles auf Gott als seinem Ursprung hin geordnet.

Aber die Lauen haben alles umgekehrt, denn wo doch alles auf Gott hin geordnet ist und zur Ehre Gottes zu geschehen hat, haben sie alles zu ihrem eigenen Ruhm umgewandelt und alles, was Gottes sein sollte, zu ihrer eigenen Sache gemacht. Auf dieses Ziel hin richten die lauen Priester und Ordensleute all jene schönen Feste aus, listig suchen sie Brot, Geld und Gaben für Kerzen zu erlangen, und kümmern sich dabei wenig um die Ehre Gottes. – Und ihr, Laien, wartet auf die Feste, um euch und nicht Gott die Ehre zu erweisen, und ihr kleidet euch noch prunkvoller, während es sich doch geziemte, zu Ehren Gottes mehr Sittsamkeit zu zeigen. Die Frauen gehen an einem Festtag mit noch mehr entblößter Brust als an andern Tagen einher und haben das Fest mehr zu eigenem Ruhm als zur Ehre Gottes umgestaltet. – Wenn du Gespräche über Mittags- und Abendmahlzeiten und über Trebbianerweine hören willst, dann geh an einem Festtag in die Kirchen, und wenn du Schlechtes hören willst, dann geh in die Chöre. Geh hin und schau dir an Festtagen die schönen, wohlgeordneten Bänke in den Kirchen an, um darauf *le belle madonne*[454] sitzen zu lassen! Die jungen Männer stehen da, stehen ihnen absichtlich im Wege, die Frauen gehen mitten durch sie hindurch, und jene machen tausend unanständige Bemerkungen. Scheint dir etwa, solche Feste seien auf die Ehre Gottes ausgerichtet? Es spricht Gott, der Herr: «Ich mag den Wohlgeruch eurer Opfer nicht riechen, ich will nichts wissen von euren Messen, die man in gewissen Kirchen sehen kann – jene häßlichen Kelche, jene schwarzen Korporale[455]!» Aber lassen wir das, denn dies fällt nicht so schwer ins Gewicht. Sprechen wir aber von jenen, welche die Nacht über spielen, sich ihre Konkubinen halten und am Morgen hingehen, um die Messe zu lesen. «Ich will von diesen Opfern nichts wissen», spricht der Herr, «und es wäre besser, wenn ihr sie nicht darbrächtet!» – Ein anderer liest die Messe in galoppierender Hetze. «Ich will davon nichts wissen», sagt der Herr. – In der Tat gibt es beim Gottesdienst keine Ehrfurcht mehr, und wenn man sich äußerlich auch noch einigen Aufwand leistet, so tut man dies zur eigenen Ehre. – «Was heißt das?» – Wenn ich dir sagte: «Gib mir zehn Dukaten, damit ich sie einem Armen gebe!», so tätest du es nicht; wenn ich dir aber sage: «Spende davon hundert für eine Kapelle hier in San Marco», dann wirst du es tun, um dein Wappen anbringen zu können, und wirst es zu deiner Ehre, aber nicht zur Ehre Gottes tun! Wenn er dies jedoch sieht, spricht er: *quod si obtuleritis mihi holocaustomata et munera vestra, non suscipiam, et vota pinguium vestrorum non respiciam*[456], ich werde nicht auf eure Gelübde und Fasten achten. – Und mag auch ein Fest nicht geschaffen sein, um zu fasten, so ist es trotzdem nicht zum Essen bestimmt. Geh' einmal hin und schau dir dein Fest des heiligen Johannes an, der dein Patron ist! Wie hast du es doch auf die Vorführung von Feuerrädern und vom Stelzengehen beschränkt! Daher sagt Gott: «Auf diese eure Feste werde ich nicht achten!»

Bürger, es wäre nötig, daß ihr ein Gesetz erließet, man dürfe an jenem Fest kein Feuerwerk mehr veranstalten, auch kein *palio*-Rennen[457] oder ähnliche Dinge, denn sonst könnte euch Gott zürnen! – Auch werden an Festtagen in den Landhäusern Bälle gegeben. Ihre solltet Vorsorge treffen, daß die *podestà*[458] und die *rettori* jener Orte solche Veranstaltungen nicht zulassen. Der Herr will solche Dinge nicht haben, sondern spricht: *aufer a me tumultum carminum tuorum et cantica lyrae tuae non audiam*[459], beseitige deine schönen figurierten Gesänge. Diese *signori* haben solche Kapellen von Sängern, wo – wie der Prophet sagt – geradezu ein Tumult zu herrschen scheint, denn da gibt es einen Sänger mit einer gewaltigen Stimme, die der eines Kalbes gleicht, und die andern schreien in seinem Umkreis wie Hunde, und man versteht nichts von dem, was sie sagen. Laßt die figurierten Gesänge fahren, und singt die *canti fermi*[460], wie sie die Kirche angeordnet hat. – Ihr wollt auch Orgeln spielen, ihr geht in die Kirche, um Orgeln zu hören! Gott spricht: «Ich will eure Orgeln nicht hören!»

Ihr wollt noch immer nicht verstehen. *Revelabitur quasi aqua iudicium et iustitia quasi torrens fortis*[461], das Gericht Gottes, sag' ich euch, wird sich offenbaren und wird ausbrechen wie ein großes Wasser. Hast du nie gesehen, wie ein Wasser, das verborgen war, mit einem Mal ausbricht und dann das ganze Land überschwemmt? So wird das Gericht Gottes kommen, denn er hat in seiner Hand viele Wasser, die er von allen Seiten her über ganz Italien wird ausbrechen lassen, so daß du keine Abhilfe wirst schaffen können. – Ihr glaubt wohl, Gott dadurch besänftigt zu haben, daß ihre eure Gottesdienste und Zeremonien durchführt! Ich aber sage euch, daß er erzürnt ist, besonders gegen euch, ihr schlechten Priester und Brüder – beginnend in Rom – denn solche sind es, welche die ganze innere Gottesverehrung verdorben haben! ...

Kommt her, ihr Lauen! Gott spricht: «Habt ihr eure Opfer etwa *mir* dargebracht?» – als ob er sagte: «Nicht mir, sondern *euch* habt ihr diese Opfer dargebracht! – Wollt ihr es sehen? Ihr geht zur Beichte, aber aus Scham, damit es nicht heißt: ‹Der da ist nicht zur Beichte gegangen!› – und dann kehrt ihr zurück zu den Sünden. Wollt ihr sehen, wie ihr *euch* und nicht mir opfert? Wenn die Fastenzeit sechs Monate dauerte, würdet ihr bis zuletzt zögern zu beichten. Das ist ein Zeichen dafür, daß ihr euch, nicht mir opfert!» – «Ihr opfert auch», sagt der Prophet, «dem *Moloch.*»[462] «Moloch» bedeutet «König». Euer König ist der Teufel! Ihr habt meinen Tempel und meine Kirchen dem Moloch, eurem König, geweiht ...

Die Bilder eurer Götter sind die Darstellungen und Abbildungen von Gestalten, die ihr in den Kirchen ausführen laßt, und die jungen Männer gehen dann hin und sagen bei dieser oder jener Darstellung: «Die hier ist die Maddalena, jene dort ist San Giovanni!», denn ihr laßt die Gestalten in den Kirchen in Nachahmung dieser oder jener Frau malen, was eine sehr schlimme Sache ist und eine Verachtung der Dinge Gottes darstellt. Ihr Maler handelt schlecht, denn würdet ihr um das Ärgernis wissen, das daraus entsteht, und wüßtet ihr das, was ich weiß, dann würdet ihr die Bilder nicht malen. Ihr tragt alle Eitelkeiten in die Kirchen! Glaubt ihr etwa, die Jungfrau Maria sei so gekleidet einhergegangen, wie ihr sie malt? Ich sage euch, daß sie wie eine Arme einfach gekleidet einherging und verschleiert, so daß man kaum ihr Gesicht sah. Und so war auch die heilige Elisabeth einfach gekleidet. – Ihr vollbrächtet eine große Tat, wenn ihr diese Figuren, die in so entehrender Weise gemalt sind, beseitigtet. Ihr laßt die Jungfrau Maria wie eine Hure gekleidet erscheinen!

So ist denn die Gottesverehrung verdorben, und man sorgt sich nur noch um die eigene Ehre. Schau einmal überall in den Klöstern umher: Du wirst alles voller Wappen dessen finden, der sie errichtet hat. Da erhebe ich meine Augen auf die Stelle über einem Tor; ich glaube, es befinde sich dort ein Kruzifix, aber es ist ein Wappen! Geh etwas weiter, erhebe die Augen – und wieder ein Wappen! Alles ist voller Wappen! – Ich ziehe mir ein Meßgewand an und glaube, es sei ein Kreuz darauf abgebildet – aber es ist ein Wappen, und du weißt ja, daß sie das Wappen auf der Rückseite angesetzt haben, damit es, wenn der Priester am Altar steht, von allen Leuten gut gesehen werde.

Das also sind eure Idole, für die ihr eure Opfer bestimmt. *Et sidus dei vestri Rempha.*[463] Das ist euer anderes Idol. Dieser [Name] *Rempha* wird gedeutet als *eructans excelsa,* das heißt, ein Gott, der Erhabenes ausstößt. Schau doch, welch irre Sache dies ist, und zu was die Gottesverehrung gemacht worden ist, so daß man gar erklärt, die Religion Christi sei auf der Astrologie gegründet. Und es gab schon einen hohen Prälaten, der ein Buch geschrieben hat – ich habe es in meiner Zelle – das aussagt, die Religion Christi habe ihr Fundament in der Astrologie. Und es gibt heute keinen mehr, der ausritte oder auf die Jagd ginge außer auf Grund astrologischer Angaben. – Ihr Astrologen versprecht euren Herren erhabene und große Dinge. Versprecht, soviel ihr nur wollt, denn ich sage euch, daß ihr bald zusammen mit jenen [euren Herren] in der Falle sitzen werdet! Ihr habt mit eurer Astrologie die ganze Welt verdorben, ihr habt die Lauen aufkommen lassen. Laßt eure Astrologie fahren, laßt eure falschen Ansichten, kehrt zum wahren Glauben zurück. Ein jeder kehre zurück zu Christus, *cui est gloria et imperium per infinita saecula saeculorum.*[464] *Amen.*

Aus der 19. Predigt
6. 3. 1496

Das Tagesevangelium vom 3. Fastensonntag erwähnt den gegen Jesus gerichteten Vorwurf, er treibe die Dämonen durch Beelzebub, den Fürsten der Dämonen, aus. – Auch Savonarola wurde von seinen Gegnern vorgeworfen, er handle mit Hilfe des Teufels.

Jedes in sich selbst entzweite Reich wird vernichtet werden

Wie kann das zusammenpassen, und wie willst du auch erklären, daß ich zwar nicht die Wahrheit sage, aber ein guter Mensch sei, wenn du doch weißt, daß meinen Worten so große Irrtümer folgen würden, wenn sie nicht wahr wären? Wenn du erklärst, daß das, was ich sage, vom Teufel ist, wie kann denn dieser das rechtschaffene Leben und so viele gute Folgen, von denen wir vorhin gesprochen haben, sowie andere, die seiner Absicht ganz entgegen sind, entstehen lassen? Darum bist du ein Dummkopf! Du behauptest auch noch, daß ich mich in den Staat einmische, ein Volksverführer sei und daß ich das Volk auf diesem Weg in einige Gefahr bringe. – So komm einmal her: Wäre dies wahr, verdiente ich nicht schwere Strafe, denn in einem solchen Fall läuft nicht nur einer Gefahr, nicht zehn, nicht hundert, nicht tausend, sondern die ganze Stadt? Komm [und hör zu]: Täte ich dies, würdest du gewiß sagen, daß ich entweder verschlagen oder ein Narr sei. Daß ich ein Narr sei, wirst du allerdings nicht behaupten können, denn eine so große Sache läßt sich nicht mit Tollheit durchführen, folglich wirst du sagen, daß ich verschlagen sei und dies aus Bosheit tue, und du wirst sprechen wie heute morgen die Pharisäer im Evangelium zu Christus gesprochen haben: *in Beelzebub principe daemoniorum eiecit daemonia.*[465] Du wirst also sagen, daß ich dies mit Hilfe der Teufel tue und folglich ein Bösewicht sei. – So komm denn: Wie kann er unter Zuhilfenahme von Niedertracht und Arglist das Gute bewirken? Schau doch, was das Evangelium hier sagt: daß Christus *drei* Wunder gewirkt hat, er vertrieb den Dämon, machte den Blinden sehend und verlieh dem Stummen die Sprache. Und die Schriftgelehrten und Pharisäer erklärten, Christus tue dies im Namen des Teufels. – Ihnen gab er zur Antwort – wie du gleich sehen wirst –, daß das, was sie sagten, nicht möglich sei.

So will ich nun auch zu dir sprechen: Komm, du hast das *erste* Wunder, die Vertreibung des Dämons, gesehen, das heißt, daß viele Laster aus der Stadt vertrieben wurden, daß viele Männer und Frauen bis hin zu den Kindern sich erneuert haben und zum rechten Leben zurückgekehrt sind. – Du hast das *zweite* Wunder gesehen: daß der Blinde sehend wurde, das heißt, daß der, welcher das christliche Leben nicht sah und nicht kannte, erleuchtet wurde und ihm die Augen geöffnet wurden. Und so haben sie erkannt, daß das rechte Leben nicht in äußeren Zeremonien besteht, und auch nicht darin, daß man schöne Kirchenchöre schafft oder Kapellen stiftet, sondern in der richtigen inneren Absicht verharrt. – Und du hast das *dritte* Wunder gesehen, das heißt, daß der Stumme sprechen konnte – und das sind die Einfachen, die Frauen und die Kinder, die du diese Wahrheit hast verteidigen sehen und immer noch verteidigen siehst.

Nun, wenn du festgestellt hast, daß ich mit dieser Lehre den rechten Wandel in dieser Stadt wieder aufkommen ließ, und du behauptest, ich sei ein Bösewicht und würde unter Zuhilfenahme von Arglist und im Namen von Beelzebub diese Wirkung hervorbringen, dann wird also die Folge des echten Lebens, welche die edelste ist, die es in dieser Welt gibt, durch Bosheit und durch den Teufel hervorgebracht worden sein – und daher bist du ein Dummkopf, wenn du so sprichst! – Außerdem: Gott führt jedes Ding an sein Ziel, ganz besonders aber den Menschen. Aber je mehr einer als Christ lebt, um so mehr erkennt er sein Ziel und um so mehr erkennt er die Wahrheit. Es ist aber so, daß du sehen kannst, wie jene, die besser leben, mehr an diese Wahrheit glauben. Folglich ist es nicht möglich, daß dies vom Teufel kommt. Es sind also die Folgen und die Taten, die dich überzeugen.

Wenn ihr nicht *mir* glauben wollt, so glaubt wenigstens denn Werken, *si mihi non vultis credere, saltem operibus credite*[466]. Und ihr seht doch, daß solche Werke nicht vom Teufel sein können! – Doch laß uns etwas ruhen, damit ich es dir dann mit noch besserer Begründung als dieser beweisen kann.

Unser Erlöser antwortet den Schriftgelehrten und Pharisäern: *omne regnum in se ipsum divisum desolabitur et domus supra domum cadet; si autem Satanas in se ipsum divisus est, quomodo stabit regnum eius?*[467] Jedes Reich, das in sich selbst entzweit ist, wird verwüstet werden, und es wird ein Haus über das andere stürzen. – Die Vollkommenheit eines Reiches besteht in der Einheit. Ich habe es dir letzthin gesagt, daß die beste Regierung, die es gebe, diejenige sei, die sich auf einen einzigen beschränke. Weil dies aber, Florenz, nicht deiner Natur entsprach, hat dir Gott eine Regierung gegeben, die sich auf das Volk stützt, und um diese vollkommen zu machen, ist er selbst dein König geworden. Daher sagt der Erlöser an dieser Stelle des Evangeliums: wenn Satan die Dämonen vertreibt, wird sein Reich nicht bestehen können, weil es dann in sich entzweit ist, und dabei wollte der Erlöser den Juden in der Tat sagen: wenn der Dämon vertrieben ist, nähert sich euch das Reich Gottes. – Nun wirst du aber sagen, daß auch Satan bisweilen einen andern Dämon vertreiben kann, nur um die Menschen zu täuschen! Ich antworte dir: Dieser Einwand konnte Christus gegenüber nicht erhoben werden, denn seine Lehre war zu rechtschaffen, und der Teufel würde sie gewiß nicht mit einem Wunder bekräftigt haben, denn nie bekräftigt er eine Lehre, die gut ist, die Menschen gut werden läßt und sie zum rechten Leben veranlaßt, und deswegen konnten die Schriftgelehrten diesen Einwand nicht gegen den Erlöser erheben. Der Teufel ist der Gegner Christi und daher möchte er, daß jeder Mensch ein Sünder sei. Und wenn du also sagst, meine Lehre sei teuflisch, und du aber trotzdem siehst, daß infolge dieser Lehre so viele Leute sich zum rechten Glauben bekehren, den Teufel von sich jagen und sich zu Gott bekehren, dann muß man sagen, daß offenbar mein «Teufel» stärker als euer Teufel ist – wobei ich nur zu euch spreche, die ihr meiner Lehre widersprecht. Schau doch, wer diejenigen sind, die Widerspruch erheben! Betrachte ihr Leben und untersuche es genau! Du wirst sehen, daß alle schlechte Menschen und Mitläufer des Teufels sind. Wenn also mein Werk Fortschritte macht, ist mein «Teufel» stärker als der eure. Es ist also besser, auf der Seite meines «Teufels» als auf der eurer Teufel zu stehen – Narren, die ihr doch seid! – Man kann noch hinzufügen und zum Schluß kommen, daß der Teufel besser als ihr ist, denn euch genügen nicht eure Wuchergeschäfte, eure Gotteslästerungen, sodomitischen Handlungen und eure andern Laster, widersprecht ihr doch auch diesem Werk, das euch lehrt, recht zu handeln, einem Werk, dem – nach eurer Ansicht – der Teufel nicht widerspricht. Wäre es wahr, daß dieses – wie ihr sagt – vom Teufel käme, so wäret ihr folglich noch schlimmer als er.

Tretet vor, ihr Schlechten: wenn ich die Teufel und die Laster im Namen des Teufels vertreibe, dann sagt mir – so sprach der Erlöser – *filii vestri, in quo eiciunt*[468], wie treiben dann eure Söhne die Dämonen aus? Zu jener Zeit gab es nämlich solche, die

Exorzisten waren und die Dämonen vertrieben. – «Ich frage euch», sagt der Erlöser, «wenn ihr erklärt, daß eure Söhne die Dämonen im Namen Gottes austreiben, warum sagt ihr da nicht dasselbe von mir?» Und so spreche ich zu euch Schlechten und frage euch: wenn eure Prediger euch zum Guten bekehren lassen und bei euch einige Frucht bringen, und ihr dann sagt, daß ihr Werk von Gott komme, warum sprecht ihr nicht in gleicher Weise von mir, wenn diese Lehre ebenfalls Frucht hervorbringt? So tadelt doch wenigstens nicht die guten Werke! Kommt und hört die Lehre, bevor ihr dieser widersprecht – ihr seid geblendet, und es sind eure Sünden, die euch blind machen!

Italien, Italien, Italien! *Omne regnum in se divisum desolabitur,* jedes Reich, das in sich entzweit ist, wird vernichtet werden. Du willst noch immer nicht verstehen, was dir so oft gesagt worden ist – du willst entzweit sein! Du hast noch nicht hören wollen. Ich habe hier nicht nur für Florenz, ich habe für ganz Italien gepredigt. Und wir stehen hier in Florenz, weil es das Herz von Italien ist, damit die Stimme sich von hier aus verbreite und ganz Italien sie höre – so wie vom Herzen aus die Lebensgeister sich über den ganzen Körper verbreiten. Ich sage dir, Italien, ich sage dir: Du bist entzweit! Du willst ja entzweit bleiben, und deshalb wirst du verwüstet werden. *Omne regnum in se ipsum divisum desolabitur!* Florenz, Florenz! *Omne regnum in se divisum desolabitur!* Du willst noch immer nicht eins werden, du willst nicht wahren Frieden schließen. Ich sage dir, du wirst von Drangsalen heimgesucht werden. Es ist zwar wahr, daß du alle Güter haben wirst, aber dem widerspricht nicht die Tatsache, daß der eine oder andere umkommen, ein Haus über das andere stürzen und es einen großen Tumult wird geben müssen. Ich sage dir: Öffne die Ohren, nicht ich bin es, der zu dir spricht, es ist vielmehr die Lehre Christi.

Aus der 20. Predigt
7. 3. 1496

Mochte sich auch Savonarola seit seiner Jugend und besonders seit dem Eintritt in den Orden mit Philosophie – und als Dominikaner vor allem mit der scholastischen – beschäftigt und diese in Predigten und Schriften immer wieder zur Erläuterung von Glaubenssätzen herangezogen haben, so stand er – wie der kurze folgende Abschnitt zeigt – zeitlebens doch im Zwiespalt zwischen einfacher Annahme des geoffenbarten Wortes und Zuhilfenahme logischer Beweisführungen zur Begründung des Glaubens.

Glaube und Philosophie
Der Glaube ist ein übernatürliches Licht, das dich stark macht und an Dinge glauben läßt, die über der Natur stehen. Nun behaupten einige, daß die Logik und die Philosophie den Glauben festigen. Du Dummkopf! So gibst du dich ja der Meinung hin, ein höheres Licht müsse von einem niedrigeren

bestärkt werden![469] Glaube vielmehr, daß Christus weise war und daß er die Schrift so gemacht hat, daß sie nicht der Hilfe weltlichen Wissens bedarf. Siehst du denn nicht, daß du den Glauben erniedrigst und entwürdigst, wenn du ihn zur Philosophie und zur Logik hinüberziehen willst? Nimm den Glauben mit einfacher Gesinnung auf und vertraue ihm in gleicher Weise! Aber du willst handeln, wie zunächst David, als er den Goliath töten wollte: Er bewaffnete sich mit den Waffen Sauls und konnte dann kaum gehen. Doch nachdem er seine Steine aufgelesen und die Rüstung abgelegt hatte, besiegte er ihn. So sollst auch du dich nicht mit Logik und Philosophie bewaffnen, sondern mit einfachem Glauben. Solche Wissenschaften sind bisweilen gut, um Menschen mit starrem Nacken zu beugen, die nicht glauben wollen, es sei denn, daß sehr gewichtige Vernunftgründe sie dazu zwingen. Auch ich lege dir manchmal natürliche Beweisführungen philosophischer Art vor, aber nicht etwa, um dich Philosophie zu lehren, sondern um die Ungläubigen zu beugen und sie mit Vernunftgründen zu besiegen. – Doch sag mir: Wie gingen die Apostel und Märtyrer vor? Sie waren nicht mit Logik und Philosophie bewaffnet!

Man liest, daß auf dem Konzil von Nizäa jene weisen Bischöfe einen Philosophen weder überwinden noch besiegen konnten, als sie ihn mit Vernunftgründen überzeugen wollten. Doch dann vermochte ein einfacher Mann ihn mit einem Male zum

Glauben zu bringen. Darauf sprach der Philosoph zu jenen: *vobis pro verbis verba dedi,* euch entgegnete ich Wort für Wort, aber diesem da, durch den der Heilige Geist sprach, konnte ich nicht widerstehen! – Als Helenus, der Bischof von Heliopolis, einmal sah, daß ein Häretiker bei seiner Meinung bleiben wollte, und er keine weitere Abhilfe fand, sprach er: «Entfachen wir hier ein großes Feuer, und gehen wir beide hinein; wer falscher Meinung ist, den wird das Feuer verbrennen!» Als dann das Feuer brannte, verlangte der Häretiker, daß zuerst der Bischof hineingehe. Und so ging dieser hinein, setzte sich mitten im Feuer nieder, verharrte dort eine halbe Stunde und sang dabei Lobeshymnen. Als dann aber der Häretiker nicht ins Feuer gehen wollte, packten ihn die Leute und wollten ihn hineinwerfen, aber der Bischof ließ sie nicht machen, doch geriet jener immerhin etwas ins Feuer und verbrannte sich die Haare. – Wenn sich also der Glaube nicht auf andere Weise verteidigen läßt, kommt man zu solchen Spielen! – So haben wir denn, wie ich dir sagte, wenig Glauben, und man widmet sich nur der Logik und der Philosophie, sowohl Brüder wie andere, jeder wirft sich mit Ungestüm darauf!

Weißt du, was unsere Konstitutionen erklären? Ich will es dir sagen: Die Konstitutionen, die der heilige Dominikus und unsere Väter schufen, erklären, daß wir keine philosophischen Bücher lesen sollen, außer es habe einer von seinem General die Erlaubnis dazu erhalten, so daß man eine solche nur großen Geistern – etwa dem heiligen Thomas, dem heiligen Bonaventura und andern bedeutenden Talenten, denen alles vertraut war – zu geben pflegte, doch verlieh man sie nur wenigen, nur an vier oder sechs [Brüder] je Provinz. Und diese Konstitutionen wurden aus keinem andern Grund so geschaffen, als aus dem einen, daß soviel Logik und Philosophie den Glauben erniedrigen. Willst du einen Beweis dafür sehen? Schau nur, wie wenige heilige Doktoren es gegeben hat, seitdem soviel Logik und Philosophie aufgekommen ist und ausgeübt wurde – etwa einen oder zwei, wie es der heilige Thomas und der heilige Bonaventura und wenige andere waren! Doch heute scheint mir, daß sie da mit ihrem schönen Barett einhergehen, nur um zu zeigen, daß sie Logik und Philosophie studiert haben. – Von solchem Wissen, nicht von Glauben seid ihr fett! *Vae vobis, qui opulenti estis*[470], weh euch, denn es wäre besser, ihr wäret fett von Geist und Inbrunst des Glaubens an Christus! *Vos confiditis in monte Samariae,* ihr setzt euer Vertrauen auf die Berge von Samaria, das heißt, sie vertrauen auf ihre Spitzfindigkeiten, wenn sie erklären, daß sie mit ihren Beweisen und spitzfindigen Erklärungen den Glauben verteidigen. Ich sage dir, daß es anderes braucht, um den Glauben zu verteidigen, als Spitzfindigkeiten von Beweisen und Wissen!

Der Abt Arsenius, der Griechisch und Lateinisch gründlich erlernt hatte, pflegte zu sagen, er sei später oft zu einem alten Bauern in die Lehre gegangen.

Und als man ihm sagte: «Du bist doch so gelehrt! Was brauchst du zu einem Bauern in die Lehre zu gehen?» gab er zur Antwort, er habe zwar sehr gut Griechisch und Lateinisch gelernt, aber er kenne noch nicht das Alphabet von jenem Alten. Und so sage ich zu euch, daß ihr das Alphabet des rechten Lebens noch nicht gelernt habt! …

Aus der 21. Predigt
8. 3. 1496

«Italien will nicht glauben!» – Die Kirche ist ein verdorbener Feigenbaum

Iuravit Dominus Deus in anima sua.[471] Höre, wie unser Hirt Amos sagt, der Herr habe in seiner Seele einen Schwur gegen diese Stolzen getan! Merke dir, daß jedes Wort Gottes ein Schwur ist, denn einen Schwur tut man, um eine Sache zu bekräftigen, und da die Worte Gottes fest und unabänderlich sind, ist jedes Wort ein Schwur … *Dicit Dominus exercituum: detestor ego superbiam Iacob et domos eius odi*[472], ich habe – sagt Gott – euren Stolz, ihr Sünder, verachtet und hasse eure Häuser. – Der Haß besteht darin, daß er die verhaßte Sache nicht leiden kann und diese beseitigen will. Und deswegen sagt Gott: *et tradam civitatem cum habitatoribus suis.* Damit sagt Gott: Ich werde die Stadt zusammen mit ihren Bewohnern in die Hände anderer geben. O Italien, O Rom, ich werde dich in die

Hände von Menschen geben, die dich bis auf die Grundmauern vernichten werden. Ich will eine solche Pest herbeiführen, daß nur wenige übrigbleiben werden. Ich will nach Italien und nach Rom bestialische Menschen bringen, grausame Menschen, die wie Löwen und Bären hungrig sind, und es werden so viele sterben, daß jedermann betroffen sein wird. – Glaubt es diesem Frate, daß es niemanden mehr geben wird, der die Toten begräbt …

Wenn dieses Unheil kommt, wird es in den Häusern so viele Tote geben, daß man durch die Straßen ziehen und sagen wird: «Gebt die Toten heraus!» – und man wird sie auf Karren und Pferde legen, wird Berge daraus machen und sie verbrennen. Und andere werden durch die Straßen gehen und laut rufen: «Wer hat Tote, wer hat Tote? Wer solche hat, bringe sie heraus!» Da werden einige herauskommen und sagen: «Da ist mein Sohn, da ist mein Bruder, da ist mein Mann!» Und man wird für sie große Gruben graben, um sie zu beerdigen. Doch von neuem wird man durch die Straßen ziehen und rufen: «Gibt es hier keinen Toten mehr? Wer hat hier noch Tote?» Und die Zahl der Menschen wird sich so verringern, daß nur noch wenige übrigbleiben werden. Gras wird auf den Straßen der Stadt wachsen, und die Straßen werden wie Buschwerk und Wälder sein, und Italien wird sich mit Barbaren und fremdem Volk füllen. Hernach wird das große Verderben ein Ende nehmen, und es werden trotzdem noch einige Gute und Schlechte übrigbleiben.

Et dicet ei: tace, non recorderis nominis Domini[473], die Schlechten werden sagen: «Schweige, erinnere nicht an den Namen Jesu Christi, glaube nicht mehr, daß es Gott gibt, denn wenn er – wie man behauptet – wirklich für uns gekreuzigt worden wäre, hätte er den Christen nicht soviel Böses getan» ... Von der andern Seite werden die Guten sagen: «Weint nicht mehr, denn das war das Gericht Gottes – erinnert euch nicht mehr der Toten. Schweige, nenne nicht mehr den Namen Gottes, das heißt, laß für sie keine Gottesdienste mehr abhalten, denn da sie Schurken waren, sind sie alle im Haus des Teufels.» ...

Italien will nicht glauben! Italien, es ist dir so oft gesagt und verkündet worden, ich habe es dir, Italien, von seiten Gottes gesagt: Du sollst Buße tun! Rom, ich habe dir gesagt, du sollst Buße tun! Mailand, ich habe dir gesagt: Du sollst Buße tun! Venedig, ich habe dir gesagt: Du sollst Buße tun! Allen Weisen der Welt habe ich es gesagt: Es gibt kein Heilmittel – außer der Buße. Ihr wollt nicht glauben, wollt die Ohren nicht öffnen, ihr spottet darüber. «Deswegen», sagt Gott, «verachte ich euren Stolz und hasse eure Häuser, die verbrannt und dem Erdboden gleichgemacht werden sollen, und ihr, ihr werdet in das Haus des Teufels kommen.» – Du sagst auch: Amos sprach von *seiner* Zeit – das hat mit unsern Zeiten nichts zu tun! Und *ich* sage dir, daß Amos sich in *dieser* Zeit erfüllen wird und zwar so, wie ich ihn dir auslege. Wie Amos damals den Auftrag hatte, jene Dinge zu sagen und zu prophezeien, so habe ich es in dieser Zeit dir gegenüber zu tun, und wie Amos dessen, was er verkündete, sicher war, so bin ich dessen, was ich dir sage, gewiß, und das gleiche Licht, das Amos hatte, ist das, mit dessen Hilfe ich dir diese Dinge prophezeie, aber du willst es nicht glauben, willst es nicht begreifen. Ich will, daß du das heute morgen verstehst: daß das, was ich dir früher mit einfachen Worten zu sagen hatte, ich dir jetzt im Hinblick auf die Worte des Amos sagen muß, Dinge, die gerade in unsern Zeiten sich bewahrheiten sollen, wie ich es dir nun auslege.

Weh, wie viele sollen sterben, wie viele sollen in die Hölle kommen! Es bereite sich folglich ein jeder vor, *quia ecce mandabit Dominus et percutiet domum maiorem ruinis et domum minorem scissionibus*[474], Amos sagt, das größere und das kleinere Haus würden zerstört. Unter dem größeren Haus verstand er Israel, unter dem kleineren die Gegend Judäa, die beide von den Assyrern und von Nabuchodonossor zugrunde gerichtet und [deren Bewohner] zerstreut wurden. Wir interpretieren das größere Haus als den Klerus und das kleinere als das Volk. – Der Herr spricht nun: «Ich werde diese Häuser heimsuchen und zerstreuen.» O Haus Israel, o großes Haus, höre mich! O Rom, leihe mir dein Ohr, glaube mir, ich riefe nicht so laut, wenn ich nicht wüßte, was ich dir sage. Du solltest mir glauben, denn ich verkünde dir, daß du vor dem Schwert fliehen sollst. Der Herr droht Rom und droht dem Klerus. – O du, der du nach Rom schreibst, schreibe dieses und schreibe nicht, ich hätte vom Papst und den Kardinälen schlecht gesprochen, denn ich nenne hier niemanden. Schreibe auch folgendes nach Rom und sage: Der Bruder, der sich hier befindet, droht Rom im allgemeinen, er droht dem Klerus und den Prälaten, aber er sagt, daß nicht er, sondern Gott es ist, der ihnen droht! – Das *zweite,* was du nach Rom schreiben sollst, ist das: daß die Fürsten Italiens nicht behaupten sollen, ich sei derjenige, der das Übel nach Italien kommen lasse, denn vom Schlechten sprechen und es voraussagen heißt nicht, es herbeikommen lassen, da dies allein Gott zusteht, *qui solus dixit, et facta sunt*[475]. Sollte nun nach meinen Worten das Unheil, das ich vorausgesagt habe, kommen, dann muß ich ja wohl Gott sein, oder dann müssen meine Worte von Gott kommen. Nun ist es aber so, daß ich nicht Gott bin, sondern ein Sünder. Folglich ist dies ein Beweis dafür, daß mein Sprechen von Gott rührt. – Schreib das, daß sie nicht sagen sollen, mein Reden würde dieses Unheil bewirken, wohl aber, daß Gott ihnen ihre Sünden heimzahlen wolle! – *Drittens:* Schreibe nach Rom und sage, daß keines der Übel, die ich vorausgesagt habe, eintreten werde, falls Rom und Italien Buße tun. Sollten sie aber nicht Buße tun, werde alles, was ich gesagt hätte, eintreten – denn es gibt kein anderes Heilmittel als die Buße. – «Gut, Frate, doch was hältst *du* davon? Glaubst du, daß sie Buße tun?» Ich will dir die Wahrheit sagen: Ich glaube es nicht! Ich sage dir aber, Italien und Rom, daß die Hölle für sie offensteht; schon bemühen sich die Teufel, Gruben zu graben, und erwarten eine große Menge Leute und – man verzeihe – besonders den Klerus, und von diesen werden sich, sag' ich, nur wenige retten. – Das kleinere Haus ist der Rest des Volkes, von dem ebenfalls recht viele sterben werden.

Ich sage dir, daß der Herr kommen will – Gott nähert sich. Davon hast du ein *erstes* Zeichen, von dem dir Amos an dieser Stelle spricht: *numquid currere queunt in petris equi?*[476], können etwa Pferde mitten durch Steine galoppieren? Hör einmal, was hier gesagt wird, hör zu, ich will es dir erklären.

Wenn ein Herr eine Stadt regiert, und die Feinde in ihrer Nähe sind und auf den Pferden schon bis zu den Toren stürmen, dieser Herr aber keinerlei Vorsorge trifft und sich um nichts kümmert, dann sage dir, daß der Herr dieser Stadt deren Untergang wünscht. Trifft er aber Vorsorge und läßt er Holz und Steine auf den Straßen ausbreiten, so daß die Pferde nicht galoppieren können, so ist das ein Zeichen dafür, daß er sie nicht zugrunde gehen lassen will. Die Pferde bedeuten die Schlechten, die Steine die Guten. *Petra autem erat Christus.*[477] Wenn du also siehst, wie die Pferde, das heißt die Wollüstigen, Unzüchtigen und Ehrgeizigen im Überfluß da sind und überall herumstreifen, so sag' dir, daß dies ein Zeichen dafür ist, daß es schlechtgeht. Und wenn du siehst, daß die Steine, nämlich die Guten, nicht auf den Straßen sind, das heißt, daß sich wenige Gute finden, um den Schlechten hinderlich zu sein, sie nicht herumstreifen zu lassen und ihnen die Wahrheit zu sagen, so sage dir, daß dies ein schlechtes Zeichen ist. – Du hast gesehen, wie in der Stadt Florenz seit einiger Zeit Steine, das heißt Gute, auf die Straßen gebracht worden sind, und daß dir einiges Licht verliehen worden ist. Früher pflegten die «Pferde» durch die Straßen zu laufen, das heißt, überall zu spielen. Jetzt aber gehen die Kinder auf den Straßen auf die Suche nach den Spielern. Das sind die Steine, welche die Pferde nicht galoppieren lassen, wie dies früher zu geschehen pflegte, und das ist folglich ein gutes Zeichen für dich, Florenz!

Ein *anderes* Zeichen dafür, daß der Herr kommt, hast du hier bei Amos, und das besteht darin, daß er sagt: *aut potest arari in bubalis*[478], das heißt, wie wird man auch pflügen können mit Wasserbüffeln? – Du weißt, daß Wasserbüffel unangenehme Tiere sind; sie lassen sich nur schwer zähmen und wollen den ganzen Tag im Wasser stehen. Das sind die Schlechten und Lasterhaften, die den ganzen Tag im Wasser der Laster verweilen wollen. Sie sind wie die ungezähmten Büffel, die nicht unter dem Joch bleiben, sondern den Staat selber regieren wollen. – Ich habe dir letzthin gesagt, daß je mehr die Güte gewachsen war, desto mehr auch die Bosheit zugenommen hatte, und deshalb haben solche Büffel, die man nicht zähmen kann, zugenommen. Und das ist ein Zeichen dafür, daß die Drangsal sich nähert, wie auch die Schriftgelehrten und Pharisäer solange nicht gezähmt werden konnten, bis der Herr kam. Das ist also das Zeichen, daß der Herr kommen wird.

Und *drittens* hast du noch ein anderes Zeichen dafür, daß der Herr kommt. Hör zu, was das für ein Zeichen ist! Es gab einmal einen Mann, der hatte in seinem Garten einen Feigenbaum, der das erste Mal viele und gute Früchte hervorbrachte und am Anfang keine Blätter trug. Das nächste Mal begann er weniger Feigen – wenn auch immer noch gute – hervorzubringen, trug aber etliche Blätter. Dann begann er etwas harte Feigen und viel Blätter zu tragen, darauf saure und nur wenige Feigen und sehr viele Blätter. Schließlich brachte er nur noch Blätter hervor, die auch bald verfaulten und alles Gras des Gartens verdarben, so daß das Sonnenlicht nicht hindurchdringen konnte, und es dort keinen Ertrag mehr gab. Was muß man also mit diesem Feigenbaum tun? Man muß ihn umhauen und neues Gras ansäen. – Dieser Feigenbaum bezeichnet die Kirche. Er brachte anfänglich gute Feigen ohne Blätter, das heißt, ohne Zeremonien, hervor – das war zur Zeit der ersten Kirche, das heißt zur Zeit der Apostel, die keine Blätter trugen und die Messen in einfacher Form zu lesen pflegten – ohne so viele Chorhemden und so viele Dinge, wie wir sie haben. – *Dann,* zur Zeit der Märtyrer, brachte dieser Feigenbaum noch immer gute Feigen hervor, aber zusammen mit einigen wenigen Blättern, die jedoch alle grün waren, das heißt mit sehr schönen und frommen Zeremonien. – *Drittens* – zur Zeit der [Kirchen-]Lehrer – waren es weniger Feigen, aber mehr Blätter. *Darauf* begann die Zeit der Lauen, wo es viele Blätter und nur noch wenige und harte Feigen gab, und *hernach* geschah es, daß dieser Feigenbaum nur noch Blätter trug, das heißt Zeremonien, und diese ließen die Sonne nicht mehr bis zum Gras durchdringen, das heißt, sie ließen die Gnade Gottes nicht in die Seele gelangen. *Schließlich* verfaulten die Blätter und sie haben alles Gras zugrunde gerichtet, das heißt, mit ihrem schlechten Beispiel haben sie alles verdorben. – Schau doch, ob dir die heutigen wie Feigenbäume der frühen Kirche vorkommen! Sie gehen hocherhobenen Hauptes einher, zeigen keine Träne tragen kein zerrissenes Gewand und sind in ihrem Innern nicht süß. Willst du, daß ich dir sage, wozu diese Feigen gut sind? Sie sind gut, in das Blasrohr des Teufels gelegt und in die Hölle gejagt zu werden.

Wenn nun aber nur noch Blätter übriggeblieben sind, die alles Gras im Garten verderben, was willst du da tun? Urteile selbst! Man muß diesen Feigenbaum fällen, das verdorbene Gras beseitigen, den ganzen Boden umgraben und gutes Gras ansäen. Und deswegen sagt hier Amos: *qui convertistis in amaritudinem iudicium et fructum iustitiae in absinthium*[479], ihr, Laue, habt die guten Werke in Absinth umgewandelt, das heißt in Zeremonien und schlechtes Beispiel. Dieser Feigenbaum, sag' ich euch, ist heute verdorben, und es ist nicht mehr derjenige der frühen Kirche, und deswegen sollt ihr durch dieses Zeichen sehen, daß das Ende gekommen ist und der Herr mit der Drangsal naht.

Rom, du wirst dieses Feuer nicht löschen können!

Ich bin hier, um diese Wahrheit zu verteidigen und für Christus, und ich bin nicht hier, nur um für Florenz zu predigen, sondern für ganz Italien. Du weißt, du hast mich in vergangenen Zeiten gekannt, und du weißt, daß ich für dieses Unterfangen nicht geeignet war, daß ich nicht einmal eine Henne hätte aufschrecken können. Und trotzdem siehst du heute, wie durch diese Predigt ganz Italien und alles in Aufruhr geraten ist. – Ich bin durch Christus gehalten, diese Wahrheit zu verteidigen und hier zu bleiben, solange ich noch atmen kann. Florenz, mach, soviel du nur willst, handle nach deiner Lust und Laune und denke dir, was du willst – ich muß dir heute morgen sagen, daß du dieses Werk nicht wirst zu Boden werfen können, es wird vielmehr voranschreiten, selbst wenn ich tot wäre, denn es ist das Werk Christi. Und selbst wenn ich aus dieser Stadt verjagt wäre – verjagt mich nur, ich kümmere mich nicht darum, denn ich werde mich dann in meiner Einsiedelei mit unserer Bibel aufhalten, und zwar in weit größerer Ruhe, als es für mich jetzt der Fall ist. Selbst dann also, wenn ich von hier vertrieben würde, so setze ich euch heute morgen davon in Kenntnis und muß es euch sagen – schreibe es nach Rom und wohin du nur willst! –, daß dieses Feuer und dieses Licht schon an vielen Orten und in allen Orden entzündet worden ist. Und sie wissen es noch nicht, aber du wirst sehen, wie es bei vielen Leuten aufgehen und wie es bei vielen, in welchen es entfacht wurde, sich gegen sie selbst und solche ihres Standes erheben wird.

Geh, schreibe es nach Rom und sage: Es sagt jener Frate, daß du, Rom, machen kannst, was du nur willst, denn du wirst dieses Feuer nicht löschen können. Und wenn du eines löschen kannst, so werden andere ausbrechen und noch stärkere als dieses da, und in ganz Italien – auch in Rom – werden solche Feuer aufgehen, mögen sie auch noch verborgen sein. Ich sage dir, solche Feuer sind entzündet worden bei Bischöfen, Prälaten und Kardinälen – denn es gibt auch einige Kardinäle, die diese Wahrheit verteidigen – und entfacht wurde das Feuer in verschiedenen Teilen Italiens, auch bei großen weltlichen Herren, und wenn die Zeit gekommen ist, wird diese Wahrheit hervorbrechen. Ich bin auch im Besitz von Briefen von gewissen großen Herren, die ich dir vorläufig nicht nennen will, die bereit sind, ihr Leben für diese Wahrheit einzusetzen. – Und schreibe, daß ich alle Weisen aus Florenz, aus Rom und ganz Italien dazu einlade, über diese Wahrheit eine Disputation abzuhalten, und wenn sie dann mich und diejenigen, die in dieser Wahrheit mit mir sind, besiegen, dann bin ich bereit zu weichen und sogar zu sterben, wenn es nötig ist. Und sie mögen diesen Disput veranstalten, wo sie wollen, und sollen ihn entweder mittels Darlegung von Beweisen durchführen oder mit andern Mitteln, die ich dir jetzt nicht nennen will, denn ich bin auf alles vorbereitet, wollen sie dies nun auf natürlichem oder übernatürlichem Weg tun.

Mein Herr, ich wende mich dir zu. Du bist die erste Wahrheit und du wolltest für die Wahrheit sterben und im Sterben hast du gesiegt, und so bin auch ich bereit, für deine Wahrheit sterben zu wollen, Du weißt, daß ich das, was ich gesagt habe, in deinem Licht gesprochen habe, und so verkündige ich heute morgen in diesem selben Licht, daß dein Werk weiterschreiten muß, und daß wir siegen müssen. Du weißt, Herr, daß ich dies nicht von mir aus sage, noch auf mich vertraue, sondern allein auf dich, mein Herr, der du deine Wahrheit verteidigen wirst, denn von mir aus hätte ich nichts tun können. Aber du, Herr, hast mir eingegeben, so zu handeln, wenn ich auch dessen nicht würdig bin. Ich bekenne meinen Fehler, daß ich dein Werk verdorben habe. Aber was ich sage, sage ich in deinem Licht. – Und nochmals lade ich alle Weisen von Rom und außerhalb von Rom ein, um deine Wahrheit verteidigen zu wollen. Hier bin ich, mein Herr – du wolltest für mich sterben, und ich bin bereit, für dich sterben zu wollen.

Die Predigt schließt hier ohne die übliche Schlußformel. Der Herausgeber fügte dem Text folgende Notiz hinzu: «Merke dir, der du dies liest: als der padre predicatore *bei dieser Stelle seiner Predigt angelangt war, rief er – gegen das Kruzifix gewendet – so laut und mit solcher Heftigkeit und Inbrunst, daß er das Volk in eine solche innere Erregung brachte, daß alle mit lauter Stimme riefen: ‹Barmherzigkeit! Es lebe unser König Jesus Christus!› Und hier brach die Predigt ab, und der* padre predicatore *erteilte den Segen und ging weg.»*

Aus der 22. Predigt
9. 3. 1496

Jesus Christus, das Buch, in dem alles enthalten ist

Christus hat sein Gesetz in das Herz der Menschen geschrieben, und die guten Menschen sind die Bücher Christi. Er schreibt nicht auf Papier, sondern ins Herz.

Das erste Buch, in dem man das ganze göttliche Gesetz lernen kann, ist unser Erlöser Jesus Christus, der Gekreuzigte. Lies in diesem Buch und du wirst sehen, daß sich alles in ihm findet. Wenn du Liebe willst, lies im Buch des Gekreuzigten! Willst du Glauben, lies im Buch des Gekreuzigten! Willst du Demut, so lies hier im Buch des Gekreuzigten! Willst du Nächstenliebe, lies im Buch des Gekreuzigten! Du wirst in diesem Buch alle Tugenden finden. Lies auch im Buch der Apostel, lies im Buch der Propheten, du wirst in ihnen alles finden. *Das* sind die Bücher für unser Leben, *das* sind die Bücher, die gelernt werden sollten, aber mir scheint, als wären diese Bücher in eine andere Bücherei gegangen, das heißt ins ewige Leben. Geblieben sind hier nur die Bücher des Teufels. – Lies nur auf der Stirn der

Gedenkmedaille: Girolamo Savonarola

II

Hinrichtung auf der Piazza della Signoria

III *Papst Alexander VI*

Menschen: Du wirst dort die Bücher der Unzucht geschrieben sehen, der Habsucht, des Stolzes, der Zauberei und von allem Bösen.

Was soll man folglich tun? Wie mir scheint, muß man diese Bücher verbrennen, das heißt, die schlechten Bücher beseitigen und sie durch gute Bücher ersetzen, andernfalls könnten wir nichts Gutes tun ... Hast du je unsere Bibliothek in San Marco gesehen? Wir haben deren zwei, eine kleine und eine große. Die kleine heißt *libreria greca*[480] und hat ein großes Fenster, aus dem man Fiesole und ein großes Stück Land sieht, und manchmal scheint mir, als versinnbildliche diese Bibliothek die Bücher der Heiligen, von denen ich gesprochen habe, jene andere Bibliothek aber, die finster ist, die Welt.

Stolz und Habsucht beim höheren Klerus

Haec ostendit mihi Dominus Deus: et ecce fictor locustae in principio germinantium serotini imbris, et ecce serotinus post tonsionem gregis. Et factum est: cum consummasset comedere herbam terrae.[481] Hier sagt Amos, daß diese seine erste Vision zur Zeit des Frühlings erfolgte. Das bedeutet – für uns – die Zeit, als die Kirche begann, weltliche Herrschaft zu erlangen, und das war zur Zeit des heiligen Silvester.[482] Und weil der Frühling die Jahreszeit ist, die nach Beendigung des Winters folgt, bedeutet er deswegen die Zeit, als die Kirche mit Herrschaft ausgestattet wurde, denn damals war der Winter der Drangsale der Apostel und Märtyrer vorbei. Und deshalb kam darauf der Frühling, die Zeit, als der Kirche Besitztum verliehen wurde, und diese fett zu werden begann. Und damals kamen die Heuschrecken, die den Stolz und die Habsucht bedeuten, denn die Heuschrecke springt zuerst auf und fällt darauf nieder. Zu jener Zeit begannen die Männer der Kirche durch den Stolz in die Höhe und dann durch die Habsucht hinunter zu den irdischen Dingen gezogen zu werden. Und dennoch wollten sie in die Höhe springen, das heißt, sie wollten sich den Anschein geben, sich den früheren Heiligen anzugleichen, und so sprangen sie freilich in die Höhe, aber der Besitz und die Habsucht zogen sie wieder auf den Boden zurück – und das war ein Spiel, wie wenn man den Berberaffen spielt: wenn auch einer das Kleid des heiligen Dominikus oder des heiligen Franziskus anzieht und sich zum Mönch macht, dann aber nicht einhält, was ein solches Kleid verlangt, so versteht sich, daß er eben nicht zum Orden gehört – und so ist es auch beim Berberaffen. Mag er sich bisweilen auch mit den Kleidern eines Menschen bekleiden, so ist er deswegen nicht ein Mensch, sondern ein Berberaffe. – Und so bist du weder Bruder noch Prälat, wenn sich unter diesem Kleid der Stolz und die Habsucht, die dich hinunterzieht, verbergen. Diese zwei Laster haben unter den Menschen große Macht, und ganz besonders unter den Angehörigen des Klerus, denn wenn einmal dieser Stolz oder diese Habsucht sie befällt, so dringen sie bis ins Mark ein.

In jenem Frühling also haben jene Heuschrecken, das heißt der Stolz und die Habsucht, zur Zeit, als die Kirche begann, Besitztum zu haben, alles Grüne der Kirche, das heißt jene Glut und Grünheit des Glaubens, beseitigt. Darauf kam die Raupe, ein Tier, das immerfort frißt und sich vollstopft. Diese bedeutet die Schlemmerei und die Wollust, die hernach in die Kirche gekommen sind, und den ganzen Tag heißt es *«pappa, pappa»*[483], und sie tun nichts als sich den Bauch füllen und essen und in Wollust zu leben. Diese hat alles bis zur Wurzel aufgezehrt, und weil es die Häupter sind, die den Untergebenen ein Beispiel geben, sind ihnen deshalb alle andern infolge des Beispiels in diesem Irrtum gefolgt.

Schau doch, wie groß die Sünde der Prälaten und der Kirchenoberen ist, denn alle Sünden der Welt werden ihnen zur Last gelegt. Wären nämlich die Häupter gut, so wären es auch alle andern Leute, und wenn alle Christen gut wären, würden sich die Türken bekehren. Nun ist es aber so, daß die Häupter nicht gut sind, folglich können auch die andern Christen und die Türken nicht gut sein. Und darum sagen wir, daß die Häupter Ursache für alle Sünden der Welt sind. Die Gerechten sehen soviel Schlechtes und so viele Sünden, die begangen werden, und weinen und rufen deshalb: *Domine Deus, propitius esto, obsecro; quis suscitabit Iacob, quia parvulus est?*[484] – Herr, zeige Barmherzigkeit! Es gibt wenig Gerechte, wenig Einfältige; die Sünden werden zahlreicher. Wenn du deine Kirche in diesem Zustande beläßt, wird sie

sich rasch zugrunde richten, und wenn du die Sache so weiterlaufen läßt, dann vergehen keine zehn Jahre, und es gibt keinen Glauben mehr! *Misertusque est Dominus super hoc*[485], und der Herr zeigte darüber Erbarmen und gab zur Antwort: *non erit,* habt keine Angst, dies wird nicht geschehen, denn ich werde die Guten zahlreicher machen. – Und deshalb sagte ich dir gestern morgen, das Feuer sei an vielen Orten gelegt worden und es werde zu seiner Zeit zum Vorschein kommen.

Aus der 23. Predigt
10.3.1496

Die Heilung der Schwiegermutter des Petrus – allegorisch gedeutet

Geliebteste in Christus Jesus, heute morgen[486] berichtet der heilige Lukas, der Evangelist, wie Christus, nachdem er die Synagoge verlassen hatte, in das Haus des Simon Petrus trat, wo die Mutter von dessen Frau an schwerem Fieber darniederlag. Als die Anwesenden den Erlöser baten, er möge diese heilen, befahl er dem Fieber, sie zu verlassen, und sie war auf der Stelle geheilt. Und da der Erlöser an jenem Abend dort verweilte, brachte das Volk viele Kranke herbei, und er heilte alle, indem er ihnen die Hand auflegte. Von einigen unter diesen gingen Dämonen aus, wobei sie sprachen und schrien: «Du bist der Sohn Gottes!», aber der Erlöser schalt sie und

hieß sie nicht sprechen. – Am nächsten Morgen ging er weg und begab sich an einen einsamen Ort, wenn sie auch nicht wollten, daß er von ihnen fortginge, und viele Kranke suchten ihn an jenem Ort auf und wurden geheilt. – Das ist das heilige Evangelium, über das wir kurz zu sprechen haben, dann wollen wir auf unsern Propheten eingehen.

Das heutige Evangelium sagt, daß Christus die Synagoge verließ und in das Haus des Petrus ging und dessen Schwiegermutter heilte. Was die *allegorische* Interpretation betrifft, bedeutet die Synagoge – nach alter Darlegung – denjenigen Teil der Juden, der sich nie bekehren wollte, und deswegen trennte sich Christus von ihnen. Die Schwiegermutter des Petrus, die geheilt wurde, war jener Teil, der sich bekehrte und an Christus glaubte, oder bezeichnet jene Juden, die sich beim Weltende bekehren werden. – Das Haus des Petrus, wo Christus hinging, bedeutet die Kirche, wo er hernach mitten unter Heiden wohnte. – Doch kommen wir zu dem, was uns betrifft.

Für uns bezeichnet die Synagoge die Schlechten und die Ungläubigen, die sich nicht zum guten Lebenswandel bekehren wollen. – Die kranke Schwiegermutter des Petrus, das sind jene, die sich noch bekehren und rechtschaffen sein werden, doch leiden diese zur Zeit noch unter schwerem Fieber. Das Fieber wird den Ärzten gemäß folgendermaßen definiert: *febris est calor extraneus accensus circa cor*, das Fieber ist eine äußere Hitze um das Herz herum, die großen Durst erzeugt. Solche Leute haben also ein heißes Verlangen nach weltlichen Dingen, und deswegen haben sie einen großen Durst nach ihren Lastern. – Die Frau des Petrus bezeichnet die Guten, die für die kranke Schwiegermutter, das heißt für die Schlechten, bitten, damit sie sich bekehren. *Et imperavit febri et dimisit illam.*[487] Christus wird dem Fieber, das heißt den Lastern, befehlen, daß sie fortgehen sollen, das will heißen: mit der Hilfe des Erlösers werden sie sich bekehren und sich von diesen Gelüsten befreien, sie werden nicht mehr Durst haben zu sündigen und werden Ruhe in Christus finden. – *Cum autem sol occidisset etc.*[488], wenn die Sonne untergegangen, und die Nacht gekommen ist – das weist auf die Drangsale hin. – Die vielen Kranken bedeuten die vielen Sünder, die kommen werden, um zu beichten und sich zu bekehren. Das werden verschiedene Krankheiten sein: Unzucht, Habsucht und andere Laster, wie auch jene Kranke, die am Abend zu Christus gekommen waren, um geheilt zu werden [, verschiedene Krankheiten aufwiesen]. – Der Evangelist sagt ferner, es seien einige Dämonen von diesen Kranken gewichen und hätten dabei gesagt: *tu es Filius Dei.*[489] Das sind einige von denen, die zwar gezwungenermaßen die Ereignisse bestätigen werden, wenn sie feststellen, daß sie wirklich eintreten, aber sie werden sich nicht bekehren – wie auch der Teufel die Taten Gottes bekennen muß, sich aber nicht bekehrt. So werden auch diese tun, die zwar einmal bekennen werden, daß all dies von Gott kommt, nichtsdestoweniger aber sich nicht von den Lastern trennen werden. – Ferner sagt das Evangelium: *facta autem die egressus ibat in desertum locum*[490], das heißt, als es Tag geworden war, ging der Erlöser weg in die Einöde. Das bedeutet: wenn der Tag anbrechen wird, das heißt, wenn die Erneuerung der Kirche, die bereits begonnen hat, sich überall verbreiten wird und die Schar [der Gläubigen] durch den Heiligen Geist wahrhaft gereinigt ist, so wird der Erlöser in die Wüste gehen, das heißt in die Türkei, die vom Glauben leer und verlassen ist. Viele werden dann sagen: «Weh, Herr, geh nicht aus Italien fort!», und sie werden ihn bitten, nicht fortzugehen, wie auch jene aus dem Haus des Petrus taten, die nicht wollten, daß er fortginge. *Et detinebant illum, ne discederet ab eis*[491], er aber ging trotzdem fort, als es Morgen geworden war. Der Herr wird dann antworten: Ich muß noch in andere Städte gehen, *aliis civitatibus oportet me evangelizare regnum Dei*[492]; ihr habt lange Zeit euren Teil gehabt, und das soll euch genügen. Und er wird hingehen in jene Wüste, das heißt in die Türkei, und dort werden die Kranken geheilt werden, das heißt, die Türken werden sich zum Glauben bekehren, und es wird dort der Geist in Fülle sein.

Das ist die Allegorie des heiligen Evangeliums … Ihr werdet nun sagen: «Frate, du hast dieses Evangelium auf *deine* Art erklärt!» – *Mir* scheint, daß es so kommen wird. Geh, betrachte einmal die Auslegung der [Kirchen-]Lehrer: Die Synagoge und die Schwiegermutter des Petrus deuten sie als das jüdische Volk, aus dem zur Zeit Christi viele nicht glaubten und nur wenige sich retteten. Und als dann der Morgen gekommen war, das heißt das Licht des heiligen Evangeliums, da ging der Herr in die Wüste, das heißt zu den Heiden, zu denen dann der Glaube an Christus gelangte. Das ist die alte Auslegung der Lehrer, und mir scheint, daß es auch jetzt so sein wird. – Wohlan, kommen wir jetzt zu unserem Propheten!

Wie ihr wißt, hatte unser Amos gestern im Namen des Herrn die Worte gesprochen: *consurgam super domum Ierobeam in gladio*[493], das heißt, ich werde mit dem Schwert über das Haus des Jerobeam kommen und die Idole zu Boden werfen. – Als der Priester Amasja[494] erfuhr, daß Amos den König Jerobeam genannt hatte, sagte er sich: «Nun hab' ich ihn!», und er nahm sich vor, dies dem König mitteilen zu lassen, denn er wußte, daß die Fürsten sehr leichtgläubig sind. Der Priester Amasja nahm es sehr übel, daß Amos prophezeite, denn wenn sich das Volk bekehren sollte und die Idole beseitigt worden wären, so mußte er seine Stelle als Priester verlieren. Er wagte es aber nicht, von sich aus Hand an ihn zu legen, weil er sich vor dem Volk fürchtete, bei dem Amos in hohem Ansehen stand. *Misit igitur ad Ierobeam*[495], er schickte also einen Boten zu König Jerobeam – einen Boten deshalb, damit dies geheim bliebe und keine Briefe gefunden würden. Und er dachte sich, es würde ihm ein leichtes sein, die Fürsten zu täuschen, und sagte sich: «Ich werde ihn leicht dazu überreden können, daß er diesen Amos von hier entferne», und er trug auf, ihm zu sagen: «Es gibt da einen gewissen Amos, der ganz Samaria gegen dich aufhetzt!» Amasja hätte kaum etwas sagen können, das den Fürsten mehr beunruhigt hätte, und deswegen schrieb[496] er ihm so, obwohl er wußte, daß dies offensichtlich falsch war. Er trug ihm zudem auf zu sagen: «Beachte doch, König, daß es für dich eine große Schmach ist, daß ein Hirt die Leute gegen dich aufwiegelt, und du ihn nicht bestrafst – du verlierst dadurch dein großes Ansehen!», *non poterit terra sustinere universos sermones eius*[497], das heißt, sagt Amasja, das Land hier wird die Worte von diesem Amos nicht ertragen können. Er behauptete, daß das Land, das heißt das *Volk*, ihn nicht ertragen könnte – und das war falsch, denn das Volk war mit ihm, andernfalls hätte Amos dort nicht bestehen können. Aber Menschen, die schlecht sprechen, übertreiben immer alles zu ihrem eigenen Vorteil. – Ferner sagte er: «Amos erklärt, *in gladio morietur Ierobeam*[498], das heißt, der König Jerobeam wird sterben» – und trotzdem sprach er nicht die Wahrheit, denn Amos hatte nicht gesagt, der König müsse sterben, sondern das Schwert würde über sein Haus kommen, auch behauptete Amos nicht, daß er selbst dies sagte, sondern daß es *Gott* wäre. Amasja jedoch beschuldigte Amos, um den König gegen ihn aufzuhetzen. Und so übertreiben die Schlechten immer die Worte, die man sagt, sie verdrehen deren Sinn und machen ihn schlecht, wie ja denn Amos nicht gesagt hatte, der König müsse sterben, sondern Gott würde sich mit dem Schwert über seinem Haus, das heißt gegen seine Sünde, erheben. – Schauen wir nun, ob sich dies auf uns bezieht.

Was werden wir sagen? Ich weiß, was ihr denkt, und sehe, worauf ihr eure Gedanken gerichtet habt. Wohlan, so will ich ein Wort zu den Guten und eines zu den Schlechten sagen! – Ihr, ihr Guten, sollt glauben, daß das, was ich gesagt habe, wahr ist. Denn da ihr seht, daß die gleichen Umstände, die jetzt herrschen, schon andere Male in der Kirche gegen die Propheten bestanden haben, sollt ihr euch in diesem Glauben bestärken und glauben, daß dies dasselbe Licht ist, in dem *ich* es euch gesagt habe. Und wenn ihr auch sähet, daß ich tot oder von hier verjagt wäre, so beunruhigt euch deswegen in keiner Weise. Verharrt nur tapfer bei dieser Wahrheit und rührt euch nicht, sondern bedenkt, daß es mit allen andern so geschehen ist, die prophezeit haben, nämlich daß sie verfolgt und getötet worden sind. Und ich sage euch, dieses Anliegen muß mit dem Blut vieler bekräftigt werden. – Und ihr, ihr Schlechten, glaubt ihr, daß Gott alles sieht und daß er alles *ab aeterno*[499] gesehen hat? Ich weiß, ihr werdet dies bejahen – wenigstens aus Scham. Folglich sollt ihr glauben, daß er *ab aeterno* gewußt hat, daß zu dieser Zeit die Prophezeiung über die Worte des Amos gepredigt werden sollte, denn wenn er alles *ab aeterno* gewußt hat, dann hat er auch das gewußt. Was heute geschieht, habe nicht ich bewirkt, sondern Gott ist derjenige, der alles getan hat – die Schlechten habe ich gewiß nicht gemacht! – «Was willst du damit sagen, Frate?» – Ich sage: Du möchtest, daß ich über jemanden schlecht spreche; ich nenne aber niemanden, ich lege nur die Schrift aus, denke darüber, was du willst, und laß auch mich sagen, was ich will!

Dieser Amasja war Priester des Götzen in Bethel, was jene bezeichnet, die ihr Idol aus Gold und Silber geschaffen haben und nicht aus Holz, die das Kruzifix gleichsam nicht kennen und mit dem *guancialino*[500] ins Paradies gelangen und keine Mühsal aus Liebe zu Christus auf sich nehmen wollen. Denkt etwas über die Märtyrer nach, wie *sie* das Paradies erlangt haben, und ihr werdet sehen, ob man es mit dem *guancialino* erreicht!

Nun, solche Leute wie Amasja, Priester des Götzen in Bethel, haben den Boten zu Jerobeam gesandt, das heißt zu jenen großen Herren, welche die Fürsten der Christen sind, und haben gesagt, daß Amos die Leute aufhetzt. – Schreib, schreib nur und schicke den Boten! Sie haben geschrieben, sag' ich, daß dieser Amos sich aufgelehnt hat gegen Italien und daß er eine *lega*[501] mit jenem großen Herrn geschlossen und viele tausend Dukaten erworben und seine Leute bereichert hat, daß er der Mann ist, der Italien verdirbt, daß die Leute ihn nicht aushalten können, daß er über den Papst schlecht spricht, über die Kardinäle und Prälaten, daß er sich in den Staat einmischt, weswegen man ihn mit Hilfe der Volkswut umbringen soll, und ferner, daß dieser Amos erklärt, Jerobeam müsse umkommen *in gladio* und *quod Israel captivus migrabit de terra sua,* das heißt, daß das christliche Volk in Gefangenschaft geführt werde, und daß er das Volk in die Irre gehen und nicht arbeiten läßt. Und noch viele andere Dinge haben sie über diesen Amos geschrieben …

Da aber der Priester Amasja sah, daß der Streich ihm nicht gelungen war, versammelte er seine Gefolgsleute, und diese sprachen: «Was werden wir nun tun?» – Er antwortete ihnen: «Laßt *mich* handeln! Gewalt hilft uns hier wohl nicht, denn man könnte einiges Ärgernis erregen; wir werden ihn auf andere Weise anpacken!»

Und nachdem er sich zu ihm begeben hatte, sagte er ihm: «*O qui vides,* du, der du siehst – das heißt: du, der du ein Prophet bist –, ich habe mich bis jetzt getäuscht. Ich bin mir meines Irrtums bewußt geworden und erkenne, daß das, was du sagst, die Wahrheit und von Gott ist. Ich komme, um dir einen guten Rat zu geben.» Und er küßte ihm die Hand und erwies ihm alle nur möglichen Höflichkeiten. Er glaubte nämlich, Amos sei ruhmsüchtig wie er selbst, und er maß ihn nach eigenem Maßstab und sagte ihm: «Folge meinem Rat, geh von hier fort, denn der König will dir übel. Er hat nämlich vernommen, was du über ihn gesagt hast, und er könnte dich umbringen lassen!» Er maß Amos nach eigenem Maß, denn er selbst hatte Angst vor dem Tod und glaubte, auch Amos würde ihn fürchten.

Und er sprach zu ihm: «Geh und prophezeie in Judäa, wo du dein Brot und Verdienst finden wirst, *comede panem ibi et prophetabis ibi*[502] – war er doch der Meinung, Amos predige aus Habsucht, und er sagte sich: «Er ist arm und wird gern etwas verdienen», denn wie er selbst der Habsucht ergeben war, so glaubte er, das wäre auch bei Amos der Fall. – *Amos* wird gedeutet als *avulsus*, was heißt, daß der Prophet von allem Irdischen losgelöst sein soll – aber dieser Amasja beurteilte ihn wie sich selbst. Du wirst finden, daß alle Worte und Taten der Schlechten immer mit ihren eigenen Makeln befleckt sind. – Ferner sagte er ihm: «Geh nach Judäa!», gleichsam als wollte er sagen: «Geh dorthin, wo es Narren und einfältige Leute gibt, die dir Glauben schenken werden.» An dieser Stelle erklärt die Glosse, das bedeute: Du wirst dort bei den Predigten eine große Zuhörerschaft haben und weit mehr Beachtung finden als du sie hier hast.

Amasja war der Ansicht, Amos suche Ansehen, und er maß ihn nach eigenem Maß und fügte hinzu: «Trete hier in Bethel nicht mehr als Prophet auf *et in Bethel non adicies ultra, ut prophetes, quia sanctificatio regis est*[503], das ist das Haus des Reiches, wo der König seine Idole hat und seine Opfer darbringt. Hier sind die Weisen, die dich nicht anhören, sondern verspotten werden; geh fort nach Judäa, wo du sehr gut als Prophet wirst auftreten können!»

Weh, Heuchler, Heuchler! Deine Worte sind nur zu gut bekannt!

Savonarola schließt die Predigt mit einer Bekräftigung seines eigenen Auftrags.

Der Herr hat mir gesagt: «Geh, prophezeie die Drangsal gegen Italien!» Was soll ich nun tun? *Undique sunt angustiae,* wenn ich es tue, verliere ich den Leib, tue ich es nicht, verliere ich die Seele, denn ich wäre dem Herrn gegenüber ungehorsam. Ich sehe nicht, wo ich hier einen Ausweg finden kann. Was soll ich tun? *Melius est incidere in manus hominum quam in manus Dei, quoniam horrendum est incidere in manus Dei viventis*[504], besser ist es, in die Hände der Menschen zu fallen als Gott ungehorsam zu sein. – Wohlan, ich sage dir denn, Italien, ich sage dir, Rom, ich sage allen Städten Italiens, ich sage euch allen: Alles, was ich euch in der Vergangenheit verkündet habe, wird auf jeden Fall geschehen, kein Jota wird davon vergehen, alles, was ich euch gesagt habe, wird sich erfüllen, ob es sich nun um Ruhm oder Bedrängnis handelt. Ich sage dir, Italien, es soll bei dir alles drunter und drüber gehen, ich sage dir, Rom, es soll bei dir alles drunter und drüber gehen, und du wirst mit den Wurzeln ausgerissen werden! Ich sage dir, Florenz, du wirst Drangsale haben, denn du willst noch nicht rechtschaffen leben. Ganz Italien habe ich gesagt, daß es kein Heilmittel gibt außer Buße, und daß diese allein einen jeden retten und uns zum ewigen Leben führen kann, in welchem lebt und regiert unser Erlöser Jesus Christus, Gott, der Sohn Gottes, *cum Patre et Spiritu Sancto in saecula saeculorum. Amen.*

Aus der 24. Predigt
11. 3. 1496

Im Mittelpunkt dieser Predigt, die zu den wichtigsten Savonarolas gehört und Einblick in dessen Liebesmystik gewährt, steht eine Frau aus Samaria. Dessen Mischbevölkerung galt den Bewohnern von Judäa u. a. wegen ihrer Ablehnung des Tempels in Jerusalem als ketzerisch. Ausgerechnet einer „Ketzerin« offenbart sich Jesus als der erwartete Messias und kündet ihr von einer Zeit, da die Verehrung Gottes an keinen bestimmten Ort gebunden sein werde, denn «Gott ist Geist» (Joh 4,24).

Jesus und die Samaritanerin

Als der Erlöser sah, wie der Zorn der Schriftgelehrten und Pharisäer infolge des Hasses, den sie ihm entgegenbrachten, bereits gegen ihn entbrannt war, gab er diesem nach und wich ihrem Zorn aus. So verließ er Judäa und durchquerte Samaria. Damit wollte er dem Menschen ein Beispiel geben, daß er bisweilen vor dem Zorn weichen solle. *Zunächst* einmal deshalb, weil er aus Begeisterung für die Wahrheit sich zu sehr ereifern und etwas sagen könnte, was sich nicht schicken würde. Weil es nämlich nötig ist, daß der Prediger standhaften und ruhigen Geistes sei und nicht etwa sage, was zurückgenommen werden müßte, gab er [seinen Jüngern] ein Beispiel, wie man bisweilen nachgeben und dem Zorn ausweichen solle. – *Zweitens* soll der Mensch seines eigenen Seelenheils wegen vor dem Zorn weichen, denn sollte er sich zu sehr ereifern, könnte er sündigen. – *Drittens* handle er – zum Wohl seines Nächsten – wie der Erlöser, der dadurch, daß er sich entfernte und dem Zorn der Pharisäer auswich, sie bei seiner Rückkehr mit seiner Predigt besser bekehren konnte, nachdem sie sich beruhigt hatten.

So verließ er denn [Jerusalem] und ging mitten durch Samaria hindurch, um nach Galiläa zu gelangen. Die Provinz und die Stadt heißen deswegen Samaria, weil ein gewisser Somer auf jenem Berg wohnte, der hernach nach ihm so benannt wurde. Später wurde dort die Stadt Samaria gegründet, die nach jenem Berg benannt wurde, und nachdem sich diese Bezeichnung ausgeweitet hatte, erhielt die ganze Provinz den Namen Samaria. – So ging denn Christus mitten durch Samaria hindurch, das den Heiden gehörte, nicht weil Christus etwa selbst zu den Heiden gesandt worden wäre – denn er war allein zu den Juden gesandt worden –, sondern *quod regnum coelorum vim patitur*[505], wie ich es dir schon manchmal gesagt habe. Deswegen war es notwendig, daß bisweilen auch Christus den Heiden Gnaden erwies. – Nun, wir haben gesagt, wie Christus durch Samaria zog, nachdem er Judäa verlassen hatte, um dem Zorn auszuweichen. Das ist die Belehrung, die ich zuerst den Worten des Evangelisten entnehmen wollte – eine Belehrung, die mich betrifft.

Nun kommen wir zur Samaritanerin! Ihr Frauen, ihr habt Freude daran, schön zu sein; darin besteht das wichtigste, woran sich Frauen ergötzen. Aber sagt mir doch: Worin besteht die Schönheit? Etwa in den Farben? Nein! Im Aussehen? Nein! Die Schönheit ist eine Form, die sich aus dem Verhältnis und der Übereinstimmung von allen Gliedern und Farben ergibt, und aus einem solchen Verhältnis geht eine Eigenschaft hervor, die von den Philosophen Schönheit genannt wird. Dieses trifft bei zusammengesetzten Dingen zu, bei einfachen hingegen besteht deren Schönheit im Licht. Betrachte die Sonne: Deren Schönheit besteht darin, Licht zu haben. Betrachtet die seligen Geister, deren Schönheit ebenfalls im Licht besteht. Und betrachtet Gott, denn er ist voller Licht und er ist die Schönheit selbst. Und die Geschöpfe sind um so schöner, je mehr sie an der Schönheit Gottes teilhaben und je näher sie ihr stehen. Und je schöner die Seele ist, um so schöner ist auch der Leib. – Stelle dir zwei Frauen vor, die, was den Leib betrifft, in gleicher Weise schön sind. Die eine sei heilig, die andere schlecht. Du wirst sehen, daß diejenige, die heilig ist, von jedermann mehr geliebt wird als die schlechte, und aller Augen werden auf sie gerichtet sein – ich sage, sogar die Augen der fleischlich Gesinnten. – Nimm einen heiligen Mann, der dem Leib nach häßlich sei – du wirst sehen, daß jedermann ihn gern sehen will, und mag er selbst auch häßlich sein, so scheint jene Heiligkeit sich in seinem Gesicht zu zeigen und in diesem eine gewisse Anmut zu erzeugen. – Überlege dir nun, von welcher Schönheit die Jungfrau war, welche soviel Heiligkeit besaß, die in ihrem Antlitz leuchtete! Von ihr sagt der heilige Thomas, daß niemand, der sie je sah, sie aus Begehrlichkeit betrachtet hätte, denn so groß war die Heiligkeit, die in ihr erstrahlte. – Überlege, wie schön Christus war, der Gott und Mensch war! Da ist es, wozu ich gelangen und wozu ich dich bringen wollte.

Wenn die Braut des Hoheliedes nach ihrem Geliebten Jesus Christus rief, sagte sie: *adiuro vos, filiae Ierusalem, si inveneritis dilectum meum, ut nuntietis ei, quia amore langueo*[506], ich beschwöre euch, Töchter Jerusalems, daß ihr mir meinen Geliebten zeigt. *Dilectus meus candidus et rubicundus*[507], er ist strahlend weiß infolge seiner Göttlichkeit, er ist rot durch sein Leiden, *totus desiderabilis*[508], er ist überaus mild und begehrenswert, seine Zunge ist süß, das heißt, seine Worte sind göttlich. Schau: als die von den Pharisäern beauftragten Soldaten hingingen, um Christus festzunehmen, hat ein einziges Wort sie alle besiegt, und sie kehrten zurück und sprachen: *numquam sic locutus est homo*[509], nie gab es je einen Menschen, der so gesprochen hätte! Allein jene Schriftgelehrten und Pharisäer, die sich die gelbe Brille des Neides aufgesetzt hatten, wollten nie die Worte des Erlösers hören.

Er ging also von ihnen fort und verließ sie, indem er so ihrem Zorn auswich, und durchquerte – wie das Evangelium berichtet – Samaria. Und dort traf er die Samaritanerin. – O Frau, wenn *du* ihn getroffen hättest, was hättest du getan? Hättest du dich nicht zu seinen Füßen geworfen, ihm seine heiligen Füße geküßt und sie mit Tränen gewaschen? O könnte ich ihn doch nur in dieser Weise treffen – o Herr, wenn ich dich träfe, würde ich mich dir ein wenig anvertrauen! O mögest du ihn treffen! *So* möchte ich ihn treffen – ich meine, was seine Menschlichkeit betrifft –, daß ich mich an ihm ergötzte!

Nun, es kam der Erlöser in Samaria *iuxta praedium, quod dedit Iacob Ioseph filio suo*[510], das heißt an einen Ort, den Joseph von seinem Vater zu seinem Besitz erhalten hatte, und wo sich ein Brunnen befand. *Iesus autem fatigatus ex itinere sedebat sic super fontem.*[511] Und so saß ein Brunnen über dem andern Brunnen, der Brunnen des Lebens, Jesus Christus, saß über dem Brunnen dieser Welt. Jesus war müde. Der milde Jesus – mild, ich sage es den Sündern! –, Jesus, der die Welt erschaffen hatte, Jesus, der die ewige Stärke und Macht ist, war ermüdet! Bedenke doch, daß er aus Liebe zu uns müde werden wollte, aus Liebe zu uns geriet er in Schweiß, erlitt er Hitze und Kälte. Er war – wie das Evangelium an dieser Stelle sagt – ermüdet *ex itinere,* das heißt infolge des Wanderns. Unser Jesus ging nicht zu Pferd, sondern ging sanft zu Fuß einher. *Sedebat sic* heißt es – was bedeutet dieses «er saß *so*»? Es bedeutet *einfach.* Er ließ sich nicht den Teppich bringen, nicht das kleine Kissen, sondern ein Brunnen saß *«so»* auf dem andern Brunnen.

Du sollst glauben, daß er die Samaritanerin erwartete und sagte: *omnes sitientes venite ad aquam*[512], o ihr alle, die ihr dürstet, kommt zu mir, denn ich werde euch zu trinken geben! Kommt ohne Gold, kommt ohne Silber! Was wollt ihr mit den Wassern dieser Welt tun, die euch den Durst nicht nehmen? Gebt mir euer Herz, damit ich es euch fülle, und ihr werdet keinen Durst mehr haben. Die Reichtümer stillen euch den Durst nicht, die Ehren stillen euch den Durst nicht, kein irdisches Ding stillt euch den Durst, noch wird es euch je sättigen. So kommt denn zu mir, da ich euch erwarte. Komm, Samaritanerin, denn ich will dir von *meinem* Wasser geben! – Und siehe, da ist die Samaritanerin gekommen. Schauen wir nun, was sie sagt.

Ego sapientiae fudi flumina etc.[513] Die Weisheit, die Christus ist, das ewige Wort und die Weisheit des Vaters, sagt: «Ich bin derjenige, der die Flüsse der Gnade hat fließen lassen. Ich habe unendliches Licht ausgegossen, Licht, sag' ich, vom Heiligen Geist. Ich bin ein unendliches Sein, wie der heilige Hilarius sagt: *esse divinum est substantiae pelagus infinitum*[514], ich bin ein unbegrenztes Meer von Sein, *ego quasi trames aquae immensae de fluvio*[515], ich bin jener, durch den alles Geschaffene des Universums gegangen ist, *ego fluvius Dorix*[516], ich bin der Fluß Dorix, der ein reißender Fluß ist. Ich bin der ungestüme Fluß – sagt der Herr – infolge des Ungestüms jenes großen Verlangens und jener großen Liebe, die ich hatte, um den Menschen zu erlösen. *Exivi de paradiso*, als dieser Fluß bin ich vom Paradies heruntergestiegen, das heißt vom Schoß meines Vaters, und ich bin gekommen, um den Garten meiner Kirche zu bewässern.

Das ist der Brunnen, von dem ich spreche und der jeden Durst stillt. Erfreue dich an den göttlichen Dingen und du wirst sehen, daß auch ein winziger Tropfen dir das Herz sättigen wird. – Es gibt zwei mit den Sinnen wahrnehmbare Befriedigungen, die eine ist der Stolz, die andere das wollüstige Verlangen. Keine von diesen wird dich je sättigen, keine stillt dir den Durst, aber die Freude an den göttlichen Dingen, sie stellt dich zufrieden, sie bringt dein Herz zur Ruhe.

Da spricht der Herr zur Samaritanerin: «Komm zu mir, denn ich will dir Wasser geben.» Das ist die Seele, die von Christus gerufen wird, die den Eimer in der Hand hält, welcher das Verlangen bedeutet, der die Dinge der Welt an sich ziehen möchte und zum Brunnen der irdischen Dinge kommt. Aber der Herr ruft sie zu sich. Schau, welche Freundlichkeit, welche Menschlichkeit im Erlöser herrschte, der es seiner nicht unwürdig fand, mit der Samaritanerin zu sprechen, wenn sie auch eine Frau war und dazu noch eine von schlechtem Ruf! Und er sprach zu ihr: «Frau, gib mir zu trinken!» Das ist der Herr, der zu dir sagt: «Seele, gib mir zu trinken, wenn du von jenem Wasser hast, nach dem ich verlange; an den Reichtümern werde ich mich nicht sättigen und auch nicht an andern irdischen Dingen.» Und merke dir, daß er nicht von ihr zu trinken verlangt, sondern ihr zu trinken geben will.

Die Samaritaner waren schlechte Menschen, denn obwohl sie das Gesetz des Moses hatten, verehrten sie die Götzen. Als nämlich Samaria in die Hände der Heiden gegeben wurde, suchten diese Priester und Häupter aus, die das ganze Volk verdarben. Und merke dir: wenn heutzutage diese schlechten Priester zu den Türken gehen müßten, würden sie in kurzer Zeit wieder zu jeder Niederträchtigkeit zurückkehren, selbst wenn sie sich bekehrt hätten. – Die Samaritaner waren also, sag' ich, schlechte Menschen; sie verehrten die Götzen, sie verehrten aber auch den Gott des Moses, und das Volk von Samaria und die Juden haßten sich gegenseitig. – «Ich wundere mich sehr, daß du, der du doch Jude bist, mich, eine Samaritanerin, zu trinken bittest, *quia non bene conveniunt Iudaei cum Samaritanis*[517].» So kannst du, Seele, zum Herrn sprechen: «Herr, du bist oben im Himmel und bist Jude, das heißt *confitente*[518] und wir kommen miteinander nicht gut überein, denn wir Sünder verkehren nicht gut mit dir!» – Der Herr, dein gutes Leben, möchte, daß du ihm zu trinken gäbest, o Seele, und daß du dich mit dem Heiligen Geist erfülltest, und er möchte dir seine Gnade zu trinken geben.

Die Samaritanerin verstand nun aber das Geheimnis der Worte Christi nicht, und deswegen hob er sie ein wenig hoch und sprach: *si scires donum Dei et quis est, qui dicit tibi: da mihi bibere, tu forsitan petisses ab eo, et dedisset tibi aquam vivam*[519], o Samaritanerin, kenntest du das Geschenk Gottes, kenntest du das Geschenk des Glaubens, kenntest du das Geschenk der Hoffnung, das dir der geben kann, der zu dir sagt: «Gib mir zu trinken!», würdest du nicht auf diese Weise antworten. Derjenige, der mit dir spricht, ist der Ursprung und die erste Ursache von allem; er ist derjenige, den Abraham und Moses zu sehen sich sehnten – doch sahen sie ihn nicht, es sei denn im Geiste. O Samaritanerin, wie viele sind es doch gewesen, die vor dir waren und nach dir gekommen sind, die sich gesehnt haben, das Geschenk zu erhalten, das du erhalten hast – mit dem Herrn so vertraut, so ganz allein sprechen zu können, und sie haben es nicht gekonnt! O glückliche Frau, wenn du nur die große Gabe kenntest, die dir gewährt wurde, *tu forsitan petisses ab eo et dedisset tibi aquam vivam,* vielleicht würdest *du* ihn um lebendiges Wasser gebeten haben – *vielleicht* heißt es, um den freien Willen zu wahren!

Siehe, da bittet sie also der Herr des Wassers und der Erde um etwas Wasser, und da sie es ablehnt, ihm solches zu geben, bietet *er* ihr an, ihr von seinem Wasser zu geben. – Betrachten wir nun, was ihm die Samaritanerin antwortet: *Domine, neque in quo haurias, habes etc.*[520] Es sagte also jene Frau dem Herrn: «Ich wundere mich, daß du mir Wasser geben willst; du hast kein Seil, hast keinen Eimer, und du siehst doch, wie tief der Brunnen ist! Mit der Hand kannst du ihm kein Wasser entnehmen, oder solltest du etwa größer sein als unser Vater Jakob, der von diesem Wasser getrunken hat?» Die Samaritanerin stellte folgende Überlegung an: Du sagst, du wollest mir Wasser geben. Entweder willst du mir von diesem oder einem andern Brunnen geben – falls etwa von diesem, dann bist du dazu nicht in der Lage, denn du hast kein Gefäß, hast kein Seil, du kannst mit der Hand nicht hinlangen. Willst du mir also von einem andern Wasser geben, dann wird dieses andere schlechter oder besser als dieses sein. Ist es schlechter, so sprichst du unvernünftig, denn davon möchte ich keines, da ich hier gutes habe. Sagst du aber, daß es besser ist, so kann das nicht sein, denn diesen Brunnen hat Jakob gemacht, und er war ein Freund Gottes und ein großer Patriarch, und daher muß man glauben, daß Gott ihm das beste Wasser dieses Ortes gegeben hat. Wenn du mir also ein besseres Wasser geben willst, mußt du größer als Jakob sein. – Deshalb sprach sie zu ihm: *numquid tu maior es patre nostro Iacob?*[521] Sie sagte die Wahrheit, denn sie sprach in natürlicher Weise vom Wasser, er aber wollte in mystischer Weise von der Kraft des Herzens sprechen. Und sie sprach die Wahrheit, daß er größer als Jakob sei, denn er war Gott. – Er aber gibt auf diese Beweisführung der Samaritanerin keine Antwort – wie es etwa diese Logiker tun –, sondern kommt zu dem, was er beabsichtigt, und beginnt, sie nach und nach emporzuheben[522], und sagt: *qui biberit ex hac aqua, sitiet iterum, sed qui biberit ex aqua, quam ego dabo ei, non sitiet in aeternum*[523], wer vom Wasser dieses Brunnens trinkt, das heißt vom Brunnen dieser Welt, die finster ist und deren Wasser die Reichtümer und andern irdischen Güter bilden, wird wieder Durst haben. – Das ist durch Erfahrung ersichtlich – was braucht man dies durch Vernunftgründe zu beweisen?

Es gibt zwei Sinnesempfindungen für das Lernen, das heißt das Hören und das Sehen, *sed experientia est rerum magistra*[524]. Was das Hören betrifft, habt ihr nicht immer vernommen, daß all diejenigen, die sich den Dingen der Welt hingegeben haben, sich nie sättigen konnten? So ist denn *ab auditu*[525] wahr, daß sich niemand vom Wasser der Welt je sättigt. Und das ist auch *a visu* wahr: Schau dir diesen großen Herrn, schau dir jenen andern an: je mehr sie von den Dingen der Welt haben, um so mehr Durst haben sie und sättigen sich nie, und glaube auch nicht, daß sie davon je genug haben werden. *Similiter ab auditu*[526] ist es wahr, daß das Wasser Christi jeden sättigt. Habt ihr nicht immer sagen gehört, daß die Heiligen vergangener Zeiten und jene, die Jesus geliebt haben, nie nach etwas anderem in der Welt Durst hatten, sondern daß sie, gleich nachdem sie Jesus begegnet waren, zur Ruhe kamen und sogar bereit waren, selbst das Martyrium zu erdulden? Und das ist auch *a visu* wahr: Zeige mir einen Liebenden, einen, der nach der Liebe zu Jesus dürstet, und frag ihn: «Was willst du? Willst du Besitz, willst du Ehren?» – er wird dir antworten: «Ich dürste nach nichts von dieser Welt!» – Zeige mir dagegen einen Wollüstigen, zeige mir einen Habsüchtigen – sobald er sich bekehrt, wirst du sehen, daß er alles fahren läßt und keinen Durst mehr hat.

Ihr blinden Sünder, ihr Armseligen! Was wollt ihr

tun? Wenn wir diese Erfahrung vor uns haben, was wartet ihr dann noch? Seht ihr nicht, daß einer – wenn er Herr von Florenz wäre – nie zur Ruhe käme, daß ihm der Durst nie verginge? Geht also zu Christus und ihr werdet in Ewigkeit keinen Durst mehr haben. *Qui biberit ex aqua, quam ego dabo ei, non sitiet in aeternum*[527], wer vom Wasser trinkt, das ich ihm geben werde, den wird in Ewigkeit nicht dürsten. Das Wasser Christi ist seine Gnade, die bisweilen in dem, der sie hat, sich so vermehrt, daß sie nicht drinnen verweilen kann, sondern herausspringt, große Dinge tut und bei andern Frucht bringt. Falls aber keine Gnade da ist, wirst du sehen, daß der Betreffende nicht nach außen springt. Ist aber diese Gnade vorhanden, dann ermunterst du deine Söhne, du weisest deine Brüder zurecht, bringst überall Frucht, hast eine Zunge, die über alles hinweggeht, und zuletzt bekehrst du doch jeden. So wird diese Gnade eine Quelle lebendigen Wassers werden, das dich zum ewigen Leben führen wird. – Und so war denn die Samaritanerin auf etwas höherer Stufe angelangt und daher antwortete sie etwas überlegter.

Es gibt nichts Erfreulicheres und Angenehmeres als die Betrachtung dessen, was Christi ist. Manchmal verweilt ihr auf eurem Landgut und ergeht euch im Lustwandeln. Besser wäre es, ihr betrachtetet, was Christi ist. Ihr kümmert euch um nichts anderes, als auf den Wegen schwatzen zu können. Heilige Menschen handeln nicht so, vielmehr denken und sinnen sie immer über das Leben des Erlösers. So haltet euch denn solche Dinge vor Augen, die eine Quelle lebendigen Wassers sind und euch zum ewigen Leben führen werden. Wenn du tust, was ich dir sage, wirst du sehen, wie in dir viele Früchte heranwachsen, die nicht genug gepriesen werden können.

Es antwortete also die Samaritanerin auf diese Worte des Erlösers: *Domine, da mihi hanc aquam*[528], o mein Herr – schau, wie sie zu sprechen beginnt! – Herr, gib mir dieses Wasser! Und sie, die zuerst gesagt hatte: *tu, Iudaeus cum sis, poscis a me bibere?*[529] beginnt nun zu sagen: Herr, gib mir dieses Wasser! Aber der Herr will sie noch etwas höher führen und sagt: *vade et voca virum tuum*[530], geh und ruf deinen Mann herbei. Der Herr sagte dies nicht aus Unkenntnis, als hätte er nicht gewußt, daß sie keinen Mann hatte, sondern um sie noch mehr zu überzeugen, wie du bald sehen wirst. – Sie antwortete: *virum non habeo,* Herr, ich habe keinen Mann. Und Jesus entgegnete: *bene dixisti, quia non habeo virum,* du sprichst wahr, daß du keinen Mann hast, hast du doch deren fünf gehabt, und der, den du jetzt hast, ist nicht dein Gatte! Als die Samaritanerin nun sah, daß der Herr ihr das Geheimnis ihres Herzens nannte, sagte sie ihm: «Halt ein, geh nicht weiter – du bist ein Prophet!» – Auch du, Seele, sagst dem Herrn, wenn du zu Gott zurückkehren willst: «Ich habe keinen Gatten», das heißt, «Herr, ich fühle diese deine Gnade nicht». – Seele, du hast deinen Gatten verlassen! Der Gatte und der Bräutigam der Seele ist Christus. Geh, beichte und kehre zurück zu Christus, der dein Bräutigam ist, und sage nicht: *non habeo virum.* Seele, du hast fünf Gatten gehabt, das heißt, du bist den fünf Sinnen des Leibes gefolgt. *Et hunc, quem habes, non est tuus vir,* der, den du hast, ist der Teufel, der nicht dein Gatte, sondern Ehebrecher der Seele ist.

Als die Samaritanerin sah, daß der Herr ihr die Wahrheit und das Geheimnis ihres Herzens gesagt hatte, das heißt, daß der Mann, den sie hatte, nicht ihr Gatte war, antwortete sie ihm und sprach: *Domine, video, quia propheta es tu,* Herr, ich sehe, daß du ein Prophet bist. Daher wollte sie ihm eine Frage stellen und fügte hinzu: *patres nostri adoraverunt in monte hoc etc.*[531] Diese Frau stellte dem Herrn keine neugierige Frage, wie ihr es tut, die ihr den ganzen Tag fragt, wann der König von Frankreich, wann der Türke kommen werde. O du Neugieriger, warum denkst du nicht eher an deine Seele? All diese andern Dinge wird dich Christus dann wissen lassen, wenn sie für deine Seele nützlich sind. – Sie sagte nicht: «Werden die Römer kommen, um diesen Ort zu vernichten?», sondern fragte nach dem, was sich auf ihr Heil bezog, und sprach: «Unsere Väter haben in all der vergangenen Zeit auf diesem Berg geopfert, die Juden aber sagen, daß wir in Jerusalem opfern sollen. Löse mir diesen Zweifel!»

Diese Streitfrage bestand wirklich zwischen den Juden und den Samaritanern, doch waren die Juden in dieser Beziehung im Recht, denn man hatte im Tempel zu opfern; dagegen behaupteten die Samaritaner, Jakob und Abraham, die Patriarchen und Freunde Gottes, hätten auf jenen Bergen geopfert. Die Juden pflegten darauf zu entgegnen, daß damals das Gesetz des Moses, das verlangte, man habe im Tempel zu opfern, noch nicht geschaffen worden war. Diesen Auseinandersetzungen gleichen bisweilen gewisse Streitfragen von Ordensbrüdern, wenn sie erklären: «Unsere Zeremonien sind schöner als eure, unser Orden ist vollkommener als der eure, in unserer Kirche herrscht mehr Andacht als in jener, der und der Heilige ist frömmer als der und der.» – Glaube mir, die Zeremonien in *dieser* Kirche machen das Heil nicht mehr aus als die in *jener* Kirche!

Der Herr antwortete: *mulier, crede mihi,* Frau, glaube mir. Sie konnte ihm wahrhaftig glauben, denn er war der Erlöser und Herr der Welt! Christus sagte daher: «Es wird die Zeit kommen, da werden diese Opfer aufhören müssen», und das sagte er, weil die Wahrheit gekommen war, und alle diese Opfer hatten ihre Bedeutung auf den Messias hin gehabt. Und so sage auch ich euch: Es ist die Zeit gekommen, da man sein Vertrauen nicht mehr auf Zeremonien zu setzen braucht. Ich sage allerdings nicht, alle Zeremonien hätten aufzuhören und sie wären nicht gut, aber ich sage, daß man sein Vertrauen nicht ausschließlich auf sie setzen soll. – Daher sagte ihr Christus: «Diese Opfer werden aufhören, denn der Messias ist gekommen, *quoniam salus ex Iudaeis est,* das heißt, das Heil kommt von den Juden.» Er wollte damit sagen, daß der Messias bei den Juden geboren worden sei. Gott bewahrte dieses Volk in Heiligkeit – wenn diese auch gering, aber im Vergleich zu andern Völkern reichlich war –, denn aus diesem Volk sollte Christus hervorgehen. Von den Juden also kam das Heil, und dennoch wurden sie verworfen. Christus wurde aus ihrem Blut geboren, und trotzdem hat er weder seiner Heimat noch seinen Verwandten verziehen. Nimm dir also dies zum Beispiel, daß er dir weniger verzeihen wird, wenn du schlecht handelst.

Das Evangelium fährt fort: *sed crede mihi, hora venit et nunc est, quod veri adoratores adorabunt Patrem in spiritu et veritate*[532], das heißt, der Herr sagte ihr: gekommen ist die Zeit, da die wahren Anbeter den Vater im Geist und in der Wahrheit anbeten werden. – Diese Bezeichnung *Geist* wird verwendet, um etwas Subtiles wie auch Ungestümes zu bezeichnen, weswegen der Wind *spirito* genannt wird, denn der Wind ist ein gewisser dünner Dunst, der in der Luft entsteht und aus diesem Grund *spirito* heißt. Auch nennt man die Luft so, weil sie dünn ist. Und weil der Hauch vom Lebewesen eingeatmete und eingezogene Luft ist, heißt er ebenfalls *spirito*, und «atmen» heißt deswegen *spirare*. Und da die Seele etwas Zartes ist, heißt auch sie *spirito*. Ferner werden auch die *Engel* so bezeichnet, und auch *Gott* wird schließlich *spirito* genannt. «Im Geist» betet also der an, der die körperlichen Dinge hinter sich läßt und sich zu den geistigen *(spirituali)* wendet. Wenn du daher Gott im Geist anbeten willst, solltest du zur Beichte gehen, recht leben und diesen körperlichen Dingen nicht ergeben sein. Darum sage ich dir, daß äußerliche Dinge und Zeremonien nichts nützen, wenn sie nicht in diesem Geist ausgeführt werden. – *«In veritate»* bedeutet: Gott in Wahrheit anbeten, wie ich dir gestern gesagt habe, daß *veritas est adaequatio rei ad intellectum*[533], das heißt, es ist nötig, die innere Intention mit den äußeren Werken zu vereinen und sie ihnen anzugleichen, und das bedeutet «anbeten in Wahrheit» und nicht Heuchler und Simulant sein. Anbeten im Geist heißt auch sich Gott nähern, denn Gott ist Geist, und je mehr eine Wirkung sich ihrer Ursache nähert, um so mehr hat sie an ihr teil. Je mehr sich also jemand Gott nähert, der Geist ist, um so mehr ist er besorgt, im Geist und nicht in Zeremonien anzubeten. – Diese Samaritanerin verstand nicht gut, was *anbeten im Geist* bezeichnen wollte. Das verstehen auch diejenigen nicht, die glauben, gut zu leben bestehe darin, daß man in die Kirchen und zu den Ablässen gehe, und daher wissen sie nicht, was *anbeten im Geist* heißt.

O Christ, wie lange bist du schon auf dieser Welt und solltest doch andere belehren können und weißt noch selber nicht, was *anbeten im Geist* bedeutet! Diese Frau verstand nicht die Worte des Erlösers, denn er hatte sie in zu große Höhe geführt, und sie hatte so sehr in der Sünde gelebt, daß sie auf solchen Höhen nicht fest genug stehen konnte – wie es bei einem Menschen geschieht, der sich eben von der Sünde erhoben hat und noch kein Gefallen am Gebet findet, sondern das *paternostro* spricht, aber den

Kopf bei seinem Geschäft hat und sagt: «O, ich habe schon einen Monat lang recht getan und habe noch kein Gefallen am Gebet.» – Ich sage dir: Du könntest auch ein Jahr dabeibleiben – mach trotzdem weiter! – «Aber zählen denn diese?» – Gewiß, doch ist dabei noch nicht jenes Verlangen vorhanden, das du hättest, wenn dein Herz gereinigt wäre! – Da diese Frau also die Worte des Erlösers nicht verstehen konnte, sagte sie: *scio, quia Messias venit, qui dicitur Christus*[534], das heißt, ich weiß, daß der Messias kommt. Ich verstehe deine Worte nicht recht gut, aber *er* wird uns dann alles lehren. Als nun der Erlöser sah, daß sie den Glauben hatte und sich zum Messias bekannte, sagte er: «Es ist Zeit einzutreten», denn er sah, wie sie sich ein wenig geöffnet hatte.

Schau, mit welcher Liebenswürdigkeit der Erlöser ihr entgegengegangen war! Da er sie zum Glauben führen wollte, begann er zunächst mit irdischen Dingen und sprach: *mulier, da mihi bibere,* dann brachte er sie nach und nach höher hinauf, indem er ihr sagte, ihr ein solches Wasser geben zu wollen, daß sie nicht mehr Durst haben sollte. Und wieder führte er sie höher, dadurch daß er ihr die Geheimnisse ihres Herzens offenbarte und sagte, daß der Mann, den sie hätte, nicht ihr Gatte wäre. Hernach sagte er ihr, man müsse Gott im Geist und in der Wahrheit anbeten. – Glaubt nur, daß es noch viele andere Worte gab, die aber nicht aufgeschrieben wurden, doch schrieb der Evangelist das Wesentliche nieder. Stelle dir vor, daß der Herr ihr sagte: «Frau, glaubst du, daß der Messias kommen muß?» – «Ja.» – «Glaubst du, daß er die Welt erlösen wird?» – «Ja.» – Und da sagte ihr der Erlöser: *ego sum, qui loquor tecum*[535], siehe, ich, der ich mit dir spreche, bin der Messias. – Christus wollte dieses Wort den Juden nicht offenbaren, als sie ihn danach fragten, weil sie es nicht verdienten, aber dieser Frau hat er sich wegen der Einfalt ihres Glaubens offenbart. Und so äußerte der Erlöser dieses Wort voll Heiligen Geistes, ein Wort, das zum Ohr dieser Frau und vom Ohr zum Herzen ging und sie so sehr entflammte, daß sie ihr Gefäß stehenließ und wie eine Närrin zur Stadt zu laufen begann. – Schau, was die Liebe Christi vermag, schau, wie sie das Herz trunken macht! Und deswegen solltet ihr alle euch in die Liebe Christi verlieben und ihr hättet dann wie die Samaritanerin keinen Durst mehr.

Gewiß sollten zwei Dinge die Herzen der Menschen mächtig bewegen: Das *eine* ist die große Herrlichkeit, die uns Gott versprochen hat. O Herr, wie sind doch die Menschen undankbar! Herr, Herr, zum dritten Mal – wie sind sie undankbar! Du undankbarer Mensch, undankbarer Mensch, undankbarer Mensch, dir sollte doch die große Herrlichkeit, die er dir versprochen, das Herz bewegen! – Das *zweite* ist die Art, wie er sie dir zu geben sucht. Betrachte, mit welcher Barmherzigkeit, mit welcher Sanftheit er sie dir darreichen will. Er selber kommt, um dich zu bitten, sie anzunehmen. O mein Sohn, willst du denn nicht die Gnade und die Herrlichkeit, welche dir Gott bereitet hat? Ach, so nimm sie doch, da er dich bittet, sie zu ergreifen! Wenn du die Milde des Herzens Christi erfassen willst, so betrachte doch, was in der Natur vorgeht: Wieviel Liebe bringt die Mutter eines Vogels ihrem Kleinen entgegen, mit welcher Umsicht nährt und beschützt sie ihn! Die Fürsorge der Mutter des Vögelchens rührt von der Güte her. So bedenke, wieviel größer und unvergleichbarer die Güte Gottes ist – und wenn du diese erwägtest, würdest du dich in sie verlieben.

Es war zur sechsten Stunde – wie das Evangelium hier sagt –, als Christus mit der Samaritanerin sprach, und er hatte das Essen vergessen vor lauter Verlangen nach dem Heil der Seelen. Da kamen seine Jünger und trafen Christus, wie er mit ihr sprach *et admirabantur, quia cum muliere loquebatur*[536]. Die Jünger wunderten sich. Glaube nun nicht etwa, sie hätten etwa an Christus gezweifelt, weil er mit jener Frau sprach, denn sie wußten, daß er stark in der Gnade war und nie eine Sünde begangen hatte, aber sie wunderten sich über soviel Demut, daß er mit einer Frau sprach. Sie brachten ihm also zu essen und sprachen: «Nimm, Meister, iß, du bist hungrig, du bist müde, iß etwas!» Doch er antwortete: *ego habeo cibum manducare, quem vos nescitis*[537], meine Jünger, ich habe eine andere Speise zu essen, die nicht wie diese gemacht ist. Er wartete auf die Bekehrung der Samaritaner. Schau, ein wie großes Verlangen er nach unserem Heil hat! Und da die Jünger sich fragten, ob wohl jemand ihm zu essen gebracht hätte, antwortete er ihnen: *cibus meus est, ut faciam voluntatem eius, qui misit me*[538], meine Jünger, meine Speise ist, daß ich den Willen meines Vaters tue, daß heißt, daß ich auf das Holz des Kreuzes steige und daß ich mein Blut vergieße und sterbe, um diese Schafe zu erlösen. Dies, meine Jünger, ist meine Speise, dies ist mein Verlangen – zu sterben. – *Nonne vos dicitis, quod adhuc quattuor menses etc.*[539] Erhebt eure Augen, meine Jünger, die ihr sagt, in vier Monaten werde das Getreide reif sein, seht, wie die Körner bereits reif sind, das heißt, wie das Volk von Samaria weiß[540] und bereit wird für den Glauben? Diese Menschen sind nicht hart und stolz wie die Juden.

Erhebt eure Augen, ihr Guten, und wer die Gnade Gottes hat, bedenke, daß die Ungläubigen nicht zum Glauben kommen werden. Die Zeit, die Seelen zu gewinnen, naht, und es kommt die Zeit der Ernte. Der Herr will nochmals herabkommen, um sein Blut, das heißt seine Gnade, in reichem Maße über die Welt auszugießen, und damit ein jeder sich freue, sagt der Herr: *qui metit, mercedem accipit*[541], das heißt, ein jeder der sät, wird seine Ernte im ewigen Leben haben, und so auch der, welcher erntet. Die Patriarchen säten, und ein anderer erntete, und ein jeder von ihnen erhielt seinen Lohn im Paradies. – Ich will, sagt der Herr, daß ein jeder ernte – und das Korn wird er in den Speicher bringen, und das Stroh wird verbrannt werden. Das Sprichwort ist wahr, daß einer sät und der andere erntet, doch ernte, wer wolle, denn auch wer sät, wird sich erfreuen und wird im Paradies seinen Lohn haben. Es sind die Patriarchen, Propheten und Prediger, die das Wort Gottes in die Seelen säen, welche davon die Frucht ernten, und auch sie erwerben dadurch das Paradies. – Untersuchen wir noch, worin die Lebendigkeit und Glut des Glaubens besteht …

Es gibt, Geliebteste, einen großen Unterschied zwischen den Sünden des Geistes und denen des Fleisches, und zwischen denen, die ihren Ursprung in der Bosheit und denen, die ihn in der Unwissenheit und Schwäche haben. Die Sünden des Geistes sind zum Beispiel Stolz, Neid und Ehrsucht – und deren Makel haftet tief [in der Seele]. Der infolge Unwissenheit und Verfehlungen des Fleisches entstandene Makel ist weniger groß. Wenn du ein Siegel in Wachs bildest, so ist die Prägung nicht so fest wie die in Stein oder Eisen, weil sie in einem weicheren Stoff erfolgte. Nun aber ist der Geist fester als der Leib, und deswegen sind die Sünden des Geistes hartnäckiger und schwerer zu vertreiben als die des Fleisches. Daher sagt Hiob vom Teufel: *corpus eius scuta fusilia compactum squamis sese prementibus*[542], das heißt, daß der Teufel bedeckt ist von Schuppen – von verschiedenen Sünden und Härten, die zusammengefügt und miteinander verbunden sind, so daß auch nicht eine einzige Lücke vorhanden ist, durch die irgendeine Überzeugung eindringen könnte. Du könntest predigen, soviel du nur möchtest, er würde sich nie bewegen. Er verhält sich wie der Amboß des Schmiedes – je mehr du mit dem Hammer auf ihn einschlägst, um so mehr zieht sich das Eisen zusammen, verfestigt sich und wird härter und fester. – Daher habe ich dir gesagt, daß die Lauen, deren Sünde im Bereich des Verstandes liegt, von Zurechtweisung und Überzeugung nichts wissen wollen, vielmehr zieht sich ihr Intellekt infolge des Stolzes, den sie aufweisen, zusammen, verschließt sich und wird fest, und auch nicht die kleinste Spur von Überzeugung findet hier Zugang. – Aber diejenigen, deren Sünden im Fleisch und in der Unwissenheit liegen, diese kannst du leichter überzeugen, und sie bekehren sich auch, weil sie ihre Sünde erkennen und sagen: «Weh mir, daß ich ein Schurke bin!» – Die Lauen aber können nie glauben, weil ihre Sünde subtil und tief verwurzelt ist, und daher wollen sie sich nie ihrer Schlechtigkeit anklagen, weil sie nur ihren eigenen Ruhm suchen. – Wenn die Dinge der Natur nicht in zu schlechter Verfassung sind, richtet sie Gott wieder auf ihr Ziel aus. Das ist auch bei den Sündern aus Unwissenheit der Fall. Wenn sie von Gott erleuchtet worden sind und sie zur Einsicht kommen wollen, richtet sie Gott auf ihr Ziel aus. Aber die Lauen, die infolge ihres Stolzes zu sehr übelgesinnt sind und von irgendwelcher Eingebung nichts wissen wollen, diese richtet Gott nicht auf. Deshalb bekehrten sich die Schriftgelehrten und Pharisäer trotz großer Werke und Wunder, die sie sahen, nicht. – Die Samaritanerin hingegen bekehrte sich sogleich, ging dann in die Stadt und sprach: *venite et videte hominem, qui dixit mihi omnia, quae feci*[543], ich habe einen Menschen gefunden, welcher der Messias sein muß; kommt, um ihn zu sehen! Und er hat mir gesagt, daß ich fünf Männer gehabt hätte, und daß der, den ich jetzt hätte, nicht mein Gatte wäre. – O Samaritanerin, schämst du dich nicht, diese Worte zu sprechen? Nein, denn sie war von der Liebe Christi berauscht. Die Leute von Samaria schenkten ihr einfach Glauben und sagten nicht, wie die Lauen, die Schriftgelehrten und Pharisäer wohl sprechen würden: «Sie ist eine Frau!», und sie sagten nicht: «Sie träumt» oder «Sie ist eine Schurkin», sondern sie haben ihr ganz einfach Glauben geschenkt. – Schau, was für ein Werkzeug der Erlöser zum Heil der Seelen gebraucht hat! Er ging nicht zu Tiberius, der damals Kaiser war, sondern benützte eine Frau als Werkzeug, um ein Volk zu erlösen und an sich zu ziehen. Das gereicht euch, ihr Weisen, zur Beschämung, die ihr nicht glauben wollt und die Kraft Gottes nicht beachtet. Ihr möchtet die Wunder sehen, und ich sage euch: selbst wenn ihr Wunder sähet, würdet ihr nicht glauben! – Diese Samaritaner erwarteten den Erlöser und sehnten sich darnach, daß das Heil käme, und sie fehlten aus Unwissenheit. Und daher glaubten sie auch ohne Wunder. Die Schriftgelehrten und Pharisäer brachen nie auf, da sie ihn nicht erwarteten. Hätten sie ihn erwartet, so würden sie sich nicht – wie sie dies taten – mit Herodes bemüht haben, ihn zu töten, sondern hätten ihn gesucht, wie es die Weisen taten, die aus dem Osten kamen, um ihn zu finden. *Et multi crediderunt in eum propter sermonem illius*[544], es sagt hier das Evangelium, daß viele infolge der Worte dieser Frau geglaubt haben. Höre, welch große Sache, sieh, welch großes Zutrauen das ist, daß sie allein auf die Worte einer Frau hin geglaubt haben! Und das war wegen der großen Sehnsucht, die sie nach dem Messias hatten und den sie erwarteten.

So gingen denn die Samaritaner dem Erlöser entgegen und sprachen: «Sei uns wahrhaftig der Willkommene!», und sie umarmten ihn und sprachen: «Wir haben dich so lange Zeit erwartet, nun bist du wirklich gekommen und hast unsern Herzen Ruhe geschenkt», und sie baten ihn, bei ihnen zu bleiben. Jesus aber wollte nicht länger als zwei Tage dort verweilen, denn *non erat missus nisi ad oves domus Israel*[545], das heißt, der Erlöser selbst wurde allein zu den Juden gesandt und mittels der Apostel zu den Heiden. Sie aber empfingen diese Gnade, denn, wie ich dir schon einige Male gesagt habe, *quod regnum coelorum vim patitur*[546], muß derjenige, der danach verlangt, das Himmelreich mit Gewalt an sich reißen. Es war das Verdienst des großen Glaubens dieser Menschen, der sie erlöst hat. – Sieh, was sie dann zur Frau sagten: *quia non propter tuam loquelam credimus, ipsi enim audivimus et scimus vere, quia hic est Salvator mundi.*[547] Sieh, wie groß der Glaube derer war, die sagten: «O Frau, wir glauben nicht mehr nur wegen deiner Worte, sondern wir haben es selbst gesehen und wissen, daß dieser der Erlöser der Welt ist.» Sie sagten nicht mehr «Wir glauben», sondern: «Wir *wis-*

sen, daß dies der Messias ist». – Betrachte denn den großen Glauben derer, die geglaubt und sich bekehrt haben! Und daher solltest auch du dich immer wieder zum Glauben ermutigen und alles Gute ganz einfach glauben, damit du bekehrt wirst und wie die Samaritaner die Gnade erhältst – zum Lob und zur Herrlichkeit des allmächtigen Gottes, *qui benedictus est in saecula saeculorum. Amen.*

Aus der 25. Predigt
12. 3. 1496

Die Aufgabe des Predigers

Omnis Christi actio nostra est instructio, alle Handlungen Christi sind zu unserer Belehrung, und deshalb habe ich dir gestern gesagt, daß unser Erlöser alle Menschen der Welt mit dem Beispiel seines Lebens belehrte, und das geht ganz besonders die Prediger an, denn sie sind die Häupter der andern. Daher bezieht sich heute morgen der erste Teil des Evangeliums[548] auf uns. *Iesus autem perrexit in montem Oliveti et diluculo iterum venit in templum, et omnis populus venit ad eum, et sedens docebat eos,* daß heißt, daß unser Erlöser zum Ölberg ging und am Morgen kam er in der Frühe zum Tempel, wo sich das ganze Volk um ihn versammelte. Und er setzte sich und unterwies sie. – Daraus sollt ihr euch merken, daß der Prediger drei Dinge zu tun hat: *erstens* muß er das Volk erleuchten, *zweitens* erfreuen, *drittens* zu etwas bewegen, das heißt, die Menschen zum rechtschaffenen Leben führen.

Was das *erste* betrifft: Er soll ihnen nicht Philosophie erklären, sondern Gott, die Dreieinigkeit, die Fleischwerdung des Wortes und die andern Dinge des Glaubens, und er soll dem Menschen zeigen, daß sein Ziel das ewige Leben ist, und ihm die Mittel kundtun, die zu diesem Ziel führen. Aber all dies kann vom Prediger nicht ohne übernatürliches Licht getan werden, denn da er Übernatürliches zu zeigen hat, Frucht bringen will [und wünscht], daß seine Worte im Volk Wurzel schlagen, muß er im Besitz des übernatürlichen Lichts sein. Doch dies allein genügt nicht, denn es ist nötig, daß er dieses Licht in vollkommener Weise besitzt, um auch sein Werk vollkommen ausführen zu können. Schau einmal, wie die Dinge der Natur, die nicht vollendet sind, nicht in vollkommener Weise zu wirken imstande sind. Schau, wie zum Beispiel ein Kind nicht zeugen kann, weil es noch nicht vollendet ist. Es ist also nötig, daß der Prediger dieses Licht in vollendeter Weise besitzt, ein Licht, das ihn standhaft und stark erhält, und wenn er diese Festigkeit nicht besitzt, kann er die andern nicht gut belehren.

Zweitens: Er darf nicht das Ohr des Volkes erfreuen, wie ja auch der Apostel Paulus sagt: *veniet tempus, in quo sanam doctrinam non sustinebunt, sed coacervabunt sibi magistros prurientes auribus et a veritate quidem auditum avertent, ad fabulas autem convertentur*[549], der heilige Paulus sagte damit prophezeiend: Es wird eine Zeit kommen, da die Menschen sich Prediger suchen werden, die ihre Ohren erfreuen, und sie werden sich Fabeln zuwenden. – Der Prediger hat also nicht auf diese Art zu erfreuen, sondern hat von Jesus zu sprechen, ihn den Herzen der Menschen einzuprägen – und nicht die Ohren zu ergötzen! Der Philosoph sagt, daß der Mensch von Natur aus dazu neigt, göttliche Dinge zu lernen, und er sagt es ganz im allgemeinen, nämlich, daß die Menschen auch bei wahrscheinlichen Gründen mehr geneigt sind, göttliche Dinge zu lernen, und daß sie sich mehr erfreuen, *solche* Dinge zu hören als menschliche mit Hilfe spitzfindiger Begründungen. Aber da unser Verstehen von den Sinnen herkommt – *omnis enim nostra cognitio est a sensu*[550] – muß der Prediger natürliche Gründe besitzen, um die Wahrheit aufzuzeigen, damit sie der Intellekt, der sie mittels der Sinne aufnimmt, auch erfassen kann. – Deshalb sehen wir, wie die Schrift voller Beispiele aus dem natürlichen Bereich ist. Der Prediger muß folglich die Heilige Schrift sowie die in ihr enthaltenen Begründungen und Beispiele gut kennen und verstehen, denn sie sind wie ein Stab, auf den man sich stützen kann, um zu Höherem aufzusteigen.

Drittens: Der Prediger muß eine Zuneigung [zu dem von ihm Verkündeten] haben, und diese kommt von einer großen Leidenschaft, die er für die Dinge, von denen er spricht, haben muß, denn wenn jemand in etwas verliebt ist, spricht er mit großer Wirkung davon, weil es ihm gefällt, und prägt es dem Intellekt gut ein. Um nun verlangen zu können, daß der Prediger in die göttlichen Dinge verliebt sei, die er dem Herzen des Volkes einzuprägen hat, muß er von jeder anderen Liebe gereinigt sein. *Zunächst,* was das tätige Leben betrifft, hat er von jeder Begehrlichkeit gereinigt zu sein, denn die Prediger sind hier auf Erden in großer Gefahr. *Zweitens:* Er sei auch in bezug auf sein beschauliches Leben gereinigt und verharre in ständigem Gebet und sei ein Freund Gottes. Aus diesem Grund erzählt das heilige Evangelium, daß der Erlöser, der in den Tempel kommen sollte, um zu lehren und mit den Pharisäern zu disputieren, zuerst auf den Ölberg ging. Der Berg bedeutet das Gebet, der uns zu Gottes Höhe erhebt. Indem er auf den Berg steigt, gibt uns der Erlöser also ein Beispiel, wie der Prediger auf die Höhe der Vollendung des geistigen Lebens gelangen soll, und daß er sich dem Gebet hingebe, bevor er hingehe zu predigen; auch soll er auf dem Berg der Betrachtung verharren, woher er Erleuchtung erhalte über das, was er dem Volk zu sagen hat. Da es so viele Herzen und so viele Willensrichtungen gibt, ist es unmöglich, daß der Prediger etwas sagen kann, was bei jedem einzelnen Frucht bringt und jeden berührt, wenn er nicht die Erleuchtung von oben besitzt. Aber wenn er im Gebet und in der Betrachtung verweilt, so bewegt ihn der Heilige Geist dazu, so zu sprechen, daß er Frucht bringt. Und wenn das nicht auf diese Weise geschieht, so sag' ich dir, daß die Predigten weggeworfen sind.

Wenn du also, *frate mio,* Prediger werden willst, mußt du dich so verhalten, wie ich es dir gesagt habe, sonst wärest du überheblich. Geh also zunächst auf den Berg und gib dich dem Gebet hin, denn es ist notwendig – ich kann es dir sagen –, daß es Gott ist, der das Werk des Predigers lenkt, denn was uns selbst betrifft, so würden wir tausend Fehler begehen. Geh also auf den Ölberg, wie es heute morgen der Erlöser tat. Die Ölbäume dieses Berges bedeuten die verschiedenen Bücher der Heiligen Schrift, die Zweige sind die Sätze dieser Bücher, die Oliven und das Öl die Gnade des Heiligen Geistes, die dir Gott eingießen wird, wenn du auf den Berg gehst. Und wie die Zweige der Ölbäume einen erfreuen, wenn man sie betrachtet, so erfreuen auch die Worte und Sätze der Heiligen Schrift. Dadurch daß es brennt, erzeugt das Öl auch das Licht. Und wie das Öl brennt, so verleiht dir diese Schrift die Glut der Liebe, und es erleuchtet den, der sich ihr widmet.

Das Evangelium sagt ferner, daß der Erlöser darauf in der Frühe in den Tempel ging, was bedeutet, daß man um die Werke der Nächstenliebe besorgt sein soll. Außerdem: als er im Tempel war, *omnis populus venit ad eum*[551], kam das ganze Volk und umringte Jesus. Beachte, daß der Text vom Volk und nicht von den Pharisäern und Schriftgelehrten spricht, denn sie waren nicht zur Unterweisung Christi gekommen. Der Grund war der, daß wer Angst vor der Wahrheit hat, nicht dorthin geht, wo man die Wahrheit sagt, und wer nicht in der Wahrheit wandelt, will nicht den hören, der die Wahrheit sagt. Und die Wahrheit mißfällt dir, weil du Feind der Wahrheit bist, wer aber ihr Freund ist, hört gern die Wahrheit, und wer in der Wahrheit wandelt, hört die Wahrheit gern, *quia omne simile appetit suum simile*[552]. – Die Pharisäer jedoch, Feinde der Wahrheit, gingen nicht hin, um Christus, den Lehrer der Wahrheit, zu hören. Das Volk allein ging hin, denn das Volk haßt es nicht, die Wahrheit zu hören, obwohl es in der Sünde lebt, sondern es sagt: «Es ist freilich wahr, daß wir in der Sünde sind, dennoch sagt er uns die Wahrheit – so verlangen es unsere Sünden!» – Der Erlöser predigte nun die Wahrheit im Tempel, *et sedens docebat eos*[553]. Der Prediger soll sitzen bleiben, wenn er das Volk lehrt. – «O, *du* sitzest ja gar nicht, Frate!» – *Sitzen* versteht sich als ruhig sein von jeder Leidenschaft. – Es saß also der Erlöser und lehrte das Volk. Und siehe, da kommen die Schriftgelehrten und Pharisäer herbei, denn die Wahrheit gefiel ihnen nicht. Vernimm nun, was die Störer der Wahrheit tun!

Hütet euch davor, Schriftgelehrte und Pharisäer zu sein, damit ihr nicht im Buch aufgeschrieben seid, wie es die Pharisäer sind. *Scribantur haec in generatione altera.*[554] Diese Schlechten werden aufgeschrieben sein, und man wird später sagen: Dieser und jener erhob Widerspruch. Ich möchte gewiß nicht als Schriftgelehrter und Pharisäer aufgeschrieben sein! – Die Pharisäer also kamen nicht zu Christus, um die Wahrheit zu hören, sondern um sie zu stören. O Schriftgelehrte, o Pharisäer, ihr wißt nicht, wie leicht es ist, die Wahrheit zu verteidigen, und wie schwer, die Lüge zu verteidigen. Denn – wie der heilige Gregor sagt – *plana est via veritatis, grave est iter mendacii,* eben ist der Weg der Wahrheit, beschwerlich der Weg der Lüge. Und der Grund, weswegen die Wahrheit sich leichter verteidigen läßt, ist folgender: weil Gott die erste Wahrheit ist, und weil jede andere Wahrheit von ihm abhängt, ist er derjenige, der sie verteidigt als etwas, das ihm gehört und gleich ist. Die Lüge aber ist vom Teufel! – Der *zweite* Grund ist, daß der Intellekt von Natur aus der Wahrheit zugeneigt ist und von sich aus nach ihr verlangt und sie verteidigt. Sieh, wenn einer zu einem Laster neigt, kannst du ihn nur schwer davon befreien. So kannst du dem Intellekt seine Neigung zur Wahrheit nicht nehmen. Schwierig ist es, etwas aus der natürlichen Veranlagung [eines Menschen] zu entfernen, und selbst wenn du etwas beseitigen kannst, kehrt es hernach zurück. In gleicher Weise, wenn du die Wahrheit mit irgendeiner Lüge verdunkelst, taucht sie hernach bald wieder auf, und man erkennt dann noch mehr, das sie die Wahrheit ist. Hätten die Apostel nicht den Widerspruch der Lüge gehabt, so hätten wir ihre Wahrheit nicht so sehr kennengelernt. Wenn wir also Widerspruch erfahren, sollt ihr nicht erschrecken, denn diese Drangsal wird die Wahrheit noch mehr erkennen lassen. Und wenn diese Wahrheit nicht bekämpft worden wäre, hätte man die Posaune nicht – wie es geschehen ist – überall gehört. Aber wenn unsere Gegner diese Tatsache kennten, nämlich daß ihre Anfechtung Grund dafür ist, die Wahrheit noch mehr aufleuchten zu lassen, täten sie nicht das, was sie tun. Laßt sie jedoch nur machen, denn sie arbeiten für unsere Sache, und wenn wir auch Gott für sie zu bitten haben, daß sie sich bekehren, so haben wir von ihrer Seite doch diesen Vorteil: je mehr sie uns widersprechen, um so mehr lassen sie die Wahrheit vorankommen.

Aus der 27. Predigt
14. 3. 1496

In welchem Fall muss man einem Oberen den Gehorsam verweigern?

Wie ich dir letzthin sagte, bist du gemäß allen Lehrern und der Ansicht des heiligen Thomas, des heiligen Augustinus und aller andern verpflichtet, dein Leben für das Heil der Seele deines Bruders einzusetzen, [und ich habe dir auch gesagt,] daß die Jüngeren verpflichtet sind, die Älteren zurechtzuweisen, das heißt die Kinder die Väter, die Untergebenen ihre Oberen – freilich in aller Demut – und sogar den Papst, falls er irren sollte. Ich habe dir daher erklärt, du sollest deinen Bruder zurechtweisen, wenn du glaubst, damit Frucht zu bringen. Ferner können auch die Kinder die Alten zurechtweisen – freilich immer in Ehrfurcht –, wenn sie irren. Du hast dies nicht gut überlegt, wenn du sagst, daß die Kinder – selbst in aller Demut – die Älteren, die irren, nicht zurechtweisen sollen. Ich sage dir, daß ein jeder verpflichtet ist, seinen Bruder zurechtzuweisen, falls er dazu in der Lage ist. Die Lehrer erklären nämlich: sollte einer vor Hunger sterben müssen, und du hast Brot, kannst ihm helfen und bewirken, daß er nicht stirbt, tust dies aber nicht, obwohl du siehst, daß kein anderer handelt, so machst du dich einer Todsünde schuldig. Um wieviel mehr muß dies gelten, wenn es die Seele betrifft! Wenn du siehst, daß du die Seelen zurechtweisen und von Lastern befreien könntest, und es nicht tust und sie in das Haus des Teufels kommen läßt, begehst du eine Todsünde …

Wir wissen, *quod omnis Christi actio nostra est instructio.* Obwohl der Erlöser Gott war, so war er dennoch – was die äußere Erscheinung betraf – Mensch und wurde von den Juden für recht gering gehalten. Und da er nach dem Gesetz nicht Priester war, weil er zum Stamm Juda gehörte, so schien er seine Oberen nicht zurechtweisen zu können. Trotzdem lesen wir heute morgen[555], daß er in den Tempel ging und diejenigen zurechtwies, die mehr als er zu sein schienen. Folglich gibt *er* uns ein Beispiel, daß wir unsere Oberen zurechtweisen können und dies bisweilen auch tun sollen. Und wenn die Sünden der Oberen öffentlich sind und dem Glauben zum Schaden gereichen, so können diese auch in aller Öffentlichkeit zurechtgewiesen werden.

Er ging also in den Tempel, um diese Zurechtweisung vorzunehmen und um euch ein Beispiel zu geben, daß ihr die Ehre Gottes verteidigen sollt, und um euch zu zeigen, daß ihr verpflichtet seid, diese mit dem Schwert in der Hand zu verteidigen – ich meine: Mit dem Wort Gottes – *das* ist euer Schwert!

Die Pflicht zu brüderlicher Zurechtweisung (correctio fraterna) *besteht auch im kirchlichen Bereich. Sollte ein Oberer aus Versehen oder infolge falscher Information etwas befehlen, das den göttlichen Geboten oder – bei Ordensleuten – der von der Kirche approbierten Regel widerspricht, ist ihnen der Gehorsam zu verweigern.*

Vielleicht stellst du dir vor und sagst du dir, ich hätte vom Papst den Befehl erhalten, nicht zu predigen. Ich will dich von diesem Skrupel befreien: Es ist uns keinerlei Befehl zugekommen, ich aber habe ihm freilich geschrieben. Und da die Dinge nun einmal so stehen, will ich, daß du weißt, daß man einen solchen Befehl gar nicht erteilen kann, denn dies wäre Leichtsinn. O, du wirst sagen: «*Du* hast das nicht zu beurteilen!» Ich antworte dir: wenn die Sache an und für sich bekannt ist, braucht sie keine Beurteilung mehr. Es gibt kein albernes Weib, das nicht wüßte, daß ein solcher Befehl gegen den Nutzen des Weinbergs wäre und zur Zerstörung der Stadt Florenz gereichen würde. – Wahr ist allerdings: sollte ich Zweifel haben, ob sich ein solcher Befehl gegen den Weinberg richtet oder nicht, muß ich mich fügen und den Standpunkt meines Oberen einnehmen, aber in *diesem* Fall habe ich nicht den geringsten Zweifel, sondern ich bin darüber im klaren. Ich kann nicht glauben, daß ein solcher Befehl eintrifft, denn ich weiß, daß sie klug sind und nicht den trügerischen Überredungen werden Glauben schenken wollen. Ich habe es ihnen geschrieben, daß sie dies nicht tun können, und ich habe es ihnen mit Begründungen dargelegt, denen man in keiner Weise widersprechen kann. – «O, nun überredest du dich aber selbst, Frate, und kommst dir recht weise vor!» – Ich sage das nicht in dieser Weise, doch sind die Dinge an und für sich offenkundig und sehr klar, so daß ich nicht glauben kann, daß sie sich dazu entschließen, irgendeinen Befehl zu erteilen – doch könnten sie es freilich trotzdem tun, wenn sie den Schriftgelehrten und Pharisäern Glauben schenkten. – «Und wenn in diesem Fall ein Befehl käme, würdest du dann gehorchen?» – Ich sage dir folgendes: sollte der Papst von den Verleumdungen der Pharisäer überredet den Befehl erteilen, daß man nicht predigen dürfe, würde ich ihm den Worten nach nicht gehorchen, wohl aber seiner Intention nach.[556] Doch glaube ich nicht, daß er es tun wird – aber sollte er es dennoch tun, so verhielte ich mich so, wie ich es dir gesagt habe, denn der Befehl würde sich gegen die Pflege des Weinbergs richten und wäre auf Grund der Verleumdungen der Pharisäer veranlaßt worden.

Geh nun hin und schreibe nach Rom! Schreibe aber so, wie ich es gesagt habe! Schreibe folgendes: Es sagt da dieser Frate, sollte der Papst auf Grund von Überredungen von seiten der Pharisäer den

Befehl erteilen, daß man nicht predigen dürfe, so sei er nicht gehalten, den Worten zu gehorchen, denn man hätte auf die Intention zu schauen, auch wäre ein solcher Befehl nicht nach dem Willen und der Absicht des Papstes, sondern auf Grund falscher Überredung zustande gekommen, und wäre gegen Gott und die Pflege des Weinbergs gerichtet. – Geh nun und schreibe *so!* – Ich glaube allerdings nicht, daß der Papst dies tut, wenn er erkennt, daß es gegen den Weinberg wäre. *Absit, absit*[557] – ich kann nicht glauben, daß er von solch schlechtem Charakter ist. Ich weiß, daß sie klug sind[558], und ich glaube nicht, daß sie dies tun würden. – Sollte mein Oberer etwas befehlen, das gegen unsere Konstitutionen und gegen deinen Weinberg wäre, dann dürfte man ihm nicht gehorchen – so sagt es der heilige Thomas. Zum Beispiel: wenn er mir befähle, Fleisch zu essen, obwohl ich gesund bin und dessen nicht bedarf, dann darf ich ihm nicht gehorchen, weil es gegen die Konstitutionen wäre …

Aus der 32. Predigt
19. 3. 1496

Anschließend an das Tagesevangelium vom Samstag nach dem vierten Fastensonntag (Joh 8,12–20: ego sum lux mundi, qui sequitur me, non ambulat in tenebris, *ich bin das Licht der Welt, wer mir nachfolgt, wandelt nicht in der Finsternis) spricht Savonarola von den Weisen dieser*

Welt, den Philosophen und Astrologen, die in Eigenliebe, Stolz und schlechtem Lebenswandel verharren. «Komm hierher, Weiser dieser Welt, ich sage dir: Lebe rechtschaffen, und Gott wird dich erleuchten.»

Die Bekehrung der Ungläubigen (d. h. der Türken) und das Kommen des Antichrist

Du alter Narr – ich muß es dir sagen, doch spreche ich immer mit aller Ehrerbietung gegenüber jenen Vätern, die rechtschaffen leben – du willst das, was wir gesagt haben, nicht glauben, aber du glaubst auch nicht an Christus! Laß die Sodomie, laß den Wucher, laß die Konkubine – und Gott wird dich erleuchten, und du wirst diesen Betrug erkennen. Wer also über diesen Betrug erleuchtet werden will, lebe rechtschaffen. Und ich sage dir folgendes: wenn du ein rechtschaffenes Leben führst, und du dann nicht das glaubst, was ich dir gesagt habe, so will ich, daß du mir den Kopf abschneiden läßt! – Ich sage dir also, mein Florenz, du wirst das Glück, von dem ich dir erzählt habe, erhalten, und dein Licht wird sich über die ganze Welt verbreiten! – Doch schauen wir nun, was unser Hirt[559] sagt.

In die illa suscitabo tabernaculum David, quod cecidit[560], das heißt, in jener Zeit werde ich das Zelt Davids wieder errichten. – Glaubst du, Florenz, daß du allein für diese Wohltaten bestimmt bist? Ich sage dir, daß in unsern Tagen und zu unserer Lebenszeit die Ungläubigen[561] sich bekehren werden, und daß Jerusalem ein andermal wird heimgesucht werden. Das ist das Zelt, wo David geherrscht hat. – Was nun die Allegorie betrifft: *David* bezeichnet *Christus*, der in Jerusalem gekämpft hat; hier führte er für uns Krieg, hier, in diesem Zelt, wollte er sterben. Schmerzt es dich denn nicht, Christ, daß das Zelt Christi sich in den Händen der Hunde befindet? Empfindest du nicht noch mehr Schmerz über jene armen Ungläubigen, die dort leben und sich bekehren würden, wenn sie auch nur eine Predigt hören könnten? Wie viele werden doch in jener Zeit hingehen, um jenes Zelt aufzusuchen! O meine Kinder, denkt nur daran: Wie viele werden an jenen Ort gehen!

Rom, diesmal mußt *du* verworfen und Jerusalem soll erwählt werden, Rom soll Drangsale erleiden, und dort soll Trost sein. *Dorthin,* sag' ich, wird der Heilige Geist gehen. Es sind so viele Reliquien von Märtyrern in Jerusalem, die infolge der Sünden der Christen in den Händen der Ungläubigen zurückgelassen worden sind. Diesmal werden sie zu Ehren kommen. – Doch da sagen einige, Rom solle nicht zerstört werden wegen der vielen Reliquien der Heiligen, die sich dort befänden. Ich sage euch aber wie Jeremias: *nolite confidere et dicere: templum Domini, templum Domini est*[562], dies ist der Tempel des Herrn! Denn jene Reliquien Jerusalems waren gewichtiger als diese hier in Rom. Daher sage ich euch, daß Rom verworfen werden wird.

Et reaedificabo aperturas murorum eius[563], ich werde, sagt der Herr, die Bresche in den Mauern von Davids Sitz wieder schließen. Diese eingerissene Mauer, die teils gut, teils schlecht ist, bedeutet das *Gesetz Mohammeds,* der im Koran viel schlechte Dinge und einige wenige gute sagt. Er verbietet in jenem Gesetz, daß ein Christ dorthin gehe, um zu predigen. Dies hat Gott wegen des Stolzes jener Völker zugelassen. Er sagt auch, daß ein Mensch, der auf dieser Welt ist, sein Gesetz nicht versteht. Vernimm, was das für eine Tollheit ist: Er hat also die Menschen zu etwas verpflichtet, was sie nicht verstehen! – In jenem Gesetz sagt er auch, daß Gott groß ist, und er weiß nichts anderes zu sagen, als daß Gott groß ist. Außerdem glaubt er an das Alte und an das Neue Testament, und daß Christus von der Jungfrau geboren wurde und ein großer Prophet war. Aber er sagt, das Evangelium sei von den Christen verfälscht worden. Nun kann es aber nicht möglich sein, daß ein jeder, der es geschrieben hat, sich geirrt hat.[564] Geh hin, lies die hebräischen Evangelien, geh und lies die griechischen und alle ältesten Texte – und du wirst finden, daß alle in *einer* Weise übereinstimmen. – Wenn ich ein Gesetz hätte schaffen müssen, so hätte ich wohl – wie ich glaube – eine Art und Weise gefunden, die weniger tadelnswert gewesen wäre als seine. Es ist also nötig, daß man diese Mauer, die schlecht ist, niederreißt und wieder instand stellt, das heißt, daß das Gesetz von Mohammed beseitigt und an seine Stelle das Neue Testament gesetzt wird.

Et ea, quae corruerunt, instaurabo[565], und ich werde, sagt der Herr, jene Mauern, die zerstört waren, wieder erstehen lassen, das heißt, ich werde nicht nur jene [Menschen] zurückführen, die in der Sünde der Treulosigkeit leben, sondern auch diejenigen, die verdorben sind und wie Tiere leben. Ebenso will ich meine Kirchen, die in Trümmern liegen, wieder aufbauen. *Et reaedificabo eum in diebus antiquis,* das heißt, ich werde mein Zelt wieder erstehen lassen, wie es in den Tagen der Apostel war, wenn auch wohl nicht in ebensolcher Schönheit, doch wird es ihnen gleichen, denn die Menschen werden in wahrer Liebe und Gemeinschaft wie in der Kirche der Frühzeit verharren. *Ut possideant reliquias Idumaeae*[566], ich will, sagt der Herr, daß meine Christen ganz Idumäa besitzen und sich über alle jene Provinzen verbreiten, die Jerusalem benachbart sind. Und diesmal soll der Glaube sich über die ganze Welt verbreiten, und es soll *ein* Stall und *ein* Hirt werden. Dies wird die Vorbereitung des Antichrist sein, denn die Epoche, in der wir uns befinden, ist die *vierte* Epoche der Kirche, die bereits an ihrem Ende ist. Es naht die *fünfte*, und daher wird in dieser die Vorbereitung des Antichrist stattfinden, denn dort, in Jerusalem, wo der Antichrist zum Kampf anzutreten hat, müssen in jener Zeit die Christen bereits Fuß gefaßt haben, und daher sagt er: *ut possideant reliquias Idumaeae et omnes nationes, eo quod invocatum sit nomen meum super eos.*[567] Wie dieser Text sich in der Vergangenheit durch die Apostel und andere Prediger bewahrheitet hat, so hat er sich auch in der Gegenwart zu bewahrheiten. Obwohl der Name des Herrn [zur Zeit] bei ihnen nicht exisitiert, wird er nun zurückkehren, und sie werden getauft werden *in nomine Patris et Filii et Spiritus Sancti …*

Aus der 36. Predigt
23. 3. 1496

Ihr Rechtschaffenen, flieht aus Rom, wohnt nicht in Rom!

O, o, o, fugite de terra aquilonis![568] Da überkam diesen Propheten [Zacharias] ein großer Geist und er rief dreimal aus: «O, o, o, flieht aus dem Land des Nordwinds!» Und so sage ich euch, daß die Zeit sich nähert – wie ich euch gestern[569] sagte – da die Schmiede hingegangen waren, um in den Ohren der Fürsten zu dröhnen, die da denken und sagen: «O, es gibt noch soviel Dinge und alles ist noch so weit weg!» – und in diesem Gedanken verharren sie. Trotzdem sage ich dir, daß sie auf jeden Fall kommen werden. – «Gut, was ist also zu tun, Padre?» – Ich will es euch sagen. O Priester, o Ordensleute, o Weltleute: Flieht aus dem Land des Nordwinds, tut Buße; Bürger, Frauen, Kinder, flieht aus dem Land des Nordwinds, kommt zu Christus! O ihr Großen, Mittleren und Kleinen, *fugite de terra aquilonis,* flieht weg von den Lastern und tut Buße! Siehe, es kommt eine finstere Zeit, siehe, sag' ich, es wird Feuer, Flammen, Steine und Felsen regnen, und es wird eine trübe Zeit werden. – Ich sage nicht, ihr sollt in euer Landhaus fliehen[570], sondern flieht vor den Sünden! *Fugite de terra aquilonis,* wie der Prophet hier sagt. Warum nennt er eher den Nordwind als einen andern? Weil dieser ein kalter Wind ist, der alles austrocknet und verbrennt. So sage ich euch: Flieht vor den Aufmunterungen der Lauen, welche die Seele in der Liebe zu Christus erkalten und hart werden lassen. Schau, wie der, welcher hart geworden ist, sich wohl kaum je bekehren wird, und daher: Flieht vor den Lauen! *Quoniam in quattuor ventos coeli dispersi vos*[571], denn ich habe euch nach den vier Winden des Himmels zerstreut. Das sind die vier Hörner, die ich euch genannt habe. Der Herr spricht: «O meine Auserwählten, ich habe euch unter vier Winde gestellt, das heißt unter Prälaten, Fürsten, Laue und schlechte Bürger. Flieht vor ihren Lastern, vereinigt euch alle zusammen in der Liebe!»

O Sion, fuge, quae habitas apud filiam Babylonis, qui haec dicit Dominus exercituum.[572] – «Sion» bedeutet Warte. O heilige, der Beschauung hingegebene Priester, o rechtschaffene Ordensleute: Flieht aus der Tochter Babylon, flieht aus Rom. «Babylon» bedeutet Verwirrung. Rom hat alle Laster vermengt, es hat die ganze Schrift, es hat alles durcheinandergebracht – so flieht aus Rom, wohnt nicht in Rom, ihr Rechtschaffenen!

Aus der 37. Predigt
24.3.1496

Im Anschluß an die Aussage im 3. Kapitel der Apokalypse – an den Engel der Gemeinde von Laodizäa: »Ich kenne deine Werke und weiß, daß du weder kalt noch warm bist …« – kommt Savonarola auf die Einteilung der Menschen in Warme, Kalte und Laue zu sprechen, wobei er besonders die Lauen im Klerus behandelt.

Die Warmen, die Kalten und die Lauen

In der Schrift wird der Mensch nach zwei Gesichtspunkten betrachtet, das heißt als *innerer* und als *äußerer* Mensch. Der innere Mensch ist derjenige, der den Dingen des Intellekts nachgeht und gemäß den Geboten Gottes rechtschaffen lebt, der äußere Mensch aber der, welcher mit den Dingen der sinnlichen Welt beschäftigt ist, besonders mit denen des Fleisches. Das sage ich dir wegen einer Frage, von der ich dir letzthin gesprochen habe im Zusammenhang mit den Worten *utinam calidus aut frigidus esses, sed quoniam tepidus es, neque calidus neque frigidus, incipiam te evomere ex ore meo*[573] und wo ich von den Eigenheiten der Lauen sprach. Daher antworten wir: weil der *Laue* ganz ein *äußerer* und der *Warme* ein *innerer* Mensch ist, und weil die geistige Wärme die Liebe und deren Werke darstellt, und der Laue zwar die Werke äußerlicher Liebe aufweist, aber ohne die Liebe in seinem Innern, ist er – was den äußeren Menschen betrifft – warm, aber was den inneren belangt, kalt wie Eis. – *Kalt* wird der genannt, der die Liebe nicht hat, und *warm* heißt der, der im Innern und im Äußern die Liebe besitzt, und der, was den innern wie den äußern Menschen, das heißt die Intention und die Werke betrifft, warm ist. – *Lau* ist der, welcher einige äußere Werke aufweist, die zwar Wärme zeigen, aber im Innern ist er in seiner Intention unrein und kalt wie Eis …

Es gibt *drei* Arten oder Beschaffenheiten von Lauen: Von zweien habe ich dir schon früher einmal gesprochen. Zur *ersten* Art gehören einige, die – von ihren Werken, den kirchlichen Zeremonien und dem Gottesdienst her gesehen – äußerlich Wärme zeigen, aber im Innern fühlen sie keinerlei Wärme, vielmehr haben sie die Zeremonien der Kirche mit viel Sünden vermengt, wie dies bei einigen schlechten Priestern und Brüdern der Fall ist. – Zur *zweiten* Art gehören einige, die – abgesehen von kirchlichen Zeremonien – gewisse gute Sitten, gute äußere Werke und einen feierlichen Wandel aufweisen – und zu dieser Art gehören manche Ordensleute, Weltleute und Frauen, die, von außen gesehen, als Heilige erscheinen, aber in ihrem Innern sind sie voller Stolz und Ruhmsucht, und unter dieser Anzahl sind die Älteren noch schlimmer. Merke dir dies, du Alter, der du sagst: «Ich bin an jene alte Zeit gewohnt» und du beichtest daher *einmal* im Jahr und sagst: «Ich lebe rechtschaffen und ich weiß nicht, was dieser Frate meint. Was sollen wir denn nach seiner Ansicht tun?» Du gehörst zu dieser zweiten Art von

Lauen, die außen etwas Wärme haben und drinnen kalt wie Eis sind. – Die *dritten* sind diejenigen, die überhaupt nichts Warmes aufweisen, wenn ihnen auch scheint, sie seien warm. Das sind die Priester der Heiden, die glauben, etwas Wärme zu haben, *weil* sie Priester sind und sie sich dem Kult ihrer Götter widmen.

All diese Lauen sind weit weniger in der Lage, sich zu bekehren als alle andern Menschen. Deshalb sehen wir, daß die Verfolgung der Märtyrer und der Gerechten fast immer von seiten der Priester gekommen ist, und dies sowohl im hebräischen Volk wie bei den Heiden – aber auch im Volk der Christen!

Wahr ist, daß jene Lauen, die äußerlich Wärme zeigen – das heißt die der zweiten Gruppe, die nach außen gute Werke und Zeremonien aufweisen – im schlimmeren Zustand sind als die andern, denn wo es außen mehr Sonne gibt, verdichtet sich innen die Kälte mehr, und darum kannst du sehen, wie im Sommer das Wasser kälter aus der Erde kommt, je größer außen die Wärme ist …

Der Prophet Zacharias erlebt in einer Vision den Wiederaufbau des Tempels, die erneute Erwählung Jerusalems und die Einkleidung des Josua – in der Vulgata lautet die Namensform Jesus – des ersten Hohepriesters nach dem babylonischen Exil. Savonarola deutet die Vision allegorisch auf die Erneuerung der Kirche und auf einen kommenden heiligen Papst hin.

Gott wird einen heiligen Papst senden – entweder diesen oder einen andern, denn er kann auch diesen heilig machen, wenn er will. – «O, was davon glaubst *du,* Frate?» – Ich glaube, es wird ein anderer sein. Damit will ich nicht sagen, daß gleich nach diesem Papst jener heilige kommen soll. Ich sage weder ja noch nein, weil ich von dem nicht zu sprechen habe. – «Hast du ihn gesehen, Frate?» – Ich habe ihn gesehen und ich sage dir, er ist bereits vorbereitet. – «Kennst du ihn?» – Ich will dir die Wahrheit sagen: Mir schien nicht, ich hätte ihn nie mehr gesehen. – «Gut Frate – woher stammt er?» – Ich weiß nicht, ob er Italiener, Franzose oder Florentiner ist oder von anderswoher stammt. – «Wo ist er?» – Ich weiß nicht, wo er ist. Wollte Gott, ich wüßte es, denn ich ginge hin, um ihn zu treffen! – «Du würdest wohl hingehen, damit er dir einen roten Hut gäbe?» – Du verstehst das nicht. Ich kann dir mit Bestimmtheit sagen, daß dann nicht solche Zeiten sein werden, noch wird es so viele Hüte und so viel Pomp geben, denn dann werden die Bischofswürden und die Hüte verschwinden. – Es genüge dir, zu wissen, daß er vorbereitet ist, so daß ihr dadurch verstehen könnt, daß die Zeit nahe ist. – «*Du* sagst das, *ich* aber glaube dir nicht, Frate!» – Ich kümmere mich nicht darum, daß du mir glaubst – du wirst es dann sehen!»

Aus der 38. Predigt
Fest Mariä Empfängnis, 25.3.1496

Die ganze Predigt zum Fest Mariä Empfängnis gestaltet Savonarola zu einem Dankeshymnus an Christus, der für uns Mensch geworden ist, und zu einem Lob auf Maria, die für Florenz, ihre Tochter, bei ihrem Sohn eintritt.

Maria spricht zu den Florentinern

Vernimm nun, was sie [Maria] dir heute morgen sagen läßt! Ich werde jetzt stellvertretend in ihrem Namen zu euch sprechen und die folgenden Worte auf euch anwenden. Sie spricht: «Mein Volk ist nicht bereit» – und deswegen läßt sie dir sagen, du sollest dich gut vorbereiten. *Audi, filia, et vide,* sie sagt: «Höre, Tochter!» Die Tochter ist die Stadt Florenz. Wohlan, so höre denn! Zuerst werden wir zu den Bürgern sprechen, dann zu den Frauen, darauf zu den Kindern. – Was also die Männer betrifft: *audi, filia, ego quasi vitis fructificavi suavitatem odoris.*[574] «Ich bin», sagt sie, «eure Mutter, ihr seid meine Söhne. Mein Sohn, mach, daß du deiner Mutter gleichst! Ich bin wie eine Rebe, die lieblichen Wohlgeruch hervorbringt. Der Rebstock bringt die Trauben hervor; die Trauben sind gesondert und getrennt in Weintrauben und Weinbeeren, und dann mischen sie sich und ergeben alle zusammen nur *einen* Wein. Ich bin die Mutter der Liebe. So möchte ich, daß ihr, Bürger, euch alle zusammenschließt, zunächst in der Liebe zu Gott, und daß ihr darauf wahren Frieden schließt – nicht in Worten, sondern in der Tat, so daß aus so vielen Weintrauben und Weinbeeren *ein* Wein, daß aus so vielen Gesinnungen *ein* Geist und aus so vielen Herzen *ein* Herz werde. Ich bin – spricht Maria – die Lieblichkeit aller Wohlgerüche. Die Wohlgerüche sind die Tugenden, und die Lieblichkeit aller Tugenden ist die Demut. Hättest du alle Tugenden, die Demut aber nicht, so besäßest du nicht die Lieblichkeit des Wohlgeruchs.» Und deswegen sagt sie: «Pflegt die Demut, wie ich es getan habe. Meine ersten Handlungen waren Keuschheit und Demut. Und daher erregt es mein Mißfallen, daß sich in eurer Stadt so viele Verruchte jenes verfluchten Lasters befinden. Ich kann diese schmutzige Gosse nicht leiden und ich kann nicht in diese Stadt kommen, wenn ich eine solche Hefe in ihr sehe.» – Das ist, was die Jungfrau euch Männern sagt.

Vernehmt nun, was sie zu euch Frauen spricht! *Audi, filia, ego mater pulchrae dilectionis et timoris et agnitionis et sanctae spei.*[575] Es sagt die Jungfrau: «Meine Tochter, wenn du willst, daß ich deine Mutter bin, so handle, wie ich es tat, geh mit bedecktem Haupt, geh mit aller Ehrbarkeit!» – Ihr sollt wissen, daß die Jungfrau ärmlich gekleidet und einfach einherging. Die Jungfrau ist die Mutter des innigen Wohlwollens, das heißt nicht der weltlichen, sondern der göttlichen Liebe. Und deshalb, meine Tochter, habe nicht so viele Mäntel, auch nicht so viele Haarnetze, wenn du die Tochter der Jungfrau Maria sein willst. – Du wirst wohl sagen, daß es so Brauch sei! Ich antworte dir: Du sollst nicht auf das schauen, was Brauch ist, wenn du die Tochter der Jungfrau Maria sein willst! Es gibt viele, die sich nicht darum kümmern, Töchter des Teufels genannt zu werden – das heißt, all jene, die einhergehen mit ihren Schleierhaltern und fallenden Haaren und in ihrer unehrenhaften Kleidung. Du sollst dich also nicht schämen, Tochter der Jungfrau Maria genannt zu werden, denn sie sagt: «Wenn *du* dich schämst, meine Tochter zu sein, will *ich* dich nicht!» Es genüge euch also, in ehrbarer Art mit einem weißen Kopftuch einherzugehen. Aber es gibt einige, die wollen feine Schleier haben, von denen ein einziger zwei Dukaten kostet! Nein, nein, das sind nicht die Töchter der Jungfrau Maria! Es gebe keine, die sich schäme, einfach gekleidet einherzugehen. Christus hat sich nicht geschämt, für dich nackt am Kreuz zu hängen, und so sollst du dich aus Liebe zu Christus nicht schämen, einfach gekleidet zu sein. – Außerdem: Sorgt dafür, daß die jungen Mädchen zu Hause nicht zuviel mit ihren Brüdern und Verwandten Umgang pflegen – ich sage nicht, sie sollten mit ihnen nicht sprechen oder nicht verkehren, aber ich meine in zu engem Raum, denn die Schlange lauert darauf, irrezuführen. – Frauen, tut, was ich euch sage: Sprecht wenig mit den Männern, verharrt recht oft im Gebet, und wenn ihr am Morgen aufsteht, so macht zuerst das Kreuzzeichen *in nomine Patris et Filii et Spiritus Sancti,* beginnt darauf das *Credo,* bekennt euch zu Gott und zum Glauben an ihn, sagt dann eure

Psalmen und verharrt etwas im Gebet und bittet Gott, er möge euch nach seinem Willen lenken. Das ist die erste Pflicht einer rechtschaffenen Frau, sobald sie des Morgens aufgestanden ist! Geh dann hin und besorge dein Haus so, daß es mit ihm recht steht, und sorge dafür, daß du dabei in deinem Geist immer betest und dich der Jungfrau Maria empfiehlst, daß sie dich zum ewigen Leben führe. – Das ist es, was die Jungfrau den Frauen zu sagen aufträgt.

Hört nun, meine Kinder, was sie euch sagen will! *Audi, filia,* o Seele, höre: *in me omnis spes vitae et veritatis, in me omnis spes vitae et virtutis.*[576] Es spricht die Jungfrau: «Sorge dafür, mein Kind, daß du fromm bist – und laß dann *mich* machen!» Ebenso sagt sie: «Willst du fromm sein? Tue wie ich: Schau, wie ich meine Jungfräulichkeit bewahrt habe. Mach, *figliuolo*[577], daß du dich vor den Schlechten hütest – ich meine, vor jenen Schurken – und daß du dich nicht irreführen läßt! Achte darauf, bei wem du beichtest, denn es gibt darunter bisweilen auch schlechte [Beichtväter]; laß dich zuerst darüber beraten!» Ferner sagt sie: «Ich ging einfach gekleidet – geh auch du einfach gekleidet! Mein Sohn, sag deinem Vater, daß du keinen Geldbeutel willst. Trage das Taschentuch am Gürtel, so wie es früher Brauch war. Geh einfach einher! – Lernt, meine Kinder, die Tagzeiten der Jungfrau zu beten, und zwar jene gemäß dem römischen Hof – wie ich es euch schon oft gesagt habe – und wenn ihr nicht das ganze Offizium beten könnt, so lernt es nach und nach auswendig. – Empfehlt euch der Jungfrau, nennt sie *mamma mia*, denn sie ist eure Mutter! Bittet sie, daß sie euch in der Keuschheit bewahre, und sie wird es tun. Sorgt dafür, daß kein Schlechter bei eurer Erneuerung anwesend sei. Lebt rechtschaffen und hofft, daß die Jungfrau Maria euch von dieser Pest befreien und aufheben wird für die Wohltaten, die noch kommen sollen. Ihr sollt diejenigen sein, die sie mehr als diese andern genießen sollt. Die Gnaden sind alle in ihrer Hand, und sie spricht: «In mir, in mir sind sie!» Ihr habt davon nun schon so viele Beweise gesehen, daß ihr glauben solltet, auch habt ihr davon dieses Jahr mehr als jenes andere Jahr gesehen. *Audi igitur, filia, et vide et inclina aurem tuam et obliviscere populum tuum et domum patris tui*[578], vergiß dein Volk, das heißt die Vergangenheit – jene schlechte – und vergiß deinen Vater, wenn er schlecht ist, und laß ihn gehen! – Das ist es, was die Jungfrau euch Kindern sagt.

Anweisungen zur Palmsonntag-Prozession

Machen wir uns auf, diesen Zorn zu besänftigen. Jesus ist, sag' ich, etwas erzürnt über euch – nicht daß er euch fahren ließe, aber er ist erzürnt wie ein guter Vater über seinen Sohn, und er beraubt euch einiger Gnaden, die er euch sonst geben würde. – Wohlan, man verrichte während dieser Oktav Gebete zur Königin, denn sie ist es, die ihn besänftigen wird. Um ihn zu besänftigen, wird diese Prozession nächsten Sonntag nach dem Essen abgehalten, und zwar in folgender Ordnung: Um neunzehn Uhr[579] sollen die Kinder hier in Santa Liparata sein, dann werden sie zum *misterio* nach San Marco gehen und von hier aus alle vor dem *tabernacolo* einhergehen. Wenn der *tabernacolo* hier angelangt ist, sollen die einzelnen Orden hinter diesem einherzuschreiten beginnen. Es folgen dann unmittelbar darauf die Mitglieder der Behörde und die Männer, dann die Frauen – von den Männern jedoch etwas getrennt – und ältere Matronen werden zuerst folgen, um die andern Frauen zu überwachen. Die Kinder sollen die roten Kreuzchen tragen, und wer [von den andern] dies wünscht, soll diese ebenfalls tragen, und das wäre sogar sehr gut. Den Olivenzweig mit dem Palmkreuz soll jeder tragen.

Und weil nächsten Sonntag das Fest ist, da der Erlöser in Jerusalem einzog und das Volk Palmzweige und Kleider auf den Boden ausbreitete und ihm teilweise folgte, wobei sie rund um den Erlöser herum riefen: *Hosanna filio David, benedictus, qui venit in nomine Domini!*[580] – deswegen werden wir die Kinder voranschreiten lassen, und das *misterio* des Erlösers mit dem [Palm-]Eselchen[581] wird sich in der Mitte befinden, und der Rest des Volkes wird nachfolgen.

Und weil unser Herr uns mit den Worten ermahnt: *non apparebis vacuus coram me*[582], wird jeder eine Gabe darbringen. Da wir nun diesen *Monte di Pietà*[583] zu errichten haben, über den ich – wie ich euch gesagt habe – keinerlei Bedenken habe, wollen wir hier Almosenkasten aufstellen, und es soll ein jeder eine Gabe für den *Monte* spenden, und zunächst sollen die Behörden, wie etwa die Wollzunft und die andern, gemeinsam im Namen des Magistrats ihre Gabe darbringen, darauf jeder Bürger einzeln – und man möge nicht *quattrini*[584], sondern Dukaten spenden! Einige dieser Kinder werden mit Schalen, andere mit Körben da sein. Jeder bringe eine Gabe dar! Die Kinder werden bestimmte Verse und Loblieder singen, die man ihnen geben wird.

Es hat einige Schlechte gegeben, die gesagt haben, diese Prozession werde Anstoß erregen. Habt keine Bedenken, denn alle werden andächtig und weiß gekleidet einhergehen, so daß man keine Angst zu haben braucht. Nur Narren können behaupten: «Sie werden Anstoß erregen!» – Am Sonntag morgen werden wir für sie die Predigt halten.

Et concupiscet rex decorem tuum.[585] «Florenz», sagt die Mutter des Paradieses, «tut, was ich euch gesagt habe, macht diese Prozession zu meiner und meines Sohnes Ehre, und ihr werdet sehen, daß viele ihre Sünden bekennen werden, und viele, die anfänglich Widerspruch erhoben, werden zum Herrn zurückkehren» …

Aus der 48. Predigt
10. 4. 1496

Zum Abschluß des Zyklus der Predigten über Amos und Zacharias faßt Savonarola die wichtigsten Themen seiner Verkündigung zusammen, widmet – anschließend an das Tagesevangelium (Joh 20,19–30) über den «ungläubigen Thomas» – einen besonderen Abschnitt dem Glauben und geht mit den Worten «Und nun ein Wort zur römischen Kirche» zum zweiten Teil der Predigt über.

Ein Wort an die römische Kirche, den Papst, den Klerus und an Italien

Der katholischen Kirche sage ich: *tu es Petrus, et super hanc petram aedificabo ecclesiam meam, et tibi dabo claves regni coelorum, et quodcumque ligaveris super terram, erit ligatum et in coelis, et quodcumque solveris super terram, erit solutum et in coelis.*[586] Mit diesen Worten sage ich: wie Gott die unteren, körperlichen Dinge durch die feineren, und diese wiederum durch die Geister regiert, und wie die Erzeugung dieser unteren Dinge bis zum Tag des Gerichtes nie ausbleiben wird, so sage und bekenne ich, daß die katholische Kirche vom Heiligen Geist regiert und bis zum Tag des Gerichts nie zu bestehen aufhören wird. Aber über die Frage, *wie beschaffen* die katholische Kirche sein soll, darüber herrschen unter Theologen verschiedene Ansichten. Aber lassen wir diese Streitfragen und sagen wir es so: als katholische Kirche bezeichnet man im eigentlichen Sinn jene Christen, die einen rechtschaffenen

Wandel und die Gnade Gottes haben, im weniger strengen Sinn diejenigen, die nur den Glauben haben – und diese sind in weit größerer Zahl als die erstgenannten.

Diese katholische Kirche wird bis zum Tag des Gerichts nicht aufhören. Aber um zu erklären, wie beschaffen diese katholische Kirche sein soll, beziehe ich mich immer auf Christus und auf die Bestimmung[587] der römischen Kirche: *portae inferi non praevalebunt adversus eam*[588], die Tore der Hölle, das heißt die Teufel, werden dieser Kirche nicht überlegen sein, sondern sie wird sich erneuern, wie ich es dir gesagt habe. Und alles, was ich geschrieben und gepredigt habe, unterbreite ich der Berichtigung durch die römische katholische Kirche. – Ich habe es nach Rom geschrieben: sollte ich etwas Häretisches gepredigt oder geschrieben haben, und sollte man es mir nachweisen können, so bin ich bereit, mich zu korrigieren und hier öffentlich zu widerrufen. Aber bis jetzt ist nichts gefunden worden, weswegen ich mich zu berichtigen hätte, und mir ist [in dieser Beziehung] auch nichts geschrieben worden. – Was die Schlüssel betrifft, womit die Kirche löst und bindet, sage ich, daß sie die Befugnis haben, jedem zu befehlen. Und ich bin immer zum Gehorsam gegenüber der römischen Kirche bereit, ich unterwerfe mich jedem Befehl und erkläre, daß jeder, welcher der heiligen römischen Kirche nicht gehorcht, verdammt sein wird.

Du wirst nun sagen: «Wie, Frate? Du hast doch

gegen den Befehl des Papstes gepredigt!» – Ich sage dir: Ich habe keinerlei Befehl erhalten! – «Wie? Und trotzdem gibt es – ich weiß nicht welchen – Befehl.» – Schau, wenn das so ist, dann betrifft dieser nicht mich! Du bist einem Irrtum erlegen. Er ist einem andern geschickt worden, der den gleichen Namen hat wie ich. Ich habe gehört, daß dieser [Befehl] erklärt, jener habe Streit und Zwietracht verursacht, Häresien in Umlauf gebracht und viel anderes Schlimmes getan. Ich bin nicht dieser, denn solcherlei habe ich nicht getan! Dieser Befehl richtet sich an einen andern – falls er eingetroffen ist –, und ich kenne diesen nicht. Und so bin ich denn – wie ich es dir gesagt habe – zu jedem Gehorsam gegenüber der römischen Kirche bereit, ausgenommen, sie sollte etwas gegen Gott oder die Nächstenliebe befehlen, was ich allerdings nicht glaube. Aber *wenn* sie es täte, würde ich sagen: Du bist nicht die römische Kirche, du bist Mensch, bist nicht Hirt, denn ein Hirt befiehlt nichts gegen Gott und die Liebe, und ich würde dann sagen: Du irrst! Ich sage das, weil viele Leute viel Übles getan haben und tun. Du weißt, wie einer immer wieder erklärt hat: «Es wird die Exkommunikation kommen!» – aber dies ist nicht eingetroffen. *Scrutati sunt iniquitates, defecerunt scrutantes scrutinio*[589], sie haben geforscht und nach allem gesucht, aber sie haben nichts gefunden, weil nichts vorhanden ist, das gegen die Wahrheit wäre. So daß ich mich denn der römischen Kirche und dem Gehorsam ihr gegenüber unterwerfe, *ausgenommen* –

wie ich dir gesagt habe – sie befehle etwas gegen Gott und die Liebe, was die römische Kirche aber nicht tun kann, wohl aber die *Menschen* innerhalb der römischen Kirche. Und du sollst wissen, ich bin nicht verpflichtet, dem Papst zu gehorchen, wenn er ohne Grund etwas gegen unser Ordensgelübde befehlen sollte. Zum Beispiel: sollte er mir befehlen, Besitztümer zu haben, bin ich nicht gehalten, ihm zu gehorchen, denn das wäre gegen unser Gelübde, da ich doch versprochen und mich verpflichtet habe, solche nicht zu besitzen. Und selbst wenn er mir dazu die Dispens geben wollte, bin ich gleichfalls nicht zu Gehorsam verpflichtet, denn man kann mir nicht eine Dispens erteilen, wenn ich sie gar nicht will, oder wenn es dazu nicht einen berechtigten Grund gibt. In gleicher Weise bin ich nicht gehalten, meinem Oberen zu gehorchen, wenn er mir etwas gegen unsere Konstitutionen befehlen sollte. So sagen es alle Doktoren. – Ich bin also bereit zum Gehorsam gegenüber der heiligen römischen Kirche – wie ich euch gesagt habe –, und ihr alle seid dessen Zeugen!

Wir haben zur römischen Kirche gesprochen, sprechen wir jetzt ein Wort zum Papst, der das Haupt der Kirche ist. – Seiner Heiligkeit wurde gesagt und geschrieben, ich hätte von ihr schlecht gesprochen – und dies ist nicht wahr! Es steht geschrieben in der Heiligen Schrift: *principi populi tui non maledices*[590], sprich nicht schlecht vom Fürsten deines Volkes! Solches habe ich nie getan. Ich habe hier niemanden [beim Namen] genannt. – Ihr habt nach Rom geschrieben, ich hätte vom Papst schlecht gesprochen, und das ist nicht wahr. Schreibt in meinem Namen nach Rom folgendes und sagt: Es sagt hier jener Bruder, daß eine gewaltige Drangsal Rom unmittelbar bevorsteht, und daß der Priester naht, um ihm das heilige Öl zu geben, daß er schon unterwegs ist, daß es [Rom] dem Unheil nicht wird entkommen können, und daß derjenige, der einem Schwert entflieht, einem andern begegnen wird. Und schreibt, daß der Papst – wenn er will – Abhilfe schaffen kann, aber nur auf die Weise, daß er mit gutem Beispiel jeden ermuntert, sich zur Buße zu bekehren – sonst ist Rom verloren! – Wenn er dich fragt: «Was sagt er über mein Tun?», so antworte: «Nichts!» Mag er es auch wohl wissen, so ist ihm nicht erlaubt, alles zu sagen. Sag ihm also, er solle dies mit Beispiel und Aufmunterung bewirken, und man solle sich zur Buße bekehren. Tut man dies nicht, so gibt es kein anderes Heilmittel! – Soviel haben wir dem Papst zu sagen.

Den großen und kleinen Prälaten: Ich sage euch, Prälaten: *o patres mei, quid feci vobis? Aut quid molestus fui vobis?*[591] O meine Väter, was habe ich euch getan oder worin war ich euch lästig? Der Herr hat mich hier hingestellt und gesagt: *speculatorem dedi te in medio Italiae.*[592] Der Herr spricht: Ich habe dich hier hingesetzt, damit du meine Worte hörst und sie ihnen verkündest. Und weiter spricht der Herr: Wenn ich dir das Schwert zeige und dir sage, daß es kommt, dann kündige das Schwert an! Und wenn sie sich dann nicht bekehren wollen, dann wirst du gehorcht haben und wirst gerettet sein. Aber wenn das Schwert naht, und du es nicht ankündest, und sie unvermutet sterben, *sanguinem eorum de manu tua requiram*[593], und du wirst dafür bestraft werden. – So mußte ich denn sprechen und verkünden, daß das Schwert komme. Warum beklagt ihr euch also über mich, *patres mei?*

Ich habe *drei* Schwerter gesehen: Das *erste* ist dasjenige des schlechten Beispiels der Prälaten und der Häupter, das die Seelen der Einfältigen würgt. Es stellt auch das schlechte Beispiel der Ordensleute dar, wodurch das ganze Volk schlecht wird. Und deswegen bin ich gezwungen worden, dem Volk zu sagen und zu verkünden, daß es vor diesem Schwert fliehen und jenen schlechten Beispielen nicht folgen soll, damit es nicht in jene gleiche Lauheit gerate, in der sich heute der Klerus befindet, und damit die Bürger ihre Söhne nicht jenen Lauen ähnlich werden lassen und ihnen Pfründen verschaffen, wie dies bis jetzt geschehen ist. – Das *zweite* Schwert, das ich gesehen habe und das ich euch anzukündigen hatte, ist das Schwert der Hölle. – Das *dritte* Schwert ist das der Drangsal, die kommen soll, das heißt der Hunger, die Pest und der Krieg. Dieses [Schwert] habe ich ganz Italien verkündet, denn ich mußte so handeln. Trotzdem habe ich niemanden [mit Namen] genannt, sondern habe im allgemeinen, nicht im besondern gesprochen.

O du, der du nach Rom schreibst und sagst, ich

hätte von diesen und jenen schlecht gesprochen, schreibe das, was ich dir sage: daß die Ursache der Drangsal die schlechte Lebensführung der Prälaten und des Klerus ist, und daß es das schlechte Beispiel der Häupter ist, welches das Kommen der Drangsal verursacht. Darum habe ich euch verkündet, ihr solltet Buße tun! Selig seid ihr, wenn ihr meinen Ratschlag befolgt – darum sage ich euch, ihr sollt Buße tun, und wenn ihr dies nicht tut, so verkündige ich euch schwerste Drangsale: Eine in dieser Welt, der ihr nicht werdet entfliehen können, das heißt die kommenden Bedrängnisse, denn Gott, der Herr, wird ihr Kommen beschleunigen, und ich sage euch, sie ist nahe! – Die andere Drangsal besteht darin, daß sie in die Hölle kommen werden. O, wenn sie nur wüßten, was ich weiß! Denn in dieser Drangsal werden sehr viele in und außerhalb Italiens sterben. Ich will mich jedoch auf Italien beschränken und ich sage euch, daß aus ihm sich nur sehr wenige retten werden. – Verkündet ihnen, daß sie Buße tun sollen, und schreibt ihnen, daß ich nicht widerrufe, sondern dasselbe wieder erkläre und noch standhafter und fester dabei beharre. – Soviel genüge für die Prälaten, nun kommen wir kurz zu Leuten, die etwas niedriger stehen.[594]

Den Priestern, die nicht Prälaten sind, den Kanonikern, Pfarrern und andern Priestern über ganz Italien hin, sage ich jene Worte des Propheten Malachias: *labia sacerdotis custodiunt scientiam, et legem requirunt ex ore eius, quia angelus Domini exercituum est; vos autem recessistis de via et scandalizastis plurimos in lege, irritum fecistis pactum Levi, dicit Dominus exercituum; propter quod et ego dedi vos contemptibiles et humiles omnibus populis, sicut non servastis vias meas et accepistis faciem in lege*[595], es sagt der Herr durch den Mund des Propheten Malachias: Der Priester soll das Gesetz kennen, denn er ist wie ein Engel des Herrn. – Und heute wissen sie nichts von der Heiligen Schrift, und ihr kennt auch keine Grammatik! Doch könnte man dies noch ertragen, wenn ihr wenigstens von rechtschaffenem Wandel wäret und ein gutes Beispiel gäbet! Darum – sagt Gott der Herr – wegen eures schlechten Betragens habe ich euch der Verachtung des Volkes preisgegeben. Ihr haltet euch Konkubinen, gebt euch der Sodomie hin, ihr spielt in aller Öffentlichkeit und handelt schlimmer als die Laien, und es ist freilich eine wahrhaft große Schande, daß das Volk besser als der Klerus ist! Ich spreche nicht von den guten [Priestern], wohl aber von den schlechten. Laßt eure Mauleselinnen, laßt eure Pferde, laßt die Hunde und die Sklaven, gebt nicht das Besitztum Christi und die Erträge der Pfründen den Hunden und den Mauleselinnen! Dasselbe mußte ich vorhin den Prälaten sagen. Wenn ihr nicht eure überflüssigen Pfründen aufgebt, so sage und verkündige ich euch – und das ist ein Wort des Herrn: Ihr werdet euer Leben, die Pfründen und den Besitz verlieren und werdet ins Haus des Teufels kommen. Laßt also die Pfründen, denn ihr habt sie auf jeden Fall zu verlieren, und das werdet ihr durch Erfahrung sehen.

Nun wollen wir uns an die Ordensleute wenden. Es gibt zwei Arten von Ordensleuten: Die einen sind diejenigen, welche die *vita larga* pflegen, die andern sind die *Observanten.* – Den ersten sagen wir folgende Worte: *vos estis sal terrae; quodsi sal evanuerit, in quo salietur? Ad nihil valet ultra, nisi ut mittatur foras et conculcetur ab hominibus.*[596] Der Herr sagt diese Worte euch, ihr Ordensleute, sie betreffen aber auch Prälaten und Priester. Ihr seid das Salz der Erde; wenn aber dieses Salz fade wird, und ihr nicht das befolgt, wozu ihr verpflichtet seid, werdet ihr unverbesserlich. Ich muß euch sagen: Kehrt zur Buße zurück und befolgt jene drei Dinge, die ihr versprochen habt, das heißt Armut, Keuschheit und Gehorsam. Andernfalls – solltet ihr nicht zur Buße zurückkehren und dies nicht einhalten, was ihr Gott versprochen habt – glaube ich, daß sich aus eurer Generation niemand retten kann, und daß ihr alle in die Hölle kommen werdet, ausgenommen vielleicht der eine oder andere, falls er große Buße täte. Ich sage euch, daß ihr diesmal nicht entfliehen werdet, denn Gott kommt, um euch alle auszurotten.

Euch Observanten, *patres mei,* muß man die Wahrheit sagen: Wir sind zur Lauheit gekommen – ich spreche nicht von allen, denn es haben sich in jedem Orden auf Grund der Tradition Gute erhalten. Daher sage ich euch, *patres mei: utinam calidus aut frigidus esses, sed quoniam tepidus es, neque calidus neque frigidus, incipiam te evomere ex ore meo; nescis, quia tu es miser et miserabilis et pauper et caecus et nudus. Suadeo tibi emere a me aurum ignitum probatum, ut locuples fias et vestimentis albis induaris, ut non appareat confusio nuditatis tuae.*[597] Ich möchte weit eher, du wärest ein großer Sünder als ein Lauer! O meine Brüder, hütet euch davor, lau zu sein! Ich will dir die Wahrheit sagen: Ich will weit eher, daß sich in unserem Haus ein Soldat befindet – auch einer von jenen verzweifelten – als ein lauer Bruder. Der Laue verursacht tausend Übel und tausend Uneinigkeiten und er ist unverbesserlich. Diejenigen, die sagen: «Wir sind reich und wir tun so viele gute Werke!» – sie kommen sich tatsächlich reich und im Besitz der Gnade vor! Euch, Laue, sage ich, daß ihr elend, daß ihr jedes Guten entblößt seid! Und der gute Lebenswandel besteht nicht in Zeremonien, sondern darin, daß man in seinem Innern auf Gott und auf seine Nächsten ausgerichtet ist. Richtet also eure Gesinnung wieder auf Gott und sagt nicht «Wir sind reich» – setzt eure Hoffnung nicht auf Paramente, Kapellen und äußere Dinge, denn ich warne euch: Diese gereichen euch zur Sünde! – Ich habe euch gesagt, daß ich die heiligen Franziskus, Augustinus, Dominikus und die andern Häupter der Orden gesehen hätte, wie sie ihre Brüder verjagten, sie verprügelten, ihnen die Mäntel zerrissen und so sehr verfolgten, daß sie alle Schlechten zum Verschwinden brachten und in die Hölle schickten. Und dann habe ich euch gesagt, daß ich gesehen hätte, wie nur ganz wenige übriggeblieben waren und wie sie sich in einer Liebe und in einem Herzen vereint bei der Hand nahmen und einen

Tanz aufführten und dabei sangen: *ecce quantum bonum et quam iucundum habitare fratres in unum.*[598] – Laßt also alle Heucheleien fahren, gebt euch der inneren Gottesverehrung hin und tut Buße!

Den Nonnen sagt, daß sie sich üben sollen, besser zu leben als sie's tun. Es gibt eine Art von Nonnen der lauen Lebensart, denen man wünschte, sie würden verschwinden, denn sie sind die Ursache für den Niedergang der Städte. Bringt eure Töchter nicht in jene Klöster, denn sie werden dort schlimmer als Dirnen! – «O, Frate, was sagst du da?» – Ich muß die Wahrheit sagen! Ich sage euch, macht nicht noch mehr von solchen Nonnen, denn sie übernehmen das schlechte Beispiel der andern und werden unverbesserlich. Man sollte von solchen keine weiteren machen, und die, welche es noch gibt, werden sterben, denn Gott wird die Pest hinführen, und jene Orte werden für die Guten bleiben, die hernach kommen. Und man sollte auch dafür sorgen, daß nicht Tag für Tag so viele Priester und Brüder hingehen, um mit ihnen zu schwatzen!

Den andern, die unter strengerer Regel leben, sagt in meinem – vielmehr in Gottes – Namen, daß sie in Frieden und Eintracht verharren, die Hände von Simonie halten und beim Eintritt [ins Kloster] keine Abmachungen über Aussteuern[599] treffen sollen. Und sagt ihnen, daß sie ihre Gesänge lassen sollen, vor allem die figurierten, weil dies leichtfertige Dinge sind. Sagt ihnen auch, daß sie einfach leben, nicht zwei oder drei Kutten wünschen, sondern mit einer einzigen zufrieden sein sollen. Auch sollen sie an Überflüssigem nicht festhalten, sondern es den Armen geben. Sagt ihnen, daß Gott beschlossen habe, alle diese Lauen[600] umzubringen, weil er alle Orden erneuern will, und wer nicht Buße tut, wird nicht als Saatgut [für die Zukunft] bewahrt bleiben. – Was das betrifft, was wir dem ganzen Klerus zu sagen haben, so soll dies genügen! Laßt uns nun etwas zu Italien sprechen.

Tritt vor, Italien! Du beklagst dich über mein Tun. Was habe ich dir getan? Italien, *quid feci tibi aut quid tibi molestus fui*[601]? So antworte mir doch! Was habe ich getan? In welcher Weise bin ich dir lästig geworden? Italien, der allmächtige Gott hat dich seit vielen Jahren zur Buße gerufen und hat dir viele Prediger gesandt, du aber hast nicht hören und dich von deinem schlechten Weg nicht abwenden wollen. Und es sind schon hundert Jahre her, daß du von vielen Predigern aufgerufen worden bist, dich auf diese Dinge und dieses Gericht vorzubereiten – so vom heiligen Vinzenz, vom heiligen Bernhardin und von andern, die dich aufgerufen haben, du aber hast von deiner Ungerechtigkeit nicht lassen wollen. Deine Sünden sollten dich wenigstens daran glauben lassen, daß die Drangsal naht, vor allem jetzt, da man deren Vorbereitungen sieht. Aber du willst noch immer nicht glauben, obwohl dir schon während so langer Zeit gepredigt worden ist! Ninive hatte nur einen Tag gebraucht, um zu glauben; da bekehrte es sich und tat Buße!

Italien, du hast doch gehört, was gepredigt worden ist. Wir sind hier in diesem Herzen [Italiens] gewesen, haben so viele Jahre laut gerufen und dich zur Buße aufgefordert, so daß diese Stimme inner- und außerhalb Italiens gehört worden ist. Hättest du die Wahrheit vernehmen wollen, wärest du gekommen, um sie zu hören, oder hättest Leute dazu beauftragt, wie dies einige getan haben, die gekommen sind, um sie zu vernehmen und die danach getrachtet haben, erleuchtet zu werden. Einige haben Abgesandte geschickt und einige haben geschrieben und wollten wissen, was das für eine Sache wäre, sie haben ihr Heil gesucht und werden es auch erlangen. Aber du, Italien – ich spreche allgemein – hast nicht glauben und dein Heil nicht suchen wollen, und deswegen wirst du es auch nicht haben. Du willst viel eher den Teufeln als dem Licht Christi glauben! Und es gibt viele, die den Teufeln glauben, die hingehen und teuflischen Überredungskünsten folgen und den Astrologen Glauben schenken.

Du, Rom, glaubst leichterdings all das Böse, das dir über mein Wirken gesagt worden ist. O, wie bist du doch bereit, an das Böse zu glauben – warum glaubst du nicht ebenso leicht an das Gute? Warum glaubst du nicht in gleicher Weise an dein Heil? Für dieses willst du die Augen nicht öffnen, aber was mich betrifft, glaubst du alles Böse, so daß es in Rom gar nicht erlaubt ist, von diesem Frate zu sprechen oder ihn zu verteidigen! Glaub mir, Rom, Gott hat dich wegen deiner Sünde so geblendet, daß du nicht an dein Wohl glaubst. Bereite dich darum, Italien, auf die Drangsal vor, denn ich kann dir sagen, daß es sich um eiserne Stockhiebe handeln wird. Bereite dich vor, sag' ich, denn die dir verabreichten Hiebe werden hart sein. – O Rom, du wirst von Eisen umgeben sein, du wirst dem Schwert, dem Feuer und den Flammen anheimfallen. Wenn die Drangsal naht, wirst du ganz erzittern. – Italien, du hast gesehen, wie ein Schwert umging, und du bist aus Angst vor diesem Schwert ganz erschüttert worden. Warte nur, bis das Schwert kommt, warte nur, bis die Drangsal naht, und du wirst sehen, wie du zittern wirst! Ich sage dir, wenn du dich nicht zur Buße wendest, ist es um dich geschehen. – Somit genüge, was wir Italien zu sagen haben. Jetzt wollen wir kurz zu seinen Fürsten sprechen.

Zu den Fürsten und Häuptern Italiens spreche ich also: Was habe ich euch getan, Fürsten Italiens? Wenn ich euch guten Ratschlag gegeben habe und dies bis zum gegenwärtigen Zeitpunkt tue, warum habt ihr euch dann über mich zu beklagen? Ich sage euch: wenn ihr Buße tätet, jetzt noch zu Gott zurückkehrtet und euren Irrtum fahren ließet, so hätte ich auch jetzt noch Hoffnung, daß Gott euch Barmherzigkeit erwiese, *quia remota causa removetur effectus*[602]. Eure Sünden sind die Ursache eurer Drangsal. Und dennoch, wenn ihr euch hinsichtlich dieser bessertet und Buße tätet, möchte ich noch hoffen, daß euch Gott Barmherzigkeit erwiese. Aber ihr wollt das gute Heilmittel nicht nehmen, sondern handelt wie jener Mann, von dem ich euch letzthin in einem Gleichnis gesprochen habe: Dieser war krank und sollte die Medizin einnehmen, die ihm der Arzt verordnet hatte, aber er ließ die Tore schließen, befestigte die Burgen und stellte Truppen bereit, und glaubte, dies wäre die Medizin, die ihn von dieser Krankheit heilen würde. So wollt auch ihr nicht euer wahres Heilmittel nehmen.

Fürsten Italiens, ihr habt keinerlei Heilmittel. Ihr haltet Beratungen ab, aber eure Beratungen werden umsonst sein. Ihr wendet viel auf, aber dies wird umsonst sein. Ihr bietet Soldaten auf, doch sage ich euch, daß dies umsonst sein wird. Eure Soldaten werden in den Tod gehen, und sobald die Feinde erscheinen, werden sie alle wie ein kleines Mädchen zittern. O Fürsten, auch wenn ihr mehr Geld hättet, als in dieser ganzen Kirche Platz hätte, und mehr Soldaten, als es auf der ganzen Welt gibt, würde euch dies nichts nützen! Vielmehr werden diese alle die Flucht ergreifen und wie Weiber zittern. Alles wird auf euch einschlagen, die Pest wird gegen euch sein, Winde, Himmel, alles wird euch treffen. – Was tue ich euch Böses, Fürsten Italiens? Was klagt ihr über mein Tun? Es sind nicht meine Worte, welche die Drangsal herbeiführen, sondern eure Sünden! Und darum sollt ihr nicht über mein Tun klagen. Ich sage euch, ihr habt kein anderes Heilmittel als die Buße, und ich sage euch, daß alle eure Entschlüsse sich gegen euch richten werden. Macht, was ihr könnt: Ihr glaubt, andern eine Falle zu legen, und ihr werdet selber in die Falle gehen, ihr glaubt, andere zu täuschen, und ihr werdet gerade deshalb den Weg zur Grube gehen – so daß ihr euch abmühen könnt, soviel ihr nur wollt, ich sage euch, es wird euch nichts nützen!

Und ihr, Bürger, die ihr mit dieser Regierungsform, die euch Gott gegeben hat, nicht zufrieden sein wollt, was habe ich euch getan? Ich habe euch mehrmals gesagt: Wer versuchen sollte, diese Regierung zugrunde zu richten, wird ein schlechtes Ende nehmen. Und so verkünde ich euch ein andermal, daß ihr ein schlechtes Ende nehmen werdet, ihr und eure Häuser, wenn ihr sie zugrunde richten wollt. Frauen, betet, denn sie haben es nötig! Euch, Frauen, sage ich: Laßt eure Eitelkeiten – und ebenso ihr, Männer, laßt von euren Sünden, denn ich verkündige euch: Die Drangsal wird in einem solchen Ausmaß und mit solcher Wucht kommen, daß man sie nicht wird ertragen können, und diese wird euch eure Eitelkeiten, diese wird euch eure Sünden aufgeben lassen! Sie wird so groß sein, daß die Körper sie kaum werden ertragen können, aber schlimmer wird es für die Seelen sein.

Armes Italien, wie sehe ich dich doch völlig erschüttert! Arme Leute, wie sehe ich euch alle durch diese Drangsal niedergedrückt. Ich sage euch, es wird keinen Trost geben, es sei denn der Gekreuzigte. – Danke Gott, Florenz, daß du den Tröster gehabt hast, und denke daran, in welchem Zustand sich die armen Menschen befinden werden, und danke Gott für die so große Wohltat! – Das ist, was ich ganz Italien zu sagen habe.

Gegen Ende der Predigt gibt Savonarola bekannt, er wolle sich für eine gewisse Zeit des Predigens enthalten.

Wenn ich auch nicht predige, verlasse ich euch trotzdem nicht, denn ich will mit euch leben und sterben. So tat auch Jeremias, der mit seinem Volk leben wollte. – So verrichtet denn alle ein Gebet. Betet für die Kirche, damit Gott sie erleuchten wolle, und betet vor allem für die florentinische Kirche, wo das Licht begonnen hat, damit Gott es sich vermehren lasse. Betet auch für die Ordensleute, für die Kinder, für die kleinen und die großen, und für euch selbst, damit wir uns bei dieser heiligen Erneuerung wiederfinden. Ihr werdet also alle miteinander etwas beten, werdet alle niederknien und dann nach Hause gehen …

Den Zyklus der Predigten über Ruth und Micha hielt Savonarola vom 8. Mai bis zum 27. November 1496. Während dieser Zeit war ihm der Kardinalshut angeboten worden – freilich, um ihn damit zu beschwichtigen und an die Kurie zu binden. In seiner Predigt vom 20. August wies er mit wenigen Worten auf dieses Ansinnen hin: «Ich will keine Hüte, keine großen und keine kleinen. Ich will nichts, als was der Herr seinen Heiligen gegeben hat – den Tod. Einen roten Hut, einen Hut voll Blut, das begehre ich!»

In seiner allegorischen Deutung sieht Savonarola die Gestalt von Ruth, die zusammen mit ihrer Schwiegermutter Noemie aus dem Land der Heiden in das Land der Verheißung zurückkehrt, als Bild der Einfalt (simplicità). *Im Gegensatz zu dieser Einfalt stehen die Lauen* (tepidi), *deren Äußeres nicht mit ihrem Innern übereinstimmt, die also nicht «einfach»* (semplici), *sondern «doppelt»* (doppi) *sind. – Auch der Prophet Micha, der in der Nachfolge von Jesaja die Zerstörung von Jerusalem prophezeite, betont das Mißfallen Gottes an äußerlichen Opfern und fordert einen Wandel in Gerechtigkeit, Liebe und Demut.*

Abgesehen von diesen aus früheren Zyklen bekannten Themen enthalten diese Predigten Äußerungen über Tod und Unsterblichkeit der Seele, die in unserer Auswahl im Vordergrund stehen sollen.

Aus der 13. Predigt
24.6.1496

Weisst du, was Sterben ist?

Unsere Seele ist halb in dieser Welt und halb außerhalb dieser Welt, das heißt halb im Körper und halb außerhalb des Körpers. Die Philosophen nennen diesen Leib die *Subsistenz* der Seele, während sie in diesem Leben weilt. Darauf verläßt sie den Körper und geht an einen andern Ort.

Weißt du, was Sterben ist? Sterben ist nichts anderes als ein Hinübergehen aus einer Kammer in eine andere, aus welcher man noch jene sieht, woher man gekommen ist. Es ist, wie wenn du in einer Kammer wärest, von wo aus du deinen Garten und die andern Teile des Hauses sehen könntest.

Weißt du, was Sterben ist? Es ist wie dann, wenn man maskiert geht. Wenn wir hier in diesem Leben weilen, sind wir wie maskiert, und man erkennt nicht, wer vor Gott *gentiluomo* oder Baron ist, oder es nicht ist. Bisweilen kommt es vor, daß die *gentiluomini* maskiert gehen, und manchmal kleiden sie sich wie Dienstboten oder einfache Bürger, und man erkennt nicht, ob sie *gentiluomini* sind oder nicht. – So sind die Diener Gottes in diesem Leben maskiert, und manchmal werden sie nicht erkannt. Aber wenn sie einmal im Jenseits sind, werden sie sich diese Maske abgenommen haben und werden wie *gentiluomini* am Hof des Herrn verweilen.

Weißt du, was Sterben ist? Ich will es dir noch auf

eine andere Weise sagen. Das Sterben ist wie eine Theateraufführung, in der du viele kostümiert siehst, den einen als König, den andern als Herrn und wieder einen andern als Frau – und trotzdem, sie sind weder König, noch Herr, noch Frau, und wenn sie die Kleider einmal abgelegt haben, siehst du, wer sie wirklich sind.

Weißt du, was Sterben ist? Willst du, daß ich es dir noch klarer sage? Sterben ist nichts anderes als ein Gefängnis verlassen und entweder wahrhaft in ein engeres Gefängnis eintreten, oder wahrhaft in Freiheit hingehen können, wohin man will. Wer in einer Todsünde stirbt, verläßt dieses Gefängnis der Welt und kommt in die Hölle, einem ohne jeden Vergleich noch engeren und schrecklicheren Gefängnis als diesem [auf Erden], aber wer in der Gnade Gottes stirbt, verläßt dieses Gefängnis der Welt und kommt in Freiheit ins Paradies – oder, sollte er vielleicht ins Purgatorium kommen, so geht er hin in der Hoffnung, zu der [ihm bestimmten] Zeit herauszukommen und in die Freiheit zu gelangen …

Aus der 18. Predigt
15. 8. 1496

Nach einer Ruhepause besteigt Savonarola am Fest Mariä Himmelfahrt wieder die Kanzel des Doms. In einer allegorischen Auslegung der Textstelle «Es tat der Tempel Gottes im Himmel sich auf» (Offb 11,19) spricht er u. a. von den

Wohltaten, die Florenz während der letzten Jahren empfangen hatte. Dazu gehört das «Licht der heiligen Schriften», das den Menschen Gott nahebringt, zum rechtschaffenen Wirken ansporn, die Hoffnung auf das ewige Leben schenkt und die Erinnerung an den Erlöser wachhält.

Die Kenntnis der Heiligen Schrift steht über allen Wissenschaften

Apertum est templum Dei in coelo, et visa est arca testamenti eius, et facta sunt fulgura et voces et terrae motus et grando magna.[603] – Florenz, es tat sich auf der Tempel Gottes im Himmel! Könnt ihr etwa in Abrede stellen, daß dies wahr ist? Wißt ihr nicht mehr, daß es hier kein Licht gab? Bekennen wir offen, was wahr ist: Die heiligen Schriften waren verschlossen, diese Erleuchtung war in den Menschen sozusagen erloschen. Lassen wir die Wahrheit sprechen: Hatte man die Schrift nicht beiseite gelassen? Waren nicht Aristoteles und Platon auf diese Kanzel gestiegen? Und man predigte über nichts anderes als über *questioni*[604]. Bekennen wir doch, sag' ich, unsern Irrtum! Zur Fastenzeit brachte man weniges aus dem Evangelium – und gleich sprang man hinüber zu Fragen und Disputationen.

Noch schlimmer: War nicht Ovid auf diese Kanzel gestiegen? – «O», wirst du sagen, «Ovid mit seinen ‹Metamorphosen› ist doch ganz vortrefflich!» – Ich antworte dir: Ovid, der Fabulierer, Ovid, der Narr – was soll ich sonst noch sagen? Sagt mir doch: Hat man hier oben über Ovid oder über das christliche Leben zu predigen? Es ist jene Zeit, von der

Paulus spricht: *erit enim tempus, cum sanam doctrinam non sustinebunt, sed coacervabunt sibi magistros prurientes auribus, et a veritate quidem auditum avertent, ad fabulas autem convertentur.*[605] – War nicht die Zeit gekommen, da wir hier oben den großen Herren Beifall klatschten, und da man sich in Schmeicheleien erging?

Du hast also das Geschenk erhalten, daß du über die Heilige Schrift predigen hörtest! Und ich erinnere mich, wie ich schon vor sechs Jahren, am ersten August, begonnen habe, dir die Apokalypse darzulegen, und wie mir viele sagten: «Padre, ihr sprecht nie über eine *questione* zu uns!» Und ich wandte mich zum Herrn und sprach: «Herr, wird es denn nie möglich sein, daß dieser Wunsch nach *questioni* erlischt, und daß man allein das Licht und die Darlegung der Schrift sucht?»

Und so wurde dir denn dieses Geschenk von Gott zugestanden, *et apertum est templum Dei in coelo,* und geöffnet wurde dir der Tempel Gottes im Himmel. In diesem Tempel sah man den Leuchter mit den sieben Lichtern[606] und den Tisch mit den zwölf Broten, welche die sieben Gaben des Heiligen Geistes bedeuten, womit Christus seine Gläubigen erleuchtet hat, und die zwölf Brote bezeichnen die Lehre der zwölf Apostel, womit sie die Erwählten Gottes speisten. – In jenem Tempel sah man auch den Vorhang, der die Bundeslade nicht sehen ließ, was bedeutet, daß die Welt zu einer solchen Blindheit gelangt war, daß die Menschen sozusagen keinen Glauben hatten …

Aus der 26. Predigt
28.10.1496

Auf das Drängen Mailands und Venedigs hin intervenierte Kaiser Maximilian gegen Florenz und traf am 22. Oktober 1496 mit der Absicht in Pisa ein, Livorno einzunehmen und damit Florenz empfindlich zu treffen. – In dieser Not entschloß man sich in Florenz, das berühmte Gnadenbild aus Impruneta holen zu lassen und ihm in einer Prozession entgegenzuziehen. – In seiner im Auftrag der Signoria gehaltenen Predigt weist Savonarola auf frühere Hilfe Gottes hin: «Da du, Florenz, schon andere Male von Gott befreit worden bist, so setze auch diesmal deine Hoffnung auf ihn.»

Eine Prozession zur Abwendung der von Kaiser Maximilian her drohenden Gefahr

Wohlan, ihr werdet also die Prozession durchführen, die verordnet worden ist, und es wäre gut, wenn ihr sie mit Herzen machtet und so, wie es zu geschehen hat. Merkt euch gut, was ich euch sage: wenn ihr Zuflucht nähmet bei Gott, so möchte ich auf Christus vertrauen, daß wir eine große Gnade erlangen und daß wir uns vor niemandem zu fürchten haben werden. – Florenz, du hast kein Vertrauen in Gott, du anvertraust dich ihm nicht, so wie es sich gehört, deine Hoffnung ist auf die Menschen gesetzt …

Ich erinnere mich gehört zu haben: als ihr Florentiner zur Zeit des heiligen Bernhardin[607] mit den Sienesern im Krieg standet und ihr mit Prozessionen und Buße Zuflucht bei Gott suchtet, da fragte der heilige Bernhardin, der selber dort weilte, des öftern: «Was tut man in Florenz?» Man gab ihm zur Antwort: «Prozessionen und Buße!» Da erwiderte er: «Also haben sie den Krieg gewonnen!»

Man führe folglich die Prozession, die ihr angeordnet habt, durch, aber tut dies mit Andacht und mit auf Gott gerichtetem Herzen und geht zuerst zur Beichte ... Ferner: Geht in dieser Prozession nicht prunkvoll gekleidet einher, sondern geht alle demütig und bittet Gott für die Stadt ... Bringt auch reichlich Almosen dar und sorgt dafür, daß diese zu den *uomini di San Martino* gelangen, die sie dann unter den Armen verteilen sollen ...

Luca Landucci berichtet in seinem «Diario»: *«Am 30. Oktober ließen wir die Tafel Unserer Lieben Frau von Impruneta kommen, und als sie in Florenz eintraf, erreichten uns Nachrichten aus Livorno, es seien zwölf Schiffe von der Flotte des Königs von Frankreich mit Getreide angelangt, und die Leute von Livorno hätten einen Ausfall gemacht und ihnen [den Kaiserlichen] die Artillerie weggenommen. Und das war ein Werk Gottes wegen der großen Verehrung für Unsere Liebe Frau.»*

Der am 30. November 1496 begonnene Zyklus über den im 6. Jahrhundert v. Chr. aus dem babylonischen Exil über den Wiederaufbau Jerusalems, den neuen Tempel und dessen Ordnung prophezeienden Ezechiel wurde am 28. Dezember 1496 unterbrochen, um erst wieder am 8. Februar 1497 aufgenommen zu werden. Die Editio princeps *(Bologna 1515) zählt zu diesem Zyklus auch die berühmte* «predica del rumore» *vom Himmelfahrtstag (4. Mai 1497), anläßlich der im Dom ein Tumult ausbrach, der den Gegnern Savonarolas Anlaß zu weiteren Angriffen bot. – Den größten Teil der Predigten hat wiederum Lorenzo Violi nachgeschrieben. Abgesehen von allegorischen Interpretationen zu den ersten zwanzig Kapiteln aus Ezechiel enthält der Zyklus auch Predigten über Psalmen- und Evangelientexte.*

AUS DER 6. PREDIGT
13. 12. 1496

Die Predigt, die Savonarola am Festtag der heiligen Lucia gehalten hat, ist in seine Biographie als die «iustizia-Predigt» eingegangen. Wiederholt hatte sich Savonarola darüber beklagt, daß sich die Behörden nachlässig zeigten, wenn es galt, den – zum Teil neuerlassenen – Gesetzen Nachdruck zu verschaffen. Wie in einer Litanei zieht sich der Ruft «fate iustizia» *(«übt Gerechtigkeit») durch die ganze Predigt.*

Iustitia et pax osculatae sunt[608], die Gerechtigkeit und der Frieden haben sich umarmt und geküßt und haben einen Bund geschlossen. – Florenz, du willst diese Gerechtigkeit noch immer nicht. Geh und schau nach, was ich für dich geschrieben habe ... Du wirst sehen, daß ich an diesem die Gerechtigkeit betreffenden Standpunkt immer festgehalten und dir gesagt und geschrieben habe, daß du um so schneller deine [dir versprochenen] Wohltaten erlangen wirst, je mehr du Gerechtigkeit übst ...

Florenz, wo ist deine Gerechtigkeit? Die Tröstungen und der Frieden können ohne die Gerechtigkeit nicht bestehen, vielmehr haben sie sich umarmt: *iustitia et pax osculatae sunt.* Willst du Frieden, Florenz, willst du Tröstung? Übe Gerechtigkeit! – Was ist Gerechtigkeit? Gerechtigkeit ist nichts anderes, als jedem das zu geben, was ihm zukommt. Gib also Gott die Seele, denn sie gehört ihm, und er hat sie geschaffen, damit sie zu ihm als ihrem Ziel gehe. Und so erstatte auch dem Nächsten, was sein ist, und liebe das Gemeinwohl und verjage die Laster – *das* ist Gerechtigkeit! – O Florenz, willst du denn weiser als Gott sein? Schau, ob Gott nicht die Gerechtigkeit liebt und sie nicht auch verlangt, denn als er das Menschengeschlecht erlösen und den Menschen, der gesündigt hatte, retten wollte, sprach er: »Was sollen wir tun? Der Mensch kann für diese Sünde nicht Genugtuung leisten[609], denn sie ist unermeßlich groß, und der Gerechtigkeit wäre nicht Genüge getan.» Und deswegen sprach er: «Ich will eher, daß mein Sohn getötet werde, ja sogar auf grausamste Art am Kreuz sterbe, als daß ich möchte, daß die Ordnung der Gerechtigkeit zunichte gemacht würde.» – So übe denn Gerechtigkeit, Florenz, und wolle nicht weiser als Gott sein! ...

Veritas de terra orta est et iustitia de coelo prospexit[610], die Wahrheit, sagt unser Psalm, ist aus der Erde geboren worden, und die Gerechtigkeit hat aus dem Himmel herabgeblickt ... Die Gerechtigkeit verweilt oben im Himmel und schaut auf die Erde nieder. Gerechtigkeit, was tust du? Was betrachtest du? Komm, komm, was tust du? Komm herab, Gerechtigkeit! – Da antwortet sie: «Ich möchte kommen, doch schaue ich aus nach dem, der mich aufnähme – und ich sehe für mich keinen bereiteten Ort!» Willst du sie, Volk, diese Gerechtigkeit? Bereite ihr eine schöne Kammer, mach, daß sie kommen kann, hindere sie nicht! O, ihr Vorsteher der Zünfte, wollt ihr diese Gerechtigkeit? O Beamte von Florenz, o ihr Herren Acht[611], wer von euch will diese Gerechtigkeit empfangen? – Niemand antwortet. *Magnifici Signori,* das geht *euch* an, an *euch* liegt es, sie zu empfangen, eure *Signorie* sollen sie aufnehmen! Richtet ihr die Kammer her, bereitet ihr den Weg, damit sie kommen kann.

Die Gerechtigkeit geht nicht ohne Schwert einher. Beginnt daher, das Schwert bereit zu halten, damit ihr nicht Rücksicht zu nehmen braucht, keine Gerechtigkeit zu üben. Haltet euch zwei- oder dreihundert Bewaffnete bereit, und wenn ihr vernehmt, daß einer schlecht handelt und Strafe verdient, so gebt rasch Befehl, ihn zu ergreifen, und wenn euch diese [Anzahl von Bewaffneten] nicht genügen sollte, so nehmt noch das Volk hinzu! Sorgt dafür, daß man euch fürchtet und daß Gerechtigkeit geübt werde! Auf *diese* Weise wird Gerechtigkeit geübt – ohne Rücksicht auf niemanden! Wenn du weißt, daß einer ein verruchter Sodomit oder Gotteslästerer ist, so laß ihn ergreifen und übe an ihm Gerechtigkeit! – Sorgt auch dafür, *magnifici Signori,* daß die Behörden Gerechtigkeit üben, und wenn sie das nicht tun wollen und einer viermal das Seil[612] verdiente, so sollten *sie* diese Strafe verdienen! – «O Bruder, was sagst du da? Was haben sie getan?» – Sie haben nicht Gerechtigkeit geübt! Scheint dir das gering zu sein, nicht Gerechtigkeit üben zu wollen? Ich sage dir: Keine Gerechtigkeit üben ist eine große Sünde, und diejenigen, die sich so verhalten, werden im Jenseits – wenn nicht schon im Diesseits – bestraft werden. Bist du etwa mehr als Christus? So betrachte doch das Evangelium über das Gericht, wenn er die Sünder verdammt und spricht: *ite, maledicti, in ignem aeternum*[613] – er sagt nicht: Ich verurteile dich, weil du ein Dieb oder Ehebrecher gewesen bist, sondern weil du nicht Gerechtigkeit geübt hast, weil du den armen Hungrigen nichts zu essen, den Dürstenden nichts zu trinken gegeben hast usw. All das sind Werke der Gerechtigkeit. Ich sage dir: Nicht Gerechtigkeit üben verdirbt das Gemeinwohl …!

Aus der 7. Predigt
18.12.1496

Der christliche Glaube übertrifft die menschliche Weisheit

Geliebteste in Christus Jesus, weil der katholische Glaube Dinge verkündet, die überaus schwierig und schwer zu verstehen sind und die Aufnahmefähigkeit eines jeden [menschlichen] Geistes übersteigen, haben einige, die als Weise des menschlichen Wissens gelten wollen, diesem Glauben sich nicht nur verweigert, sondern haben ihn auch verspottet, doch sind und werden sich diese – seien es nun Philosophen, Poeten oder Astrologen – als Narren der menschlichen Weisheit erweisen. Und das läßt sich beweisen: *erstens,* weil jeder Mensch – auch mit der menschlichen Weisheit – nach seinem Ziel zu trachten hat, wie wir ja sehen, daß auch alle Dinge der Natur nach ihrem Ziel streben. Nun ist es aber so, daß sich im menschlichen Leben kein vollendeteres Ziel finden läßt als das, welches der christliche Glaube setzt – also ist es der wahre Glaube. – *Zweitens:* Die Weisen, die erkannt haben, daß etwas ihr Ziel ist, müssen alle dazu nötigen Mittel einsetzen, um dieses zu erlangen. Nun ist es so, daß jeder eingesteht, daß Gott das letzte Ziel ist, und der christliche Glaube hat nun die besten Mittel gefunden, um dieses Ziel zu erreichen – folglich ist er der wahre. – *Drittens:* Ein jeder soll seine Vollendung erstreben, die im rechtschaffenen Leben besteht. Es ist aber so, daß der christliche Glaube die beste Lebensführung, die es gibt, gefunden hat – folglich ist er der wahre. – *Viertens:* Es kommt dem Menschen zu, vertrauten Umgang mit Gott zu pflegen, denn es gehört zur Weisheit, sich mit seinem Ursprung zu vereinen. Nun ist es so, daß der Glaube den Menschen sich mehr mit Gott vereinigen läßt als irgendeine andere Lehre – folglich ist er der wahre. – *Fünftens:* Jedem Weisen kommt es zu, sich von irdischer Lust zu trennen und sich den himmlischen Freuden zu nähern. Der Glaube aber tut dies vor allem andern – folglich ist er die wahre Weisheit. – *Sechstens:* Jeder strebt nach seiner Ruhe, doch findet sich keine größere Ruhe als jene des christlichen Glaubens – folglich ist er wahr. – *Siebtens:* Für jeden Menschen gehört es sich, das Schlechte zu fliehen, so gut er nur kann, doch der Glaube an Christus lehrt dies besser als alle andern Lehren – also ist er der wahre. – *Achtens:* Jeder strebt nach dem glückseligen und geistigen Leben, weil er darin glücklicher ist. Doch ist es so, daß keine Lehre ein besseres Leben findet als der christliche Glaube – folglich steht es dem Weisen nicht an, über den Glauben zu spotten. – *Außerdem* strebt jeder Weise nach Freiheit. Es ist aber so, daß der Glaube nicht will, daß du der Sklave von Besitz, von Ehren und von körperlichen Lüsten seiest – folglich ist er die wahre Weisheit. – *Ferner:* Es gehört zur menschlichen Weisheit, zu glauben, daß Gott Vorsorge für die Welt trägt, folglich daß er für die Guten sorgen wird. Es finden sich aber keine besseren

Menschen als die *wahren* Christen – also werden sie vor allen andern Menschen belohnt werden, und daher ist der christliche Glaube die wahre Weisheit. – *Außerdem:* Einem weisen Menschen gebührt es nicht, sein Glück zu verlieren, aber wer sich nicht zum christlichen Glauben bekennt, läuft Gefahr, in die Hölle zu kommen – folglich ist ein solcher Mensch ein Narr. – *Ferner:* Dem Weisen gebührt es, dem zu folgen, was von einem großen Mann getan worden ist. Nun ist es so, daß Christus Dinge getan hat, von denen die ganze Welt weiß, Dinge, die weit über denen eines Königs oder eines Kaisers stehen – also gebührt es dem Weisen, Christus zu folgen. – Diese und viele andere Gründe können angeführt werden, die beweisen, daß der christliche Glaube wahr ist, und daß der, welcher ihn ablehnt oder darüber spottet, nicht ein Weiser, sondern ein Narr ist.

Im folgenden Teil der Predigt rechtfertigt Savonarola die Aufzählung all dieser Gründe: Die ganze Nacht über habe er mit der menschlichen Weisheit einen Disput geführt, die ihm gegen vierzig Tugenden genannt hätte, deren Ausübung einen Menschen zum Weisen machen würden. Savonarola entgegnet ihr: «Mit einem einzigen Wort mache ich dich zum Weisen: Wer an Christus glaubt, dieser ist ein Weiser.»

Einleitung

Unter Mißachtung des bereits im November 1496 ausgesprochenen Predigtverbots setzte Savonarola den im Advent begonnenen Zyklus über Ezechiel am Aschermittwoch, 8. Februar 1497, fort. Tags zuvor waren nach einer großen Prozession auf dem Platz vor dem Palazzo della Signoria die «Eitelkeiten» (vanità), *welche die «Kinder» des Frate* (fanciulli del frate) *seit Januar, von Haus zu Haus ziehend, eingesammelt hatten, unter dem Jubel aller Beteiligten und dem Klang der Glocken verbrannt worden. Ob unter diesen* vanità *auch künstlerisch und kulturell Wertvolles den Flammen geopfert wurde, ist nicht mit Sicherheit auszumachen. Es handelte sich in erster Linie um obszöne Bilder, erotische Literatur und andere «Laszivitäten», Spiegel, Schminken, Spielkarten und Spieltische, allerlei Musikinstrumente usw. Sowohl unter den Savonarola feindlichen Zeitgenossen wie auch unter späteren Historikern galten die beiden von ihm und Fra Domenico da Pescia 1497 und 1498 durchgeführten* vanità-*Feuer als Beweis von Kulturlosigkeit – gewiß zu Unrecht, denn wie eine Predigt Savonarolas über das Schöne (28. Predigt über Ezechiel), die eigenen Dichtungen, seine Bemühungen um den Erwerb der mediceischen Bücherei für S. Marco und seine Freundschaft mit Künstlern wie Sandro Botticelli und einigen della Robbia beweisen, war Savona-*

rola kein Verächter von Kunst und Kultur, sofern diese nicht unmoralischem «Heidentum» huldigten.

Im März steigerten sich die Angriffe auf Rom und die Kurie. So donnerte Savonarola in seiner 32. Predigt über Ezechiel (4. März) gegen die «Hure Kirche» und verglich sie im Zusammenhang mit der Auslegung des Evangeliums über die Erweckung des Lazarus (39. Predigt über Ezechiel vom 11. März) mit einer Toten, die von Christus auferweckt werden müsse.

Auf den Triumph anläßlich der Verbrennung der vanità *als Auftakt zur Fastenzeit folgte Anfang Mai – am Himmelfahrtstag – der Gegenschlag von seiten der* compagnacci, *die sich weigerten, die sittenstrengen Vorstellungen Savonarolas hinzunehmen. Während der Predigt im Dom kam es zu den von ihnen verursachten Tumulten, von denen in der Folge alle zeitgenössischen Chroniken berichten sollten.*

Gerüchte, denen zufolge Savonarola bereits exkommuniziert wäre, waren bereits 1496 umgegangen. Nun mehrten sich aber die diesbezüglichen Nachrichten aus Rom, und Savonarola, der über die Geschehnisse in der Kurie genau informiert war, suchte in einem Brief, den er am 20. Mai an den Papst richtete und mit den Worten «Warum zürnt mein Herr seinem Knecht?» beginnen ließ, dem Schlag zuvorzukommen. Im weiteren heißt es im Schreiben: Wenn es schon Verleumdung gebe, «warum befragt und hört mein Herr nicht vorher seinen Knecht? Soweit ich weiß, ist von mir nichts geäußert worden außer dem katholischen Glauben und dem, was die heilige römische Kirche billigt.» Und Savonarola schloß mit dem Hinweis auf ein demnächst erscheinendes Buch – es ist der «Triumphus Crucis» –, *«aus welchem klar ersichtlich wird, ob ich – was fern sei – Verbreiter von Häresien oder katholischer Wahrheit sei».*

Aber zu dem Zeitpunkt, da dieser Brief geschrieben wurde, hatte man in Rom – am 13. Mai – die Exkommunikationsbulle bereits unterschrieben. Mit großer Verspätung erreichte sie Florenz und wurde hier am 18. Juni in fünf Kirchen feierlich verlesen. Es heißt darin, «ein gewisser Bruder Hieronymus Savonarola … habe zum Ärgernis und zum Schaden einfacher Seelen … eine gewisse verderbliche Lehre (quoddam perniciosum dogma) *verbreitet». Man habe gehofft, er werde sich bald vom gefährlichen Weg abwenden, doch habe er wiederholt den Gehorsam verweigert, ein Umstand, der in der päpstlichen Verlautbarung mehrmals wiederholt wird. Als Ungehorsam bezeichnet die Bulle die Weigerung, in Rom zu erscheinen und sich in die tuskisch-römische Kongregation eingliedern zu lassen. – Die Adressaten wurden kraft des heiligen Gehorsams und unter Androhung der Strafe der Exkommunikation geheißen, zu verkünden, «daß besagter Bruder Hieronymus exkommuniziert wurde und als exkommuniziert zu betrachten sei». Unter Androhung der gleichen Strafe sei jedermann – ob Kleriker oder Laie, ob Mann oder Frau – verpflichtet, «ihn, den Exkommunizierten und der Häresie Verdächtigten* (de haeresi suspectum) *zu meiden, nicht mit ihm zu sprechen, seine Predigten nicht anzuhören, ihm keinen Beistand zu leisten und nicht dorthin zu gehen, wo er verweile». – Daß ein Exkommunizierter von Sakramentenspendung und Sakramentenempfang ausgeschlossen sei, brauchte nicht besonders erwähnt zu werden.*

Es schien, als ob der Papst kurz nach Erlaß der Bulle

seine Meinung zugunsten Savonarolas ändern würde. Ob dessen Brief vom 20. Mai ihn mehr dazu bewegte oder die Trauer über die am 14. Juni in Rom erfolgte Ermordung seines Sohnes Juan, läßt sich nicht ausmachen, doch war der Gesinnungswechsel von kurzer Dauer.

Die nächsten Monate bringen eine Flut von Schriften für oder gegen Savonarola hervor. Unter denen seiner Freunde ist besonders die Apologie von Gianfrancesco Pico della Mirandola, dem Neffen des Humanisten Giovanni Pico, der auch eine Vita des Frate schreiben sollte, hervorzuheben. Savonarola selbst hat in mehreren italienischen und lateinischen Publikationen die Gültigkeit der Exkommunikation aus moralischen und kirchenrechtlichen Gründen angefochten. Sein Hauptargument war und blieb, daß einem Oberen, der einen gegen die Nächstenliebe und das Wohl der Gläubigen gerichteten Befehl erteile, nicht zu gehorchen sei.

Ein kriegerisches und ein damit verbundenes politisches Ereignis hat im Frühjahr und Sommer in Florenz für Aufregung gesorgt: noch einmal hatte Piero de' Medici versucht, mit Truppenmacht seine Rückkehr zu erzwingen, war aber – diesmal endgültig – an der Mehrheit der republikanisch Gesinnten gescheitert. In diesem Zusammenhang steht das zweite Geschehen: Die Verhaftung von fünf Mitgliedern aus angesehenen Geschlechtern, denen eine Verschwörung zugunsten Pieros vorgeworfen wurde. Unter dem Hinweis darauf, daß es sich um Hochverräter handle, wurde ihnen das Recht auf eine Berufung an den Großen Rat verweigert. Die Folgen der Tatsache, daß Savonarola gegen deren Hinrichtung nichts unternommen hatte, sollten sich anläßlich des Sturmes auf S. Marco im April 1498 zeigen.

Savonarola verbrachte den Sommer zurückgezogen in seiner Zelle, einerseits weil die Signoria – wohl um weitere Unruhen zu vermeiden – jede Predigttätigkeit in Florenz ganz allgemein untersagt hatte, andrerseits, weil in der Stadt von Mai bis August die Pest wütete. – Ein großer Teil der Brüder von S. Marco – besonders die Novizen – war in Landhäusern der Umgebung untergebracht worden. Savonarola blieb im Kloster zurück, verfaßte mehrere Verteidigungsschriften, arbeitete an der Vollendung des «Triumphus Crucis» *und wandte seine Sorge den außerhalb und innerhalb der Klostermauern Erkrankten zu. Wie während seines ganzen Lebens, hat Savonarola besonders in dieser schweren Zeit sich in ganz besonderer Weise um das seelische Wohl von Einzelpersonen oder Gemeinschaften gekümmert, wie u. a. Briefe an seinen Bruder Alberto, der Arzt in Ferrara war, oder an die infolge der Pest von ihm getrennt lebenden Brüder zeigen, wobei ihm die Sorge um die* peste spirituale *näherging als die den Leib betreffende.*

In einem am 13. Oktober an den Papst gerichteten Brief versucht Savonarola nochmals, Gehör zu finden und versichert, er wäre schon längst in Rom erschienen, wäre für ihn die Reise nicht mit Todesgefahr verbunden gewesen, doch habe er diese noch immer vor, «um sich von jeder Verleumdung (calumnia) *reinwaschen zu können».*

Aus der 26. Predigt
26. 2. 1497

Das Verschulden der Eltern, Beichtväter und Prediger

Man liest von Platon, daß er Gott gedankt habe, weil er in Griechenland und zur Zeit des Sokrates geboren worden war. Um wieviel mehr mußt *du* Gott danken, daß du ein Christ bist! Schau, wenn schon ein Heide sich so verhält, um wieviel mehr [solltest du dies tun], der du hier zur Welt kamst und nicht unter Türken, auch nicht bevor Christus erschien, sondern nachdem der Himmel sich geöffnet hatte und die Gnade auf die Erde gekommen war! Schau, wie er zu dir sagt: «Komm, mein Sohn, du klagst dich an, ich werde dir verzeihen!» O, welche Güte! Er sagt: «Mein Sohn, du hast gesündigt, ich aber habe dir verziehen. Vielleicht bot man dir Ursache zum Sündigen ... »

O Sünder, o meine Söhne, kommt hierher! Ich möchte, daß ihr seht, welch große Schätze euch Gott geben will, wenn ihr zu ihm zurückkehrt! Du wirst sehen, wie gütig dieser ganze Abschnitt[614] ist – ladet alle Sünder ein, ihn zu hören. – «Wohlan, ich will dir verzeihen», spricht der Herr, «als du klein warst, hatte ich dir bereits meine Schätze gegeben – damals, als du getauft wurdest. Ich hatte meine Gnade[615] in deine Seele gelegt, und als du dann in das Alter gekommen warst, da man den Gebrauch des freien Willens erlangt, begann dein Vater, dich zur

Sünde zu verleiten[616] und dir eine Börse zu geben. Er trennte dir nicht die Nabelschnur[617] ab, das heißt deinen Willen, und ließ ihm freien und zügellosen Lauf.» – «Ich will dir verzeihen», spricht der Herr, «und auch dir, meine Tochter, denn dir hat die Mutter die Nabelschnur nicht abgeschnitten, als du klein warst. Sie ließ dich den Eitelkeiten folgen, sie putzte dich heraus, sie führte dich zu Bällen und [zu andern Gelegenheiten], um dich sehen zu lassen.» – *Sie* sind Ursache deiner Sünde gewesen! Zu euch, Vater und Mutter, will ich sprechen! Weißt du, wieviel Böses *du* getan hast, weil dein Vater und deine Mutter sich um dich nicht gekümmert haben? – So schau denn jetzt auf deine Söhne, schneide ihnen die Nabelschnur ab, beseitige alles Überflüssige! – Auch du, Mutter, behüte deine Tochter vor den Eitelkeiten. *Aqua non est lota in salutem*[618], das bedeutet, daß deine Beichtväter dich nicht mit Wasser gewaschen haben, das heißt, sie ließen dich nur einmal im Jahr zur Beichte gehen, sie legten dir die Hand auf den Kopf, sie unterwiesen dich nicht, über die Sünde Schmerz zu empfinden, du gingst nur um des Brauches wegen hin, und sie lehrten dich nicht deine Sünden beweinen.

O, ihr Armen! Wenn dein Sohn stirbt, weinst d a; wenn deine Tochter, deine Frau stirbt, wein du wenn der Bruder stirbt, weinst du – so bew aber den Tod deines Sohnes und deines Gatt, Gott nicht den deiner Seele, weinst nicht Sünden! beleidigt zu haben, weinst nicht üb

Und so haben dich deine geistlichen Väter nicht mit jenem Wasser der Buße und der Tränen zu deinem Heil gewaschen, *nec sale salita.* Das Salz sind wir Prediger, die wir euch nicht gesalzen, sondern uns hier der Philosophie gewidmet und darum gekümmert haben, für euch und eure Ohren Verse, Töne und Gesänge zu machen. Und doch wäre es nötig gewesen, euch Liebe zu Christus ins Herz zu legen – *das* ist das Salz! – *nec involuta pannis.* Die Tücher bedeuten die Gebote, die euch fest zusammenhalten. Wir hätten euch in diese Tücher einwickeln und mit den Geboten auf die Drangsale vorbereiten sollen, und wir haben es nicht getan! …

Aus der 28. Predigt
28. 2. 1497

Nachdem Savonarola die Liebe Gottes zu Jerusalem, seiner herrlich geschmückten Braut (Ez 16), erwähnt hat – wobei Jerusalem allegorisch als die Seele oder die Kirche gedeutet werden kann –, stellt er die Frage nach der Herkunft körperlicher Schönheit.

Ich möchte wissen, was Schönheit ist!

…äher die Dinge des Geistes und des Lichtes dem … Licht sind, um so vollkommener sind sie. Wir sehen wie unter den körperlichen Dingen die Himmel und die Sonne das für uns erste Licht haben. …r deshalb eine Sache sich jenem Licht nähert, um so vollkommener leuchtet sie. So verhält es sich auch mit der Schönheit des Mannes und der Frau: je näher sie der *ersten* Schönheit steht, um so größer und vollkommener ist sie. – Doch sag mir: Ich möchte wissen, was Schönheit ist!

Die Schönheit besteht nicht nur in den Farben, sondern in einer Beschaffenheit, die sich aus der Proportion und Entsprechung der Glieder und der andern Teile des Körpers ergibt. Du wirst gewiß nicht sagen, eine Frau sei schön, weil sie eine schöne Nase oder schöne Hände besitzt, sondern nur wenn alle entsprechenden Proportionen vorhanden sind. – Woher kommt denn diese Schönheit? Wenn du nachforschst, wirst du sehen, daß sie von der Seele stammt. Schau: wenn die Seele ihm genommen ist, bleibt ein erbleichter und verwesender Körper zurück, und es ist keine Schönheit mehr an ihm. – Ebenso kannst du bei einem Maler, der eine Gestalt nach der Natur malt, sehen, wie die natürliche immer schöner als die gemalte ist, und mag er auch in seiner Art ein Meister sein, so vermag er dieser eine gewisse Lebendigkeit, welche die natürliche Gestalt besitzt, nicht zu verleihen. Und so kann die Kunst die Natur nicht in allem nachbilden.

Wenn nun die Seele Ursache der Schönheit des Körpers ist, muß sie notwendigerweise noch ...ö-ner als dieser sein. Man sagt von Sokrates, er ... hin-gegangen, die Schönheit der Jünglinge zu ...trach-ten, um auf diese Weise, vermittels der k...rlichen Schönheit, zur Betrachtung der geisti... zu kommen. Ich rate dir zwar nicht an, ebenso zu handeln, noch hinzugehen, um eine schöne Frau zu sehen, damit du dann so zur Betrachtung der Schönheit Gottes gelangst – das würde heißen Gott versuchen. Doch sind diese Dinge lediglich als Beispiel erwähnt worden.

Die Philosophen sagen, eine Schönheit sei um so hervorragender, je mehr sie von diesen Körpern unabhängig[619] sei, weil sie dadurch der göttlichen, von jeder Körperlichkeit losgelösten Schönheit ähnlicher sei. Und sie sagen, die erste Art und Weise, die göttliche Schönheit zu betrachten, bestehe darin, die Schönheit der körperlichen Dinge so gut als nur möglich von diesen zu abstrahieren und auf die geistige Schönheit zu übertragen. Zum Beispiel: Übertrage die [konkrete] Schönheit von Florenz auf deine [abstrakte] Vorstellung – sie wird dann schöner sein als die materielle, denn du wirst sie in deiner Vorstellung noch verfeinern, falls es an ihr noch etwas gibt, das nicht so schön sein sollte. Je mehr du sie auf das Geistige überträgst, um so vollendeter wirst du sie machen. Übertrage sie dann auf den Intellekt, der die Schönheit an sich betrachtet und sie vom Körperlichen sozusagen ganz befreit hat. Die Philosophen sagen, es gebe in der Abstraktion des Intellekts keinerlei Unvollkommenheit, da sie ganz geistig sei, wie das Weiße[620] an und für sich, wenn es vom Intellekt betrachtet wird: Es gibt daran keine Unvollkommenheit mehr, denn diese kommt von den Körpern her. – Du siehst also: je mehr etwas von den Körpern abstrahiert wird, um so schöner ist es. Erwäge dann alle diese Schönheiten in dir und sage: Wie muß ich, die Seele, schöner sein als jene körperlichen Schönheiten, wenn diese alle von mir abhängen! Und wenn ich so schön bin, um wieviel schöner erst ist jene Seele, die im Besitz der Gnade ist! Dann: Wieviel schöner sind die Seelen der Seligen, und wieviel größer ist die Schönheit jener seligen Geister und jener Seraphim? Und überlege dann, um wieviel schöner die Schönheit Gottes ist! Wenn deshalb diese so unvollkommene Schönheit der menschlichen Körper so stark ist, daß sie uns auf Erden zur Betrachtung Gottes bringt, um wieviel mehr führt uns jene Schönheit unseres Herrn Jesus Christus dazu, ihn [Gott] kennenzulernen, wenn wir *sie*[621] betrachten. Und wenn du die Schönheit Jesu Christi bedenkst, wirst du menschliche Dinge nicht mehr sehen wollen.

Nun laßt uns von der Schönheit im einzelnen sprechen. Frauen, rühmt euch nicht eurer Schönheit! Ihr seid samt und sonders häßlich! Wollt ihr die Schönheit der Seele sehen? So achtet einmal auf einen frommen Menschen – ob Mann oder Frau –, der des Geistes voll ist – achtet auf ihn, sag' ich, wenn er im Gebet verharrt, wenn jene Glut der göttlichen Schönheit ihn heimsucht, oder wenn er vom Gebet kommt: Du wirst sehen, wie die Schönheit Gottes aus jenem Gesicht erstrahlt, du wirst das Gesicht eines Engels sehen. – Und so erkennt man auch die Schlechten. Geh, schau dir einmal jene hochmütigen Stolzen an, die Umgang mit dem Teufel pflegen – du wirst sehen, daß sie teuflische Gesichter haben!

Aus der 32. Predigt
4. 3. 1497

Die Predigt zum dritten Fastensonntag über das sechzehnte Kapitel aus Ezechiel (Auserwählung Jerusalems als Braut Gottes; sein Abtrünnigwerden zugunsten fremder Götter, was in der Heiligen Schrift immer wieder als «Hurerei» bezeichnet wird) gehört zu den schonungslosesten Angriffen Savonarolas auf die Übelstände innerhalb der Kirche. – Einige allzu abrupte Übergänge scheinen auf mögliche Kürzungen des Textes hinzuweisen.

«Meretrice Chiesa» – Hure Kirche!

Als unser Erlöser den Menschen die Wurzel der rechten Lebensführung wiedergeben wollte, äußerte er sich Schriftgelehrten und Pharisäern gegenüber fast ständig in Schimpfworten, verfuhr mit ihnen immer streng, beschämte sie und brachte sie in Verruf. Du wirst nun sagen: «Wie? Darf man jemandem den Ruf nehmen?» – Merke dir, daß man den Ruf einer Person erhalten soll, wenn er dem nützlich ist, für den man ihn erhält, und wenn er zum Nutzen des Volkes oder zeitlicher Güter anderer gereicht als dessen, für den man ihn erhält. Und der Erlöser hat deshalb den Ruf der Schriftgelehrten und Pharisäer nicht geschont, weil er ihnen nichts nützte, denn je mehr man ihnen Vertrauen schenkte, um so stolzer wurden sie. Auch dem Volk war er nicht nützlich, denn es gab unter dieser Heuchelei viel Betrug, und so war es nötig, daß dieser aufgedeckt wurde. Aber auch dem zeitlichen Wohl gereichte er nicht zum Nutzen, außer den wenigen, die schlecht waren, aber vielen andern und allen übrigen gereichte er zum Schaden.

Wenn du siehst, daß die Priester den Seelen schaden, mußt du diese bloßstellen. Nimm keine Rücksicht auf ihren Ruf, ganz besonders – meine ich – bei Beichtvätern, wenn sie übel handeln! Du verstehst mich, Frau! Stelle ihn bloß, aber zunächst, sag' ich, sage es seinen Vorgesetzten und Oberen, und sollten dann diese ihn nicht zurechtweisen, dann kannst du es offen sagen und brauchst ihren Ruf nicht zu schonen. – Da unser Erlöser nun die üblen Taten der Schriftgelehrten und Pharisäer aufdeckte, verfolgten sie ihn in einem fort …

Ich spreche zu dir, Kirche. Ezechiel redet nämlich zu vielen und gibt Verweise, die auf viele zutreffen. So muß ich zu dir sprechen, Kirche! Tritt vor, schurkische Kirche! «Ich hatte dir», sagt der Herr, «schöne Gewänder gegeben[622], du aber hast mit diesen einen Götzen geschaffen. Die Gefäße hast du für deine Hoffart benützt, Sakramente der Simonie ausgeliefert. Und in Unzucht bist du dann zur unverschämten Hure geworden, du begehst Sünden, die jeder kennt. Ich glaubte, die eine dieser Sünden würde die andere geringer erscheinen lassen – doch geschah nichts dergleichen. Du bist zum Teufel geworden, bist schlimmer als eine Bestie geworden, du bist ein abscheuliches Monstrum!» Und darum sagt der Text: *et post omnes abominationes tuas et fornicationes non es recordata dierum adolescentiae tuae*[623], ich dachte, du würdest dich der Tage deiner Jugend erinnert haben. Ich möchte, du sähest und bedächtest etwas die Zeit deines Heidentums, *quando eras nuda et confusione plena*[624], du warst damals nackt und voller Scham, und ich habe dich davon befreit. Du kanntest Gott nicht, denn der Teufel hatte dich verwirrt. Ich gab dir das Gewand der Zeremonien, die heiligen Gefäße und die Sakramente. *Et accidit post omnem malitiam tuam; vae, vae tibi, ait Dominus Deus*[625], Schurkische, Verruchte, geschehen wird dir nach all deinen Bosheiten *vae, vae!* Du hast den Sack voll, deine Verderbtheit kann nicht weiter reichen. Weh dir wegen deiner Geistessünden, weh dir wegen deiner Fleischessünden, wehe den Ersten, wehe den Häuptern, wehe den andern, wehe jedem einzelnen, denn nichts als *wehe!* wirst du haben!

An dieser Stelle schiebt Savonarola eine von Aristoteles überlieferte Episode ein: Zur Zeit Philipps von Makedonien seien in Armenien zu einer bestimmten Tagesstunde alle Menschen umgekommen, die eine zwischen zwei Bergen gelegene Stelle passieren wollten, bis man erkannt habe, daß genau zu dieser Stunde zwei Schlangen sich dem Ort näherten und alles vergifteten …

Ich gehe auf diesem Weg zwischen diesen Bergen, ich gehe in der Kirche zwischen Bergen, das heißt zwischen ihren Häuptern, und ich sehe, wie ein jeder tot umfällt. Ich muß die Ursache erforschen. Ich stelle mich zwischen diese Berge, zwischen diese großen Herren. Ich beginne mit Rom, und ich sehe, wie du deinen Sohn dorthin schickst, und ich sehe, wie ein Spitzbube hierher zurückkehrt, und er fällt tot nieder. – Unter Brüdern gibt es ein Sprichwort: «Er kommt aus Rom – binde ihn fest!» Wohlan, wir stellen fest, wie jeder tot hinfällt. – O schurkische Kirche, tritt vor! In gleicher Weise fallen sie an den Höfen überall tot zu Boden, sie sind alle verloren. Verruchtes Volk! Ich spreche nicht von allen, aber es gibt ihrer nur noch wenige gute. Wenn du siehst, daß sie gern in Rom verweilen, dann sage dir, daß sie abgebrüht sind. Er ist abgebrüht – ihr versteht mich! Ich spreche von niemandem im besonderen und nicht nur von Priestern, sondern auch von den andern großen Häuptern. Wohlan, ein jeder ist wegen der Schlange gestorben, und alles wurde vergiftet …

Hört, was der Herr spricht: *et aedificasti tibi lupanar,* du hast ein Bordell errichtet. – Nimm als Beispiel eine Frau, die in ihrer Jugend nicht gesündigt hat. Sie will eine Sünde weder begehen, noch an sie denken. Dann beginnt sie etwas hinzuschauen, schaut sich überall um, kommt dann zur Tat, wenn auch [zunächst] nur heimlich, dann aber unverhüllt und in aller Öffentlichkeit – und das, was sie früher für schlecht hielt, betrachtet sie jetzt als Tugend …

So schämtest du dich früher, Hure Kirche, des Hochmuts und der Wollust, jetzt schämst du dich nicht mehr. Schau, wie die Priester früher ihre Söhne «Neffen» nannten, heute nennen sie sie nicht mehr «Neffen», sondern ganz offen ihre Söhne. – Du hast dir ein öffentliches Haus geschaffen *et fecisti postribulum in cunctis plateis*[626], du hast an allen Orten ein Bordell errichtet! Was tut die Hure? Sie sitzt auf ihrem Stuhl, sagt Salomon. Und geht einer vorbei, so ruft sie ihn, und er antwortet: «Was soll ich dafür geben?» – Man muß ganz ehrlich sprechen: Wer Geld hat, kann tun und handeln, wie er will …

Et abominabilem fecisti decorem tuum.[627] Auch wenn die Huren schön sind, so hält sie das Volk wegen der Sünde dennoch für verabscheuungswert. Die schönen und keuschen Frauen tun nicht also. So [handelst aber] *du,* Hure Kirche, du hast aller Welt deine Häßlichkeit gezeigt, und dein Gestank reichte bis zum Himmel …

Et multiplicasti omnes fornicationes tuas, du hast deine Hurereien, deine Sünden, vervielfacht – in ganz Italien, in Frankreich, in Spanien und der ganzen Welt … *Et fornicata es cum filiis Aegypti.*[628] Du hast nicht nur gegenüber den Christen übel gehandelt, sondern du hast Freundschaft geschlossen mit den Juden, mit Ungläubigen, *vicinis tuis*[629], die schon deshalb deine Nachbarn sind, weil sie den Glauben an Christus nicht haben – und auch du hast ihn nicht, denn hättest du ihn, so würdest du nicht also handeln! *Magnarum carnium*[630] – ich will aus Rücksicht auf die Frauen nichts weiteres sagen; er spricht hier *de pudendis*[631]. – Geh, schau dir deine Huren an, es werden Teufel oder Bestien oder Monstren sein, überall hast du sie hingestellt! *Et multiplicasti fornicationem tuam ad irritandum me*[632], du hast so viele Sünden begangen und soviel Unrecht getan, um mich zu erzürnen und gegen dich zu reizen, und ich werde auch in Zorn geraten! *Ecce ego extendam manum meam super te*[633], siehe, ich werde meine Hand über dich ausstrecken, siehe, siehe, ich komme, Schurkische, Verruchte! Ich komme und ich werde meine Hand ausstrecken. Du glaubst, ich sei weit weg. Mein Schwert wird über deine Söhne kommen, über deine Huren, über dein Bordell, über deine Palästen *et auferam iustificationem tuam*[634], du wirst dich nicht entschuldigen können. Es klagen dich an der Himmel, die Erde, die Engel, die Guten und die Bösen, und es wird niemand für dich sein. *Et dabo te in animas odientium te,* ich werde dich den Händen derer ausliefern, die dich hassen, nicht allein der Männer, sondern du sollst auch in die Hände *filiarum Palaestinarum*[635] kommen, ich werde euch in die Hände von Weibern geben, euch, die ihr so wacker seid! Diese schämen sich eurer, *quae erubescunt in via tua scelerata,* sie erröten ob deines lastervollen Weges. Die Türken, die Mauren schämen sich über deinen Frevel, und deshalb werde ich dir deinen Stuhl[636], deine Schönheit und das Leben nehmen und dich in die Hölle schikken. Und so wird meine Gerechtigkeit aller Welt offenbar werden, damit ich verherrlicht und gepriesen sei *in saecula saeculorum. Amen.*

Aus der 39. Predigt
11. 3. 1497

Bei der Interpretation des Tagesevangeliums vom Samstag nach dem vierten Fastensonntag (Joh 11,1–45) über die Auferweckung des Lazarus durch Jesus geht es Savonarola vor allem um eine die Zukunft betreffende allegorische Deutung: Christus will seine Kirche erwecken.

Wie Jesus Lazarus erweckt hat, will er seine Kirche erwecken

Venit itaque Iesus et invenit eum iam quattuor dies in monumento habentem.[637] Unser Jesus kommt! Ich sagte euch, daß er die Prediger ermuntert hatte und daß er mit ihnen kam. Das Grab ist der Leib des sündigen Menschen, der von außen schön ist und im Innern voller Unrat, und dessen Seele drinnen tot ist. – Die großen Herren errichten jene schönen Grabmonumente und wollen in Marmor und Seide vermodern, und weil sie selber in die Hölle kommen, wollen sie wenigstens hier im Diesseits in Gräbern weilen, die Statuen oder Gemälde der Jungfrau oder der Heiligen aufweisen *et sepulchrum illlorum domus eorum in aeternum*[638]. Und so kann man von einem Menschen, der einen schönen Leib, aber eine infolge der Sünde tote Seele hat, sagen, er weile im Grab. Deswegen sagte der Erlöser: *vae vobis, scribae et pharisei hypocritae, qui estis tamquam sepulchra dealbata!*[639] Ein solches mit Bildern bemaltes Grab sind auch die Zeremonien der Kirche. Viele weiden sich an diesen

Darstellungen und an diesen Dingen, das heißt an diesen Zeremonien, und dabei sind sie in den Gräbern, das heißt im Unrat ihrer Sünden, und sie sind dort schon seit vier Tagen! Der *erste* Tag ist die Sünde des Gedankens, der *zweite* die der Zunge, der *dritte* die der Werke und der *vierte* die der Gewohnheit. Du bist verfault, du bist schon vier Tage im Grab gewesen! Und das bedeutet, daß du vier Lichter verloren hast: Das *erste* ist das Licht des Glaubens. Der Sünder hat das Licht des Glaubens verloren und er denkt nicht mehr an das künftige Leben. Wenn man zu ihm vom Paradies und der Hölle spricht, so rührt er sich nicht. Jene ersten Christen hatten sich tief in ihrem Innern die Vorstellung vom Paradies eingeprägt und waren voller Jubel, andrerseits waren sie in Furcht vor der Hölle und zitterten davor, eine Sünde zu begehen. – Das *zweite* Licht und der zweite Tag, die du verloren hast, ist die Kenntnis des Intellekts und das natürliche Licht, denn man begeht die Sünde in aller Öffentlichkeit. Die Wuchergeschäfte geschehen öffentlich, und allen offensichtlich ist der Prunk und die schamlose Kleidung der Frauen. Es gibt kein natürliches Licht mehr. Öffentlich sündigen Priester und Ordensbrüder und sie kümmern sich nicht darum. – Das *dritte* verlorene Licht besteht in der Tatsache, daß man sich sogar schämt, recht zu handeln, und nicht nur, daß man sich nicht schämt, schlecht zu handeln. Die Frauen schämen sich, in ehrbarer Kleidung zu gehen. Da sagt die eine: «Ich werde ja von jener andern verspottet werden!» Und die Männer schämen sich, das Kreuz Christi zu tragen, wobei einer sagt: «Ich würde als Heuchler bezeichnet und verlöre meine Ehre!» – Der *vierte* Tag, da der Tote schon riecht, bedeutet den Zeitpunkt, da der Sünder die Wahrheit bekämpft und er die rechtschaffenen Menschen nicht leiden mag, weil er, wie es heute geschieht, das Licht nicht ertragen kann. Dieser [geistig] Tote ist verloren, er will keine Medizin, er ist hoffnungslos; es wird großer Kraft bedürfen, ihn zu erwecken. Hier ist er, wir haben ihn gefunden. Ist es nicht so? Seht ihr das heute nicht? Wohlan, schauen wir, ob wir ihn erwecken können!

Martha, die Schwester des Lazarus, die Jesus entgegengeeilt war, verkündet ihrer Schwester Maria das Kommen Jesu mit den Worten: *«magister adest et vocat te»*[640], der Meister ist da und ruft dich!

Ihr Priester, *magister adest,* der Meister ist da, er ist gekommen, er ruft euch, er will seine Kirche erneuern! Er ruft dich, damit du betest, denn schon ist die Axt an die Wurzel gelegt. O ihr Mönche, schwarze, weiße, graue oder welcher Farbe auch immer, die Orden sind zu Boden gestürzt! *Magister adest,* der Meister ist da, der euch erneuern will, o ihr Bettelmönche, der Herr will euch erneuern, *magister adest,* der Meister ist da! Ihr Nonnen, *magister adest,* du, die man nicht glauben ließ, bete, denn der Meister ist da und er will alles erneuern. – Geht zu allen Priestern, Ordensleuten und Nonnen und sagt ihnen diese gute neue Nachricht ins Ohr: Es soll bald eine Erneuerung stattfinden, und sie sollten beten! – Glaubt ihr etwa, der heilige Franziskus und der heilige Dominikus wären dort oben [im Himmel] und hätten ihre Orden vergessen? Nein, das wird bestimmt nicht so sein! Geht und sagt ihnen, sie möchten uns mit ihrer Fürbitte helfen, denn bald soll es zur Erneuerung kommen. O Maria, dieses Wort genügt nicht! O du, der du in Frankreich, in Deutschland bist, und wer Freunde in jenem Land hat – schreibt überall hin, schreibt in alle Länder, daß man hingehe, um die Ordensleute aufzusuchen und daß man ihnen künde: «Es sagt jener Frate, der im Namen Gottes zu euch spricht, daß ihr alle zum Herrn gehen und beten sollt, denn er will kommen.» – Auf, schickt Eilboten, denn anders kann man diesen Toten nicht auferwecken …

Da sprach der Herr: *ubi posuistis eum*[641], wo habt ihr ihn hingelegt? Und er sprach so, damit sie nicht sagen: «Er hat einen andern genommen.» – So spricht der Herr: O Priester, Brüder, wohin habt ihr mit eurem schlechten Beispiel dieses Volk gebracht? In das Grab, in die Zeremonien! Ich sage euch, man muß dieses Grab aufbrechen, und das heißt, man muß ein großes Schwert nehmen und viele Leute totschlagen. – *Et lacrimatus est Iesus*[642], das bedeutet, daß er nicht so viele erschlagen möchte, und – wenn man das so sagen kann – daß es ihn schmerzt, und daher spricht er: «O Geschöpf, ich habe dich mit meinem Blut erlöst, was hast du getan, daß ich dich vernichten muß? O Teufel, was hast du getan? Du hast bewirkt, daß ich meine Geschöpfe töten muß, aber es soll geschehen, denn ich will auf jede Weise diesen Toten erwecken ...»

[Christus wird ein andermal zum Grab kommen und sprechen:] *Tollite lapidem!*[643] Der Stein ist die Härte des Herzens, denn der Teufel ist auf ihm. Und so wird der Herr zu den Predigern sprechen: «Beseitigt diese Härte, verkündet, daß ein jeder Buße tue!» Da wird Martha sagen: *Domine, iam foetet, quatriduanus enim est*[644], das heißt, einige, die zweifeln, werden sprechen: «Nun besteht keine Hoffnung mehr!» – Da spricht der Herr: *nonne dixi tibi, quia si credideris, videbis gloriam Dei?*[645] – Und so sage ich zu euch: «Habe ich dir, Florenz, nicht gesagt, daß du die Herrlichkeit Gottes sehen wirst, wenn du mir glaubst, wenn du Christus glaubst?» – Darauf betet der Herr: *Pater, gratias ago tibi,*[646] Vater ich danke dir, und das bedeutet, daß die Gebete nichts nützen, wenn ihnen Christus nicht die Vollendung verleiht, und deswegen betet er zum Vater, und daher sprechen wir die Gebete *per Dominum nostrum Iesum Christum* ... Und dann wird er mit lauter Stimme rufen: *Lazare, veni foras!*[647] O Lazarus, o Volk, komm heraus! Tue Buße, verlaß die Sünden! *Et statim prodiit qui fuerat mortuus ligatus pedes et manus.*[648] Es werden viele herauskommen und das Grab der Sünden verlassen, wenn auch noch gebunden, denn noch werden sie nicht vollkommen sein, aber einträchtig werden sich alle in großer Freude umarmen.

Wohlan, ich will dir noch ein kurzes Wort sagen ... Du hast gesehen, wie Lazarus auferstanden ist. Ich muß dir nun noch folgendes sagen: Viele unter euch erklären, es werde eine Exkommunikation kommen. Erinnert ihr euch nicht an letztes Jahr? Geht hin und lest, was darüber geschrieben steht! Voriges Jahr war genau das gleiche der Fall. Weißt du nicht, wer diejenigen sind, die sich um die Exkommunikation bemühen? Letztes Jahr gelang es dir nicht. Habe ich dir nicht gesagt, daß – selbst wenn eine solche gekommen wäre – derjenige, der dies bewirkt, ein anderes Übel als die Exkommunikation bezweckt? Ich bitte aber Gott, daß sie bald komme! – «O, hast du nicht Angst?» – Nein, denn sie wollen mich exkommunizieren, weil ich nichts Böses tue! Bringt sie herbei, aufgesteckt auf einer Lanze, öffnet die Tore! Ich will ihnen dann antworten, und wenn ich dich nicht ins Staunen versetze, so sage dann, was dir gut scheint ... «O Frate, und doch gibt es jemanden, der in Rom schlecht von dir spricht!»[649] – O, ich will dir sagen, daß er es tut, um andern zu gefallen, und nicht aus Eifer. Er lief ja immer hinter den *magnifici* und den großen Herren her, um ihnen zu gefallen. – «Frate, du hast doch gesagt, man solle keine Einzelheiten nennen!» Ich tue es zu seiner Besserung. Benachrichtige ihn, daß ihm Gott so viele Strafen auferlegt hat, daß er ihm – sollte er sich nicht bessern – auch noch die letzte auferlegen wird. – Herr, *du* ließest mich dies sagen, ich wollte es nicht sagen. Hütet euch, meine Söhne, vor dem Zorn Gottes ...

Aus der 53. Predigt
Himmelfahrt, 4.5.1497

Am Vormittag des 4. Mai 1497, knapp zehn Tage bevor in Rom die gegen ihn gerichtete Exkommunikationsbulle unterzeichnet wurde, ging Savonarola von einer großen Menge Getreuer begleitet in den Dom, um zu predigen. – Luca Landucci berichtet in seinem «Diario» *unter dem 4. Mai: «... am Tag der Himmelfahrt predigte Bruder Girolamo in S. Maria del Fiore, und gewisse Männer, die zu seinen Gegnern gehörten und geringen Gewissens waren, begingen eine große Unverschämtheit. Aus Bosheit drangen sie nachts in die Kirche, indem sie mit Gewalt die Türe, die sich beim Campanile befindet, erbrachen, gingen auf die Kanzel und beschmutzten diese in schimpflichster Weise mit Unrat, so daß man sie abkratzen mußte, bevor er auf die Kanzel steigen konnte ...» – Aus andern Quellen erfahren wir, daß man die Kanzel mit den Eingeweiden eines verendeten Esels beschmutzt und Nägel in die Kanzelbrüstung eingeschlagen hatte.*

Tumult während der Predigt

Wie groß die Macht des Glaubens ist, Geliebteste in Christus Jesus, wird durch unsern Erlöser klar, wenn er sagt: *si habueritis fidem sicut granum sinapis, dicetis monti huic: transi hinc, et transibit, et nihil impossibile erit vobis*[650], das heißt, wenn ihr Glauben habt wie ein Senfkorn, werdet ihr den Bergen befehlen können sich wegzubewegen, und nichts soll euch unmöglich sein ...

Wer daher einen vollkommenen Glauben hat, fürchtet sich vor nichts in dieser Welt, so wie er auch nichts von ihr liebt. Und das könnten wir an unzähligen Beispielen beweisen, indem wir die ganze Reihe aller Gläubigen Christi vom Anfang der Welt bis zur jetzigen Stunde durchgingen. Diese haben alle Wunderbares nicht nur in geistigen, sondern auch in materiellen Kriegen getan. Daher müssen wir uns, Geliebteste, in unsern Drangsalen mit diesem Glauben bewaffnen, müssen recht standhaft sein und dürfen nichts fürchten, denn gekommen ist die Zeit, die ich euch schon oft angekündigt habe, das heißt die Zeit der Drangsale, in der offenbar werden soll, wer glaubt und wer nicht glaubt, denn viele geben vor zu glauben und glauben nicht. Und daher bringt Gott jetzt und auch in Zukunft große Widerwärtigkeiten, damit [die Schlechten] – indem sie ihre Sünden vermehren und diese so der Welt kundtun – sich selber offenbaren, und damit sich in ihrer Bestrafung die göttliche Gerechtigkeit um so mehr zeige, wie denn auch zum Pharao gesagt wurde: *in hoc ipsum excitavi te, ut ostendam in te virtutem meam et annuntietur nomen meum in universa terra*[651], das heißt, ich habe dich bewahrt und mit den Drangsalen zugelassen, daß du dich verhärtest gegen mein Volk, um so meine Macht und Gerechtigkeit an dir zu offenbaren, und damit mein Name auf der ganzen Erde verkündet werde. So will Gott in der Gegenwart, daß die Bosheit der gottlosen und schlechten Menschen offenbar werde und noch wachse, damit er an ihnen seine

Macht und Gerechtigkeit zeige, und sich von da aus sein Name über die ganze Erde verbreite.

Diesen Morgen glaubte ich, mit Christus zusammen in den Himmel auffahren zu müssen, doch täuschte ich mich in meiner Hoffnung. Du glaubtest wohl, ich hätte Angst. Aber weißt du denn nicht, daß sich der Glaube vor nichts fürchtet? Und ich spreche mit dem Propheten: *credidi, propter quod locutus sum*[652], ich glaube und habe geglaubt, und deswegen habe ich standhaft gesprochen. Wer glaubt, ist an einem Ort, den kein Mensch der Welt erklimmen kann, und auf dem – wenn es Zeit ist – *stabunt iusti in magna constantia adversus eos, qui se angustiaverunt*[653], das heißt, die Gerechten werden mit großer Zuversicht gegen jene aufstehen, die sie bedrängt haben, [und dies an einem Ort,] wo Schwerter, Pfeile und Geschosse der Feinde sie nicht erreichen können, denn zu hoch befinden sich jene, die Glauben haben. – Da dir das rechte Leben mißfällt, möchtest du mich treffen, doch wirst du gewiß meine Seele – ohne daß ich es will – nicht treffen können. Solltest du den Leib schlagen, wirst du der Seele Gutes tun. Wenn du wüßtest, wieviel Gutes du mir tust, wenn du mich verfolgst, und wieviel Gutes du tätest, wenn du mich umbrächtest, würdest du nicht tun, was du machst, nur damit ich nicht ein so großes Gut erlange.

Du glaubtest, ich dürfe heute morgen nicht auf die Kanzel kommen – schau, ich bin gekommen! Vielleicht wirst du sagen: «Frate, erstatte deiner Begleitung großen Dank!»[654] Ich aber sage dir: Ich habe sie nicht hergerufen, diese Begleitung! Ich wollte auf jeden Fall kommen und ich werde auch immer kommen, wenn *messer Domenedio*[655] mich dazu anregt, und kein Mensch dieser Welt – von welcher Art er auch sein mag – wird in einem solchen Fall erreichen, daß ich nachgebe. Laß Gott mich dazu nur ermuntern, denn ich habe mich entschlossen, mein eigenes Leben für meine Schafe einzusetzen, und Gott gebe, daß ich diese Gnade erhalte, wenn ich auch dem Herrn seine Schäflein empfehle, daß er sie der guten Hirten nicht ermangeln lasse – zumal es gewiß nicht schwer ist, viel bessere zu finden als ich es bin! Und ganz besonders leicht ist dies für Gott, *qui potens est de lapidibus istis suscitare filios Abrahae*[656], das heißt, er besitzt die Macht, aus Steinen Söhne Abrahams zu erwecken.

Da ich heute morgen, meine Kinder, zu euch sprechen will, haben mich die Umstände bewogen, diesen siebten Psalm zu wählen, worüber wir zuerst zu Gott, dann zu den Guten und schließlich zu den Schlechten sprechen werden …

Nach einem dem «Titel» des Psalms entsprechenden Exkurs über die Verfolgung Davids durch seinen Sohn Absalom wendet sich Savonarola an Gott und legt anschließend eine Rechtfertigung seines Wirkens vor.

Domine Deus meus, in te speravi[657], Herr, ich will zuerst zu dir sprechen, wobei ich dir vor allem andern dafür danken will, daß du mir den Glauben an dich geschenkt und mich auf dem Weg der Vernunft zur Gewißheit deines Seins gebracht hast, das Ursache ist allen [andern] Seins, und seiner unendlichen Vollkommenheit, im Vergleich zu dem jedes Geschöpf nichts ist. Ich danke dir auch, Herr, für das übernatürliche Licht des Glaubens, das du mir gegeben hast, durch das ich erkenne, daß du Gott bist, Vater, Sohn und Heiliger Geist, und daß du, Jesus Christus, wahrer Gott und wahrer Mensch bist, Fleisch geworden und gekreuzigt zu unserem Heil. Du bist mein Herr und Lenker, mein Gott und mein höchstes Gut, zu dem ich mit den Worten spreche: *Domine Deus meus, in te speravi!* Herr, mein Gott, du weißt, daß ich meine Hoffnung auf dich gesetzt habe und nicht auf Reichtümer, noch auf Freunde oder Bürger, noch auf das Volk, Waffen und Pferde, sondern auf dich allein und auf deine große Güte, auf welche ich immer hoffen will. Und da du den nie verläßt, der auf dich hofft, *salvum me fac ex omnibus persequentibus me*[658], rette mich vor denen, die mich verfolgen, rette mich, sag' ich, Herr – nicht diesen Leib, denn du weißt, daß es mein Geist ist, der da spricht, und nicht der Leib. So errette mich denn und mache mit dem Leib, was *du* willst! Und befreie mich aus den Händen der Gegner der Wahrheit, das heißt, mache, daß meine Seele frei ist, die Wahrheit voller Zuversicht zu sagen, damit sie nicht durch Versprechungen oder Schmeicheleien, nicht durch Drohungen oder Verfolgungen zur Sklavin der Lüge und der Sünde werde, sondern mach, daß sie weder liebt noch fürchtet, was irdisch ist, *ne quando rapiat ut leo animam meam*[659], damit nicht der Dämon, das Haupt aller Bösen, der auf der Suche ist, die Seele mit der Sünde zu ergreifen, sie nehme. Er geht umher wie ein brüllender Löwe und stachelt alle seine Gefolgsleute gegen mich auf. So hilf mir denn, Herr, damit er mich nicht ergreife, *dum non est, qui redimat neque, qui salvum faciat*[660], das heißt, du allein bist der Erlöser, und es gibt keinen andern, der mich erlösen und retten könnte außer dir, mein Herr.

Domine Deus meus, si feci istud.[661] Mein Herr, sie sagen, ich sei ein Verführer und betrüge das Volk, du aber weißt, daß ich diese Sünde nicht begangen habe, aber daß *du* es bist, der mich in die Stadt Florenz gerufen hat, als du zu mir sprachst: *exi de terra tua et de cognatione tua et de domo patris tui et veni in terram, quam monstravero tibi.*[662] Und ich bin infolge dieser Eingebung und nicht auf Grund meines Willens in die Stadt Florenz gekommen und ich bin glücklich, daß die glorreiche Jungfrau Maria dies zu bezeugen geruht, zusammen mit allen seligen Geistern, allen Patriarchen und Propheten, Aposteln, Märtyrern, Bekennern, Jungfrauen und dem ganzen himmlischen Hof: Zeugen seien sie gegen meine Seele, wenn ich nicht die Wahrheit spreche, das heißt, daß ich all das, was ich vorausgesagt habe über die Drangsal Italiens, über die Erneuerung der Kirche, über die Florenz gegebenen Versprechungen und über all die andern Dinge, die ich in deinem Namen vorausgesagt habe – daß ich all dies nicht aus eigenem Vermögen verkündet habe, sondern auf Grund deiner Erleuchtung und deines Befehls, nicht auf Grund einer Erleuchtung in Träumen, sondern auf offene und klare Weise in wachem Zustand erleuchtet, und dies mit aller Gewißheit, wie sie für eine so große Sache angebracht ist. Und in gleicher Weise habe ich über die Regierung und die neue Verfassung von Florenz nicht nach meinem eigenen guten oder bösen Willen gepredigt, sondern nur, um dir zu gehorchen, wobei ich sagte, was *du* mir zu sagen auftrugst. – Und so hat es auch in unserem San Marco weder Konventikel noch Versammlungen gegeben, noch habe ich je etwas getan, das gegen das Gemeinwohl der Stadt gewesen wäre, sondern ich habe mich immer um ihr Gemeinwohl und um das Wohl eines jeden einzelnen gekümmert.

Si est iniquitas in manibus meis[663], Herr, sie sagen, ich hätte Geld angesammelt und ich besäße viele tausend Dukaten, in San Marco werde gefeiert und ich würde in der Stadt eine [bestimmte politische] Richtung unterstützen. Daß auch dies nicht wahr ist, dafür rufe als Zeugen die Jungfrau Maria und alle Seligen gegen meine Seele an, sofern ich je Geld angesammelt habe und sofern man in San Marco nicht arm und unserem Orden gemäß lebt, und wenn ich je in der Stadt eine Partei bevorzugt und nicht eher jeden geliebt habe, da ich doch allein die Laster und die Sünden haßte und nur diese tadelte. *Si reddidi retribuentibus mihi mala*[664], Herr, du bist Zeuge, und mit dir rufe ich wieder den ganzen himmlischen

Hof an: obwohl gegen mich viele Verleumdungen erhoben worden sind und ich Ziel vieler Verfolgungen war, habe ich nicht nur nicht Böses mit Bösem vergolten oder etwa versucht oder gedacht, dies zu tun, sondern immer Bösem mit Gutem erwidert, indem ich zu dir für meine Feinde betete, wie dein heiliges Gesetz es will und befiehlt. Gewiß, Herr, sollte ich die Übel und Sünden, deren man mich verleumdet, begangen haben, *decidam ab inimicis meis inanis*[665], so habe ich es zu Recht verdient, im Angesicht meiner Feinde zu fallen, von ihnen ergriffen und vernichtet und eines jeden zeitlichen und geistigen Guts entblößt und beraubt zu werden. Du weißt jedoch, mein Herr, daß das, was sie sagen, nicht wahr ist, und sollte es wahr sein, so bin ich einverstanden, von dir diese Strafe zu empfangen. *Persequatur inimicus animam meam*[666], das heißt, der Teufel soll meine Seele mit Versuchung und Drangsal verfolgen *et comprehendat,* das heißt, er soll sie ergreifen und seinem Willen gefügig machen *et conculcet in terra vitam meam,* damit ich ganz irdisch werde und deine Gnade und all deinen guten Geist verliere, und er habe Gewalt, mich zu töten und mit Füßen in die Hölle zu treten …

Aber weil ich gewiß bin, daß dies nicht wahr ist, spreche ich mit solchem Vertrauen. Und heute will ich vor dem Himmel und der Erde bezeugen, daß der, welcher all dem widerspricht, *dir* und nicht mir widerspricht, und *dich,* aber nicht mich verfolgt. Sie suchen ihren Untergang, woran ich keine Schuld habe. Und dafür begehre ich keine andere Belohnung als dich selbst, doch bitte ich dich, dem Werke zu helfen und die Unschuldigen zu verteidigen. *Exsurge, Domine, in ira tua!*[667] Ich suche nicht Rache, ja, denke nicht einmal daran. Aber du siehst, Herr, welch große Zahl von Teufeln aus der Hölle herausgekommen ist, und wie sie sich daranmachen, die Bösen aufzuwiegeln, um dein Licht auszulöschen. Erhebe dich darum, Herr, in deinem Zorn gegen sie *et exaltare in finibus inimicorum meorum*[668], schaffe dir Ruhm im Gebiet meiner Feinde, das heißt, in dem der Dämonen und der ganzen Hölle, in deren Bereich die Bösen dieser Welt gehören. Richte dich, ich bitte dich, unter ihnen auf und zeige deine Barmherzigkeit jenen, die bereit sind, sich zur Buße zu bekehren, und deine Gerechtigkeit denen, die in ihrer Verstocktheit verharren wollen …

Wir haben zu Gott gesprochen, nun wollen wir zu den Guten sprechen. Ihr beunruhigt und betrübt euch bisweilen über etwas, das euch Trost bringen sollte, und das kommt von eurem geringen Glauben her. Darum richten sich die Worte des heutigen Evangeliums[669] an euch, worin Christus den Unglauben der Jünger und deren Herzenshärte tadelt, weil sie denen nicht Glauben geschenkt hatten, die ihn, den vom Tode zum Leben Erstandenen, gesehen hatten. – Ihr glaubt die Dinge, die ich euch voraussage, bevor sie sich ereignen, aber wenn sie dann eingetreten sind, und ihr sie mit Händen greifen könnt, beginnt ihr zu zweifeln. Ich habe euch gesagt, daß wir mit einer doppelten Macht zu kämpfen hätten, mit doppelter Weisheit und doppelter Bosheit. Das Kämpfen geschieht nicht mit Worten allein, sondern mit Taten. Nicht im Leeren soll dieser Krieg stattfinden, sondern er soll mit Schwertern, Exkommunikationen und Drangsalen geführt werden, und es wird Märtyrer geben, und wollte Gott, daß ich der erste wäre.

Unsere Lauen werden handeln, wie die Brüder Josephs taten, die ihn verkauften, damit er nicht ihr König werde – und gerade dieser Verkauf wurde zum Anlaß, ihn König werden zu lassen. – Habe ich euch nicht immer die Furcht vor Gott und den Frieden gepredigt? Habe ich mich nicht immer für das Wohl eurer Stadt abgemüht und oft vorausgesagt, daß ich dafür nichts anderes erwartet habe als große Undankbarkeit? Du sagst, ich sei kein Prophet, und trotzdem handelst du so, daß man mich dann allerdings zum Propheten macht, da du alles erfüllst, was ich vorausgesagt habe …

Schreibt überallhin, daß der Frate, von dem man sagt, er sei ein Häretiker, erklärt, es werde keinen Frieden geben, sondern Italien werde von einem barbarischen Volk verwüstet werden, und sollten einige miteinander Frieden schließen, so werde dies zur Zerstörung des verdorbenen Italiens führen, auch würden so große Drangsale kommen, daß viele den Tod als ihre einzige Zuflucht herbeirufen werden – doch schreibe und sage eher: Dies sagt nicht der Frate, sondern *Gott*, und daß besonders Rom soviel Drangsal haben werde, daß es zum Unheil aller führen soll, die sich dort aufhalten, darauf aber werde sich die Kirche Gottes erneuern …

Nun ist es Zeit, daß ich mich an die Schlechten wende, die nicht Christus, sondern lieber den Teufel zum Herrn haben wollen. Aber zuerst bitte ich dich, Herr, zürne ihnen nicht, sondern bekehre sie – wenn es möglich ist – zur Buße und verzeihe ihnen, denn sie sind blind und wissen nicht, was sie tun. – Ihr Undankbaren, hört doch etwas auf meine Worte! Ihr kämpft nicht gegen den Frate, sondern gegen Christus, der Gott und ein gerechter und gewaltiger Richter ist … Ich fordere euch auf, euch zu einigen und miteinander Frieden zu schließen, aber du sagst: «Frate, Ursache unseres Krieges bist *du!*» Und ich antworte dir, daß dein schlechtes Leben Ursache des Krieges ist. Christus ist nicht gekommen, um Frieden zwischen Guten und Bösen zu bringen, sondern Krieg … Du bemühst dich, die Predigten zu verhindern, um nach deiner Art leben zu können. Tue es nicht, denn sonst wirst du ein böses Ende nehmen! – Du sagst: «Frate, du hättest heute morgen nicht predigen dürfen!» – O, warum denn? – «Du könntest Ursache zu einem Skandal werden!»

Und ich antworte dir, daß mein Predigen noch nie einen Skandal verursacht hat, und ich vertraue auf Christus, daß es einen solchen auch nicht hervorrufen wird. Glaube mir, sollte ich sehen, daß es besser wäre, nicht zu predigen, so predigte ich nicht, aber ich weiß, daß es schlimmer gewesen wäre, wenn ich heute morgen nicht gepredigt hätte – auch *muß* ich so handeln! – «Aber du hast doch Befehl von seiten der *Signoria,* nicht zu predigen!» – Und *ich* sage dir zunächst, daß dies nicht wahr ist – und nehmen wir an, es wäre wahr, so könnte man sich sehr darüber streiten, ob ich verpflichtet sei, ihr zu gehorchen. Denn über die Frage, ob man einem Tyrannen gehorchen soll, wenn er dem Prediger befiehlt, nicht zu predigen, streiten sich die ehrwürdigen Theologen. Aber um jetzt nicht auf diese Streitfrage einzugehen, sage ich dir, daß ich nicht predigen werde, wenn ich im Zweifel bin, ob daraus nicht ein Skandal entstehen könnte.

Ich höre, wie man Lärm macht. Die Schlechten wollen ihren Teil nicht haben.

Warte, du da! Habt etwas Geduld, denn wüßtet ihr, was *ich* weiß, ihr würdet weinen! – Habt keine Angst, ihr andern, denn Gott ist für uns, und es sind hier viele Tausende von Engeln – – –

An dieser Stelle mußte Savonarola die Predigt abbrechen. Sowohl aus einer von Girolamo Cinozzi verfaßten Nachschrift zu dieser Predigt als auch aus andern zeitgenössischen Quellen sind wir über den Hergang der Ereignisse genau informiert. Cinozzi berichtet u. a.: «... der Prediger rief, sie sollten sich nicht fürchten, doch hörte man ihn infolge des großen Lärms nicht. Da kniete er nieder und betete, dann erhob er sich, nahm ein kleines Kreuz in die Hand und rief, sie sollten auf Christus hoffen, und es werde nichts Schlimmes geschehen. Aber das Volk, das ihn nicht verstand und sah, wie er das Kreuz in der Hand hielt, schrie, und viele nahmen die Kreuzchen, die sie auf der Brust trugen, hervor. Und als einige seiner Gegner zur Kanzel vordringen wollten, wurden sie von den Getreuen zurückgeschlagen … Schließlich ging der Prediger fort, und eine sehr große Menge begleitete ihn bis zum Kloster San Marco …» – Dort hielt er vor seinen Mitbrüdern den Schluß seiner Predigt über den siebten Psalm.

Noch bevor die Exkommunikationsbulle vom 13. Mai 1497 in Florenz eintraf und dort am 18. Juni in verschiedenen Kirchen zur Verlesung gelangte, hatte Savonarola – auf Grund entsprechender Nachrichten – am 20. Mai Papst Alexander VI. einen Rechtfertigungsbrief zukommen lassen. Darin schreibt er u. a.: «Demnächst wird von mir ein Werk ‹Über den Triumph Christi› herausgegeben werden, woraus man deutlich wird erkennen können, ob ich ein Verbreiter von Häresien – was fern sei – oder katholischer Wahrheit sei.» – Der Traktat, der eine Zusammenstellung der wichtigsten Glaubenswahrheiten darstellt, steht in einer Reihe apologetischer Schriften Savonarolas und seiner Freunde aus den Jahren 1497/1498, von denen u. a. genannt seien: Savonarolas Briefe «An alle Auserwählten Gottes und Christgläubigen» und «Gegen die neulich erfolgte Exkommunikation», sowie die Schrift von Gianfrancesco Pico della Mirandola «Über die zu Unrecht verfügte Strafe der Exkommunikation», welche die Unschuld des «Propheten Hieronymus Savonarola» erweisen sollte.

Der lateinisch abgefaßte «Triumphus» *erschien noch vor Ende 1497 und die von Savonarola selbst gestaltete Übersetzung bzw. Bearbeitung wohl unmittelbar nach dessen Hinrichtung. – Die hier wiedergegebenen Auszüge folgen dem lateinischen Text.*

In seinen sechs «Trionfi» *hatte Petrarca dichterische Bilder von Triumphzügen allegorischen Charakters entworfen (Triumph der Liebe, der Keuschheit, des Todes, des Ruhms, der Zeit und der Ewigkeit), die in der Kunst des 15. Jahrhun-*

derts reichen Nachklang fanden. – Als «Trionfi» *wurden besonders auch jene Umzüge bezeichnet, die auf Karren aufgebaute Szenerien aus der Heilsgeschichte oder aus der Mythologie aufwiesen. Gerade letztere stellten im Florenz eines Lorenzo de' Medici eine Art Triumph des neuerstandenen Heidentums dar. In bewußtem Gegensatz dazu schildert Savonarola den «Triumphwagen Christi».*

Der Triumphwagen

Da Gott von unendlicher Macht, Weisheit und Güte ist, kann er von nur einem einzigen Geschöpf her lediglich unvollkommen erkannt werden. Die Philosophen aber gelangten zur Erkenntnis einer so großen Majestät hauptsächlich auf Grund der Ordnung des Universums. Diese Ordnung besteht nicht nur aus einer Sache, sondern aus fast unzähligen, die sie ohne große Schwierigkeit vor ihren Augen vereinen konnten, da sie alle zusammen gleichsam durch ein natürliches Band miteinander so verknüpft sind, daß die eine von der anderen abhängt. – So kann auch die Macht und die Weisheit Christi nicht aus einer einzelnen seiner Taten gleich erkannt werden. Wenn wir aber alle seine Taten und die Auswirkungen, die daraus entsprungen sind, unserer Betrachtung in gleicher Weise darbieten wollen und nicht nur eine Begründung, sondern deren viele aus ihnen zusammenbringen, wird der Intellekt eines jeden Menschen ohne Zweifel gezwungen sein zu gestehen, daß Christus, der Gekreuzigte, wahrer Gott ist. Denn wenn auch eine einzige Handlung oder Beweisführung wohl kaum ausreichen dürfte, so werden sie trotzdem, alle zusammengenommen, eine solche Beweiskraft haben, daß wohl keiner – er sei denn anmaßenden Geistes – nicht zustimmen kann. – Da aber die vergangenen und gegenwärtigen Werke Christi sich nicht so leicht unserer Betrachtung darbieten wie die Werke der Natur, denen wir täglich begegnen und die in einer unter dem Himmel wunderbaren Ordnung verknüpft werden, habe ich es für nützlich erachtet, diese im Bild eines *Triumphwagens* sinnenfällig zusammenzufassen und so jedem Menschen, auch wenn er nicht gebildet ist, gleichsam greifbar vorzulegen, damit wir auf diese Weise nicht nur das einzelne abgesondert, sondern zugleich alles zusammen betrachten können.

Zunächst wollen wir uns also einen Wagen vor Augen halten, der auf vier Rädern fährt und auf ihm – nach der Art eines Triumphators – Christus, der mit Dornen[670] gekrönt ist und der die von Schlägen verursachten Flecken und die Narben und Wunden seines ganz von Blut besudelten Leibes zeigt, nachdem er unzählige Schmähungen und Mißhandlungen und die grausamste und schimpflichste Art der Qual und des Todes auf sich genommen hatte. Mit diesen und nicht mit andern Waffen hat er sich alles unterworfen und die elenden Gefangenen hinaufgeführt.[671] – Über seinem Haupt schwebe eine von blitzenden Strahlen leuchtende Kugel, die mit dreifachem Gesicht die Dreieinigkeit darstellt und die Christus selbst und seiner Kirche einen unbeschreiblichen Lichtglanz verleiht. Christus aber halte in seiner Linken das Kreuz zusammen mit den übrigen Marterwerkzeugen seiner Passion, in seiner Rechten das Buch der beiden Testamente. – Bei seinen Füßen stehe ein Kelch und darüber eine Hostie und um ihn herum Gefäße, gesondert für Wasser, Wein, Öl und Balsam, zusammen mit den übrigen Zeichen für die Sakramente der Kirche. – Gleich unterhalb der Stufe, auf der Christus ist, sitze seine gütigste Mutter, die Jungfrau Maria. Unterhalb der Stufe der Jungfrau seien ringsumher goldene, silberne und kristallne Gefäße angeordnet, die mit Ziselierungen und kostbaren Edelsteinen geschmückt und mit den Gebeinen und der Asche von Toten gefüllt sind. – Gleich vor dem Wagen sollen sich die Apostel und die Prediger befinden, gleichsam als zögen sie alle den Wagen, wobei ihnen die Patriarchen und Propheten des Alten Testaments voranschreiten, zusammen mit einer unzählbaren Menge von Männern und Frauen. – Den Wagen sollen sehr große Scharen von Märtyrern beiden Geschlechts und jeden Standes umstehen, und um diese herum seien alle heiligen Lehrer mit offenen Büchern in beiden Händen. – Dem Wagen folge eine unendliche Zahl von Menschen beiden Geschlechts und von jeder Art und jedes Standes: Juden, Griechen, Lateiner und Barbaren, sowohl Reiche wie Arme, Weise, Gelehrte und Ungebildete, Leute jeden Alters, die Beifall klatschen. – Rund um all diese herum, die teils vor, teils hinter dem Triumphwagen einen Zug bilden, wollen wir unzählige Scharen von Gegnern stellen, die mit allen Kräften die Kirche bekämpfen: Kaiser, Könige, Fürsten und Mächtige dieser Welt, auch Weise, Philosophen und Häretiker, Leute aus allen Völkern und jeder Zunge, Sklaven und Freie, Männer und Frauen, eine unendliche Menge jedes Standes. Neben diesen seien die ruchlosen Abbildungen und Idole der Götter zu Boden geworfen, zerstört und zerstückelt dargestellt, sowie die verbrannten Bücher der Häretiker, die widerlegten Ansichten der übrigen Lehrer, schließlich jedweder zu Boden geworfener und zu Fall gebrachter Kult anderer Religionen.

Bilderverehrung und Symbolik des Kirchenraums

Da wir eine vernünftige Begründung für die kirchlichen Sakramente geliefert haben[672], wird es für uns nicht schwierig sein, eine solche in gleicher Weise auch für die übrigen Zeremonien zu geben. Weil es aber zu weit führen würde, alle einzeln zu behandeln, wollen wir kurz nur die wichtigsten berühren. Daraus wird für jeden klar ersichtlich werden, daß alles, was in der Kirche zu geschehen pflegt, vernünftig angeordnet ist.

Es könnte zunächst ungebührlich erscheinen, wenn wir das Kreuz und die Bilder Christi und seiner Heiligen verehren, und zwar deshalb, weil dadurch Dingen, die keine Empfindungen haben, eine kultische Verehrung erwiesen wird. Aber diesen Einwand können wir leicht lösen. Ein Bild kann nämlich unter *zweierlei Gesichtspunkten* betrachtet werden. *Zunächst* nämlich, insofern es ein Ding ist, das heißt Gold, Silber, Holz oder etwas anderes. In dieser Hinsicht[673] verehren wir weder das Kreuz noch die Bilder der Heiligen. *Zweitens,* insofern es ein Bild ist, das etwas darstellt. Und weil der gleiche Beweggrund zum Bild – insofern es Bild ist – besteht wie zu der durch das Bild bezeichneten Sache, ist es nicht ungebührlich, wenn wir die Bilder in *dieser* Weise verehren, denn so verehren wir nicht Dinge, die keine Empfindung haben, sondern Bilder und Reliquien der Heiligen, insofern diese uns durch Zeichen dieser Art oder in Form von Reliquien in Erinnerung gebracht werden. Es kann demnach gesagt werden, daß die Heiligen in ihren Dingen und Bildern von uns auf die gleiche Weise verehrt werden, wie wenn die Diener dem Bild des Kaisers Ehre erweisen – nicht etwa, weil es ein so oder so beschaffener Gegenstand wäre, sondern weil es sein Abbild ist – das bedeutet aber nichts anderes, als den Kaiser selbst ehren. Und so wie wir die Heiligen selbst verehren, so auch ihre Bilder: Das Kreuz nämlich und die Darstellung des Gekreuzigten durch *anbetende Verehrung*[674], das Bild der Jungfrau Maria, der Mutter Gottes, in Form ganz *besonderer Verehrung,* und die Abbilder der andern Heiligen in Form *gewöhnlicher Verehrung.* Darstellungen dieser Art sind geschaffen worden, um das Andenken der Heiligen in Erinnerung zu rufen, uns durch ihr Beispiel zu Tugend und

Heiligkeit anzuspornen und uns zu ermutigen, sie um ihre Fürsprache bei Gott anzuflehen. Und da Malereien auch deren Taten darstellen, dienen sie besonders Ungebildeten und des Lesens Unkundigen an Stelle einer Lektüre.

Weil das Unsichtbare Gottes durch das, was geschaffen worden ist, vom Intellekt erkannt wird, bauen und weihen wir auch materiell Kirchen, damit Steine, Holz und deren ganze Anordnung und Bauart auf die himmlischen Geheimnisse hinweisen, und die von Hand errichteten Tempel die geistige Kirche, das heißt Christus, zusammen mit all ihren Gliedern, bezeichnen, so daß dadurch der Mensch auf dem Weg eines Gefallen gewährenden Vergleichs zur Betrachtung des Göttlichen angeregt wird.

Die *Steine* bezeichnen die einzelnen, durch Standhaftigkeit des Glaubens und Dauerhaftigkeit des Aushaltens festgefügten Gläubigen. Der *Mörtel* ist die Liebe. Diese fügt sie zusammen, verbindet sie eng, belebt sie und macht sie einander gleich, damit sie nicht infolge Zwietracht in gegenseitigem Widerspruch stehen. Der *erste Stein*, der alles eint, ist Christus, der *Eckstein*[675], auf dem die Fundamente der ganzen Kirche ruhen. Diese selbst aber sind die Apostel und die Propheten. – Die *Mauern*, die sich auf das Fundament stützen, bedeuten diejenigen, die sich der Kontemplation hingegeben haben, das *Dach* aber die im aktiven Leben Beschäftigten. Da bei diesem geistigen Bauwerk der erste Stein und die Fundamente, das heißt Christus, die Apostel und Propheten im Himmel sind, überragt sie das Dach [symbolisch] nicht, sondern wendet sich sozusagen abwärts. Es ist dem Wind, den Regengüssen und Stürmen ausgesetzt und bezeichnet jene, die mitten in den Wechselfällen und Stürmen der Welt dem aktiven Leben obliegen und dem Nächsten Beistand leisten. – Die *Länge* der Kirche zeigt die Dauerhaftigkeit der [ihr angehörenden] Völker an; die *Höhe* die [unter den Gläubigen bestehenden] Abstufungen und die Verschiedenheiten in den Verdiensten, und die *Breite* die Menge der auf dem ganzen Erdkreis verstreuten Gläubigen. – Das *Sanktuarium* bezeichnet den Stand der Jungfrauen, der *Chor* den der Enthaltsamen, und das *Schiff* den Stand der Eheleute. Das Sanktuarium ist enger und geweihter als der Chor und ebenso der Chor im Vergleich zum Schiff, und je enger diese [Räume] sind, um so geringer an Zahl und um so würdiger sind die, welche sich dort befinden, wobei der eine Stand den andern überragt. – Das *Atrium* bezeichnet die falschen Christen, die – obwohl getauft und geheiligt – außen umherirren, begraben in der Fäulnis und Verderbtheit ihrer Laster. – Der *Altar* ist Christus, auf dem wir nicht nur die Opfer der guten Werke, sondern auch die der Gebete darbringen, fügen wir doch am Ende eines jeden Gebetes hinzu: *per Dominum nostrum Iesum Christum.*[676] – Der *Turm* ist die Warte und die Schutzwehr der Heiligen Schrift, von wo aus wir die Nachstellungen der Feinde von weitem wahrnehmen und die gegnerischen Angriffe abschlagen. Die *Glocken*, die aus ihrer Höhe das Volk herbeirufen, sind die Herolde des göttlichen Wortes, die vor den Ohren der Menschen den Klang der Heiligen Schrift ertönen lassen und diese zur Hochzeit in der himmlischen Heimat einladen. – Die *Fenster* betrachten wir als Hinweis auf die [Kirchen-]Lehrer, durch die uns die Kenntnis von Gott leuchtet. – Die *weiße Übertünchung* der Innenseite der Wände zeigt die Reinheit des Herzens an, die der Außenseite die Reinheit der Liebe. – Die *zwölf Kerzen*, die bei der Weihe der Kirche entzündet werden, bedeuten die zwölf Apostel, durch deren Lehre die ganze Kirche klar erleuchtet wird, und die *zwölf Kreuze*, vor denen jene Leuchter aufgestellt werden, zeigen an, daß die Apostel dem Kreuz Christi gefolgt sind und dieses dem ganzen Erdkreis verkündet haben. – Die *Türen* der Kirche sind die Sakramente, durch die uns – vor allem durch die Taufe – der Zugang zur Kirche offensteht. – Die *Lampe des ewigen Lichts* bezeichnet das unaufhörliche Ausstrahlen des Heiligen Geistes und dessen Gnade, durch welche die Kirche immerfort belebt wird. – Das *Weihwasser* weist auf den Quell der Tränen[677] hin, der die Schuld der Gläubigen abwaschen soll. – Die *Gewänder* der Priester und der Kirchendiener schließlich, die *heiligen Gefäße*, die *Gesänge* und die Anordnung aller andern Dinge entbehren nicht eines ganz bestimmten Grundes und einer geheimen Bedeutung. Wenn wir dieses im einzelnen verfolgen möchten, sähen wir uns zu einem umfangreichen Buch veranlaßt, doch glauben wir, daß dies genügen soll. – Alle mögen daraus lernen, daß die christliche Religion nichts Unmögliches, nichts Unvernünftiges, schließlich nicht nur nichts Albernes, sondern auch nichts enthält, das nicht bewundernswert wäre. Wer dies genauer wissen möchte, lese aufmerksam die Bücher unserer Lehrer, und wenn er alles sorgfältig prüft, wird er vollends erkennen, daß der Kult dieser Kirche nicht von Menschen, sondern allein von dem hat eingesetzt werden können, der jeden Menschen, der in die Welt kommt, erleuchtet. Das können wir durch die tägliche Erfahrung beweisen, denn Menschen, die sich richtig geläutert haben, werden bei der Betrachtung dieser Mysterien im Geist so sehr zum Göttlichen erhoben, daß sie, sich selbst vergessend, gleichsam vom Schaudern ergriffen außer sich geraten.

Die Tatsache, daß Savonarola in seinem theologischen Kompendium an dieser Stelle die traditionelle Lehre über das Petrusamt wiedergibt, hat gewiß situationsbedingten apologetischen Charakter, wie auch sein summarisches Urteil über alle Häretiker. Mag er auch Mißstände sowohl in der Ausübung des päpstlichen Amtes als auch in der Kirche mit schärfsten Worten angegriffen haben, so war das Petrusamt als solches für Savonarola nie Gegenstand der Kritik.

Petrus und seine Nachfolger als Stellvertreter Christi auf Erden

Nun soll gegen die Häretiker disputiert werden. Obwohl sich diese zu Christus und seinem Evangelium bekennen, verstricken sie sich trotzdem in mannigfaltige Irrtümer. Da aber eine Aufzählung und Widerlegung der Lehrer der einzelnen Häretiker ein recht umfangreiches Buch ergäbe, was gewiß nicht nötig ist, da sie von den ehrwürdigen Lehrern zuschanden gemacht und niedergeworfen worden sind, wollen wir sie alle zusammen mit ein und demselben Schlag auf einmal durchbohren.

Zunächst werden wir beweisen, daß es notwendig ist, daß die gesamte Kirche nur von *einem einzigen* Haupt geleitet werde. Denn wenn die Häretiker glauben, daß die Menschen und die Kirche, für die Gott soviel Wunderbares getan hat, durch die göttliche Vorsehung regiert und gelenkt wird, so ist es nötig, daß sie zugeben, daß die bestehende Lenkung der Kirche bestens angeordnet ist, wurde sie doch von jenem eingerichtet, durch den die Könige herrschen und die Gesetzgeber das Recht festlegen. – Eine Herrschaft über die Menschen ist aber dann die beste, wenn sie durch einen einzigen ausgeübt wird, und das wird klar aus dem Zweck einer Regierung, der im Frieden und in der Einheit der Untergebenen besteht. Dafür ist aber ein einzelner geeigneter als viele. Deswegen ist es notwendig, daß die Leitung der Kirche so angeordnet ist, daß *ein einziger* der Kirche vorsteht.

Die streitende Kirche leitet sich von der triumphierenden Kirche[678] dadurch ab, daß sie sich ihr angleicht. Eine niedrigere Herrschaft ahmt die höher gestellte Ordnung nach, und je näher sie dieser kommt, um so vollendeter wird sie. Lenker und Herr der triumphierenden Kirche ist aber ein einziger, nämlich Gott, und so ist es notwendig, daß es auch einen einzigen Vorsteher der streitenden Kirche gibt. – Wenn schon die natürlichen Dinge nach wunderbarer Ordnung eingerichtet sind, muß man annehmen, daß dies bei den übernatürlichen um so mehr der Fall ist. Wir sehen aber, daß überall, wo in der Natur eine Herrschaft erscheint, diese sich auf einen einzigen beschränkt. Wie alle Bewegungen ihre Ursache bei einem einzigen Beweger haben, so richten sich die Bienen nach einem König[679], und alle Glieder eines Lebewesens letztlich nach dem Herzen, und ebenso ist es nötig, bei den übrigen Lebewesen und bei jeder einzelnen Art ein erstes anzunehmen, das Maß für alle andern ist. In der Kirche ist um so mehr *ein* Haupt notwendig, um das ganze christliche Volk zu regieren, als diese alle andern Regierungen an Würde überragt.

Ebenso stimmen alle Häretiker mit uns überein in der Annahme nur eines, nämlich des Neuen Testamentes, oder beider zusammen. In beiden wird aber nur *ein* Haupt der Kirche angenommen, denn im ersten Kapitel von Hosea liest man: «es werden sich die Söhne Judas und in gleicher Weise die Söhne Israels vereinigen und sich ein einziges Haupt geben»[680], und im zehnten Kapitel von Johannes: «es wird *einen* Schafstall und *einen* Hirten geben»[681]. Auch kann man vernünftigerweise die Regierung nicht in dem Sinn Christus allein zuweisen, daß er etwa nach seiner Auffahrt in den Himmel die Kirche ohne Lenker und Stellvertreter zurückgelassen hätte, denn daraus hätte sich größte Verwirrung, Aufteilung in verschiedene Richtungen und Unsicherheit in Ansichten vor allem bezüglich Glauben und richtiger Lebensführung ergeben. Man hätte nicht wissen können, an welcher Meinung am ehesten festzuhalten sei, und man hätte weder eine Regel noch eine Möglichkeit gehabt, für Gerechtigkeit zu sorgen. Das stünde auch im Widerspruch zu den Worten von Christus selbst, hat er doch in ganz besonderer Weise dem *Petrus* den Auftrag gegeben: «Weide meine Lämmer»[682] und ebenso: «Petrus, ich habe für dich gebetet, daß dein Glaube nicht erlahme, und wenn du dich bekehrt hast, dann stärke deine Brüder!»[683] Daher versprach er [der Kirche] Petrus als seinen Stellvertreter, was er noch klarer ausdrückte, als er sprach: «Du bist Petrus, und auf diesen Felsen *(super hanc petram)* will ich meine Kirche bauen, und die Pforten der Hölle werden sie nicht überwältigen. Und dir will ich die Schlüssel zum Himmelreich geben; was auch immer du auf Erden gebunden hast, wird auch im Himmel gebunden sein, und was auch immer du auf Erden gelöst hast, wird auch im Himmel gelöst sein.»[684]

Man kann aber nicht sagen, diese Würde sei

allein Petrus, nicht aber seinen Nachfolgern gewährt worden, da Christus doch ebenfalls bestimmt hat, seine Kirche werde bis zum Ende der Welt dauern. Dabei sprach er auch zu seinen Jüngern als den Stellvertretern aller Gläubigen: «Siehe, ich bin bei euch alle Tage bis zum Ende der Welt»[685] und Jesaias sprach im neunten Kapitel: «Auf dem Thron Davids und über sein Reich wird er sitzen, um es zu stärken und es zu festigen durch Satzung und Gerechtigkeit, von nun an bis in Ewigkeit.»[686] – Daraus folgt die Versicherung, daß dieses Amt als etwas für die Kirche sehr Nützliches wie auch allgemein Notwendiges in beständiger Nachfolge bis zum Ende der Welt dauern sollte. Da nun Petrus von Christus als sein Stellvertreter und als Hirte der ganzen Kirche eingesetzt wurde, so ist es folgerichtig, wenn alle Nachfolger Petri dieselbe Gewalt innehaben. Und da nun die Bischöfe Roms die Stelle Petri einnehmen, ist es offensichtlich, daß die römische Kirche die Führerin und Lehrerin aller Kirchen ist, und daß die Gemeinschaft aller Gläubigen sich mit dem römischen Pontifex zu vereinigen hat. Wer also von der Einheit und der Lehre der römischen Kirche abweicht, irrt zweifelsohne vom richtigen Weg ab und entfernt sich von Christus. – Alle Häretiker sind aber mit ihr uneins; sie irren folglich vom rechten Pfad ab und können nicht als Christen erklärt werden. Als *Häretiker* wird nämlich der bezeichnet, der die Lehre der Heiligen Schrift und der heiligen römischen Kirche verkehrt und hartnäckig in einer

Sekte verharrt, die er sich selbst ausgewählt hat und der er nun anhängt.

Wie schon oft gesagt worden ist: Wahres stimmt mit Wahrem überein, und alles, was wahr ist, bestärkt sich gegenseitig. Die Häretiker aber widersprechen einander derart, daß sie kaum in einem einzigen Punkt übereinstimmen, ja, sie verwunden sich sogar gegenseitig mit ihren Geschossen so sehr, daß sich bei ihnen nichts Dauerhaftes finden läßt. Daraus wird ersichtlich, daß sie der Wahrheit fernstehen. Die Lehre der römischen Kirche hingegen ist bezüglich Glauben und rechter Lebensführung einheitlich. Und obwohl es fast unzählige katholische Lehrer gibt, weichen diese von ihr in nichts ab – oder wollen es zumindest nicht.

Die Herrschaft Christi und der streitenden Kirche ist zudem nicht nur bis zum Ende der Welt festgelegt, sondern wird nach der Erneuerung des Erdkreises in gleicher Weise in Ewigkeit weiterdauern, wie das Evangelium, alle Schriften und die Zeugnisse der Heiligen bekunden. Die Häretiker aber, die mit Gewalt und List die Katholiken in grimmigster Weise verfolgt haben, konnten in der Schlacht gegen die römische Kirche nicht bestehen, sondern stürzten infolge der Verkehrtheit ihrer Ansichten und der Halsstarrigkeit ihrer Anhänger völlig in sich zusammen. Daraus wird klar, daß ihre falschen Schriften nicht von Gott gekommen sind und ihre Lehre nicht christlich war.

Darüber hinaus beweist dies ganz besonders auch

ihr Leben, das von vielen ruchlosen Taten befleckt ist. Kein einziger von ihnen – auch nicht unter den Häresiearchen[687] – ist, sei es im Leben oder im Tode, so geachtet oder verehrt worden wie – im Gegensatz zu ihnen – zahllose Gläubige. Deren Andenken bleibt in Ewigkeit gepriesen; auch ihre Asche und Gebeine werden von den Katholiken verehrt, und ihr Todestag wird jeweils unter höchsten Lobpreisungen gefeiert.

Schließlich sind ihre Bücher voll eitler Dinge und offensichtlicher Irrtümer, die sich nicht nur gegen die Heilige Schrift richten, sondern auch gegen die natürliche Vernunft und die wahre Philosophie, und die somit widerlegt werden können. – Weil aber von den heiligen Lehrern genug Streitgespräche gegen sie gehalten worden, und sie selbst auch völlig beseitigt worden sind, ist es nicht nötig, daß wir uns weiter damit abmühen. Die Vertilgung ihrer Lehre und ihrer perversen Religion beweist ihre Verworfenheit, denn was von Gott kommt, besitzt Geradheit und Festigkeit, und kann nicht aufgehoben werden.

1498

Einleitung

Im Januar und Februar 1498 (nach florentinischem Kalender 1497) nahm der Druck auf die Signoria zu, die Savonarolas vom Papst untersagte Predigttätigkeit nicht nur duldete, sondern zeitweise sogar unterstützte. In einem Breve vom 26. Februar spricht der Papst von «verderblichen Irrtümern des Sohnes des Verderbens (iniquitatis filius)*», verlangt von neuem dessen Auslieferung und droht der Stadt mit dem kirchlichen Interdikt. – Als auch die Kanoniker des Doms eine entsprechende Warnung erhalten hatten, verzichtet Savonarola auf ein Auftreten in S. Maria del Fiore und predigt vom 2. März an in S. Marco.*

Wichtiger als die am Karnevalstag, dem 27. Februar, erfolgte zweite Verbrennung von Eitelkeiten, zeigt sich Savonarolas Entschluß, endlich das geheimnisvolle «Schlüsselchen» (chiavetta), *von dem er oft gesprochen hatte, hervorzuholen, das heißt, Schritte zur Einberufung eines Konzils zu unternehmen, das den simonistischen Papst absetzen und die Reform der Kirche einleiten sollte. Zunächst gedachte er, die Fürsten, das heißt den Kaiser und die Könige von Frankreich, Spanien, England und Ungarn, für seine Idee zu gewinnen. Entwürfe zu solchen Schreiben, die nie abgesandt wurden, haben sich erhalten. So erklärt Savonarola im Brief an Karl VIII. u. a., Alexander VI. sei infolge seiner simonistischen Wahl nicht rechtmäßiger Papst; er bittet um Abhaltung eines Konzils an einem «freien und sicheren Ort», und dem Kaiser gegenüber wiederholt er das seit langem verbreitete Gerücht, der Papst sei kein Christ, sondern ein* Marrane, *das heißt ein zum Christentum scheinbekehrter Jude.*

Unter dem Druck der Interdiktsdrohung verlangte die Signoria von Savonarola, «für einige Tage» auf die Predigt zu verzichten, und so trat dieser am 18. März zum letzten Mal öffentlich auf, jedoch nicht ohne mit deutlichen Worten zu erklären, daß er nichts widerrufe.

Ein Ereignis, das den Schlußakt der Tragödie einleiten sollte, bildete die Aufforderung des in S. Croce die Fastenpredigten haltenden Franziskaners Francesco di Puglia aus dem Kloster S. Miniato zur Feuerprobe an jeden, der Savonarolas Ansichten über Reform und Züchtigung der Kirche und der Stadt Florenz teile und die Ungültigkeit der gegen diesen ausgesprochenen Exkommunikation verteidige. Eine bereits im Jahr zuvor in Prato gegenüber Fra Domenico da Pescia vorgebrachte Herausforderung war damals ohne Folgen geblieben. – Es darf als gesichert gelten, daß ein derart unzeitgemäßes Vorgehen wie das einer Probe durch das Feuer Savonarola angewidert hat, doch war es ihm offenbar nicht mehr möglich, die von Fra Domenico, seinem getreuesten Mitstreiter, mit Glaubenseifer angenommene Herausforderung rückgängig zu machen, hatten doch allzu viele unter seinen Jüngern schon längst Wunderzeichen zur Bestätigung seines Wirkens erwartet.

Das von der Signoria im Verlauf langer Verhandlungen – u. a. wurde vereinbart, daß an Stelle des herausfordernden

Francesco di Puglia sein Mitbruder Giuliano Rondinelli durchs Feuer gehen würde – vorbereitete und von der ganzen Stadt mit Spannung erwartete Schauspiel, das am 7. April auf dem Platz vor dem Palazzo della Signoria stattfinden sollte, schlug fehl. Zeitgenössische Chroniken – auch Luca Landucci in seinem «Diario» *– berichten in allen Einzelheiten über die Konstruktion des* palco, *des Gerüstes, auf dem die Feuerprobe hätte stattfinden sollen, sowie über die von franziskanischer Seite verursachten Verzögerungen – so wurde wiederholt behauptet, Fra Domenicos Kleider könnten von Savonarola verhext worden sein – und den bei hereinbrechender Nacht von der Signoria verfügten Abbruch des Experiments. Im Volk, das nur zu gerne Zeuge eines Wunders geworden wäre, herrschte eine Empörung, welche die Compagnacci und die Arrabiati geschickt zugunsten der am Nichtzustandekommen der Probe schuldigen Franziskaner und gegen die Brüder von S. Marco für ihre eigenen Zwecke zu mißbrauchen verstanden. – Nach Unruhen, die tags darauf, am Palmsonntag, anläßlich der Vesper im Dom ausbrachen, kam es zum Sturm auf S. Marco, der bis tief in die Nacht dauerte. Als die Kirchtüre des von einigen Getreuen verteidigten Klosters aufgebrochen worden war und man bereits in der Kirche zu kämpfen begann, verlangte die Signoria die Auslieferung Savonarolas. Dieser und Fra Domenico, der Savonarola nicht im Stich lassen wollte, wurden gefesselt in den Palast abgeführt und dort eingekerkert. Tags darauf traf das gleiche Schicksal Fra Silvestro Maruffi, der sich zunächst versteckt hatte.*

Wenn auch Savonarola schon am 9. April befragt und der Strickfolter unterzogen wurde, so begann der offizielle

Prozeß, der eine solche Bezeichnung allerdings nicht verdient, erst zwei Tage später. Die sich zum Teil widersprechenden, bald klaren, bald verwirrt formulierten Aussagen Savonarolas, der infolge seiner ohnehin angeschlagenen physischen Konstitution unter der Folter mehrmals zusammenbrach, stellte ein Notar, Ceccone di ser Barone, der sich der Signoria zur Verfügung gestellt hatte, zu einem «Protokoll» zusammen. Unter den wichtigsten «Geständnissen» findet sich Savonarolas Aussage, er habe die ihm von Fra Silvestro Maruffi, der an psychischen Störungen litt, mitgeteilten Visionen für seine eigenen ausgegeben und von ihm selbst Erdachtes als von Gott eingegeben verkündet. – Das Protokoll kam am 19. April in Anwesenheit von u. a. sechs ausgewählten Brüdern aus S. Marco im Großen Saal des Palastes zur Verlesung und zur Unterzeichnung. Das geschickt manipulierte, aber verwirrende «Protokoll», das Wahrheit mit Lüge verband, hatte zur Folge, daß wohl der größte Teil von Savonarolas Anhängern – auch die Brüder in S. Marco – von diesem abfiel. Luca Landucci berichtet in seinem «Diario» *voller Trauer:*

«Am 19. April verlas man im Rat, im Großen Saal, das Prozeßprotokoll des Bruders Girolamo, das er mit eigener Hand geschrieben hatte, und den wir für einen Propheten gehalten hatten, nun aber gestand, kein Prophet zu sein ... Ich befand mich dort, um das Protokoll verlesen zu hören, erstaunte darüber und verharrte verblüfft und voller Verwunderung. Und Schmerz erfüllte meine Seele, als ich sah, wie ein derartiges Gebäude, das auf dem traurigen Fundament einer einzigen Lüge errichtet worden war, zu Boden stürzte ...»

Der Papst bestand zwar auch jetzt noch auf einer Auslieferung Savonarolas, doch einigte man sich schließlich darauf, daß der kirchliche Prozeß unter Führung des Generals des Dominikanerordens, Gioachino Torriani, und eines jungen Spaniers, Francesco Remolines, Auditor des römischen Gouverneurs, in Florenz stattfinde. Fünf Jahre später wurde Remolines nicht zuletzt wegen seiner geleisteten Dienste von Alexander VI. zum Kardinal erhoben.

Savonarola war nach einem kurzen zweiten Prozeß, dessen Protokoll im Gegensatz zum ersten nicht veröffentlicht wurde, eine Zeit relativer Ruhe vergönnt, während der er auf die Bitte des zu ihm bekehrten Kerkermeisters hin eine kurze Anleitung zur Führung eines christlichen Lebens (regola del ben vivere) *verfaßte, vor allem aber aus tiefster Seelennot heraus die beiden Meditationen über die Psalmen* «Miserere mei, Deus» *und* «In te, Domine, speravi» *schrieb, die zu den ergreifendsten und am meisten verbreiteten Schriften Savonarolas zählen.*

Der dritte Prozeß, hauptsächlich von Francesco Remolines geführt, fand wiederum unter Anwendung der Folter statt, dauerte knapp drei Tage und endete mit Savonarolas Verurteilung zum Tode wegen Häresie und schismatischer Umtriebe. – Parallel zu diesen Verhören hatten die Prozesse gegen die Brüder Domenico da Pescia und Silvestro Maruffi stattgefunden (für die vollständigen Texte der Protokolle der drei Prozesse, die über sechzig Druckseiten einnehmen, sei auf die in der Bibliographie aufgeführten Ausgaben hingewiesen).

Abgesehen von den Verhören und den damit verbundenen Folterungen, blieb Savonarola eine Untersuchung seines

*Geschlechts, die im «*Alberghettino*» genannten Kerker des Palastturmes stattfand, nicht erspart, war doch infolge obskurer Anzeige der Verdacht aufgekommen, es könnte sich beim Frate um einen Hermaphroditen handeln.*

Die Vollstreckung des Todesurteils wegen Häresie und schismatischer Umtriebe blieb – wie üblich – dem weltlichen Arm vorbehalten. Und so kam es am 23. Mai 1498, am Tage vor Himmelfahrt, zur Hinrichtung der drei Brüder durch den Strang und zur unmittelbar darauf folgenden Verbrennung von deren Leichen. Ihre Asche lud man auf einen Karren und warf sie vom Ponte Vecchio aus in den Arno. Mehrere zeitgenössische Chroniken, diplomatische Korrespondenzen sowie das Tagebuch von Luca Landucci, dessen Bericht im Anhang an unsere Textauswahl folgt, beschreiben das tragische Ereignis in allen Einzelheiten.

Auf der Piazza della Signoria bezeichnet heute eine in das Pflaster eingelassene Platte die Stelle, an der sich Galgen und Scheiterhaufen erhoben.

Über Verwaltung und Regierung der Stadt Florenz

Der auf Veranlassung der Signoria zwischen Januar und März 1498 in der Umgangssprache abgefaßte Traktat «Circa el reggimento e governo della città di Firenze» *enthält Gedankengut, das Savonarola in den Predigtzyklen der Jahre 1494 bis 1496 entwickelt hatte, und ist von der Abhandlung «Über die Herrschaft der Fürsten» des Thomas von Aquin beeinflußt.*

Vorwort

Da schon viele vortreffliche Männer von hervorragender Begabung und Gelehrsamkeit ausgiebig über die Regierungsform der Städte und Herrschaftsgebiete mit großem Wissen geschrieben haben, scheint es, *magnifici ed eccelsi Signori,* eine überflüssige Sache zu sein, weitere Bücher ähnlichen Inhalts zu verfassen, bedeutet doch dies nichts anderes, als ohne Nutzen solche Bücher nur zu vermehren. Da aber eure *Signorie* von mir verlangen, nicht etwa über die Regierung von Herrschaftsgebieten und Städten im allgemeinen, sondern – soweit es meinem Stand zukommt – über die neue Regierungsform der Stadt Florenz zu schreiben – und zwar unter Weglassung aller Zitierung und überflüssiger Worte und in möglichst knapper Darstellung –, so kann ich anständigerweise eine solche Aufgabe nicht verweigern, die eurer Stadt sehr angemessen, dem ganzen Volk nutzbringend und in der Gegenwart meiner Pflichterfüllung notwendig ist.

Ich habe schon während vieler Jahre mit dem Willen Gottes in dieser Stadt gepredigt und dabei immer vier Gebiete mit besonderem Nachdruck behandelt, das heißt, ich habe mich mit all der mir zur Verfügung stehenden Begabung bemüht zu beweisen, daß der Glaube wahr ist, zu zeigen, daß die Einfachheit der christlichen Lebensführung die höchste Weisheit ist, und künftige Ereignisse anzukündigen, von denen einige bereits eingetroffen sind und andere in Kürze eintreffen werden; schließlich habe ich über diese neue Regierungsform eurer Stadt gepredigt. Und da ich bereits über die drei ersten Themen geschrieben habe, wobei wir allerdings das «Über die Wahrheit der Prophetie»[688] betitelte Buch noch nicht veröffentlicht haben, bleibt noch übrig, daß wir über das vierte Thema schreiben, damit jedermann erkenne, daß wir ein Wissen verkünden, das gesund ist und mit der natürlichen Vernunft und der Lehre der Kirche übereinstimmt.

Mochte ich auch die Absicht gehabt haben und immer noch haben, dieses Thema – wie wir dies bei den ersten drei Büchern getan haben – in lateinischer Sprache zu behandeln und zu erläutern, wie, inwiefern und wann man von einem Ordensmann erwarten kann, über weltliche Staaten zu schreiben und sich in solche einzumischen, so werde ich nichtsdestoweniger es nicht bedauern, *zunächst* einmal diese kleine Abhandlung abzufassen, da eure

Signorie mich bitten, zu allgemeinerem Nutzen in der Vulgärsprache zu schreiben und mich sehr kurz zu fassen, da es doch im Vergleich zu denen, die lesen können, wenige gibt, die Lateinisch verstehen. *Später,* wenn ich einmal von den gegenwärtigen Beschäftigungen befreit bin, will ich mich mit der Gnade, die mir der allmächtige Gott gewähren wird, an die lateinische Fassung machen.

So wollen wir denn *zuerst* kurz über die für die Stadt Florenz beste Regierungsform schreiben, *dann* über die schlechteste. Denn mag es auch notwendig sein, daß man zunächst das Schlechte ausschließen und dann das Gute aufbauen soll, könnte man nichtsdestoweniger das Böse, weil es eine Entbehrung des Guten ist, nicht verstehen, wenn man nicht zuerst zum Verständnis des Guten käme. Es ist deswegen – gemäß der Ordnung der [philosophischen] Lehre – notwendig, die beste Regierungsform *vor* der schlechtesten zu behandeln. – *Drittens* werden wir erläutern, worin die Begründung liegt, die schlechteste Regierungsform auszuschalten und die gegenwärtig bestehende fest zu verankern und so zu vervollkommnen, daß sie in dieser Stadt Florenz die beste werde.

Notwendigkeit von Gemeinschaft und Gesetzen für den Menschen

Der allmächtige Gott, der das ganze Universum regiert, läßt den Geschöpfen die Wirkung seiner Lenkung auf zwei Arten zuteil werden: Den Geschöpfen, die weder Intellekt noch freien Willen haben, verleiht er gewisse Fähigkeiten und Vollkommenheiten, mit deren Hilfe sie in natürlicher Weise dazu imstande sind, auf Grund passender Mittel ohne Fehl zu dem ihnen eigenen Ziel zu gelangen, falls sie nicht etwa – was nur selten vorkommt – durch etwas ihnen Entgegengesetztes daran gehindert werden. Daher regieren sich solche Geschöpfe nicht selbst, sondern sie werden zu dem ihnen eigenen Ziel durch Gott und durch die von ihm verliehene Natur gelenkt und geführt.

Aber die Geschöpfe, welche die Gabe des Intellekts besitzen, wie dies beim Menschen der Fall ist, werden von ihm in der Weise gelenkt, daß sie – seinem Willen gemäß – sich selbst leiten sollen. Daher gibt er ihnen das Licht des Verstandes, damit sie durch dessen Hilfe erkennen können, was ihnen nützlich und was ihnen nutzlos ist; dazu gibt er ihnen die Möglichkeit der freien Willensentscheidung, um wählen zu können, was ihnen gefällt. Da aber das Licht des Verstandes sehr schwach ist – zumal in der Kindheit – kann ein Mensch ohne Hilfe eines andern Menschen sich nicht in vollkommener Weise lenken, denn fast jeder einzelne Mensch vermag sich selbst nicht zu genügen, da er allein nicht imstande ist, für alle seine Bedürfnisse – seien sie nun körperlich oder geistig – zu sorgen.

Wir sehen demnach, wie die Natur alle Tiere mit dem versorgt hat, was sie zu ihrem Leben nötig haben, das heißt mit Speise, Kleidung und Waffen, um sich zu verteidigen, und selbst wenn sie krank sind, helfen sie sich auf Grund eines natürlichen Instinkts selbst und suchen heilkräftige Kräuter auf.

All dies ist für den Menschen nicht vorgesehen worden, sondern Gott, der Lenker des Alls, hat ihm die Vernunft und das Werkzeug der Hände gegeben, damit er sich mit deren Hilfe das vorhin Erwähnte von sich aus verschaffen kann. Und weil – in Anbetracht der Zerbrechlichkeit des menschlichen Lebens – fast unzählige Dinge nötig sind, um ihn zu ernähren, ihn wachsen zu lassen und zu erhalten, zu deren Zubereitung viele Handwerkskünste erforderlich sind, die wohl unmöglich alle zusammen in einem einzigen Menschen zu finden sind, ist es notwendig gewesen, daß die Menschen zusammenleben, damit einer dem andern helfe, wobei einige dieses, andere jenes Handwerk betreiben, und daß alle zusammen eine einzige vollendete Gemeinschaft aller Wissenschaften und Handwerke bilden.

Aus diesem Grund ist mit Recht gesagt worden, daß, wer einsam lebt, entweder ein Gott oder ein wildes Tier ist, das heißt: entweder ist er ein so vollkommener Mensch, daß er fast wie ein auf Erden lebender Gott ist – wie Gott nichts benötigt, so braucht ein solcher Mensch nicht die Hilfe eines andern, wie dies beim heiligen Johannes dem Täufer, bei Paulus[689], dem ersten Eremiten, und vielen andern der Fall war. Oder er ist wahrhaftig ein wildes Tier, das heißt jeder Vernunft gänzlich beraubt, und kümmert sich deshalb nicht um Kleidung, Behausung, gekochte und zubereitete Speisen und auch nicht um Verkehr mit Menschen, sondern folgt allein dem Instinkt seiner Sinne ohne irgendwelches Vorhandensein von Vernunft.

Weil sich nun nur ganz wenige Menschen finden, die entweder von solcher Vollkommenheit oder solch tierischer Wildheit sind – abgesehen von den vorhin Erwähnten –, sind alle andern gezwungen, in Gemeinschaft zu leben, entweder in Städten, Weilern, Landhäusern oder andern Orten.

Da nun das menschliche Geschlecht sehr zum Bösen neigt, vor allem dann, wenn es ohne Gesetz und Furcht ist, war es eine Notwendigkeit, Gesetze zu finden, um die Dreistigkeit der schlechten Menschen zu zügeln, damit diejenigen, die rechtschaffen leben wollen, in Sicherheit leben können, und dies vor allem, weil es kein böseres Lebewesen gibt als einen Menschen, der ohne Gesetz ist.

Bei der Wahl einer der drei Regierungsformen – Monarchie, Optimaten- und Bürgerherrschaft – ist nach Savonarola, der sich auf bereits in der Antike vertretene Theorien (z. B. über die charakterliche Beeinflussung durch das Klima) und auf Thomas von Aquin stützt, auf die Natur und Gewohnheit des betreffenden Volkes Rücksicht zu nehmen.

Die auf den Bürgern beruhende Regierung ist für Florenz die seiner Natur entsprechende

Wer sorgfältig bedenkt, was wir gesagt haben, kann nicht daran zweifeln, daß, wenn das florentinische Volk die Herrschaft eines einzelnen ertragen möchte, es notwendig wäre, bei ihm einen Fürsten – und nicht einen Tyrannen – einzusetzen, der klug, gerecht und gut sein müßte. Aber wenn wir die Ansichten und Begründungen der Weisen – sowohl der Naturphilosophen als auch der Theologen – genau studieren, werden wir klar erkennen, daß diesem Volk – wenn wir seinen Charakter bedenken – eine derartige Regierungsform nicht entspricht. Sie sagen auch, eine solche Regierung passe zu jenen Völkern, die von Natur aus knechtisch sind – wie jene, denen es an dem einen oder andern, das heißt an Blut oder geistiger Veranlagung, fehlt. Mögen auch jene, die einen Überfluß an Blut haben und körperlich stark sind, im Krieg tapfer sein, so ist es nichtsdestoweniger leicht, sie einem Fürsten unterworfen zu halten, weil es ihnen an geistiger Veranlagung fehlt. Denn infolge der Schwäche des Geistes sind sie nicht beweglich genug, gegen ihn Ränke zu schmieden, vielmehr folgen sie ihm wie die Bienen ihrem König, wie man dies bei *nördlichen* Völkern sieht. – Und diejenigen, die zwar Geist haben, denen es aber an Blut mangelt, lassen sich leicht einem einzigen Fürsten unterwerfen, da sie kleinmütig sind, und sie führen unter ihm ein ruhiges Leben, wie dies die *orienta-*

lischen Völker tun. Und all dies ist noch viel mehr bei denen der Fall, denen es in der einen oder andern Richtung fehlt. – Aber die Völker, die viel Geist und dazu Blut im Überfluß haben und kühn sind, können nicht leicht von einem einzigen regiert werden, wenn er sie nicht tyrannisiert. Denn infolge ihrer geistigen Beweglichkeit denken sie sich ständig Intrigen gegen den Fürsten aus und infolge ihrer Kühnheit setzen sie diese leicht in die Tat um, wie man dies immer in *Italien* gesehen hat, wissen wir doch aus der Erfahrung vergangener Zeiten bis in die Gegenwart, daß dieses nie lang unter der Herrschaft eines einzigen Fürsten verweilen konnte, vielmehr sehen wir, wie dieses – mag es noch so klein sein – unter fast ebensovielen Fürsten aufgeteilt ist wie es Städte gibt, die fast nie in Frieden leben.

Wenn nun das *florentinische Volk* unter allen Völkern Italiens das an geistiger Veranlagung reichste und das in seinen Unternehmungen scharfsinnigste ist, so hat die Erfahrung schon oft gezeigt, daß es auch mutig und kühn ist. Mag es sich auch dem Handel widmen und mag es auch ein ruhiges Volk scheinen, so ist es nichtsdestoweniger schreckenerregend und mutig, wenn es einmal irgendein Unternehmen beginnt – sei es nun einen Bürgerkrieg oder einen Krieg gegen auswärtige Feinde – wie man dies in den Chroniken der Kriege lesen kann, die es gegen verschiedene große Fürsten und Tyrannen geführt hat, denen gegenüber es nie weichen wollte. Vielmehr hat es sich verteidigt und schließlich den

Sieg über sie davongetragen. – Die Natur dieses Volkes läßt es also nicht zu, die Herrschaft eines Fürsten zu ertragen, selbst wenn dieser gut und vollkommen wäre. Da es aber immer mehr Schlechte als Gute gibt, würde ein solcher infolge des Scharfsinns und der Leidenschaftlichkeit der Schlechten, die immer in hohem Maße zum Ehrgeiz neigen, entweder verraten und ermordet – oder er müßte zum Tyrann werden. Und wenn wir dies noch sorgfältiger überlegen, werden wir begreifen, daß diesem Volk nicht nur die Herrschaft eines einzigen widerspricht, sondern auch die der Optimaten, denn die Gewohnheit ist gewissermaßen eine zweite Natur. Wie nämlich die Natur dazu neigt, sich auf eine ganz bestimmte Weise zu verhalten und nicht von dieser abgebracht werden kann, und wie der Stein zum Fallen neigt und nicht zum Steigen gebracht werden kann, es sei denn durch Gewalt, so verwandelt sich die Gewohnheit zur Natur, und es ist sehr schwierig und sozusagen unmöglich, die Menschen und vor allem ganze Völker von ihrer Gewohnheit zu trennen – und es ist wohl auch schlecht, dies zu tun, denn solche Gewohnheiten sind zu ihrer Natur geworden.

Nun aber hat das florentinische Volk seit alter Zeit eine Regierungsform gewählt, die auf den Bürgern fußt. Es hat sich so sehr daran gewöhnt, daß es, abgesehen davon, daß eine solche Regierung für dieses natürlicher und passender als jede andere und auch im Geist der Bürger fest eingeprägt ist, schwierig und sozusagen unmöglich wäre, es von einer derartigen Regierung abzubringen. – Und mochten sie [die Florentiner] auch schon viele Jahre von Tyrannen regiert worden sein, so haben trotzdem jene Bürger, die sich während dieser Zeit das Prinzipat angemaßt hatten, nicht in der Art tyrannisch regiert, daß sie in aller Freiheit die Herrschaft über alles an sich gerissen hätten, sondern sie regierten das Volk mit großer Verschlagenheit und raubten ihm nicht seine natürliche Art und seine Gewohnheit. Daher ließen sie in der Stadt die äußere Form der Regierung und die üblichen Ämter bestehen, achteten aber genau darauf, daß niemand, der nicht zu ihren Freunden gezählt hätte, zu solchen Ämtern käme …

Die Herrschaft des Tyrannen

Wie wir gesagt haben, ist eine Macht stärker, wenn sie geeint, als wenn sie zersplittert ist. Wenn also ein Tyrann regiert, ist die Gewalt einer solchen schlechten Regierung in einer einzigen Person vereint. Und da es immer mehr Schlechte als Gute gibt, und ein jeder den liebt, der ihm gleicht, versuchen alle schlechten Menschen sich mit ihm zu vereinen, vor allem jene, die den Wunsch haben, belohnt und geehrt zu werden. Viele schließen sich ihm auch aus Furcht an, und jene Menschen, die zwar nicht gänzlich verdorben sind, aber immerhin die irdischen Dinge lieben, laufen hinter ihm her – sei es aus Furcht oder aus Verlangen nach den Dingen, die sie begehren. Und diejenigen, die gut, aber nicht ganz vollkommen sind, folgen aus Furcht, weil sie nicht den Mut haben, Widerstand zu leisten. Da es aber nur wenige Menschen gibt, vielmehr sogar niemanden, der vollkommen wäre, vereinigt sich die ganze Macht der Regierung in einem einzigen Menschen. Und da dieser eine schlecht und ungerecht ist, führt er alles Schlechte zu dessen Vollendung und er verdirbt alles Gute. – Sind es aber mehrere Schlechte, die herrschen, steht der eine dem andern im Weg, und da die Regierungsgewalt auf mehrere verteilt ist, haben sie nicht soviel Kraft, das Böse, nach dem sie verlangen, zu tun, als es bei einem einzigen Tyrannen der Fall ist. Desgleichen ist eine Regierung um so schlechter, je mehr sie sich vom Gemeinwohl trennt. Das Gemeinwohl ist nämlich das Ziel einer jeden guten Regierung, und je mehr eine Regierungsform sich ihm nähert, um so vollkommener, und je mehr sie sich davon entfernt, um so unvollkommener ist sie, denn jedes Ding erlangt seine Vollkommenheit dadurch, daß es sich seinem Ziel nähert, und entfernt es sich von ihm, so wird es unvollkommen. Nun ist aber gewiß, daß eine schlechte Regierung mehrerer Leute sich weniger vom Gemeinwohl entfernt als die eines einzigen. Denn mag es auch so sein, daß solche das Gemeinwohl für sich beanspruchen und dieses, das heißt Einkünfte und Ehrenstellen, untereinander verteilen, so bleibt es in einem gewissen Sinn doch als Gemeingut erhalten, da es unter mehreren Personen verteilt bleibt. Aber wenn das gesamte Gemeingut nur einem einzigen dient, bleibt es auf keine Weise gemeinschaftlich, sondern wird vielmehr Einzelgut. Darum ist unter allen andern Regierungen die schlechte Herrschaft eines einzigen die schlechteste, denn sie trennt sich mehr vom Gemeinwohl und ist zerstörerischer als jene ...

Weil es bei den Völkern, die eine Optimaten- oder Bürgerregierung haben, wegen der Zwietracht der Menschen, die jeden Tag in Erscheinung tritt, und wegen der Menge der Schlechten, der Verleumder und der Lästerer leicht ist, Entzweiungen hervorzubringen und auf diese Weise in eine tyrannische Herrschaft zu geraten, müssen solche Völker mit allem Eifer und aller Umsicht mit Hilfe wirksamer und strenger Gesetze dafür Sorge tragen, daß niemand sich zum Tyrannen machen kann, indem man mit äußerster Strenge nicht nur gegen den vorgeht, der davon sprechen, sondern auch gegen den, der auf solches auch nur anspielen sollte. Bei jedem andern Vergehen soll man mit einem Menschen Mitleid haben, nicht aber bei diesem[690], abgesehen davon, daß man der Seele immer Hilfe zukommen lassen soll. Daher darf man in dieser Beziehung keine Strafe mildern, vielmehr soll man sie noch verschärfen, damit ein jeder sich hüte – ich sage nicht, eine solche Sache zu erwähnen, sondern daran zu denken! Und wer in dieser Angelegenheit Mitleid zeigt oder bei deren Bestrafung nachlässig ist, sündigt schwer vor Gott, weil er Anlaß zur Herrschaft eines Tyrannen gibt, aus der sich unendlich viel Übel ergeben, wie wir gleich unten zeigen werden. – Wenn die schlechten Menschen nämlich sehen, daß die Strafen leicht sind, fassen sie Mut, und nach und nach führt man die Tyrannis ein, so wie der Wassertropfen nach und nach den Stein aushöhlt. Wer also eine solche Sünde nicht schwer bestraft hat, ist Ursache aller Übel, die sich aus der Tyrannis solcher Bürger ergeben. Und deswegen soll ein Volk, das eine auf den Bürgern beruhende Regierung hat, eher jedes andere Übel oder jede Unannehmlichkeit ertragen, die aus einer Bürgerregierung entstehen können, wenn diese noch unvollkommen ist, als einen Tyrannen aufkommen zu lassen. – Und damit ein jeder besser verstehe, wieviel Schlechtes aus der Herrschaft eines Tyrannen folgt, werden wir diesen – obwohl wir auch sonst darüber gepredigt haben – trotzdem zu besserem Verständnis im folgenden Kapitel wenigstens in den Hauptzügen beschreiben, denn es wäre ja unmöglich, alle seine Fehler, Mißbräuche, schweren Sünden sowie alle durch ihn verursachten Übel zu nennen, da es deren unendlich viele gibt.

Über die Bosheit und die äusserst schlechten Voraussetzungen eines Tyrannen

Tyrann ist die Bezeichnung für einen Menschen von schlechtem Lebenswandel, welcher der schlechteste unter allen andern Menschen ist und der mit Gewalt alle beherrschen will – [und dies ist ganz besonders dann der Fall,] wenn es ein Bürger ist, der Tyrann wurde. – Zunächst muß man sagen, daß er stolz ist, da er sich über seinesgleichen und sogar über die, welche besser als er sind, erheben will, wie auch über jene, denen er verdientermaßen unterworfen sein sollte. Daher ist er neidisch, und er betrübt sich immer über den Ruhm anderer Menschen und ganz besonders der Bürger der eigenen Stadt. Er kann es nicht leiden zu hören, wie andere gelobt werden, wenn er dies auch oft verbirgt und jeweils mit gequältem Herzen zuhört. Er erfreut sich aber an der Schmach des Nächsten so sehr, daß er möchte, jedermann werde getadelt, damit er allein ruhmreich bliebe. – Infolge seiner großen Wahnvorstellungen, seiner Schwermut und Angst, die ständig in seinem Innern nagen, sucht er nach Vergnügungen als Heilmittel gegen seine Niedergeschlagenheit. Und deswegen findet sich selten – oder wohl nie – ein Tyrann, der nicht wollüstig und den Vergnügungen des Fleisches ergeben wäre. Und da er sich in seiner Stellung nicht halten und sich den Vergnügungen, die er wünscht, nicht hingeben kann ohne eine Menge Geld, folgt daraus, daß er in unerlaubter Weise nach Besitz verlangt. Deshalb ist jeder Tyrann in dieser Beziehung habgierig und diebisch, und daher eignet er sich nicht nur die Herrschaft an, die doch dem ganzen Volk gehört, sondern reißt auch das an sich, was Gemeinbesitz ist, abgesehen von allem, das er mit Verschlagenheit, auf dunklen Wegen und bisweilen ganz offen von einzelnen Bürgern begehrt oder ihnen auch wegnimmt. Daraus folgt, daß ein Tyrann in potentieller Weise alle Sünden der Welt in sich hat. *Zunächst,* weil er von Stolz, Wollust und Habsucht erfüllt ist, welche die Wurzeln aller Übel sind. – *Zweitens:* weil er sein Ziel in der Stellung, die er innehat, festgelegt hat, gibt es nichts, was er nicht täte, um diese beizubehalten, und daher gibt es nichts Schlechtes, das auszuführen er nicht bereit wäre, wenn es seiner Stellung dient, zeigt doch die Erfahrung, daß der Tyrann vor nichts zurückschreckt, um sich in einer Stellung zu halten. Und daher hat er alle Sünden der Welt – sei es, daß er dazu entschlossen ist, sei es, daß er sie schon begeht. – *Drittens:* Weil aus seiner verruchten Regierung sich alle Sünden des Volkes ergeben, ist er für alle diese verantwortlich, wie wenn er sie selbst begangen hätte, woraus folgt, daß jeder Teil seiner Seele verdorben ist. – Sein Gedächtnis erinnert sich immer der ihm zugefügten Beleidigungen, und er sucht sich zu rächen, aber er vergißt schnell die Wohltaten von seiten seiner Freunde. Seines Intellekts bedient er sich ständig, um sich List, Betrug und andere Übel auszudenken. Sein Wille ist voller Haß und perverser Wünsche und seine Phantasie voller falscher und schlechter Vorstellungen. Aller äußeren Sinne bedient er sich in übler Weise, sei es für seine eigene Sinneslust oder zum Schaden und zur Verhöhnung seines Nächsten, da er voller Wut und Verachtung ist. Und das geschieht ihm, weil er sein Ziel in eine Stellung gesetzt hat, die schwer, ja unmöglich auf die Dauer zu halten ist, kann doch kein Gewalttätiger unaufhörlich bestehen. Wenn er daher versuchen will, etwas mit Gewalt aufrechtzuerhalten, das von sich aus ohnehin zusammenzustürzen hat, muß er sehr wachsam sein. Und da sein Ziel schlecht ist, muß notwendigerweise auch alles von ihm [auf dieses Ziel] Ausgerichtete schlecht sein. Somit kann der Tyrann nie etwas denken, sich an etwas erinnern, sich etwas vorstellen, noch tun, was nicht schlecht wäre. Und sollte er dennoch einmal etwas Gutes tun, so tut er es nicht, um recht zu handeln, sondern um sich Ruhm zu erwerben und sich Freunde zu verschaffen, damit er sich in jener perversen Stellung besser halten kann. Er ist daher wie der Teufel, der König der Hochmütigen, der nie etwas anderes als Schlechtes denkt, und wenn er auch manche Wahrheit sagt und manches tut, das den Anschein des Guten hat, so richtet er doch alles auf ein schlechtes Ziel aus, besonders aber auf seinen großen Stolz. – So auch der Tyrann: Alles Gute, das er tut, ordnet er auf seinen Stolz hin, indem er sich auf jede Weise und mit jedem Mittel zu erhalten trachtet. Je gesitteter sich daher der Tyrann nach außen zeigt, um so listiger und schlechter ist er und um so geschulter von einem noch größeren und scharfsinnigeren Teufel, der sich in einen Engel des Lichts verwandelt, um einen noch kräftigeren Schlag versetzen zu können.

In ähnlicher Weise sucht er fromm und der Verehrung Gottes ergeben zu erscheinen, doch vollzieht er nur gewisse Äußerlichkeiten. Er sucht die Kirchen auf, gibt bestimmte Almosen, erbaut Tempel und Kapellen, läßt Paramente und ähnliche Dinge herstellen – aber nur, um sich zur Schau zu stellen. Er verkehrt auch mit Ordensleuten und beichtet in heuchlerischer Weise bei einem, der im wahren Sinn ein Ordensmann ist, um wirklich losgesprochen zu erscheinen. – Andrerseits verdirbt er die Religion, indem er Pfründen für sich beansprucht und sie seinen Gefolgsleuten und Helfershelfern gibt und für seine Söhne zu erlangen sucht, und so usurpiert er weltliche und geistliche Güter.

Er will nicht, daß irgendein Bürger etwas Hervorragendes zustande bringe wie etwa größere Paläste, Bankette, Kirchen oder Taten in der Regierung oder im Krieg, die bedeutender sind als seine eigenen, damit er allein einzigartig dastehe. – Oft erniedrigt er im geheimen bedeutende Männer, und wenn er sie einmal erniedrigt hat, erhebt er sie in aller Öffentlichkeit noch höher als zuvor, damit sie sich ihm gegenüber verpflichtet fühlen, und damit das Volk ihn für mild und hochherzig halte. [Und all dies tut er,] um sich noch mehr Ansehen zu erwerben.

Er läßt nicht durch die dazu beauftragten Richter Recht sprechen, um – je nach Gefallen – den einen oder andern begünstigen, umbringen oder erniedrigen zu können. Auch eignet er sich widerrechtlich die Gelder der Bürgerschaft an und findet neue Arten von Steuern und Abgaben, um Geld anzuhäufen. Mit diesem unterhält er seine Gefolgsleute und bringt Fürsten und andere Hauptleute in ein Soldverhältnis – und dies oft ohne jegliches Bedürfnis der Allgemeinheit, sondern nur um ihnen irgendwelchen Verdienst zu geben und sich Freunde zu verschaffen ... Und mit den Geldern der Bürgerschaft läßt er oft auch große Paläste und Tempel errichten und bringt dabei überall sein Wappen an ...

Alle guten Gesetze sucht er mit Verschlagenheit zu verschlechtern, weil sie seiner ungerechten Herrschaft hinderlich sind, und er schafft ständig neue Gesetze zu seinem eigenen Vorteil. In allen Behörden und Ämtern sowohl innerhalb wie außerhalb der Stadt hat er Leute, die alles überwachen, die ihm berichten, was geschieht, und die in seinem Namen solchen Amtsträgern vorschreiben, was sie zu tun haben. Aus diesem Grund ist er eine Zuflucht für alle Verbrecher und ein Verderben für die Gerechten, auch ist er dermaßen rachsüchtig, daß er sich oft für die geringsten Beleidigungen mit großer Grausamkeit zu rächen sucht, um die andern in Schrekken zu versetzen, denn er selbst hat vor jedem Angst. – Und wer von ihm schlecht spricht, muß sich verbergen, denn er verfolgt ihn sogar bis in die entferntesten Gegenden der Welt, rächt sich mit Verrat, Gift und auf andere Weise und ist ein großer Mörder, denn immer wünscht er, die Hindernisse, die seiner Herrschaft im Wege stehen, wegzuräumen, obwohl er immer zu zeigen versucht, daß nicht er es ist, [der solche Taten vollbringt], und daß ihm der Tod anderer leid tut. Oft gibt er vor, als wolle er den bestrafen, der einen solchen Mord begangen, doch läßt er ihn dann heimlich entkommen. Wenn der Betreffende nach einiger Zeit vorgibt, um Barmherzigkeit zu bitten, nimmt er ihn wieder auf und behält ihn bei sich.

Zudem will der Tyrann in allem überlegen sein, sogar in den geringsten Angelegenheiten wie im Spielen, im Sprechen, im Turnier, im Pferderennen, aber auch in der Gelehrsamkeit und in allen andern Dingen; wo es Gelegenheit zu einem Wettkampf gibt, will er immer der erste zu sein, und wenn er dies durch eigene Tüchtigkeit nicht erreichen kann, versucht er mit List und Betrug überlegen zu sein ...

Kurz, unter dem Tyrannen gibt es nichts, was dauerhaft wäre, denn alles wird nach seinem Willen gelenkt, der nicht von der Vernunft, sondern von der Leidenschaft geleitet wird. Daher befindet sich jeder Bürger unter ihm infolge seines Übermuts in Unsicherheit, jeder Reichtum hängt infolge seiner Habsucht in der Luft. Jede Keuschheit und Schamhaftigkeit von Frauen ist infolge seiner Wollust in Gefahr. Überall hat er Kuppler und Kupplerinnen, die ihm auf mancherlei Art die Frauen und Töchter anderer zur Schlachtbank führen, und dies besonders anläßlich großer Gastmähler, wo es oft geheime Gänge zu den Kammern gibt, wohin die Frauen – ohne daß sie dies bemerken – geführt werden und wo sie dann gefangen in der Falle bleiben – ganz abgesehen von der Sodomie, der er oft so sehr ergeben ist, daß es keinen Knaben von gutem Aussehen gibt, der [vor ihm] sicher wäre.

Es würde lange dauern, wenn man über alle Sünden und alles Böse, das ein Tyrann tut, sprechen wollte. Für die vorliegende Abhandlung wird dies genügen. Und so kommen wir nun zu dem, was die Stadt Florenz im besonderen betrifft.

Die Herrschaft des Tyrannen ist für Florenz ganz besonders schädlich

Wenn die Herrschaft des Tyrannen für jede Stadt und für jedes Gebiet die schlechteste ist, so scheint mir dies [ganz besonders] für die Stadt Florenz wahr zu sein, wenn wir als Christen sprechen wollen. Denn alle Regierungen von Christen sollen letztlich auf die uns von Christus versprochene Seligkeit ausgerichtet sein. Da man nun zu dieser nur auf dem Weg eines rechtschaffenen christlichen Lebens gelangt, wobei es – wie wir an andern Stellen bewiesen haben – kein besseres Mittel als dieses gibt, müssen die Christen alle Regierungen, sowohl die den einzelnen betreffenden als auch die allgemeiner Art, so einrichten, daß diese rechtschaffene christliche Lebensführung sich aus ihnen hauptsächlich und vor allem andern ergeben kann. Und weil dieses rechte Leben sich von der wahren Gottesverehrung nährt und durch sie wächst, sollen sie sich immer anstrengen, diese Verehrung aufrechtzuerhalten, zu bewahren und zu fördern, und zwar nicht so sehr mittels Zeremonien als vielmehr in Wahrheit und durch gute, heilige und wohlunterwiesene Diener der Kirche und Ordensleute, und ferner die schlechten

Priester und Ordensleute aus der Stadt zu entfernen, soweit dies erlaubt ist und man dies kann. Denn es gibt – wie die Heiligen sagen – keine schlimmeren Menschen als diese, sowie keine, welche die wahre Gottesverehrung, die rechte christliche Lebensführung und jede gute Regierung mehr verderben! Und es ist besser, nur wenige und gute Priester zu haben als viele und schlechte, denn die schlechten führen den Zorn Gottes gegen die Stadt herbei …

Wie die Geschichte im Alten Testament und im frühen Christentum beweist, gereicht die wahre Gottesverehrung dem Volk zum Segen: Uneinigkeit und Ungerechtigkeit haben keinen Bestand, Reiche tragen zum Wohlstand aller bei und Arme finden Unterstützung.

All dieses Gute verhindert und verdirbt nun aber eine tyrannische Regierung, denn es gibt nichts, was der Tyrann mehr haßte als die Verehrung Christi und die rechte christliche Lebensführung, denn eine solche ist genau sein Gegenteil, und ein Gegensatz versucht den andern zu vertreiben. Und deswegen bemüht sich der Tyrann darum, daß – soweit er dies kann – die wahre Verehrung Christi aus der Stadt verschwinde, mag er dies auch nur im verborgenen tun. Und sollte es einen guten Bischof, Priester oder Ordensmann geben – besonders wenn er sich die Freiheit nimmt, die Wahrheit zu sagen –, so versucht er, ihn auf behutsame Art aus der Stadt zu entfernen, oder seine Gesinnung durch Schmeichelei oder Geschenke zu verderben. Auch läßt er die Pfründen

den schlechten Priestern, seinen Dienern und denen geben, die seine Komplizen sind, und er begünstigt die schlechten Ordensleute und die, welche ihm schmeicheln. – Und immer versucht er, die Jugend und jedes rechtschaffene Leben in der Stadt zu verderben als etwas, das ihm äußerst zuwider ist.

Wenn dies nun ein großes, ja vielmehr ein sehr großes Übel für jede Stadt und jedes Herrschaftsgebiet ist, so ist es ganz besonders schwerwiegend in denen der Christen, und unter diesen scheint es mir für die Stadt Florenz noch schwerwiegender zu sein. Zunächst, weil dieses Volk der Verehrung Gottes sehr geneigt ist, wie jeder weiß, der darin Erfahrung hat. Es wäre daher eine sehr leichte Sache, bei ihm die vollkommenste Gottesverehrung und das beste christliche Leben einzurichten, wenn es bei ihm eine gute Regierung gäbe. Denn gewiß könnte Florenz – wie wir täglich erfahren – zum Leben der ersten Christen zurückkehren, wenn nur nicht die schlechten Priester und Ordensleute wären, und es würde dann wie ein Spiegel des Glaubens für die ganze Welt …

Zur Institution eines Grossen Rates

Da es zu schwierig wäre, das Volk jeden Tag zu versammeln, ist es nötig, eine bestimmte Anzahl von Bürgern einzusetzen, die diese Autorität vom ganzen Volk her innehat. Weil aber eine geringe Anzahl durch Freundschaften, Verwandtschaften und Geld verdorben werden kann, muß man für diese Aufgabe eine große Anzahl bestimmen. Und da vielleicht jeder zu dieser Zahl gehören möchte, und dies einige Verwirrung stiften könnte, und da wohl auch der Pöbel sich in die Regierung einmischen möchte, der dann bald etliche Unordnung hervorbrächte, ist es nötig, diese Anzahl der Bürger so zu beschränken, daß einerseits niemand ihr beitreten kann, der für die Entstehung von Unordnung gefährlich werden könnte, und daß andrerseits kein Bürger sich beklagen kann. Wenn einmal diese Anzahl von Bürgern, die sich Großer Rat *(Gran Consiglio)* nennt, bestimmt worden ist, und dieser dann die Vollmacht hat, alle Ehrenstellen zu verteilen, so besteht kein Zweifel, daß dieser Rat der Herr der Stadt ist ...

Im Folgenden erteilt Savonarola einige Ratschläge zur gesetzlichen Sicherung des Großen Rates, vertritt aber auch die Ansicht, daß zu dessen Vervollkommnung vier Dinge notwendig seien: Gottesfurcht, Liebe zum Gemeinwohl, Beseitigung von Haß und Neid, Gerechtigkeit.

Wenn nun die florentinischen Bürger sorgfältig und mit Hilfe des Urteilvermögens der Vernunft bedenken möchten, daß für sie keine andere Regierung sich eignet als die, welche wir genannt haben, wenn sie mit Vertrauen glauben möchten, daß diese ihnen von Gott gegeben worden ist, und wenn sie die vier vorgenannten Punkte beobachteten, dann besteht kein Zweifel, daß eine solche Regierung in kurzer Zeit vollkommen würde, sowohl infolge der guten

Ratsversammlungen, die sie miteinander abhalten würden und in denen Gott sie über das, was sie zu tun suchten, erleuchten würde, als auch weil er sie ganz besonders durch seine Diener über viele Einzelheiten erleuchtet hätte, die sie aus sich selbst nicht zu finden wüßten. Und schon würden sie eine Herrschaft wie im Paradies geschaffen und viele Gnadenerweise – sowohl geistliche wie zeitliche – erlangt haben. Wenn sie aber nicht glauben möchten, daß diese Regierung ihnen von Gott gegeben worden ist, und daß sie weder Gott zu fürchten noch das Gemeinwohl zu lieben hätten, sondern sich den eigenen Wünschen hingeben, ohne sich gegenseitig zu lieben, und in ständiger Zwietracht verharren könnten, ohne Gerechtigkeit zu üben, dann wird die von Gott geschaffene Regierung wohl bestehen bleiben, sie selbst aber werden sich gegenseitig aufreiben, werden nach und nach von Gott aufgegeben werden, und die Wohltat dieser vollkommenen Regierung wird ihren Söhnen übergeben werden. Und schon hat Gott Zeichen seines Zornes gegeben, doch wollen sie ihre Ohren nicht öffnen, und so wird sie Gott in dieser und in der andern Welt bestrafen, denn in dieser Welt werden sie stets unruhigen Geistes, voller Kummer und Betrübnisse und in der andern werden sie im ewigen Feuer sein, weil sie weder dem natürlichen Licht folgen wollten, das ihnen zeigt, daß diese Regierung für sie die richtige ist, noch dem übernatürlichen, von dem sie Zeichen gesehen haben. Und schon jetzt erleidet ein Teil derer, die in dieser Regierung nicht den richtigen Weg gegangen sind, sondern immer für Unruhe gesorgt haben, die Strafen der Hölle …

Die Folgen einer guten Regierung, die Belohnung derer, die gut regiert haben, und die Bestrafung der Tyrannen und ihrer Mitläufer

Da die gegenwärtige Regierung mehr ein Werk Gottes als der Menschen ist, werden jene Bürger, die mit großem Eifer für die Ehre Gottes und das Gemeinwohl das vorhin Gesagte beobachteten, sich bemühen, diese Regierung zur Vervollkommnung zu bringen, so gut sie nur können, und sie werden dadurch irdisches, geistliches und ewiges Glück erwerben. – *Zunächst* werden sie sich von der Knechtschaft des Tyrannen befreien können. Wie groß diese ist, haben wir weiter oben dargelegt. Und sie werden in wahrer Freiheit leben, die weit kostbarer als Gold und Silber ist. Sie werden in Sicherheit in ihrer Stadt weilen und sich mit Freude und innerer Ruhe der Verwaltung ihrer Häuser, ehrbarem Gewinn und ihren Landgütern widmen. Und wenn dann Gott ihren Besitz und ihre Ehren vermehrt, werden sie nicht Angst haben, daß man sie ihnen nimmt. Sie werden auf ihr Landhaus, oder wohin sie auch wollen, gehen können, ohne den Tyrannen um Erlaubnis bitten zu müssen, werden auch ihre Töchter und Söhne verheiraten, wie es ihnen gefallen wird, Hochzeiten feiern, frohgemut sein und diejenigen zu Gefährten haben, die ihnen gefallen. – Sie werden sich auch ihren Fähigkeiten, sei es im Studium der Wissenschaften, sei es in den Künsten, frei nach ihrem Willen widmen oder Ähnliches tun können, was ihnen ein sicheres irdisches Glück verschaffen wird. – *Hernach* wird sich daraus das geistliche Glück ergeben, denn jeder wird sich dem guten christlichen Wandel widmen können, und niemand wird ihn daran hindern. Und keinen wird man mit Drohungen dazu zwingen, nicht Gerechtigkeit zu üben, wenn er zur Behörde gehört, denn ein jeder wird frei sein, noch wird man ihn zwingen, infolge Armut schlechte Abmachungen einzugehen. – Da es dann in der Stadt eine gute Regierung gibt, wird diese Überfluß an Reichtum haben, es wird überall Arbeit geben, die Armen werden verdienen und ihre Söhne und Töchter in heiliger Ehrfurcht erziehen können, denn man wird – was die Ehrbarkeit der Frauen und der Kinder betrifft – gute Gesetze erlassen, und aus diesem Grund wird besonders die Gottesverehrung zunehmen. Wenn Gott ihre gute Gesinnung sieht, wird er ihnen gute Hirten schicken, sagt doch die Schrift: «Gott gibt die Hirten gemäß den Völkern»[691], und solche Hirten werden, ohne daß man sie daran hindert, ihre Schafe führen, und die guten Priester und Ordensleute werden zunehmen, vor allem, weil die schlechten an diesem Ort nicht werden leben können, da ein Gegensatz den andern vertreibt. Und so wird die Stadt in kurzer Zeit zu einer solchen Ausübung der Religion gelangen, daß sie einem irdischen Paradies gleichen und in Jubel, Gesängen und Psalmen leben wird. Die Knaben und Mädchen werden wie Engel sein, und man wird sie zugleich im Lebenswandel eines guten Christen und eines guten Bürgers erziehen. Und wenn die Zeit gekommen ist, wird durch sie die Regierung in der Stadt eher himmlisch als irdisch sein. Es wird eine solche Freude der Guten herrschen, daß sie schon in dieser Welt eine sichere geistige Glückseligkeit besitzen werden. – *Drittens:* Sie werden dadurch nicht nur die ewige Seligkeit verdienen, sondern ihre Verdienste auch in hohem Maße vergrößern, und ihre Krone im Himmel wird wachsen, denn Gott gibt die größte Belohnung dem, der die Städte gut regiert. Und weil die Glückseligkeit die Belohnung der Tugend ist, so wird die Tugend eines Menschen eine um so größere Belohnung verdienen, je bedeutender sie ist und je bedeutendere Taten sie vollbringt. Eingedenk der Tatsache, daß es eine größere Tugend darstellt, sich selbst *und* andere – vor allem eine Stadt und ein Reich – zu regieren als nur sich selbst, folgt daraus, daß einer, der eine Gemeinschaft gut regiert, größte Belohnung im ewigen Leben verdient. Deshalb sehen wir auch, daß man in allen Künsten dem Meister, der in dieser Kunst alles lenkt, einen größeren Lohn gibt als den Handlangern, die dem Meister gehorchen …

Da alle Geschöpfe Gott ähnlich sind, werden sie von ihm alle geliebt. Weil es aber solche gibt, die ihm ähnlicher sind als andere, werden diese von ihm auch mehr geliebt. Eingedenk dessen, daß einer, der regiert, um vieles Gott ähnlicher ist als der, welcher nicht regiert, ist es offensichtlich, daß einer dann, wenn er gerecht regiert, von Gott mehr geliebt und belohnt wird, als es bei seinen Werken der Fall ist, wenn er nicht regiert.

Nach einer nochmaligen Schilderung des elenden Zustandes eines Tyrannen schließt Savonarola seine Abhandlung mit den Worten:

Da nun, wie wir es bewiesen haben, derjenige, der gut regiert, glücklich und Gott ähnlich ist, und unglücklich und dem Teufel ähnlich, wer schlecht regiert, muß jeder Bürger die Sünden und die eigenen Gelüste aufgeben und sich bemühen, gut zu regieren und diese auf der Bürgerschaft beruhende Regierung zu bewahren, zu fördern und vollkommen zu gestalten zu Ehren Gottes und zum Heil der Seelen. Vor allem deshalb, weil diese Regierung von ihm besonders infolge der Liebe gegeben worden ist, die er dieser Stadt entgegenbringt, damit sie in dieser und in der anderen Welt glücklich sei durch die Gnade unseres Erlösers Jesus Christus, des Königs der Könige und des Herrn der Herren, der mit dem Vater und dem Heiligen Geist lebt und regiert *in saecula saeculorum. Amen.*

Die Thematik des Buches Exodus (Unterdrückung des Volkes Israel, Auszug aus Ägypten, dem «Land der Knechtschaft», Verfolgung durch den Pharao und Untergang seines Heeres, Gesetzgebung am Sinai) entsprach den Verhältnissen in Florenz während der letzten Jahre und Monate: Man hatte von der Vergangenheit (Tyrannis der Medici) Abschied genommen und mit einer Verfassungsrevision, neuen Behörden und Gesetzen einen Neubeginn geschaffen.

Bis zum 2. März 1498 predigte Savonarola im Dom, danach, bis zu seinem letzten öffentlichen Auftreten am 18. März, in San Marco. Einige wenige Predigten dieses Zyklus waren gleich nach ihrer Abhaltung gedruckt worden. Deren Text weicht – in unwesentlichen Punkten – vom Text der zweiundzwanzig Predigten umfassenden Gesamtausgabe ab, die zwischen 1505 und 1508 von Lorenzo Violi besorgt wurde.

Savonarola eröffnete den Zyklus am Sonntag Septuagesima (11. Februar 1498) – es war seine erste öffentliche Predigt seit dem denkwürdigen Tumult am Himmelfahrtstag 1497 – und ging dabei besonders auf die am 13. Mai 1497 ausgesprochene und von ihm als ungültig erklärte Exkommunikation ein.

Aus der 1. Predigt
11.2.1498

Gebet um Gottes Hilfe und seine Antwort

Mein Herr, ich, der ich Staub und Asche bin, ich will diesen Morgen zuerst zu deiner Majestät sprechen. Aber – wäre das von mir nicht eine Überheblichkeit – ich wünschte, mit dir von Angesicht zu Angesicht zu sprechen, doch ist dies nicht möglich, denn mein Auge reicht nicht bis zu deinem Licht. Du, mein Herr, hast jedem Geschöpf Grenzen gesetzt, und über die Grenzen hinaus, die du für es bestimmt hast, kann es sich nicht erstrecken. Und so hat mein körperliches Auge seine Begrenzung, die es ihm zwar erlaubt, die Farben und das körperliche Licht zu sehen, doch vermag es nicht zu deinem unbegrenzten Licht vorzustoßen. Solange mein Intellekt, mein natürliches Licht, in diesem Körper weilt, vermag es nicht zu deinem Licht vorzudringen und kann dich nicht sehen, denn es stößt auf viele Hindernisse und hat auch manches in seiner Vorstellung, das ihn abhält. Aber selbst dann, wenn er einmal von diesem Leib getrennt ist, wird er dich von sich aus nicht sehen und begreifen können, denn du bist unendlich und du hast jedem Intellekt Grenzen gesetzt. Auch dann wird er dich also weder begreifen noch sehen können, es sei denn mittels der Geschöpfe und gemäß den ihm gesetzten Grenzen. Da ich aber, Herr, diesen Morgen trotzdem ein wenig mit dir reden will, rede und spreche ich, damit es nicht scheint, ich wendete mich an mehrere Götter, dich an, mein Herr, der du – *den Philosophen gemäß* – die erste Ursache bist, dich, den ersten Ursprung, dich, den ersten Beweger, dich, die reine Wirklichkeit[692], dich, den unwandelbaren Gott, den Lenker des Alls. Und *dem Glauben gemäß* spreche ich dich an als den dreifaltigen und einen Gott, als die heilige Trinität, an dich wende ich mich, Jesus Christus, Sohn des ewigen Gottes, geboren in dieser Welt von der Jungfrau und gestorben aus Liebe zu uns. Zu dir also, mein Herr, spreche ich und sage ich, daß du mich auf ein großes Meer geführt hast. Ich sehe den Hafen nicht mehr und kann nicht zurückkehren, will nicht zurückkehren, selbst wenn ich könnte. Ich kann nicht und will nicht. Ich kann nicht, weil *du* nicht willst, ich will nicht, weil *du* nicht willst, denn ich kann und will nicht deinem Willen widerstreben. Ich bin zufrieden, an der Stelle zu verharren, wo du mich hingestellt hast, wohl bitte ich dich aber, bei mir zu bleiben. – Da sagen meine Gegner, du wärest nicht bei mir: *non est salus illi in Deo eius*[693], das heißt, daß ich kein Heil bei meinem Gott hätte. Wenn du also nicht mit mir bist, wo stehe ich denn? Mein Herr, ich bitte dich, bei mir zu sein! Ich bitte dich weder um Gold noch um Silber, nicht um Frieden, nicht um Ruhe, nicht daß du mich wegnimmst von diesem Meer, auf dem ich mich befinde – ich bitte dich nur darum, daß du mir Licht gibst. Gib mir, Herr, die Gnade, daß ich sehe! Ich bitte dich um das, worum dich der Blinde bat: *Domine, fac ut videam*[694], Herr, mach, daß ich sehe! Öffne das Licht meines Intellekts, erleuchte mich, stärke mir das Licht der natürlichen Vernunft, damit ich nicht von Gegnern getäuscht werde, stärke mir auch das übernatürliche Licht des Glaubens, damit ich nie etwas gegen die Heilige Schrift und die Lehre der Kirche vertrete. Stärke in mir auch das übernatürliche Licht, damit ich die künftigen und verborgenen Dinge erkenne, alles klar sehe, mich selbst nicht täusche und auch das Volk nicht irreführe, wie ich es bis jetzt auch nicht irregeführt habe. Und so bitte ich dich jetzt, daß du eine neue Zeit beginnen läßt, und diese der Anfang großer Dinge sei. Erhöre unsere Gebete, Herr, erhöre deine Knechte, lege Hand an neue Dinge, an noch größere, als du sie bis jetzt getan hast: *exsurge, Domine, et veni.*[695]

O, Mutter Gottes, was tut ihr? O Heilige, o Selige des Paradieses, was tut ihr denn? O Engel, Erzengel, Kräfte, Throne, Mächte, Herrschaften, was tut ihr? Unterstützt das Werk des Herrn, betet alle zum Herrn, damit das Werk voranschreite, und damit eine neue Zeit beginne, damit er nunmehr Hand anlege zu neuen Dingen! – Was sagst du, Herr? Was antwortest du? – Das ist die Antwort: *nolite timere, pusillanimes, Dominus enim vobiscum est*[696], das heißt, fürchtet euch nicht ihr Kleinmütigen, der Herr ist mit euch! – Das war die Antwort, diese Worte erhielten wir heute morgen vom Himmel …

Erinnert ihr euch nicht, wie oft ich euch in früherer Zeit gesagt habe, daß wir immer zu kämpfen hätten? Und selbst wenn wir uns bisweilen ausruhen, so müssen wir hernach wieder in den Krieg ziehen. – Wenn die Soldaten ein Scharmützel geliefert haben, kehren sie zurück, und wenn der eine die Beinschiene, der andere den Panzer und wieder ein anderer den Helm beschädigt sieht, machen sie sich daran, ihre Rüstung auszubessern, bereiten sich von neuem auf den Krieg vor, wobei der eine den andern belehrt und sagt: «Halte die Lanze so, und du dein Schwert auf diese Weise, und du, tue dieses, und du, tue jenes!» – und dann gehen die Trommler voran, die Soldaten – wenn es die euren sind – brechen in den Kampfruf «Marzocco, Marzocco!»[697] aus, paradieren vorbei, stellen sich in Reih und Glied und stehen zu neuem Kampf bereit. – Und so taten auch wir: nachdem wir einige Scharmützel geliefert hatten, wurden die Waffen einiger, die sie beschädigt hatten, ausgebessert, und wer nicht ausreichende Kenntnis besaß, holte sie nach und erwarb sie. Ein anderer hatte nicht genügend Demut – nun hat er sie erworben, und wieder ein anderer, dem es an vollendetem Gehorsam mangelte, wurde gehorsamer, und so hat der eine dieses, der andere jenes sich angeeignet. Dann haben wir die Heerschau durchgeführt, haben Prozessionen veranstaltet, Gebete in großer Zahl verrichtet, feierliche Andachten, Gesänge und Predigten, wobei wir gesungen haben: *ecce quam bonum et quam iucundum habitare fratres in unum.*[698] Und darauf sind wir aufs neue zurückgekehrt und sind also wieder hier auf dem Schlachtfeld. *Nolite ergo timere, pusillanimes,* fürchtet euch also nicht, ihr Kleinmütigen! Außerdem: Habe ich euch denn nicht schon so oft gesagt, wir hätten zu kämpfen und zu siegen? Ich sage euch: Wir müssen auf jeden Fall siegen, und dann, wenn es euch scheint, unsere Sache sei verloren, so wird sie glorreicher als je erstehen! Habe ich es euch nicht schon oft gesagt? Schau doch, wie ein jeder sprach: «Er ist verloren, mit dieser Sache ist es aus!» – und trotzdem, noch sind wir hier und wollen kämpfen und siegen! Und ich sage dir: Nie gab es eine glorreichere und glücklichere Zeit als diese, und wir wollen Ruhmvolles und Großes vollbringen, und Gott wird es sein, der dies zum Trost der Guten vollbringen wird.

Die Tatsache, daß gegen Savonarola die Exkommunikation ausgesprochen worden war, könnte viele davon abhalten, ihm weiterhin zu folgen – aus Angst, ebenfalls der Exkommunikation zu verfallen. Im folgenden Hauptteil der Predigt versucht Savonarola darzulegen, daß die gegen ihn ausgesprochene Maßnahme ungültig ist.

Schauen wir einmal, ob wir imstande sind, die Frage der Exkommunikation zu lösen, derenthalben ihr – wie ihr sagt – Skrupel habt. Wohlan, machen wir uns also an die Lösung dieser Zweifel.

Ihr habt also Skrupel? Ich fragte mich eben, ob

es hier solche gäbe, die Skrupel hätten. Ich will diese Frage ohne *canoni*[699] und soviele *capitoli* lösen. Aber zuerst will ich euch ermutigen. Macht euch Mut, ihr Kleinmütigen, *et nolite timere, quia Dominus vobiscum est,* der Herr ist mit euch, habt keine Angst – weder vor dem geistigen, noch vor dem materiellen Schwert, sofern ihr rechtschaffen lebt. Hier ist jetzt alles voller Engel, und nie gab es eine ruhmvollere und glücklichere Zeit als diese, in der Neues und Großes geschehen soll, so daß ihr euch freuen mögt, denn es kommen glückliche Zeiten. – Wohlan, wir wollen die Frage lösen, aber zuerst will ich euch noch dies eine erklären: warum Gott diese Exkommunikation kommen ließ. Ich muß euch daran erinnern, daß es schon sieben Jahre her sind und daß ich euch seither mehrmals gesagt habe, wir hätten gegen eine doppelte Macht zu kämpfen, nämlich gegen eine doppelte Wahrheit und gegen eine doppelte Bosheit. Was war das für eine Macht, wenn nicht die geistliche und die weltliche? Damit sich bewahrheite, was wir sagten, mußte das geistliche Schwert gezogen werden, damit wir mit ihm zu kämpfen hätten. So merke dir denn: Die natürlichen Werke werden durch die Hand des höheren Verursachers, der sie leitet, ihrem Ziele zugeführt. Bewegte sich die Hand des Verursachers nicht, würden sie nicht zu ihrem Ziel geführt. Gott hat den Menschen erschaffen und er will, daß er zu seiner Vollendung und zu seinem Ziel gelange. Das Ziel des Menschen ist seine Seligkeit, und Christus will das rechtschaffene Leben in die Welt einführen, um den Menschen auf diesem Wege zum glückseligen Leben zu führen. Gott bringt die guten Werke deshalb in die Welt, damit diese den Menschen zum rechtschaffenen und glückseligen Leben hinführen. Aber der Teufel, welcher der Feind der Guten ist, und nicht möchte, daß der Mensch zur Seligkeit käme, haßt das rechtschaffene Leben, kümmert sich zwar nicht um Fasten, *paternostri* und Almosen als solche, wohl aber haßt er sie, insofern sie zum rechtschaffenen Leben führen[700], und deswegen versucht er, diese guten Werke zu vereiteln. Führten diese den Menschen nicht zum rechtschaffenen Leben, so sorgte er sich überhaupt nicht darum. Und in ähnlicher Weise kümmert sich der Teufel nicht um Prophezeiungen an sich, denn auch er hat schon solche verkündet, wohl aber um die, welche zum rechtschaffenen Leben führen. Hätte die Lehre der Apostel nicht zu solchem Leben geführt, hätte sie der Teufel nicht so sehr verfolgt. Und ebenso hätte er auch zur Zeit der Märtyrer die Tyrannen nicht gegen diese aufgehetzt, es sei denn, weil deren Lehre die Menschen zum rechtschaffenen Leben führte. Und in gleicher Weise hätte er, der Teufel, zur Zeit der Häretiker nicht Arius und die andern Häretiker gegen die Predigt der heiligen Lehrer aufgehetzt, außer aus dem einen Grund, daß deren Lehre die Menschen zum rechtschaffenen Leben führte. – Und so geschieht es heute mit uns: weil diese [unsere] Lehre die Seelen zum rechtschaffenen Leben geführt hat und immer noch führt, darum ruft der Teufel so viele Verfolgungen gegen uns hervor.

In einem philosophischen Exkurs über Gott als der prima causa *(Erstursache) und die in der Welt wirkenden* secundae causae *(Zweitursachen) kommt Savonarola auf Beschaffenheit und Zweck eines Werkzeugs – als Beispiel nimmt er eine Säge – zu sprechen. Kommt die einem Werkzeug innewohnende Kraft nicht zur Geltung, erfüllt dieses seinen Zweck nicht. – Dies gilt auch für den Herrscher, wenn er seine Aufgabe als* secunda causa *nicht erfüllt. Nach Thomas von Aquin ist das Volk nicht gehalten, dessen Anordnungen Folge zu leisten, wenn diese der Weisheit des obersten Herrschers widersprechen, das heißt, wenn sie sich gegen das rechtschaffene Leben* (il ben vivere) *und das Gemeinwohl* (il ben comune) *richten. Gegen diese wendet sich aber letztlich auch die Exkommunikation Savonarolas.*

So sag mir doch: Was wollten diese da[701] mit dieser Exkommunikation? Ich kann es dir sagen: Für diesmal sägen sie nicht gut und werden keine gute Bank machen! Was wollten sie denn erreichen? Jedermann – bis zu den Kindern – weiß, daß sie nichts anderes wollten, als das rechtschaffene Leben und das Wohl der Allgemeinheit beseitigen, hatten sie doch die Absicht, jede gute Regierung zu verderben, und sie kümmerten sich nicht darum, daß dadurch der Weg zu jeder Art von Laster offen wäre. Als daher die Exkommunikation eingetroffen war [, da hieß es gleich]: los zu den Tavernen, zur Unzucht und zu jedem Übel – und das rechtschaffene Leben begann zugrunde zu gehen. Und daran kannst du ersehen, daß die Säge nicht von ihrer hauptsächlichen treibenden Kraft geführt worden war. Ich wundere mich über euch, daß ihr darüber im Zweifel sein könnt! Was braucht es denn so vieler Gesetze und Satzungen? Die Sache ist an sich klar – du siehst es nur zu gut! Es braucht keine andern Beweise, denn man erkennt, zu welchem Zweck das Ganze in Bewegung gesetzt wurde. Und ich sage dir: Wenn wir hier unten verflucht worden sind, so sind wir oben gesegnet worden – das kann ich dir sagen!

Nolite timere, pusillanimes, Dominus vobiscum est. Ihr seht, wie uns Gott das natürliche Licht [der Vernunft] so gestärkt hat, wie wir es erbeten haben. Aus diesem Grund sind wir also – was das natürliche Licht betrifft – darüber im klaren, daß eine solche Exkommunikation nicht standhält. Wie steht es nun vom Standpunkt des übernatürlichen Lichtes aus gesehen? Schau: *Dei perfecta sunt opera,* die Werke Gottes sind alle vollkommen. Man nennt das vollkommen, was endgültig an sein Ziel gelangt ist. Die Engel sind vollkommen, weil sie Gott schauen, und man nennt sie in ihrer Art deshalb vollkommen, weil sie zu ihrer Vollendung und zu dem Ziel gelangt sind, wozu sie bestimmt worden sind. – *Unsere* Vollendung nun besteht nicht nur im Glauben, denn dieser ist eine unvollkommene Erkenntnis Gottes, sondern die Vollendung unseres Glaubens und unseres Gesetzes besteht in der Liebe, welche zum richtigen Verständnis der göttlichen Dinge führt. Wer also die Liebe hat, versteht die Dinge, die zum Heil gehören, und daher siehst du, wie man heute, da es keine Liebe mehr gibt, alles und jedes falsch deutet und wie man jeden Tag Gesetze über Gesetze schafft. So viele Gesetze bringen aber Verwirrung hervor, und jedes Gesetz, das man heute macht, ist geschaffen als Netz, worin man Geld fängt. Mir scheint, wir seien nunmehr schlimmer als die Juden geworden ... Die Apostel hatten nicht so viele Gesetze, denn sie entbrannten vor Verlangen nach Liebe. *Plenitudo legis est caritas*[702], was das Gesetz Gottes sagt, besteht nur der Liebe wegen. Die ganze Theologie ist auf die Liebe hin angeordnet, ebenso alle kanonischen wie bürgerlichen Gesetzesbestimmungen, auch alle Zeremonien der Kirche, ja die ganze Welt ist auf diese hin erschaffen worden! Denn die Himmel und die ganze Welt sind auf den Menschen hin angeordnet, um seinen Leib zu ernähren und am Leben zu erhalten. Und der Leib ist auf die Seele hin ausgerichtet, die Seele aber auf die Liebe und die göttliche Gnade hin, und so ist die ganze Welt für die Liebe bestimmt.

Wer also gegen die Liebe befiehlt, welche die Fülle unseres Gesetzes ist, *anathema sit*[703], sei exkommuniziert, und es *ist* von Gott exkommuniziert, wer gegen die Liebe befiehlt. Ich sage dir: Man kann nicht wider die Liebe befehlen, denn alle Geschöpfe sind diesem Gesetz unterstellt, und deswegen sollte jeder eher sterben, als der Liebe zuwiderhandeln zu wollen. Sag mir doch: wenn einer sieht, wie der Wolf kommt, um die Schafe zu verschlingen, und wenn er die Vernichtung der Seelen sieht, und wie man gegen die Liebe handelt – muß dieser dann nicht sein Leben für seine Schafe aufs Spiel setzen? *Maiorem caritatem nemo habet quam ponere animam suam pro ovibus suis*[704], es gibt keinen, der eine größere Liebe hätte, als der, welcher sein Leben für die Schafe hingibt – und ein solcher soll also exkommuniziert sein? Glaube es nicht! Exkommuniziert ist, wer gegen die Liebe handelt! – Scheint dir etwa, ich sollte fliehen? Ich verharrte bis jetzt, und ich sage dir, ich werde auch weiterhin ausharren ... Du sagst mir auch: Erkläre dich für die Einheit, tritt dieser Kongregation[705] bei! Ich sage dir, ich werde dies nie tun, ich will nicht, daß meine Söhne ihre Lebensführung lockern, denn dies ist gegen das rechtschaffene Leben und gegen die Liebe. Da will ich lieber tausendmal sterben. Und mit gleicher Kühnheit will ich sagen – denn du, Herr wolltest es: Diese Bürger, die sich zum Guten gewendet haben, diese Frauen und Kinder, die rechtschaffen leben – sind das nicht auch meine geistigen Kinder? – Du sagst auch, ich solle nach Rom gehen – und du willst wohl, daß ich sie in den Händen der Spieler, der Sodomiten, der Unzucht und jeden Lasters lasse, so daß sie sich vom einmal begonnenen Guten wieder abwenden? Das ist gegen jede Liebe! – Außerdem sagst du, ich hätte häretische Dinge gepredigt. Schau doch einmal in dem nach, was ich geschrieben und herausgegeben habe[706], und schau, ob dir dies als Ketzerei vorkommt! Ich habe dir da *die Knochen in den Mund gesteckt*, wie die Dichter sagen. – Auch sagst du, ich solle die Predigt lassen. Das werde ich nie tun, verstößt es doch gegen die Liebe! Hast du nicht gesehen, daß beim Aufgeben der Predigt das rechtschaffene Leben nachgelassen hat, die Laster zugenommen haben und wieder dreist geworden sind, und wie alles wieder in Unordnung geriet? Der Glaube an Christus ging verloren, und die Schafe blieben in der Hand der Wölfe zurück. – Schau gut nach, ob du ein Gesetz, eine Satzung oder ein Konzil findest, das dies sagte – und sollte es gegen das sein, was ich gepredigt habe, sei es exkommuniziert *et anathema sit*! Sollte ein Lehrer oder Bischof gegen das sprechen, so werde der Bann über ihn verhängt – du hast nicht gut studiert! Und wäre es ein Papst oder ein anderer, der gegen das spräche, was ich gesagt habe – so sei er exkommuniziert! Ich sage ja nicht, es gebe einen Papst, der dies getan hätte, aber gäbe es einen, der es täte und sagte, dann wäre es, sag' ich dir, nicht der Handwerker oder der hauptsächliche Veranlasser gewesen, der die Säge geführt hätte, sondern sie wäre dann von andern geführt worden, das heißt auf Grund einer bösen Überredung von seiten anderer …

Ich erinnere mich, dir einst gesagt zu haben, daß es drei Arten von [schlechten] Menschen gebe: Die einen sind wie die Teufel, sie haben – von außen gesehen – keine offenkundigen Laster und sind nicht mit fleischlichen Sünden befleckt, sondern haben allein –

wie der Teufel – die Geistessünde des Hochmuts, denn der Teufel ist nicht dem Spiel ergeben, gibt sich nicht der Völlerei hin, hält sich keine Konkubine, treibt keinen Wucher, sondern weist allein die Sünde des Neides, des Hochmuts und des Hasses auf. Und so gibt es gewiß Menschen, die so sehr in diesen Geistessünden stecken, daß sie tatsächlich wie Teufel sind. – Andere sind die, welche sich den Lastern hingeben, der Wollust, den Konkubinen, dem Wucher und allen Lastern des Fleisches – und das sind Bestien. – Wieder andere geben sich sowohl diesen Lastern als auch den Geistessünden hin – und diese sind halb Mensch und halb Teufel. – Nun geh hin und schau, wer diejenigen sind, die widersprechen, und du wirst sehen, daß alle lasterhaft und in Sünden verstrickt sind – bald als ganze Teufel, bald halb Mensch, halb Teufel und bald Bestien. Mach nur den Anfang bei Rom [und fahre fort] bis hierhin und du wirst sehen, was für Leute das sind! Gewiß stellst du dann fest, daß alle Schlechten und Verruchten diesem unserm Werk widersprechen. – Wende dich dann und betrachte jene, die an dieses Werk glauben, und du wirst sehen, daß sie gut leben, beichten, zur Kommunion gehen und ein geläutertes Leben führen. Wenn *du* nun rechtschaffen bist, welchen wirst du dich anschließen? Gewiß den Guten und denen, die recht leben … Was mich betrifft, so will ich bei diesen Guten sein, und wenn man exkommuniziert sein muß, um rechtschaffen zu leben, dann will ich mit den Exkommunizierten zusammen sein …

Aus der 2. Predigt
18. 2. 1498

Auch der Papst kann irren

Zunächst will ich festhalten: Alles, was ich sagen werde, unterwerfe ich der Entscheidung der heiligen römischen Kirche, damit du nicht glaubst, ich wolle den Rahmen dessen verlassen, was die Kirche festlegt. – *Zweitens* setze ich voraus, daß es keinen Menschen gibt, der nicht irren könnte. Sogar der Papst kann irren. – «Du bist ja ein Narr, wenn du sagst, daß der Papst irren kann!» – Wie viele Päpste sind schlecht gewesen, die geirrt haben! Und wenn es wahr wäre, daß ein Papst nicht irren könnte, dann sollten wir also tun, was sie tun, und dann wären wir gerettet! Du wirst nun sagen: «Insofern der Papst ein Mensch ist, kann er irren, nicht aber insofern er Papst ist!» – Und ich antworte dir: Der Papst kann auch in seinem Vorgehen und in seinen Ansichten irren. Geh und lies genau nach, wie viele Bestimmungen ein Papst erlassen und ein anderer wieder aufgehoben hat, und wie viele Meinungen von Päpsten im Gegensatz zu denen stehen, die mehrere andere Päpste vertreten haben. – «Was willst du damit sagen?» – Entweder, daß beide zusammen geirrt haben, und somit kann ein Papst irren, oder daß der eine geirrt hat, der andere aber nicht. Du siehst folglich, daß der Papst irren kann. Aber wie ich dir das letzte Mal gesagt habe, kann er auf zwei Arten irren: *Zunächst* infolge falscher Überredung anderer, denn der Papst verweilt an einem bestimmten Ort und kann nicht überall sein, und so wird ihm oft Falsches berichtet. *Zweitens* kann er aus Bosheit irren und gegen sein eigenes Gewissen handeln. – Mag er auch nun auf diese zwei Arten irren können, so sollten wir doch nicht sagen, daß er aus Bosheit irre, sondern dieses Urteil Gott überlassen und annehmen, seine Gesinnung sei gut, und er sei eher hintergangen worden.

Nun, daß der Papst in diesem unsern Fall infolge falscher Überredung hintergangen worden ist, das will ich dir beweisen. – In der Exkommunikationsbulle sagt er: *quod praedicavit falsum seu perversum dogma,* das heißt, daß ich häretische Dinge und einen falschen Glauben gepredigt hätte – und das ist offensichtlich falsch! Denn unsere Schriften und das Buch[707], das wir herausgeben ließen, haben dies aller Welt kundgetan, und das Volk weiß, daß ich nie anderes als Gutes gepredigt habe. Du siehst also, daß der Papst durch üble Überredung hintergangen worden ist. – Ebenso erklärt er in jener Bulle, daß er mich zwar nach Rom vorgeladen hätte, um meine Irrtümer zu bereinigen, daß ich aber nicht hätte erscheinen wollen. Das ist völlig falsch, denn ich bin nie vorgeladen worden, auch habe ich kein entsprechendes Breve erhalten. Sie sollen nur in ihren Registern nachforschen, sie werden nicht finden, daß ich je ein solches Breve erhalten habe. Und damit du alles weißt: Es ist freilich wahr, daß er mir ein Breve zukommen ließ – es sind nun bereits zwei oder drei

Jahre her – das viel Worte des Lobes enthielt. Das sage ich nun nicht, um von meinem eigenen Lob zu sprechen – Christus weiß es recht wohl, und wenn es wahr ist, wird er es mir vergelten –, sondern ich sage es, um dir die Sache so zu berichten, wie sie sich verhält. Das Breve erklärte also: «Dilecte fili, wir haben gehört, daß du, unter den andern Arbeitern im Weinberg Christi, nicht wenig Frucht gebracht und viele neue Dinge im Namen Gottes gesagt hast, weswegen wir dich sehr loben, aber auch begehren, mit dir zu sprechen, und so befehlen wir dir *in virtute sanctae oboedientiae*[708], hierher zu kommen.» – Ich habe seiner Heiligkeit geantwortet, daß ich einverstanden und völlig bereit wäre zu gehorchen, daß ich aber im damaligen Zeitpunkt infolge Krankheit dazu nicht in der Lage wäre – und so war es tatsächlich, frage darüber den Arzt! – Ferner sagte ich ihm, ich könnte zu jener Zeit wegen meiner Gegner und Feinde nicht kommen und zwar in Rücksicht auf jene Predigt über die Angelegenheiten des Staates, aber auch, daß ich auf dem Weg in Todesgefahr geraten könnte. Alle Gewährsleute sagen ja: *quod ubi imminet periculum vitae*[709] der Mensch an keinen Gehorsam gehalten sei. *Drittens* antwortete ich, in jenem Zeitpunkt nicht gehen zu können, weil sich die Stadt in großem Zwist befände, und das war damals, als es unter den Bürgern große Streitigkeiten gab, und ich den Frieden predigte. Daher sagte ich, nicht kommen zu können, sondern hier verharren zu müssen, um die Einheit stark und fest zu erhalten. Er hat die Entschuldigung sehr wohlwollend angenommen, so daß du nun sehen kannst, daß das Breve falsch ist und infolge falscher Überredung zustande gekommen ist, denn es erklärt, ich wäre nach Rom vorgeladen und gerufen worden, um mich wegen meiner Irrtümer zu rechtfertigen, und ich hätte nicht hingehen und dort erscheinen wollen. Man sieht also deutlich, daß der Papst hintergangen worden ist, denn man kann doch nicht glauben, daß er eine solche Lüge gesagt habe[710]. Und so siehst du, wie dieses Breve «unter der Bank» gemacht worden ist. Ich habe es gut aufbewahrt und kann es zeigen.

Darauf, nachdem einige Tage, das heißt eineinhalb Monate, vorüber waren – das eben erwähnte Breve war nämlich Ende Juli erlassen worden –, kam ein anderes Breve, das um den achten September [1495] erschien, voller Beschimpfungen, in dem nicht weniger als achtzehn Irrtümer enthalten waren. Der erste war, daß das Breve an das Kloster von Santa Croce gerichtet war, und so kam denn das Breve, das für San Marco bestimmt war, nach Santa Croce.[711] Dann sprach der Papst in diesem Breve von einem *quendam Hieronymum Savonarolam*, das heißt von einem «gewissen Girolamo Savonarola», wie wenn er mich nicht kennte, und doch waren noch nicht eineinhalb Monate vergangen, daß er mir so freundlich geschrieben hatte. – Dann waren da noch viele andere Lappalien, die ich aus Gründen der Ehre nicht nennen will. – So kannst du durch die vielen Veränderungen, die du in seinen in so kurzer Zeitspanne erlassenen Breven vorfindest, sehen, daß der Pontifex hintergangen worden ist ... Und daher ist dieses zweite Breve nicht vom Papst, sondern von boshaften Leuten erstellt worden.

In der Folge kam ein anderes Breve, das erklärte, ich hätte mit meiner Lehre Zwietracht unter alle friedlichen Leute gesät, und das noch viele andere falsche Dinge enthielt. Und daher suspendierte er mich der Predigt. Alle Welt weiß aber, daß ich mit der Gnade Gottes in dieser Stadt den Frieden gepredigt und gestiftet habe. So siehst du, daß dieses Breve nicht vom Papst kommt – falls es aber doch von ihm kommt, ist er hintergangen worden. – Ich antwortete also und sagte, er sei getäuscht worden, aber meine Rechtfertigungen fanden kein Gehör, und deswegen habe ich weiterhin frei gepredigt, und es war in jener Zeit, daß ich auf diese Kanzel stieg und sagte, ich wäre nicht von einem Menschen in der Welt oder von irgendeinem Herrn beauftragt worden, dir zu predigen, sondern von jenem, welcher der Herr der Herren ist, und von der Heiligen Dreifaltigkeit.

Hernach kam ein Breve des Inhalts, daß alle Konvente der Toskana sich vereinigen und eine einzige Kongregation bilden sollten, der auch San Marco und seine andern Konvente beizutreten hätten. Zuerst – im andern Breve – hatte er verlangt, daß wir der lombardischen Kongregation beitreten sollten, von der er uns früher getrennt hatte, jetzt aber will man, daß wir uns der toskanischen anschließen – das heißt, bald hierhin, bald dorthin! Das schien mir wie bei der Verteidigung des Königs im Schachspiel zu sein: wenn er eingeschlossen ist, hebt er sich vom Feld weg und kehrt später auf dasselbe zurück, so daß denn die Ränke der Boshaften ganz offensichtlich sind.

Es kam dann das andere Breve[712] und die Exkommunikation, weil ich der toskanischen Kongregation nicht beigetreten war. – Da nun das Bedenken wegen der falschen Lehre und das wegen der Tatsache, daß ich nicht nach Rom gegangen bin, behoben sind, weil ja für jedermann feststeht, daß das erste falsch war, und ich im zweiten Fall keine Verpflichtung hatte, vor allem aber auch, weil der Papst unsere wahrheitsgetreue Entschuldigung angenommen hatte, besteht eine Streitfrage nur noch in bezug auf zwei Punkte: bezüglich mein Predigen und bezüglich der Vereinigung unserer Brüder mit denen der toskanischen Kongregation …

Savonarola weist im Folgenden darauf hin, daß der Entschluß, einer anderen Kongregation beizutreten, nicht bei ihm, sondern bei allen Brüdern liege, daß sie aber mit vollem Recht eine «vita larga» *ablehnen würden. Abgesehen davon hätten die Verleumder in Rom nur ein Ziel: in Florenz wieder eine Tyrannis zu errichten.*

Meine Lehre ist nicht von mir

Ich sagte dir schon mehrmals *quod mea doctrina non est mea*[713]. Jeder, der mich schon vor zehn Jahren kannte, weiß, daß ich weder Stimme noch Lunge, noch irgendwelche Fähigkeit zum Predigen besaß, vielmehr gereichte mein Predigen jedem zum Verdruß. Aber nachdem mir der Herr diese Gabe geschenkt hatte, habe ich sie aus Liebe zu ihm gern angenommen, doch ist mit dieser Gabe eine große Last verbunden, und so hat er gesprochen: *ostendam tibi, quanta oporteat te pati pro nomine meo.*[714]

Wohlan, wir wollen also von der Lehre sprechen. Und da gibt es gleich einen zweiten Grundsatz, den ich dir als Voraussetzung vorlegen möchte, das heißt, daß die Fortsetzung der Verkündigung dieser Lehre nicht nur für Florenz, sondern auch für die ganze Kirche nützlich ist, und daß es sehr schädlich wäre, wenn diese verschwinden sollte, und daß sich viele Übel daraus ergäben. Das setze ich voraus, weil es klar auf der Hand liegt, so gut das bei den Grundlagen der Wissenschaften der Fall ist – zunächst auf Grund des natürlichen Lichts: nützlich ist jene Lehre, die mit der Philosophie, der Heiligen Schrift und allen andern Wissenschaften übereinstimmt. Nun stimmt aber diese [von mir vertretene] Lehre mit dem natürlichen und übernatürlichen Licht und mit allen Wissenschaften überein, wie wir dir dies in unsern Predigten und Schriften ständig gezeigt haben – also ist sie für die ganze Kirche von Nutzen. Und so wäre es, umgekehrt, sehr schädlich, sie zu beseitigen, denn das wäre nichts anderes, als den Glauben, die Heilige Schrift und die andern Wissenschaften zu beseitigen, da sie mit jenen zusammen ein und dasselbe ist. *Zweitens* kann ich das aus der Erfahrung beweisen: Du hast gesehen, wie diese Lehre dich mit so vielen Beweisen im Glauben bestärkt und wie sie das rechtschaffene Leben in deiner Stadt eingeführt hat. Ist es etwa nicht wahr, o Volk, daß es hier, in Florenz – es sind nicht viele Jahre her –, ein Heidentum ohne irgendwelches Licht von einem rechtschaffenen Leben gab? Und ebenso hat dir diese Lehre den Frieden in Florenz erhalten[715], und so bist du denn ihr gegenüber mehr verpflichtet als deinem Vater, der dich gezeugt hat. Und wieder ist es die Erfahrung, die dir zeigt, daß ihr Aufhören oder Ausbleiben Ursache vieler Übel ist. Das läßt sich dadurch beweisen, daß sie von schlechten Menschen und von den Teufeln verfolgt wird. Schau nur, was das für Menschen waren, die sich alle Mühe gaben, sie zum Aufhören zu bringen! Schau dir die Dinge an, die hier auf dieser Kanzel geschehen sind![716] Scheint dir, daß es Gott oder der Teufel gewesen ist? – Außerdem brachte diese Lehre die Steine[717] zum Verschwinden – nie warst du vordem imstande, diese aus der Stadt zu beseitigen! –, und auch die Bälle, die Tavernen und die Spiele brachte sie zum Verschwinden. Doch schau nur: nachdem man die Lehre zum Aufhören gebracht hatte, da kehrten die Spiele zurück, die Tavernen – auch der Frascato[718] – wurden wieder geöffnet, wie es seit eh und je bei euch der Brauch war. Die Lehre vertrieb Karten und Würfel – und nachdem sie aufgehört hatte, sind die Druckstöcke wieder instand gestellt worden, und man spielt wieder in aller Öffentlichkeit. – Sie reformierte auch die Knaben, aber nach ihrem Aufhören kehrten viele zu den Unzüchtigkeiten zurück, sie reformierte die Frauen, aber nachdem sie aufgehört hatte, gab man sich wieder dem Prunk, den Bällen, den Gesängen, Festen und tausend anderen unehrbaren Dingen hin. So vernehme ich, daß sich hier, in der Nunziata[719], unter den Augen der Jungfrau Maria, im Gedränge unter jungen Männern und Frauen äußerst unehrbare Dinge abspielen, als wollte man dort der Jungfrau sagen: «Ich tue das dir zum Hohn und zum Trotz!» – Das, Florenz, ist die Frucht als Folge davon, daß man diese Lehre beseitigt hat! Sie brachte gute Söhne hervor, und jetzt, da sie verschwunden ist, machen die Väter sie schlecht, und sie wollen nicht, daß sie zur Predigt kommen, denn sie behaupten, Skrupel[720] zu haben – aber wenn der Sohn nachts ausgeht, um Schlechtes zu tun, dann kümmert sich der Vater nicht darum und hat nicht den geringsten Skrupel! So hat also diese Lehre alles Gute bewirkt, und die Tatsache, daß man sie nicht mehr befolgt, hat viel Übel zur Folge. Das zeigt sich auch dem äußeren Sinn ganz klar: Schau dir die ehrbaren Frauen, die ehrbaren Kinder an, was die Ehrbarkeit ihrer Kleidung betrifft, schau ihnen allen ins Gesicht! Jene, die glauben – du wirst sie alle erkennen: Sie sind alle fröhlich und haben anmutige und engelsgleiche Gesichter. Und schau dir dann jene an, die nicht glauben: Du wirst sie alle verwirrt und hochmütig sehen. – Das läßt sich auch induktiv beweisen: Geh überall hin, du wirst finden, daß dieser und jener, daß jeder, der rechtschaffen, in Wahrheit und als guter Christ leben will, diese Lehre loben wird.

Auch durch die Gewohnheit läßt sich der Nutzen dieser Lehre beweisen. Schau dir den an, der die Lehre mehr und längere Zeit angewendet hat: Er steht bei Gott in stets größerem Wohlgefallen. Ich will dir auch das sagen: Unsere Brüder, die sie ständig anwenden und hören, glauben immer mehr an sie und nie befanden sie sich in solcher Eintracht der Herzen, wie sie es heute sind, und seitdem sie diese Lehre vernommen haben, singen sie mit immer größerer Inbrunst: *ecce quam bonum et iucundum habitare fratres in unum.*[721] – Im Gegensatz dazu betrachte den, der sie bekämpft: Sie alle sind schlechte Menschen, Verleumder und solche, die ihre Töchter am liebsten auf Bälle und Feste schicken. Bedenke auch, daß, wer dir widerspricht, nie öffentlich gegen diese Lehre hat schreiben wollen – kein einziger, der wirklich etwas taugt, sag' ich, denn wenn sie auch mit der Zunge widersprechen, so wollen sie nichts niederschreiben, sind sie doch so stolz, daß sie nicht durch die Wahrheit überführt werden wollen, und sie haben Angst, man bleibe ihnen in der Antwort nichts schuldig.

So legt es denn schriftlich nieder, ihr, die ihr widersprecht, schreibt es auf, ihr Ordensbrüder und wer dagegen predigt, und ihr werdet sehen, daß ihr alberne und falsche Dinge aufschreiben werdet, und daß man euch eine Antwort geben wird! …

Mut zu brüderlicher Zurechtweisung!

Unser Erlöser sagt in seinem Evangelium folgende Worte: *si peccaverit in te frater tuus, vade et corripe eum inter te et ipsum solum*[722], das heißt, wenn dein Bruder fehlt, dann erteile ihm die brüderliche Zurechtweisung. Die ganze Lehre der Kirche hält daran fest: wenn du deinen Bruder aus dem Laster herausziehen und davon befreien kannst, so mußt du dies auf jeden Fall tun, tust du es aber nicht, obwohl du es könntest, begehst du eine Todsünde. Wenn du demnach einem einzelnen Menschen gegenüber dazu verpflichtet bist, dann noch mehr gegenüber einem Volk und noch weit mehr gegenüber der ganzen Kirche. Wenn Christus jemandem die Gnade verliehen hat, die Seelen vom Laster zu befreien, und er dies nicht tut, obwohl er es könnte, so handelt er gegen dieses Gebot und gegen die Lehre der Kirche. – Wer also erklärt, diese Exkommunikation sei zu befolgen, will, daß keine Zurechtweisung geschehe, verbietet sie doch das Predigen einer Lehre, welche die Menschen von den Sünden befreit und zum rechtschaffenen Leben führt, wie die Erfahrung zeigt. Er will also etwas, das gegen die Kirche und gegen Christus ist – folglich ist *er* ein Häretiker …

Die Lehre Christi war anfänglich ins Herz der Apostel und der Heiligen geschrieben, und sie hatten in ihrem Innern den [übernatürlichen] Drang, der zur Wahrheit neigte, das heißt die Gnade des Heiligen Geistes, und deswegen verkündeten sie die

Wahrheit offen und mit großem Mut, weil die in ihrem Herzen eingeschriebene Lehre ihnen den mächtigen Antrieb und die Hingabe zum Verkünden und zur Verteidigung der Wahrheit verlieh. Nachdem man aber begonnen hatte, dieses Gesetz niederzuschreiben[723], und so viele Märtyrer ihr Leben geopfert hatten, um die Wahrheit zu verteidigen, begannen die Menschen sich zu fürchten, die Wahrheit zu sagen, und dies vor allem gegenüber den großen Herren, welche die Wahrheit nicht hören wollten. – Wenn nun ein Prediger kommt, dann beginnen einige [dieser großen Herren], ihn vorzustellen, bald auch persönlich zu besuchen, und er selbst sagt dann: «Jener große Herr ist gekommen, um mir einen Besuch abzustatten», und dann preist er ihn auf der Kanzel und sagt: «Ihr habt einen vortrefflichen Herrn!» – und spendet ihm reichlich Weihrauch. – Meine Brüder, hütet euch vor den großen Herren, sagt euch vielmehr, daß ihr einen größeren Herrn als diese habt. Aber heutzutage sind die Prediger Soldaten der großen Herren und stehen in ihrem Sold! Zur Zeit jedoch, da die guten Priester und Prediger in sich die Vorstellung des echten Christen trugen, handelten sie anders, als es heute der Fall ist, und tadelten mutig jedermann und kannten keine Rücksicht gegenüber den großen Herren.

Der heilige Paulus tadelte den heiligen Petrus, der damals Papst war, und sprach zu ihm: «Petrus, im Leben gemäß dem Evangelium ist ein Wandel in solcher Verstellung unerlaubt!», und in seinem Bericht [über diesen Vorfall] fügt er hinzu: *reprehendi eum, quia reprehensibilis erat.*[724] – So siehst du denn, wie Paulus den Petrus tadelte, der damals Papst war, und doch hat es nie einen größeren Papst als ihn gegeben! Man kann also jeden tadeln – wäre er auch bedeutender als du es bist – wenn er irrt …

Aus der 5. Predigt
1. 3. 1498

Die Aussagen der Schrift haben für alle Zeiten Gültigkeit

Weil das natürliche Licht unseres Intellekts, Geliebteste in Christus Jesus, unter den geistigen Geschöpfen unvollkommen ist, benötigt es äußere Hilfe, wie auch gewisse Lebewesen ohne äußere Hilfe von seiten des Menschen nicht zu ihrer Vollkommenheit gelangen können. Wir haben das in der vorhergehenden Predigt gezeigt, wo ich dir gesagt habe, daß das christliche Leben vieler Hilfen bedürfe, wovon eine die Heilige Schrift ist, die im geistigen Leben des Christen als eine äußere Hilfe gegeben wurde, um ihn zu belehren und im Trost zu erhalten.

Da wir nun geistigerweise aus der Finsternis Ägyptens befreit worden sind, ganz nahe vor dem Sieg stehen und den Pharao [in den Fluten] versenken müssen, haben wir zweckmäßig dieses Buch ausgewählt, in welchem von der Verfolgung und der Not des Volkes Gottes, von der Versenkung seiner

Feinde und von seiner Befreiung die Rede ist. Wenn wir daher dieses Buch lesen, werden wir sehen, wie die Auserwählten Gottes gepeinigt worden sind und wie sie befreit werden sollen. Und wir werden das Vorgehen kennenlernen, das wir anzuwenden haben, um das [Feld-]Zeichen Christi wieder emporzurichten. Da aber Gott seine Barmherzigkeit nie ohne seine Gerechtigkeit erweist, war es deshalb nötig, daß der Pharao – wie wir gestern gesagt haben – zum Bösen und zu Sünden gereizt und dazu verleitet würde, das Volk Gottes zu verfolgen und zu peinigen, damit Gott an ihm, dem Pharao, seine Gerechtigkeit offenkundig zeigen könnte, um hernach durch die Befreiung seines Volkes seine Barmherzigkeit in reichem Maße zu erweisen ...

In der Heiligen Schrift – namentlich im Alten Testament – geschilderte Ereignisse stellen Präfigurationen künftiger, sich stets wiederholender Erfahrungen der Kirche dar.

Die Schrift, welche für die Gesamtkirche geschaffen wurde, dient daher für alle Zeiten und jeden Ort, wo es eine Vereinigung von Gläubigen und eine Einzelkirche gibt. Und deswegen haben wir uns passenderweise vorgenommen, dieses Buch für die florentinische Kirche auszulegen, wo durch die Gnade Gottes viele Gläubige in der Liebe vereinigt sind, die alle das Bestreben und den Wunsch haben, rechtschaffen zu leben.

Die Schrift, welche die Verfolgungen der jüdischen Kirche oder der frühen Kirche Christi beschreibt, weist damit auch auf die Verfolgungen hin, die es in allen Zeiten der Kirche geben wird, denn aus demselben [inneren] Grund folgen auch die [äußeren] Handlungen, mögen sie auch in einigen Nebensächlichkeiten verschieden sein. Und daher hat der Heilige Geist in den Schriften in einer gewissen Art gesprochen, die sich zu allen Zeiten auf jede Kirche anwenden läßt. So spricht David im Psalm: *Domine, Deus meus, ex omnibus persequentibus me libera me*[725], das heißt, Herr, mein Gott, befreie mich von allen, die mich verfolgen. – Dieser Ausspruch im Psalm Davids verstand sich für ihn und seine Zeit, dann, zur Zeit Christi und der Apostel, für diese selbst, in dem Sinn, daß Gott sie von den Schriftgelehrten und Pharisäern, die sie verfolgten, befreie. Später, zur Zeit der Märtyrer, wurde er auf sie gedeutet, denn sie baten Gott, er möchte sie von den Tyrannen, die sie verfolgten, befreien. Und zur Zeit der Häretiker bezog man ihn auf die Gläubigen, die Gott baten, sie vor den Verfolgern des Glaubens zu retten.

So können auch wir es tun: indem wir dieses Wort auf die florentinische Kirche anwenden und Gott bitten, er möchte uns von unsern Gegnern und von den Lauen befreien, denn wenn David in seinem Psalm damit seinen Gegner Saul bezeichnete und Christus und die Apostel die Schriftgelehrten und Pharisäer, sowie die Märtyrer die Tyrannen, verstehen *wir* darunter die Lauen, die uns bekriegen.

Aus alttestamentlichen Ansätzen, die von Paulus weiterentwickelt wurden, sowie aus stoischem Gedankengut entstand – besonders im Anachoretentum – die Vorstellung von einem «Kriegsdienst für Christus» und vom «Soldaten Christi». In dieser Tradition steht auch das nur wenige Jahre nach dem Tod Savonarolas erschienene «Handbüchlein des christlichen Soldaten» von Erasmus von Rotterdam.

Das Leben als Kriegsdienst

Vita hominis est continua militia super terram[726], das heißt, das Leben des Menschen auf Erden ist ein ständiger Kriegsdienst und Kampf. Der eine kämpft für Gott, der andere für die Welt, der eine auf die, der andere auf jene Weise. *Wir* sind hier oben[727] für Christus, um für ihn zu kämpfen und Waffentaten zu vollbringen. Seid aber guten Mutes, denn wir haben auf jeden Fall zu siegen! Merkt euch jedoch, um es gut zu verstehen: Vom Himmel bis zu uns hinunter gibt es lauter Gegensätze. Als Gegensatz bezeichnet man das, was gegensätzliche Formen aufweist. So sind Wärme und Kälte Gegensätze, weil sie gegensätzliche Formen und gegensätzliche Kräfte zeigen, wie es auch beim Feuer und beim Wasser der Fall ist. Trokkenheit und Feuchtigkeit sind ebenfalls Gegensätze, da sie gegensätzliche Formen haben. – In ähnlicher Weise gibt es unter den Lebewesen viele Gegensätze, und das eine lebt mit dem andern in Widerspruch und naturbedingter Feindschaft, wie Hunde und Wölfe, Wölfe und Schafe, und das kommt alles von ihren gegensätzlichen [inneren] Wirkkräften und den [daraus sich ergebenden] Eigenschaften her. So gibt es auch in der Kirche bei den Menschen gegensätzliche Formen, gegensätzliche Willensäußerungen. Der eine will das Gute, der andere das Böse, weshalb es die gibt, die an Christus glauben, und die, welche seine Gegner sind, der eine will auf der Seite der Guten, der andere auf der der Bösen leben, und einer ist hier und ein anderer dort Hauptmann: Christus als Hauptmann der Gläubigen und seiner Kirche, und der Teufel als Hauptmann der Gegner der Kirche. Und so siehst du, wie entgegengesetzte Formen entgegengesetzte Wirkungen aufweisen. – Christus hat als Hauptmann all das rechtschaffene Leben und alle Tugenden zu Truppen, der Teufel aber alle Laster und all das schlechte Leben. Du weißt, daß man in zwei feindlichen Lagern verschiedene Feldzeichen trägt: Das eine führt Feldzeichen und Banner des Adlers, das andere das der Lilien, und so hat ein jedes ein verschiedenes Feldzeichen. Wenn du also Truppen siehst, so kannst du gleich ein Urteil fällen und sagen: «Das ist das Lager der Franzosen, jenes der Italiener» und vermagst jedes einzelne an seinen Feldzeichen zu erkennen. Die Feldzeichen *Christi* sind: Gutes tun, gebeichtet und kommuniziert haben, die Sünden fliehen, Gott nicht beleidigen, den Nächsten nicht kränken. Die Feldzeichen des *Teufels* hingegen: Spielen, Fluchen, Konkubinen haben, die Guten verfolgen, Gott nicht fürchten, Böses vom Nächsten sagen. – Willst du also in diesem Krieg erkennen, welches Heer das unsrige und welches das ihre ist, so schau auf die Feldzeichen. Schau auf die Feldzeichen unseres Heeres – ob sie die Christi sind oder nicht – und schau dann die ihrigen an, ob sie Banner Christi oder des Teufels sind.

Und so hat auch jedes Heer seine eigene Art zu kämpfen. Anders ist der Kampf der Türken, anders der der Italiener und Christen. Die Christen kämpfen mit dem Glauben, dem Gebet und dem Starkmut, die Türken und Teufel aber mit dem Haß, der Wut, der Gotteslästerung und der Absicht, alles Böse zu tun, was sie nur können.

Wohlan, so will ich dich denn fragen: auf welcher Seite willst du stehen? Auf der Seite der Christen oder auf jener der Türken und Teufel? – «O padre, diese Christen sind exkommuniziert!» – Gewiß, je nachdem, wie du sie nennst! Ich meinerseits will unter diesen Exkommunizierten sein – die Menschen erkennt man nicht am Namen, sondern man erkennt sie an ihren Werken und Taten! Schau nur die Truppen des einen und des andern Heeres an, betrachte ihre Feldzeichen, schau auf ihre Weise zu kämpfen – und du wirst sehen, *wer* exkommuniziert ist! …

Wer wird eurer Meinung nach siegen? Das Heer Christi oder das des Teufels? Habt keine Bedenken, sag' ich euch, denn wir haben einen ganz großen Sieg davonzutragen! Christus ist unser Hauptmann, *er* ist hier oben, nicht ich. Er will nicht verlieren. Und daher sage ich euch, daß wir – mit der Versenkung des Pharao – auf jeden Fall siegen werden …

Aus der 11. Predigt
7.3.1498

Das vierte Kapitel im Buch Exodus – Thema dieser elften Predigt im vorliegenden Zyklus – erwähnt die Bestätigung der Berufung des Moses durch drei von Gott gewirkte Wunder. – Auch von Savonarola hatte man Wunder verlangt, doch weist er darauf hin, daß selbst ein Jeremias oder ein Johannes der Täufer ihr Auftreten nicht durch Wunder bekräftigt hätten. – Nach nochmaliger Stellungnahme zu dem gegen ihn erlassenen Predigtverbot und zur Frage, ob und in welchem Fall ein Papst irren könne, schließt Savonarola diese Predigt mit einem Bekenntnis zu Thomas von Aquin, dessen Fest am 7. März begangen wird.

Zum Fest des heiligen Thomas von Aquin

Gott will große Dinge vollbringen. Wir müssen das Werk Gottes unterstützen und ihn bitten, daß er es beschleunige, denn es kommen Zeiten, um Großes zu tun. Verrichtet Gebete und laßt auch die Lauen solche verrichten, damit dieses Anliegen – falls es von Gott ist – voranschreite, falls es aber nicht von Gott ist, er es zunichte mache – denen, die nicht glauben, muß man es auf diese Weise sagen. Beginnen wir mit dem Beten heute, am Fest des heiligen Thomas[728]. Ich will dir von ihm, dem ich seit der Zeit, da ich noch in der Welt weilte, große Liebe und Ehrfurcht entgegenbrachte, nur drei Dinge sagen: *zunächst* einmal war er ein Mann von großer Keuschheit. Sein

Beichtvater, ein heiliger Mann, bekannte, ihn immer rein wie ein fünfjähriges Kind befunden zu haben. Er empfand keinerlei Regung des Fleisches und nur ganz wenig Ruhmsucht. – Das *Zweite:* Er war von größter Gelehrsamkeit und besaß ein großes Urteilsvermögen, und so sprach er jeweils: *dicendum est sic*[729] – und gibt über alles ein wohlbegründetes Urteil ab. – *Ich* weiß [von mir aus] nichts, aber das wenige, das ich weiß, habe ich nur deshalb, weil ich immer in seiner Lehre verharrte. Er war wahrhaftig tiefgründig – und wenn ich ganz klein werden will, lese ich *ihn,* und mir scheint dann, er wäre ein Riese und ich ein Nichts. Er schrieb so viele Bücher, studierte so viele, daß es staunenswert ist. – *Drittens:* Allem gegenüber, was Gott betraf, zeigte er eine sehr große Liebe. Seine Betrachtungen waren von solcher Tiefe, daß er oft in Verzückung fiel. Er hatte ein krankes Bein, und wenn man es behandeln mußte, sagte er seinem Gefährten: «Sage es mir eine halbe Stunde, bevor der Arzt kommt!», begann dann seine Kontemplation, fiel dabei in Verzückung, und während man ihn behandelte, spürte er weder das Feuer noch irgend etwas anderes. – Er war sehr sensibel, was ein Zeichen eines guten Charakters war, denn die Empfindsamkeit kommt von einer edlen Gemütsart, und eine solche gute Gemütsart besitzt feine Lebensgeister[730], die einen guten Charakter ausmachen.

Ihr sollt auch wissen, daß es *seine* Lehre ist, die euch erleuchtet hat. Ich meine, zunächst freilich die Heilige Schrift, dann aber seine Lehre, und mag ich sie euch auch nicht jedesmal [ausdrücklich als solche] zitiert haben, so war es entweder deswegen, weil ich mich der genauen Stelle nicht erinnerte, oder um nicht durch Zitieren Zeit zu verschwenden. Aber ich sage euch, daß es seine Lehre war, und wir wollen ihn darum bitten, heute morgen für uns beim Herrn dafür einzutreten, daß er [sein Werk] beschleunige und uns seinen Segen gebe. Es ist nötig, daß wir hier alle zusammen vereint das Gebet verrichten, denn der Herr tut große Dinge nicht ohne großes Gebet. Knien wir nun alle nieder, und die Brüder werden beginnen. *Benedictio Dei sit super nos semper. Amen.*

Anschließend sangen – nach einer Notiz des Herausgebers – die Brüder und das Volk abwechselnd die Verse des Hymnus «Memento, salutis auctor» *(«Gedenke, Urheber unseres Heiles») und des 66.(67.) Psalmes* «Deus misereatur nostri» *(«Gott erbarme sich unser»), worauf Savonarola das Gebet zum Fest des heiligen Thomas sprach und den Segen erteilte.*

Aus der 12. Predigt
8.3.1498

Eigenart und Unergründlichkeit der Heiligen Schrift

Geliebteste in Christus Jesus, da Gott die erste Ursache ist, von der alles abhängt, besteht kein Zweifel, daß er derjenige ist, der die Weisheit allen Menschen verleiht: *omnis sapientia a Domino Deo est*[731], und so ist die natürliche und übernatürliche Weisheit von Gott. – Die *natürliche* kommt von ihm, denn *er* hat das natürliche Licht verliehen, durch das der Mensch die menschlichen und natürlichen Dinge versteht. Seinen Auserwählten hat er auch das *übernatürliche* Licht gegeben, damit sie die göttlichen Dinge begreifen, und *er* macht sie fähig, die übernatürlichen Dinge wahrnehmen und kennenlernen zu können. Und wenn auch die ganze Gelehrsamkeit – das heißt, die wahre, die nur durch das natürliche Licht zustande kommt – von Gott her stammt, so hat er dies bei ihnen trotzdem in ganz allgemeiner Weise getan und die Menschen mit diesem natürlichen Licht in die Richtung gehen lassen, wohin sie wollten, und sie nicht etwa so festgelegt, daß sie darin nicht hätten irren können. – Das übernatürliche Licht hingegen, das von Gott gesandte Menschen besaßen, wie es die Propheten und Apostel waren, wurde ihnen von ihm auf besondere Weise verliehen. Und jene, die es erhalten haben, hat er so erleuchtet, daß sie darin nicht in die Irre gehen konnten, denn sie waren die Feder, und Gott war die Hand, die schrieb. Und man findet deswegen in der Heiligen Schrift eine unendliche Weisheit, weil sie von Gott geschaffen wurde, wenn es auch seine Heiligen waren, die sie geschrieben haben. Und wer diese Schrift in der Art, wie sie gelesen und studiert werden sollte, lesen und studieren will, nimmt in ihr die allergrößte Weisheit Gottes wahr. – Zunächst einmal, wenn du diese Schrift dem Inhalt und dem Gegenstand nach, von dem sie spricht, betrachtest, wirst du erfahren, daß sie von größter Erhabenheit ist, und daß jeder große Geist in ihr drin versinkt. Betrachtest du zudem nur den Urheber dieses Werkes, so wirst du angesichts der Tatsache, daß Gott, der die unendliche Weisheit ist, sie geschaffen hat, bekennen, daß sie von allergrößter Tiefe ist, und daß selbst Menschen von größter Verstandeskraft in ihr versinken. Daher kommt es, daß du beim Studieren der Schrift in ihr immer wieder neue Bedeutungen und tiefste Geheimnisse finden wirst, weil sie von der Weisheit Gottes, der die Schrift geschaffen hat, in dieser Weise angelegt worden sind. – Deshalb sagt Augustinus, als er in einem Brief[732] an Volusianus über die Schrift schrieb: «Hätte ich vom Anfang meiner Kindheit an begonnen, diese Schrift zu studieren, so hätte ich bis in mein höchstes Alter noch damit zu tun», denn die Lebenszeit eines Menschen reicht nicht aus, um sie zu studieren, und alle Menschen, die sie vom Anfang ihres Lebens bis zu dessen Ende studiert haben sollten, werden – wie Augustinus sagt – den Psalmvers singen: *et dixi: nunc coepi etc.*[733]

Was ihre Sprache betrifft, ist die Schrift so treffend und ausgeglichen, daß diejenigen, die von Sünden geläutert und mit Demut sie verstehen und studieren wollen – wie das beim heiligen Hieronymus, dem heiligen Augustinus und andern Heiligen der Fall war – in ihr eine Sprache vorfinden, die erhaben und voller Beredsamkeit ist – weit mehr als die eines Tullius[734], Demosthenes oder anderer Menschen, mögen diese noch so beredt gewesen sein. – All denen hingegen, die sich anschicken, diese Schrift im Zustand fleischlicher Sünde oder des Stolzes zu studieren, erscheint es anders als den vorhin Erwähnten, und ihnen kommt es vor, als wäre die Schrift von niedriger Sprache ungebildeter Menschen. Schau doch, welch wunderbare Sache dies ist: Die eine und selbe Schrift scheint auf zwei verschiedene Arten geschaffen worden zu sein! Und das hat Gott in seiner Weisheit also getan, um nicht Brot den Hunden zu geben, nicht Perlen den Schweinen vorzuwerfen[735], die ihrer unwürdig sind. Aber diejenigen, die sich in der Mitte befinden – zwischen den Kontemplativen und Gerechten und den fleischlich Gesinnten und Stolzen – haben doch soviel Gnade von Gott, der die Schrift also angeordnet hat, empfangen, daß sie diese in genügender Weise verstehen und für sich daraus genug Frucht gewinnen können. Gott handelt mit den Menschen wie ein großer Herr gegenüber einem ganz Geringen: wie sich dieser zu ihm hinneigt, um mit ihm zu sprechen und ihm von seinem Reichtum zu geben, hat Gott die Schrift so angeordnet, daß der, welcher klein ist und sich demütigen will, um sie zu verstehen, daraus großen Reichtum und reiche Schätze gewinnt. – Ebenso spricht die Schrift von den Dingen und Geheimnissen Gottes auf bald mehr oder weniger klare oder dunkle Weise und in der Art, daß du ihrer nie überdrüssig wirst, und obwohl du immer die gleiche Schrift studierst, so bereitet sie dir doch stets Freude, und du findest in ihr immer neue Deutungen und neue Dinge ...

Willst du deinen Sohn verderben, so lass ihn Kleriker werden!

O ihr verbrecherischen Schurken, habt ihr doch diese Macht und diesen Hirtenstab mißbraucht! Gott wird euch mit der Eisenrute schlagen! – Die Rute wurde dann zur Schlange[736], das heißt, sie wurde voll vom Gift des Stolzes und der Habsucht. Trotzdem war sie anfänglich nicht ganz Schlange, als sie begann, zeitliche Güter zu besitzen, sondern sie hatte das Gesicht einer jungen Frau, das heißt, sie tat die Dinge nicht so offen, mochte sie auch den Leib einer Schlange haben. Sie führte nicht die Dirnen in den Palast. Der Stab war damals jene Schlange, der gesagt wurde: *supra pectus tuum gradieris et terram comedes*[737], du wirst auf deinem Bauche kriechen und Staub fressen. Sie krochen auf dem Bauch ihres Hochmuts und aßen nicht Gebete, sondern Erde und wieder Erde – wie die Schlangen –, das heißt aus Habsucht lauter irdische Dinge. – Jetzt hat der Stab nicht mehr das Gesicht einer jungen Frau, sondern ist ganz zur Schlange geworden. Man sagt jetzt nicht mehr *«meine Neffen»,* sondern *«mein Sohn»* und *«meine Tochter».* Es gehen jetzt die Huren nach Sankt Peter, jeder Priester hat seine Konkubine, sie begehen die Sünden ganz offen, und überall hat sich dieses Gift verbreitet, so daß alles vergiftet ist. Es gibt soviel Gift in Rom, daß alle Welt davon voll ist, es hat sein Gift in Frankreich, in Deutschland und überall verstreut. – Was bleibt also zu tun, wenn alles Abschaum und Gift ist? Wenn Christus dafür nicht Sorge trägt, so wird die Folge sein, daß die Kirche verschwinden muß. Aber die Kirche kann nicht verschwinden, wie ich dir vorhin gesagt habe. Christus wird also dafür Sorge tragen, sie zu erneuern …

Als Moses nun – wie unser Text berichtet – die Schlange sah, floh er. Was bedeutet dieses Fliehen? Man muß hier offen sprechen: Du weißt, wie ich dir gesagt habe, daß mit blanker Waffe Krieg zu führen ist. Wie zunächst nun Moses, das heißt die Auserwählten Gottes, das große Gift der Priester sehen – wobei ich die Ehre der guten, wie ich immer sage, wahre, da ich ja nicht von ihnen spreche –, da fliehen sie den Umgang mit ihnen. Wie sagt man doch? «Willst du rechtschaffen leben? Dann geh nicht nach Rom, lebe nicht mit den Prälaten zusammen!» – Meine Brüder, geht nicht nach Rom! Folgende Erfahrung gibt es unter Brüdern: wenn ein Bruder – welchem Orden er auch angehören mag – nur kurze Zeit in Rom gewesen ist, dann sind sie[738] – vor allem jene, die dort am Hof[739] verkehren – bei ihrer Rückkehr wie Soldaten, sie sind zu Bastarden geworden! Ein solcher ist – das sag' ich dir – wie ein giftiger Pesthauch: Er vergiftet die Luft, die Kleidung und alles und jedes.

Willst du einen deiner Söhne verderben, so laß ihn Kleriker werden! – «O, es gibt doch auch gute!» – Ich habe dir gesagt, daß ich nicht von jenen spreche. Wollt ihr also, Frauen – o, es sind ja gar keine Frauen hier![740] –, einen Sohn schlecht machen? Macht ihn zum Kleriker! Wieviel Gift wird er bekommen! Gewiß besteht heutzutage ein großes Elend um diesen Klerus, muß man doch den Umgang mit jenen, die als Leiter der Kirche eingesetzt sind, fliehen. – Der andere Grund, weswegen Moses floh, als er sah, wie der Stab zur Schlange geworden war – das heißt, weswegen ehrbare Menschen fliehen, wenn sie sehen, daß dieser Stab und die Macht zur Schlange und voller Gift geworden sind, ist der, daß sie sich nämlich sagen: «Wenn ich ihnen die Wahrheit ins Gesicht sage, wird man mich verfolgen.» Und da sagt sich einer: «Weit eher werde ich zu den Türken und Mauren gehen, denn sie werden uns wenigstens unser Amt ausüben lassen und unsere Messen und Predigten gestatten. Die Türken hindern nämlich die Christen nicht daran, ihre Gottesdienste abzuhalten.» – Der Herr aber spricht: «Bleib stehen, Moses, fliehe nicht, fasse die Schlange am Schwanz!» – «Weh mir!» so antwortet Moses. – «Nimm sie, sag' ich!» – «Weh, im Schwanz befindet sich das Gift!» – Wohlan, man *muß* diese Schlange packen.

Hast du schon ihre Breven gesehen, die an ihrem Ende – am Schwanz – voller Gift sind? Wenn du jene schönen Bullen von Papst Bonifatius[741] sähest, der ein so schlechter Papst war! Sie sind voller schöner Worte – und am Ende befindet sich dann das

Gift. Wenn du einen Blick auf jene Breven wirfst, stehen an deren Anfang schöne Worte wie etwa: «Wir, die wir dazu eingesetzt sind, die heilige Kirche zu verteidigen» usw. Ich wundere mich, wie sie sie überhaupt sagen können, jene Worte, wenn sie doch eine so böse Absicht hegen und ihre Bosheiten so allgemein bekannt sind! Aber am Schluß steht das Gift. Was willst du tun, was ist deine Absicht? Du willst die Kirche vergiften! – Daher, sag' ich dir, schau nicht auf das schöne Aussehen jener Worte, sondern schau auf den Schwanz und das Ende und auf das, was sie zu tun beabsichtigen. Pack den Schwanz dieser Schlange, hebe sie hoch, das heißt, decke auf, was sie tun wollen. Fasse die Schlange am Schwanz, und hundertmal wird sie sich hierhin und dorthin zur Hand wenden, wird dich in ihrer Bosheit beißen wollen. Wende dich nur, Schlange, in deiner Bosheit, wie es deine Art ist – die wirst nichts ausrichten. Ich habe dich, Schlange, beim Schwanz gepackt, du wirst diesmal nicht entkommen können. Ich werde dich nicht lassen, die Hand, die dich gepackt hat, ist zu stark. Sie wird dich nicht lassen, bis du wieder zum Stab zurückkehrst, das heißt zur Erneuerung. Dann werden die Sünden beseitigt, und der Stab wird wieder gerade sein, das heißt, die kirchliche Gewalt wird wieder in Ordnung und die Kirche erneuert sein!

Aus der 18. Predigt
14. 3. 1498

Eingangs der Predigt widerlegt Savonarola zwei Ansichten, die zu einer wahren Gottesvorstellung im Widerspruch stehen: Die Unveränderlichkeit des göttlichen Willens erübrige jedes Gebet oder Gottes Wille könne durch Beten umgestimmt werden. Aber wenn wir beten, folgen wir einem natürlichen Bedürfnis und erfüllen ein göttliches Gebot. Wie so oft nähert sich Savonarola der Thematik zunächst auf dem Weg logischer Überlegung.

Notwendigkeit des Gebets für sich und andere

Jedes Ding strebt nach seiner Vervollkommnung und je mehr es unter [dem Einfluß] seiner Ursache steht und dieser nahekommt, um so vollkommener ist es. Folglich ist es ganz natürlich, daß, wer Vollkommenheit sucht, sich zu seinem Ursprung hinwendet. Da nun der Mensch Geschöpf[742] Gottes und Gott seine Ursache ist, wird er um so vollkommener, je mehr er sich Gott nähert. Nun aber vermag das Gebet in hohem Maße, den Menschen Gott näherzubringen, *ergo* findet er durch dieses seine Vervollkommnung und seine Glückseligkeit. Und daher ist das Gebet – über das göttliche Gebot hinaus – auch eine Angelegenheit der Vernunft. Daher sagt unser Erlöser: *oportet semper orare et non deficere*[743], man muß immer beten. Und merke dir, daß dieses *oportet* [es ist nötig] die Notwendigkeit angibt. Unter *orare* [beten] versteht man aber, daß der Mensch dabei immer seine Absicht auf sein Heil richte und dieses suche. Deswegen legen einige dieses *oportet* in dem Sinne aus, daß sie erklären: *non cessat orare, qui non cessat bene facere.*[744] Das ist zwar wahr, aber die Nachlässigen bleiben dabei stehen und sagen: «Es genügt, Gutes zu tun ohne soviel zu beten.» Ich sage aber: wenn du nicht jetzt und oft betest, wirst du nicht gut handeln. Es muß unter [dem Einfluß] seiner Ursache stehen, wer ein guter Effekt[745] sein will. Würden die natürlichen Effekte ihre Ursachen fliehen, geschähe nichts gut. Wenn du siehst, daß einer viel betet, dann sei für ihn guter Hoffnung, wenn du hingegen bemerkst, daß einer nicht betet, so sag ihm, daß er verloren ist. Deswegen siehst du, daß die Heiligen immer Zuflucht beim Gebet genommen und dank diesem reiche Frucht gebracht haben.

Man soll nicht nur für sich allein, sondern auch für die andern beten, *quia bonum est diffusivum sui ipsius*[746], das Gute ist etwas, das die Eigenschaft hat, sich selbst auszubreiten. Das Feuer breitet seine Kraft im Holz und in andern Dingen aus, soviel es nur kann. So verbreiten alle Dinge ihre eigene Kraft und ihr Gutes, soviel sie dazu imstande sind. Wer also das Gute besitzt, muß es verbreiten, und so muß, wer Liebe hat, für den Nächsten beten. Da sich nun die Seligen im Zustand vollkommener Liebe befinden, beten sie für uns, weil sie von Natur aus dazu neigen, und obwohl sie dann Gottes Gnade haben, nimmt ihnen die Gnade die Natur nicht weg, sondern unterstützt sie. Daher bittet unser Erlöser zu dieser Zeit für uns den Vater, und so auch alle Heiligen, weswegen der heilige Paulus von Jesus Christus sagt: *qui est ad dexteram Dei, qui etiam interpellat pro nobis*[747], das heißt, sein Sohn, der sich zur Rechten des Vaters befindet, *betet* auch für uns.

Aus der 21. Predigt
17. 3. 1498

In dieser Predigt – es sollte die zweitletzte sein – legt Savonarola in seinen Worten über die Suche nach Gott seine von mystischer Leidenschaft geprägte Seele offen. Die Thematik – Aufstieg vom körperlichen Schönen zu Gott – enthält vom Platonismus her stammende Gedanken, und der leidenschaftliche, «trunkene» Stil erinnert an Stellen im Hohelied und in den «Confessiones» *des Augustinus.*

Wo bist du, mein Geliebter?

Viele sind über die Vorfälle, die mich betreffen, betrübt und sagen, daß sie nie mit mir sprechen können. Deshalb habe ich heute morgen diesen Psalm[748] gewählt und will nicht mit euch sprechen. Ich will mir vorstellen, ich sei heute morgen in einer Zelle und ich will den Narren und den Betrunkenen spielen. Vielleicht habt ihr nie jemanden den Narren und Betrunkenen spielen sehen? Nun denn, so schaut heute morgen etwas hin!

Wohlan, bleiben wir zusammen, verharren wir in

Liebe. Ich will mit dir sprechen – ich will nicht mit dir sprechen. – «O, bist du närrisch?» – O Seele, ich will mit dir sprechen – ich will nicht mit dir sprechen. – «O, du bist ja verrückt, bist betrunken!» – O Herr, mit dir will meine Seele sprechen. *Quam dilecta tabernacula tua, Domine virtutum*[749], o Herr der Heerscharen, wie lieblich sind deine Wohnstätten! O Herr der Heerscharen – nicht zu dir spreche ich, Erde, denn du bist nicht der Herr der Heerscharen; nicht zu dir spreche ich, Wasser, denn du bist nicht der Herr der Heerscharen; nicht zu dir spreche ich, Luft, du bist nicht der Herr der Heerscharen; ich spreche nicht zu dir, Feuer, du bist nicht der Herr der Heerscharen; ich spreche nicht zu dir, Himmel, du bist nicht der Herr der Heerscharen; ich spreche nicht zu euch, Engel, ihr seid nicht die Herren der Heerscharen; ich spreche nicht zu dir, Sonne, nicht zu dir Mond, ihr seid nicht die Herren der Heerscharen; ich spreche nicht zu dir, Reichtum der Erde, nicht zu euch, Ehren und Stände, nicht zu irgend etwas dieser Welt, ihr seid nicht der Gott der Heerscharen! Keiner von euch hat die Heerscharen geschaffen – deshalb spreche ich zu keinem von euch, denn ihr seid nicht der Herr der Heerscharen.

So spreche ich denn zu dir, Herr der Heerscharen! Ich gehe auf die Suche nach dir, Herr, der du die Heerscharen erschaffen hast, hervorgebracht hast die Himmel und dieses Universum. *Du* hast allem das Sein gegeben, *du* bist der erste Beweger, *du* der Urbeginn von allen Dingen; *dich* suche ich, Herr der

Heerscharen! Du bist Schöpfer und Lenker der ganzen Welt. Ich gehe auf die Suche nach dir, meine Liebe, ich suche dich, der du mich geschaffen! O Feuer meines Herzens, wo bist du? Wie werde ich dich finden? Mein Herr, ich gehe auf die Suche durch den Himmel, die Erde, das Wasser, durch die Luft und das Feuer, durch alles. Ich gehe auf die Suche nach dir, mein Geliebter, der du mir das Herz verwundet hast. Dich suche ich, der du mich nach deinem Bild geschaffen hast. Wo bist du, mein Geliebter? Wo wohnst du? Wohnst du etwa in den *«Wohnstätten»*, wie hier der Psalm sagt, da deine Wohnstätten so lieblich sind? So poche ich an diese Wohnstätten, und ich will suchen, wo du wohnst. – Sag mir, Herr der Heerscharen, wo wohntest du, bevor du in die Welt kamst, um die Sünder mit deinem Blut zu erlösen? Du wohntest, Herr, in dir selbst, du wohntest an unzugänglichem Ort, *quem nemo vidit unquam nec videre potest*[750], den niemand je gesehen hat, noch sehen kann.

Ich gehe auf die Suche und sage: Herr, du bist vielleicht in jenen Wohnstätten der Geschöpfe? Wenn du nicht in diesen Wohnstätten wärest, könnten sie nichts ausrichten, denn ohne dich geschieht nichts. Ich klopfe an diese und jene Wohnstätten, ich schaue und betrachte den Mann und die Frau, die von außen so schöne Wohnstätten sind, und ich sage: Woher kommt solche Schönheit? Vielleicht bist du *hier*, Herr, hier, in *diesen* Wohnstätten? Aber wenn ich dann – entfernt sich die Seele des Mannes oder der Frau – hinschaue – o, wie häßlich sind dann jene Wohnstätten![751] So überlege ich denn und sage: Vielleicht wohnst du in jenen Seelen – diese müssen wohl deine Wohnstätten sein! Ich überlege mir auch, wie schön die Seele sein muß, denn wenn der Leib, dessen Form sie ist, so schön ist, muß sie noch viel schöner als der Leib sein, um wieviel schöner aber muß erst ihr Schöpfer sein!

O mein Herr, o mein Geliebter, wie schön mußt du sein! Du hast so viele Wohnstätten geschaffen, so viele Ordnungen von Engeln, Erzengeln, Cherubim, Seraphim, so viele Ordnungen und Wohnstätten von Märtyrern, Bekennern, von Jungfrauen und Vermählten! O wie lieblich und schön sind diese deine Wohnstätten, weil *du* unendlich schön bist, du, o wie gut, weil du sie bewohnst, du, der du die höchste Güte bist. Und wenn diese leiblichen Geschöpfe des Universums so schön sind, um wieviel schöner müssen die geistigen Geschöpfe und die Engel sein, die mit dir im Himmel sind!

Und auch wahrhaft wunderbar, Herr, kommen mir jene Wohnstätten vor, die du auf Erden hast, und die zum Kampf bestimmt sind. Ich schaue auf all diese Klöster, wo sich deine Diener aufhalten, die du zu deiner Wohnstatt und zu deinen Streitern machen willst. Ich sehe, wie schön sie sind, sie, in denen du Wohnsitz nehmen willst. Und ich überlege, um wieviel schöner deine eigene Wohnstätte sein muß. Ich sehe sie alle, vereint in einem Herzen und einer Seele, diese deine Wohnstätten, die zum

Kampf auf Erden bestimmt sind. Und deswegen spreche ich: *ecce quam bonum et quam iocundum habitare fratres in unum*[752], siehe, wie gut und erfreulich ist es, wenn alle Brüder und alle deine Wohnstätten in *einer* Liebe vereint zusammenwohnen! Um wieviel herrlicher ist es, welch größere Freude noch, *dich* zu sehen! O mein Herr, o mein Teurer und Geliebter, meine Seele vergeht vor Liebe nach dir, verliebt ist sie in dich, trunken und närrisch nach dir. Ich schmachte dahin, ich brenne vor Liebe, *tolle, tolle animam meam,* nimm, hebe meine Seele weg von dieser Welt, sie kann nicht mehr hier weilen. *Concupiscit et deficit anima mea in atrio Domini*[753], das heißt, es sehnt sich, es schmachtet meine Seele im Vorhof des Herrn, denn meine Seele weilt nicht mehr in mir, sie ist außerhalb von mir. Meine Seele, wohin bist du gegangen? Und wo wohnst du? Sie weilt in deinem Innern, Herr, in deinen Wunden, in deiner Liebe, und deswegen vergeht sie [vor Liebe] im Vorhof des Herrn. Der Vorhof ist weit und bedeutet die Fülle der Liebe Christi, und so vergeht meine Seele und schmachtet dahin in dieser Fülle von Leidenschaft und Liebe, die bis zu den Feinden reicht …

Aus der 22. Predigt
18. 3. 1498

«Glaube nicht, dass ich widerrufe – Gott bewahre mich davor!»

Schau: wenn du einen Garten hättest, und der Wind hätte einen Teil von ihm verwüstet, würdest du eine Mauer errichten, um ihm Widerstand zu leisten und damit dessen Einfluß deinen Garten nicht verwüste. In gleicher Weise, wenn du sähest, daß die Prälaten und die obersten Instanzen der Kirche diese verwüsten und daß sie den Schlechten Mut machen, indem sie ihnen helfen und sie begünstigen, die Guten aber verfolgen – was hat man in einem solchen Fall zu tun? Dann hat man diesem Einfluß zu widerstehen! Du mußt beten, mußt Zuflucht bei Christus suchen, nur dies bleibt dir noch als Heilmittel! Man muß also, sag' ich, Widerstand leisten, und jeder einzelne soll dem schlechten Einfluß entgegentreten. – «O Frate, man darf doch nicht gegen die Kirchengewalt angehen!» – Ich sage: wenn diese die Kirche verdirbt, ist sie nicht mehr kirchliche, sondern höllische Gewalt und Gewalt Satans. Und ich sage dir: wenn sie die Dirnen, Lustknaben und Diebe unterstützt, die Guten verfolgt und das rechte christliche Leben zu zerstören sucht, dann ist sie höllische und teuflische Gewalt, und man muß ihr Widerstand leisten und sie kühn zurechtweisen, wie es der heilige Paulus gegenüber dem heiligen Petrus tat, der diesen mutig zurechtwies, wie er selber sagt: *reprehendi eum, quia reprehensibilis erat.*[754] – Ihr behauptet also, man dürfe keinen Tadel erteilen? Glaubt ihr denn, daß die Schlüssel Christi geschaffen wurden, um gegen Christus zu sein? Also hättest du, Herr, deine Sache und deine Macht gegen dich selbst und gegen die deinen geschaffen? *Nequaquam,* keineswegs, das wird nie wahr sein! Sie sollten die Kirchengewalt innehaben, um zu huren, um Unzucht zu treiben, um – ohne jeden Tadel – Böses tun zu können, und um somit die Freiheit zu haben, das rechtschaffene Leben zu zerstören? Und sollte man dann auch die Kirchengewalt und die Privilegien als Berechtigung anführen können, um alles Böse zu tun? Ich sage dir: Die Gesetze, die nicht Christus geschaffen hat, sind nicht gut! – «O, hat Christus nicht alle Gesetze der Kirche geschaffen?» – Ich sage dir: Christus hat alle Gesetze gut gemacht, denn niemand kann etwas Gutes denken noch tun, wozu ihm Christus nicht die Macht gegeben hätte. Also kommen alle guten Gesetze von Christus, und jedesmal, wenn ein Gesetz sich gegen die Absicht Christi richtet, so wisse, daß es dann nicht mehr Gesetz ist, weil es gegen das Gute ist. – Glaubst du denn, daß die verbrecherischen und schlechten Menschen sich mit diesen Gesetzen rechtfertigen könnten, um Böses zu tun? Glaubst du, das sei die Absicht Christi? Glaub es nicht! Wäre dies die Absicht Christi, so wäre er nicht mehr Christus. Wenn du [annehmen] willst, die Kirchengewalt könne alles – auch alles Böse – tun, könnte sie dich ja umbringen, könnte dir deine Frau nehmen und sonst alles Böse tun, und du müßtest, ohne dich zu wehren und dich zu rühren, ruhig und mit gebundenen Händen dastehen? Ich sage dir: jedesmal, wenn das Gesetz sich gegen die Absicht Christi richtet, ist es nicht mehr Gesetz! – Diese Ordensleute berufen sich womöglich auf ihre Privilegien des *Mare magnum*[755], aber ich sage euch, jenes Privileg ist nicht erteilt worden, um Böses zu tun – und wäre es geschaffen worden, um solchem Zweck zu dienen, dann wäre es weder Privileg noch Gesetz. Du hast also vernommen: wenn die obersten Instanzen keine Vorsorge tragen und einen schlechten Einfluß auf die Kirche ausüben, muß man seine Zuflucht zu Christus nehmen und ihm sagen: *du* bist mein Oberer und mein Pfarrer, *du* bist mein Bischof, *du* bist mein Papst! – Mein Herr, Jesus Christus, sorge für deine Kirche, sorge für deine Welt, beseitige diesen schlechten Einfluß, nimm Rache, Herr, denn man kann dies nicht länger ertragen …

Solltet ihr also glauben, Christus habe die Kirchengewalt verliehen, um sein Reich zu zerstören? Ich habe dir vorhin gesagt, daß niemand die Ordnung des Universums vernichten kann, es sei denn Gott, der sie geschaffen hat. So obliegt es Christus, dieses Reich der Kirche, das er geschaffen hat, zu erhalten, aufzuheben oder zu bewahren. Es kommt also, sag' ich dir, den untergeordneten Mächten nicht zu, die Welt in Unordnung zu bringen. Jedesmal aber, wenn diese untergeordneten Mächte Unordnung stiften möchten, ist es Aufgabe der höheren, allgemeinen Instanzen, Vorsorge zu tragen, und letztlich kommt dies, wie ich dir schon gesagt habe, Gott zu. Da du aber sagst: «Frate, du schwächst die Kirchengewalt!» so antworte ich dir, daß dies nicht wahr ist. Vielmehr will ich unter der kirchlichen Gewalt bleiben, und so unterwerfe ich mich – mich selbst und alles, was ich immer gesagt habe – der Beurteilung der römischen Kirche und der kirchlichen Gewalt. Und ich schwäche diese keineswegs, vielmehr fördere ich sie und will ihr unterstehen, wenn auch nicht der höllischen, der teuflischen Gewalt. Ich verteidige sie, die kirchliche Gewalt, die römische Kirche und die Lehre Christi. Die [wahre] kirchliche Gewalt und die römische Kirche wollen das rechtschaffene Leben, wollen die Guten verteidigen, nicht die Schlechten unterstützen und begünstigen. Und daher preise und verherrliche ich sie. Wie könnt ihr denn glauben, daß ich die Kirchengewalt nicht will? Aber ich will, daß du sie so verstehst, wie man sie verstehen soll.– *«O frate, Papa omnia potest!»*[756] – Wie verstehst du dieses *«omnia potest»*? Der Papst kann die Taufe nicht beseitigen – das kann der Papst nun freilich nicht tun! Befähle er dir, spräche er: «Ich will nicht, daß du beichtest, ich will nicht, daß du getauft wirst!» – so würde ich ihm sagen: «Papst, du bist ein Häretiker, ich will dir nicht gehorchen!» – *ergo non omnia potest!*[757] Jenes *«omnia»* versteht sich so, daß er alles kann, was Christus gemäß ist und mit seiner Absicht übereinstimmt. Erkläre also jenes *«omnia»* im Sinne von *«alles Gute»*, denn das, was schlecht und ungerecht ist, ist nichts. Du siehst also, daß ich es dir richtig ausgelegt habe.

Wohlan, es ist folglich nötig, daß die Christen [wirkliche] Christen sein wollen und daß sie sich – falls die obersten Instanzen versagen – auf Christus beschränken und darum beten, daß er für seine Kirche und sein Reich sorge. Ich habe es getan, und ich sage es hier in Gegenwart aller, daß du, Herr, das Gebet vernommen und versprochen hast, es zu erhören und zu Hilfe zu eilen, und dies bald. Er hat es versprochen, und ich kann dir sagen, daß er es tun wird, daß er seine Kirche und die kirchliche Gewalt erhalten wird. «O Frate, du bist in großer Gefahr!» – Wie ich mich gestern abend darüber in Gedanken erging, schlug ich die Bibel auf und stieß auf das, was Jeremias widerfuhr, der ebenfalls in großer Gefahr war …

Im Folgenden zieht Savonarola eine Parallele zwischen dem Schicksal des Jeremias und seinem eigenen. Wie Jeremias trotz der Verfolgung durch den Priester Pashur in seinen prophetischen Drohungen verharrte, so werde auch er, Savonarola, nicht nachgeben.

Glaube nicht, daß ich widerrufe – Gott bewahre mich davor! Mag kommen, was will, ich werde nicht nachgeben …

Omnes subsannant me[758], jedermann spottet über meine Taten. Ich bin zum Gespött aller Welt geworden, jeder spricht von mir wie von einem Narren und einem Tor, *quia iam olim loquor vociferans*[759], denn schon seit geraumer Zeit tue ich nichts anderes, als daß ich rufe und jeden zur Buße auffordere und verkünde, daß Drangsale kommen, *iniquitatem et vastitatem clamito*[760]. Seit so langer Zeit rufe ich schon gegen Italien und gegen Rom, daß es verwüstet werden wird, daß die *barbieri*[761] kommen werden, um es zu vernichten, und da es scheint, als käme nichts, glaubt das ganze Volk sozusagen nichts mehr. Und darum bin ich zum Gespött von jedermann geworden …

Jeremias sagt: «Herr, ich habe mir vorgenommen, nicht mehr von deinen Taten zu sprechen.»[762] So habe auch ich, wenn ich unten[763] war, zuweilen gedacht und mir gesagt: Ich will von diesen Dingen nicht mehr reden, nicht mehr predigen, sondern will für mich bleiben und Gott walten lassen!

Und trotzdem: sobald ich dann wieder hier hinaufgestiegen war, konnte ich mich nicht zurückhalten *et factus est in corde meo quasi ignis exaestuans claususque in ossibus meis, et defeci ferre non sustinens*[764], es wurde mir hier oben wie ein loderndes Feuer, das in meinem Gebein und in meinem Herzen verschlossen war, und ich konnte es nicht mehr ertragen. Und ich kann nicht anders, als daß ich rede …

Jeremias hatte in seiner Verzweiflung den Tag seiner Geburt verflucht (Jer 20,14–18), und so läßt Savonarola den imaginären Dialogpartner die Frage stellen:

«Hast auch du, Frate, den Tag verflucht, da du geboren wurdest?» Ich nicht, nein – aber der Herr weiß, daß ich wohl nicht so stark wie Jeremias bin, und deswegen läßt er diese Versuchung nicht über mich kommen. – Laß nur den Herrn walten, *er* war der Meister aller Propheten und aller heiligen Menschen, der Meister, der sich des Hammers bedient, und wenn er ihn dann gebraucht hat zu dem, was er wollte, legt er ihn nicht etwa in den Kasten zurück, sondern wirft ihn hin. So tat er mit Jeremias: nachdem er sich seiner bedient hatte, wie er nur wollte, warf er ihn weg und ließ ihn steinigen. So wird er auch mit diesem Hammer tun, wenn er ihn auf seine Weise gebraucht hat: Er wird ihn wegwerfen. – Wohlan, seien wir zufrieden – möge der Herr nach seinem Willen handeln. Je schlechter es uns hier unten ergeht, um so größer wird dort oben die Krone sein!

«Eine schlechte Nachricht: Die Predigt ist aufgehoben!»

Der Geist ging weg von Santa Liperata[765] – ich sage nicht: der Frate, sondern der Geist, der dir predigt, und er ist hierhergekommen[766], damit du nicht gegen ihn Anklage erhebst, falls es in der Folge Ärgernis gegeben hätte, und so haben wir hier die Predigt fortgesetzt.

Gestern abend, etwa um drei Uhr nachts – *quoniam qui male agit, odit lucem*[767] – kam eine Gesandtschaft von seiten derer, die an der Regierung sind, und erklärte, sie bäten mich aus vielerlei Gründen der Rücksichtnahme, nicht mehr zu predigen. – «Habt ihr gemäß dem gehandelt, was euch eure *Signori* gesagt haben?» – «Ja.» – «Auch ich habe einen *Signore*, und ich will zunächst erfahren, was *sein* Wille ist, und so werde ich euch die Antwort morgen geben!» – Und so gab ich ihnen für den Augenblick keine andere Antwort als diese, und heute morgen will ich ihnen hier oben die Antwort geben.

So hört denn! Der Herr spricht: «Ihr bittet *mich* – nicht den Frate – man solle die Predigt aufgeben. Ich sage: Ihr bittet *mich* – nicht den Frate – denn ich bin es, der predigt, nicht der Frate. Und ich habe euch erhört – und habe euch nicht erhört!» – Wie ich diese Worte vernahm, war ich ganz erstaunt, und ich versuchte zu begreifen, was diese Antwort: «Ich habe euch erhört und habe euch nicht erhört» wohl bedeuten sollte. Da sprach er zu mir: «Erinnerst du dich nicht jenes Textes bei Hiob, der sagt: *cum exaudierit me, non credo, quod audierit vocem meam.*»[768]

Willst du erfahren, was das heißen soll? Ich bin heute morgen früh aufgestanden und ging hin, im Text nachzuschauen, denn ich erinnerte mich nicht so genau der Worte, erinnerte mich aber wohl der Deutung, und als ich ihn dann sah, sagte ich mir: Richtig, jetzt erinnere ich mich des Beispiels vom Arzt, das man zur Erklärung dieses Textes heranzieht! Wenn ein Kranker sagt: «Ich möchte Wein haben», so antwortet ihm der Arzt: «Du mußt sterben, wenn du Wein trinkst!» Trotzdem erklärt der

Kranke: «Ich möchte Wein!» und da antwortet der Arzt: «Ich werde dich erhören und nicht erhören», gibt nach und läßt ihm Wein reichen. – Also hat ihn der Arzt erhört, was die Erfüllung seines Verlangens nach Wein betrifft, hat ihn aber nicht erhört, was seine Hauptabsicht anbelangt, denn das Wohlbefinden und die Gesundheit, die er ja zu erreichen sucht, wird er damit nicht erlangen. – Wenn du Gott bittest, er möge die Versuchung und die Drangsal von dir nehmen, die doch den Christen mehr läutert [als alles andere], und er dich dann davon befreit, so erhört er dich zwar, denn er nimmt dir die Versuchung und alles, was auf deine Hinfälligkeit Bezug hat, weg, aber er erhört dich nicht, was dein Heil betrifft. – Und so hat euch der Herr jetzt erhört und nicht erhört. Erhört hat er euch in eurem Verlangen nach Aufhebung der Predigt – jedoch nicht in bezug auf euer Heil.

Eine schlechte Nachricht – ich möchte, ich hätte sie euch nicht mitzuteilen: Die Predigt ist aufgehoben. Allerdings nicht ganz, sondern allein die meine, denn es wird ein anderer hier weiterpredigen. Es gereichte diese Predigt nicht nur zum [geistigen] Wohl eurer Stadt, sondern auch zum leiblichen Wohl dieser Schlechten, die jetzt verloren wären, wenn diese Predigt nicht weiter hätte bestehen können. Ihr habt so sehr darauf gedrängt, daß der Arzt schließlich nachgegeben hat, und daß die Menschen, die rechtschaffen leben, eingewilligt haben, euch Wein zu reichen. Ihr sollt aber wissen, daß der Herr heftig erzürnt ist.

Erinnert ihr euch jener Anfänge, als wir begannen, über solche Dinge zu predigen – ich kann es euch genau sagen: Es war zur Zeit von Lorenzo de' Medici – und als fünf eurer ersten Bürger, wovon jetzt noch vier am Leben sind, und die damals in der Stadt regierten, zu mir kamen? Sie ermahnten mich, gleichsam in ihrem Namen, nicht von solchen Dingen[769] zu sprechen. Ich entgegnete ihnen unter anderem: «Ihr behauptet, von niemandem beauftragt worden zu sein, ich aber sage euch, daß es trotzdem so ist! So geht denn hin und gebt dem Lorenzo de' Medici zur Antwort: Er solle seine Sünden bereuen, denn Gott habe vor, ihn und die Seinen zu bestrafen!» – Ich weiß nicht, ob sie es ihm gesagt haben; diese Antwort habe ich auf jeden Fall gegeben, wenn sie zur Wahrheit stehen wollen.

Als ich hernach in meinem Predigen fortfuhr, sagten mir viele, ich sollte nicht in dieser Art predigen, denn ich würde sonst verbannt. Diesen erwiderte ich: «*Ihr* habt Angst, verbannt zu werden, denn ihr habt Frau und Kinder; *ich* habe keine Angst, denn sollte ich auch nicht hier weilen, so ist doch euer Land wie ein Linsenkörnchen im Vergleich zum Rest der ganzen Welt. Ich kümmere mich nicht darum, soll er doch tun, was er will. Das aber wisse er: Ich bin [hier] ein Fremder, und er ist Bürger und der erste der Stadt; *mir* ist bestimmt hier zu bleiben, *er* aber muß gehen – ich bleibe, er nicht!»

Erinnert euch auch daran, wie – es ist ein Jahr her – die Predigt aufgegeben wurde. Von denen, die

Ursache ihrer Verhinderung waren, ergriff den einen das Fieber, den andern die Pest, und wieder ein anderer starb unter dem Messer. Und von vielen, die groß werden wollten, weißt du ja, wie es ihnen ergangen ist! Seit diesem Zeitpunkt sind viele Leute gestorben, und manche von ihnen – das kann ich dir sagen – sind in die Hölle gekommen. – Was soll nun geschehen? Du wirst noch sehen, was kommen wird! Im Augenblick will ich dir nicht mehr sagen, du wirst es jedenfalls sehen – ich wünsche nicht, eine schlechte Kunde mitteilen zu müssen.

Erinnere dich ferner daran, wie von jenen, die letztes Jahr, als das große Sterben begonnen hatte, zur Predigt kamen, kein einziger krank wurde. Man sollte eigentlich diejenigen, die Urheber dieser Exkommunikationen und dieser Vorkommnisse sind, genau aufschreiben – und du könntest hernach die Folge sehen! – Ihr sagt, daß ihr euch vor dem Interdikt und davor fürchtet, daß ihr euren Besitz verlieren könntet. So sagt ihnen, daß es Gott ist, der ihnen ein solches Interdikt schicken wird, daß sie Gut und Leben verlieren werden. Und sagt auch jenen Schlechten, die Ursache dieses Übels sind, daß sie gerade deswegen nicht zu ihrem Ziel gelangen, sondern das Gegenteil von dem erreichen werden, was sie beabsichtigen.

Wir werden mit Gebeten bewirken, was die Predigt hätte vollbringen sollen. Dem Herrn wollen wir die Guten und die rechtschaffenen Herzens empfehlen. Und zur Tatsache, daß diese Predigt aufgehoben worden ist, will ich dir – was mich angeht – die Wahrheit sagen: was den empfindsamen Teil [meiner Seele] belangt, so ist es mir lieb, mich recht bald wieder meinen Studien widmen zu können – da konntest du mir keine größere Freude bereiten! … Was allerdings die Vernunft betrifft, so denke ich nicht so.

Am Schluß dieser seiner letzten Predigt betet Savonarola das Vaterunser und empfiehlt Freunde und Gegner der göttlichen Barmherzigkeit.

Herr, verzeihe uns unsere Sünden, und ebenso bitten wir dich, all unsern Gegnern zu verzeihen. Wir verzeihen ihnen alle Beschimpfungen. Willst du, Volk, deinen Gegnern nicht verzeihen? O, verzeihe ihnen doch! … Ich empfehle dir, Herr, die Seelen unserer Gegner, erleuchte sie, damit sie nicht in die Hölle kommen. Und so empfehle ich dir dieses ganze Volk, daß es von dir gesegnet werde. Herr, gib ihnen deinen Segen! *In nomine Patris et Filii et Spiritus Sancti. Amen.*

Meditation über den Psalm «Miserere mei, Deus»

Am 8. April 1498, während des Sturmes auf San Marco, war Savonarola in den «alberghetto» *genannten Kerker im Turm des Palazzo della Signoria gebracht worden. Dort schrieb er im Zustand äußerster körperlicher und seelischer Not in der Zeit zwischen den zwei weltlichen und dem kirchlichen Prozeß jene zwei Meditationen, die zu seinen bekanntesten und verbreitetsten Werken gehören. – Luca Landucci notiert in seinem* «Diario»: *«Am 8. Mai vernahmen wir, daß Frate Girolamo im Kerker des Palastes … das* ‹Miserere mei› *ausgelegt habe.» – In den wenigen Tagen bis zum Beginn der kirchlichen Inquisition folgte die Abfassung der Meditation über den Psalm* «In te, Domine, speravi».

Der Text, dessen Original verlorenging, wurde sogleich handschriftlich kopiert, in die Vulgärsprache übersetzt und erschien noch im Jahr der Hinrichtung Savonarolas gedruckt. Im 16. Jahrhundert folgten mehrere Übersetzungen ins Spanische, Flämische und Deutsche. Unter den Ausgaben diesseits der Alpen ist der 1523 in Wittenberg (lateinisch) herausgegebene Text hervorzuheben, zu dem Martin Luther ein Vorwort verfaßte.

Die beiden Psalmen 30(31) und 50(51) gehören zu den sieben sogenannten Bußpsalmen und enthalten einen Aufschrei aus äußerster persönlicher Not. Savonarola, der sich dem Elend, der Trauer und der Verlassenheit preisgegeben sieht, setzt seine ganze Hoffnung auf Gottes Barmherzigkeit. – Die hier folgende Übersetzung fußt auf dem lateinischen Text.

Ich Unglücklicher, von der Hilfe aller im Stich gelassen, der ich Himmel und Erde beleidigt habe! Wohin soll ich gehen? Wohin mich wenden? Zu wem fliehen? Wer wird sich meiner erbarmen? Zum Himmel wage ich nicht die Augen zu erheben, denn ich habe mich gegen ihn schwer versündigt. Auf Erden finde ich keine Zuflucht, denn ich gereichte ihr zum Ärgernis. Was soll ich also tun? Verzweifeln? Das stehe mir fern!

Barmherzig ist Gott, gütig mein Erlöser. Also ist Gott allein meine Zuflucht! Er wird sein Werk nicht verachten, wird sein Bild nicht verschmähen. Zu dir komme ich, gütigster Gott, komme ich traurig und betrübt, denn du allein bist meine Hoffnung, du allein meine Zuflucht. – Aber was soll ich dir sagen, da ich es nicht wage, die Augen zu erheben? Worte des Schmerzes will ich vergießen, deine Barmherzigkeit will ich anflehen und sprechen: *miserere mei, Deus, secundum magnam misericordiam tuam,* erbarme dich, mein Gott, nach deiner großen Barmherzigkeit[770], Gott, der du im unzugänglichen Licht wohnst, du verborgener Gott[771], der du mit leiblichen Augen nicht gesehen, mit geschaffenem Verstand nicht erfaßt, noch durch die Sprache der Menschen oder der Engel erklärt werden kannst! Mein Gott, dich Unbegreiflichen suche ich, dich Unaussprechlichen rufe ich an – was immer du bist – der du überall bist! Ich weiß, daß du das höchste Ding bist – wenn anders du ein Ding bist und nicht eher die Ursache aller Dinge – wenn anders eine Ursache – ich finde nämlich keinen Namen, womit ich deine unaussprechliche Majestät benennen könnte. Gott, der du also das bist, was immer in dir ist – du bist nämlich selbst deine Weisheit, deine Güte, deine Macht, deine höchste Glückseligkeit. – Da du nun auch barmherzig bist, was bist du denn außer der Barmherzigkeit selbst? Was bin ich außer dem Elend selbst? Gott, der du also die Barmherzigkeit bist: Siehe vor dir das Elend! Was wirst du tun, du, Barmherzigkeit? Gewiß, dein Werk! Wirst du etwa von deinem Wesen ablassen können? Und worin denn besteht dein Werk? Das Elend beseitigen, den Elenden aufrichten! So erbarme dich meiner, Gott! Gott, sag' ich, Barmherzigkeit, nimm weg mein Elend, nimm weg meine Sünden, denn *diese* sind mein größtes Elend. Richte mich Armen auf, tue an mir dein Werk kund, bewähre an mir deine Macht! *Abyssus abyssum invocat,* der Abgrund ruft den Abgrund[772], der Abgrund des Elends den Abgrund des Erbarmens, der Abgrund der Sünden den Abgrund der Gnaden. Tiefer ist der Abgrund des Erbarmens als der des Elends. So verschlinge denn der Abgrund den Abgrund, es verschlinge der Abgrund des Erbarmens den Abgrund des Elends.

Erbarme dich meiner, Gott, nach deiner großen Barmherzigkeit – nicht nach dem Erbarmen der Menschen, das gering ist, sondern nach deinem, das groß, das unbegrenzt, das unfaßbar ist, das alle Sünden unendlich übertrifft. Gemäß dieser deiner großen Barmherzigkeit, mit der du die Welt so geliebt hast, daß du deinen eingeborenen Sohn dahingabst[773]. Welche Barmherzigkeit kann noch größer sein? Welche Liebe? Wer kann da noch verzweifeln, wer nicht vertrauen? Gott wurde Mensch und ist für die Menschen gekreuzigt worden. Erbarme dich daher meiner, Gott, nach dieser deiner Barmherzigkeit, mit der du deinen Sohn für uns hingegeben hast, mit der du durch ihn die Sünden der Welt hinweggenommen, mit der du durch sein Kreuz alle Menschen erleuchtet und alles, was im Himmel und auf Erden ist[774], durch ihn erneuert hast. Wasche mich, Herr, in seinem Blut, erleuchte mich in seiner Demut, erneuere mich in seiner Auferstehung!

Et secundum multitudinem miserationum tuarum, dele iniquitatem meam, und nach der Menge deiner Erbarmungen tilge mein Unrecht.[775] Deine Barmherzigkeit, Herr, ist der überfließende Reichtum deiner Liebe, mit welcher du gnädig auf die Elenden blickst. Deine Erbarmungen aber sind Werke und Entfaltungen deiner Barmherzigkeit. – Maria Magdalena kam und warf sich dir zu Füßen, gütiger Jesus, wusch diese mit ihren Tränen, trocknete sie mit ihren Haaren, und du verziehst ihr und entließest sie in Frieden[776]. Das ist ein Beweis deines Erbarmens, Herr! – Petrus verleugnete dich und hat mit einem Schwur versichert [dich nicht zu kennen]. Da hast du ihn angeblickt, er weinte bitterlich, und du hast ihm verziehen und hast ihn als Fürsten der Apostel bestätigt.[777] Und das ist ein zweiter Beweis deines Erbarmens, Herr! – Der *Schächer am Kreuz* ist durch ein einziges Wort gerettet worden.[778] – Paulus wurde noch zur Zeit, da er als Verfolger wütete, berufen und gleich vom Heiligen Geist erfüllt.[779] – Das sind, Herr, Beweise deines Erbarmens! Es fehlte mir an Zeit, möchte ich alle deine Erbarmungen aufzählen, denn so viele Gerechte es gibt, so zahlreich sind auch deine Erbarmungen.

Niemand kann sich seiner selbst rühmen. Alle Gerechten, im Himmel wie auf Erden, mögen herbeikommen, und wir wollen sie fragen, ob sie durch eigene Kraft erlöst worden sind. Gewiß werden sie eines Herzens und mit einer Stimme antworten: *non nobis, Domine, non nobis, nicht uns,* Herr, nicht uns, sondern deinem heiligen Namen gib die Ehre wegen deiner Barmherzigkeit und deiner Wahrheit.[780] Denn nicht mit dem Schwert nahmen sie das Land in Besitz, und ihr Arm hat sie nicht gerettet, sondern deine Rechte und dein Arm und die Erleuchtung durch dein Antlitz, da du ihnen wohlwollend warst[781], das heißt, nicht auf Grund ihrer Verdienste, nicht auf Grund ihrer Werke sind sie gerettet worden, damit sich keiner rühmen könnte, sondern weil du es also beschlossen! – Noch deutlicher sagt dies der Prophet von sich, wenn er spricht: Er hat mich gerettet, weil er mir wohlgesinnt war.[782] Da du daher der gleiche Gott bist, bei dem es keinen Wandel und keinen Schatten von Veränderung gibt[783], und da wir deine Geschöpfe sind, wie es auch unsere Väter waren, die als Sünder aus der Begierlichkeit geboren wurden wie auch wir selbst, und es nur einen Mittler zwischen Gott und den Menschen gibt, nämlich Jesus Christus, der in Ewigkeit bleibt, warum gießest du denn nicht dein Erbarmen über uns aus, wie du es über unsere Väter ausgegossen hast? Oder hast du uns vergessen? Sind nur wir allein Sünder? Ist Christus nicht für uns gestorben? Ist für uns keine Barmherzigkeit mehr übrig? – Herr, mein Gott, ich bitte dich, beschwöre dich: Tilge meine Missetat nach der Menge deiner Erbarmungen, die zahlreich, ja unermeßlich sind! …

Amplius lava me ab iniquitate mea et a peccato meo munda me, wasche mich fernerhin von meiner Missetat und reinige mich von meiner Sünde.[784] Herr, ich bekenne: Du hast meine Sünde einmal getilgt, und noch einmal hast du sie getilgt und hast sie tausendmal abgewaschen.[785] So wasche mich denn fernerhin, denn wiederum bin ich gefallen. Oder verzeihst du etwa dem Sünder nur bis zu einer gewissen Zahl, der du doch dem Petrus auf die Frage hin: «Wenn mein Bruder sich gegen mich verfehlt, wie oft soll ich ihm vergeben? Bis zu siebenmal?» zur Antwort gabst: «Ich sage dir, nicht bis zu siebenmal, sondern bis siebzigmal siebenmal!»[786], wobei er an Stelle einer unbestimmten Zahl eine bestimmte anführte. – Solltest du etwa im Verzeihen von Menschen übertroffen werden?

Wasche mich fernerhin von meiner Sünde, denn noch bin ich nicht ganz rein: Vollende dein Werk! Nimm von mir all meine Schuld, nimm die Verfehlung, vermehre das Licht und entzünde das Herz mit deiner Liebe. Vertreibe die Furcht, denn die vollkommene Liebe treibt die Angst aus[787]. Es weiche ganz von mir die Liebe zur Welt, die Liebe zum Fleisch, die Liebe nach Ruhm und die Eigenliebe ...!

Quoniam iniquitatem meam cognosco, et peccatum meum contra me est semper, denn ich kenne meine Missetat, und meine Sünde erhebt sich immer gegen mich[788] ... Herr, ich fliehe zu dir voller Zuversicht, ich komme nicht wie der Pharisäer, der sich hinstellte und bei sich betete, vielmehr sich selbst lobte und seinen Nächsten verachtete, sondern wie der Zöllner, der es nicht wagte, die Augen zum Himmel zu erheben[789] – denn ich kenne meine Missetat. Wenn ich meine Sünden erwäge, wage ich nicht, meine Augen zu erheben, sondern demütig spreche ich mit dem Zöllner: «Gott sei mir Sünder gnädig!», denn meine Seele wogt zwischen Hoffnung und Furcht, und bald verzweifle ich aus Angst vor den Sünden, die ich in mir erkenne, bald erhebe ich mich in der Hoffnung auf dein Erbarmen. Und weil deine Barmherzigkeit größer ist als mein Elend, will ich, Herr, immer auf dich hoffen und werde in Ewigkeit von deinen Erbarmungen singen ...

Tibi soli peccavi et malum coram te feci, ut iustificeris in sermonibus tuis et vincas cum iudicaris, allein dir gegenüber habe ich gesündigt und Böses getan, damit du in deinen Worten als gerecht erwiesen würdest und siegtest, wenn man man dich richtete.[790] Allerdings habe ich allein dir gegenüber gesündigt, denn du hast mir vorgeschrieben, dich deinetwegen zu lieben und die Liebe zu den Geschöpfen auf dich zu beziehen. Ich aber habe das Geschöpf mehr geliebt als dich, da ich es seinetwegen geliebt habe. Was ist aber sündigen anderes als einem Geschöpf um seinetwegen in Liebe anzuhängen? Und was ist das anderes als gegen dich zu handeln! ... Ich fürchtete die Menschen mehr als dich, denn ich war blind und liebte die Blindheit, deswegen habe ich weder auf dich geschaut noch dich beachtet. Ich hatte nur Augen des Fleisches, und so sah ich nur die Menschen, die ja Fleisch sind und fürchtete nur sie ... Was soll ich nun tun und wohin mich wenden? Wen als Verteidiger finden? Wen – ich beschwöre dich – außer dir, mein Gott?

Viele sagen: Für ihn ist kein Heil in seinem Gott. Gott hat ihn verlassen![791] Besiege sie, Gott, wenn du von ihnen in dieser Weise beurteilt wirst, und verlasse mich nie. Schenke mir dein Erbarmen und dein Heil, damit *sie* die Besiegten sind, denn sie sagen, du werdest dich meiner nicht erbarmen, mich von deinem Antlitz weisen, mich nicht mehr aufnehmen. So urteilen die Menschen über dich, so sprechen sie von dir, das sind ihre Urteile! Aber du bist gütig , bist barmherzig ...

Ecce enim, in iniquitatibus conceptus sum, et in peccatis concepit me mater mea, denn siehe, in Sünden bin ich empfangen worden, und in Sünden empfing mich meine Mutter.[792] Herr, blicke nicht auf das Gewicht meiner Sünden und beachte nicht ihre große Zahl, sondern erkenne in mir dein Abbild. Gedenke, daß ich Staub bin, und alles Fleisch Heu ist[793] ... Meine leibliche Mutter empfing mich in Begehrlichkeit und durch diese habe ich mir die Erbsünde zugezogen. Was ist aber die Erbsünde anderes als der Verlust der ursprünglichen Gerechtigkeit und der Tugendhaftigkeit des ganzen Menschen? Daher ist der Mensch, empfangen und geboren in solcher Sünde, in seiner Ganzheit schief und krumm. Das Fleisch begehrt wider den Geist[794], die Vernunft ist gelähmt, der Wille schwach, der Mensch ist gebrechlich, er gleicht einem Nichts. Die Sinne trügen ihn, die Vorstellung täuscht ihn, das Unwissen führt ihn durch unwegsames Gelände, und er stößt auf unzählige Hindernisse, die ihn vom Guten wegziehen und zum Bösen treiben. Und so ist die Erbsünde die Wurzel aller Sünden, der Zunder für alle Missetaten ... Um so mehr helfe mir deine Güte, je gebrechlicher und je mehr du mich von Schlingen umwunden siehst! Wer wird sich eines Kranken nicht erbarmen? Komm, komm doch, gütiger Samaritaner, hebe den halbtoten Verwundeten auf, lege ihn auf dein Lasttier, führe mich zur Herberge, empfiehl mich dem Wirt, nimm zwei Denare hervor und sage ihm: was auch immer du mehr aufwenden solltest, ich werde es dir erstatten, wenn ich zurückkomme.[795]

Ecce enim veritatem dilexisti; incerta et occulta sapientiae tuae manifestasti mihi, siehe, du hast die Wahrheit geliebt, das Ungewisse und Verborgene deiner Weisheit hast du mir bekanntgemacht.[796] Komm, gütiger Samaritaner; siehe, du hast die Wahrheit geliebt –

ich meine, die Wahrheit der Verheißungen, die du dem Menschengeschlecht gegeben hast. Du hast sie freilich geliebt, weil *du* sie schufest und liebtest, denn dein Lieben ist Gutes tun. Du bist nämlich in dir selbst unveränderlich, und es ist nicht so, daß du – wie wir Menschen – bald liebst, bald nicht liebst, so daß also deine Liebe verginge und wieder zurückkehrte, sondern du bist ganz Liebe, eine Liebe, die sich nie ändert, Gott ist nämlich Liebe[797] ...

Abraham hast du einen Sohn versprochen, als er schon ein Greis und Sarah unfruchtbar und alt war. Und deine Verheißung hast du gehalten, denn du liebtest die Wahrheit. – Den Kindern Israels hast du ein Land verheißen, das von Milch und Honig fließen würde, und endlich hast du es ihnen gegeben, weil du die Wahrheit liebtest. – Unzählbar waren deine Verheißungen, in denen du dich immer wieder als treu erwiesen hast, denn du liebtest die Wahrheit. Den Sündern, die zu dir Zuflucht nahmen, hast du Verzeihung und Gnade versprochen und niemanden hast du je um etwas betrogen, weil du die Wahrheit liebtest ... So liebe denn, Vater der Erbarmungen, diese Wahrheit in mir, der ich aus entfernter Gegend[798] zu dir zurückkehre...

Asperges me, Domine, hysopo, et mundabor, lavabis me, et super nivem dealbabor, Herr, besprenge mich mit Hysop, und ich werde rein, wasche mich, und ich werde weißer als Schnee.[799] Herr, weil du die Wahrheit geliebt und das Ungewisse und Verborgene deiner Weisheit mir offenbart hast, habe ich große Hoffnung gefaßt und ich vertraue darauf, daß du mich nicht von deinem Antlitz verstoßen wirst, sondern du wirst mich mit Hysop besprengen, und ich werde rein werden ...

Auditui meo dabis gaudium et laetitiam, et exultabunt ossa humiliata, laß mich Freude und Frohlocken vernehmen, und frohlocken werden meine erniedrigten Gebeine[800] ... Du wirst mir Frieden geben, Herr, Frieden wirst du mir geben, weil ich auf dich gehofft habe. Freude und Frohlocken wirst du mich vernehmen lassen, wenn ich höre, was Maria gehört hat. Und was hörte Maria? Ich spreche von jener, die zu deinen Füßen weinte. Was hat sie also gehört? *Fides tua salvam te fecit, vade in pacem,* dein Glaube hat dir geholfen, gehe hin in Frieden![801] – Hören werde ich auch, was der Schächer hörte: *hodie eris mecum in paradiso,* heute wirst du mit mir im Paradies sein[802] ... Dann werde ich mich freuen und frohlocken, und frohlocken werden die erniedrigten Gebeine. Was sind die Knochen, die dem Fleisch Halt geben, wenn nicht die Kräfte der Vernunftseele, welche die Schwäche unseres Fleisches tragen, damit es sich nicht in alle Laster verliere, und damit nicht der ganze Mensch Fleisch werde und in seinem Innern sich verzehre ...

Averte faciem tuam a peccatis meis et omnes iniquitates dele, wende dein Antlitz von meinen Sünden und tilge alle meine Missetaten.[803] Warum schaust du, Herr, auf meine Sünden? Warum zählst du sie? Warum schaust du nicht eher auf das Antlitz deines Christus? … Kenne bitte meine Sünden nicht so, daß du sie mir anrechnest, sondern wende dein Antlitz von meinen Sünden, damit sie durch dein Erbarmen getilgt werden. Blicke, Herr, auf die Seele, die du geschaffen, schau auf dein Bild, das du geformt hast. Du hast es nämlich nach deinem Bild geschaffen, und ich Elender habe das Bild des Teufels darübergestreift. Wende, Herr, dein Antlitz vom Bild des Teufels, so daß du mir nicht zürnen mußt, und schau auf dein Bild, so daß du dich meiner erbarmst. Denke doch daran, wie du auf Zachäus blicktest, als er auf die Sykomore stieg, und wie du in seinem Haus einkehrtest![804] Gewiß hättest du dies nicht getan, wenn du an ihm nur das Bild des Teufels gesehen hättest, aber weil du dein Bild an ihm sahst, hattest du Mitleid mit ihm und hast ihm das Heil verliehen …

Cor mundum crea in me, Deus, et spiritum rectum innova in visceribus meis, Gott, schaffe in mir ein reines Herz und erneuere in mir den rechten Geist[805], denn mein Herz hat mich verlassen, es denkt nicht mehr an mich. Sein Heil hat es ganz vergessen und schweift abseits vom Wege umher, es ist in die Ferne gezogen, geht Eitelkeiten nach, und seine Augen [suchen nach ihnen] bis an die Grenzen der Welt. Ich rief ihm, aber es antwortete nicht. Es ist weggezogen, ist verlorengegangen, in Sünden zum Sklaven geworden. Was soll ich daher sagen, Herr? Schaffe in mir ein reines Herz, Gott, ein demütiges Herz, ein mildes, friedliebendes, ein gütiges und frommes Herz, das niemandem Schlechtes tut, das Böses nicht mit Bösem, sondern Böses mit Gutem vergilt, ein Herz, das dich über alles liebt, immer an dich denkt, von dir spricht, dir dankt, sich an Hymnen und geistlichen Gesängen erfreut und im Himmel weilt. Ein solches Herz schaffe in mir, Gott! Bring es aus dem Nichts hervor, und kann es von Natur aus nicht so sein, so werde es dies durch deine Gnade … Gib mir einen neuen Geist, der erneuert, was alt geworden …

Ne proicias me a facie tua et Spiritum Sanctum tuum ne auferas a me, weise mich nicht von deinem Antlitz und nimm deinen Heiligen Geist nicht von mir.[806] Siehe, Herr, ich stehe vor deinem Angesicht, um bei dir Barmherzigkeit zu finden … Verstoße mich nicht von deinem Angesicht, so daß ich zuschanden werde! Wer ist je zu dir gekommen und ist beschämt weggegangen? … Noch nie ist gehört worden, daß du einen Menschen, der zu dir kam, beschämt von deinem Angesicht verstoßen hast! Soll ich etwa, Herr, der erste sein, der von deinem Angesicht verstoßen wird?

Wie die kanaanäische Frau, die um Befreiung ihrer Tochter von einem Dämon bat, trotz anfänglicher Zurückweisung zu bitten nicht nachgab, so hofft Savonarola, nicht verstoßen zu werden.

Warum ist das geschrieben worden, Herr, mein Gott? Damit wir lernen, auf dich zu hoffen und fromm und demütig im Gebet zu verharren, denn du willst geben. Aber das Reich Gottes erleidet Gewalt, und es sind die Gewalttätigen, die es an sich reißen[807]; was auch geschrieben wurde, ist zu unserer Belehrung geschrieben worden, damit wir durch Geduld und durch die Tröstung der Schrift Hoffnung haben[808] ...

Laß mich nicht zuschanden werden, gütiger Jesus, denn ich hoffe auf dich allein. Ich habe keine Rettung außer in dir, Herr, denn alle haben mich verlassen, meine Brüder und Söhne haben mich verworfen[809] ...

Redde mihi laetitiam salutaris tui et spiritu principali confirma me, verleihe mir wieder die Freude deines Heils und stärke mich im Geist deiner Macht.[810] Um eine große Sache bitte ich, Herr, denn du, Gott, bist ein großer Herr und König über alle Götter. Unrecht tut dir, wer von dir Geringes erbittet. Alles, was vergeht, ist gering. Alles Leibliche ist gering, groß und kostbar das Geistige. Nimm den Geist, nimm die Seele vom Leib – was bleibt übrig außer Mist, außer Staub und Schatten? ... Wer dich um Leibliches bittet, bittet dich um Geringes, wer aber um Geistiges, der verlangt wahrhaft Großes, jedoch Größtes, wer um die Freude deines Heils bittet. Was ist aber dein Heil, wenn nicht Jesus, dein Sohn? ... Was kann ich dir Willkommeneres und mir Zuträglicheres erbitten, als daß du mir die Freude deines Heils zurückgibst? Schon kostete ich, wie lieblich der Herr ist, wie leicht und sanft seine Last. Ich erinnere mich, welchen Frieden, welche Ruhe des Geistes ich genoß, als ich mich am Herrn freute und frohlockte in Jesus, meinem Gott. Um so mehr schmerzt es mich jetzt, zu wissen, was ich verloren habe … Deswegen schreie ich mit Ungestüm: Gib mir die Freude deines Heils zurück, gib mir zurück, was du mir wegen meiner Sünden weggenommen hast, gib zurück, was ich durch eigene Schuld verloren habe! … *Petrus* lehrte mich, wie groß unsere Schwäche ist.

Obwohl Petrus Zeuge aller Wunder Christi war, hat er ihn auf die Fragen einer Magd hin verleugnet.

Und doch waren diese Fragen nur Worte! Und wenn die Juden zur Auspeitschung geschritten wären? Gewiß hätte Petrus nichts unterlassen, um sich durch Verleugnungen und Meineide, durch Flüche und Lästerungen aus ihren Händen zu entwinden! Du aber, gütiger Herr, hast ihn angeblickt, und gleich erkannte er seine Sünde … Daher stärke mich, Herr, im Geist deiner Macht, damit ich immerfort in der Freude deines Heils bleibe – andernfalls kann ich all diesen Angriffen gegenüber nicht bestehen. Das Fleisch begehrt wider den Geist.[811] Von allen Seiten bedrängt mich die Welt, der Teufel schläft nicht … Wenn nämlich Petrus, den du mit soviel Gaben und Gnaden beschenkt hattest, so jämmerlich fiel, was würde dann ich wohl tun, Herr, der ich dich nie im Fleische gesehen, deine Herrlichkeit auf dem Berg[812] nicht gekostet habe und deiner Wunder nicht ansichtig geworden bin, vielmehr deine herrlichen

Werke kaum von weitem wahrgenommen, deine Stimme aber nie gehört habe, sondern immer in Sünden war? Stärke mich daher im Geist deiner Macht, damit ich im Gehorsam zu verharren und mein Leben für dich hinzugeben vermag.

Docebo iniquos vias tuas, et impii ad te convertentur, die Sünder will ich deine Wege lehren, und die Gottlosen werden sich zu dir bekehren.[813] Schreibe dies, Herr, nicht meiner Vermessenheit zu, wenn ich wünsche, die Sünder deine Wege zu lehren … Wenn du mich im Geist deiner Macht bestärkt und mich freigelassen hast, dann werde ich die Sünder deine Wege lehren. [Solches zu tun] ist dir nämlich nicht schwer, der du aus Steinen Söhne Abrahams erwekken kannst[814] …

Gott vermochte aus Saulus, dem Verfolger, den Jünger Paulus zu machen.

Wenn du mich zu einem andern gemacht hast, will ich die Sünder deine Wege lehren – nicht die Wege von Platon, nicht die von Aristoteles, nicht die Verflechtung von Syllogismen, nicht Lehrsätze der Philosophie, nicht feurige Worte der Rhetoren, nicht weltliche Geschäfte, nicht Wege der Eitelkeit und solche, die zum Tod führen – sondern deine Wege und deine Gebote, die zum Leben führen, und nicht nur einen Weg, sondern viele Wege, denn zahlreich sind deine Gebote. Trotzdem enden alle diese Wege bei einem einzigen, denn alle werden in der reinen

Liebe verbunden ... Gewiß sind die verschiedenen Lebensformen auch verschiedene Wege: Den einen beschreiten die Kleriker, einen andern die Mönche, einen andern die Bettelmönche, wieder einen andern die in der Ehe Verbundenen, die im Witwenstand Lebenden, die Enthaltsamen und die Jungfrauen, und noch einen andern die Fürsten, die Lehrer und Händler, und so gelangen schließlich die verschiedenen Stände der Menschen auf verschiedenen Wegen zur himmlischen Heimat. Daher werde ich die Sünder deine Wege lehren, einen jeden gemäß seinem Stand und seiner Fähigkeit. Und die Gottlosen werden sich zu dir bekehren, denn ich werde ihnen nicht mich verkünden, sondern Christus, den Gekreuzigten ...

Libera me de sanguinibus, Deus, Deus salutis meae, et exultabit lingua mea iustitiam tuam, Gott, befreie mich von Blutschuld, du, Gott meines Heils, und meine Zunge wird deine Gerechtigkeit preisen.[815] ... Säume nicht, Herr, denn ich bin dem Tod nahe. Meine Blutschuld sind meine Sünden. Denn wie im Blut das Leben allen Fleisches ist, so ist in der Sünde das Leben des Sünders ... Befreie mich von dieser Blutschuld, Gott, Urheber meines Heils.[816] Befreie mich, wie du Noah aus den Wassern der Sintflut gerettet hast. Befreie mich, wie du Loth aus dem Brand Sodoms gerettet hast. Befreie mich, wie du die Kinder Israels aus der Tiefe des Roten Meers gerettet hast. Befreie mich, wie du Jonas aus dem Bauch des Fisches gerettet hast. Befreie mich, wie du die drei

Jünglinge aus dem Feuerofen gerettet hast. Befreie mich, wie du Petrus aus der Gefahr des Meeres gerettet hast. Befreie mich, wie du Paulus aus der Tiefe des Meeres gerettet hast. Befreie mich, wie du unzählige Sünder aus der Hand des Todes und vor den Pforten der Hölle gerettet hast, und preisen wird meine Zunge deine Gerechtigkeit, das heißt, frohlocken wegen deiner Gerechtigkeit, die ich dank deiner Gnade in mir fühle.

Domine, labia mea aperies, et os meum annuntiabit laudem tuam, Herr, öffne meine Lippen, und mein Mund wird dein Lob verkünden[817] … Es waren in der Tat die Propheten und Apostel und deine andern Heiligen, die dich mit einfältigem und reinem Herzen und Mund lobten, nicht aber die Philosophen und Redner, die sprachen: Unsere eigene Zunge wollen wir preisen, unsere Lippen gehören uns. Wer ist unser Gott?[818] Sie selbst haben ihre Lippen geöffnet, nicht du öffnetest sie ihnen! Deswegen hast du dir aus ihrem Mund kein Lob bereitet. Deine Kinder aber, Herr, lobten dich und hielten sich selbst für gering. Und wenn die Philosophen sich gebärdeten, als priesen sie dich, so wollten sie sich selbst verherrlichen … Daher hast du dir aus dem Mund der Kinder und Säuglinge dein Lob bereitet[819], denn immer gefiel es dir, die Demütigen zu erheben und die Stolzen zu demütigen … Wenn du mich also klein machst, wirst du dir aus meinem Mund dein Lob bereiten …

Quoniam si voluisses sacrificium, dedissem utique; holo-

caustis non delectaberis, denn hättest du ein Schlachtopfer begehrt, hätte ich es dir gewiß dargebracht; an Brandopfern findest du aber keine Freude.[820] Mein Mund ist es, Herr, der dein Lob verkünden wird, weiß ich doch, daß dir dies das willkommenste ist, da du durch den Propheten sagen ließest: Ein Opfer des Lobes ehrt mich, und dies ist der Weg, auf dem ich dem Menschen das Heil Gottes zeige[821] … Willst du wohl, daß ich dir meinen Leib opfere, der du nicht den Tod des Sünders willst, sondern, daß er sich bekehre und lebe[822]? Trotzdem will ich – mit Maß – mein Fleisch züchtigen, damit es mit Hilfe deiner Gnade der Vernunft unterworfen sei und ihr diene. Sollte ich aber darin das Maß überschreiten, wirst du mir dies als Sünde anrechnen, sagt doch der Apostel: Euer Gehorsam sei vernünftig.[823] Du hast auch durch deine Propheten gesagt: Barmherzigkeit will ich, nicht Opfer.[824] Daher wird mein Mund dein Lob verkünden, denn *dieses* Opfer ehrt dich und zeigt uns den Weg zu deinem Heil …

Sacrificium Deo spiritus contribulatus, cor contritum et humiliatum, Deus, non despicies, ein Opfer für Gott ist ein zerknirschter Geist, ein zerknirschtes und demütiges Herz wirst du, Gott, nicht verschmähen.[825] Ein zerknirschter Geist, nicht ein gequältes Fleisch gefällt dir. Denn das Fleisch wird gequält, weil es das Irdische, das es begehrt, nicht hat, oder sicherlich in sich etwas fühlt, das es haßt. Der Geist aber ist zerknirscht wegen der Schuld, weil diese gegen Gott ist, den er liebt. Es schmerzt ihn, daß er seinen Schöpfer und Erlöser beleidigt, daß er sein Blut verachtet und einen so guten und lieben Vater geringgeschätzt hat. Ein solches zerknirschtes Herz ist dir also ein Opfer lieblichsten Wohlgeruchs ... Maria Magdalena, die in der Stadt eine Sünderin war, hat eine solche [wohlriechende] Salbe angefertigt und im Alabastergefäß ihres Herzens niedergelegt[826] ... Dieses ihr Opfer fand bei dir Gefallen und war dir so willkommen, daß du sie dem Pharisäer, der gerecht schien, vorgezogen hast. Mit deinen Worten hast du nämlich gezeigt, daß zwischen ihrer Rechtfertigung und der Gerechtigkeit des Pharisäers ein so großer Unterschied besteht, wie zwischen dem Reinigen der Füße mit Wasser und ihrem Abwaschen mit Tränen, zwischen dem einen Kuß auf das Gesicht und dem unaufhörlichen Küssen der Füße, dem Salben des Kopfs mit Öl und dem Salben der Füße mit kostbarster Narde ...

Benigne fac, Domine, in bona voluntate tua Sion, ut aedificentur muri Ierusalem, Herr, erweise Zion in deinem Wohlwollen Gutes, damit die Mauern Jerusalems errichtet werden[827] ... Zion ist deine Kirche ... aber, Herr, mein Gott, wie klein ist heutzutage deine Kirche! Denn alle Welt fällt von ihr ab, und es gibt weit mehr Ungläubige als Christen. Und wo sind unter den Christen die, welche auf alles Irdische verzichten und allein auf den Ruhm des Herrn schauen? Gewiß wirst du ihrer nur wenige finden im Vergleich zu denen, die nur für das Irdische einen Sinn haben, deren Gott der Bauch ist, und deren Ruhm in ihrer eigenen Schmach besteht[828]. – Erweise Zion in deinem Wohlwollen Gutes, damit es an Verdienst und Zahl zunehme. Blicke vom Himmel herunter und gewähre uns Gutes gemäß deiner Gewohnheit, laß das Licht der Liebe über uns kommen, so daß du nicht gemäß unsern Sünden an uns handelst und uns nicht nach unsern Missetaten vergiltst[829], sondern handle mit uns nach deiner großen Barmherzigkeit … Herr, ich beschwöre dich: Welcher Nutzen besteht in der Verdammung so vieler tausend Menschen? Die Hölle füllt sich, die Kirche leert sich täglich. Erhebe dich, warum schläfst du, Herr? Erhebe dich, verstoße uns nicht für immer[830] …

Tunc acceptabis sacrificium iustitiae, oblationes et holocausta, tunc imponent super altare tuum vitulos, dann wirst du ein Opfer der Gerechtigkeit annehmen, Gaben und Brandopfer, dann wird man dir Kälber auf den Altar legen.[831] Wenn du Zion in deinem Wohlwollen Gutes getan hast, wirst du das Opfer der Gerechtigkeit annehmen. Du wirst es empfangen, sag' ich, weil du es mit dem Feuer deiner Liebe verzehren wirst. So hast du nämlich das Opfer des Moses und das des Elias angenommen. Dann empfängst du nämlich Opfer der Gerechtigkeit, wenn du die Seelen, die sich bemühen, gerecht zu leben, sättigst. Was nützt es, dir Opfer darzubringen, wenn du sie nicht annimmst? Herr, wie viele Opfer bringen wir dir heutzutage dar, die dir nicht willkommen, sondern eher verabscheuungswert sind? Wir bringen dir nämlich nicht Opfer der Gerechtigkeit, sondern solche unserer Zeremonien, und daher sind sie dir nicht willkommen. – Wo ist jetzt der Ruhm der Apostel? Wo der Starkmut der Märtyrer? Wo die Frucht der Prediger? Wo die heilige Einfalt der Mönche? Wo die Tugenden und Werke der ersten Christen? Damals nahmst du nämlich ihre Opfer an, als du sie mit deiner Gnade und mit Tugenden ziertest. Wenn du nun in deinem Wohlwollen Zion gütig bist, dann wirst du ein Opfer der Gerechtigkeit annehmen, denn dein Volk wird beginnen, ein rechtschaffenes Leben zu führen, deine Gebote zu halten und Gerechtigkeit zu üben, und dein Segen wird über ihm sein. Dann werden dir die Darbringungen der Priester und Kleriker willkommen sein, da sie sich nach Aufgabe alles Irdischen anschicken werden, ein vollkommeneres Leben zu führen, und die Salbung deines Segens wird auf ihren Häuptern sein. Dann werden dir auch die Brandopfer der Ordensleute willkommen sein, die ganz vom Feuer der göttlichen Liebe werden verzehrt werden, wenn sie einmal ihre Schlaffheit und ihre Lauheit aufgegeben haben. Dann werden Bischöfe und Prediger die Kälber auf deinen Altar legen, denn, in jeder Tugend zur Vollkommenheit gebracht und erfüllt vom Heiligen Geist, werden sie nicht zögern, das Leben für ihre Schafe hinzugeben. Was ist nämlich dein Altar anderes als dein Kreuz, gütiger Jesus, auf dem du geopfert wurdest? Was bezeichnet das übermütige Kalb anderes als unsern Leib? Dann also werden sie die Kälber auf deinen Altar legen, wenn sie um deines Namens willen ihren eigenen Leib dem Kreuz darbringen, das heißt den Martern und dem Tod.

Dann wird die Kirche blühen, dann ihre Grenzen erweitern, dann wird dein Lob von den Enden der Welt widerhallen … Herr, ich bitte dich, daß mir jenes *«dann»* zum *«jetzt»* werde, daß du dich meiner erbarmst nach deiner großen Barmherzigkeit und mich aufnimmst als Opfer der Gerechtigkeit, als Darbringung eines gottergebenen Lebenswandels, als Brandopfer des Ordenslebens und als Kalb für dein Kreuz, durch das ich gewürdigt werden möge, aus diesem Tal des Elends zu jener Herrlichkeit zu gelangen, die du denen bereitet hast, die dich lieben[832]. Amen.

Meditation über den Psalm «In te, Domine, speravi»

Die in den letzten Tagen seines Lebens verfaßte und unvollständig gebliebene Betrachtung über den 30.(31.) Psalm enthält die Darstellung des Kampfes in der Seele des von allen Verlassenen zwischen Traurigkeit, die an Verzweiflung grenzt, und Hoffnung. Ein Kampf, in dem in erster Linie nicht philosophische oder theologische Überlegungen Platz haben, sondern das Bekenntnis zur Hoffnung auf Gottes Barmherzigkeit.

Auf dich, Herr, habe ich meine Hoffnung gesetzt!

Die Traurigkeit hat mich in Besitz genommen. Mit einem großen und starken Heer hat sie mich wie mit einem Wall umgeben, sie hat sich meines Herzens bemächtigt und hört Tag und Nacht nicht auf, mit Lärm und Waffen gegen mich zu kämpfen. Meine Freunde befinden sich in ihrem Lager und sind zu meinen Feinden geworden. Was ich auch sehe, was ich auch höre, alles zeigt mir die Banner der Traurigkeit. Die Erinnerung an meine Freunde betrübt mich, das Gedenken an meine Söhne drückt mich nieder, die Betrachtung des Klosters und der Zelle ängstigt mich, das Nachsinnen über meine Studien schmerzt mich und der Gedanken an meine Sünden drückt mich sehr. Wie nämlich denen, die fiebrig sind, alles Süße bitter vorkommt, so verwandelt sich mir alles in Wehmut und Trauer. Eine wahrhaft große Last ist diese Traurigkeit auf meinem Herzen, ein Gift von Schlangen, eine verderbliche Pest. Sie murrt gegen Gott und hört nicht auf zu lästern und ruft mich zur Verzweiflung auf!

Ich unglücklicher Mensch! Wer wird mich aus ihren verruchten Händen befreien? Wenn alles, was ich sehe und höre, ihren Bannern folgt und kühn gegen mich kämpft, wer wird dann mein Beschützer sein? Wer wird mir helfen? Wohin soll ich gehen? Wie kann ich entfliehen?

Ich weiß, was mir zu tun bleibt: Dem Unsichtbaren will ich mich zuwenden und ich will es gegen das Sichtbare [zum Kampf] heranführen. Wer wird ein so erhabenes und schreckenerregendes Heer lenken? Die Hoffnung, die Teil des Unsichtbaren ist! Die Hoffnung, sag' ich, wird gegen die Traurigkeit antreten und sie völlig besiegen. Wer wird imstande sein, sich gegen die Hoffnung zu behaupten? Höre, was der Prophet sagt: «Herr, du bist meine Hoffnung; deinen Zufluchtsort hast du hoch oben errichtet.»[833] Wer wird gegen Gott bestehen können? Wer wird seine Feste, die hoch oben liegt, erobern können?

So will ich sie herbeirufen, und in der Tat, sie wird kommen, wird mich nicht zuschanden werden lassen. Siehe, schon ist sie da! Sie hat mich frohgemut gemacht, hat mich kämpfen gelehrt und hat mir gesagt: *Rufe – und höre damit nicht auf!*[834] Und ich: «Was soll ich rufen?» Sie gab zur Antwort: «Sage voller Vertrauen aus ganzem Herzen: *In te, Domine, speravi, non confundar in aeternum, in iustitia libera me,* Herr, auf dich habe ich meine Hoffnung gesetzt. In Ewigkeit werde ich nicht zuschanden werden, errette mich durch deine Gerechtigkeit![835]»

O wunderbare Macht der Hoffnung, deren Anblick die Traurigkeit nicht hat ertragen können! Schon ist die Tröstung gekommen. So soll doch die Traurigkeit schreien, soll mit ihrem Heer lärmen! Die Welt mag mich bedrängen, mögen auch Feinde sich erheben – ich fürchte nichts, denn auf dich, Herr, habe ich meine Hoffnung gesetzt. *Du* bist meine Hoffnung, denn du hast hoch oben deine Zuflucht errichtet. Ich habe sie bereits betreten, die Hoffnung hat mich hineingeführt, ich bin nicht von mir aus unverschämt eingetreten, sie selbst wird mich vor dir entschuldigen. «O Mensch», sagte die Hoffnung, «schau, Gottes Zuflucht ist ganz oben! Öffne deine Augen und schau hin: Gott allein *ist.* Er allein ist das unbegrenzte Meer des Seins. Alles andere ist so, als wäre es nicht, alles hängt von ihm ab, und erhielte er es nicht, so kehrte es gleich ins Nichts zurück, denn es ist aus dem Nichts geschaffen worden. Bedenke die Macht dessen, der am Anfang Himmel und Erde schuf! Ist es nicht er, der alles in allem wirkt? Wer kann ohne ihn seine Hand bewegen? Wer von sich aus etwas denken? Erwäge die Weisheit dessen, der alles in Ruhe lenkt, der alles sieht, für dessen Augen alles nackt und offen daliegt.[836] Er, er allein ist es, der dich zu befreien weiß und dies vermag, er allein kann dich trösten, er allein dich retten. Vertraue nicht auf die Söhne der Menschen, bei denen keine Rettung ist![837] Das Herz des Menschen ist in seiner Hand, und er wird es wenden, wohin er will. Dieser ist es, der dir helfen kann, dir zu helfen weiß, oder sollte dir etwa sein Wille verdächtig sein? So erwäge seine Güte, bedenke seine Liebe. Ist nicht er der Liebhaber der Menschen, der für die Menschen Mensch wurde und für die Sünder gekreuzigt worden ist? Er ist wahrlich dein Vater, der dich geschaffen, der dich erlöst hat, der dir immer Gutes tat. Wird etwa ein Vater seinen Sohn im Stich lassen? Wirf dich ihm entgegen, und er wird dich aufnehmen und retten. Erforsche die Schrift und du wirst sehen, wie eifrig die so große Majestät [Gottes] dich mahnt, auf ihn zu hoffen. Warum? Sicherlich, weil er dich retten will. Was spricht er durch den Propheten? Weil er die Hoffnung auf mich gesetzt hat, will ich ihn befreien.[838] Da siehst du, wie er aus keinem andern Grund ihn befreien will, als weil er auf ihn gehofft hat. Und was haben die Propheten, was haben die Apostel und schließlich der Herr der Apostel selbst anderes verkündet, als daß die Menschen auf den Herrn hoffen sollen?» …

Ich will auf den Herrn hoffen, wie die Hoffnung mich zu hoffen lehrt, und bald werde ich von aller Drangsal frei sein. Und auf Grund welcher Verdienste werde ich frei sein? Nicht auf Grund meiner Verdienste, Herr, sondern rette mich durch deine Gerechtigkeit – in deiner, nicht in meiner Gerechtigkeit, sag' ich. Ich suche nämlich Barmherzigkeit, ich bringe nicht meine Gerechtigkeit dar. Wenn du mich aber durch deine Gnade gerecht machst, werde ich deine Gerechtigkeit besitzen. – Die Pharisäer vertrauten auf die Werke der Gerechtigkeit, freilich auf ihre eigene Gerechtigkeit, und deswegen standen sie nicht unter der Gerechtigkeit Gottes, da kein Fleisch durch die Werke des Gesetzes vor Gott Rechtfertigung erlangt[839]. Die Gerechtigkeit Gottes aber erschien uns durch die Gnade Jesu Christi auch ohne die Werke des Gesetzes[840]. – Die Philosophen rühmten sich ihrer Gerechtigkeit und daher fanden sie nicht *deine* Gerechtigkeit, weil sie nicht durch die Türe eintraten.[841] Sie waren Diebe und Räuber, die gekommen waren, nicht um die Schafe zu retten, sondern um sie zu verderben und hinzuschlachten. – Die Gnade ist also deine Gerechtigkeit, Herr, und die Gnade wäre nicht mehr Gnade, wenn sie auf Grund von Verdiensten geschenkt würde.

Doch da ist die Traurigkeit zurückgekehrt, ist zurückgekommen mit einem großen Aufwand an Rüstung, noch und noch bewaffnet mit Schwertern und Lanzen! Mit großem Ungestüm rückt sie vor und schon hat sie unsere Stadt umzingelt. Der Lärm ihrer Reiter hat mich erschreckt. Noch stand sie draußen, da befahl sie Stille und rief von weitem: «Siehe, da ist er, der auf den Herrn gehofft und gesagt hat ‹ich werde in Ewigkeit nicht zuschanden werden›, er, welcher der Hoffnung als Trösterin gefolgt ist!» Und als sie sah, daß ich auf diese Worte hin errötete, kam sie näher und sagte: «Wo sind die Versprechungen deiner Hoffnung? Wo der Trost? Wo die Befreiung? Was haben dir die Tränen genützt? Was haben dir deine Gebete [um Hilfe] von seiten des Himmels gebracht? Du hast gerufen, und niemand gab dir Antwort, du hast geweint, und wer ließ sich deinetwegen von Erbarmen bewegen? Du hast deinen Gott angerufen, und er hat geschwiegen! Du hast zu ihm gebetet und ihn angefleht, und es gab für dich weder Antwort noch Mitgefühl. Alle Heiligen hast du angefleht, und keiner hat sich um dich gekümmert. Da siehst du, was die Worte der Hoffnung dir gebracht haben. Du hast dich abgemüht, hast aber nichts in deinen Händen gefunden. Oder glaubst du etwa, daß Gott sich um die Dinge hier unten bemüht? Er, der die Himmelsgegenden umwandelt, und unsern Angelegenheiten keine Beachtung schenkt?[842]»

Solche Lästerungen sprach sie aus, und wie mir bei ihren Worten schauderte, kam sie noch näher, flüsterte mir ins Ohr und sprach: «Meinst du, daß wirklich wahr ist, was der Glaube verkündet? Willst du sehen, daß es sich um von Menschen Ausersonnenes handelt? So erkenne dies aus folgendem: Wenn Gott Mensch geworden und für dich gekreuzigt worden wäre, so wäre es doch bei einer solchen Liebe nicht möglich, einen Menschen nicht zu trösten, der, von Trauer niedergeworfen, zu ihr ruft und weint! ... Warum kommen denn die Engel und die Seligen, die doch so gütig sind, nicht hierher, um dich zu trösten? Was glaubst du, wie viele Menschen kämen zu dir – wenn sie nur könnten –, um dich mit

Wort und Tat fröhlich zu stimmen, sofern ihnen die Möglichkeit gegeben würde? Und wie viele, um dich aus jeder Not zu befreien? Warum tun die Seligen dies nicht, von denen man glaubt, sie seien weit besser als die Menschen? Glaube mir doch: Alles wird vom Zufall beherrscht, und es gibt nur das, was man sieht, und unser Geist wird sich wie Rauch verflüchtigen! Wer ist je aus der Unterwelt zurückgekehrt und hat uns Kunde gebracht von dem, was nach dem Tod den Seelen widerfahren soll? Das sind doch alles Märchen von alten Weibern! – So erhebe dich denn, nimm Zuflucht bei der Hilfe von Menschen, damit du, wenn du einmal aus diesem Kerker befreit bist, so lebst, daß du dich nicht, von dieser Hoffnung getäuscht, immer vergeblich abmühst!»

Nach diesen Worten vernahm ich einen solchen Lärm in ihrem Lager, ein solches Klirren von Waffen und Schmettern von Trompeten, daß ich kaum am Leben bleiben konnte, und wäre mir nicht meine geliebte Hoffnung beigestanden, hätte mich die Traurigkeit in Ketten gebunden in ihr Land abgeführt.

Also erschien wieder die Hoffnung, von göttlichem Licht strahlend, und sprach lächelnd: «Nun, du Soldat Christi! Wie steht es mit deinem Herzen, deinem Mut in diesem Kampf?» Als ich dies hörte, wurde ich gleich rot, und jene sprach: «Fürchte dich nicht! Kein Übel wird dich ergreifen können, du wirst keineswegs untergehen. Schau, ich bin bei dir, um dich zu befreien. Weißt du nicht, daß geschrieben steht: Es sprach der Tor zu seinem Herzen: Es gibt keinen Gott![843] Wie eine alberne Frau hat diese Traurigkeit mit dir gesprochen! Oder wird sie dich etwa davon überzeugen können, daß Gott nicht ist, oder daß er nicht für alles vorsorgt? Oder wirst *du* etwa am Glauben zweifeln, der du diesen mit so vielen Beweisen und Vernunftgründen gestärkt hast? Wie wundere ich mich, daß du durch diese Worte so sehr niedergeworfen werden konntest! Ich bitte dich, sag mir: Hast du etwa in deinem Herzen am Glauben zu zweifeln begonnen? Es lebt doch der Herr, und es lebt deine Seele!» – «Meine liebste Mutter, auch nicht den geringsten Stachel von Unglauben habe ich verspürt, denn dank der Gnade Christi halte ich das, was Sache des Glaubens ist, nicht weniger für wahr, als was ich mit meinen leiblichen Augen sehe. Die Traurigkeit hat mich aber so sehr niedergedrückt, daß ich eher zur Verzweiflung als zum Unglauben gebracht wurde!» – «Mein Sohn, du sollst wissen, daß dies ein großes Geschenk Gottes ist, denn der Glaube ist eine Gabe Gottes und kommt nicht aus den Werken, damit keiner sich rühme[844]. So erhebe dich denn und habe keine Angst, sondern erkenne vielmehr daraus, daß dich der Herr nicht verlassen hat. Wenn er auch nicht sogleich erhört, so darf man nicht verzweifeln, sollte er auch säumen, warte auf ihn, denn er wird gewiß kommen und nicht zögern[845] ...»

Inclina ad me aurem tuam, accelera, ut eruas me, neige dein Ohr zu mir, beeile dich, mich zu befreien.[846] Herr, mein Gott, ich kehre zu dir zurück. Die Hoffnung hat mich geschickt, ich komme nicht aus eigener Vermessenheit. Deine Güte lädt mich ein, deine Barmherzigkeit zieht mich an … Ich will also zu meinem Gott sprechen, obwohl ich Staub und Asche bin. – Neige, Herr, dein Ohr! Was sagst du da, meine Seele? Hat Gott etwa Ohren? Ist er ein Leib? Das sei ferne! Da jeder Geist weit besser als der Leib ist, wer möchte da behaupten, Gott sei ein Leib, außer er wäre ein Narr? … Was bedeutet also «dein Ohr denen zuneigen, die mit dir sprechen» anderes, als daß du deren Gebete erhörst und sie mit dem Antlitz deiner Güte anblickst, erleuchtest und entflammst, damit sie mit Zuversicht und Inbrunst der Liebe zu dir beten und dich bitten, da du ihnen ja geben willst, was sie in demütiger Frömmigkeit verlangen? … So rette mich, Herr, aus der Hand des Bösen, befreie mich aus den Fesseln der Sünde, löse mich aus der Schlinge des Todes, führe mich aus der Tiefe der Hölle heraus. Erlöse mich von der Bedrükkung und der harten Knechtschaft der Trauer, damit meine Seele sich erhebe und sich an dir freue und dich alle Tage meines Lebens preise …

Weh, ich Unglücklicher! Siehe, wieder ist die Traurigkeit da, ausgerüstet mit schrecklichen Waffen! Das Banner der Gerechtigkeit geht ihr voran. Ihren Füßen folgt ein zahlreiches Heer, und jeder hat eine Lanze in der Hand. Ringsumher erblicke ich nur Gefäße des Todes. Weh mir, schon bin ich verloren! Da ruft sie mit schrecklicher Stimme: «Elender, deine Hoffnung hat dich betrogen. Siehe, du hast dich vergeblich abgemüht ... Ist dein Gebet etwa erhört worden? Wo ist die Befreiung, wo die Tröstung? Hat [Gott] sich beeilt, dich zu befreien? Noch immer bist du in Fesseln! ... Weißt du nicht, daß Gott gerecht ist? Oder kennst du seine Urteile nicht? Seine Engel[847] hat er nicht verschont, er erbarmte sich ihrer nicht, wird sich ihrer nicht erbarmen. Wegen einer einzigen Sünde sind sie für ewig verdammt worden. – Adam hat gesündigt, und die Gerechtigkeit Gottes hat das ganze Menschengeschlecht mit dem Tode bestraft. – Glaubst du, Gott liebe die Gerechtigkeit nicht ebenso wie die Barmherzigkeit? – Kinder, die im Zustand der Erbsünde sterben, werden Gottes Antlitz nie sehen ... Weder Maria Magdalena noch der Schächer, weder Petrus noch Paulus sollen dir Hoffnung machen! Denn Maria [Magdalena], der Schächer, Petrus und Paulus waren einzelne [begnadete] Personen – und glaubst du etwa, daß du unter diese wenigen gezählt werden kannst, der du so viele und so schwere Sünden begangen hast, der du ein Ärgernis in der Kirche warst, der du Himmel und Erde beleidigt hast? ... Es ist besser für dich, zu sterben als zu leben. Wähle den Tod – und wenn keiner ihn dir gibt, so lege Hand an dich selbst!»

Nach erneutem Hilferuf Savonarolas erscheint wieder die Hoffnung.

Siehe, da kam gleich die Hoffnung in strahlendem Glanz vom Himmel herunter, berührte meine Seite, hob mich auf, stellte mich auf meine Füße und sprach: «Wie lange wirst du noch ein kleines Kind bleiben? Wie lange noch ein unerfahrener junger Soldat? So oft warst du doch im Krieg und wandeltest im Schatten des Todes und hast noch nicht zu streiten gelernt? Beunruhige dich doch nicht über die große Gerechtigkeit Gottes! Sei stark, Kleinmütiger! Fürchten sollen sich die, welche sich nicht zum Herrn bekehren, die auf ihren eigenen Wegen wandeln, den Eitelkeiten folgen und den Weg des Friedens nicht kennen ... Soll doch diese Traurigkeit – wenn sie es vermag – einen noch so großen Sünder vorführen, der sich zum Herrn bekehrt und von ihm nicht aufgenommen und gerechtfertigt worden ist ...!»

Esto mihi in Deum protectorem et in domum refugii, ut salvum me facias, sei mir ein Gott, der mich beschützt, werde mir zu einem Haus der Zuflucht, um mich zu retten[848] ... Zu dir fliehe ich voll Vertrauen. Die Hoffnung hat mich eingeführt, die du in deiner Güte so sehr liebst, die du uns immer ans Herz gelegt hast. Ich fürchtete mich nicht, mit ihr zusammen vor dein Antlitz zu treten. Ich will gestehen: Ich bin unwürdig, aber *sie* hat mich hergebracht. Meiner vielen Missetaten wegen fürchtete ich mich einzutreten, aber sie hat mich zuversichtlich gemacht ... So werde du mir ein Gott, der mich beschützt – verteidige mich vor meinen Feinden! Meine Feinde sind meine Sünden, die deine Gerechtigkeit gegen mich hervorrufen. Ich werde vor ihr nicht bestehen können, falls du mich nicht etwa beschützest. Deine Barmherzigkeit sei mir

Schild, Herr … Bei aller Versuchung, bei aller Drangsal, bei aller Not jedweder Art endlich, öffne mir, Herr, das Haus deiner Zuflucht …!

[Und wieder] ist meine Seele in Unruhe, siehe, die Traurigkeit ist wieder da! … Und sie spricht zu mir: «Wo ist dein Beschützer, wo das Haus der Zuflucht? Wo dein Heil? Verharrst du immer noch in deiner eitlen Zuversicht? Jene Tröstungen kommen aus deiner Einbildung. Du stellst dir Gott gnädig und als deinen Beschützer vor, als Haus deiner Zuflucht, und glaubst, in den Himmel gestiegen zu sein. Deine Phantasie hält dich wahrhaftig zum Gespött, du tröstest dich mit eitler Hoffnung. Glaubst du, in den dritten Himmel entrückt worden zu sein?[849] Träume sind das! Ich bitte dich: Denke daran, wie schwer die Sünde der Undankbarkeit ist! Trocknet diese nicht die Quelle der Barmherzigkeit aus …?»

Die Traurigkeit zählt alle Wohltaten Gottes auf, denen gegenüber sich Savonarola undankbar gezeigt haben soll.

«Du aber hast die andern belehrt, dich selbst aber vernachlässigt, um die andern hast du dich gesorgt, dich selbst aber nicht geheilt … Siehst du nicht, daß die Stufen der Barmherzigkeit in dir ein Ende finden, der du, obwohl von Gott mit so vielen Wohltaten bedacht, in die Tiefe des Meeres gestürzt bist, und der du, mit soviel Gnaden ausgestattet, wegen deines Stolzes und des eitlen Ruhms zum Ärgernis des ganzen Erdkreises geworden bist? …»

Als sie das gesagt hatte, heulte ihr ganzes Heer mit grauenerregenden Stimmen auf, wiederholte sogar ihre Worte und rief: «Deine Wunde ist hoffnungslos, unheilbar ist sie geworden!» – Ich aber erinnerte mich der Mahnung meiner Mutter und, wenngleich ich auch etwas mutlos war, erhob ich mich, so gut es meine Kräfte erlaubten, stellte mich auf die Füße und erhob meine Augen zum Himmel, von wo ich Hilfe erwartete. Und siehe, da stieg die Hoffnung mit heiterem Gesicht und mit göttlichem Glanz geschmückt von ihrer Höhe herunter und sprach: «Wer ist die, welche ihre Meinung in unkundige Worte kleidet[850] und der Barmherzigkeit Grenzen setzt, die den Unbegrenzten begrenzen will, die glaubt, die Wasser des Meeres in den Händen tragen zu können? Hast du nicht gehört, wie der Herr sprach: ‹Wann auch immer der Sünder seine Missetaten beklagt, werde ich ihrer aller nicht mehr gedenken?[851]› Wo ist der Mensch, der nicht sündigt? Wer kann sagen: ‹Mein Herz ist rein?› Das Gebet des Herrn hat alle im Auge, alle werden angehalten zu sagen: Und vergib uns unsere Sünden. So lehrte der Herr die Apostel beten. Wird dieses Gebet nicht auch für die übrigen Menschen gelten? ... Es steht geschrieben: ‹Siebenmal am Tag wird der Gerechte fallen und sich wieder erheben.›[852] Somit kennt die Barmherzigkeit keine Grenzen, sondern sooft auch der Sünder [über seine Missetaten] aufstöhnt, wird die Barmherzigkeit zur Stelle sein. Und es liegt nichts daran, ob wir von großen oder von kleinen Sünden sprechen. – Du bist gefallen – erhebe dich, und die Barmherzigkeit wird dich aufnehmen. Du bist gestürzt – rufe, und die Barmherzigkeit wird zu dir kommen. Wieder bist du gefallen, wieder gestürzt – bekehre dich zum Herrn, und das Innerste seines Mitleids wird dir offenstehen. Und zum dritten, vierten Mal bist du gefallen, gestürzt – weine, und die Barmherzigkeit wird dich nicht im Stich lassen. Wie oft du auch sündigst, so oft erhebe dich wieder, und die Barmherzigkeit wird kein Ende finden. – Wie kannst du auch, Traurigkeit, du schlechteste aller Frauen, jemandem empfangene Wohltaten zum Vorwurf machen? Hat nicht David, der so große Prophet, viele und große Wohltaten empfangen, er, von dem der Herr gesagt hat: Ich habe einen Mann gefunden, der nach meinem Herzen ist?[853] Und trotzdem: Er hat gesündigt, und wahrhaft schwer, als Ehebrecher und als Mörder eines gerechten und unschuldigen Mannes! Und dennoch hat der Herr ihm keine Grenzen seiner Barmherzigkeit gesetzt. – Was bringst du die Sünde des Hochmuts vor? Hat nicht David sein Herz [voller Stolz] erhoben und das Volk Israel zählen lassen? Als großer und mächtiger König hatte er sich seiner Macht gerühmt – und trotzdem ist er nicht verworfen worden. Warum? Weil er seine Sünde nicht verbarg. Er pries sie nicht, wie Sodom es getan, sondern sprach: Ich werde gegen mich selbst meine Missetat dem Herrn gestehen.[854]

Die Barmherzigkeit hat sich also keine Grenzen gesetzt, sondern es sind die Verworfenen, die solche gesetzt haben, damit sie nicht zu ihnen hinübergehe.

Sie geht zwar bis zu ihren Grenzen heran, aber sie selbst stoßen sie zurück … Verharre also im Gebet und im Weinen, denn der, welcher begonnen hat, dich zu lieben und dich mit Wohlwollen und Gnade zu seiner Liebe einzuladen, wird nicht erlahmen, sondern sein Werk bestimmt vollenden. – Welche natürliche Ursache beginnt ein Werk und läßt mitten auf dem Weg davon ab? Die Kraft des Samens hört nicht auf, bis die Frucht zur Vollendung gelangt. Welcher Vogel verläßt seine Jungen, bevor sie in der Lage sind, sich selbst zu lenken? Warum tun sie das? Welchen Nutzen haben sie davon? Keinen, nur Mühe! *Liebe* zwingt folglich die natürlichen Ursachen, ihre Wirkungen zur Vollendung zu bringen. Die Güte, die sie zu verbreiten wünschen, treibt sie dazu. Das Gute ist nämlich etwas, das die Eigenschaft hat, sich selbst zu verbreiten. Wenn schon die Geschöpfe sich so verhalten, was wird dann der Schöpfer erst tun? Er selbst ist nämlich die Liebe, ist die unbegrenzte Güte. Wird er etwa sein Werk nicht vollenden? Höre unsern Herrn Jesus, er sagt: Mein Wille ist es, daß ich den Willen dessen tue, der mich geschickt hat, damit ich sein Werk vollende.[855] Derjenige also, der begonnen hat, dich zu lieben, dich mit seinen Wohltaten und Gnadenerweisen an sich zu ziehen und dich von Sünden zu reinigen, wird ohne Zweifel sein Werk vollenden. – Dies hier sind Vorbereitungen für das ewige Leben. Warum also hast du dich bei deinem jetzigen Sturz nicht zerschlagen? Nicht deshalb, weil der Herr seine Hand unter dir gehalten hat? Warum hat er dein Herz sich zugewendet? Warum hat er dich zur Buße gerufen? Warum dich getröstet? Nicht deshalb, um dich zu läutern, um dich seiner Gnade würdig zu machen und dich zum ewigen Leben zu führen? Das sind keine Täuschungen oder Vorstellungen deinerseits, sondern göttliche Eingebungen! Aber seien es meinetwegen Vorstellungen – sind sie nicht etwa gut? Stammen sie nicht aus der Kraft des Glaubens? Da nun alles Gute von Gott ist, sind diese Vorstellungen jedenfalls göttliche Erleuchtungen. So frohlocke denn bei diesen Worten!»

Auf diese Worte hin ist mein Herz so sehr gestärkt worden, daß ich vor Freude zu lobsingen begann, wobei ich sprach: *Dominus illuminatio mea et salus mea; quem timebo? Dominus protector vitae meae; a quo trepidabo?* Der Herr ist meine Erleuchtung und mein Heil; wen werde ich fürchten? Der Herr ist der Beschützer meines Lebens; vor wem werde ich zittern?[856] Und ich warf mich in Tränen dem Herrn zu Füßen und sprach: wenn auch ein ganzes Heer gegen mich antritt, so wird mein Herz sich nicht fürchten!

Quoniam fortitudo mea et refugium meum es tu, et propter nomen tuum deduces me et enutries me, denn du bist meine Stärke und meine Zuflucht, und um deines Namens willen wirst du mich führen und ernähren[857] – – –

Mit der Niederschrift des vierten Verses bricht die Betrachtung über den Psalm ab.

Über den Hergang der Hinrichtung der drei Brüder haben sich mehrere Berichte erhalten, die voneinander nur unwesentlich abweichen. Es folgt hier die Eintragung im «florentinischen Tagebuch» des Gewürzkrämers und Apothekers Lucca Landucci (1436–1516), der am 19. April 1498 der Verlesung des (gefälschten) Gerichtsprotokolls beigewohnt und an diesem Tag notiert hatte: «… und Schmerz erfüllte meine Seele, zu sehen, daß ein solches Gebäude zu Boden stürzte …»

Am 23. Mai 1498, Mittwoch morgens, wurde das Opfer dieser drei Frati vollzogen. Man brachte sie aus dem Palast und führte sie auf das Podium der Rednertribüne.[858] Hier befanden sich die Acht, die Kollegien, der Beauftragte des Papstes und der General [des Dominikanerordens], viele Kanoniker, Priester und Brüder verschiedener Orden, sowie der Bischof de' Paganotti, dem [vom Papst] aufgetragen worden war, die drei genannten Brüder zu degradieren, und hier auf der *ringhiera* wurde diese Zeremonie durchgeführt. Sie wurden zunächst mit allen Paramenten bekleidet, dann nahm man ihnen eines nach dem andern ab, mit den der Degradierung jeweils entsprechenden Worten. Dabei wurde Frate Girolamo ständig als Häretiker und Schismatiker bezeichnet und also deswegen zum Feuer verurteilt. Dabei wurden ihnen Kopf und Hände abgeschabt[859], wie es beim Degradieren üblich ist. Und als das alles vollbracht war, überließen sie die genannten Brüder den Händen der Acht, und diese entschieden sogleich, daß sie gehängt und verbrannt werden sollten. So wurden sie denn auch gleich über das Gerüst zum Stamm des Kreuzes[860] geführt. Der erste war Frate Silvestro, und er wurde am genannten Stamm an einem der [seitlichen] Enden des Kreuzes gehängt, und da er nicht kräftig genug [von der Leiter] gestoßen worden war, der Strick nicht straff zog und die Schlinge nicht gut lief, so wurde ihm dies eine gute Weile zur Qual, wobei er, während er hing, mehrmals «Jesus» sagte. – Der zweite war Fra Domenico da Pescia, der in einem fort «Jesus» sagte, und der dritte, der Frate, den man als Ketzer bezeichnet hatte. Er sprach nicht laut, sondern nur leise[861], und so wurde er gehängt. Dabei hat keiner von ihnen je eine Aussage getan, was zu großer Verwunderung gereichte, vor allem, da ein jeder glaubte, er werde Zeichen sehen, und daß jener [Savonarola] bei dieser Gelegenheit dem Volk gegenüber die Wahrheit gestanden hätte. [Betroffen waren] vor allem die gutgesinnten Menschen, welche die Verherrlichung Gottes, den Anfang des tugendhaften Lebens, die Erneuerung der Kirche und die Bekehrung der Ungläubigen ersehnten. Daher geschah all dies nicht ohne deren Erbitterung. Weder er noch ein anderer von ihnen brachte irgendeine Entschuldigung vor. Viele fielen von ihrem Glauben ab. – Und als sie alle drei – in ihrer Mitte Frate Girolamo – gehängt waren, wobei sie gegen den Palast gerichtet waren, da erhoben sich schließlich die, welche auf dem Podium der *ringhiera* [Platz genommen hatten]. Und da auf jenem Rund ein Reisighaufen errichtet worden war, worauf sich Bombardenpulver befand, legten sie Feuer an dieses Pulver, und so geriet der Haufen unter dem Krachen und fortwährenden Knallen der Petarden in Brand, und sie wurden in wenigen Stunden verbrannt, wobei ihnen nach und nach die Beine und die Arme abfielen. Da aber ein Teil des Rumpfes an den Ketten[862] befestigt hängengeblieben war, wurden viele Steine nach ihnen geworfen, so daß man befürchtete, diese würden vom Volk [als Reliquien] weggenommen. [Deswegen] brachten der Henker und wer damit zu tun hatte den Stamm zum Stürzen und ließen ihn auf dem Boden verbrennen, wobei sie reichlich Holz herbeischafften, das Feuer über deren Leiber schürten und dafür sorgten, daß alles und jede mögliche Reliquie verzehrt würde. Darauf ließen sie Karren herbeiführen und – damit von jenen nichts gefunden würde – auch den geringsten Teil der Asche zum Arno bringen, wobei man Stabträger [die Karren] bis zum Ponte Vecchio und dem Arno begleiten ließ. – Nichtsdestoweniger gab es solche, die von jenen Kohlen, welche auf der Oberfläche schwammen, wieder welche herausnahmen – so groß war der Glaube bei einigen gutgesinnten Menschen. Doch geschah dies ganz im geheimen und auch verbunden mit einiger Angst, weil man darüber weder Erklärungen abgeben noch sprechen durfte, ohne in Lebensgefahr zu geraten, bestand doch die Absicht, jede Erinnerung an jenen auszulöschen.

Zu dieser Ausgabe

Die vorliegende Auswahlübersetzung aus Briefen, Schriften und Predigten Savonarolas, die den italienischen Text möglichst wortgetreu wiedergeben möchte und deshalb auf jede stilistische Glättung verzichtet, soll einen umfassenden Querschnitt durch das savonarolianische Denken vermitteln. – Der Übersetzung liegt der Text der kritischen *Edizione Nazionale delle opere di Girolamo Savonarola,* Roma 1955ff., von der bis jetzt dreißig Bände erschienen sind, zugrunde. Ergänzend sind die in der italienischen Ausgabe leider nur teilweise nachgewiesenen Bibelzitate hier erstmals vollständig aufgeführt (vgl. dazu den ausführlichen Anmerkungsteil).

Die zu den einzelnen Perioden einführenden Kurzeinleitungen vermögen eine alle Umstände berücksichtigende Biographie allerdings nicht zu ersetzen. Es sei deswegen auf die wichtigsten Biographien hingewiesen:

Pasquale Villari, *La storia di Girolamo Savonarola e de' suoi tempi.* 2 Bände, Florenz 1859/1861; neue Ausgabe Florenz 1930

Joseph Schnitzer, *Savonarola, ein Kulturbild aus der italienischen Renaissance.* 2 Bände, München 1924 (Ergänzungen erfolgten in der 1931 in Mailand erschienenen italienischen Übersetzung)
Mario Ferrara, *Savonarola, Prediche e scritti commentati e collegati da un racconto biografico.* Florenz 1930, 2. Auflage Florenz 1952
Roberto Ridolfi, *Vita di Girolamo Savonarola.* 2 Bände, Rom 1932; eine 1997 erschienene Ausgabe wurde von A. F. Verde OP ergänzt
Franco Cordero, *Savonarola.* 4 Bände, Rom 1986/1988

Neuere Gesichtspunkte liefern die Kurzbiographien:

Horst Herrmann, *Savonarola.* München 1977
Enzo Gualazzi, *Savonarola.* Mailand 1982 (deutsch: Graz 1984)

Eine umfassende, über 1100 Publikationen aufweisende Bibliographie bis 1980 bringt Mario Ferrara, *Savonarola, Bibliografia.* Vaduz 1981. – Weitere bibliographische Angaben sowie Berichte über die 1998 anläßlich der 500. Wiederkehr von Savonarolas Todestag veranstalteten Kongresse finden sich in den Jahrbüchern der *Memorie Domenicane,* nuova serie, Pistoia 1970ff.

Als am 23. Mai 1498 Girolamo Savonarola und seine zwei Mitbrüder aus dem Dominikanerorden, Domenico da Pescia und Silvestro Maruffi, auf der Piazza de' Signori, gehängt und verbrannt worden waren, und man ihre Asche in den Arno geworfen hatte, mochten deren Gegner anfänglich gehofft haben, die in Florenz erfolgte politische Veränderung rückgängig machen und die Bestrebungen zu kirchlichen Reformen ersticken zu können. Das erste gelang – wenn auch erst im Jahre 1512, als die Herrschaft der Medici mit Hilfe des Papstes und spanischer Waffengewalt wiedereingesetzt wurde.

Trotz anfänglicher Verfolgung der Fratesken, der Anhänger Savonarolas, und des Versuches, den Besitz und das Lesen seiner Schriften verbieten zu lassen, konnte – wie es Savonarola einmal selbst ausgedrückt hatte – der in Rom und an vielen Orten entfachte Brand nicht mehr gelöscht werden.

Viele empfanden zunächst das Verschwinden des Frate als Befreiung, allen voran die *Compagnacci,* die hauptsächlichsten Gegner der Sittenreformen. Bezeichnend ist ein in der Chronik von Simone Filipepi und bei Bartolomeo Redditi bezeugter Ausspruch eines hohen florentinischen Beamten: «Gott sei gelobt, daß man [von neuem] sich der Sodomie wird hingeben können!» Und Piero Parenti berichtet über den Karneval des Jahres 1499: «Viele junge Leute gaben sich den Festen und der Veranstaltung von Gastmählern hin, hatten sie sich doch für die vier Jahre zu entschädigen, während welcher sie von Frate Ieronimo an der Kette gehalten worden waren», und schon im Juni 1498 hatte Luca Landucci in seinem Tagebuch das wiederaufkommende üppige Leben und zügellose Spielen erwähnt und dazu bemerkt: «*parevo aperto l'inferno,* die Hölle schien offen».

Derselbe Landucci schreibt nur drei Tage nach der Hinrichtung der Brüder: «Am 26. Mai ... traf man auf der Piazza gewisse Frauen, die aus Andacht an der Stelle knieten, wo jene verbrannt worden waren. Und am 27. erließ der Bevollmächtigte des Papstes eine Aufforderung, wer Schriften des Frate besitze, habe diese zu ihm nach S. Piero Scheraggio – wo er wohnte – zu bringen, damit man sie verbrenne, sowie die roten Kreuze, und dies bei Strafe der Exkommunikation. Es wurden dann auch viele hingebracht, später aber machte sich jedermann darüber lustig, denn in all seinen Sachen befand sich keinerlei Häresie.»

Daß sich in den nachgeschriebenen Predigten und den von Savonarola selbst veröffentlichten Traktaten tatsächlich auch nicht die leiseste Spur von einer Abweichung von der traditionellen und damals vertretenen Lehre der Kirche befindet, wird jedem ersichtlich, der vorbehaltlos an diese Texte herantritt. – Auch von Schisma kann nicht die Rede sein, denn auch bei Savonarolas Weigerung, seine Ordenskongregation in eine absichtlich gegen ihn geplante tuskisch-römische Kongregation einzugliedern, handelt es sich um eine aus bestimmten Gründen erfolgte Gehorsamsverweigerung, aber keinesfalls um einen Versuch, sich von Rom zu trennen.

Was den Haß gegen Savonarola erzeugte, war zunächst sein religiös-moralisches Reformprogramm, dann sein Eintreten für eine republikanische Regierungsform in Florenz, die nach der Flucht von Piero de' Medici am 9. November 1494 das Wiederaufkommen einer Tyrannis verhindern sollte. Daß auch das politische Reformprogramm allein moralischen Gesichtspunkten entsprang, zeigt Savonarolas Einsatz für das Gemeinwohl *(bene comune)* vor dem Eigenwohl *(bene proprio)* und für einen allgemeinen Frieden *(pace universale)*, der den jahrhundertealten blutigen Parteikämpfen ein Ende setzen sollte. Wenn Savonarolas politische Vorstellungen zwar republikanische, aber keineswegs demokratische Züge aufwiesen, wird man ihm dies – seiner Zeit entsprechend – gewiß nicht verargen können; von einem sozialrevolutionären Strukturwechsel der Gesellschaft war ohnehin nie die Rede gewesen. Ebenso deutlich ist, daß es Savonarola in keiner Weise um die Erstellung einer klerikalen Theokratie ging. Konkret waren seine Bemühungen gegen die Herrschaft der Medici gerichtet, die er als *Tyrannis* bezeichnete, die dank Geld- und Machtmitteln zwar große kulturelle Leistungen unterstützt hatte, im übrigen aber – und zwar seit Cosimo d. Ä. – ein bedenkliches Doppelgesicht zeigte.

Savonarolas politische Gegner rekrutierten sich aus den Anhängern der vertriebenen Medici, aus den sogenannten *Arrabiati,* den Befürwortern eines aristokratischen Regimes alten Stils, sowie den *Compagnacci,* die vor allem dessen Sittenreform bekämpften, zwar keine politische Partei bildeten, wohl aber die zwei erstgenannten Gruppierungen unterstützten. – Mochte auch Savonarola nie daran gedacht haben, eine politische Partei zu bilden, so entstand in den *Fratesken,* das heißt in den Gefolgsleuten des Frate, auch gegen seine Absicht eine politische Vereinigung, die mit den drei vorhin genannten drei Gruppen um die Mehrheit in der *Signoria* und in den wichtigsten Behörden, vor allem der Acht *(li Otto),* der obersten Gerichtsbehörde, und der Zehn *(li Dieci),* der für die Außenpolitik Verantwortlichen, kämpften. – Zu den innenpolitischen Gegnern gesellten sich auch außenpolitische, so besonders Lodovico Sforza, il Moro, von Mailand, einerseits wegen der Trennung von S. Marco von der lombardischen Kongregation, andrerseits wegen Savonarolas Parteinahme gegen die Liga.

Keine Partei, aber eine gewichtige Gruppe von Gegnern auf religiösem Gebiet, bildeten – wie Savonarola sie nannte – die Lauen *(tiepidi),* die sich aus persönlichen Gründen einer Reform, die ihrer Lebensart im Wege stand und von Savonarola als *vita larga* (laxe Lebensführung), schlimmstenfalls gar als *ipocrisia* (Heuchelei) bezeichnet wurde, widersetzten. Bei diesen *tiepidi,* vor allem innerhalb des Klerus, standen Macht, Besitz, Ehre und Erwerb geistlicher Stellungen und Pfründen durch simonistische Umtriebe, ganz allgemein aber das Verlangen nach einem *vivere all'epicurea* (Landucci) im Vordergrund. Der Kampf gegen die moralische Verderbtheit des Klerus und dessen Aufgehen in der Ausübung äußerlicher Zeremonien, gehört derart zum Kernstück savonarolianischer Reform, daß Savonarola einmal in einer Predigt sich zum Ausruf verleiten ließ: «Willst du deinen Sohn verderben, so laß ihn Kleriker werden!»

Von selbst versteht sich, daß alle – im Klerus und bei Laien – im Widerspruch zu den traditionell-kirchlichen Moralvorschriften Lebenden zu den erbittertsten Gegnern Savonarolas gehörten. Zu ihnen zählte er u.a. die Spieler, deren Spiel oft von gotteslästerlichem Fluchen begleitet war, die Wucherer, weshalb er auch eine vor Jahren in Florenz ergebnislos verlaufene Initiative des Franziskaners Bernardino da Feltre wiederaufnahm und die Gründung eines Monte di Pietà unterstützte, sowie die Verschwender, deren Kleiderpomp, Erwerb und Besitz von «Eitelkeiten» *(vanità)* und von Palästen, die «mit dem Blut der Armen» erstellt wurden, er geißelte. – Einen andauernden, gnadenlosen und nur kurzfristig und vordergründig von Erfolg gekrönten Kampf führte Savonarola schließlich – und darin in der Tradition eines heiligen Bernardino da Siena stehend – gegen die bei Laien und im Klerus aller Stufen weitverbreitete und in den italienischen Renaissancestädten oft stillschweigend geduldete Sodomie, das heißt Päderastie.

Einen rechtschaffenen Lebenswandel *(vivere bene cristiano)* forderte Savonarola vor allem vom Welt- und Ordensklerus. Ziel war ihm die Rückkehr zu einer – allerdings idealisierten – Armut *(povertà)* und Einfachheit *(semplicità)* der Kirche der Frühzeit *(chiesa primitiva),* die keine Machtstellung, keinen Besitz und kein Wuchern von Zeremonien kannte, kurz, frei vom Prälatenpomp *(pompa praelatorum)* war. – Wie andere vor ihm, erachtete Savonarola die konstantinische Wende, insbesondere die gerade in seiner Zeit als Fälschung erwiesene konstantinische Schenkung – den Kern des späteren Kirchenstaates – mit Recht als eine der Ursachen der *ruina ecclesiae.* – Die zeremonielle Prachtentfaltung bewertete Savonarola nicht als Äußerung des Glaubens, sondern als Ehrsucht der betreffenden Kleriker und als Folgen eines inneren Glaubensschwundes. Wie die Israeliten nach der Rückkehr aus der babylonischen Gefangenschaft den Wiederaufbau des zerstörten Tempels in die Hand zu nehmen hatten, so galt es nun, die zu Boden gestürzte Kirche wiederaufzubauen *(riedificare)* und zu erneuern *(rinovare/riformare).*

Es trifft zwar zu, daß Savonarola bei seinen Angriffen gegen Alexander VI. Borgia diesen nie mit Namen genannt hat (was er in seinen Predigten immer wieder betonte: «Ich nenne keine Namen»). Daß aber der Papst und viele der höchsten Prälaten es mit ihren simonistischen Umtrieben, ihren Ansprüchen auf Macht und Besitz, ihrer Sorge um den eigenen (illegitimen) Nachwuchs und ihren Konkubinen und Lustknaben «schlimmer als die Heiden und Türken» trieben, war eine allgemein bekannte Tatsache.

In den *Orden* – ausgerechnet auch in den Bettelorden – herrschte eine Laxheit *(vita larga)* und eine Gier nach Besitztum, die der Absicht der Ordensgründer kraß widersprach. Daß Savonarola mit seiner Forderung nach ursprünglicher Armut und Einfachheit, nach Verzicht auf Klöster, «die Palästen gleichen», und auf Zeremonienprunk, nichts Neues und Unerhörtes vorbrachte, ist jedem bekannt, der sich in den sich seit dem ausgehenden Mittelalter immer wieder zeigenden Reformströmungen auskennt. – Wie andere Reformer vor ihm, schuf er sich mit seinen Ansichten Feinde auch in den eigenen Reihen, so etwa bei seinem Bestreben, das Kloster S. Marco zur strikten Observanz der Regel zurückzuführen und aus der lombardischen Kongregation herauszulösen. Sein Versuch, auf die reichen, von Cosimo d. Ä. gestifteten Baulichkeiten zu verzichten und in der Nähe von Careggi ein einfaches Kloster zu errichten, scheiterte am Widerstand einiger Brüder und deren Eltern, die sich um das leibliche Wohl ihrer Söhne sorgten. – In Florenz selbst zeigte sich auch das ins 13. Jahrhundert zurückreichende Dominikanerkloster S. Maria Novella von Anfang an Savonarolas Klosterreform gegenüber feindlich.

Savonarolas Kampf gegen kirchliche, moralische und politische Mißstände äußert sich in erster Linie in seinen Predigten, die seit 1494 nachgeschrieben und einzeln oder zu Zyklen vereint herausgegeben wurden, sowie in seinen Traktaten, die, wie die Predigten, in Italien und selbst im Ausland rasch Verbreitung fanden und alsbald Gegenstand von Zustimmung oder Ablehnung wurden. Eine nicht geringe Rolle spielte ferner sein seelsorgerliches Wirken durch Briefe und mündliche Kontakte.

Für Savonarola stand als Angehörigem des *ordo praedicatorum* die *Predigt* im Zentrum seines Wirkens. Zu dieser fühlte er sich – nach anfänglichem Zögern – berufen, sagte er doch einmal, als er nach einer Unterbrechung von nur einem Monat die Predigttätigkeit wiederaufnahm: «Wenn ich nicht predige, kann ich nicht leben.» – Die besonders in Florenz bereits zur Tradition gewordene «humanistische» Predigt lehnte er aus Überzeugung ab. Mag er auch anfangs – anläßlich seines ersten Aufenthalts in Florenz in den Jahren 1482 bis 1487 – wegen mangelnder Stimmkraft, unbeholfener Gestik und seines ferraresischen Dialekts – keinen Erfolg gehabt haben, so änderte sich dies nach seinem Aufenthalt in Bologna und Ferrara und seiner Predigttätigkeit in einigen lombardischen Städten. – Als Savonarola im Sommer 1490 wieder nach Florenz zurückgekehrt war und seinen Predigtzyklus über die Apokalypse begann, fanden Laien und Klosterbrüder in der Kirche S. Marco kaum Platz. Seine Art, «Neues auf neue Art» *(nova novo modo)* zu verkünden, begeisterte von nun an nicht nur die Ungebildeten, sondern mehr und mehr auch Vertreter humanistischer Kreise. Dabei verzichtete er auf die traditionelle Rhetorik mit ihrem kunstvollen Aufbau, auf die ebenfalls zur Tradition gewordene Erwähnung von Philosophen und Dichtern der Antike und der Frührenaissance, verzichtete auch auf die Behandlung raffinierter questioni, das heißt theologischer oder philosophischer Streitfragen, machte aber um so mehr die Auslegung der Heiligen Schrift zum Hauptgegenstand seiner Predigt. Freilich konnte der ausgebildete Thomist nicht ganz das Vorbringen philosophischer Thematik – namentlich in seinen Predigteinleitungen – beiseite lassen, doch diente dies eher seiner Absicht, auf dem Weg der Vernunft den Boden für das Verständnis für eine in der Folge zu erläuternde Glaubenswahrheit vorzubereiten. Als Thomist konnte es für Savonarola zwischen Vernunft *(ragione* oder *lume naturale)* und Glaube *(fede),* der auf Grund der Gnade *(grazia* oder *lume sopranaturale)* zustande kam, keinen Widerspruch geben. – Der seit dem frühen Christentum gepflegten Tradition, biblische Stellen, vor allem alttestamentliche, in allegorischer Weise zu deuten, blieb Savonarola treu, und es muß zugegeben werden, daß er in der Häufung solcher Allegoresen gelegentlich zu weit ging – was seinen Gegnern willkommenen Anlaß zu Spott bot.

Ausgangspunkt der mündlichen und schriftlichen

Verkündigung bildete die Sorge um das Seelenheil *(salute)* des Menschen, dessen Ziel *(fine)* in der jenseitigen Schau Gottes besteht. Der Weg dahin führt über die *Gnade* und das durch diese ermöglichte eigene Wirken, das heißt über die Nachfolge Christi in einer dem Menschen möglichen Angleichung an Christus.

Savonarola interpretiert – neben der Deutung des jeweiligen «Tagesevangeliums» – vor allem die großen Prophetengestalten des Alten Bundes, kann aber auch ein Ereignis aus dem Neuen Testament oder ein für sich gesondertes Thema als Grundlage zu einer Predigt verwenden (ein wichtiges Beispiel ist die Exegese über die Begegnung Christi mit der samaritanischen Frau am Jakobsbrunnen).

Was uns bei der Lektüre der Predigten freilich fehlt, und was wir nur gelegentlich aus Bemerkungen in Viten und Chroniken erfahren, ist das atmosphärische Element, das solche Predigten umgab: Die wechselnde Intensität der Stimme, die Gestik, der faszinierende Blick, die Ausrufe – auch gelegentliche Zurufe aus dem Volk –, die Gesänge der *fanciulli*, die lange vor dem Erscheinen des Predigers im Dom einsetzten, die Erteilung des Segens und das nachfolgende Psalmodieren der Brüder, kurz, das ganze dramatische Ritual. – Das Faszinierende, von Gegnern freilich auch Verpönte, einer «savonarolianischen Atmosphäre» trat besonders auch anläßlich der zwei großen Prozessionen zur Karnevalszeit der Jahre 1497 und 1498 in Erscheinung, als nach dem

Rundgang durch die Stadt auf der Piazza de' Signori die «Eitelkeiten» *(vanità)* verbrannt wurden und anschließend vor S. Marco ein Reigen unter Mitwirkung der Brüder [!] stattfand. – Faszinierend wirkte auf einen großen Teil der Bevölkerung auch das Wirken der *fanciulli del frate,* das heißt von Jugendlichen zwischen etwa zehn und zwanzig Jahren, deren Organisation Fra Domenico da Pescia übernommen hatte, Eindrücke, von denen die Viten und Chroniken eingehend berichten.

Theologisch war Savonarola in der patristischen und thomistischen Tradition verankert. Seine Vorbilder sind Augustinus, Gregor d. Gr., Bonaventura, vor allem aber Thomas von Aquin. Was die Vorstellung der transzendenten Welt betrifft, folgt Savonarola der Lehre des zu seiner Zeit noch als Apostelschüler geltenden (Pseudo)Dionysius Areopagita über die «himmlischen Hierarchien». – Unter den Sakramenten hebt er das der Buße und der Kommunion hervor, wogegen er Sakramentalien und ganz allgemein Zeremonien nur insofern als nützlich erachtet, als ihnen eine innere Glaubensüberzeugung zugrunde liegt, was auch für die Verehrung von Heiligen, Marias, von Bildern und Reliquien gilt. Dabei wird Savonarola nicht müde zu betonen, daß er Zeremonien keineswegs verurteilt – *io non danno,* ich verurteile nicht – doch beharrt er auf deren Nutzlosigkeit, wenn einem solchen äußerlichen Kult *(culto esteriore)* nicht eine innere Gottesverehrung *(culto interiore)* entspricht. In einem fiktiven Dialog innerhalb einer

Predigt antwortet Savonarola auf die Erklärung: «Wir gehen doch in die Kirchen und zu den Ablässen – wir glauben, das genüge!» mit einem scharfen: «*Non, figliuoli, non è codesta la via* – nein, *das* ist nicht der Weg!»

Savonarolas Verkündigung hat ihren Grund in einer tiefen, persönlichen Religiosität. Man wird ihm nicht gerecht, sieht man in ihm nur den Kämpfer oder gar gelegentlichen Rebellen, ohne seinem Leben in Meditation und Gebet Rechnung zu tragen. Davon sprechen unzählige Stellen in seinen Predigten, Traktaten sowie in den von Augenzeugen geschriebenen Viten. In die Art und Weise seiner mystischen Erlebnisse und seiner Askese hat Savonarola selbst allerdings nur selten und mit größter Diskretion Einblick gewährt. – Hervorzuheben ist seine innige Liebe zur Heiligen Schrift, die, wie bereits gesagt, die Grundlage seiner Verkündigung bildet, wobei ihm ihr Text bis in die kleinsten Einzelheiten von Gott inspiriert und für den Menschen wesentlich gilt. Manche von Savonarolas Zornesworten gelten jenen Predigern, die, statt die Worte der Schrift zu verkünden, «Aristoteles oder Platon auf die Kanzel steigen lassen», wobei er sich nicht scheut, den Christen die Ehrfurcht der Juden im Umgang mit der Schrift vor Augen zu stellen.

Bei der Beurteilung Savonarolas als Prophet künftiger Ereignisse dürfte Vorsicht am Platze sein. Gewiß hat er sich selbst – vor allem im Blick auf die großen Gestalten des Alten Testaments – ganz allgemein als Prophet empfunden, und seinen Anhängern galt er zu Lebzeiten und nach seinem Tod als *der* große Prophet und Märtyrer von Florenz. Wie weit aber die auf Künftiges sich beziehende Prophetengabe natürlicher Voraussicht oder einer göttlichen Inspiration – deren Möglichkeit keineswegs geleugnet werden soll – entspricht, oder welche Rolle eine eventuelle Selbstüberredung oder Einredung anderer, etwa von Fra Silvestro Maruffi, spielte, läßt sich im nachhinein wohl kaum objektiv beurteilen. Selbst Traktate wie der «Abriß der Offenbarungen» *(«Compendio di rivelazione»)* oder die Schrift *«De arte prophetica»* helfen in dieser Hinsicht nur wenig weiter. Seine Anhänger, zum Teil sogar manche Gegner, waren auf jeden Fall überzeugt, daß nicht wenige Ereignisse – etwa der Tod von Innozenz VIII. und von Lorenzo de' Medici – auf Grund von Prophezeiungen eingetreten waren, und für viele galt nach seinem Tod der *sacco di Roma* (1527) und die Bedrängnisse von Florenz durch Clemens VII. und Kaiser Karl V. anläßlich der Belagerung im Jahre 1530 als von Savonarola vorausgesagt.

Savonarola war sich dessen bewußt, daß jede Reform beim einzelnen zu beginnen hatte. Nur Institutionen zu reformieren, etwa durch Umgestaltung oder Abschaffung von Traditionen, ist kein Kunststück, was zählt, ist die Reform des persönlichen Lebenswandels *(la riforma del vivere santo)* und das Erstreben eines neuen Lebens *(vita nuova).* Dazu gehört die Ausbildung des eigenen Gewissens *(coscienzia).* Der persönliche Kampf gegen die seit alters her als Grundübel betrachteten Sünden des Stolzes *(superbia)*, der Habgier *(avaritia)* und der Unzucht *(luxuria)* zählt mehr als der Besuch von Zeremonien und die Stiftung von Kapellen (an denen man womöglich noch sein eigenes Wappen anbringt!), und es zeugt von einem Zug menschlichen Verständnisses, wenn der sonst so gestrenge Sittenrichter erklärt, daß die Geistessünden *(peccati spirituali)* schwerer wiegen als die Sünden des Fleisches *(peccati carnali)*.

Seinen Gegnern unter den Laien wie unter den Klerikern mußte ein Mann wie Savonarola als Störenfried erscheinen, den es auf irgendeine Weise unschädlich zu machen galt. Lorenzo de' Medici versuchte es mit Schmeichelei und Bestechung, schließlich damit, daß er gegen ihn in der Person des Augustinermönchs Mariano da Genazzano, eines der damals berühmtesten «humanistischen Prediger», einen Konkurrenten ins Feld führte. Als der Kampf Marianos in Florenz ein für ihn beschämendes Ende fand, setzte er diesen in Rom fort, wovon eine anonym überlieferte von ihm vor der Kurie gehaltene Hetzrede übelster Art zeugt. – Savonarola in Rom mündlich oder schriftlich zu verleugnen, wurde nun für Jahre die von seinen Gegnern bevorzugte Waffe, eine Tatsache, die Savonarola nur zu gut bekannt war, rief er doch immer wieder von der Kanzel herab: «Schreibe nach Rom, aber sage …»

Es waren kaum die direkten Angriffe auf den Klerus und die indirekten Beschuldigungen gegen Kurie und Papst, die Alexander VI. in erster Linie auf den Plan riefen. Was man nicht nur in Rom von seinem Privatleben wußte und sagte, war ihm nur zu gut bekannt. Gefährlicher erschienen die Nachrichten von Savonarolas Prophezeiungen einer Drangsal über Italien und Rom, war doch Alexander stets um die Stärkung seiner persönlichen Macht und der seiner Kinder bemüht, und geradezu bedrohlich müssen ihm die im Zusammenhang mit dem Zug Karls VIII. von Frankreich bestehenden Hoffnungen auf Einberufung eines Konzils vorgekommen sein. – Offen bleibt die Frage, inwieweit die in der Folge erlassenen päpstlichen Breven nur ein Werk Alexanders oder der in Rom wühlenden politischen und religiösen Gegner Savonarolas waren, zumal es auch galt, in ihm den Hauptgegner jener heiligen Liga zu treffen, die Ende März 1495 zwischen dem Papst, Mailand, Venedig, dem spanischen König und dem Kaiser dem Schein nach gegen die Ungläubigen, das heißt die Türken, praktisch jedoch gegen den sich aus Italien zurückziehenden Karl geschlossen worden war.

Nachdem Savonarola die im ersten Breve vom 21. Juli 1495 enthaltene «Einladung» nach Rom mit dem Hinweis auf seinen gesundheitlichen Zustand und auf die Lebensgefahr, die ihm unterwegs von seiten seiner Gegner drohen würde, abgelehnt hatte, schien sich der Papst zunächst mit dieser Entschuldigung abzufinden. Der Kampf sollte sich aber bald zusehends verschärfen, als Alexander die anfänglich akzeptierte Entschuldigung als Ungehorsam bezeichnete, ihm die Trennung von der lombardischen Kongregation – die freilich mit Erlaubnis des Papstes zustande gekommen war – vorwarf und ihm gebot, sich der öffentlichen Predigt zu enthalten. – Als auch der Bestechungsversuch mit dem *cappello rosso,* dem roten Hut, das heißt dem Kardinalat, mißlungen war, erfolgte der Angriff auf das Herzstück von Savonarolas Ordensreform: Die neue Kongregation von S. Marco sollte einer zu gründenden tuskisch-römischen Kongregation eingegliedert und somit kurialer Aufsicht besser unterstellt werden. Damit konzentrierte sich für Savonarola der Konflikt auf die Frage, inwieweit die Gehorsamspflicht dem Papst gegenüber reiche, wobei gleich erwähnt werden soll, daß sich für ihn dadurch nie ein prinzipieller Konflikt mit dem päpstlichen Primat ergab. Savonarola vertrat jedoch die von gewichtigen Theologen vertretene Ansicht, daß auch einem Oberen der Gehorsam zu verweigern sei, wenn dessen Anweisungen gegen das seelische Wohl eines einzelnen oder einer Gemeinschaft verstoßen. In einem solchen Fall kann nach Savonarola auch der Papst irren – zumal wenn dessen Entscheid auf einer Fehlinformation beruht. Diese Haltung wird er bis zum Schluß vertreten. Aus dem gleichen Grund wird Savonarola auch die im Mai 1497 gegen ihn ausgesprochene Exkommunikation für ungültig erachten. Er berief sich auch auf das Recht, ja die Pflicht der brüderlichen Zurechtweisung *(correctio fraterna)* auch eines Oberen und verwies dabei auf den bekannten Konflikt zwischen Paulus und Petrus, «dem ersten Papst», in Antiochia (Gal 2,11–14).

Der Streit mit dem Papst darf nicht vergessen lassen, daß es auch innerhalb der Kurie reformwillige Kardinäle gab, was sich besonders – wenn auch ohne Folgen – anläßlich des ersten Aufenthalts von Karl VIII. in Rom zeigte. Dennoch sollte es noch zwei Generationen dauern, bis man sich, lange nach dem Ablaßhandel und dem Schock des *sacco di Roma* und erst nach wiederholten nutzlos verlaufenen Initiativen, zur Einberufung eines Konzils entschloß – eines Konzils, das dann allerdings unter andern Vorzeichen durchgeführt wurde und von schwerer Tragik überschattet war.

Die Kunde von Savonarolas Wirken und gewiß auch einige seiner Predigten und Schriften sind noch zu dessen Lebzeiten nach Deutschland gelangt. In der Frage, ob Savonarola als «Vorgänger der Reformation» zu betrachten sei, ist äußerste Vorsicht geboten, da sich dieser nie gegen die Lehre der Kirche und deren Institutionen, wohl aber gegen deren Mißbrauch erhoben hatte. Auch zwischen dem für Florenz geforderten «Königtum Christi» und der von einem Calvin inspirierten theokratischen Verfassung in Genf bestehen bedeutende Unterschiede, von der Errichtung eines «Neuen Zion» in Münster in Westfalen ganz zu schweigen. – Daß aber Kreise innerhalb der Fratesken sich von Luther, dessen Schriften in Italien um 1520 bereits verbreitet waren, angezogen fühlten und sie dessen Ansichten als der Kirche der Frühzeit konform erachteten, beweist ein aufschlußreicher Abschnitt aus der um 1520 verfaßten *«Storia in dialogo della mutatione in Firenze»* von Bartolomeo Cerretani, in der von einer Begegnung mit zwei Fratesken die Rede ist, die sich auf dem Weg nach Deutschland zu Luther befinden (zur Beurteilung Savonarolas durch Luther vgl. die Einleitung zur Meditation des Psalmes *«Miserere»*).

Es ist Savonarola zum Vorwurf gemacht worden, er sei ein Volksverführer gewesen. Gewiß muß dieser eine geradezu hypnotische Anziehungskraft auf die zu Tausenden in S. Maria del Fiore seiner Predigt Beiwohnenden ausgeübt haben, und es läßt sich wohl kaum bestreiten, daß sein Radikalismus bisweilen tatsächlich an Fanatismus grenzte. – In der Neuzeit – vor allem seit der Wende zum 20. Jahrhundert – sind gegen Savonarola noch schwerere Vorwürfe erhoben worden: Es handle sich bei ihm um einen von Obsessionen gequälten, monomanen Psychopathen mit übersteigertem Selbst- und Sendungsbewußtsein, und seine Prophezeiungen seien nichts anderes als eine Chimäre seines Geistes gewesen. Durch vernichtende Kritik zeichnet sich vor allem die vierbändige Biographie Savonarolas von Franco Cordero aus, die aber gerade in ihrer radikalen Verurteilung auf manche Fragen stoßen läßt, die bisher unberücksichtigt geblieben waren.

Im Zusammenhang mit der Frage nach der Stellung Savonarolas zum Geist der Renaissance und des Humanismus darf eine Bemerkung Goethes nicht unerwähnt bleiben. Dieser äußert sich – im Zusammenhang mit dem Tod von Lorenzo de' Medici – in bitteren Worten über das «fratzenhafte, phantastische Ungeheuer, den Mönch Savonarola», der «die im mediceischen Hause erbliche Heiterkeit des Todes ... pfäffisch getrübt habe». – Daß Savonarolas Forderung nach einem *bene vivere cristiano* mit gewissen «neuheidnischen», egozentrischen Erscheinungen der Renaissance-Mentalität unvereinbar war, liegt auf der Hand. Es darf aber nicht übersehen werden, daß es neben dem «neuheidnischen» Humanismus auch einen christlichen gab, und daß gewichtige Vertreter gerade des florentinischen Humanismus, wie etwa die drei Brüder Benivieni, Giovanni Pico della Mirandola (später auch dessen Neffe Gianfrancesco Pico) und – wenigstens anfänglich – Marsilio Ficino, der Leiter der Platonischen Akademie, zum Freundeskreis Savonarolas gehörten. Was Ficino betrifft, so ist nicht genau erklärlich, warum er sich – aus Rücksicht auf mediceische Kreise, mit denen er sehr verbunden gewesen war, oder aus Furchtsamkeit? – nach der Hinrichtung Savonarolas in einem geradezu kriecherischen Schreiben an das Kardinalskollegium in schmählicher Weise über diesen äußert. – Erwähnt sei auch Savonarolas Freundschaft mit dem Maler Sandro Botticelli und dessen Bruder, dem Chronisten Simone Filipepi. – In seiner Vita Michelangelos berichtet Condivi, wie dieser zeitlebens des Eindrucks der

Predigten Savonarolas gedachte, dem er wohl auch seine Liebe zur Heiligen Schrift verdankte.

Andrerseits vertrat Savonarola ein Weltbild, das schon bald der Vergangenheit angehören sollte. Auch die Vorstellung von einer geschlossenen, christlichen Gesellschaft – etwa in der Form einer Gottesstadt – und einer durch biblische Gebote allgemeingültigen Moral war, wenigstens theoretisch, illusorisch geworden, mag sich diese auch infolge kirchlicher oder staatlicher Machtausübung noch recht lange behauptet haben. – Was das theologische Denken betrifft, so war, zum mindesten im Ansatz, die Zeit für einen Pluralismus angebrochen, was die bald ausbrechende Glaubensspaltung (und zudem die Spaltungen innerhalb der von Rom unabhängigen Kirchen) beweisen sollte.

Der Aufbruch zur freien Entfaltung oder gar zum Ausleben des Individuums ohne Rücksicht auf kirchliche oder staatliche Autoritäten, der zum Teil aus dem humanistischen Denken erwuchs, entsprach gewiß nicht der zwar schon recht bald überholten und von Savonarola vertretenen scholastischen Philosophie. Von solchen Gesichtspunkten aus gesehen bildete Savonarola gewiß den Schlußpunkt einer Epoche.

In manchem, was dieser predigte, schrieb oder in die Tat umsetzte, mag es dem in der Kirchengeschichte wenig Bewanderten scheinen, als ob es sich um Bestrebungen handelte, die erst damals aufgekommen wären. Es darf jedoch nicht vergessen werden, daß Savonarola mit seinen Forderungen nach Reformen, ob diese nun die Kirche, das Ordensleben oder die Gesellschaft und deren Moral betrafen, durchaus in einer langen Tradition stand, daß Spekulationen über eine Endepoche der Kirche schon lange im Umlauf waren, aber auch, daß spektakuläre Maßnahmen wie etwa die Verbrennung der «Eitelkeiten» *(vanità)* ebenfalls schon früher zur Durchführung gelangten.

So bleibt denn die Frage nach der persönlichen Eigenart Savonarolas, und danach, was er über seinen Tod hinaus an Gültigem hinterlassen hat. Da ist gewiß an erster Stelle seine Forderung nach grundsätzlicher Ehrlichkeit in der Ausübung der Religion zu nennen und, damit verbunden, der Kampf gegen jede Art von Heuchelei im religiösen Bereich, die letztlich nur persönlichen, materiellen Absichten dient, sowie seine prinzipielle Warnung vor Reichtum, welcher der sich für einen Christen geziemenden Einfachheit im Wandel und Einfalt in der Gesinnung *(semplicità)* zuwiderläuft und nach dem zu streben nicht auf das Gemeinwohl zielt. Daher seine gnadenlose Verdammung jeder Art von Tyrannis – und damit vieler Fürsten und Päpste seiner Zeit. – Was Savonarola gewiß nicht hinterlassen hat, ist eine etwa persönlich gestaltete Theologie oder Philosophie. Seine große Bedeutung besteht darin, daß er – dem Beispiel der Märtyrer folgend – für die Überzeugung seines Gewissens Verfolgung und Tod auf sich nahm, namentlich für den Grundsatz, daß einem absoluten Gehorsamsanspruch gegenüber gemäß der Freiheit des eigenen Gewissens zu entscheiden sei.

Savonarola kämpfte mit den Waffen des Geistes, seine Gegner mit den Mittel der politischen und religiösen Gewalt. Nach einer zynischen Bemerkung, die sich im *«Principe»* von Machiavelli findet, mußte Savonarola scheitern, denn «alle bewaffneten Propheten» – er zählt auch Moses zu ihnen – «siegten, und die unbewaffneten gingen unter».

Mochte auch Savonarola nach seiner Hinrichtung von seiten seiner Anhänger eine geradezu kultische Verehrung erfahren haben und mochten auch Viten – wie solche von Giovanfrancesco Pico oder die Fra Pacifico Burlamacchi zugeschriebene – von Wundern zu seiner Lebenszeit und erst recht nach seinem Tod sprechen, und obwohl auch große Geister wie die aus Florenz stammenden heiligen Caterina de' Ricci und Filippo Neri seine Gesinnung geteilt haben, so obsiegte in kirchlichen Kreisen trotz gelegentlicher Forderung nach Heiligsprechung eine Savonarola gegenüber feindliche Einstellung. Und fast immer war es die Gehorsamsfrage, die ihn zum «Ketzer» stempelte. Entschiedene, sich unbedingter Papsttreue verpflichtet fühlende Gegner vermochten Paul IV., den Papst der Inquisition, dazu zu bringen, mehrere Predigten Savonarolas auf den Index zu setzen, obwohl sich in ihnen keine Ketzereien nachweisen ließen. – Selbst für Ludwig Pastor, den Verfasser der großen «Geschichte der Päpste seit dem Ausgang des Mittelalters» war die Gehorsamsfrage entscheidend für dessen Ablehnung Savonarolas.

Die Zeiten haben sich geändert. Die Ansicht, daß Päpste sich irren konnten und können – und zwar nicht nur in persönlichen Meinungen und administrativen Maßnahmen – hat sich mehr und mehr durchgesetzt.

Zum wissenschaftlichen Verständnis Savonarolas haben die italienischen Biographen Pasquale Villari, Mario Ferrara und Roberto Ridolfi Wesentliches geleistet, vor allem aber auch der wegen seiner reformerischen Ansichten schon früher gemaßregelte Münchner Theologe Joseph Schnitzer mit seinen «Quellen und Forschungen zur Geschichte Savonarolas» und seinem «Savonarola. Ein Kulturbild aus der Renaissance».

Ob eine Heiligsprechung zur «Rehabilitation» Savonarolas notwendig ist, erscheint als müßige Frage. Der Frate bleibt so oder so eine der faszinierendsten Gestalten nicht nur des ausgehenden italienischen fünfzehnten Jahrhunderts, sondern der Kirchengeschichte überhaupt.

Als am 23. Mai 1498 der Bischof Benedetto de' Paganotti, der mit Savonarola befreundet gewesen war, auf Anordnung des Papstes hin an den drei Brüdern den Ritus der Degradierung vorzunehmen hatte, sollen ihm infolge seiner Verwirrung Fehler unterlaufen sein. Simone Filipepi, der vorhin erwähnte Bruder des Malers Botticelli, schreibt in seiner Chronik: «Da er aber in einigen Dingen Fehler machte, mußte ihn der Padre, Frate Girolamo, darauf aufmerksam machen, und als jener dann sagte, daß er ihn von der streitenden *und* der triumphierenden Kirche trenne, nahm frate Girolamo die Worte nochmals auf und sagte: *Monsignore, voi errate,* Monsignore, ihr irrt euch, denn ihr habt nur zu sagen ‹von der streitenden Kirche› – ‹von der triumphierenden›, das ist Gott anheimgestellt!»

Jacques Laager

Anmerkungen

Vom Niedergang der Welt

1 M. Porcius Cato (1. Jh. vor Chr.), Gegner Cäsars, bekannt für seine Sittenstrenge

2 L. Iunius Brutus (Ende 6. Jh. v. Chr.) und C. Fabricius Luscinus (3. Jh. v. Chr.), Beispiele römischer Strenge und Unbestechlichkeit

3 Weder Catilina (1. Jh. v. Chr.) mit seiner Verschwörung, noch Marius und Sulla (2./1. Jh. v. Chr.) mit ihren Parteikämpfen vermochten Rom in den Abgrund zu stürzen.

Vom Niedergang der Kirche

4 einige von Savonarola stammende Glossen (nach Versen geordnet):
V. 1 *Jungfrau:* die Kirche; V. 3 *alte Zeit:* die Zeit der Inbrunst früher Heiliger; V. 4 *des süßen Leids so voll:* als die Heiligen verfolgt wurden und frohgemut zum Martyrium gingen; V. 7 *alte Stimme:* die frühen Prediger; V. 10 *Herrin:* die triumphierende Kirche; V. 12 *Gemmen, Diamanten:* die in Drangsalen standhaften Gerechten; V. 13 *Lampen:* die karitativen Lehrer; *Saphire:* die Kontemplativen; V. 15 *weißen Kleider:* die heiligen Jungfrauen; *Lieder:* die heiligen Kleriker; V. 16 *Hörner:* die heiligen Bischöfe mit der Mitra des Alten und des Neuen Testaments; *Augen:* die Gaben des Heiligen Geistes oder die Propheten; V. 17 *Gürtel:* die Enthaltsamen und Keuschen; *Streiter:* die furchtlosen Prediger; V. 18 *die drei und vier und fünf:* die zwölf Apostel, die den Glauben an die Trinität verkündeten/die fleischlich ge-

sinnten Menschen, die sich den fünf Sinnen hingeben; V. 19 *Flügel:* die Kontemplativen des Neuen und des Alten Testaments oder die geistliche und weltliche Macht; *Adler:* der kontemplative Klerus; *Löwe:* das christliche Imperium; V. 20 *Kohle:* die Ordensleute, die lau geworden sind; V. 23 *Mutter:* die Kirche; V. 26 *gesenkten Blickes:* aus Scham über so viele Sünden; V. 28 *arme Stätte:* weil es nur wenige Gute gibt, die arm sind; V. 30 *Stolz:* der Ehrgeiz der kirchlichen Würdenträger; V. 31 *frech:* weil man nicht an Gottes Rache glaubt; *durch Blumen:* zwischen fleischlichen Gelüsten; V. 33 *Weinen:* wegen unzähliger im geheimen vollbrachter Sünden; V. 36 *Hyazinthen:* Menschen voller Kontemplation; *Chrysoprase:* Menschen lebendigen Glaubens; V. 37 *reines Glas:* reines Herz; V. 42 *Milch:* die Predigt über das Neue und Alte Testament; V. 43 *die Brust geschunden:* weil die neuen Lehrer in tausend verschiedene Ansichten aufgespalten sind; V. 45 *arm:* an Tugend; *die Glieder unbedeckt:* weil auch die Kleriker sich der Sünden nicht mehr schämen; V. 47 *süße Kost:* die Süße Christi in den Heiligen Schriften; V. 48 *alten Eichel:* die rhetorischen Poeten und Philosophen; V. 49 *Skorpion/Schlange:* die verborgenen Häretiker/der Dämon; V. 50 *Heuschrecken:* die falschen Brüder, die vorgeben, in die Höhe zu fliegen und Christen zu sein, und doch bleiben sie auf dem Boden; V. 53 *Hunde:* die Ungläubigen; V. 54 *Feste:* weil die Feste heutzutage eher Feste des Teufels als Gottes sind; V. 56 *vierundzwanzig Häupter:* die vierundzwanzig Greise der Apokalypse; V. 57 *vier Wesen:* die vier Evangelisten; *Posaunen:* die heiligen Prediger; V. 58 *Seelenhirt:* der Apostel Paulus; V. 59 *erlesenes Blut:* die Märtyrer; V. 60 *lebend'ge Steine:* alle Engel und Heiligen im Himmel; V. 72 *Hure:* Stolz, Unzucht und Habsucht; V. 79 *nimm dir nicht die Müh':* disputiere nicht, um dich zu verteidigen, wenn die Blinden behaupten, daß diese Dinge nicht wahr seien und daß keine Drangsale kommen werden, sondern verhalte dich ruhig

5 Nach einseitiger, populärer Interpretation galt Epikur (4./3. Jh. v. Chr.) als «Philosoph der Lust»; zum Schwein (aus der Herde Epikurs) vgl. Horaz, epist. 1, 4, 16

6 Auf Diogenes von Sinope (4./3. Jh. v. Chr.) zurückgehende Schule, die oft ebenso einseitig interpretiert wurde wie die epikureische

7 *heu, fuge crudeles terras, fuge litus avarum* (Vergil, «Aeneis» 3,44; von Savonarola etwas umgestellt)

8 Eine der Bezeichnungen für Trojaner, hier auf die Römer als deren Nachfolger bezogen (und besonders auf die herrschsüchtige Kirche)

9 Das folgende längere Zitat stammt aus dem Lied des Moses (Ex 15,1–18) nach der Errettung vor dem Heer des Pharao

10 «das heißt: die Sünde und der Teufel» (Glosse Savonarolas)

11 «das heißt: ich» (Glosse Savonarolas)

12 Zitat aus dem Lob- und Dankeslied des greisen Simeon anläßlich der Darbringung Jesu im Tempel (Lk 2,29–32)

Brief an den Vater nach dem Eintritt ins Kloster

13 *mein ehrenwerter Vater*

14 *wehe, fliehe das grausame Land, fliehe das geizige Gestade* (Vergil, «Aeneis» 3,44; von Savonarola bereits in seiner Abhandlung «Über die Verachtung der Welt» zitiert)

15 *[unsern] Herrn*

16 *tu mir den Weg kund, auf dem ich wandeln soll, denn zu dir habe ich meine Seele erhoben* (Ps 142(143),8)

17 *süßester Vater*

18 *aber, um es kurz zu sagen*

19 *kommt alle zu mir, die ihr mühselig und beladen seid, ich will euch erquicken; nehmt mein Joch auf euch* etc. (Mt 11,28f.)
20 sein Bruder, der Arzt wurde

Brief an die Mutter zum Tod ihres Bruders

21 *Ich werde dich nicht im Stich lassen* (Hebr 13,5)
22 vgl. 2 Makk 7,20–22
23 römische Märtyrerin, die zusammen mit ihren sieben Brüdern (in späterer Überlieferung in Anlehung an die alttestamentliche Episode als *Söhne* bezeichnet) im 2. Jh. den Tod fand

Brief an die Mutter aus Pavia

24 Mt 13,55

Zur Verteidigung und Empfehlung des inneren Gebets

25 Mt 6,7
26 Ps 84(85),9
27 vgl. Joh 4,20
28 *man soll immer beten und [darin] nicht müde werden* (Lk 18,1)
29 Maria und Martha im Neuen Testament (Lk 10,38–42) und Rahel und Lea im Alten Testament (Gen 29,17f.) galten als Symbolfiguren der vita contemplativa und der vita activa
30 *der animalische [naturhafte] Mensch nimmt nicht auf, was vom Geist Gottes ist, denn es ist ihm eine Torheit eigen, und er kann es nicht verstehen* (1 Kor 2,14)

31 *viele sind nämlich berufen, wenige aber auserwählt* (Mt 20,16)

32 *das kein Auge gesehen und kein Ohr gehört und in keines Menschen Herz gedrungen ist* (1 Kor 2,9)

33 *gleichsam durch einen Spiegel, rätselhaft, und wir geben nur stammelnd, wie wir es eben können, Kunde von der Erhabenheit Gottes* (1 Kor 13,12 und Thomas von Aquin, s. theol. 1,4,1)

34 Savonarola unterbricht infolge seiner schwachen Konstitution von Zeit zu Zeit die für ihn anstrengenden Predigten und kündigt dies jeweils an.

35 *zufällig,* d. h. nicht einer Notwendigkeit entspringend

36 zur Torheit des Kreuzes vgl. 1 Kor 1,23

37 *und Traurigkeit hat mein Herz erfüllt* (nach Joh 16,6)

38 Ps 136(137),1

39 *im fremden Land* (Ps 136(137),4)

40 *daß sie wegen des Staunens begonnen hätten zu philosophieren*

41 *alle Menschen verlangen von Natur aus zu wissen* (Aristoteles, «Einleitung zur Metaphysik»)

42 *nichts geschieht auf der Erde ohne Grund und kein Schmerz wird von ihr ausgehen* (nach Hiob 5,6)

43 *ist nämlich die Ursache beseitigt, verschwindet auch die Wirkung*

44 *tilge deine Sünden durch Almosen* (Dan 4,24)

45 *die Undankbarkeit trocknet die Quelle des göttlichen Erbarmens aus*

46 *wer pflanzt und bewässert, richtet wenig aus, der Herr ist es, der Wachstum verleiht* (in Anlehnung an 1 Kor 3,6ff.)

47 Gemeint ist der von Karl VIII. geplante Italienfeldzug.

48 *Siehe das Schwert des Herrn über Italien, rasch und schnell.* Nach dem «Compendium revelationum» hat Savonarola diesen Satz in seiner Predigt vom 6. April 1492 gesprochen.

49 *dies sagt der Herr,* häufige Einleitung von Prophezeiungen

50 *ich, der Herr, spreche in meinem heiligen Eifer, daß kommen werden die Tage, da ich mein Schwert über dir aus der Scheide ziehe; bekehrt euch, bevor mein Zorn sich erfüllt, denn es wird eine*

Drangsal über dich kommen, und du wirst Frieden wollen und nicht finden (in Anlehnung an Ez 5,12f.)

51 Am 5,18 (sowie nächste Zitate)

52 *verachtet Prophezeiungen nicht* (1 Thess 5,20)

53 *im Wort [Auftrag] des Herrn,* vgl. Mt 5,18

54 *das sagt der Herr: Bekehrt euch zu mir mit eurem ganzen Herzen, mit Fasten, Weinen und Klagegesang* (Joel 2,12)

55 *ich sage dies alles in meiner Torheit* (2 Kor 11,21)

56 Joh 10,11

57 häufig für: Novize

58 *das sei mir fern!*

59 *bekehrt euch zum Herrn, unserem Gott, denn er ist gütig und barmherzig* (Joel 2,13)

60 *tut Buße, das Himmelreich ist nahe* (nach Mt 3,2)

61 hier bezogen auf die «Mitgift» beim Eintritt in ein Frauenkloster; Simonie: Handel mit geistlichen Gütern, nach Simon (dem Magier) benannt (Apg 8,18–24)

62 *canti figurati,* kunstvolle, mehrstimmige Gesänge an Stelle des traditionellen gregorianischen Chorals, von Savonarola immer wieder angegriffen

63 *weh mir, wenn ich das Evangelium nicht verkünde* (1 Kor 9,16)

64 *quel vizio indicibile,* d. h. die Sodomie

65 burleskes Epos des florentinischen Dichters Luigi Pulci (1432–1484), von z. T. derber Sinnlichkeit

66 Jes 40,6

67 *deiner Sünden wegen wird Unglück über dich kommen*

68 Jes 58,1

69 *bittet für mich den Herrn, daß er mich tröste* (z. T. nach Ps 118 (119),76)

70 Joel 2,17

71 *du hast uns am Feste all deiner Heiligen den Wein der Zerknirschung gereicht* (z. T. nach Ps 59(60),5)

72 *bei deinem innigen Erbarmen* (nach Lk 1,78)

73 *der du gebenedeit bist von Ewigkeit zu Ewigkeit,* geläufige Schlußformel

74 Hieronymus (4./5. Jh.), Kirchenlehrer, Bibelübersetzer: *ich bin ein Christ – du lügst, du bist ein Ciceronianer* (einer, der den Stil von Cicero nachahmt)
75 *du lügst, du bist ein Wucherer*
76 *Gott und die Natur tun nichts vergeblich* (Thomas, s. theol. 3, 65, 4, 1; 2.2, 158, 8, 2)
77 *noch immer ist nur wenig Licht in euch* (Joh 12,35)
78 *wir aber werden, geleitet durch den Heiligen Geist, verwandelt von Klarheit zu Klarheit* (nach 2 Kor 3,18)
79 Röm 8,35
80 Jer 7,16 (und folgendes Zitat)
81 am Schöpfer hängen
82 *denn du bist Erde, Staub und Asche und wirst wieder zu Asche werden,* vgl. Pred 3,20 und den Satz aus der Liturgie des Aschermittwochs: Gedenke, Mensch, daß du Staub bist und zu Staub wiederkehren wirst.

Aggäus 3

83 assyrischer Feldherr, der im Auftrag von König Nabuchodnossor gegen Israel kämpfte (Jdt 2,1ff.)
84 *wandelt, solange ihr Licht habt, damit euch die Finsternis nicht ergreife* (Joh 12,35)
85 *und ihr sagt: Ich bin ja reich – und du, [Elender,] weißt nicht, daß du arm bist, elend, blind und nackt!*
86 Zu den verbrannten *vanità* gehörten u. a. Werke von Boccaccio und der «Morgante» von Luigi Pulci.
87 Seneca (1. Jh. nach Chr.), römischer Stoiker, Aristoteles (4. Jh. v. Chr.), dessen Werke die Scholastik nachhaltig beeinflußt haben, Philon (1. Jh. n. Chr.), hellenistisch-jüdischer Philosoph, der die griechische Philosophie zur Erklärung der Heiligen Schriften heranzog
88 d. h. die dem natürlichen Licht der Vernunft entsprun-

gen sind; Dispute: Streitgespräche, philosophisch-theologische Disputationen
89 *der rechtschaffene christliche Lebenswandel*

Aggäus 6

90 Hochzeit (Mt 22,1–14), Festmahl (Lk 14,16–24)
91 alle Zitate aus Lk 14,18ff.
92 *Wächter, wie spät ist es in der Nacht?* (Jes 21,11)
93 *denn wer betrügerisch handelt, wird nicht vor das Angesicht Gottes treten* (nach Ps 35(36),3)
94 gegenüber den in Florenz verbliebenen Anhängern der Medici
95 *wer verführt worden ist, wollte nicht einsehen, daß er recht handeln sollte* (Ps 35(36),4)
96 *o Priester, kommt zur Arche!*
97 *die auf den schlechten Weg geraten sind* (nach Ps 35(36),5)
98 *deinetwegen ist dieser Sturm entstanden*
99 *und der Herr schloß ihn [Noah] von außen ein* (Gen 7,16, bei Savonarola ist die Arche Objekt)
100 Giovanni Pico della Mirandola (1463–1494), von Neuplatonismus, Hermetik und Kabbala beeinflußter Humanist. Am nachhaltigsten wirkte in späterer Zeit seine Schrift «Über die Würde des Menschen» («De hominis dignitate»). Sein Vorhaben, über 900 philosophisch-theologische Thesen eine Disputation abzuhalten, scheiterte am Widerstand des Papstes und der Kurie, die einige Thesen als häretisch verurteilten. Giovanni Pico, eine der liebenswürdigsten Gestalten des italienischen Humanismus, verband Liebe zur Wahrheitssuche mit tiefer Frömmigkeit und war der Freund des Neuplatonikers Marsilio Ficino und Savonarolas. Nach seinem Mißerfolg in Rom lebte er in Fiesole.
101 *Betet für ihn!*

Aggäus 7

102 vgl. 1 Thess 5,17 *(betet ohne Unterlaß)*

103 *wer Reichtum sucht, fällt in Versuchung und in die Schlinge des Teufels* (leicht verändert nach 1 Tim 6,9)

104 Ps 114(115),6

105 Das ins 12. Jahrhundert zurückreichende *Studio* war unter Lorenzo de' Medici in Pisa ausgebaut worden und war die eigentliche Universität von Florenz. Während des Italienfeldzugs von Karl VIII. war Pisa von Florenz abgefallen und der Studienbetrieb unterbrochen und z. T. nach Prato verlegt worden.

106 In einer Verfügung war unter Papst Paul II. 1468 jede Veräußerung kirchlichen Besitztums unter Androhung der Strafe der Exkommunikation untersagt worden *(constitutio Paulina)*.

107 Ps 114(115),9; *das ist im ewigen Leben*

Aggäus 8

108 Im Anschluß an Giovanni Pico della Mirandola hatte auch Savonarola eine Abhandlung gegen die Astrologen verfaßt (1497).

109 *ich bin es, der alles wirkt* (vgl. Jes 44,24)

110 Mit dem Namen des Perserkönigs Kyros II. *(Ciro)*, der den Juden die Rückkehr aus der babylonischen Gefangenschaft gestattete, bezeichnet Savonarola den (ausländischen) Machthaber, welcher der in Italien und besonders in der Kirche herrschenden Dekadenz ein Ende setzen und – mit Hilfe eines Konzils – einen Neubeginn in die Wege leiten wird. – Zur Zeit, da diese Predigt gehalten wurde, befand sich Karl VIII., der Florenz am 28. November 1494 verlassen hatte, vor Rom.

111 *fürchte dich nicht vor den Zeichen des Himmels* (nach Jer 10,2)

112 Ps 97(98),1

113 zu den Zuständen vor Beginn der Reform in Florenz
114 *das Alte weiche, und alles sei neu,* z. T. nach 1 Sam(1 Kg)2,3
115 neu geworden durch die Reform und seit der Flucht von Piero de' Medici am 9. November 1494
116 das Licht der Vernunft *(lume naturale)* im Gegensatz zum *lume sopranaturale* der göttlichen Erleuchtung
117 Ps 84(85),11
118 *Gerechtigkeit und Friede haben sich geküßt* (Ps 84(85),11)
119 *seine Rechte und sein heiliger Arm standen ihm bei* (Ps 97 (98),1)
120 anläßlich der Flucht von Piero de' Medici, bei der es zu keinem Blutvergießen kam
121 mit dem Hersagen von *pater noster*-Gebeten, d. h. allgemein mit Gebeten; der als zynisch empfundene Ausspruch wurde Cosimo de' Medici d. Ä. zugeschrieben
122 Ps 115(116),11
123 *geschrieben war auf seinem Schenkel: König der Könige und Herr der Heerscharen, folglich aller* (Offb 19,16)
124 Lk 14,11
125 Ps 97(98),2
126 *die Fürsten der Völker herrschen über diese – bei euch soll es nicht so sein* (gekürzt nach Mt 20,25f.)
127 *er hat sich seiner Barmherzigkeit erinnert und seiner Wahrheit für das Haus Israel* (Ps 97(98),3)

Aggäus 9

128 Savonarola bezieht sich hier auf die aristotelisch-thomistische Vorstellung von *forma* (Wesensgrund), *materia* (konkret Existierendes) und *accidens* (hinzutretende, unwesentliche Eigenschaft)
129 *Alleluja, zur Rückkehr des Aggäus und des Zacharias* (sogenannter «Titel» zu Ps 111(112))
130 *festinus: der Eilende / memorans Dominum: der an den Herrn Erinnernde.* – Für Aggäus wäre die Form *festivus (der Fest-*

liche, der an einem Fest Geborene) dem biblischen Text entsprechender.

131 Joh 8,34f.

132 *diene deinem Schöpfer / für den zu dienen herrschen heißt* (interpretiert nach Mt 20,28)

133 *selig der Mann, der den Herrn fürchtet / an dessen Geboten wird er seinen Gefallen haben* (Ps 111(112),1)

134 *willkommen der Mensch, der sich erbarmt und sich gefällig erweist* (Ps 111(112),5)

Aggäus 10

135 *denn die Sünde ist ein Sprechen oder Tun gegen das ewige Gesetz* (nach Augustinus bei Thomas von Aquin, s. theol. 1.2,71,6)

136 *denn da, wo dein Schatz ist, wird auch den Herz sein* (Mt 6,21)

137 *daß sie die Natur zerstört;* die Erbsünde verdarb die Natur des ganzen Menschengeschlechts (Thomas, s. theol. 1.2,81,2,3)

138 *daß wir einzelnes, aber nicht alles meiden können*

139 *nicht was ich will, tue ich, sondern was ich nicht will, das tue ich* (nach Röm 7,19)

140 *ich finde in meinen Gliedern ein Gesetz, das gegen das Gesetz meines Geistes ankämpft und das mich zur Knechtschaft der Sünde führt* (Röm 7,23)

141 Savonarola unterbricht den eben begonnenen Satz, bringt einen möglichen Einwand und fährt fort mit: Ich sage es …

142 Um dem Beichtenden zu einer guten Beichte zu verhelfen, verfaßte Savonarola – besonders für jüngere Priester – ein «Beichthandbuch zur Unterweisung der Beichtväter» («Confessionale pro instructione confessorum»), das auch nach seinem Tod – und obwohl er exkommuniziert worden war – große Verbreitung fand.

143 d. h. den religiösen Bereich
144 indirekte Aufforderung, auf persönliche Rache zu verzichten
145 *bei Gott ist kein Ding unmöglich* (nach Lk 1,37)

Aggäus 11

146 Es sind die drei Sünden – vertreten durch symbolische Tiere – die Dante den Weg aus dem finstern Wald versperren, vgl. Inferno 1,31ff.
147 König Belsazar, dem anläßlich eines Gastmahls die geheimnisvolle Schrift an der Wand erschien und die Daniel deutete (Dan 5)
148 1 Petr 5,5

Aggäus 13

149 Ps 2,10f.
150 *der mir Ungewisses und Verborgenes offenbart hat* (Ps 50(51),8)
151 *Gott erbarme sich unser und segne uns, er lasse sein Angesicht über uns leuchten und erbarme sich unser, damit wir auf Erden seinen Weg erkennen und bei allen Völkern sein Heil* (Ps 66 (67),2f.)
152 Phil 4,4
153 *siehe, wie gut und erfreulich ist es, wenn Brüder einträchtig zusammenwohnen* (Ps 132(133),1). Der Psalm galt als Bekenntnis zur brüderlichen Liebe und wurde sowohl zu Lebzeiten als auch nach dem Tod Savonarolas in dessen Kreisen gesungen.
154 gemäß scholastischer Deutung das «Angelegtsein auf etwas hin», d. h. die Möglichkeit zu etwas, während Akt *(actus)* die Verwirklichung bezeichnet.
155 *spirito* (*spiritus:* Luft, Hauch, Geist)
156 einer der sog. Richter des Volkes Israel, der zum Kampf gegen die Midianiter und den Baalskult berufen wurde

157 *dient also Gott in [Ehr-]Furcht* (Ps 2,11)
158 aus der Stadt verbannt
159 Ende Dezember 1494 wurden verschiedene Gesetze gegen die Sodomie erlassen. – Landucci schreibt in seinem «Diario» (22.12.1494): «Wer zum ersten Mal [bei diesem Vergehen] erwischt wurde, sollte ins Halseisen kommen, beim zweiten Mal an die Schandsäule gebunden und beim dritten Mal verbrannt werden.» – Die Gesetze wurden jedoch in der Folge nicht streng gehandhabt.
160 *nehmt Zucht an* (Ps 2,12)
161 *von außen / von innen*
162 der *Monte (delle fanciulle)* war eine Institution zur Unterstützung heiratsfähiger mittelloser Töchter
163 *ich werde dir in meinem Zorn einen König geben* (Hos 13,11)
164 In Venedig verhinderte die Institution des Senats und des Großen Rats, der für die Verteilung der Ämter zuständig war, daß der Doge Tyrann werden konnte.
165 *im Namen Gottes*
166 *es weiche das Alte, und alles sei neu* (z.T. nach 1 Sam (1 Kg)2,3)

Aggäus 14

167 Offb 6
168 Offb 8,12
169 *alle, die fromm leben wollen, werden Verfolgung erleiden* (nach 2 Tim 3,12)
170 *folglich leben sie nicht fromm, außerdem: auf dem Weg Gottes nicht vorwärtskommen, heißt rückwärtsgehen* (Thomas, «Super Hebr.» (zu Phil 3,13), der Bernhard zitiert)
171 Der babylonische König Nabuchodonossor (Nebukadnezar) hatte 586 den salomonischen Tempel zerstören lassen und einen Großteil der Bevölkerung nach Babylonien verschleppt. – Unter dem persischen König

Kyros II. erfolgte die Rückkehr aus Babylonien und unter Darius der Wiederaufbau des Tempels (sogenannter «zweiter Tempel») (vgl. Esr und Agg 1f.)

172 *sie hatten* ein *Herz und* eine *Seele* (Apg 4,32) – Savonarola denkt an die idealen Zustände in der Urgemeinde von Jerusalem (Apg 2,42–47).

173 *und dann kam es zur Herrschaft des Darius.* Im Folgenden interpretiert Savonarola den Text des Aggäus allegorisch auf die Kirche bezogen

174 *im zweiten Jahr des Darius* (Agg 1,1 und 2,1)

Aggäus 16

175 *die Lippe der Wahrheit wird in Ewigkeit stark sein* (Spr 12,19)

176 superbia, avarizia, lussuria, ira, gola, invidia, accidia

Aggäus 19

177 Gen 12,1; Savonarola vernahm diese Bibelstelle in Faenza beim Betreten der Kirche S. Agostino (Mai 1474).

178 nach Dan 13,22

179 *du hast mich ins Abseits gebracht und ich ließ mich dorthin bringen* (Jer 20,7)

180 Jer 20,7

181 *weh mir, meine Mutter, die du mich geboren hast als einen Menschen des Streites und der Zwietracht im ganzen Land* (Jer 15,10)

182 *erbarmt euch meiner, erbarmt euch meiner, wenigstens ihr, meine Freunde* (Hiob 19,21)

183 *stärkt mich mit Blumen / denn vor Liebe schmachte ich dahin* (Hld 2,5). Die Vulgata-Übersetzung entspricht nicht dem Urtext.

184 *daß niemand in seiner Heimat als Prophet angenommen ist* (Lk 4,24)

185 *komm mit mir*

186 *daß Gott das Schwache dieser Welt ausgelesen hat, um das Starke zuschanden werden zu lassen* (1 Kor 1,27)
187 Joh 15,20

Aggäus 23

188 *gleichsam an den Türflügeln der allerheiligsten Dreifaltigkeit*
189 *tausend Tausende dienten ihm* (nach Dan 7,10)
190 Das Buch Deuteronomium (zweites Gesetz) enthält eine Wiederholung und Ausführung der von Moses am Sinai erhaltenen Gesetze.
191 d.h. der dem Predigtext vorangestellte Psalm 2: *ich bin von ihm zum König von Zion, seinem heiligen Berg, eingesetzt worden* (Ps 2,6)
192 *mir ist gegeben alle Gewalt im Himmel und auf Erden* (Mt 28,18)
193 *bei jeder Gattung muß man ein erstes annehmen* (Thomas, s. theol. 1.2,1,5)
194 Warte oder Anhöhe; Savonarola verbindet damit das folgende Verb *speculare* (nachsinnen)
195 *dies ist mein Gebot, daß ihr einander liebt* (nach Joh 13,34)
196 die neue *Signoria* sollte am 1. Januar 1495 ihr Amt antreten
197 *bianchi, bigi,* nach der Flucht von Piero de' Medici am 9. November 1494 aufgekommene Parteibezeichnung für republikanisch Gesinnte (weiße) und Anhänger der Medici (graue)
198 *Guelfen, Gibellinen:* In Florenz und andern italienischen Städten seit dem 13. Jahrhundert übliche Bezeichnung für Parteien, die ursprünglich auf der Seite des Papstes oder des Kaisers standen, später aber zu bloßen Parteinamen wurden.
199 *die Barmherzigkeit triumphiert über das Gericht* (Jak 2,13)

200 *wegen der Besudelung der Prälaten (oder: durch die Prälaten)*
201 *es zürnte nämlich der Herr gegen Jerusalem* (2(4)Kg 24,20) Zur Sünde Davids: 2 Sam (2 Kg)24, zur Sünde Manasses: 2 Chr 33
202 *wegen der Hinwegnahme*
203 *wegen des Ausschlusses der Gerechten*
204 *wegen des Verlangens der Gerechten*
205 d.h. entweder: keine Stadt mehr, oder: ein verwüsteter Garten
206 *wegen der Verstocktheit der Sünder*
207 *wegen der großen Zahl von Sünden*
208 zum Hochmut Davids vgl. 2 Sam (2 Kg)24
209 *wegen des Ausschlusses der hauptsächlichsten Tugenden, das heißt der Liebe und des Glaubens*
210 *wegen der Leugnung der Glaubensinhalte*
211 *wegen des verlorengegangenen [wahren] Gottesdienstes*
212 *wegen der allgemeinen Meinung (oder: Erwartung)*
213 der Zisterzienserabt Joachim von Fiore (gest. 1202) in Kalabrien, Reformer seines Ordens und Verkünder der Lehre der drei Heilszeitalter: des Vaters (Zeitalter des Gesetzes), des Sohnes (Zeitalter der Kleriker) und des Heiligen Geistes, das zu seiner Zeit beginnen und die Epoche der Geistkirche werden sollte
214 *Zorn des Herrn*
215 *Barmherzigkeit Gottes*
216 solche wurden von Anhängern Savonarolas getragen
217 Karl VIII. hatte am 28. November 1494 Florenz verlassen, zog über Viterbo nach Rom und belagerte zu diesem Zeitpunkt Papst Alexander VI. in der Engelsburg.
218 Es handelt sich um den Freitag nach dem vierten Fastensonntag. – Luca Landucci berichtet in seinem «Diario» (5. April 1495) ausführlich über die Schäden, die dieser Blitzschlag an der Laterne der Domkuppel verursacht hat.

219 *folglich, betet ohne Unterlaß* (1 Thess 5,17)
220 *tragt kein Gold und keine Perlen, keine kostbaren Kleider und kein geflochtenes Haar* (1 Tim 2,9)
221 *ich war durstig, und du hast mir nicht zu trinken gegeben, ich war hungrig, und du hast mir nicht zu essen gegeben* (nach Mt 25,35 und 42)
222 *daß wenige erwählt sind* (Mt 20,16)

Psalmen 18

223 d.h. das Materielle durch das Geistige
224 *Bringt ein Opfer der Gerechtigkeit dar und hofft auf den Herrn.* (Ps 4,6)
225 *Über die Viper und den Basilisken wirst du hinwegschreiten, wirst den Löwen und den Drachen niedertreten. Da er auf mich gehofft hat, werde ich ihn befreien, ich will ihn beschützen, da er meinen Namen kennt; ruft er mich an, so will ich ihn erhören und in der Drangsal bei ihm sein. Ich will ihn (der Not) entreißen und verherrlichen, werde ihn mit langem Leben sättigen und ihm mein Heil zeigen.* (Ps 90(91),13–16)
226 *denn Gott kann sich nicht verleugnen*
227 Das Gnadenbild, Maria mit dem Kind darstellend, das bei Kriegsgefahr und Seuchen nach Florenz gebracht zu werden pflegte, befindet sich in der Kirche S. Maria dell'Impruneta, 13 km südlich von Florenz.

Psalmen 23

228 Luk 1,57–80 (dazu die Vorgeschichte Lk 1,5–25)
229 *nein, er wird Johannes genannt werden* (Lk 1,60)
230 *gepriesen sei der Herr, der Gott Israels, denn er hat sein Volk heimgesucht und ihm Erlösung bereitet* (Lk 1,68)
231 *vor der Empfängnis*

232 die Heimsuchung Mariä (Lk 1,39–56)
233 *unter den von Frauen Geborenen stand kein Größerer auf als Johannes der Täufer* (Mt 11,11)
234 *im grammatikalisch männlichen Geschlecht (inter natos)*
235 *dieser ist ein Prophet und mehr als ein Prophet* (nach Mt 11,9)
236 *von Gott geschickt*
237 *Als die Zeit sich für Elisabeth erfüllt hatte, daß sie gebären sollte* (Lk 1,57). Im Folgenden werden Sätze und einzelne Ausdrücke aus dem Tagesevangelium auf Florenz bezogen interpretiert.
238 *vivere popolare,* während Florenz früher unter der Tyrannis der Medici stand
239 *Schwur meines Herrn*
240 *die Verwandten und Nachbarn vernahmen es* (Lk 1,58)
241 *und geboren wurde ein Knabe*
242 die Möglichkeit der Berufung gegen eine durch sechs abgegebene Stimmen in Form von Bohnen *(fave)* erfolgte Verurteilung durch die Gerichtsbehörde (kurz *appello delle sei fave* genannt)
243 *nach acht Tagen* (nach Lk 1,59). In der Zahlensymbolik weist die Acht auf Auferstehung, Neuschöpfung und Vollkommenheit hin.
244 *und sie wollten ihm den Namen seines Vaters Zacharias geben* (Lk 1,59)
245 Mit *padre* meint Savonarola sich selbst; die Ehre für all das Erreichte gilt nicht ihm, sondern Gott.
246 *er wird Johannes heißen* (Lk 1,60) / *voll an Gnade*
247 *denn also hat er nicht jedem Volk getan* (Ps 147(148),20)
248 *und es wunderten sich alle* (Lk 1,63)
249 *gepriesen sei der Herr, der Gott Israels* (Lk 1,68), Anfangsworte des Lob- und Dankgesangs von Zacharias

Psalmen 24

250 Die folgenden Ausdrücke (Raupe, Heuschrecke, Rost, Grille, Larve) sind eine spätere Interpretation hebräischer Ausdrücke, die wohl verschiedene Arten von Heuschrecken bezeichneten.

251 *urteilt!*

252 andere Bezeichnungen für Heuschrecke: *cavaletta* (Pferdchen), *grillo* (Grille)

253 Die beiden Genannten galten als Prototypen des Ketzers: Arius (gest. 336), dessen Lehre auf dem Konzil Nicaea verurteilt, und Sabellius (2./3. Jh.), der aus der Kirche ausgeschlossen wurde.

254 die von Nonnen verehrten und umhegten Jesuskind-Statuetten *(bambini Gesù),* die Savonarola immer wieder erwähnt

255 Joel 1,5

256 Gemeint sind vor allem die Bettelorden, die von der ursprünglichen Armut abgewichen waren.

257 die oberste Justizbehörde, die aus acht Mitgliedern bestand, meist als die Acht *(gli otto)* bezeichnet

258 d. h. das neuerstandene Florenz

259 der Bauhütte des Domes

Psalmen 27

260 die Gegner von Savonarola

261 *sie beratschlagten sich mit den Herodianern* (Mk 3,6)

262 vgl. Mt 22,15–22

263 *wenn es so ist*

264 *che è male informato;* Savonarola wird bis zuletzt auf diesem Vorwurf der Fehlinformation des Papstes beharren.

Hiob 2

265 Röm. 15,4

266 vgl. Gen 7,11

267 *atto puro* (*actus purus,* reine Wirklichkeit), aristotelisch-thomistische Definition Gottes

268 *denn es besteht kein Verhältnis zwischen dem Begrenzten und Unbegrenzten* (Thomas, s. theol. 1,2,2,3)

Hiob 5

269 nach Hiob 1,21

270 *der Herr hat es gegeben, der Herr hat es genommen* (Hiob 1,21)

Hiob 21

271 *habt mit allen Frieden* (nach Röm 12,18)

272 wörtlich nach Röm 12,19, d.h. verzichte auf Zorn und überlasse ihn Gott

273 *mir ist die Rache, und ich werde ihm vergelten* (nach Deut 32,35)

274 *du wirst feurige Kohlen auf ihn sammeln, das heißt, Werke der Liebe* (z.T. nach Röm 12,20)

Hiob 22

275 *esca* (Köder, Lockmittel), ein innerhalb einer Marienpredigt (!) harter Ausdruck, doch fühlt sich Savonarola insofern mit den Aposteln verbunden, als auch er auf das Wesentliche ausgerichtet ist

276 *bottega* (Laden, Krämerbude)

277 *braucht Gott etwa eure Lüge?* (Hiob 13,7)

278 *gebt das Heilige nicht den Hunden und werft eure Perlen nicht vor die Säue, damit sie diese nicht etwa mit ihren Füßen treten, sich dann gegen euch wenden und euch zerreißen* (Mt 7,6)

279 *sehr viele werden ganz hindurchgehen und das Wissen, d. h. die Meinung, wird vielfältig sein* (Dan 12,4) (interpretiert als: viele werden (suchend) umherstreifen und die Interpretation (des Textes) wird vielfältig sein)

280 *mit den Einfachen ist sein Reden* (Spr 3,32) / *du hast dieses den Weisen und den Klugen verborgen und es den Einfältigen offenbart* (Mt 11,25)

281 *einen, der heute Prophet heißt, nannte man früher Seher* (1 Sam (1 Kg)9,9)

282 *für seine Augen ist alles nackt und offenbar* (Hebr 4,13)

283 *bei einer Vision ist Verständnis [für deren Interpretation] notwendig* (Dan 10,1)

284 *gezählt, gewogen, als zu leicht befunden.* Der an der Wand erscheinende Text wird auf den König und dessen Herrschaft bezogen (Dan 5,5–30).

285 die von (Pseudo)Dionysius Areopagita um 500 verfaßte Schrift über die Hierarchie der Engelschöre

286 *was von Gott ist, ist geordnet* (nach Röm 13,1)

287 *nichts wird Gott, der Herr, tun, er hätte es denn zuvor den Propheten, seinen Knechten, offenbart* (Am 3,7)

288 Von diesen Auslegungen sind nur einige Vorbereitungsnotizen *(schemi)* erhalten geblieben.

289 nach unserer Zeitrechnung im Frühjahr 1491 / Santa Reparata: der Dom (früher der hl. Reparata geweiht, später S. Maria del Fiore genannt)

290 *wahr und gerecht sind die Gerichte des Herrn* (nach Offb 16,7). Die im nächsten Abschnitt sich häufenden z. T. gekürzten Bibelzitate oder an biblischen Wendungen sich orientierenden eigenen Äußerungen Savonarolas werden hier gleich in Übersetzung wiedergegeben.

291 Ps 88(89),33
292 Ps 71(72),13
293 Jer 2,32
294 nach Ez 5,11
295 nach der Wendung in Lev 18,4
296 nach Ez 5,12
297 vgl. Klgl 4,11
298 Ez 7,25
299 Ps 118(119),103
300 nach Ps 41(42),10
301 nach Jes 30,18
302 nach Joel 2,13
303 nach Ps 102(103),6
304 Jes 1,15
305 nach Mt 5,12
306 nach Hiob 14,13
307 Ps 74(75),11
308 Innozenz VIII. starb am 25.7.1492, Lorenzo de' Medici am 8.4.1492
309 Savonarola verwendet wiederholt Ausdrücke wie Scherer *(barbiere)* und scheren *(radere)*, um Invasoren zu bezeichnen, die Italien und Rom verwüsten werden.
310 *viele derer, die hier stehen, werden dies noch sehen* (nach Mt 16,28)
311 *Kreuz des Zornes Gottes*
312 *Kreuz des Erbarmens Gottes*

Von der Einfalt des christlichen Lebens

313 vgl. Mt 20,16
314 *simplicitas* bedeutet bald Einfalt, bald äußere Einfachheit
315 Weish 1,1f.
316 vgl. Mt 19,23f.
317 Sir 31,8f.

318 1. Petr. 3,1ff.

319 1. Tim. 2,9f.

320 *fern von uns seien junge Männer, die [in der Haartracht] wie eine Frau zurechtgemacht sind* (Ovid, «Heroides» 4,75)

321 Mt 18,7

322 Mt 18,6

323 ein besonderes, nach der serbischen Stadt Rascia benanntes Gewebe

324 mit vergoldetem Einband oder vergoldeten Miniaturen

325 1. Kor 3,17

326 Jak 1,27

327 zur Errichtung dieses Tabernakels, d. h. des Stiftszeltes vgl. Ex 25–27, zum Tempel Salomons vgl. 1(3)Kg 6ff.

328 Dtn 29,5

329 1(3)Kg 10,21

330 Röm 13,11f.

331 Aristoteles, Anfang der «Metaphysik»

332 das wohl berühmteste Zitat aus Augustinus («Confessiones 1,1»)

Amos 1

333 *Friede sei mit euch! Ich bin es, fürchtet euch nicht!* (Lk 24,36f.)

334 Mt 10,34

335 Joh 14,27

336 d. h. das Maß wird voll sein (*sacco* als alte italienische Maßangabe)

337 *ich sprach: Ich will auf meine Wege achten* (Ps 38(39),2)

338 Apg 5,29

339 *einem jeden trug er auf, wie er sich seinem Nächsten gegenüber zu verhalten hätte* (Sir 17,12)

340 *damit ich nicht mit meiner Zunge eine Sünde begehe* (Ps 38(39),2)

341 die beiden folgenden Zitate: Ps 38(39),4

342 d. h. das Kloster, wo sich Savonarola während der ersten

Jahre seines Ordenslebens der Betrachtung widmen konnte

343 Jer 20,7f.

344 Jer 15,10

345 Ps 38(39),5 (der Psalm spricht allerdings vom Lebensende)

346 *denn was in der Gegenwart an Trübsal augenblicklich und nur geringfügig ist, erwirkt uns über jedes Maß hinaus in Erhabenheit eine ewige Fülle von Herrlichkeit, uns, die wir nicht auf das schauen, was sichtbar, sondern was unsichtbar ist; was nämlich sichtbar ist, ist zeitlich, was unsichtbar, ewig* (2 Kor 4,17f.)

347 die folgende Spekulation vom Sein der Zeit geht vom Gedanken aus, daß *wahres* Sein erst in der Ewigkeit besteht

348 *damit ich weiß, was mir noch fehlt* (Ps 38(39),5)

349 *siehe, du hast meinen Tagen ein Maß gesetzt* (Ps 38(39),6)

350 *es besteht kein Verhältnis des Endlichen gegenüber dem Unendlichen* (Thomas, s. theol. 1, 2, 2, 3)

351 *und mein Sein ist vor dir gleichsam ein Nichts* (Ps 38(39),6)

352 *er spannte seinen Bogen und stellte mich gleichsam als Zielscheibe für seinen Pfeil hin* (Klgl 3,12)

353 *Bruder, übler Bruder*

354 *jeder, der schlecht handelt, haßt das Licht und kommt nicht zum Licht, damit seine Werke nicht offenbar werden* (Joh 3,20)

355 *gleichwohl ist jeder Mensch nichts als lauter Eitelkeit* (Ps 38(39),6)

356 *denn der Mensch geht wie ein Bild vorüber* (Ps 38(39),7)

Amos 3

357 die Erwachsenen

358 Mt 5,43

359 *deine Linke soll nicht wissen, was die Rechte tut* (Mt 6,3)

360 Bei den «Kindern» *(fanciulli del frate)* handelte es sich um Zwölf- bis Zwanzigjährige, die nach Quartieren in *com-*

pagnie eingeteilt waren und im Dom ihren Platz auf besonderen, für sie errichteten Bänken hatten. Ihre Organisation lag in den Händen von Savonarolas Mitbruder und Freund Domenico Buonvicini da Pescia, der mit ihm zusammen hingerichtet wurde. – Die Tatsache, daß die *fanciulli* bisweilen die Rolle einer Art «Sittenpolizei» (in der Literatur über Savonarola etwas irreführend als «Kinderpolizei» bezeichnet) übernahmen, erwies sich eher als fragwürdig und führte gelegentlich zu unliebsamen Übergriffen.

361 Ovid, Tibull und Catull (1. Jh. vor und nach Chr.) hier als Vertreter der Liebesdichtung aufgeführt. *Ovids* «Liebeskunst» («Ars amandi») war – neben seinen «Metamorphosen» – eines der am häufigsten gelesenen Bücher der römischen Literatur / *meretriculae: Hürchen*

362 Marcus Tullius Cicero (1. Jh. vor Chr.), röm. Redner, Politiker – Publius Vergilius Maro (1. Jh. vor Chr.), Dichter der «Aeneis», die Savonarolas Zeitgenosse, der Humanist und Neuplatoniker Christoforo Landino (1424–1504), allegorisch interpretiert hat

363 Hinweis auf die in Am 1,3 erwähnten Verbrechen der Stadt Damaskus

Amos 4

364 *die Himmel erzählen von der Herrlichkeit Gottes* (Ps 18(19),2)

365 *die Starke des Herrn* (zu Gaza, vgl. Am 1,6f.)

366 gemäß Kontext: *weil sie ganze Bevölkerungen in die Gefangenschaft geführt haben* (Am 1,6)

367 *damit er sie in Idumäa einschließe* (nach Am 1,6)

368 nach Am 1,7

369 *und ich werde die Bewohner von Azoto (Asdod) zersprengen* (Am 1,8)

370 *das niemals sagt: Es genügt*

371 *und den, der in Askalon das Zepter trägt* (Am 1,8)

372 *und ich werde meine Hand gegen Acharon (Ekron) wenden* (Am 1,8) / *sterilitas: Unfruchtbarkeit*

373 *und der Rest der Philister wird untergehen* (Am 1,8) / *duplex ruina: doppelter Sturz*

374 einem Ordenszweig, der sich um die strengere Einhaltung der (ursprünglichen) Regel bemüht

375 in ein Kloster mit weniger strenger Einhaltung der Regel

376 *wegen der drei Verbrechen von Tyrus und den vier Missetaten werde ich es nicht zur Bekehrung führen* (Am 1,9)

377 Savonarola richtet sich hier an sich selbst.

378 Anläßlich der Loslösung seines Klosters San Marco von der lombardischen Kongregation und dessen Rückführung zur strengen Observanz hatte Savonarola Neid und Verleumdung innerhalb des eigenen Ordens und Klosters erfahren.

379 *wegen der vier Verbrechen werde ich ihm nicht verzeihen, weil er in Idumäa die ganze Bevölkerung in Gefangenschaft vereinigt hat* (gekürzt und uminterpretiert nach Am 1,6)

380 das Beneiden eines andern wegen einer ihm gewährten Gnade

381 *ich will Feuer auf die Mauern von Tyrus werfen, und dieses wird dessen Gebäude verzehren* (Am 1,10)

382 *zu welcher euch führen möge der gepriesen ist von Ewigkeit zu Ewigkeit. Amen.*

Amos 6

383 *dann werde ich dem Höchsten gleich sein*

384 *wegen der drei Verbrechen von Moab* (Am 2,1) – *ex patre: vom Vater her*

385 *ihr stammt vom Teufel als eurem Vater ab und ihr wollt die Werke eures Vaters tun. Er war von Anfang an ein Mörder und stand nicht in der Wahrheit. Wenn er eine Lüge spricht, so spricht er aus dem Eigenen heraus, denn er ist ein Lügner und der Vater der Lüge* (Joh 8,44)

Amos 12

386 *hört dieses Wort* (Am 4,1)

387 *im Handeln und Erdulden*

388 *kommt nach Bethel und frevelt dort, ihr fetten Kühe; geht nach Gilgal und vermehrt noch euren Frevel* (Am 4,4)

389 *Hügel der Beschneidung* (vgl. Jos 5,2f.)

390 *ich war es auch, der euch den Regen versagte, obwohl es nur noch drei Monate bis zur Ernte waren* (Am 4,7)

391 *alles Ähnliche erzeugt ein sich Ähnliches; die Sonne und der Mensch bringen den Menschen hervor* (Thomas, s. theol. 3, 7, 9). Die Sonne galt als Mitursache für alles, was «unter ihrem Bereich» lag.

392 *stupore de' denti (stuporem dentium);* die Stelle ist in ihrem Wortsinn umstritten, meist übersetzt als *Blankheit der Zähne,* d.h. Zähne, die infolge von Hunger nichts zu essen haben und deswegen *blank* sind

393 *und ich ließ über eine Stadt regnen, über die andere aber nicht; ein Teil wurde vom Regen benäßt, und der Teil, auf den ich nicht regnen ließ, verdorrte* (Am 4,7)

394 *und es kamen zwei, drei Städte zu dieser einen Stadt, um Wasser zu trinken, und sie wurden nicht gesättigt* (Am 4,8)

395 in die Predigt oder in die symbolische Arche

396 Am 4,8

Amos 13

397 *wenn ihr nicht glaubt, daß ich [der Gesandte Gottes] bin, werdet ihr in eurer Sünde sterben* (Joh 8,24).

398 *vieles habe ich über euch zu reden und zu richten* (Joh 8,26)

399 *der mich gesandt hat, ist wahrhaftig, und ich rede in der Welt, was ich von ihm gehört habe* (Joh 8,26)

400 *wenn ihr den Menschensohn werdet erhöht haben, dann werdet ihr erkennen, daß ich es bin und daß ich von mir aus nichts tue* (Joh 8,28)

401 *und wie mich der Vater gelehrt hat, so spreche ich* (Joh 8,28)
402 *und der mich gesandt hat, ist mit mir und läßt mich nicht allein* (Joh 8,29)
403 *denn nicht ihr seid es, die dann reden, sondern der Geist eures Vaters spricht in euch* (Mt 10,20)

Amos 14

404 die ersten zwölf Verse von Mt 23
405 Mt 23,2f.
406 *alle ihre Werke tun sie, um von den Menschen gesehen zu werden* (Mt 23,5). Das nächste, von Savonarola (italienisch) frei wiedergegebene Zitat lautet wörtlich: *sie machen ihre Gebetsriemen breit und ihre Mantelquasten lang* (Mt 23,5)
407 Mt 23,7
408 Mt 23,8
409 Mt 23,12
410 *vielmehr sind es Knaben von hundert Jahren*
411 *die in ihrem Innern reißende Wölfe sind* (Mt 7,15)
412 *aber noch ist es nicht die Zeit*
413 *auf dem Stuhl des Moses haben Schriftgelehrte und Pharisäer Platz genommen* (Mt 23,2)
414 *sie sitzen auf dem Stuhl der Pest*
415 Mt 23,3
416 *haltet alles ein, was immer sie euch sagen, und tut es / nach ihren Werken hingegen sollt ihr nicht handeln* (Mt 23,3)
417 *sie binden schwere und untragbare Lasten zusammen und laden sie den Menschen auf die Schultern, sie selbst aber wollen auch nicht mit dem Finger an sie rühren* (Mt 23,4)
418 Das erwähnte *Kleid mit vier Ecken* (auch arba kanfot genannt, d.h. «die vier Ecken») entspricht dem z.T. erst nachbiblischen Gebetsmantel, der zu bestimmten Gebetszeiten getragen wird. – Zu den *Quasten, Fäden* vgl. Num 15,38–41
419 die drei folgenden Zitate: *sie lieben die ersten Plätze bei*

Gastmählern / und die ersten Sitze in den Synagogen / und die Begrüßungen auf den Marktplätzen, und daß sie Rabbi genannt werden (Mt 23,6f.)

420 Mt 23,9f.

421 Mt 23,12

422 *der Weise ist Herr über die Sterne*

423 *das Haus Israel ist eingestürzt* (Am 5,1)

424 *er wird nicht ermöglichen, daß es sich wieder erhebe* (Am 5,1)

425 *die Jungfrau Israel liegt hingestreckt auf eigenem Boden, und es ist keiner da, der sie wieder aufrichtete* (Am 5,2)

426 *auf den eigenen Boden*

427 *die Stadt, aus der tausend auszogen, in ihr werden hundert übrigbleiben, und diejenige, aus der hundert auszogen, da werden noch zehn übrigbleiben im Haus Israel* (Am 5,3)

428 *sucht mich und ihr werdet das Leben haben* (Am 5,4)

429 Am 5,5. Bei Bethel (nördlich Jerusalem) und dem weiter unten genannten Gilgal (wohl zu identifizieren mit dem bei Jos 4 erwähnten Lagerplatz) handelt es sich um Kultorte aus der Frühzeit Israels. Bethel, eine Zeitlang Sitz der Bundeslade, trat in Konkurrenz zum Tempel in Jerusalem, wurde von Propheten bekämpft und «Haus des Verderbens» genannt.

430 *bambini Gesù*-Statuetten, vgl. Anm. 254

431 Am 5,5

432 Am 5,5; gemeint ist Ber Seba, eine kanaanäische Kultstätte und Grenzstadt Israels im Süden; *puteus iuramenti: Schwurbrunnen* (vgl. Gen 21,31)

433 Am 5,5

434 nach Am 5,6

435 Am 5,6

436 *Vermehrung, Förderung*

437 Am 5,6

438 *der Tempel des Herrn, der Tempel des Herrn ist [hier],* d. h.: es wird uns deshalb nichts Schlimmes zustoßen können (Jer 7,4)

439 Ps 12(13),4f.
440 Lk 18,41
441 *Herr, möchte ich dich, möchte ich mich erkennen!* (Augustinus, Soliloquia 2,1; im Original in umgekehrter Reihenfolge)
442 d. h. im Tagesevangelium, Mt 20,17–19
443 Mt 20,21
444 Mt 20,22
445 Mt 20,22
446 *denn diejenigen, die ich liebe, weise ich zurecht und ich züchtige sie* (Offb 3,19)
447 Mt 20,23
448 Mt 27,32
449 die ganze Stelle lautet: *es ist nicht meine Sache, euch die Gunst zu verleihen, zu meiner Rechten oder Linken zu sitzen, sondern es wird denen zuteil, denen es von meinem Vater bereitet ist* (Mt 20,23, sowie nächstes Zitat)
450 Mt 20,26
451 nach Mt 20,27
452 *und um mein Leben hinzugeben zur Erlösung vieler* (Mt 20,28)

Amos 18

453 *ich hasse eure Feste und kann eure Versammlungen nicht riechen* (Am 5,21)
454 wörtlich: *le belle madonne darauf zu setzen.* Verheiratete Frauen – besonders aus gehobenen Kreisen – wurden mit *madonna (meine Herrin)* angesprochen.
455 *häßlich/schwarz,* weil von lauen Priestern verwendet; *Korporale:* weißes Leinen als Unterlage für die Hostie
456 *wenn ihr mir also Ganzopfer und Gaben darbringt, werde ich sie nicht annehmen und auf eure Versprechungen von Mastviehopfern werde ich nicht achten* (Am 5,22)

457 nach dem Siegespreis *(pal(l)io, einem kostbaren Tuch)* benannte Wettkämpfe

458 zu dieser Zeit Bezeichnung für die Kommunalbehörden in den von Florenz abhängigen Landstädten

459 *nimm von mir den Lärm deiner Gesänge, das Spiel eurer Harfen will ich nicht hören* (Am 5,23)

460 *gregorianischer* Gesang (im Gegensatz zu den *figurierten Gesängen)*

461 *wie Wasser wird das Gericht offenbar werden, und die Gerechtigkeit wie ein mächtiger Wildbach* (Am 5,24)

462 *kanaanäisch-phönizische Gottheit,* vgl. Am 5,26

463 *und der Stern eures Gottes Rempha* (Am 5,26); *eructans excelsa: ausstoßend Erhabenes.* Die Stelle ist auch vom Urtext her schwer zu deuten.

464 *dem Ruhm und Macht in alle Ewigkeit gehört*

Amos 19

465 *mit Beelzebub, dem Fürsten der Dämonen, treibt er die Dämonen aus!* (Lk 11,15)

466 Joh 10,38

467 *jedes Reich, das in sich selbst entzweit ist, wird vernichtet werden, und ein Haus wird über das andere zusammenstürzen. Wenn aber der Satan mit sich selbst entzweit ist, wie wird sein Reich bestehen können?* (Lk 11,17)

468 Lk 11,19

Amos 20

469 Savonarola spricht oft vom *Glauben (fede)* als einem *höheren Licht (lume superiore / sopranaturale)* und von der *Vernunft (ragione)* als einem *niedrigeren Licht (lume inferiore / naturale)*

470 *weh euch, die ihr wohlhabend seid/ die ihr vertraut auf den Berg von Samaria* (Am 6,1)

Amos 21

471 Am 6,8

472 *es sagt der Herr der Heerscharen: Ich verabscheue den Stolz Jakobs und hasse dessen Häuser* (Am 6,8, wie auch nächstes Zitat)

473 Am 6,11

474 *denn siehe, der Herr wird befehlen und er wird das größere Haus zum Einstürzen bringen und das kleinere zugrunde richten* (Am 6,12)

475 *der allein spricht, und es ist geschehen*

476 Am 6,13

477 *Christus aber war der Stein* (vgl. u. a. Lk 20,17f.)

478 Am 6,13

479 *die ihr das Recht in Bitterkeit und die Frucht der Gerechtigkeit in Wermut verwandelt habt* (Am 6,13)

Amos 22

480 *griechische Bibliothek;* sie bildet die Fortsetzung des von Michelozzo 1444 errichteten Bibliothekssaals

481 *das zeigte mir Gott, der Herr: Und siehe, [da war] der Gestalter der Heuschrecken am Anfang des sprießenden [Grases] zur Zeit des Spätregens und siehe, [es war] der Spätregen nach der Schafschur, und es geschah, als sie das Kraut der Erde fast ganz vertilgt hatten …* (Am 7,1f.; der hier zitierte Text weicht z. T. stark vom Text der griechischen und hebräischen Version ab)

482 Nach der Legende taufte Papst Silvester Kaiser Konstantin, nachdem er ihn vom Aussatz geheilt hatte. Seine Schenkungen und Kirchenbauten gaben später Anlaß zur Annahme, Konstantin habe dem Papst die Herrschaft über das Gebiet von Rom – den Ursprung des späteren Kirchenstaates – verliehen. Der Humanist Lorenzo Valla konnte 1440 diese sogenannte «konstan-

tinische Schenkung» als Fälschung nachweisen. Seither mehrten sich die Angriffe auf den Besitz und die weltliche Macht der Kirche.

483 *iß, iß ausgiebig!*

484 *Herr, Gott, sei gnädig! Wer wird Jakob aufrichten? Er ist ja klein!* (Am 7,2)

485 Am 7,3

Amos 23

486 im Tagesevangelium, Lk 4,38–44

487 *und er gab dem Fieber Befehl, und dieses verließ sie* (Lk 4,39)

488 *als aber die Sonne untergegangen war (brachten alle, die Kranke hatten, die unter verschiedenen Krankheiten litten, diese zu ihm)* (Lk 4,40)

489 *du bist der Sohn Gottes!* (Lk 4,41)

490 Lk 4,42

491 *und sie versuchten, ihn zurückzuhalten, damit er nicht von ihnen gehe* (Lk 4,42)

492 *es ist nötig, daß ich auch andern Städten die frohe Botschaft vom Reich Gottes verkünde* (Lk 4,43)

493 Am 7,9

494 Amasja war Priester im Heiligtum von Bethel.

495 nach Am 7,10

496 ein Widerspruch zum eben Gesagten, doch denkt Savonarola wohl bereits an die über ihn nach Rom geschickten verleumderischen Briefe

497 Am 7,10

498 *Jerobeam wird durch das Schwert umkommen* (Am 7,11)

499 *von Ewigkeit her*

500 *mit dem Kißchen,* d.h. in bequemer Weise und ohne die geringste Mühe auf sich zu nehmen

501 die sogenannte «heilige Liga» zwischen Papst, Venedig, Mailand, dem spanischen König und dem Kaiser gegen Karl VIII.

502 *iß dein Brot dort und dort wirst du Prophet sein können* (Am 7,12)
503 *verweile nicht weiter in Bethel, um zu prophezeien, denn dies hier ist ein Heiligtum des Königs* (Am 7,13)
504 *besser ist es, in die Hände der Menschen zu fallen, als in die Hände Gottes, denn es ist schrecklich in die Hände des lebendigen Gottes zu geraten* (nach Hebr 10,31)

Amos 24

505 *weil das Himmelreich Gewalt leidet* (Mt 11,12)
506 *ich beschwöre euch, Töchter Jerusalems, wenn ihr meinen Gatten findet, daß ihr ihm sagt, wie ich vor Liebe vergehe* (Hld 5,8)
507 *mein Geliebter ist strahlend weiß und hochrot* (Hld 5,10)
508 Hld 5,16
509 Joh 7,46
510 *nahe bei einem Grundstück, das Jakob seinem Sohn Joseph gegeben hatte* (Joh 4,5)
511 *Jesus aber, vom Weg ermüdet, setzte sich so am Brunnen nieder* (Joh 4,6)
512 nach Jes 55,1
513 *ich ließ fließen die Flüsse der Weisheit* (Sir 24,40)
514 *das göttliche Sein ist ein unendliches Meer von Wesenheit*
515 *ich bin gleichsam der Lauf eines unermeßlichen Wassers von einem Fluß* (Sir 24,41)
516 *Fluß Dorix:* verunstaltet aus «fluvii dioryx» (wie ein mächtiger Durchbruch eines Flusses)
517 *denn Juden verkehren nämlich nicht mit Samaritanern* (vgl. Joh 4,9)
518 *Bekenner*
519 *wenn du das Geschenk Gottes kenntest und wüßtest, wer es ist, der dir sagt: «Gib mir zu trinken», hättest wohl eher du ihn darum gebeten, und er hätte dir lebendiges Wasser gegeben* (Joh 4,10)

520 *Herr, du hast ja nichts bei dir, womit du schöpfen könntest (und der Brunnen ist tief)* (Joh 4,11)

521 *bist du etwa größer als unser Vater Jakob (der uns diesen Brunnen gegeben hat)?* (Joh 4,12)

522 d.h. vom Natürlichen zum Übernatürlichen zu führen

523 *wer von diesem Wasser trinkt, den wird wiederum dürsten, wer aber vom Wasser trinkt, das ich ihm geben werde, den wird in Ewigkeit nicht dürsten* (Joh 4,13)

524 *aber die Erfahrung ist die Lehrerin von allem*

525 *vom Hören her / vom Sehen her*

526 *in ähnlicher Weise vom Hören her*

527 Joh 4,13

528 Joh 4,15

529 *du bittest mich, dir zu trinken zu geben, obwohl du doch ein Jude bist?* (Joh 4,9)

530 Joh 4,16

531 *unsere Väter haben auf diesem Berg angebetet (und ihr sagt, daß Jerusalem der Ort ist, wo man anbeten muß)* (Joh 4,20)

532 *aber glaube mir, die Stunde kommt – und sie ist schon da – da die wahren Anbeter den Vater im Geist und in der Wahrheit anbeten werden.* (Joh 4,23) Im darauffolgenden Vers steht die Aussage: *Gott ist Geist (spiritus Deus est).*

533 *Wahrheit besteht in der Angleichung einer Sache an den Intellekt* (Thomas, s. theol. 1,16,1).

534 *ich weiß, daß der Messias kommt, der Christus genannt wird* (Joh 4,25)

535 Joh 4,26

536 *und sie wunderten sich, daß er mit einer Frau sprach* (Joh 4,27)

537 *ich habe eine Speise zu essen, die ihr nicht kennt* (Joh 4,32)

538 *meine Speise ist, daß ich den Willen dessen erfülle, der mich gesandt hat* (Joh 4,34)

539 *sagt ihr nicht, es dauere noch vier Monate (und dann komme die Ernte)?* (Joh 4,35)

540 d.h. sich von seinen Sünden abwendet

541 Joh 4,36

542 *sein Leib besteht aus aneinandergereihten Schilden und aus Schuppen, die aneinander stoßen* (Hiob 41,6). Die Stelle bezieht sich auf die Beschreibung eines drachenähnlichen Tieres, das allegorisch mit dem Teufel gleichgesetzt wurde.

543 *kommt und schaut den Menschen, der mir alles gesagt hat, was ich getan* (Joh 4,29)

544 *und viele glaubten an ihn auf ihr Wort hin* (Joh 4,41)

545 *er war nur zu den Schafen des Hauses Israel geschickt worden* (nach Mt 15,24)

546 *daß das Reich Gottes Gewalt erleidet* (Mt 11,12)

547 Joh 4,42

Amos 25

548 das Tagesevangelium: *Jesus aber begab sich auf den Ölberg und in der Morgenfrühe ging er wieder zum Tempel, und alles Volk kam zu ihm, und er setzte sich und lehrte sie* (Joh 8,1f.)

549 *es wird die Zeit kommen, da die Menschen die gesunde Lehre nicht werden ertragen können, sondern sie werden sich Lehrer zusammensuchen, um sich das Ohr kitzeln zu lassen, und sie werden ihr Ohr von der Wahrheit abwenden und sich Fabeln zuwenden* (2 Tim 4,3f.)

550 *unsere ganze Erkenntnis kommt von den Sinnen her* (Thomas, s. theol. 1,1,9)

551 Joh 8,2

552 *denn alles Ähnliche strebt nach dem ihm Ähnlichen* (ein über die Scholastik und Aristoteles auf Empedokles zurückgehender Grundsatz)

553 *sitzend lehrte er sie* (Joh 8,2)

554 *das soll für ein späteres Geschlecht aufgeschrieben werden* (Ps 101(102),19)

Amos 27

555 im Tagesevangelium Joh 2,13–22 (Vertreibung der Händler aus dem Tempel)

556 d. h. den Oberen ist *grundsätzlich* zu gehorchen, nicht aber, wenn sie auf Grund falscher Information oder gegen Aussagen der Heiligen Schrift handeln. Savonarola wird an diesem Grundsatz, der sich auf Aussagen gewichtiger Theologen stützt, und an der Aussage, daß Gott mehr zu gehorchen ist als den Menschen (Apg 5,29; dazu Thomas, s. theol. 2.2,104,5), bis zum Schluß festhalten.

557 *das sei ferne!*

558 die Verantwortlichen in der Kurie

Amos 32

559 d. h. der Prophet Amos (vgl. Am 7,14)

560 Am 9,11

561 d. h. die Türken. – Nicht erst von Savonarola geäußerte Prophezeiungen über die Bekehrung der Türken und der Völkerschaften, die ehemals christliche Gebiete im Nahen Osten und Nordafrika unterworfen hatten, entsprangen einem seit langem bestehenden Wunschtraum und hatten in den Kreuzzugsabsichten Karls VIII. neue Nahrung gefunden.

562 das Zitat lautet vollständig: *glaubt nicht den Worten der Lüge, indem ihr sagt: «Der Tempel des Herrn, der Tempel des Herrn, der Tempel des Herrn ist [da]!»* (Jer 7,4)

563 Am 9,11

564 Savonarola geht von der Eigenständigkeit der vier Evangelisten aus.

565 wie Anm. 563

566 Am 9,12

567 *damit sie den Rest von Idumäa und alle Völker besitzen, weil mein Name über sie angerufen worden ist* (Am 9,12)

568 Zach 2,6; gemeint ist Babylonien, dessen Heere von Norden her in Israel einbrachen

569 in der 35. Predigt des Amos/Zacharias-Zyklus, in der Savonarola die Vision Zacharias' von den vier Hörnern und den vier Schmieden deutet: Die vier Hörner stellen seine Gegner (schlechte Priester, Fürsten, schlechte Bürger) dar, die vier Schmiede die vier obersten Engel, die fremde Fürsten auffordern, in Italien einzufallen und die «vier Hörner» zu vernichten.

570 wie dies z.B. zu Zeiten der Pest üblich war

571 Zach 2,6

572 *Zion, das du noch wohnst bei der Tochter Babylon, fliehe! Denn dies spricht der Herr der Heerscharen* (Zach 2,7)

AMOS 37

573 *wärest du doch kalt oder warm; weil du aber lau bist – weder heiß noch kalt – will ich dich aus meinem Munde ausspeien* (Offb 3,15f.)

AMOS 38

574 *höre Tochter, wie eine Rebe habe ich Lieblichkeit von Wohlgeruch hervorgebracht* (Sir 24,23)

575 *höre, Tochter, ich bin die Mutter der reinen Liebe, der Ehrfurcht, der Erkenntnis und der heiligen Hoffnung* (Sir 24,24)

576 *in mir ist alle Hoffnung des Lebens und der Wahrheit, in mir alle Hoffnung des Lebens und der Tugend* (nach Sir 24,25)

577 *mein Sohn,* angesprochen sind die anwesenden Knaben

578 *höre also, meine Tochter, schaue und neige dein Ohr und vergiß dein Volk und das Haus deines Vaters* (Ps 44(45),11)

579 um 13 Uhr unserer Zeit; als *misterio* wird ein Gegenstand oder ein Bild bezeichnet, die auf ein bestimmtes

Geschehen der Heilsgeschichte hinweisen; *tabernacolo,* hier: Bildtafel, die unter einem Baldachin mitgetragen wird

580 *Hosanna, dem Sohne Davids! Gepriesen, der da kommt im Namen des Herrn!* (vgl. Mt 21,9)

581 Nach zeitgenössischen Beschreibungen dieser Prozession war die entsprechende Szenerie auf der mitgetragenen Tafel abgebildet.

582 *du sollst nicht mit leeren Händen vor mir erscheinen* (nach Ex 23,15)

583 Die *Monte di Pietà* genannten Pfandleihkassen gingen auf eine Institution der Franziskaner zurück. Sie dienten der Gewährung von Darlehen an untere Stände und waren gegen die Wucherzinse (besonders jüdischer Banken) gerichtet. Der florentinische Monte di Pietà wurde im August 1496 eröffnet, nachdem es dem Wanderprediger Bernardino da Feltre 1487 nicht gelungen war, in Florenz eine solche Institution ins Leben zu rufen und sein Aufruf zur Vertreibung der Juden Anlaß zu Unruhen gegeben hatte. Im Gegensatz zu manchen Theologen sah Savonarola darin keinen Verstoß gegen das kirchliche Zinsverbot, da die Zinsen lediglich zum organisatorischen Unterhalt des Monte dienten.

584 Münzen geringen Wertes

585 *der König wird nach deiner Schönheit verlangen* (Ps 44(45),12)

Amos 48

586 *du bist Petrus, und auf diesen Felsen werde ich meine Kirche bauen, und dir werde ich die Schlüssel des Himmelreichs geben, und was auch immer du auf Erden gebunden haben wirst, wird auch im Himmel gebunden sein, und was auch immer du auf Erden gelöst haben wirst, wird auch im Himmel gelöst sein* (Mt 16,18f.)

587 d.h. auf die ihr von Christus gegebene Verheißung

588 Mt 16,18

589 *sie forschten nach Ungerechtigkeiten, und die, welche suchten, gaben ihr Suchen auf* (Ps 63(64),7)

590 Apg 23,5

591 nach Mi 6,3

592 *mitten in Italien habe ich dich als Aufseher gestellt*

593 *ihr Blut werde ich von deiner Hand fordern* (nach Ez 33,8)

594 d. h. zum niederen Klerus

595 *die Lippen des Priesters bewahren Erkenntnis; aus seinem Mund wird man Weisung suchen, denn er ist ein Bote des Herrn der Heerscharen. Ihr aber seid vom Weg abgewichen, habt viele in der Weisung zum Straucheln gebracht und habt den Bund Levis unwirksam gemacht, spricht der Herr der Heerscharen. Deshalb habe ich euch vor allen Völkern verächtlich und niedrig gemacht, so wie ihr meine Wege nicht eingehalten und bei der Anwendung des Gesetzes auf das Äußere [der Person] geachtet habt* (Mal 2,7ff.)

596 *ihr seid das Salz der Erde; wenn aber das Salz fade geworden ist, womit soll man dann salzen? Es taugt zu nichts mehr, außer daß man es hinauswirft und es von den Menschen getreten wird* (Mt 5,13)

597 *wärest du doch warm oder kalt, weil du aber lau bist – weder warm noch kalt – will ich dich aus meinem Munde speien. Du weißt nicht, daß du elend, erbärmlich, arm, blind und nackt bist. Ich rate dir an, von mir von Feuer geprüftes Gold zu kaufen, damit du reich wirst und dich mit weißen Kleidern kleiden kannst, auf daß die Schmach deiner Nacktheit nicht offenkundig werde* (nach Offb 3,15–18).

598 *siehe, wie gut und erfreulich ist es, wenn Brüder einträchtig zusammenwohnen* (Ps 132(133),1)

599 die beim Eintritt ins Kloster zu entrichten war

600 Savonarola betont *beide* Geschlechter: *tiepidi e tiepide*

601 Mi 6,3

602 *wenn die Ursache beseitigt ist, verschwindet auch die Wirkung*

Ruth 18

603 *und es öffnete sich der Tempel Gottes im Himmel, und sichtbar wurde die Lade seines Bundes in seinem Tempel, und es gab Blitze, Stimmen und Erdbeben und großen Hagel* (Offb 11,19)
604 spitzfindige philosophische oder theologische Probleme
605 vgl. Anm. 549
606 der *siebenarmige Leuchter* war in der Spätzeit des Judentums zu einem der wichtigsten religiösen Symbole geworden; bei den *zwölf Broten* handelt es sich um die sog. *Schaubrote* (Ex 25,30); der *Vorhang* trennte das Allerheiligste vom Hauptraum des Tempels (Ex 26,31 ff.)

Ruth 26

607 Bernhardin von Siena (1380–1444), Volksprediger und General der Franziskaner-Observanten

Ezechiel 6

608 Ps 84(85),11
609 Nach einer auf biblischen Aussagen aufbauenden «Satisfaktionslehre» hat Christus durch seinen Kreuzestod der göttlichen Gerechtigkeit gegenüber für die Sünden «Genüge geleistet» *(satisfacere).*
610 Ps 84(85),12
611 *li signori Otto,* die Vorsteher der obersten Gerichtsbehörde
612 wörtlich: Seilzüge; der zu Folternde wurde mit Seilen an den Armen hochgezogen, worauf man ihn ruckartig bis wenig über den Boden zurückschnellen ließ. – Savonarola selbst wurde dieser Folter mehrmals unterzogen.
613 *geht ins ewige Feuer, Verfluchte!* (Mt 25,41)

Ezechiel 26

614 der Teil der Predigt
615 gemeint ist: bei der Taufe
616 Daß Kinder eine Geldbörse zu ihrer Verfügung erhielten, hat Savonarola immer wieder gerügt.
617 Die folgenden, an dieser Stelle allegorisch gedeuteten Ausdrücke beziehen sich auf die Pflege des Neugeborenen.
618 *sie ist nicht mit Wasser zu ihrem Heil geläutert, noch mit Salz behandelt, noch in Winden gewickelt worden* (Ez 16,4; auf Jerusalem bezogen)

Ezechiel 28

619 Der Grundgedanke des ganzen Abschnittes geht auf Platon zurück: Durch Abstraktion von körperlich Schönem zu geistig Schönem gelangt man zur Vorstellung der Schönheit an sich, die mit Gott identifiziert wird.
620 Das Weiß *(albedine)* gilt als Symbolfarbe des Geistigen; so erscheint das Gewand Christi bei seiner Verklärung weiß wie Schnee (Mt 17,2); weiß sind die Gewänder der Engel am Grab (Mt 28,3), der vierundzwanzig Ältesten der Apokalypse (Offb 4,4), sowie der Neugetauften im Frühchristentum.
621 Diese Schönheit steht uns gewissermaßen näher, weil sie die inkarnierte Schönheit Gottes auf Erden ist.

Ezechiel 32

622 (nach Ez 16,10ff.); die auf Jerusalem bezogenen Worte richtet Savonarola an die Kirche
623 *und nach allen Abscheulichkeiten und Hurereien hast du nicht der Tage deiner Jugend gedacht* (Ez 16,22)
624 *als du nackt warst voller Schmach* (Ez 16,22)

625 *und es geschah nach all deiner Bosheit – weh, weh dir, spricht Gott, der Herr* (Ez 16,23)

626 Ez 16,23f.

627 *und geschändet hast du dein schönes Aussehen* (Ez 16,25)

628 *und du hast mit den Söhnen Ägyptens gehurt*

629 *deinen Nachbarn*

630 wörtlich: *großer Fleischstücke,* d.h. die ein großes Geschlechtsglied haben; ist abhängig von *«cum filiis Aegypti …»* (vgl. Anm. 628/629)

631 *über die Geschlechtsteile*

632 Ez 16,26

633 Ez 16,27

634 *und ich will dir deine Rechtfertigung nehmen* (Ez 16,27)

635 *die Töchter der Philister* (Ez 16,27)

636 gemeint ist der Bischofsstuhl; als *cathedra Petri* hier auf die päpstliche Stellung bezogen

Ezechiel 39

637 *Jesus kam also und fand ihn, wie er schon vier Tage im Grab war* (Joh 11,17)

638 *und ihr Grab ist ihr Haus in Ewigkeit* (Ps 48(49),12)

639 *weh euch, Schriftgelehrte und heuchlerische Pharisäer, die ihr wie weißgetünchte Gräber seid!* (Mt 23,27)

640 Joh 11,28

641 Joh 11,34

642 *und Jesus weinte* (Joh 11,35)

643 *hebt den Stein weg!* (Joh 11,39)

644 *Herr, er riecht bereits, er ist nämlich schon den vierten Tag im Grabe* (Joh 11,39)

645 Joh 11,40

646 Joh 11,41

647 Joh 11,43

648 *und so kam er, der tot gewesen war, hervor, die Füße und Hände in Binden gewickelt* (Joh 11,44)

649 Lorenzo Violi, der die Predigten aufzeichnete, notierte am Schluß dieser Predigt: «Merke dir, obengenannte Worte wurden bezüglich Meister Mariano vom Orden des heiligen Augustinus gesagt, der in Rom in Gegenwart bedeutender Leute gegen Fra Ieronimo sprach.» – Über den Inhalt dieser Hetzrede von Fra Mariano da Genazzano sind wir durch einen anonymen Brief aus Rom unterrichtet.

Ezechiel 53

650 Mt 17,19
651 Röm 9,17
652 Ps 115(116),10
653 Weish 5,1
654 Das Wort *compagnia (Begleitung)* bezeichnete auch die Gruppierungen (vor allem Jugendlicher) in den einzelnen Quartieren von Florenz.
655 *Gott, der Herr*
656 Mt 3,9
657 *Herr, mein Gott, auf dich habe ich meine Hoffnung gesetzt* (Ps 7,2)
658 ebd.
659 *damit er mich nicht ergreife wie ein Löwe* (Ps 7,3)
660 ebd.
661 *Herr, mein Gott, wenn ich dies tat* (Ps 7,4)
662 *geh fort aus deinem Land, aus deiner Verwandtschaft und dem Haus deines Vaters, und geh in ein Land, das ich dir zeigen werde* (Gen 12,1) – Savonarola vernahm dieses Wort, als er als junger Mann in Faenza die Kirche des heiligen Augustinus betrat.
663 *wenn Unrecht ist an meinen Händen* (Ps 7,4)
664 *wenn ich denen vergalt, die mir Böses getan* (Ps 7,5)
665 *dann soll ich zu Recht von meinen Feinden elend gestürzt werden* (Ps 7,5)

666 *verfolge der Feind meine Seele / et conculcet: und zertrete mein Leben auf dem Boden* (Ps 7,6)
667 *erhebe dich, Herr, in deinem Zorn!* (Ps 7,7)
668 Ps 7,7
669 Mk 16,14

Triumph Christi

670 während der weltliche Triumphator einen Lorbeerkranz trägt
671 die im *limbus* bis zum Tod Christi wartenden Gerechten des Alten Bundes
672 in den vorangehenden Kapiteln
673 insofern es sich um etwas Materielles handelt
674 Diese nüchtern erscheinende Aufzählung von Verehrungsarten geht auf Thomas (s. theol 3,25,5) zurück. – Die sogenannte «Anbetung» des Kreuzes war nicht unumstritten, da eigentliche Anbetung *(latria)* nur Gott zukommt (Thomas, s. theol. 3,25,4). Thomas unterscheidet demnach: *latria* (Anbetung), *hyperdulia* (ganz besondere, Maria als Mutter Gottes zukommende Verehrung) und *dulia* (Verehrung bei den übrigen Heiligen). Die Scholastik geht dabei auf eine bereits in der Ostkirche bestehende Tradition zurück.
675 zu Christus als Eckstein vgl. Mt 21,42
676 *durch Jesus Christus, unsern Herrn;* Christus als Mittler zwischen Gott und den Menschen, vgl. 1 Tim 2,5
677 auf die Reue
678 Die streitende Kirche *(ecclesia militans)* gilt als die Kirche auf Erden, während die triumphierende Kirche *(ecclesia triumphans)* aus den Seligen im Himmel besteht.
679 aus der Antike übernommene Vorstellung, daß ein König *(rex)* über die Bienen herrscht
680 Hos 1,11
681 Joh 10,16

682 Joh 21,16
683 Lk 22,32
684 Mt 16,18f.
685 Mt 28,20
686 Jes 9,7
687 Begründer oder Haupt einer Häresie

Über Verwaltung und Regierung der Stadt Florenz

688 «De veritate prophetica», verfaßt 1497, herausgegeben 1498
689 Paulus von Theben (Paulus Eremita), Einsiedler in der ägyptischen Wüste (3./4. Jh.), Zeitgenosse des Abtes Antonius
690 Indirekter Hinweis auf das Verhalten Savonarolas anläßlich einer Verschwörung von Anhängern des im Sommer 1497 mit Truppen gegen Florenz ziehenden Piero de' Medici. Savonarola, der schon früher ein strenges Vorgehen gegen alle gefordert hatte, die eine Tyrannis begünstigten, hatte gegenüber den zum Tode Verurteilten, die alle aus angesehenen Familien stammten, keine Gnade gezeigt.
691 nach Jer 3,15

Exodus I

692 *atto puro (actus purus: reiner Akt),* eine der Gottesdefinitionen der aristotelisch-scholastischen Philosophie
693 Ps 3,3
694 nach Mk 10,51
695 *erhebe dich, Herr, und komme* (nach Ps 7,7)
696 Sir 7,9
697 Bezeichnung für den das florentinische Wappen haltenden Löwen und Schlachtruf der Florentiner.

698 *siehe, wie gut und erfreulich es ist, wenn Brüder in Eintracht zusammenwohnen* (Ps 132(133),1)

699 ohne alle Normen *(canones)* und Kapitel des Kirchenrechts anzuführen

700 Diese Wendung *condurre al ben vivere* wiederholt Savonarola im Folgenden mehrmals, um zu zeigen, daß eine Parallele zwischen den Verfolgungen aus der Zeit des Frühchristentums und seiner Zeit besteht.

701 die Gegner Savonarolas in Florenz und Rom

702 *die Fülle des Gesetzes ist die Liebe* (Röm 13,10)

703 *der sei im Banne,* übliche Formel zur Verurteilung eines Ketzers

704 nach Joh 10,11 und 15,13

705 in die gegen den Willen Savonarolas geschaffene tuskisch-römische Ordenskongregation

706 Hinweis auf die kürzlich erschienene Abhandlung «Triumphus Crucis»

Exodus 2

707 der «Triumphus Crucis», der allerdings nach der Exkommunikationsbulle veröffentlicht wurde

708 *kraft des heiligen Gehorsams*

709 *wenn Lebensgefahr besteht*

710 Savonarola, der über den schlechten Lebenswandel Alexanders VI. genau informiert war, hat immer wieder versucht, ihm als Papst eine *bona fides* zuzubilligen und die Hauptschuld entweder medicifreundlichen Kreisen oder den «lauen» Prälaten zu geben.

711 Breve vom 9. September und vom 16. Oktober 1495

712 Breve vom 13. Mai 1497, das am 18. Juni in Florenz verlesen wurde

713 *meine Lehre ist nicht von mir* (Joh 7,16)

714 *ich will dir zeigen, wieviel du um meines Namens willen leiden mußt* (nach Apg 9,16)

715 dadurch, daß sie nach der Flucht von Piero de' Medici Racheakte an den in Florenz verbliebenen medicifreundlichen Familien verhinderte

716 Anspielung auf die Ereignisse in der Nacht vor der Himmelfahrtspredigt vom 4. Mai 1497

717 Es handelt sich wohl um den am Karneval üblichen *guioco del sasso,* der zu Steinschlachten auszuarten pflegte.

718 Bezeichnung für eine Örtlichkeit beim Alten Markt, wo sich u. a. ein Bordell befand

719 die Servitenkirche Santissima Annunziata in der Nähe von S. Marco mit einem berühmten Gnadenbild

720 wegen der Exkommunikation infolge der Teilnahme an gottesdienstlichen Handlungen eines Exkommunizierten

721 *siehe, wie gut und erfreulich es ist, wenn Brüder in Eintracht zusammenwohnen* (Ps 132(133),1)

722 Mt 18,15

723 wörtlich: auf Papier zu schreiben, d. h. das Gesetz war nun auf dem Papier festgehalten, befand sich aber nicht mehr in den Herzen, wie dies bei den Aposteln und Märtyrern der Fall gewesen war

724 *ich tadelte ihn, weil er tadelnswert war* (nach Gal 2,11). Petrus hatte in Antiochien Tischgemeinschaft mit den Heidenchristen gehalten, zog sich dann aber aus Furcht davon zurück, als einige Judenchristen aus Jerusalem kamen.

Exodus 5

725 nach Ps 7,2

726 nach Hiob 7,1

727 auf der Kanzel

Exodus 11

728 Thomas von Aquin (um 1225–1274), Theologe, Philosoph und Mystiker aus dem Dominikanerorden, dessen

«Summa theologica» die Theologie auf Jahrhunderte beeinflussen sollte

729 *es ist zu sagen, daß,* Einleitungsformel zu einer Schlußfolgerung

730 gemäß einer in der damaligen Medizin herrschenden Annahme, das Blut sei der Sitz von Lebensgeistern *(spiriti vitali),* hier Blutgeister *(spiriti di sangue)* genannt

Exodus 12

731 *alle Wahrheit ist von Gott, dem Herrn* (Sir 1,1)

732 Augustinus, epist. 137,1,3

733 *ich sprach, nun habe ich begonnen* (Ps 76(77),11)

734 Demosthenes (4. Jh. v. Chr.), athenischer Redner

735 Mt 7,6

736 Ex 4,3

737 Gen 3,14

738 Wechsel von Singular zu Plural, wie oft bei Savonarola

739 an der päpstlichen Kurie

740 die Frauen wohnten der Predigt nur samstags bei

741 Bonifaz VIII., (Papst 1294–1303), der u. a. Cölestin V., seinen heiligmäßigen Vorgänger, zur Abdankung nötigte und einkerkern ließ und durch seine Bulle «Unam Sanctam» (1302) den Konflikt mit dem Kaiser verschärfte

Exodus 18

742 wörtlich: Wirkung *(effetto)*

743 *daß man allzeit beten und darin nicht müde werden soll* (Lk 18,1)

744 *es hört derjenige nicht auf zu beten, der nicht aufhört, Gutes zu tun* (aus einer von Thomas, ad Thess 1 zitierten Glosse)

745 vgl. Anm. 742

746 Thomas, s. theol. 1,5,4 ad 2

747 *der zur Rechten Gottes ist und auch für uns eintritt* (Röm 8,34)

Exodus 21

748 Ps 83(84)
749 Ps 83(84),2
750 nach 1 Tim 6,16
751 die Leiber der Toten
752 Ps 132(133),1
753 Ps 83(84),3

Exodus 22

754 *ich tadelte ihn, weil er tadelnswert war* (Gal 2,11)
755 *«Großes Meer»* genannte Sammlung von auf Sixtus IV. zurückgehenden Privilegien für den Franziskanerorden
756 *der Papst kann alles*
757 folglich kann er nicht alles
758 *alle verhöhnen mich* (Jer 20,7)
759 Jer 20,8
760 *«Gewalt und Zerstörung!» rufe ich* (Jer 20,8)
761 *barbieri:* Scherer
762 nach Jer 20,9
763 gemeint ist «entmutigt» oder «nicht mehr auf der Kanzel»
764 *es wurde in meinem Innern wie brennendes Feuer, eingeschlossen in meinem Gebein, ich ermattete, da ich es nicht ertragen konnte* (Jer 20,9)
765 der Dom, welcher der heiligen Liberata (florentinisch *Liperata*) geweiht war
766 hierhergekommen: nach S. Marco / Ärgernis: Es bestand die Befürchtung, es könnte sich ein Tumult wie anläßlich der Himmelfahrtspredigt 1497 wiederholen.
767 *denn wer schlecht handelt, haßt das Licht* (Joh 3,20)
768 *wenn er mich erhört hat, glaube ich nicht, daß er meine Stimme gehört hat* (nach Hiob 9,16)
769 von der kommenden Züchtigung Italiens

770 Ps 50(51),3
771 nach 1 Tim 6,16 und Jes 45,15
772 Ps 41(42),8
773 Joh 3,16
774 nach Kol 1,20
775 Ps 50(51),3
776 Lk 7,37–50
777 Mk 14,66–72 und Joh 21,15ff.
778 Lk 23,39–43
779 Apg 9,1–19
780 Ps 113(114),1
781 Ps 43(44),4
782 Ps 17(18),20
783 Jak 1,17
784 Ps 50(51),4
785 anläßlich der Taufe und später in der Beichte
786 Mt 18,21f.
787 1 Joh 4,18
788 Ps 50(51),5
789 vgl. Lk 18,9–14
790 Ps 50(51)6
791 Ps 3,3 und 70(71),11
792 Ps 50(51),7
793 Sir 14,18
794 Gal 5,17
795 Lk 10,35
796 Ps 50(51),8
797 1 Joh 4,16
798 wie der verlorene Sohn, Lk 15,13
799 Ps 50(51),9
800 Ps 50(51),10
801 Lk 7,50
802 Lk 23,43

803 Ps 50(51),11
804 Lk 19,1–10
805 Ps 50(51),12
806 Ps 50(51),13
807 Mt 11,12
808 Röm 15,4
809 Nachdem am 19. 4. 1498 das sog. «Protokoll» der Prozesse mit den darin enthaltenen «Geständnissen» verlesen worden war, herrschte unter den Brüdern größte Verwirrung, und die meisten fielen – wenigstens für einige Zeit – von Savonarola ab.
810 Ps 50(51),14
811 Gal 5,17
812 die *Verklärung Jesu auf dem Berg,* Mt 17,1–9
813 Ps 50(51),15
814 Mt 3,9
815 Ps 50(51),16
816 Wiederholungen im folgenden Abschnitt nach Art der Bittgebete einer Litanei
817 Ps 50(51),17
818 Ps 11(12),5
819 Ps 8,3
820 Ps 50(51),18
821 Ps 49(50),23
822 nach Ez 18,23
823 Röm 12,1
824 Hos 6,6
825 Ps 50(51),19
826 Lk 7,36–50 (Salbung im Haus des Pharisäers, wobei die anonyme Sünderin in der Tradition mit Maria Magdalena gleichgesetzt wurde)
827 Ps 50(51),20
828 Phil 3,19
829 Ps 102(103),10
830 Ps 43(44),23

831 Ps 50(51),21 (letzter Vers des Psalmes *«Miserere»*)
832 1 Kor 2,9

Auf dich, Herr, habe ich meine Hoffnung gesetzt!

833 Ps 90(91),9
834 Jes 58,1
835 Ps 30(31),2
836 Hebr 4,13
837 Ps 145(146),2f.
838 Ps 90(91),14
839 Röm 3,20
840 Röm 3,28
841 vgl. Joh 10,1f. (*wer nicht durch die Türe in den Schafstall eintritt, ist ein Dieb*)
842 Hiob 22,14
843 Ps 13(14),1
844 Eph 2,8f.
845 Hab 2,3
846 Ps 30(31),3
847 d.h. die gefallenen Engel
848 Ps 30(31),3
849 wie Paulus, 2 Kor 12,2
850 Hiob 38,2
851 Ez 18,22
852 Spr 24,16
853 Apg 13,22
854 Ps 31(32),5
855 nach Joh 4,34
856 Ps 26(27),1
857 Ps 30(31),4

858 die sogenannte *ringhiera* (Rednertribüne), deren Podium sich, nur wenige Stufen über dem Platz erhoben, längs der Fassade des Palazzo della Signoria hinzieht

859 Landucci verwendet für beide Handlungen den Ausdruck *radendo (abschabend);* beim Degradationsritus wurde dem Betreffenden durch Scheren der Haare die Klerikertonsur unkenntlich gemacht und die anläßlich der Priesterweihe vom Bischof gesalbten Hände mit einem Schabmesser oder einer Scherbe abgeschabt.

860 Der Querbalken des Galgens hatte gekürzt werden müssen, da die Gestalt eines Kreuzes allzu sichtbar geworden war.

861 Nach andern Berichten sprach Savonarola beim Gang zum Galgen das *Credo.*

862 Die Opfer waren am Querbalken zusätzlich mit Ketten befestigt worden.

I Girolamo Savonarola, Gedenkmedaille (Durchmesser 6,2 cm), Marco della Robbia zugeschrieben, vor 1502, Museo di San Marco, Florenz. (Photo: akg, Berlin © S. Domingié)

II Hinrichtung Savonarolas auf der Piazza della Signoria, Gemälde, Italien 16. Jhd., Museo di San Marco, Florenz. (Photo: akg, Berlin © Orsi Battaglini)

III Bildnis des Papstes Alexander VI., Ausschnitt aus dem Fresko «Die Auferstehung» von Bernardino Pinturicchio, 1492/95, Appartamento Borgia, Vatikan, Rom. (Photo: akg, Berlin © Erich Lessing)

Inhaltsverzeichnis

Diese Buchausgabe der *Manesse Bibliothek der Weltliteratur*
wurde mit der Berthold Bembo gesetzt,
im Bogenoffset gedruckt und in Fadenheftung gebunden.
Alle verwendeten Materialien entsprechen alterungs-
beständiger Qualität, die Papiere sind
chlor- und säurefrei.

Die Deutsche Bibliothek – CIP-Einheitsaufnahme

Savonarola, Girolamo:
O Florenz! O Rom! O Italien! Predigten,
Schriften, Briefe / Girolamo Savonarola
Aus dem Lateinischen und Italienischen
übersetzt und mit einem Nachwort
von Jacques Laager
Zürich : Manesse Verlag, 2002
(Manesse Bibliothek der Weltliteratur)
ISBN 3-7175-2004-0 Gewebe
ISBN 3-7175-2005-9 Leder